■ 王振宇 著

U0710938

法学理念·实践·创新丛书

行政诉讼制度研究

中国人民大学出版社
·北京·

序 一

当前，我国行政诉讼制度正处在一个关键的时期。三十年来尤其是1990 年《行政诉讼法》实施以来，以日益活跃的行政审判为依托，行政诉讼制度一步步地进入普通民众的生活，从理想变成现实。行政诉讼作为权力制约和监督体系的重要一环，逐渐在保障人民群众合法权益，维护社会公平正义、推进法治政府建设、促进社会和谐等方面发挥作用，并取得了长足进步。但是，随着我国改革和社会发展由早期"摸着石头就能过河"的"浅水区"逐渐进入需要借助理性之舟方能竞渡的"深水区"，"官民关系"的形态更趋复杂，"官民矛盾"也更加多发、更难化解，隐藏于体制背后的深层次、结构性缺陷日益显露，严重影响和制约了行政审判工作的全面、健康和可持续发展。在很多地方，行政审判都出现了"上诉率高、申诉率高"的现象，面临着行政案件"收不进、审不好、出不去"的困境，如果听之任之，无所作为，行政诉讼制度的运行就有从局部运行不畅转向彻底失灵的危险。作为法律人尤其是矢志于行政法治建设的法律人，应当牢固树立问题意识和危机意识，知行合一，努力改善行政诉讼制度，开创中国行政法治发展的新境界。正是基于这样一种法律人的使命感，振宇同志对行政审判事业满怀热忱，并把自己能够参与其中看作足慰平生的一件幸事。在勤奋工作之余，他始终关注审判前沿的现实问题，并延伸思考，在理论和实践之间上下求索，锲而不舍，多年来发表了数十篇较有影响的文章，涵盖了行政诉讼法的绝大部分内容。本书在修改上述文章的基础上而成，可谓"十年磨一剑"。

振宇同志跟我讲，他从未奢望自己在理论创制上青史留名，只是希望对行政审判中的实践经验进行总结，使之更具理性和智慧。如果本书能为实务提供有益的参考，为相关的法律研究提供较为可靠的素材，就实现了它的初衷。应当说，在"问题"与"主义"之间，作者更关注的是现实问题，体现的是一种脚踏实地的治学态度，这在"理论丰富多彩而问题依旧"的当下更显难得。事实上，与理论创制相比，经验整理虽显琐细，但只要思考足够深刻，同样可以闪耀理性的光芒，并承载价值和意义。展卷读来，我们可以深刻地感受到这一点。本书有三个最为突出的特点：一是内在的关联性。本书虽然涉及大量的实务问题，但并非简单的问题罗列，而是用系统论的观点，以问题之间的内在联系为线索进行整理。二是实证性。作者通过实证分析的方法，从实务问题和实践需要出发，灵活运用最高人民法院相关的请示和批复，援引了大量典型案例，在探索问题解决方案的同时，总结和揭示了中国行政审判的发展历程和内在规律。三是实用性。本书在问题研究的基础上对现有司法审查模式、标准进行了探索，提出了不少真知灼见，不仅对于行政审判实践具有重要参考价值，而且丰富了行政诉讼理论。

党的十八大明确提出要全面推进依法治国，要建立健全权力运行制约和监督体系，为行政法治建设和行政诉讼制度的完善指明了新的目标，而这一目标的实现则是一个复杂的系统工程，需要具备各种条件，这注定是一个长期积累的过程。在此过程中，法律人的坚持和奉献弥足珍贵。在此，谨以下面这句话与振宇同志和同道诸君共勉：面对崇高的目标，在技能所不及之处，唯有热爱和执著方能最终达成！

序 二

振宇的这部专著主要取自他 10 年来发表的论文。这些论文多已读过，突出的感觉是，作者在选题上切中时弊，在办案的同时一直在认认真真思考问题，在调研中实实在在地下了工夫，对实务工作具有很强的指导意义，堪称应用法学研究的精品。此次再读本书，感受更加丰富，概括起来有三：

一是永远关注实践需要。在过去的十几年中，作者笔耕不辍，研究成果遍及行政诉讼法框架结构的所有部分，这并非有意为之。事实上，他在选题时，从不贪大求全，也从不刻意追逐那些流行的、热门的话题以吸引眼球，而是脚踏实地，秉持从实践中来到实践中去的原则，始终专注于行政诉讼实践的需要，专注于自己和广大同仁共同面临的那些真实的、普遍的，以及那些阻碍制度发展的具体问题。作者的志趣在于问题的解决，而不在于理论的构建，但本书绝不缺少理论研究价值。作者运用了行政诉讼法和行政法理论，包括大量的最新理论成果，在分析问题和解决问题的过程中，理论与实践连续不断地实现着完美结合，形成了高度自洽的观点和方案体系，其理论价值尤其是应用法学的理论价值不可低估。

二是永远追求精益求精。论文的发表并不意味着思考的止步。值得提及的是，振宇同志近年来承担了大量的法官培训任务，并多次应邀在行政机关和高校进行讲座，广受好评。很多领导和同志都曾向我表达赞许之意，希望能再次听到他的授课。他的很多论文包括本书多数章节在内都曾被作为授课的内容，其中行政裁量、行政许可、房屋登记、合法性审查的标准等更是连续多年被有关单位列为固定培训科目。他把这一切视为完善研究、检验成果的难得机遇，尽管很多专题都已经烂熟于胸，但仍在授课前精心准备，授课之后认真答疑解惑并搜集疑难问题，结合理论与实践的发展，反复研磨，直至形成明确观点。因此，本书并非是简单的论文集锦，而是对原有成果的大幅度超越。

三是永远保持法治情怀。与复杂多变的社会生活相比，法律注定无法完美，执法者如何对待法律的不完美，决定着不同的发展道路。如果坚持"恶法亦法"，机械地固守于文字，虽然对于法律权威有所维护，但会导致人们对法治道路的怀疑；如果又起手来指责立法，只能加重人们对法律的鄙视，法治道路也将更加艰难曲折；进而倘若把法律放置一旁，而以政策代之甚至以言代法，则更是堕入人治的泥淖。比较而言，更为可取的是一种适当的能动主义的态度，法官应当以法治建设者的姿态，充分合理地运用各种法律方法和技术，去揭示法律的应有之义，拨开重重迷雾，让法律的阳光普照众生。本书从始至终都贯穿着积极的司法能动主义，从中可以体会到作者对行政法治的执著追求，以及对行政审判工作的无比热爱。

光阴荏苒，振宇同志从事行政审判工作转眼已有 16 个年头，作为他的老同事，我见证了他如何从有理想、有朝气的行政审判新兵逐步成长为业务精熟、学识渊博的资深法官。他的文章犹如其人其行，有一种令人称道的厚重与诚实，体现了法律人的孜孜追求与不竭的智慧。他请为之作序，我欣然应允并浅抒观感，望广大行政审判同仁和有志于行政法治建设之士共赏。

目　　录

第一章　行政诉讼类型化：完善
行政诉讼制度的新思路*

《行政诉讼法》实施二十多年来取得了长足进步，但与人民群众日益增长的司法需求和期待相比还有很大差距，而且还有进一步扩大的趋势。这从上诉率、申诉率居高不下并持续走高等迹象可以看出端倪：2010 年行政案件的上诉率达到创纪录的 70.46％，申请再审率达到 9.76％。在部分地区，几乎每件作出一审裁判的案件都要上诉，几乎每件作出二审裁判的案件都要申请再审。还有一种现象值得注意，多数上诉案件和绝大多数申请再审案件都是由原告启动。可以说，人民群众对司法的满意度已经成为制约行政诉讼制度继续发展的瓶颈。

---

* 本章根据作者与李广宇共同署名发表在《法律适用》2012 年第 2 期上的同名文章修改而成。

第一节　行政诉讼制度的缺陷及行政
诉讼类型化思路的引进

从最高法院处理申请再审案件的情况看，绝大多数案件当中，原审裁判在法律上都没有问题或者说没有大的问题，至少处理结论是无法推翻的，但是其中确有相当多的情形都是"案结事不了"，当事人的权利诉求没有实现。有的案件虽然可以进入再审，但不少情况下当事人无法获得有效救济。"一叶可知秋"，人民群众对行政审判的不满意，虽有很多原因，但行政诉讼制度层面上的缺陷恐怕要负很大的责任，其中尤以如下四个缺陷最为突出：

第一，行政诉讼对权利救济请求缺乏回应性。《行政诉讼法》虽然把保障公民、法人或者其他组织合法权益确立为立法目的之一，但在实际上却对权利救济请求缺乏关注，突出表现为：《行政诉讼法》只规定了人民法院要对被诉具体行政行为进行合法性审查，而没有规定是否要审查原告诉讼请求是否成立、理由是否具备。理论对此作出的通行解读为，由于原告与被告相比处于明显的弱势地位，所以法院在行政审判中应当审被告，而不应审原告。这由此也就成为行政诉讼与一般诉讼不同的地方，诉讼一般都是以诉讼请求为中心，但是行政诉讼却把诉讼请求置之一旁，把行政行为的合法性审查（全面审查）奉为原则，成为具有标志性的特征。[①] 这种观点长期以来一直左右着司法，审原告成为一种路线错误，殊不知不审查诉讼请求的合理性、合法性，在很多情况下就无法对权利救济请求尤其是各种具体的给付请求作出精准到位的回应。

第二，行政诉讼对行政权力的行使方式缺乏针对性。监督行政机关依法行政是《行政诉讼法》的另一重要立法目的，但在制度设计上缺乏对行政权力行使方式的针对性，使得监督常常不能落到实处，其突出表现有二：一是监督的范围有限。行政诉讼以撤销诉讼为绝对中心，诉讼标的仅

[①] 我国行政诉讼制度的一个明显特征是，人民法院对行政机关的具体行政行为进行合法性审查，这一点也正是我国行政诉讼区别于民事诉讼的特有原则。参见姜明安主编：《行政法与行政诉讼法》，306 页，北京，北京大学出版社、高等教育出版社，1999。

限于具体行政行为，对具体行政行为之外的其他行政执法活动方式很少涉及，在《行政诉讼法》中找不到针对事实行为、行政合同的条款；而在具体行政行为当中，以不利处分为中心，针对有利处分的条款少之又少。二是监督的程度有限。虽然行政不作为被列入受案范围并在判决方式上有所体现，但受制于合法性原则，在很多案件中法院只是从相反的方面指出行政不作为的存在并笼统地判决行政机关履行法定职责，而不是从正面指出行政机关是否负有特定内容的职责，比如判决行政机关给申请人颁发许可，按照承诺作出特定的给付等。

第三，行政诉讼的审判方式缺乏科学性。一是过分强调合法性审查，造成纠纷解决功能的弱化。二是在立法目的中关于维护行政机关依法行政的表述不符合法院的中立地位。三是维持判决就像人的"阑尾"。行政行为本身就具有公定力，只要不被依法撤销，就应认为有效，所以，规定维持判决实际上就是画蛇添足的多余之举。不仅如此，有时维持判决可能造成司法与行政的不协调。比如，对房屋登记行为的合法性审查并不能保证发现所有的问题，所以法院判决维持之后，一旦登记真的存在问题，就会给登记机构的更正登记造成不必要的障碍。四是非诉执行制度背离设计初衷。行政行为作出后，相对人既不履行也不起诉时，可以申请法院强制执行。《行政诉讼法》第66条作出这样的规定，本意并非是要法院帮助行政机关去实施行政行为，重点还在于起到一定的监督作用，避免存在重大明显违法的行政行为损害相对人权利。但由于缺乏配套的正当程序和可操作的标准，法院的角色更多的是帮忙，而非监督，蜕变为政府的执行机构。

第四，行政诉讼解决纠纷无法做到实质性。上述三个方面的问题最终带来的结果就是行政纠纷无法得到实质性解决，其突出表现有二：一是被告败诉在很多情况下并不意味着原告胜诉。在有些案件中，为原告设定负担的被诉具体行政行为被撤销，原告同时就获得了救济。但是在很多案件中，被诉具体行政行为撤销并非原告起诉的主要目的，它的目的可能是要求行政机关作出一个对自己有利的行政行为。而撤销一个行政行为并不等于当事人就有权得到想要的行政行为。由于判决撤销的同时责令行政机关重新作出具体行政行为，在法律上并非一个强制性要求，所以，在不少案件中，法院一撤了之，却没有解决真正的争议。即便判决重作，在处理程度上也存在很大的裁量空间，针对当事人提出的请求作出具体判决固然法律并不禁止，但只是概括判决要求行政机关重新处理亦为法律所允许，致使具体判决非常罕见，纠纷又被踢回到行政程序当中。在行政不作为案件中也有同样的问题，致使原告受到的损害无法通过诉讼得到弥补，其权利主张也无法通过诉讼得以实现。这也就是为什么有些学者说行政诉讼是"半截子工程"、"锯箭疗法"的原因所在。二是司法救济滞后。很多情况下，具体行政行为一旦作出，就造成了既成事实，要么涉及重大公共利益，要么有善意第三人，基于利益衡量的考虑，法院无法判决撤销，当事人注定无法通过撤销之诉获得救济。

解决行政诉讼制度存在的上述问题，需要做的事情很多，笔者认为，其中最重要也最有效的办法是引入行政诉讼类型化的思想。有人说，诉讼类型就像医院内部的科室。① 这种比喻非常形象。法院与医院的确具有相似性，医院解决的是人的疾患，法院解决的是社会的疾患（纠纷就是一种疾患）。医院的科室针对不同的疾病类型而设，整合专门的经验、技术，使得治疗的方案、措施更有针对性，以取得更好的治疗效果。行政诉讼类型化则是基于诉讼请求的本质差别，把行政诉讼分成不同的类型，然后针对每种类型的特点，分门别类，适用不同的诉讼门槛、审查规则、标准和处理方式，使得纠纷能够得到更好的解决。行政诉讼当前之所以出现上述问题，就是因为没有看到各种不同诉讼请求的差别，采用一元化的标准（就如同什么病都吃同样的药）造成的。所以，将类型化作为行政诉讼法贯穿始终的筋骨和架构，是行政诉讼摆脱困境、焕发生机的关键一步。

第二节　行政诉讼类型化有助于形成无漏洞的权利救济机制

行政诉讼类型针对的是法院能够给予救济的各种诉讼主张，所以，诉讼类型化的第一步是搞清楚当事人可能会提出哪些诉讼请求，接下来就是探讨如何在司法能力限度内给予全面的无漏洞的保护。正如学者所言："对于侵犯公民权利的每一种国家权力行为，都必须有一个适当的诉讼种

---

① 参见章志远：《我国行政诉讼类型化的现实障碍及其消解》，载《贵州警官职业学院学报》，2008（3）。

类可供利用。"[1] 而"一种特定类型的诉，就是行政诉讼中对公民权利进行法律保护的一种特定方法"[2]。在民事诉讼上，原告可以提出的诉讼主张不外是改变、保持或者实现民事法律关系的某种状态三种，所以民事诉讼传统的分类就是形成之诉、确认之诉和给付之诉。从各国行政诉讼制度发展来看，行政诉讼基本上都是脱胎于民事诉讼，之所以是这样一种发展轨迹就是因为两者在内在逻辑上具有同一性，当事人对各种行政执法活动可能提出的诉讼请求也不外是撤销、确认或者给付，因此也相应地存在三种诉讼类型：撤销之诉（相当于形成之诉）、确认之诉和给付之诉。不过，在民事诉讼类型还只是行政诉讼类型的框架和基础，各国行政诉讼都在其上发展出了更为丰富也更为细致的诉讼类型，这种发展的内在动力之一就是建设无漏洞权利救济机制的追求。

在行政机关作出了某种行政行为的情况下，如果当事人认为该行为侵犯了自己的合法权益，就可以向法院提起行政诉讼请求撤销，这种诉讼就是撤销之诉。撤销之诉是历史最悠久的一种诉讼类型，在很多国家尤其是大陆法系国家，行政诉讼制度早期只有撤销之诉一种类型。这种模式的影响非常广泛，比如台湾地区直到 1999 年"行政诉讼法"修订前，法律规定的行政诉讼仅指撤销诉讼，不仅诉讼内容上不再区分，而且也未采其他分类形式。后来为了回应不断发展的权利救济需求，诉讼类型逐渐多元化。我国目前的情况相当于行政诉讼早期阶段行将结束的时期，从受案范围和审理与判决规范尤其是《行政诉讼法》第 54 条规定来看，并不能说只有撤销之诉一种类型，但是撤销之诉具有绝对中心的地位。笔者认为，引入其他行政诉讼类型，虽然会减少撤销之诉的数量，但由于行政行为作为行政执法主要方式在短期内不会改变，因此撤销之诉在权利救济机制中仍将占有重要位置。

无论英美法系还是大陆法系，行政诉讼上都有确认之诉的类型。如果某种法律关系存在或者不存在是不明确的，而且会影响到公民、法人或者其他组织受到法律保护的利益，就可以请求法院加以确认。请求确认法律关系存在的诉讼称为积极确认之诉，请求确认法律关系不存在的诉讼称为

---

① ［德］弗里德里赫尔穆·胡芬著，莫光华译：《行政诉讼法》，204 页，北京，法律出版社，2003。

② 刘飞：《行政诉讼类型制度探析——德国法的视角》，载《法学》，2004（3）。

消极确认之诉。起初，相对于撤销之诉，确认之诉具有补充性，也就是说，当事人能够提起撤销之诉的情况下，就不能提起确认之诉。所以，确认之诉往往是撤销之诉走不通的情况下，才可提起，很多都是从撤销之诉转化而来。有三种情况：一是情况判决（日本）。被诉行政行为虽然违法但考虑到公共利益不宜撤销，可以转换为确认之诉。二是确认无效之诉。行政行为如果存在重大明显的违法则属于无效行政行为，没有公定力，对此只能提起确认之诉，但是由于无效的行政行为也具有行政行为的外观，当事人未必能够准确判断其效力，所以当事人如果提起撤销之诉并不会被拒绝，但法院会将其转换为确认之诉。三是继续确认之诉。如果在撤销之诉当中，行政机关自行撤销或者废止了被诉行政行为，如果当事人坚持继续诉讼，则可以转换为确认行政行为是否违法的诉讼。后来，为了更好更及时地为权利提供司法救济，在德国等国家又出现了预防性确认诉讼，实际上突破了确认之诉的补充性。在行政行为已经启动，一旦作出将造成当事人难以弥补的重大损害时，可以请求确认拟作出的行政行为违法。

在德国等大陆法国家，给付之诉在行政诉讼中的最初形态是义务之诉，这个义务就是行政机关作出某种特定行政行为的义务。原告可以以义务之诉请求法院判决行政机关作出被拒绝的，或者停止作为的行政行为。[①]后来，针对不同的权利救济需求，给付之诉又陆续增加了一般给付之诉和停止作为之诉。一般给付之诉的目的在于要求行政机关履行作出行政行为之外的其他给付义务。包括信息的给付、残疾人照顾等生存照顾的给付、维修道路等基础设施的给付、金钱给付等。停止作为之诉的目的则在于要求行政机关履行不作为的义务，即不得作出某一特定的具体行政行为。

上述三种基本类型在逻辑上基本上可以涵盖行政诉讼请求，三种类型的进一步类型化则使得基本类型向着纵深延展，有助于实现更全面、更准确、更到位的权利救济。除了三种类型自身的发展之外，还有一种值得注意的发展就是，针对特定领域的权利保护需求也出现了新的类型化趋势，目前主要包括规范审查之诉、执行诉讼、行政合同之诉。规范审查之诉多属撤销之诉。执行诉讼是美国独有的一种制度，行政行为生效之后，行政机关如果需要采取强制措施，迫使当事人履行行政行为确定的给付义务，

---

① 参见［德］弗里德赫尔穆·胡芬著，莫光华译：《行政诉讼法》，282 页，北京，法律出版社，2003。

需要向法院提起诉讼，请求确认行政行为合法，可以强制执行。执行诉讼的目的在于避免明显错误的行政行为侵犯相对人权益，其特殊性在于相对人未提起诉讼的情况下，由国家主动提供司法救济。基本上属于给付之诉的范畴。二是司法救济延伸到了私法领域。行政合同诉讼具有复合性，针对行政主体的优益权或者特权行为可以提起撤销之诉，针对合同履行争议可以提起给付之诉或者确认之诉。日本《行政案件诉讼法》规定的当事人诉讼中有一种"关于确认或者形成当事人之间的法律关系的处分或者裁决的诉讼，且根据法令的规定以其法律关系当事人的一方为被告的诉讼"，又被称为形式性当事人诉讼[①]，实际上相当于行政附带民事诉讼。诉讼类型的上述发展使得当事人的权利保护受到了交叉式的关注。

第三节　行政诉讼类型化有助于更好地监督和促进依法行政

现代政府的职能和活动方式都发生了深刻变化。随着政府职能由早期的构建社会秩序为唯一追求的"警察国"向提供服务和生存照顾、促进人们自我实现的"行政国"和"福利国"的转变，传统的以行政行为为主的单一行政方式无法适应，随着其他行政活动方式尤其是行政合同、行政指导等协商方式的引进，行政活动方式日趋多样化。行政诉讼承载着监督和促进依法行政的任务，在上述变化出现之后，传统的以行政行为为唯一标的撤销之诉显然无法独立完成行政诉讼的任务。对此，各国不约而同地选择了相同的解决之道，就是对行政诉讼进行类型化。我国目前正处在政府职能由管理向服务转变的进程当中，域外的经验具有宝贵的借鉴意义。

诉讼类型化之所以有助于监督和促进依法行政，主要是因为其与多样化的行政活动方式具有针对性。

撤销之诉针对的是已经作出的行政行为，审查内容是行政行为的合法性，如果行政行为违法，并且侵害了当事人的合法权益，则应判决撤销。在行政活动方式多样化的背景下，行政行为仍然是最为重要的方式，因此撤销之诉在监督和促进依法行政的过程中的作用是其他诉讼形式无法取代的。

---

① 参见［日］盐野宏著，杨建顺译：《行政法》，423 页，北京，法律出版社，1999。

确认之诉可以分成三种情况：一是针对已经作出的行政行为中的特殊情形，属于这种情形的有情况判决、确认无效之诉、继续确认之诉。二是针对将来可能出现的行政行为，比如预防性确认之诉。三是针对事实行为、行政合同行为等其他行政活动方式。

给付之诉也有三种情况：一是义务之诉，针对的是不作为或者作为不到位的情形。二是一般给付之诉，针对的是基于所有行政活动方式而产生的特定给付义务，比如政府不履行为新建酒店提供配套的水电气和道路条件的承诺而引起了给付之诉。这里提到"所有行政活动方式"，其中包括行政行为，比如，行政机关撤回或者变更行政许可引起的补偿诉讼。三是停止作为之诉，针对的是将来可能出现的行政行为。

从以上列举的情况可以看到，各种行政活动方式以及各种方式的不同情形，诉讼类型都有所虑及，实现了司法监督对行政权的全覆盖，有助于强化司法审查的力度，为有效地监督和促进依法行政提供了重要的机制保证。

第四节　行政诉讼类型化有助于行政纠纷的实质性解决

保障公民、法人或者其他组织的合法权益和监督行政机关依法行政，是行政诉讼法的两大目标。这两大目标能否实现，经常取决于行政纠纷解决的程度。如果只是审结了案件，但行政纠纷并未得到实质性的解决，两大目标就无法实现。而行政纠纷的实质性解决显然需要法院的司法审查更加到位。目前行政诉讼机制上最大的问题其实就是经常不能做到位，或者说不足以保证行政审判做到位。因为按照的当前撤销诉讼模式，被诉行政行为违法，法院只要判决撤销，就算大功告成。如果当事人诉讼的目的是用一个新的行政行为来取代被诉行政行为，并借助新的行政行为实现权利时，法院也只消在判决撤销的同时，概括地判决行政机关重新处理即可，当事人的权利能否实现，法院完全可以不予关注。行政诉讼类型化则恰可解决这个"做到位"的问题。因为诉讼类型的内在理念是，在司法能力允许的范围内，使行政纠纷得到尽可能彻底的解决。

撤销之诉和确认之诉对于法院具有羁束性，法院必须针对当事人提出的撤销或者确认请求作出明确的回答，法院不能回避问题也不能再把问题转回到被告处，令被告就是否撤销或者确认的问题作出处理。这是两种诉讼类型本身的性质决定的。

如果当事人要求被告作出特定行政行为，或者对原行政行为不服，希望以另一个行政行为取而代之，则应按照义务之诉进行审理。不仅要审查被告是否在法律上负有义务以及原具体行政行为的合法性，还要审查原告的请求能否成立，如果成立，则作出具体判决的裁判时机成熟，就应在判决撤销原具体行政行为的同时，责令被告作出原告要求的特定行政行为；如果原告的诉讼请求不能成立，则驳回诉讼请求；如果原告的请求能否成立尚需行政机关调查、裁量，则可以例外地作出概括判决。如果当事人要求被告履行作出特定行政行为之外的其他义务，大概也是按照上述思路进行审查和处理。

有时争议虽然发生在行政行为，但其根源却在于其他领域，诉讼类型化的最新发展趋势是在行政诉讼中一并解决。典型的例子是日本的当事人诉讼。当事人诉讼主要发生在行政机关对民事主体的权利义务关系作出行政裁决的情形。

官民关系是各种社会关系当中最为重要的一种。"历史上真正危及社会稳定的，平等主体之间的矛盾也有，但比较少，毕竟是一种局部的不稳定状态，不至于使一个政权颠覆、瓦解。真正使一个政权瓦解的是老百姓和政府的矛盾。"因此，"官民关系定而天下定，官民关系乱而天下乱"[①]。目前，我国处于矛盾高发期，其中官民矛盾也比较尖锐。从整个司法功能定位来说，能动司法是今后相当长时期应当坚持的司法政策；从行政审判角度看，行政纠纷的实质性解决是一个必须大力追求的目标。两种强烈的倾向结合在一起，行政诉讼类型化的必要性更加不言而喻。

第五节　行政诉讼类型化有助于提高行政
审判的质量和效率

俗话说："人巧不如家什妙"，强调的是工具的重要性。对于行政审判而言，行政诉讼类型化具有工具的作用。行政纠纷日益多样化，都用撤销诉讼单一模式加以处理，难免圆凿方枘；而引进类型化的模式，则可以针

---

① 江必新：《中国行政诉讼制度之发展》，26页，北京，金城出版社，2001。

对不同纠纷的各自特点作出恰如其分的处理。行政诉讼类型化就如同一台更加精密的流水生产线，为法院提供了更为精致的操作平台。两相比较，诉讼类型化的方法无疑更有助于提高行政审判的质量和效率，主要体现为如下三个方面：

第一，有助于固定行政争议焦点。虽然行政诉讼实行全面审查，但法院并非在每个方面都平均使用司法力量，一般来说法院都会把审查的重点放在有争议的问题或者方向，这就是所谓的争议焦点。由于大众的法律素养整体不高，其起诉时未必会准确、完全地表达诉讼请求和理由，归纳争议焦点往往需要投入较大的司法成本。借助行政诉讼类型化的方法，归纳的过程将变得比较简单，因为不同的行政诉讼类型有不同的诉讼标的，在法官的指导下，行政争议由此就可以锁定在一个比较明确的范围之内，从而使诉讼争议明晰化，为审判工作奠定良好基础。

第二，有助于完善案件审理流程。行政诉讼类型化不仅仅停留在形式外观的层面，而具有实质意义。类型化之后，就可以分门别类，针对各种诉讼类型的特点，明确各类案件的起诉与受理条件，包括原告资格、适格被告、起诉期限等，规范各类案件的庭审程序包括证据规则、法律解释与选择适用的规则、庭审方式、期限等，使得行政审判具有更强的操作性和针对性。

第三，有助于确定适当的司法审查范围。根据司法权的性质和特点，不同类型的案件应当确定不同的审查范围。在法国，有所谓越权之诉和完全管辖权之诉的区别。越权之诉中，法官只有认定行政行为是否违法，以及撤销违法行为的权力。在完全管辖权之诉中，法官可以撤销、变更行政机关的决定，以及判决行政主体负赔偿责任。[①] 法国的观点对于大陆法系国家有着深刻的影响。在撤销之诉和确认之诉中，受当事人请求的拘束，如果行政行为违法，法院只能判决撤销或者确认违法，而不能判决改变或者要求行政机关重新作出一个特定内容的行政行为。在给付之诉中，法院判决行政机关作出一个特定内容的行政行为或者履行特定内容的给付义务则为司法审查范围所容许。

行政诉讼类型化所带来的上述三个方面的好处，为法院快速、准确的进行行政审判各个环节的操作奠定了非常坚实的基础。只有行政审判的质

---

① 参见王名扬：《法国行政法》，669 页，北京，中国政法大学出版社，1988。

量和效率达到较高的水平，才能审查到位，使司法能动落到实处；只有行政审判的质量和效率达到较高的水平，才能救济到位，使无漏洞的权利保护落到实处；只有行政审判的质量和效率达到较高的水平，才能监督到位，使依法行政的推动落到实处。

第六节　行政诉讼类型化的弊端之克服

凡事有利必有弊。我们在引进行政诉讼类型化机制之前，必须事先对其弊端要有清醒的认识，并尽量克服。归结起来，可能出现的弊端有如下几种：

一是救济途径窄化。有的学者称之为"受案范围"的封闭性。[①] 行政诉讼类型化本来追求无漏洞的权利保护，但因为设计失误尤其是诉讼种类有限时，或者虽然诉讼种类不少，但由于实施当中的理解问题，可能反而造成救济途径的窄化，导致人们受到的若干侵害无法获得司法救济。

二是司法救济复杂化。行政诉讼类型如同一道道通向救济终点的门，使得救济途径条理化、规范化，但与过去单一的救济途径相比，无疑增加了路径的复杂性。不仅如此，各种诉讼类型都有其不同的适用条件，但是它们在结构上却存在重叠交错的情形，因为都包含着部分关于行政行为争议的救济途径，比如撤销之诉包含着确认不利益的行政行为违法，义务之诉包含确认行政机关拒绝核发行政许可的行为违法，甚至在排除不作为的义务之诉中，还包含着撤销拒绝请求的决定在内。[②]

三是增加当事人的选择风险。路径的复杂性，很容易造成当事人的选择失误。无论是英国的令状制度，还是德国的诉讼类型制度，早期都把路径选择错误的风险施加给当事人，造成很多因为误选路径而失去救济机会的情况。这可谓是诉讼类型的最大弊端，如果不能克服，则诉讼类型的引进会遭遇巨大挑战。这一点也是影响立法决策者选择的重要考虑因素。[③]

笔者认为，要克服上述弊端，至少应当做好以下几件事：

---

①　参见王丹红：《诉讼类型在日本行政诉讼法中的地位和作用》，载《法律科学》，2006（3）。

②　参见彭凤至：《行政诉讼种类理论与适用问题之研究》，第四届东亚行政法学术研讨会论文。

③　参见杨悦新：行政诉讼法大修稿亮点与盲区，载《法制日报》，2005-05-26。

第一，诉讼种类要回应所有正当的权利救济需求。诉讼种类未必一定要规定很多，但一定要有广泛的涵盖性和弹性，以便为将来的发展留下足够的空间。应当说，撤销之诉、确认之诉和给付之诉这三种基本类型就是一种成功的类型化，因为它们基本上涵盖了当事人能够提出的所有权利请求以及救济的方式。还有一点，这些类型都具有可扩展性。撤销之诉可以在行政职权行为的领域沿着内涵向纵深扩展。确认之诉和给付之诉则可以在诉讼请求的外延上不断扩展，发展出新的诉讼类型。主要法治国家的经验就是如此。①

第二，明确行政诉讼类型的基本规则。应当在立法或者司法政策层面上对于各种诉讼类型的适用条件、相互关系以及选择规则加以明确，这对于诉讼渠道的畅通具有重要意义。如果能让这些规则内外有别，更多地用于规范法院的审判活动，而不是限制当事人的诉权，既能让诉讼活动流畅地运转，又不会给当事人增加很多负担甚至风险，就是成功的设计。要达到这样的目的，就应当在类型规则的运用方面既赋予法院更大的主导权，同时也赋予更大的责任。

第三，加强诉讼指导。诉讼渠道选择错误的风险完全让原告承担显然是不公平的，现代行政诉讼法已经有了很大改变。比如在德国，如果原告选择了错误的诉讼种类，法院必须依照《行政法院法》第 86 条第 3 款，首先通过解释，必要时也可以通过转换，但至少要通过一个具体的指示，使之成为一个适当的诉讼种类。② 这里的指示实际上就是法院对当事人的诉讼指导。这些经验值得我们借鉴。

---

① 英国在其《最高法院规则》和《最高法院法》中建立起一套简明、统一、综合性的"申请司法审查"程序，这套统一程序可以同时适用于申请提审令、禁止令、执行令、阻止令和宣告令等救济形式，这就改变了英国传统的令状制度专门性、技术性过强而带来的烦琐之病。美国在第二次世界大战后特别是上世纪 70 年代以来，也以成文法形式对其沿用英国的传统令状制度加以改革，目的都在于简化程序，减轻程序负担，提高诉讼效率。在诉讼类型体系尤其复杂的德国，简化诉讼类型和程序的呼声也因而最高。有的学者甚至认为，过于繁杂的诉讼类型实际上是学者们费了九牛二虎之力"刨"出来的，这些类型其实都是民事诉讼中给付之诉、形成之诉和确认之诉的变体，完全可以简化为这三种类型。因此，他们提出了在诉讼类型问题上应回到概括主义的方法上来的主张。参见王丹红：《诉讼类型在日本行政诉讼法中的地位和作用》，载《法律科学》，2006（3）。

② 参见 ［德］弗里德赫尔穆·胡芬著，莫光华译：《行政诉讼法》，204 页，北京，法律出版社，2003。

第七节　行政诉讼类型化的基本构想

行政诉讼类型化并非是局部性的规范，而是贯穿行政诉讼全流程的理念，其引进在完善行政诉讼制度的同时，也必将带来深刻变化，大而言之，主要有如下几个方面：

第一，立法目的。行政诉讼类型化立足于司法的性质和特点，围绕诉讼请求安排相应的制度设计，其直接目的在于尽可能实质性解决行政争议，最终目的是为当事人提供救济，监督和促进行政机关依法行政。以此观点衡量，《行政诉讼法》第1条规定的立法目的应当作出以下两点重要修改：一是明确行政诉讼"解决行政争议"的功能定位。二是把"维护和监督"依法行政中的"维护"换成"促进"。修改后的内容为："为保证人民法院正确、及时审理行政案件，解决行政争议，保护公民、法人和其他组织的合法权益，促进和监督行政机关依法行使行政职权，根据宪法制定本法。"

第二，受案范围。行政诉讼类型化带来的变化主要有两点：一是所有的行政争议原则上都可以纳入受案范围，受案基准不再重要。设定受案基准是为了将受案范围局限于因具体行政行为引起的行政争议，排除其他行政活动引起的争议进入诉讼。所有的行政争议原则上纳入受案范围意味着受案基准由具体行政行为扩大到所有的行政活动类型，在行政活动方式上再无限制，受案基准自然也就失去了存在的价值。当然，这里有些问题还存在争议，有些争议还比较大。其中比较重要的是抽象行政行为的可诉性问题，有的认为应当纳入受案范围，有的则认为我国目前纳入的时机还不成熟。笔者认为，两种观点都有其合理性。考虑到抽象行政行为普遍适用的行为效果，一旦违法，其侵害相对人权益的后果比具体行政行为更为严重，纳入司法审查无疑是必要的，但考虑到其中规章以上的抽象行政行为具有"法"的属性，而《人民法院组织法》和《立法法》等法律并未赋予法院对立法行为的监督权，故此最多只能把规章以下的不属于法律渊源的规范性文件纳入。二是行政诉讼所保护的权利将突破人身权和财产权的范围，把涉及其他类型合法权益的行政活动纳入行政诉讼受案范围再无法律障碍。具体落实到条文，《行政诉讼法》第11条不再列举各种具体行政行为类型，而是列举法院可以处理的主要诉讼请求，并取消关于权利保护范围限于人身权、财产权的内容。第 12 条关于排除受案范围的条款保留，但第 2 项中"或者行政机关制定、发布的具有普遍约束力的决定、命令"删除。

第三，原告资格。总体来说，行政诉讼的原告资格限于能够提出主观权利保护主张的人。这一标准适用到不同诉讼类型，原告的范围并不相同。撤销之诉当中，如果是不利处分，一般是相对人；如果是有利处分，则一般是有利害关系的第三人。确认之诉的标的如果是行政行为，则原告的范围与撤销之诉相同；如果是某种特定的法律关系，则原告一般限于争议法律关系的当事人。给付之诉中，如果是义务之诉，原告一般限于申请人或者具有实体请求权的人；如果是停止作为之诉，原告的范围与撤销之诉基本相同；如果是一般给付之诉，原告的范围限于行政机关拒绝或者停止给付而受到实际影响并能够提出权利主张的人。从各国行政诉讼法来看，找不到如此细致的规定。即使有原告资格的规定，也基本上限于撤销诉讼。其他诉讼类型的原告资格基本上都依靠法院在实践中的探索。基于立法技术的考虑，我国的行政诉讼法未必规定得如此之细，但这些问题至少在司法政策的层面上应当统一认识和标准。

第四，起诉与受理。起诉与受理存在多道门槛，包括前述的受案范围、原告资格，也包括适格被告、管辖、起诉期限、复议前置等多项条件，其中受诉讼类型影响较大的是起诉期限。撤销之诉的起诉期限通常以行政行为的作出时间作为起算点。其中根据不同情况，起诉期限的长短会有不同。行政机关告知诉权和起诉期限的，一般为三个月；不告知诉权和起诉期限的，自实际知道或者应当知道之日起计算，但自获知行政行为内容之日起最长不超过 2 年。如果原告是无从知道行政行为内容的第三人，则起诉期限最长可以延至行政行为作出之日起 5 年，如果涉及不动产，则可以延至 20 年。确认之诉的标的如果是行政行为，则起诉期限与撤销之诉相同。如果是其他法律关系，则区分两种不同情况：若是法律关系处于存续状态，随时可以起诉，不受起诉期限限制；如果没有存续状态，则自终结争议法律关系的事实发生之日起计算，可以参照撤销之诉的规定。给付之诉可以分成三种情况：义务之诉中，如果行政机关作出了拒绝请求或者申请的决定，则适用撤销之诉的规定。如果行政机关不作任何答复，实践中对于是否受到起诉期限的限制，存在很大分歧。笔者认为，起诉期限不加限制的观点在实践中是行不通的，既然诉讼的标的是行政行为，可以参照撤销之诉的规定。一般给付之诉中，如果原告要求的是金钱等财产利益的给付，则可以参照民事诉讼的期限规定；如果是行政法上的给付义务，则可以参照撤销之诉的规定。停止作为之诉一般没有起诉期限的限制，只要在行政行为作出之前就可以起诉。

第五，审判方式。行政诉讼类型化将带来很大变化，其中比较重要的有如下几点：一是举证责任不同。撤销之诉、确认之诉和义务之诉由被告对被诉具体行政行为的合法性负举证责任。给付之诉则应由原告对于行政机关负有特定义务或者约定负举证责任。二是审理中的职权主义的程度不同。在撤销之诉、确认之诉和义务之诉中，职权主义色彩更重，一般给付之诉中，职权主义色彩较淡，尤其是行政合同履行之诉则基本上采用与民事诉讼接近的当事人主义。三是调解方式受到的限制不同，在撤销之诉、确认之诉和义务之诉中受到的限制较多，一般给付之诉中则限制较小。四是裁判时机成熟的条件不同。撤销之诉一般在被诉行政行为违法且侵害当事人合法权益时作出撤销判决。确认之诉则只要查明争议的法律关系是否存在就可以作出相应的确认判决。给付之诉则不仅要确认被告负有法律义务，还需要确认原告请求或者申请的理由成立，才能作出具有特定内容的给付判决。五是一并解决相关争议，可以借鉴日本的当事人诉讼模式，在起诉行政裁决或者行政确认（尤其是确认人身关系、财产关系）的案件中引入行政附带民事诉讼。六是非诉执行司法化。前文提到非诉执行背离了立法初衷，最有效的解决方案莫过于司法化。目前有两种不同方案：一是引入听证程序，并将司法解释中的审查标准进一步明确，吸收到法律条款当中。二是改造为执行诉讼。笔者个人更倾向于第二种方案，但其推行的难度很大。综合权衡，似乎第一种方案更为可行。

第二章 诉讼门槛之变迁（一）：受案范围*

现代法律的一个重要发展是，越来越多的权利受到保护，且保护越来越周密，作为权利救济的主渠道，诉讼的作用越来越大，诉权的重要性由此凸显。[①] 然而，一旦诉讼，被告（可能还有第三人）将付出成本，国家也须耗费有限的司法资源，所以，在任何国家，诉权都是有条件的。行政诉讼中，利益尤其是公私利益的权衡贯穿全程，使得诉权条件的不确定性和复杂性超过刑事和民事诉讼。现实之中，诉权的实现并不全由法条决定，往往取决于博弈，而结果之难期，由两造对比之强弱立判可以想见，先天不足的结构自然生出诉权保护之要求。而我国公权力的结构当中，行政更占据绝对中心，威势不仅远胜原告，甚至掣肘法院，诉权保护之需求更烈。近年来，在形势复杂多变、强调司法服务大局的背景下，有些地方法院走了极端，有案不收、有案不立。2009 年上半年，全国一审行政案

---

* 本章根据作者发表于《人民司法》2010 年第 7 期的《行政诉讼的诉权保护》一文之部分改编而成。

① 不少国家甚至把诉权提升为宪法权利。

件数量同比下滑超过 10%，损害诉权的现象有蔓延趋势。为扭转颓势，最高人民法院迅速下发《关于依法保护行政诉讼当事人诉权的意见》（法发［2009］54 号），经过上下的艰苦努力，取得了良好效果，最终全年案件数量反增 10%。要认识到，诉权保护是一场持久战，必须运用一切可用资源，尤其是经验。伯尔曼说过，溺水的人在挣扎的瞬间，脑海会掠过一生经历，他要从中寻找摆脱困境的方法。[1] 鉴于此，笔者梳理二十年来诉权条件方面积累的经验，试图找到摆脱诉权保护困境的方法，供实践参考。美国学者把诉权条件称为诉讼门槛（threshold of judicial review）[2]，笔者认为非常形象，故借用到本书。限于篇幅，诉讼门槛分为三个部分，本部分为受案范围。

受案范围是指哪些行政活动可以受到法院的司法监督，体现行政诉讼的广度。归纳《行政诉讼法》第 2 条、第 11 条、第 12 条、最高人民法院《关于执行〈中华人民共和国行政诉讼法〉若干问题的解释》（以下简称《若干解释》）第 1 条至第 5 条等规定，受案范围包括四个主要方面：受案范围基准、受保护的权利范围、肯定范围、否定范围，其发展也可从这四个方面观察：

第一节 受案范围基准的发展演化

按照《行政诉讼法》第 2 条规定，行政诉讼的受案范围基准是具体行政行为。那么，如何理解具体行政行为呢？这是行政法官必须要搞清楚的首要问题。1991 年最高人民法院《关于贯彻执行〈中华人民共和国行政诉讼法〉若干问题的意见（试行）》（已失效）第 1 条作出了如下定义："'具体行政行为'是指国家行政机关和行政机关工作人员、法律法规授权的组织、行政机关委托的组织或者个人在行政管理活动中行使行政职权，针对特定的公民、法人或者其他组织，就特定的具体事项，作出的有关该公民、法人或者其他组织权利义务的单方行为。"定义中处处可见明显的

---

① 参见［美］伯尔曼著，贺卫方译：《法律与革命》，1 页，北京，中国大百科全书出版社，1993。

② 参见王名扬：《美国行政法（下）》，673 页，北京，中国法制出版社，1995。

德国法印记，可以与德国法通说的行政行为五要件——比对。①

一是处理。所谓处理体现为行政主体的意思表示，其目的在于为相对人设定（包括确认）、变更或者解除某种法律权利或者义务。定义中的"有关该公民、法人或者其他组织权利义务"表明了处理行为的特性。

二是主权性。所谓主权性就是说必须属于公法。大陆国家的法律框架建立在公私法二元体制基础之上。行政法属于公法，行使行政职权的行为自然也就属于公法行为。定义中的"行使行政职权"表明了行政行为的公法属性或者主权性。

三是具体事件。也就是说，必须要针对具体事件。这一特征使行政行为与法律规范区别开来，后者针对范围或者数量不特定的事件和公民，属于抽象——一般的规则。定义中很明确地讲到了两个特定，即"针对特定的公民、法人或者其他组织，就特定的具体事项"。

四是行政机关。有两层含义：其一是行为的主体是行政机关，其二是行政行为仅由行政机关作出，是一种单方面的处理行为，而无须相对人的同意。这一点从《行政诉讼法》第2条和《若干解释》第1条中的"行政机关"和"作出"的表述中，都可以确认其符合这一特点。

五是外部直接法律效果。行政行为仅仅是设定公民或者其他外部法人权利义务的处理行为，这超越了内部行政领域。也就是说，行政行为必须以外部法律效果为指向。定义中的"公民、法人或者其他组织"都是行政机关外部的主体，而"有关该公民、法人或者其他组织权利义务"自然也就是具体行政行为的外部效果。

比较而言，我国的行政诉讼受案范围是非常狭窄的。比如在德国，行政诉讼的受案范围是所有的"公法性争议"，实际上是以行政活动中的所有外部行为和一部分内部行为为基准。行政活动分为法律行为和事实行为，法律行为又分为公法行为和私法行为，公法行为又分为外部行为和内部行为，外部行为又分为抽象行为和具体行为。具体行为又分为双方行为和单方行为。而单方行为才是行政行为。《行政诉讼法》实施后，具体行政行为基准狭窄的问题很快显露出来，尤其是定义勾勒出的上述五个要件非常明确，更是将很多类型的行政活动排除在外，束缚了行政审判手脚，

---

① 参见［德］哈特穆特·毛雷尔著，高家伟译：《行政法学总论》，183页，北京，法律出版社，2000。

造成司法救济和监督的失位。其中尤以"处理行为"排除了事实行为，"行政机关"中单方行为的属性排除了行政合同最令实践困扰。应当说，这种状况并非出自立法本意，因为1994年出台的《国家赔偿法》实际上把事实行为（至少一部分事实行为）纳入了受案范围，而行政合同案件在《行政诉讼法》实施之初就已出现，立法机关亦未反对。为了解决这些问题，2000年最高法院修订司法解释时，试图重写定义，但发现要件式的解释面临两难的处境：德国的行政行为概念为理论界所承袭，沿用多年，多数学者对具体行政行为的理解都不脱德国的行政行为概念框架。通过定义扩大概念外延，甚至达到与行政活动相当的境地，既会造成具体行政行为概念的空洞化，也缺乏理论根基；但以学理通说作为定义基础，又显然无法满足人民群众对司法救济日益增长的新需求、新期待，阻碍行政诉讼制度的正常发展。最终起草者放弃了定义的努力。但是从《若干解释》删除原定义，并且把具体行政行为中的"具体"二字去除还是可以探知为在法律意旨容许的前提下合理扩张受案范围留下余地之用意。①

笔者认为，用具体行政行为作为受案范围基准确实过窄，如果修订法律，应当重新考虑。但是在修订之前，还是应当采取一种积极的态度，尽可能充分利用具体行政行为自身的弹性，因应时代需求，与时俱进，适当扩展受案范围。所以，如何理解具体行政行为是一个始终无法绕开的问题，司法解释没能明确，问题就又回到了实践，回到了每一个法官的案头。

对具体行政行为的理解，似可在以下两个方面挖掘潜力：一是看哪些要件可以去除，排除受案范围方面不必要的限制。二是看保留的要件当中是否可以进一步甄别，在标准的掌握上适当放松限制或者开一些口子。以此思路，笔者提出如下建议：

一、"单方行为"之要件应当去除

也就是说，单方行为不再是具体行政行为的要件，行政合同也可以纳

---

① 司法解释对于行政诉讼法的规定而言，并非是突破，而是恢复，因为在制定行政诉讼法的时候，立法机关有一个重要的指导思想，就是行政诉讼的受案范围有一个逐步扩大的过程。经过10年的行政诉讼实践，条件有了很大变化，因此有条件在原司法解释的基础上进一步扩大受案范围。参见江必新：《中国行政诉讼制度之发展》，28页，北京，金城出版社，2001。

入范围。大陆法系国家对具体行政行为的理解在这一点上并不完全相同，比如，法国的具体行政行为就包括单方行政行为和行政合同等多方行政行为。域外经验的差异性标志着，单方性并非是具体行政行为的本质特征，这就为我们提供了可选择性。也就是说，删除单方行为这一要件从而明确行政合同的可诉性在理论上是可行的。这一点在现实上具有非常重要的意义。

作为一种以合同形式实现执法目的的新型行政执法方式，行政合同在实践中得到越来越广泛的应用。行政合同发挥的作用越来越大，违法侵权的情形也越来越多，要求司法介入为相对人和利害关系人提供救济的呼声越来越高。从正反两方面看，行政合同与其他具体行政行为没有本质区别，没有理由将其拒之司法审查的门外。尽管按照旧司法解释的定义，具体行政行为不包括行政合同，但面对强烈的社会需求，早在20世纪90年代中期，有些法院就已开始受理行政合同案件，当然都是一些星星点点的尝试。1997年，最高人民法院审理大连市华运产业房地产开发公司诉大连市房地产开发管理领导小组办公室废止中标通知案，可以认为是一个具有标志性意义的事件。在该案中，最高人民法院首次运用行政合同原理作为判案依据。[①] 此后，行政合同案件的受理数量逐渐增加。从案件类型来看，主要集中在政府采购和公共资源的出售等方面，诸如国有土地使用权出让、探矿权、采矿权、城市水电气及其他大型基础设施建设和运营的招投标。2004年，最高人民法院出台《关于规范行政案件案由的通知》（法发［2004］2号），其中将行政合同列入27种行政行为之一，行政合同的可诉性较为正式地得到了确立。当然，这方面的进展并非一帆风顺。由于行政合同在立法层面上尚无规范可循[②]，造成实务中认识的分歧，尤其是行政合同的范围问题上，行政审判与民事审判亦未达成共识。比如土地出让合同，行政法界普遍认为是行政合同，民事审判当中却一直作为民事合同对待。也就是说，它在理论上应划入行政合同，但在习惯上则被当做民事合同。解决这些问题，最有效的方式莫过于就行政

---

① 参见最高人民法院（1997）行终字第17号行政判决书。
② 《合同法》起草时，在有名合同当中曾经有过将行政合同列入的动议，但主流意见认为合同法规范的是民事合同，性质不同，行政合同不宜列入。

合同问题立法。①

目前问题比较突出的领域主要是土地出让，按照现行司法政策，土地出让合同纠纷属于民事诉讼的审理范围，合同履行过程中的特权行为比如单方终止合同、废除中标通知书等行为，土地竞拍行为本身以及竞拍之前的拍卖公告、中标确认书等行为都属于行政诉讼的受案范围。② 其理由具有同一性，即它们都是单方性的处理行为，符合最严格的具体行政行为的标准。

二、"处理行为"之要件应当保留

保留"处理行为"之要件的同时，要为事实行为和过程行为留下一定的可诉空间。

第一，事实行为。又称为事实活动或者纯行政活动，是指以某种事实结果而不是法律后果为目的的所有行政措施。③ 事实行为通常从属于法律行为（处理行为），通常不是具有独立意志的行为。事实行为有两种形式：一是实力（甚至暴力）的运用。比如责令限期拆除违法建筑的决定作出后，相对人不履行，行政机关实施的强制拆除房屋行为，或者拘留决定实施过程中遇到相对人抵抗时用暴力将其制服的行为。二是书面通知。比如行政机关在送达行政处理决定结果时所附的书面通知。再比如，相对人对行政决定提出异议后，行政机关进行解释或者说明的通知。需要注意，行政机关作出的行为有时可能徒有处理行为的外表，需要仔细甄别。比如，行政机关作出罚款决定后，相对人申请延期缴纳，行政机关作出了不准予延期缴纳的决定。相对人不服提起诉讼，是否可诉？主要看它是否是一个

---

①　立法机关正在起草的"行政程序法"已经几易其稿，其中始终都把行政合同作为专章，该法如能出台，相信有助于解决行政合同与民事合同界限不清的问题。行政合同诉讼的尴尬现状亦可迎刃而解。

②　最高人民法院曾经作过两个批复。最高人民法院《关于土地管理部门出让国有土地使用权之前的拍卖行为及与之相关的拍卖公告等行为性质的答复》（〔2009〕行他字第55号）将拍卖行为以及拍卖公告纳入行政诉讼受案范围。最高人民法院行政审判庭《关于拍卖出让国有建设用地使用权的土地行政主管部门与竞得人签署成交确认书行为的性质问题请示的答复》（〔2010〕行他字第191号）将行政机关签署的成交确认书纳入受案范围。

③　参见〔德〕哈特穆特·毛雷尔著，高家伟译：《行政法学总论》，391页，北京，法律出版社，2000。

处理行为。笔者认为，罚款决定生效后，本身就具有立即执行的法律效力，行政机关拒绝延期缴纳的决定仍在罚款决定的效力范围内。与其说拒绝行为是一个独立的处理行为，还不如说是对罚款决定这一处理行为的解释或者说其内容的自然延伸。

事实行为通常是不可诉的，但以下三种情况例外：一是当事人认为事实行为超出了处理行为的意思范围。比如行政机关作出强制拆除违法建筑的决定，而在实施过程中由于误操作将房间里的人砸伤。二是本应作出处理行为而未作，直接采取事实行为。比如行政机关没有作出强制拆除违法建筑的决定，直接予以拆除。三是事实行为与处理行为不可分。比如没有单独作出行政处理决定，而是在通知中直接载有行政处理决定的内容。

第二，过程行为。过程行为指的是行政机关在作出具体行政行为的过程中对环节事项作出的阶段性处理，主要有两类：一是行政机关采取的调查措施和审查措施。比如卫生部门对库存食品进行检查所作的现场检查笔录，行政机关工作人员草拟处理意见的报告以及机构内部的研究讨论记录等。二是程序事项的通知或者告知。比如行政机关在实施行政许可过程中的受理申请通知、准予或不准予听证的通知、补正材料的通知、告知申辩权、行政许可信息的告知、公示、说明、解释等。

法院之所以不受理起诉过程行为的案件，主要是基于行政行为成熟性的理论，其基本原理是避免司法过早地作出裁决，以免法院自身卷入有关行政政策的理论争论之中，同时也是为了在行政机关正式作出行政行为之前，在当事人事实上感受到这种行为的效力之前，保护行政机关免受司法干扰。什么时候才算是成熟呢？应当是行政行为具有最终性，而是否是最终的行为，就要看行政行为的程序是否达到了司法复审不会打断行政裁决的正常程序的阶段，也就是说，要看行政救济是否已经终结了，还要看权利与义务是否确定了，或者说从行政行为中是否会产生法律效果。[①] 应当说，过程行为一般情况下都不会产生确定权利义务的法律效果，但在特殊情况下可能会产生确定权利义务的效果。比如行政机关受理行政许可申请并未对权利义务作出最终决断，但不受理行政许可申请，行政许可程序对申请人而言已经终止，其权利遭到了终局性的否定。再比如，行政机关要

---

① 参见［美］伯纳德·施瓦茨著，徐炳译：《行政法》，478～479 页，北京，群众出版社，1986。

求许可申请人补正材料并未对权利义务作出最终决断，但如果要求补正的材料在事实上或者法律上无法获得，申请事实上遭到了终局性的否定。在此情况下，就应当认为过程行为的起诉时机成熟。这种思想已为最高人民法院《关于审理行政许可案件若干问题的规定》所吸收，其中第3条规定："公民、法人或者其他组织仅就行政许可过程中的告知补正申请材料、听证等通知行为提起行政诉讼的，人民法院不予受理，但导致许可程序对上述主体事实上终止的除外。"该规定不仅限于行政许可案件，其他领域遇到类似情形也可以参照适用。

实践中，很多的判断错误都源自未能适用或者理解上述标准。比如，某乡政府批准同意村民甲在一块耕地上建设新房，甲建成后，某部队提起诉讼称，该地包含在其早已征用的土地当中，请求法院判令撤销某乡政府的颁证行为。法院经审理查明某部队所称情况属实，但在法律上，乡级政府对于在耕地上建房只能在初审后上报所属县级政府，而无权直接批准，所以该批准行为只是一个不生效的过程行为，不可诉。笔者认为，这种观点值得商榷。乡政府虽然无权批准，但其实际上作出了批准行为并且实际实施，且甲作为被许可人对于该行为有信赖利益，直接用裁定驳回起诉的方式否定甲的信赖利益、将乡政府的责任隐藏起来实质上不符合诉讼法的精神。正确的做法是，经过实体审理撤销乡政府的批准行为。如果甲提起行政赔偿诉讼，则乡政府应当就甲的合法投入承担赔偿责任。

三、"主权性"仍是最核心要件

这一点是最没有争议的，我们之所以感到陌生，是因为不习惯使用主权性或者公法性这样的表述，但是具体行政行为中的行政职权因素实际上就属于主权性的范畴。

四、"具体事件的处理"之要件保留

在保留的同时，需要在解释上把握好尺度，以免将应纳入司法监督的部分切割出去，就此应当形成进一步的共识。对于"具体事件"，实践中大致有两种不同观点：一种观点是两点论，就是必须是针对特定人和特定事项，两者兼备才是具体事件，缺一则不构成。另一种观点是一点论，就

23

是只要是针对特定人或者特定事项，两者具备其一就构成具体事件。笔者认为，这个问题在司法政策上实际上已有定论。行政行为可以分为具体行政行为和抽象行政行为。这种分类是二分法，也就是说，一个行政行为不是具体的就必然是抽象的，不是抽象的就必然是具体的，不存在既不具体也不抽象的第三种类型。对于具体行政行为虽然没有权威解释，但《若干解释》第3条对抽象行政行为作出了解释，它"是指行政机关针对不特定对象发布的能反复适用的行政规范性文件。"按照人（对象）和事是否具有特定性（能否反复适用）来区分，行政行为可以分成四种情形：人和事都不特定、人和事都特定、人特定但事不特定、人不特定但事特定。其中抽象行政行为仅指人和事都不特定的情形，那么其余三种自然都属于具体行政行为了。有必要再强调一次，具体事件有三种模式：

一是人和事都特定。比如行政机关对公民甲作出的罚款500元的行政处罚。需要注意，人是否特定不能仅从行为的外观来判断。比如为了拆除违法建设的广告牌，恢复市容，行政机关发出通告：所有广告牌，有关人员一律在本通告发布之日起1个月内去接受处理，不去接受处理的，其广告牌视为违法设立，一律拆除。通告虽然没有写出对象，但在发出通告时，相对人的范围是确定的。有时，行政行为可能会涉及非常多的相对人，但只要范围是封闭的，就是特定的。比如，地方人民政府就特定重点工程制定的关于征地拆迁补偿标准的文件，就没有提到相对人的名字，而且往往涉及成千上万的人，实践中各地法院对其可诉性认识很不一致。笔者认为，工程是特定的，其对象的范围也是可以确定的，所以应当属于具体行政行为，自然是可诉的。

二是人特定但事不特定。行政行为虽然针对具体的人作出，但内容却具有持续性，比如，企业登记在有效期内，可以在法定范围内反复从事经营活动。公安机关对于有扰乱体育比赛秩序的人在决定拘留的同时，禁止其12个月内观看同类比赛。这就意味着违法者在12个月内只要去观看比赛，就会遭到拒绝，也就是说，禁令对他反复适用。

三是人不特定但事特定。比如为了迎接外国贵宾，封闭车道1小时。

五、"外部直接法律效果"之要件可以适用

需要指出，在适用此要件的同时，须明确有些内部行为在特定情况下

可以有外部直接的法律效果。其中比较典型的有会议决议、批准行为和内部命令。

第一，会议决议。会议决议指的是政府召集有关行政部门就重要事项明确各自的职责和分工，并由各部门分头落实的决议，通常体现为会议纪要的形式。会议决议，其目标需要借助各有关部门的处理决定和事实行为才能实现，实际上与过程行为同样是行政行为之前的一个准备过程，所不同者只是过程行为是对外作出的通知，而会议纪要完全是一个内部行为，所以，按照成熟性原理，会议纪要是不可诉的。不过从实践的情况看，有些会议纪要不需要借助其他行政行为直接对外生效，比如，行政机关已经作出的行政许可决定在未送达申请人之前，政府会议作出决议，否定了行政许可决定。如果抱残守缺，排除会议纪要的可诉性，当事人就无法获得司法救济。20 世纪 90 年代末期，法院开始运用一种名之为"内部行政行为外部化"的理论来弥补不足。按照这一理论，会议纪要这样的内部行政行为如果具有直接设定、变更或者消灭影响当事人的权利义务的效果，也就是直接对外产生了法律效果，则视同具体行政行为，承认其可诉性。多年来，各地法院已经受理了大量的起诉会议纪要的案件。

第二，批准行为。批准行为指的是上级行政机关就下级行政机关拟作出的具体行政行为，在对上报材料进行审查后对下级行政机关作出的同意或者不同意的意思表示。《若干解释》第 19 条规定："当事人不服经上级行政机关批准的具体行政行为，向人民法院提起诉讼的，应当以在对外发生法律效力的文书上署名的机关为被告。"该规定是关于适格被告的规定，但被告实际上与被诉行政行为是联系在一起的，既然以对外发生法律效力的文书上署名的机关为被告，被诉的行为当然就是对外发生法律效力的文书。那么，"对外发生法律效力的文书"是否包括批准行为？自《若干解释》公布以来，实务中基本上将其理解为下级行政机关作出的具体行政行为，而不包括上级行政机关的批准行为。这种理解有其现实根源，就是法院普遍不希望被告的级别太高，因为被告的级别越高，审理的难度也就越大。笔者认为，文字上看，《若干解释》第 19 条有进一步解释的余地，只要批准行为出现对外发生法律效力的情况，就不能排除于受案范围之外。批准行为是上级行政机关对下级行政机关作出的行为，通常属于内部行为，但有时也会发生外部化。最典型的就是法律规定下级行政机关作出具体行政行为须经上级行政机关批准的情形。由于法律上把上级的批准规定为作出具体行政行为的必经程序，该行为就有了影响相对人或者利害关系人合法权益的可能性。而上级行政机关根据授权作出的批准行为如果为相对人或者利害关系人所知道，实际上就产生了外化效果。这一观点已在司法政策层面上体现出来，最高人民法院《关于审理行政许可案件若干问题的规定》第 4 条规定，当事人不服行政许可决定提起诉讼的，以作出行政许可决定的机关为被告；行政许可依法须经上级行政机关批准，当事人对批准或者不批准行为不服一并提起诉讼的，以上级行政机关为共同被告。该规定虽然是为许可案件审理而设，但其精神可以适用于具有类似情形的行政行为。

第三，内部命令。内部命令指的是上级行政机关要求下级行政机关作出或者不得作出某种行为的命令。比如要求行政机关启动对某一事件的调查和处理程序、提供某种统计数据等，内部行为通常只在上下级行政机关之间产生内部法律效力，而没有外部法律效果。但是有些情况下命令的内容非常具体，直接对相对人或者利害关系人的利益作出处分，为了提供充分的救济，法院近年来开始受理此类起诉内部命令行为的案件，甚至包括起诉上级行政机关领导对下级机关的口头命令的案件。[①]

综上，笔者认为，将德国通说的具体行政行为五要件加以改造，借鉴法国经验，淡化单方行为特征[②]，改为四要件，既符合行政法的发展实际，也未对行政行为理论构成大的冲击，可以在行政审判实践中参考适用。

第二节　行政诉讼法保护的权利范围的发展演化

行政诉讼法保护的权利，既涉及受案范围，也与原告资格有关。《行政诉讼法》第 11 条第 1 款在列举了 7 项可诉的具体行政行为之后，第 8 项作出了"认为行政机关侵犯其他人身权、财产权的"这样一个兜底的规定。由此规定来看，立法旨趣将受案范围集中于影响人身权、财产权的行政行为，同时也就似乎将《行政诉讼法》的保护范围限定在人身权和财产

---

①　参见黄绍鹏：《建明食品有限责任公司诉泗洪县人民政府电话指示案》，载最高人民法院应用法学研究所编：《人民法院案例选》，2007（3）。

②　参见王名扬：《法国行政法》，137 页，北京，中国政法大学出版社，1988。

权的范围内。

人身权和财产权属于民事权利范畴，按照《民法通则》，人身权包括生命健康权、姓名权、名称权、肖像权、名誉权、荣誉权、婚姻自主权等权利；财产权包括财产所有权及有关的财产权（物权）、债权、知识产权。按照《宪法》规定，国家保护和尊重人权，而人权按照《宪法》的列举规定，至少包括以下几项：私有财产权和继承权，选举权和被选举权，言论自由（言论、出版、集会、结社、游行、示威），信仰自由，人身自由，人格尊严，住宅不受侵犯，通信自由和通信秘密，批评建议和申诉权，劳动权，获得物质帮助权，受教育权，从事科学、艺术、文化活动的自由，平等权等。以上所列除了私有财产权和继承权、人身自由、人格尊严、住宅权之外，均不属于典型的人身权、财产权范畴。按照法律文字，涉及人身权、财产权之外其他权利的具体行政行为似乎都不属于行政诉讼受案范围。二十余年来，法院在司法实践中并未作茧自缚，而是采取了一种尊重法律意图但不拘泥于文字表面的立场，以人身权、财产权为基础，把诉讼保护的权利能动地扩展到相关领域，以回应社会公众不断增长的司法需求。概括起来主要有四个方面的发展：

一、涉及劳动权的案件

劳动权是关系到人的生存与发展的重要权利，在宪法权利当中，其与人身权和财产权虽是独立的权利类型，但关系密切。在劳动权的结构内容当中，可以找到非常明显的人身和财产因素。《劳动法》第3条规定了劳动权的具体内容，包括平等就业和选择职业的权利、取得劳动报酬的权利、休息休假的权利、获得劳动安全卫生保护的权利、接受职业技能培训的权利、享受社会保险和福利的权利、提请劳动争议处理的权利以及法律规定的其他劳动权利。其中平等就业和择业权、休息休假权、获得劳动安全卫生保护权对人身权具有保障作用。取得报酬的权利和享受社会保险和福利权行使的结果就是财产的获得，接受职业技能培训权和提请劳动争议处理权则是劳动权上述五项内容的重要保障。可以说，对于人身权和财产权而言，劳动权是一种重要的手段，后者有助于在数量上和质量上提高前者。传统上，劳动关系受民法的合同双方意思自治原则的调整，国家不予干预，即便劳动权受到侵害，也主要由民事诉讼通过事后救济给予保护。

进入现代以来，雇主和劳动者之间的不对等地位日益悬殊，由此造成的结构性问题，民事诉讼无法提供及时和充分的保护，于是行政机关介入到劳动关系当中。现在，行政机关不仅对劳动纠纷进行调解或者仲裁，还执行最低工资制度、为失业者提供救济、建立和实施工伤保险和养老保险制度，并进行必要的监督检查。可以说，对劳动权的行政保护是全方位的，对劳动者而言也是至关重要的。当然，一旦行政机关失职、怠惰也会给劳动者造成较大损害，纳入受案范围的必要性没有争议。事实上，2000 年之前，有些法院不受理某些涉及劳动权的案件比如养老金的确定或者企业改制过程中的职工待遇问题，主要是因为找不到法律依据，只有一事一议的文件，法院面对这些政策调整的事项往往一筹莫展。随着劳动和社会保障领域的法制化的不断进步，这方面的疑虑越来越少，行政审判也随着进入到涉及劳动权的各种行政行为领域。

二、涉及公民从事特定职业资格、资质的案件

为了提高某些行业的社会服务水准，保护消费者的合法权益，防范风险，法律规定某些职业的从业人员必须具备一定的资格或者资质，比如从事司机、律师、医师职业就需要行政机关颁发的授予其资格、资质的证书。这些资格、资质关乎择业权利（劳动权的重要内容），因而也具有人身或者财产的因素。事实上，涉及特定资格、资质的行政案件自《行政诉讼法》实施就已出现了，因为该法第 11 条第 1 款第 4 项规定，"认为符合法定条件申请行政机关颁发许可证和执照，行政机关拒绝颁发或者不予答复的"，属于行政诉讼受案范围。据此，涉及驾驶证、个体营业执照等的行政案件由此进入法院。不过，像涉及律师、医师资格、资质的行政案件能否受理，一直都有争议，直到 2003 年《行政许可法》出台，才完全统一到可诉的观点。目前，争议仍然很大的主要是技术职称评定的可诉性，比如某人申请工程师职称，遭到拒绝，提起行政诉讼。主流观点是不可诉。理由是这些资质只是证明申请人的能力达到一定水准，但并不与特定职业挂钩，不影响申请人的择业权利。笔者认为，这些资格、资质中的人身、财产因素与驾照、律师证书、医师证书相比只有程度的差别，而无性质差别。即使不与特定职业挂钩，但显然有助于提高谋生能力，可以使申请人在生存竞争和发展当中处于有利位置。因此，随着社会经济的进一步

发展，可以在条件成熟时进一步扩大，纳入行政诉讼的权利保护范围。

三、涉及受教育权的案件

按照《教育法》、《义务教育法》、《高等教育法》、《职业教育法》等有关法律的规定，受教育权包括下列内容：（1）适龄儿童、少年有接受义务教育的权利；（2）符合入学条件、家庭经济困难的儿童、少年、青年，提供各种形式的资助；（3）女子在入学、升学、就业、授予学位、派出留学等方面享有同男子平等的权利；（4）参加职业教育的权利；（5）参加教育教学计划安排的各种活动，使用教育教学设施、设备、图书资料的权利；（6）按照国家有关规定获得奖学金、贷学金、助学金的权利；（7）在学业成绩和品行上获得公正评价，完成规定的学业后获得相应的学业证书、学位证书的权利；（8）对学校给予的处分不服向有关部门提出申诉，对学校、教师侵犯其人身权、财产权等合法权益，提出申诉或者依法提起诉讼；（9）法律、法规规定的其他权利。

《行政诉讼法》实施之初，受到特别权力关系理论的影响，各地法院基本上不受理涉及受教育权的行政案件。1998年，山东一起案件中，教育部门对学校拒绝接受适龄儿童入学事件作出行政处理决定后，当事人不服提起诉讼，就是否可诉的问题，当地法院逐级请示。最高人民法院批复指出：根据《教育法》第42条第4项和《未成年人保护法》第46条[①]的规定，当事人不服教育行政部门对适龄儿童入学争议作出的行政处理决定，属于《行政诉讼法》第11条第2款规定的受案范围，人民法院应当受理。[②] 学位证的颁发问题，通常被认为属于高校自治范围，当事人遇到不利的处理时往往不会想到通过诉讼途径来救济，即便偶有出现，也不能得到支持。到20世纪90年代末期，情况也开始转变。1997年，北京大学博士生刘燕文因未能获得博士学位，而对北京大学和北京大学学位评定委员会提起行政诉讼，请求法院判令颁发学位证。当时法院以不属于行政诉

---

① 未成年人的合法权益受到侵害的，被侵害人或者其监护人有权要求有关主管部门处理，或者依法向人民法院提起诉讼。

② 参见最高人民法院《关于当事人不服教育行政部门对适龄儿童入学争议作出的处理决定可否提起行政诉讼的答复》（〔1998〕法行字第7号）。

讼受案范围为由不予受理。1998 年，北京科技大学学生田永因未能获得毕业证和学位资格提起行政诉讼，法院受理并判令学校颁发并对田某的学位资格问题重新作出处理。1999 年，刘燕文再次起诉，一审法院改变了态度，受理了案件并作出实体判决。① 尽管后来二审法院以超过起诉期限为由最终裁定驳回了起诉，但没有否定不予颁发学位证行为的可诉性。《最高人民法院公报》1999 年第 4 期将田永案作为案例登载。最高人民法院的态度在司法政策上具有导向作用，各地法院开始受理各类涉及受教育权的行政案件。

目前实践中最需要明确的就是受案范围的标准。笔者认为，应当分两种情况：一是教育管理部门等行政机关作为被告时，其所有的行政行为都是可诉的。二是公立学校作为被告的情况下，可诉的行为应当限于对受教育权有重大影响的行为，包括取消入学资格，不予颁发毕业证、学位证，开除，勒令退学，劝退等，其他的自我管理行为，法院不宜干预。

四、涉及知情权的案件

知情权指的是从官方获取其掌握的信息的权利。个人行使权利的过程也是一个决策的过程，决策就需要了解必要的信息，这些信息多为行政机关所掌握。所以，向行政机关了解有关信息是权利行使过程中产生的一种正常需求。随着社会已经进入信息化时代和信息重要性的与日俱增，这种需求也越来越强烈，最终演化成法律保护的知情权。在我国，2003 年《行政许可法》规定，公众可以查询行政许可决定和行政许可监督检查记录，标志着知情权成为一种法律保护的权利。当时有一个问题是存在争议的，就是行政实体法宣称要保护的权利是否必然会受到行政诉讼法的保护？也就是说，任何公众申请查询行政许可决定或者行政许可监督检查记录，只要遭到拒绝，就可以提起行政诉讼？最高人民法院在起草《关于审理行政许可案件若干问题的规定》的过程中，在这个问题上就曾几经反复，数易其稿，最终选择回到《行政诉讼法》第 2 条的文字表述上去，即只要相对人认为行政机关的信息公开行为损害其合法权益，就可以起诉。这种表述留下了空间，但也把分歧和博弈留给了实践。在实践当中，如果

---

① 参见北京市海淀区人民法院（1999）海行初字第 104 号行政判决书。

法院认为条件成熟，就可以按照文义把单纯的知情权视为受到《行政诉讼法》保护的权利；如果不成熟，则可以按照体系解释方法，把合法权益限缩到该法第 11 条规定的"人身权、财产权"等合法权益。2008 年 5 月 1 日，《政府信息公开条例》开始实施。从条例规定来看，知情权的范围扩展到所有的政府信息，司法保护也似乎更加明确，有专条对申请复议和诉讼的权利作出规定。但是最高人民法院就审理信息公开案件制定的司法解释当中，单纯的知情权是否属于行政诉讼保护的利益，仍不明确。一种观点认为，《政府信息公开条例》既然规定行政机关的信息公开行为可诉，就意味着知情权已经纳入了行政诉讼受案范围，即使申请公开的信息并不涉及申请人的人身权或者财产权，但只要其客观上有申请行为，行政机关有了拒绝行为，就为可诉。另一种观点认为，应当回到《行政诉讼法》，即便有所发展，也应当限于涉及申请人生产、生活或者科研需要的信息的公开行为。这个问题，还需要在今后的实践中继续探索。

第三节　肯定范围的发展演化

《行政诉讼法》上列举了七种重要的行政行为类型，并做了兜底性的规定。经过二十年的发展，这些类型本身也逐渐明确并不断扩展。

一、行政处罚

《行政诉讼法》第 11 条第 1 款第 1 项规定，"对拘留、罚款、吊销许可证和执照、责令停产停业、没收财物等行政处罚不服的"，属于行政诉讼的受案范围。该项适用的问题主要在于行为性质的识别，即被诉行为是否属于行政处罚？一般来说，被诉行为性质的判断不影响其可诉性，但其在诉权保护方面具有如下两点意义：一是使受案范围的界限更加清晰。二是有助于明确案由，使案件的受理和审理更加条理化。

行政处罚的种类，《行政处罚法》第 8 条作出了规定，与《行政诉讼法》第 11 条第 1 款第 1 项列举的情形相比，有如下几点变化：一是增加了"警告"。二是"拘留"加上了定语，变成了"行政拘留"，更加严谨。三是"没收财物"分为两种情形，即"没收违法所得"和"没收非法财物"。四是"吊销许可证和执照"扩展为"暂扣或者吊销许可证、暂扣或者吊销执照"。五是兜底规定为"法律、行政法规规定的其他行政处罚"，比起原来指称其他行政处罚的"等"字更为具体。这些变化对于行为性质的判断是有益的，但也无法解决所有问题，尤其是兜底规定的适用仍有不少难题，这在很大程度上是因为《行政处罚法》没有给行政处罚下定义从而缺乏权威标准所致。

行政执法乃至行政审判实践中，对法律、行政法规规定的某些"疑似"行政处罚的行政行为，往往有不同认识。比如责令相对人限期拆除违法建筑、撤销公司登记是处罚还是一般处理？一种观点认为，他们不过是把违法行为人不该得的利益收回来，充其量不过是恢复原状，并不具有惩罚性，不属于行政处罚。另一种观点认为，这些行政行为剥夺了相对人现有的利益，具有惩罚性，属于行政处罚。笔者认为，按照通说，惩罚性是行政处罚最为突出的特点。[①] 第一种观点在文义上更严谨，可以作为判断的一般原则；第二种观点在个别情况下更为可行，可以作为补充性的判断标准。从文义看，行政处罚的"罚"字表明了"惩罚性"，而惩罚一般意味着违法者要付出比不违法更高的成本。但是，理解概念不仅要看文义，还要结合实际，而实际状况是，我们并非总是在如此严格文义上使用"行政处罚"一词。就法律列举的处罚种类来看，就有不符合严格文义的情况。比如，"没收"历来被作为一种处罚方式，但深究起来，没收针对的是"违法所得"和"非法财物"，都是相对人不该得到的利益。考虑到上述语境因素，对"惩罚性"的理解可以从严格文义上适当后退，有时，只要对相对人的既存利益构成终局性的剥夺或者限制即可认为已足。至于何时按照这样的理解，则可交给实务部门裁量。就前述两个例子来讲，责令拆除违法建筑涉及相对人重大利益，其破坏力和震慑力与严厉的财产罚相当；撤销公司登记出现在《公司法》第199条，该条对违法行为人的处理方式为"撤销公司登记或者吊销营业执照"。联系上下文，"撤销公司登记"在功能上与"吊销营业执照"相当。综上，笔者认为，上述两种处理

---

① 按照教科书的定义，行政处罚是指行政主体为达到对违法者予以惩戒，促使其以后不再犯，有效实施行政管理，维护公共利益和社会秩序，保护公民、法人或其他组织的合法权益的目的，依法对行政相对人违反行政法律规范尚未构成犯罪的行为（违反行政管理秩序的行为），给予人身的、财产的、名誉的及其他形式的法律制裁的行政行为。参见姜明安主编：《行政法与行政诉讼法》，220～221页，北京，北京大学出版社、高等教育出版社，1999。

方式都可以纳入行政处罚的范围。

二、行政强制措施

《行政诉讼法》第 11 条第 1 款第 2 项规定："对限制人身自由或者对财产的查封、扣押、冻结等行政强制措施不服的"，属于行政诉讼受案范围。何谓行政强制措施，《行政诉讼法》出台后法律上一直没有作出界定，但实践中并未产生多少识别的困难，这大概得益于理论上的成熟。2011年颁布的《行政强制法》采纳了理论通说，认为行政强制包括行政强制措施和行政强制执行。行政强制措施是指行政机关在行政管理过程中，为制止违法行为、防止证据损毁、避免危害发生、控制危险扩大等情形，依法对公民的人身自由实施暂时性限制，或者对公民、法人或者其他组织的财物实施暂时性控制的行为。行政强制执行则指行政机关或者行政机关申请人民法院，对不履行行政决定的公民、法人或者其他组织，依法强制履行义务的行为。两者的共同点在于，它们都是为了实现特定行政目的而对负有特定义务的相对人的人身或者财产采取的强制手段。不同点在于行政强制措施具有暂时性或者中间性，通常出现在行政调查或者特定行政执法活动的过程中。行政强制执行则具有最终性，通常出现在行政决定已经作出并且相对人在法定或者指定期限内拒绝履行行政决定课赋义务的情形之下。

行政强制执行是具体行政行为，也属于行政诉讼的受案范围，但其受理依据到底是本项规定还是本款第 8 项规定？笔者认为适用第 8 项更为适宜。有两点理由：一是《行政诉讼法》第 11 条第 1 款第 1 至 7 项列举的七种情形属于比较常见的执法方式，其他情形归入第 8 项。由于只有少数行政机关具有强制执行行政行为的权力，总体来看，行政强制执行属于不太常用的执法方式，归入概括条款更为适宜。二是尽管行政强制执行与行政强制措施相近似，但毕竟属于两种不同的行政行为，归入第 2 项在解释论上既困难，又无必要。

三、侵犯企业经营自主权

《行政诉讼法》第 11 条第 1 款第 3 项规定，"认为行政机关侵犯法律规定的经营自主权的",属于行政诉讼受案范围。这里的经营自主权是指企业在不违反国家法律的基础上所拥有的调配使用自己的人力、物力、财力,自行组织生产经营的权利。行政机关侵犯企业经营自主权的情形主要包括注销、撤销、合并、强令兼并、出售、分立或者改变企业隶属关系等情形。

2000年的《若干解释》第17条规定:"非国有企业被行政机关注销、撤销、合并、强令兼并、出售、分立或者改变企业隶属关系的,该企业或者其法定代表人可以提起诉讼。"其中没有提及国有企业,是否意味着涉及国有企业经营自主权的行政行为不可诉?不能一概而论。当时起草司法解释时之所以没有涉及国有企业,主要是考虑国有企业的情况更为复杂,但并无完全排除之意。事实上,最高人民法院此前就已就此表明了态度。1994年的一起案件中,一个全民企业不服地区商业局对其作出的企业分立决定,向法院起诉。该案争议最大的问题就是被诉分立企业的决定是否属于法律规定的可向人民法院起诉的侵犯经营自主权行为。一种意见认为,决定企业分立是政府在实施宏观调控过程中对所属企业进行组织结构调整的行为,不属企业享有的经营自主权,即使不当,也构不成对企业经营自主权的侵犯,法院受理无法律依据。另一种意见为,根据法律规定,政府及有关部门对企业的分立只享有"批准权",若违反企业分立的程序,采取行政手段强行将企业的分支机构分立出来,必然导致企业失去对合法取得的部分国有财产享有的经营管理权,属于行政诉讼的受案范围。最高人民法院在答复中明确指出:当事人对行政机关强行作出的关于全民所有制工业企业分立的决定不服,依法向人民法院提起行政诉讼的,人民法院应作为"侵犯法律规定的经营自主权"的行政案件受理。① 1996年,最高人民法院针对当时各地政府及其所属主管部门对一些企业国有资产以改变隶属关系或者分设新企业等方式进行调整、划转之后出现的大量行政诉讼案件的受理问题,再次专门给各高级人民法院下发批复,进一步明确表态:当事人不服政府及其所属主管部门依据有关行政法规作出的调整、划转企业国有资产决定,向人民

---

① 参见最高人民法院《关于当事人对行政机关作出的全民所有制工业企业分立的决定不服提起诉讼人民法院应作为何种行政案件受理问题的复函》(法函〔1994〕34号)。

法院提起行政诉讼，凡符合法定起诉条件的，人民法院应予受理。[①] 笔者认为，国有企业有国有独资和国有控股两种主要形式，行政机关对国有企业作出的行为是否可诉，关键就看该行为是涉及经营自主权的行为还是行使投资人权力的行为，前者可诉，后者不可诉。

四、颁发许可证和执照

《行政诉讼法》第 11 条第 1 款第 4 项规定，公民、法人或者其他组织"认为符合法定条件申请行政机关颁发许可证和执照，行政机关拒绝颁发或者不予答复的"，可以提起行政诉讼。很多行政许可并没有许可证和执照的形式，甚至名称中连"许可"都不会出现，可能叫登记、核准、备案等。但是司法实践中，法院并没有拘泥于字面意思，被诉行为只要是行政许可，一般都视为"颁发许可证和执照"的行为。

五、不履行法定职责

《行政诉讼法》第 11 条第 1 款第 5 项规定，公民、法人或者其他组织"申请行政机关履行保护人身权、财产权的法定职责，行政机关拒绝履行或者不予答复的"，可以提起行政诉讼。被诉行为包括两种，即积极不作为和消极不作为。积极不作为指的是行政机关作出意思表示的情形，也就是条文中的"拒绝履行"的情形；消极不作为指的是行政机关没有意思表示的情形，也就是条文中的"不予答复"的情形。为了充分保护相对人，只要其人身权、财产权存在受到侵犯的可能，法院就应当受理。最高人民法院在早期的批复当中即已树立了这样的司法政策。1995 年的一件批复当中，最高人民法院指出：医疗事故鉴定委员会已作出不属于医疗事故的最终鉴定，卫生行政部门对医疗争议拒绝作出处理决定，当事人以不履行法定职责为由依法向人民法院起诉，人民法院应予受理。[②] 尽管限于专业

---

① 参见最高人民法院《关于因政府调整划转企业国有资产引起的纠纷是否受理问题的批复》（法复〔1996〕4 号）。

② 参见最高人民法院《关于对"当事人以卫生行政部门不履行法定职责为由提起行政诉讼人民法院应否受理"的答复》（〔1995〕行他字第 6 号）。

性和技术性因素，当事人通过行政诉讼获得救济的可能性实际上并不大，但救济的大门必须敞开。

本项规定在适用中的问题很多，有三个涉及受案范围的变化：一是"谁的"人身权、财产权？《行政诉讼法》实施初期，法院受理的此类案件一般都限于相对人主张保护"自己"人身权、财产权的情形，这样的理解显然无法满足人民群众的权利保护需求。作为回应，2000年之后，司法态度有了实质性的变化，标志就是法院开始受理起诉环保部门不查处企业违法排放污染物的案件。这些案件可能涉及很大的范围以及很多的人，与此相比，起诉人个人人身权和财产权的损害可能很小，甚至微粒化。有时，此类诉讼与其说是个人权利救济之诉，还不如说是公益救济之诉。二是保护是"直接的"还是"间接的"？立法机关的法律起草说明在谈到本项规定时所举的例子为"主管行政机关制止拐卖妇女、制止哄抢财产等职责"，行政机关履行职责的直接结果就是保护相对人的人身权和财产权。司法实践在此也取得了进展：有的法院受理了社区居民以环保部门对社区卫生监督和管理不利为由提起的行政诉讼；有的法院受理了居民诉工商机关不对妨碍交通的摊贩进行清理的行政案件。这些案件中，行政机关履行职责的结果即便最终使起诉人获得人身或者财产方面的利益，亦只能是间接转化的效果。三是法定职责是否限于法律规定的职责？《行政诉讼法》实施之初，实践中掌握的比较严格，当事人要求行政机关履行的应当是法律规范（至少规章以上）赋予的职责。后来随着认识的深化，法定职责实际上扩展到了"合乎法律"甚至"与法律不相违背"的职责，规范性文件确定的职责乃至基于约定的或者允诺的职责都可以认为属于法定职责。

六、发放抚恤金

按照《行政诉讼法》第11条第1款第6项规定，相对人"认为行政机关没有依法发给抚恤金的"，可以提起行政诉讼。《行政诉讼法》出台时，社会保障制度尚不完善，当时只有优抚安置制度，而社会保险、社会救济、社会福利等重要制度尚未建立。也就是说，当时社会保障方面的行政给付基本上只有抚恤金这样一种形式。所以，对"抚恤金"不能拘泥于字面，其代表的应当是社会保障领域的行政给付。在这样的理念之下，社会保障领域的行政案件随着社会保障制度的建立和完善，诉讼类型不断增加，法院受理的案件包括请求发放社会保险金、最低生活保障费、退休金确定等各种行政给付的情形。[1]

七、违法要求履行义务

按照《行政诉讼法》第 11 条第 1 款第 7 项规定，相对人"认为行政机关违法要求履行义务的"，可以提起行政诉讼。行政机关要求相对人履行义务包括两种情形：一是命令，即课赋相对人为一定行为的义务，比如行政征收、责令限期拆除违法建筑、责令限期搬迁、责令停业整顿等。二是禁令，即课赋相对人不得为一定行为的义务，比如禁止通行、停止建设违法建筑等。此项规定的内容比较明确，实践中没有大的变化。

八、兜底条款

按照《行政诉讼法》第 11 条第 8 项，相对人"认为行政机关侵犯其他人身权、财产权的"，可以依法起诉。该项规定的中心词虽然是"其他人身权、财产权"，但其实说的还是行政行为的类型。按照该规定，所有的具体行政行为，只要涉及人身权、财产权，就属于受案范围。本项规定的发展主要体现在以下三类行为的可诉性方面：

1. 行政确认

行政确认是指行政机关依照法律规定，对相对人是否具有某种权利、负有某种责任、与某人是否具有特定法律关系、特定法律事实是否存在等问题作出的权威确认。过去，不少法院对行政确认的行为属性及其可诉性存有疑虑，因为它不像一般具体行政行为那样具有强制性。2000 年左右，"准行政行为"理论[2]在实践中占据主流，行政确认作为准行政行为的一种类型，可诉性逐步得到法院的普遍认可。迄今为止，其可诉性格局大体如下：

---

① 比如张某诉珠海市香洲区人民政府等不履行社会救济义务纠纷案，参见珠海市中级人民法院（2003）珠中法行初字第 15 号行政判决书。

② 最高人民法院副院长江必新（时任行政审判庭庭长）当时大力倡导这一理论，主张准行政行为可诉，为行政审判队伍所广泛接受并在实践中迅速推行。

第一，确认法律权利的行为可诉。包括对不动产及汽车、船舶、航空器等动产所作的登记以及对商标权、专利权的确认。《行政诉讼法》实施之初，有一种观点认为，此类行为系对当事人已经存在的民事权利的确认，并不具有创设、变更、消灭法律关系的效果，因民事权利而发生的争议，可以通过民事诉讼解决，没有必要再对行政确认进行司法审查。这种观点显然与实际不符。比如不动产的转移登记实行登记生效主义，即新的不动产权利因登记而产生；其他登记虽然不具有创设权利效果，但具有强化权利的效果，也就是说，登记与否对相对人和利害关系人的意义有很大不同。此类确认行为如果违法，同样具备侵害人们合法权益之可能，按照《行政诉讼法》的立法目的，有必要纳入司法审查范围。经过观念扬弃，法院越来越深入地进入这一领域。时至今日，仅仅房屋登记案件一项，在不少省份已经占据案件数量排行榜的前三位。

第二，确认法律关系的行为可诉。主要限于对人身关系的确认。《行政诉讼法》实施之初，此类纠纷出现时，人们很少会想到行政诉讼；偶有诉讼，法院亦多不受理。1995年，最高人民法院就一起户口登记案件作出批复后，情况开始改观。该案中，某女为其子（未成年）更名，公安机关依申请作出姓名变更登记。该女前夫得知后，以未与其协商同意为由提起诉讼。法院受理后，公安部法制局向最高人民法院具函指出，该女与前夫之间的子女姓名争议，应协商解决；协商不一致的，应通过民事诉讼解决。公安机关可依协商或法院确定的意见再行登记，法院受理本案是错误的。最高人民法院行政庭没有采纳这种观点，作出了如下答复：公安机关根据户口登记条例的规定变更公民姓名的行为，是其在行政管理活动中行使职权的具体行政行为，公民认为公安机关变更姓名的行为侵犯其合法权益，向人民法院提起行政诉讼的，人民法院应予受理。[①] 这一批复不仅适用于姓名登记，也适用于身份证登记、收养登记、婚姻登记等各类确认人身关系的行政行为，打消了法院受理此类案件的疑虑。

第三，确认法律责任的行为可诉性有待明确。主要包括交通事故、火灾事故责任认定等。《行政诉讼法》实施不久，此类诉讼的可诉性就已成为热点问题。最高人民法院行政庭在1998年形成了倾向性意见，认为此

---

① 参见最高人民法院行政审判庭《关于抚养人申请变更子女姓名问题的答复》（法行[1995] 11号）。

类案件在理论上可诉，但鉴于各地差别较大，各地可根据情况自行确定。此后，多数地方开始受理此类案件，并且审理经验逐渐成熟。2007 年《道路交通安全法》的出台逆转了这一发展势头。虽然该法将《道路交通事故认定书》规定为处理交通事故的证据，文字上并未排除其可诉性。[①]因为很多行政行为（比如房屋登记）都可以在民事诉讼中作为证据，而其行政诉讼的可诉性并不受影响。不过，立法机关有关部门已经指出，本条规定的本意就是说认定书只能作为证据，不能纳入行政诉讼。上述意见虽然并不是正式的法律解释，但法院在习惯上都会予以高度尊重，当作法意解释的依据。此类案件随后全面叫停。这一改变还产生了"城门失火，殃及池鱼"的效应，相类似的火灾事故责任认定是否可诉亦产生了疑问。笔者认为，民事诉讼对交通事故责任认定作为证据进行审查，不能代替行政诉讼，无法起到督促其依法履行职责的目的，尤其在公安机关怠于履责，不出具交通事故认定书时，只能望"法"兴叹。因此，这个问题尚有必要与立法机关继续沟通。至于其他类似责任认定，其可诉性应不受影响。

第四，对法律事实的确认一般可诉，但涉及高度科学性因素的除外。比如医疗事故技术鉴定委员会作出的鉴定结论，系卫生部门认定和处理医疗事故的依据。病员和家属如果对医疗事故鉴定结论有异议，可以向上一级医疗事故技术鉴定委员会申请重新鉴定，如因对鉴定结论有异议向人民法院起诉的，人民法院不予受理。如果当事人对卫生行政机关作出的医疗事故处理决定不服依法向人民法院提起行政诉讼的，人民法院应当受理。[②]再比如，按照《工伤保险条例》规定，工伤职工劳动能力受损的，可以申请劳动能力鉴定，劳动能力鉴定委员会作出鉴定后，其不服，只能申请复查鉴定，但不能起诉。

2. 行政证明

实践当中，经常遇到行政机关依请求或者申请为其他国家机关或者相对人出具证明的情况，这种证明行为是否可诉？理论上通常认为，出

---

① 第 73 条 公安机关交通管理部门应当根据交通事故现场勘验、检查、调查情况和有关的检验、鉴定结论，及时制作交通事故认定书，作为处理交通事故的证据。交通事故认定书应当载明交通事故的基本事实、成因和当事人的责任，并送达当事人。

② 参见最高人民法院《关于对医疗事故争议案件人民法院应否受理的复函》（法（行）函[1989] 63 号）。

具证明的行为只不过是一种告知，本身并不直接影响当事人合法权益，故不可诉。最高人民法院在 2003 年的一个批复中否定了这种观点，认为：行政证明对相对人的权利义务产生实际影响的，属于可诉的具体行政行为。[①] 该批复适用的关键在于正确把握"实际影响"？笔者认为，应当满足以下两个条件：第一，行政证明可能造成当事人权利义务的增减得失。第二，通过其他途径得不到有效的救济。试举一例加以说明：

夏某以蔡某拔其桐树、侵犯其合法权益为由提起民事诉讼。庭审中，夏某向法庭出示了一份派出所出具的证明，其中称："派出所找到蔡某，蔡某承认是自己拔的。考虑到此事件是民事纠纷，故口头告知夏某到法院进行诉讼。"蔡某认为派出所在无事实根据的情况下出具证明，侵犯了其合法权益，提起行政诉讼，请求撤销该证明。派出所辩称，其出具证明是依据出警真实情况和我国《民事诉讼法》的规定，向民事诉讼案件提供的情况证明，该证明不是具体行政行为，不具有可诉性。法院认为，被告出具的证明对蔡某的权利义务产生了实际影响，故该证明行为是可诉的具体行政行为，蔡某可以对其提起行政诉讼。[②]

笔者认为，派出所的证明符合可诉的两个要件。第一，证明在派出所法定职权范围内出具，具有很高的证明力，民事审判据此定案的可能性很大，蔡某因此而遭受不利的可能性也就很大。第二，蔡某通过其他途径难以获得有效救济。派出所未对其作出行政处理决定，如果不允许起诉证明行为，蔡某实际上就没有任何有效的救济渠道。法院虽然在民事审判中可以审查证明的可采性，但审查程度与行政诉讼的合法性审查无法相提并论，对于蔡某而言，这种粗线条的证据审查难称有效救济。

3. 行政允诺和行政奖励

行政机关为了获得相对人的协助，以实现行政目标，有时会作出一些允诺，如果相对人按照行政机关的要求为一定行为，将会获得某种经济利益或者优惠政策。在这一行政过程当中，包括两种行为：行政允诺和行政奖励，它们的可诉性一直存在较大争议。过去法院多不受理，2000 年新

---

① 参见最高人民法院《关于教育行政主管部门出具介绍信的行为是否属于可诉具体行政行为请示的答复》（［2003］行他字第 17 号）：教育行政主管部门出具介绍信的行为对行政相对人的权利义务产生实际影响的，属于可诉的具体行政行为。

② 参见"蔡留恩诉郑州市森林公安分局荥阳派出所出具行政证明案"，载最高人民法院应用法学研究所编：《人民法院案例选》，2006（1）。

司法解释实施之后有了较大改变，法院的态度转向积极。这方面比较典型的是税务举报奖励的可诉性问题。从法院受理案件的情况看，当事人不仅可以就税务机关未履行或未按标准履行发放举报奖金的行为提起诉讼，甚至还可以就税务机关调查违法发票迟延致使其无法及时领取奖金这样的问题提起诉讼。最高人民法院就此问题尚未作出解释、批复和裁判，但是其编写的《人民法院案例选》、《行政审判与行政执法》等刊物已多次登载了法院受理行政奖励诉讼的案例①，亦有导向作用。

九、弹性条款

《行政诉讼法》第 11 条第 2 款规定："除前款规定外，人民法院受理法律、法规规定可以提起诉讼的其他行政案件。"据此，行政机关采取的某种措施即使不是具体行政行为，但今后法律或者法规规定可以起诉的，也属于行政诉讼受案范围。该款规定虽然至今尚未真正启用，但它体现了法律的弹性，为法律发展留下了较大空间，其意义不容否定。

第四节　否定范围的发展演化

总体来看，对于行政诉讼受案范围的排除，司法政策的基调是审慎的，避免任意扩大。《行政诉讼法》第 12 条规定了排除受案范围的四种情形：国家行为、抽象行政行为、行政机关工作人员奖惩任免的行为以及复议终局的行为。《若干解释》第 1 条第 2 项至第 6 项还进一步明确了应当排除的五种情形，分别为：刑事侦查行为、行政调解和仲裁、行政指导、重复处理和无影响的行为。最高人民法院相关司法批复和《若干解释》第 44 条还排除了司法协助行为和受司法羁束的行政行为。另外，私人行为本来应属要件上排除的情形，但实践中会遇到一些复杂情况，亦值得探讨。下面就上述十二种情形分别述评。

---

① 参见"马强诉郑州市管城国家税务局行政奖励案"，载最高人民法院应用法学研究所编：《人民法院案例选》，2006（4）。

一、国家行为

《行政诉讼法》实施之后，各地法院对国家行为的理解不尽一致，概念误用的现象经常出现[①]，有些甚至把行政征收、认定行政区划的边界等行为当成国家行为。为了更准确地适用法律，《若干解释》第 2 条规定："行政诉讼法第十二条第（一）项规定的国家行为，是指国务院、中央军事委员会、国防部、外交部等根据宪法和法律的授权，以国家的名义实施的有关国防和外交事务的行为，以及经宪法和法律授权的国家机关宣布紧急状态、实施戒严和总动员等行为。"

二、抽象行政行为

如果案件涉及的人数较多，具有群体性，审理的难度也会大大增加，很多法院都不愿意把这样的案件放进门，于是抽象行政行为概念的误用也很常见，比如把拆迁公告当成抽象行政行为。针对这种情况，《若干解释》第 3 条规定："行政诉讼法第十二条第（二）项规定的'具有普遍约束力的决定、命令'，是指行政机关针对不特定对象发布的能反复适用的行政规范性文件。"

三、对行政机关工作人员奖惩任免的行为

《行政诉讼法》第 12 条第 3 项规定的排除事项为"对行政机关工作人员的奖惩、任免等决定"，该规定在适用中主要有如下几个问题：

1. 是否包括监察行为

根据《中华人民共和国行政监察法》（以下简称《监察法》）第 24 条和第 28 条规定，监察行为主要有三种类型：监察决定、监察建议和监察奖励。根据《监察法》第 38 条规定，不服监察决定的救济只有监察系统的内部途径，而无外部途径。综上，笔者认为，监察行为的可

---

① 当然，误用肯定有理解方面的因素，但也不排除现实压力之下有意为之的因素，甚至可能更多情形属于后者。

诉性要区分如下几种情形：第一，监察机关作出的监察决定属于对公务员的惩戒行为，不可诉。第二，监察机关作出的监察建议不具有外部性，不可诉。第三，监察机关不按照有关规定对控告人、检举人予以奖励的行为具有外部性，可诉。第四，监察机关超出《监察法》的授权，行使有关行政管理部门的权力的行为，实际上是外部行政行为，应为可诉。

2. 是否包括公务员招录行为

《行政诉讼法》实施以来，法院基本不介入这一领域，直接近年来，才有个别地方开始受理此类案件。笔者认为，此类案件可以纳入受案范围，《行政诉讼法》第 12 条第 3 项规定并不是障碍。因为在招录行为进行的过程中，行政机关与报考人之间并非内部关系，而是外部关系。

3. 是否包括开除行为

有一种观点认为，开除和不予招录具有同等效果，如果招录可诉，开除也应可诉。笔者认为，这种观点具有合理性，但更应考虑到，按照《公务员法》和《监察法》的有关规定，开除属于一种行政处分方式，也是对公务员的一种惩戒措施，文字上属于《行政诉讼法》第 12 条第 3 项规定。解决这个问题最好的方式就是通过修改《行政诉讼法》，在此之前，法院在司法实践中以持慎重态度为宜。

4. 是否包括使人失去公务员身份的其他行为

在一起案件中，陈某等 25 人原系某市行政机关工作人员，1999 年根据当地体制改革方案要求，由人事部门安排到各街道办工作，参加居委会选举，编制也被划转至各街道办及居委会。2001 年当地再次改革，在居委会内部打破干部、工人身份界限，实行岗位工资制，陈某等 25 人因此失去了公务员身份，遂以非因法定事由、非经法定程序剥夺其干部身份为由，起诉当地政府。一审法院以不属于受案范围为由驳回起诉，二审法院维持裁定，但将理由改为超过起诉期限，似乎隐含肯定当地政府行为可诉之意。笔者认为，受理此类案件与法并不相悖。第一，陈某等人失去公务员身份系因自身以外的原因，政府的行为并不具有惩戒性质，不属于《行政诉讼法》第 12 条第 3 项所指情形。第二，政府行为作出前，陈某等人与政府之间是内部关系，作出之后就变成了外部关系，这样一个转折点上的行为定性具有一定裁量余地，鉴于此事涉及相对人重大利益，应当提供更有效的救济，故此，应以认定为外部行为为宜。

5. 是否包括事业单位开除其工作人员的处分

《若干解释》第 4 条规定，对行政机关工作人员奖惩任免的行为"是指行政机关作出的涉及该行政机关公务员权利义务的决定"，这一思想与此前后的司法政策一脉相承。1997 年，最高人民法院行政庭在一个答复当中肯定了学校开除公立中学教师行为的可诉性。[①] 2003 年，最高人民法院行政庭在另一个批复中对人事仲裁的可诉性作出如下界定[②]："人事争议仲裁是人事行政主管部门对当事人的人事争议进行的行政裁决，该裁决直接涉及到当事人的人身权、财产权"，当事人认为人事争议仲裁委员会作出的人事争议仲裁"侵犯其人身权、财产权的，可依法提起行政诉讼，但国家行政机关与其工作人员之间发生的人事争议和事业单位与其工作人员之间因辞职、辞退及履行聘用合同所发生的争议除外"。上述批复是否适用于所有事业单位？笔者认为，不能一概而论。事业单位可分为两类，一类是法律、法规为行政目的而设立，比如证监会、银监会、保监会等。另一类是法律、法规把某种行政权授予原已存在的社会组织，比如公立学校。前者与行政机关无异，其作出的开除处分不可诉；后者与行政机关有着本质不同，其作出的开除处分应为可诉。

四、终局裁决行为

《行政诉讼法》第 12 条第 4 项规定的排除事项为"法律规定由行政机关最终裁决的具体行政行为"。《若干解释》第 5 条规定："行政诉讼法第十二条第（四）项规定的'法律规定由行政机关最终裁决的具体行政行为'中的'法律'，是指全国人民代表大会及其常务委员会制定、通过的规范性文件。"

五、刑事侦查行为

公安机关、安全机关既是行政机关，又是刑事侦查机关，而刑事侦查

---

① 参见最高人民法院行政审判庭《关于开除公职是否属于受案范围请示的答复》（〔1997〕行他字第 28 号）。

② 参见最高人民法院行政审判庭《对人事争议仲裁委员会的仲裁行为是否可诉问题的答复》（〔2003〕行他字第 5 号）。

受刑事诉讼法规范，属于司法范畴。按照《若干解释》第 1 条第 2 项规定，公安机关、安全机关等依照刑事诉讼法授权实施的行为不属于受案范围。该规定在原则排除的同时，也为在它们超出刑事诉讼法授权情况下的司法介入留下了空间。如何把握超出授权？笔者认为，只要属于以下三种情形之一，就可以认为超出了授权：

一是明显超出了授权目的。比如，刑事侦查的目的并非是调查犯罪，而是介入民事纠纷，替一方追讨债务。之所以要求"明显"，是为了避免过深介入刑事侦查，对正常的刑事侦查造成干扰。这从最高人民法院审理的一些案件中可以得出上述结论。[①]

二是超出授权的手段范围，比如刑事诉讼法只授权侦查机关扣押涉案物品，而无权处分，如进行变卖或者交给嫌疑人的债权人。有时，刑事侦查行为存在明显的问题，但其调查犯罪的目的不能否认，只要刑事诉讼法确实赋予其特定的侦查手段，就必须认定为刑事侦查行为。1991 年，有些公安机关对犯罪嫌疑人作出监视居住决定后，仍将其羁押在看守所或者限制在招待所之类场所，引起诉讼。就此类行为的可诉性，最高人民法院在批复中指出，公安机关为了防止被告逃避侦查而作出监视居住决定，限制其活动区域和场所，是刑事侦查措施，不属行政诉讼法受案范围所列行为，公民对此坚持起诉，法院应裁定不予受理。至于公安机关的做法，这是刑事侦查过程中的违法行为，不属于行政诉讼法受案范围。公民对此不服坚持起诉，法院应当裁定不予受理，其可向上级公安部门及有关单位反映。[②] 有时即便公安机关在形式上没有办理刑事立案手续，亦不影响上述结论。在另一起案件中，有的公安机关接到群众和单位被盗的报案后，没有立案，也未具有合法搜查手续，在没有掌握任何证据的情况下，即对作案怀疑对象的住宅、人身进行搜查，引起诉讼。最高人民法院在批复中称：公安机关在侦破刑事案件中，对公民的住宅、人身进行搜查，属于刑

---

① 比如在北海鑫工物业发展公司、黄学平诉湖南省益阳市公安局资阳分局扣押财产、收容审查决定及行政赔偿一案中，被告在对黄学平收容审查后，立即扣押财产并将财产交给第三人（债权人），然后解除收容审查，终止刑事侦查程序。法院据此认定其目的在于为原告讨债，而非刑事侦查，该行为属于受案范围。参见最高人民法院［2004］行终字第 2 号行政判决书。

② 参见最高人民法院行政审判庭《关于对公安机关采取监视居住行为不服提起诉讼法院应否受理问题的电话答复》（1991 年 5 月 25 日）。

事侦查措施。对于刑事侦查措施不服提起诉讼的，不属于行政诉讼调整范围。[①]

三是超出标的范围，比如明知是扣押案外人财产仍然扣押，或者扣押后得知是案外人财产仍不发还。

需要注意一点，刑事侦查行为限于刑事诉讼法授权的行为，并不包括刑法授权的行为。1998 年，最高人民法院在一个批复中指出，公安机关对公民作出的"少年收容教养"决定是具体行政行为，属于《行政诉讼法》第 11 条规定的受案范围，若当事人对公安机关作出的"少年收容教养"决定不服向人民法院起诉的，人民法院应当受理。[②] 主要理由就是因为少年收容教养是 1979 年《刑法》第 14 条（1997 年《刑法》第 17 条第 4 款）第 4 款规定设定的对犯罪的一种处理方式。该条规定："因不满十六岁不处罚的，责令他的家长或者监护人加以管教；在必要的时候，也可以由政府收容教养。"由此规定可以看出这并非一种刑罚，故此只能归类为行政处罚。

六、行政调解和仲裁

行政调解和行政仲裁并不具有强制力和拘束力，当事人如果不服，通常都须通过民事诉讼解决，在民事诉讼中，行政调解和仲裁的结果可以作为证据使用。因此通过行政诉讼来审查行政调解和行政仲裁决定显系浪费司法资源。

七、行政指导

行政指导本身不应具有强制力，《若干解释》第 1 条第 4 项为什么还要用"不具有强制力的行政指导行为"的表述呢？因为实践中有些行政指导实际上具有强制力，其只有行政指导之名，而无行政指导之实，实质上是具体行政行为，应当具有可诉性。

---

① 参见最高人民法院行政审判庭《关于公安机关未出具法定立案搜查手续对公民进行住宅人身搜查被搜查人提起诉讼人民法院可否按行政案件受理问题的电话答复》（1991 年 6 月 18 日）。

② 参见最高人民法院《关于"少年收容教养"是否属于行政诉讼受案范围的答复》（[1998] 行他字第 3 号）。

八、重复处理行为

按照《若干解释》第 1 条第 5 项规定，驳回当事人对行政行为提起申诉的重复处理行为不可诉。重复处理又称为重复处置，并非是对原来的行政事项重新作出处理决定，而是结合当事人提出的理由对原来的具体行政行为进行复核后，认为当事人提出的理由不能推翻原处理决定，实际上体现的是信访职能。

九、对相对人不产生实际影响的行为

按照《若干解释》第 1 条第 6 项规定，对公民、法人或者其他组织权利义务不产生实际影响的行为不可诉。需要注意一点，即便产生实际影响，如果这种影响并非法律意义上的，而是事实层面的，也可能不具有可诉性；如果连实际影响都不存在，那就肯定不具有可诉性。

十、司法协助行为

最高人民法院曾经作出《关于行政机关根据法院的协助执行通知书实施的行政行为是否属于人民法院行政诉讼受案范围的批复》（法释［2004］6 号）①，确立了协助执行行为不可诉为原则，可诉为例外的标准。这一批复的理论基础就是司法优越原则，行政机关的行政行为不得对抗法院的裁判文书，必须与司法保持一致性。如果行政行为与司法一致，则其实质上体现的是司法的意志，而不是行政的独立意志，对这样的行为进行司法审查，既不能监督行政，也不能救济相对人，没有实际意义。

十一、受司法羁束的行政行为

按照《若干解释》第 44 条第 10 项规定和最高人民法院《对如何理解

---

① 行政机关根据人民法院的协助执行通知书实施的行为，是行政机关必须履行的法定协助义务，不属于人民法院行政诉讼受案范围。但如果当事人认为行政机关在协助执行时扩大了范围或违法采取措施造成其损害，提起行政诉讼的，人民法院应当受理。

《最高人民法院关于执行〈中华人民共和国行政诉讼法〉若干问题的解释》第四十四条第一款第（十）项规定的请示的答复》（法行［2000］13号），行政诉讼的标的为人民法院生效判决书、裁定书和调解书所羁束的，人民法院应当依法裁定不予受理；已经受理的，应当依法裁定驳回起诉。何谓"羁束"？再无具文。目前有一点是明确的：行政行为在其他审判中仅作为证据使用的，不属于"羁束"。这种观点后来被部分修正了。最主要的就是基于刑事审判需要而出具鉴定结论的行为，如果被刑事审判采纳，则属于"羁束"的情形。①

十二、私人行为

私人行为当然不可诉，但是在私人行为中存在公法因素时则并不是那么容易判断。笔者认为，以下两种情形应为可诉：

（1）基于行政机关命令而为的行为

在一起案件中，交通警察命令无证驾驶者将其驾驶的无牌照汽车开往指定地点，路上违反交通规则将行人撞伤。受害人就此违章驾驶的行为起诉交通警察部门并请求赔偿，一审法院认为这属于民事侵权行为，而非行政行为，不属于行政诉讼受案范围，裁定驳回起诉。二审法院认为驾驶者是基于交通警察命令而为的行为，既有民事行为的属性，也有行政行为的属性，应为可诉。笔者认为，此类行为在满足以下条件时可诉：民事行为的侵权后果与行政机关的命令之间的联系应当具有可预见性。就本案来说，无证驾驶给交通安全造成的隐患是具有一般理性的人都可以预见的，交通警察命令其继续驾驶车辆与交通事故之间的联系由此也是可以预见的，因此，二审法院的观点更为合理。

（2）公务协助行为

1990年代中期以来，某些拆迁部门把强拆事项委托给拆迁人或者有关组织，由此经常会出现如下情况：拆迁部门责令强拆后，如果被拆迁人

---

① 比如最高人民法院行政审判庭《关于地质矿产主管部门作出的非法采矿及破坏性采矿鉴定结论是否属于人民法院受案范围问题的答复》（［2004］行他字第16号）指出："地质矿产主管部门所作的鉴定结论"，作为刑事案件中的证据，将在刑事诉讼中接受审查，对当事人不直接产生权利义务的实质影响。因此，当事人对地质矿产主管部门作出的上述鉴定结论有异议，可以依照《刑事诉讼法》的有关规定要求重新鉴定，一般不能直接向人民法院提起行政诉讼。

拒绝搬迁，在其不在场的某一时间房屋就会忽然被拆。被拆迁人如果提出质疑，可能有两种情况，一是拆迁部门可能会称系拆迁人所为，拆迁人也予承认，这就是所谓的"代位拆迁"；二是拆迁部门置之不理，或者告知其系拆迁人所为，但拆迁人不承认，就是所谓的"无主体拆迁"。根据最高人民法院办理审判监督案件的经验，可以归纳出以下几点标准：

第一，代位拆迁系公务协助行为，属于行政行为，应为可诉。

第二，无主体拆迁可推定为行政行为，应认为可诉。

第三，拆迁人等民事主体承认强拆是其所为，拆迁部门亦无委托的，应定性为民事行为，不可诉，但原告能够证明拆迁部门及有关行政机关参与的除外，比如原告能够证明在拆除房屋时，被告有工作人员在场。

第三章　诉讼门槛之变迁（二）：当事人 *

第一节　行政诉讼的原告

一．原告资格标准和范围的变迁

　　法律有两个规定涉及行政诉讼的原告资格，一是《行政诉讼法》第2条规定："公民、法人或者其他组织认为行政机关和行政机关工作人员的具体行政行为侵犯其合法权益，有权依照本法向人民法院提起诉讼。"学者根据该规定总结出行政诉讼原告的概念，认为行政诉讼的原告是指，认为行政主体的具体行政行为侵犯了其合法权益，而向人民法院提起诉讼的

---

　　* 本章根据作者发表于《人民司法》2010年第7期的《行政诉讼的诉权保护》一文之部分改编而成。

个人或者组织。① 此概念完全取决于起诉人的主观状态，不能满足司法审查中界定原告资格的需要。二是该法第 24 条第 1 款规定，"依照本法提起诉讼的公民、法人或者其他组织是原告"。此规定亦未揭示出原告资格的任何要件。1991 年《贯彻意见》对原告资格也没有作出进一步的解释。

《行政诉讼法》实施之初，尽管法律和当时的司法解释对原告资格并无限制，但是在审判实践中，法院却并非对任何人的起诉都来者不拒。无论在行政法学界还是在行政审判实务界，大家都普遍认为，行政诉讼不应当成为"马路诉讼"，即任何人都可以提起行政诉讼，也就是说，起诉人必须符合一定的条件才能迈进行政审判的大门。但是起诉人到底符合什么条件才可以提起行政诉讼，则众说不一。各地法官在原告资格标准上存在普遍的模糊认识，给行政审判带来了一定程度的混乱。这种背景与行政诉讼开展之初各地不太理想的行政审判环境相结合，就形成了过度限制原告资格的普遍倾向。最为典型的过度限制是把原告资格限于"行政管理相对人"，而且他们对相对人的理解非常狭窄，认为相对人仅限于"行政行为中指名道姓的那个人"②。在有些地方，这种情况一直持续到 2000 年新的司法解释即《若干解释》实施之前，像相邻权人起诉影响其通风采光的规划许可决定案件，被拆迁人起诉拆迁许可的案件，以及其他类似案件中，法院都以起诉人不是行政管理相对人为由而否定其原告资格。这种过分保守的倾向使得司法审查保护公民合法权益的功能大大减弱，阻碍了行政诉讼制度的进一步发展。

2000 年最高人民法院颁布新的司法解释，对原告资格标准作出了原则规定，表现出明显的保守倾向的意图。根据《若干解释》第 12 条规定，与具体行政行为有法律上利害关系的公民、法人或者其他组织，具有起诉该行为的原告资格。"法律上利害关系"虽然具有较大的不确定性，在具体案件中引起了很多争论，但是它明显要比相对人的范围大得多，可以把相对人之外的很多人和组织都纳入到司法审查的保护范围。另外，在总结审判经验的基础上，《若干解释》第 13 条还对审判实践中经常出现的相对人之外的其他人的原告资格作出了列举式规定。根据该规定，相邻权人与

---

① 参见姜明安主编：《行政法与行政诉讼法》，334 页，北京，北京大学出版社、高等教育出版社，1999。

② 江必新：《中国行政诉讼制度之发展》，33 页，北京，金城出版社，2001。

涉及其相邻权的具体行政行为之间，竞争权人与涉及其竞争权的具体行政行为之间，复议程序的利害关系人或者第三人与行政复议行为之间，受害人与主管行政机关对加害人的行政处理之间，受到具体行政行为改变影响的人与改变具体行政行为的决定之间，都具有起诉有关具体行政行为的原告资格。这种列举式的规定很有意义，因为以上几种情形在过去的行政审判当中都曾经引起过争议，新的司法解释确认了这些情形下的原告资格，可以避免在今后的行政审判当中出现类似的争议，有利于保护当事人的诉权，也有利于提高审判效率。

二、原告资格标准之界定

原告资格解决的是谁有权起诉行政行为的问题。《行政诉讼法》第2条为原告资格的界定提供了主观标准：起诉人只要"认为"自己的合法权益受到侵害就有原告资格。《若干解释》第12条又确定了客观标准：起诉人必须与被诉具体行政行为有法律上利害关系才有诉权。根据上述主客观两方面的法律规定，笔者认为，原告资格应当符合以下几个标准：

1. 起诉人所主张的权益归属于自己

起诉人只有在主张自己的权利时，才有可能获得诉权。[1] 各国关于原告资格的传统理论在这一点上是一致的。若起诉人主张的是他人的权益，当然没有原告资格，这一点没什么讨论的余地。但是主张公共利益，各国都经历了起初不承认到逐步放开的发展过程，于是就有了所谓的公益诉讼。比如美国法院创设了一种私人检察总长的理论，认为国会为了保护公共利益，可以授权检察总长对行政机关的行为申请司法审查，国会也有权以法律指定其他当事人作为私人检察总长，主张公共利益。[2] 在笔者看来，各国对公益诉讼并非放得很开，只是作为法律规定的例外情形，以补充原

---

① 行政诉讼自产生时起就是受害者之诉，在原告资格方面，主观权利成为关注的中心，所谓主观权利就是被赋予个人的权利。据此原告只能对一个由法律赋予他的或者（基于一项基本权利）他本人直接拥有的权利提出主张，而不可以主张他人或者其他团体的权利。市民不应借助一个行政诉讼，把自己变成公共利益的"卫士"，并由此把行政法院卷入对公共利益的不同阐释之中。参见［德］弗里德赫尔穆·胡芬著，莫光华译：《行政诉讼法》，241～242页，北京，法律出版社，2003。

② 参见王名扬：《美国行政法》，623页，北京，中国法制出版社，1995。

告资格标准造成司法监督缺位之不足。我国行政诉讼起步虽晚，但公益诉讼案件却不乏其例，比如某乘客起诉铁路部门批准春运期间火车票涨价决定案中，被诉行为影响的是数量庞大、范围不特定的公众，称其为公益诉讼自无不可。不过，法院并不承认这一点，其理由是该乘客购买了火车票，与一般公众相比其损害具有特定性，也就是说，其主张的仅是自己的利益。乍一听，似有道理，但仔细揣摩却难以自圆其说。被诉决定生效期间购买车票的乘客数量是巨大的，而且决定作出之时，他们作为潜在的乘客也是无法确定范围的，他们无疑属于公众，而该乘客只是这批公众之一。笔者认为，公益诉讼的出现，归根结底是因为社会需要，即现代行政的作用越来越大，行政活动影响的范围也越来越广，对其进行有效的司法监督的社会需要越来越强。当这种需要强大到一定程度时，法安定性的价值亦应让位，因此，公益诉讼的问题从来不是单靠文义、语法和逻辑就能解决，而应运用社会学方法，进行利益衡量才可能获得令人信服的结论。

2. 起诉主张的利益属于合法权益范畴

起诉人主张的内容可能影响其原告资格。根据《行政诉讼法》第 2 条的规定，公民、法人或者其他组织只有主张其合法权益受到侵害，才有可能成为原告。也就是说，如果起诉人所主张的权利本身便不是"合法权益"，则该起诉人将被认定为不具有原告资格。例如，某公民因打麻将而被公安机关行政拘留。该公民提起行政诉讼，主张其没有赌博而公安机关侵犯了其人身权，则法院应当认定其具有原告资格。至于其主张是否可以成立，则法院要通过审理才能作出判断。若该公民主张其享有的赌博权受到公安机关的侵犯而提起诉讼，则法院应当认定其不具有原告资格。因为赌博权明显不是法律所保护的权利。需要注意两点：

第一，合法权益不仅包括权利也包括合法的利益。在过去的审判实践中，各级法院似乎存在一种默契，即原告所主张的应当是"法律权利"，而不能是法律权利之外的利益。客观地说，《行政诉讼法》上用的是"合法权益"之表述，并未排斥利益的可主张性。但是由于习惯的力量，在很长时间内，这个问题的标准是不明确的。直到 2005 年发生的一起案件之后，标准才开始明确。该案中，原告从他人处购买了房屋，办理了房屋所有权证，并实际使用该地。但房屋所附的宅基地并未过户，亦未取得土地使用权证。在此期间，被告依申请为第三人颁发了土地使用证，该证将原告实际使用的土地划入其中。原告对该发证行为提起了诉讼。关于原告资格问题，原审法院形成两种意见。一是否定意见。主要理由是：根据《划拨土地使用权管理暂行办法》第32条规定，"土地使用权转让、出租、抵押，当事人不办理土地登记手续的，其行为无效，不受法律保护。"原告虽然通过房屋买卖协议实际使用土地，但其未办理登记，并非争议土地的使用权人。二是肯定意见。主要理由：原告是争议土地的实际使用者，其与收回土地的行为有其他公民所不具有的特别的利害关系。此案逐级请示到最高人民法院，最高人民法院采纳了肯定观点，答复称：根据《中华人民共和国行政诉讼法》第2条和最高人民法院《关于执行〈中华人民共和国行政诉讼法〉若干问题的解释》第12条的规定，土地的实际使用人对行政机关出让土地行为不服，可以作为原告提起行政诉讼。[①] 该批复实际上对主张法律权利之外利益者的原告资格问题作出了肯定回答，使法律的适用真正回归到本意上来。

第二，主要限于人身权和财产权。这一点在受案范围部分已经充分分析，这里不再赘述。

3. 这种权益受到特定行政管理法的保护

特定行政管理法如果要求行政机关作出行政行为时予以考虑，此种权益就受到了该法的保护，起诉人主张此种权益就可能获得诉权；如果特定的行政管理法根本就不要求行政机关考虑这些权益，则意味着这些权益不受该法保护，起诉人主张这些权益也就无法获得诉权。比如，由于政府放弃修建火车站的计划使毗邻房屋的价值不能升值甚至可能会下降，但房主无权就此提起行政诉讼，因为法律并不要求政府决策时考虑这种利益。

所谓"特定的行政管理法"指的是作出具体行政行为所依据的法律规范，而不是泛指所有的法律。比如，尽管债权受到民法的保护，但并未受到工商管理法的保护。工商管理法授予工商机关管理权时，并未将被处罚人是否欠他人债务、欠多少债务纳入考量范围，因此，工商机关对违法公司进行处罚时，通常不必考虑处罚决定作出并实施之后，被处罚人是否还有偿债能力的问题。所以，对工商机关处罚债务人的行政决定，债权人一般不具备诉权。

特定行政管理法保护某种权益，主要有两种情形：一是在法条中明确

---

① 参见最高人民法院《关于土地实际使用人对行政机关出让土地的行为不服可否作为原告提起诉讼问题的答复》（〔2005〕行他字第12号）。

地提到某些人的利益应当予以考虑。比如，法律规定买卖不动产必须经过转移登记才生效力，同时又明确要求买卖不动产必须经过抵押权人的同意。很明显，抵押权已被纳入不动产登记法的保护范围。二是虽未明确提到某些人的利益，但从有关规定中可以判断出保护的意图。比如关于建设规划许可的规定中并未提到相邻权人，但从有关建筑间距的规定中，不难看出其保护相邻权的意图。

有一种能动司法的倾向值得关注。有时当事人所主张的某种利益，特定行政管理法并无明确的保护意图，但法院经过利益衡量，认为按照特定管理法的目的应予保护，而承认其原告资格。这样的做法大胆而又不失精致。"大胆"在于有突破，"精致"在于敏感地回应了权利保护需求。

2003 年的一起行政案件中承认了消费者的原告资格。[①] 该案中，上海有线电视台曾经播放了专题节目《共和国之歌献给人民功臣》，介绍上海411 医院院长章某等五位上海市新长征突击手的事迹。彭某的妻子看了该节目后，即住进了 411 医院进行治疗，29 天后死亡。彭某向上海市工商局投诉，要求其履行法定职责，对电视台播放违法医疗广告误导其妻子就医时死亡一案进行查处。工商局口头答复有关节目不属于广告，不予立案。彭某提起行政诉讼。法院受理此案，并判决被告履行调查处理的法定职责。关于彭某的原告资格问题，原审判决并未作为重点，不过问题还是颇值玩味的。传统理论通常认为，法律赋予行政机关权限或课予义务时，行政机关虽有依法作为之义务，但此义务乃系对国家或公众所负之义务，所以，个别公民无权请求行政机关为一定行为。这就是普通法上所谓的"公共义务原则"理论，其对我们有潜移默化的影响，尤其是出现行政职责的保护对象不针对特定个人的情形时，法院往往倾向于否定个人起诉行政不作为的原告资格。本案中，工商机关查处违法广告职责所保护的并非某个特定个人，而是包括彭某妻子在内不特定公众，原审法院能够摆脱传统理论的羁绊，显然是注意到彭某妻子因电视宣传而求医、又因求医而死亡这一重要事实，并进而认为广告法应当保护这种利益，从而受理此案并作出了实体判决。这虽然还只是个案，但此案能够登载于《最高人民法院公报》，至少说明从司法政策上允许各地法院在此领域探索。

当然，探索应当谨慎为之，我们注意到，有些个案走得过远。比如某

---

① 参见彭学纯诉上海市工商局不履行法定职责案，载《最高人民法院公报》，2003（5）。

地一起婚姻登记行政案件中，在双方申请人未亲自到场的情况下，登记机关办理了结婚登记。不久男方死亡。在分割其巨额遗产时，女方与男方的母亲发生纠纷。母亲为了取消女方继承权，提起诉讼，请求撤销结婚证。原审法院倾向于承认其原告资格，主要理由是：对男方母亲来说，其子与女方的婚姻关系成立与否，对其继承份额影响极大。虽然婚姻登记只涉及男女双方，但这种确认行为对其产生的影响是客观存在的。其结论最后虽为最高人民法院认可，但理由未获承认，最高人民法院认为，从婚姻登记的有关规定看，继承权并未纳入其保护范围，如果男方母亲主张的权益仅为继承权，则不具有行政诉讼原告资格。原审法院的理由实际上是认为继承权值得保护，但它明显不是婚姻登记条款上保护的利益。不过，按照《行政诉讼法》第 24 条规定，母亲有代其儿子起诉的权利。在儿子死亡后，如果母亲认为婚姻登记违背了儿子的真实意愿，有权代位起诉。[①]

4. 原告资格时点问题研究

有时，行政机关作出行政行为时，并未影响相对人的利益，但是由于相对人后来取得某种地位时，行政行为的影响随之出现。相对人提起行政诉讼，是否承认其原告资格？这个问题一直困扰行政审判实践，最高人民法院在起草《关于审理房屋登记案件若干问题的规定》时，曾经试图就此作出规范，但经过反复论证，无法形成倾向性意见，所以最终未能作出规范，留待实践继续探索。笔者认为，至少不能简单以时点问题作为否定原告资格的理由。因为大家都承认某些情况下起诉人的原告资格应予承认。比如，开发商将小区业主共有设施转让，登记机构为其办理了转移登记，其后，房屋开始正式出售，多数业主入住，成立了业主大会和业主委员会，此时业主发现了这个问题，由业主委员会代表业主提起行政诉讼。如果以转移登记的时点观察，多数业主当时都不是业主，业主委员会也不存在，转移登记当时与他们没有法律上的利害关系，但是小区共有部分的权利是法律规定的，开发商应当保留给业主，登记机构在这个问题上应当审查把关，如果不承认他们的原告资格，他们将没有救济途径。

---

① 参见最高人民法院行政审判庭《关于婚姻登记行政案件原告资格及判决方式有关问题的答复》（〔2005〕行他字第 13 号）。

三、司法解释明确认可的原告

1. 相邻权人和公平竞争权人

按照《若干解释》第 13 条第 1 项规定，被诉的具体行政行为涉及相邻权或者公平竞争权的，相邻权人或者公平竞争权人有原告资格。相邻权是一项法定民事权利，《民法通则》第 83 条规定："不动产的相邻各方，应当按照有利生产、方便生活、团结互助、公平合理的精神，正确处理截水、排水、通行、通风、采光等方面的相邻关系。给相邻方造成妨碍或者损失的，应当停止侵害，排除妨碍，赔偿损失。"以物的形态为标准，相邻权是一种不动产物权；以权利的是否受限制为标准，相邻权是一种限制物权。在民法上，物权受到特别的保护，有对世权、绝对权和"物权优先"等说法，而在物权当中，不动产物权又受到格外的重视。在不动产物权当中，相邻权虽然较之不动产所有权、使用权分量要略逊一筹，但也受到相当的重视，享受着对物权的基本保障。在现代社会，城市化使人口高度集中，相邻关系更加复杂。同时社会发展、经济进步又使得人们对居住生活的环境更为重视。这种情况下，对相邻权的法律保护也日益周到，不仅作为平等主体的相邻关系义务人不得侵犯相邻权人的相邻权，而且，行政机关在作出涉及相邻权的行政行为（比如城市规划、土地管理等方面的许可、处罚等行为）的时候也应当考虑到相邻权人的利益。本项规定就体现了对相邻权充分保护的社会需求。

公平竞争权的内涵和外延在法律上尚无明确界定，这里规定的公平竞争权大概的含义就是商主体根据平等竞争的原则所应当获得的利益。对公平竞争权的保护在法律规定上比较典型的是《中华人民共和国反不正当竞争法》，该法第 7 条规定："政府及其所属部门不得滥用权力，限定他人购买其指定的经营者的商品，限制其他经营者正当的经营活动。""政府及其所属部门不得滥用权力，限制外地商品进入本地市场，或者本地商品流向外地市场。"公平竞争是市场经济的核心准则，对公平竞争原则的破坏，不但会损害正当经营者的权益，而且对市场秩序会造成致命的危害，因此，无论从保护私人利益还是维护公共利益 的角度考虑，都应当对于公平竞争权给予保护，无论侵害公平竞争权的是私人还是政府机关或者其他组织，均应给予受害的经营者以救济的途径，就政府机关及其部门作为侵权人的情况来说，这个救济途径就是行政诉讼。基于这个考虑，本项规定公平竞争权受到政府部门及其工作人员侵害的经营者具备原告主体资格。

2. 行政复议的利害关系人和复议程序的第三人

根据《若干解释》第13条第2项规定，与被诉的行政复议决定有法律上利害关系或者在复议程序中被追加为第三人的，有权提起行政诉讼。根据《行政诉讼法》第25条第2款规定，复议机关改变原具体行政行为的，复议机关是被告。这种情况下，被诉具体行政行为就是复议决定，因而，根据《若干解释》第12条规定，与被诉复议决定有法律上利害关系的公民、法人或者其他组织就具备了原告主体资格。"复议程序中被追加为第三人"实际上是"与被诉的行政复议决定有法律上利害关系"的自然延伸，因为第三人本身就是与被诉具体行政行为有法律上利害关系的公民、法人或者其他组织，既然其在复议程序中被列为第三人，则就与被诉行政复议决定产生了法律上的利害关系。

3. 要求主管行政机关依法追究加害人法律责任的受害人

按照《若干解释》第13条第3项规定，要求主管行政机关依法追究加害人法律责任的受害人有权提起行政诉讼。主管行政机关对于出现在其行政管理领域内的违法行为，应当予以制止并对有关责任人依法予以处理，这对于行政机关而言，既是职权又是职责。违法行为人对于行政机关作出的处理决定不服，具有起诉的原告资格，这没有疑问，值得讨论的问题是违法行为的受害人是否具有起诉的原告资格？这在过去是一个经常引起争论的问题。按照新的司法解释，受害人应当具有原告资格。首先从法律上利害关系的角度看，行政机关在行政处理当中既要考虑受害人的实体权利损害的弥补问题，也须保证受害人充分行使程序上的参与权，因此，主管行政机关对于违法行为人的加害行为处理或者不作处理，涉及受害人的实体权利和程序权利。其次，行政诉讼法的立法目的具有双重性，既保护当事人的合法权益，也监督行政机关依法行政。刚才提到的是保护当事人合法权益。那么从监督行政机关依法行政的角度看，加害人起诉主要侧重于避免行政机关不应作出处理决定或者作出过重的处理决定的情形，对于行政机关应对加害人作出处理决定而不作或者作出的处理决定明显畸轻的情形，加害人一般没有起诉的动因，如果不承认受害人的原告资格，则法院就等于放弃了对此种情形的监督。因此从立法目的上考虑，也应承认受害人的原告资格。

　　有时违法行为人的违法行为不是针对特定人的合法权益，比如买卖黄色录像带、光盘的行为并非是侵害某个特定人的利益，而是侵害社会公益，此时公民是否具有起诉有权机关，请求其依法对违法行为作出处理的原告资格？法院对这个问题的回答一般都是否定的，在公益诉讼没有引入行政诉讼制度之前，这种状况很难改变。

　　4. 撤销、变更具体行政行为的利害关系人

　　按照《若干解释》第13条第4项规定，与撤销或者变更具体行政行为有法律上利害关系的人有权提起行政诉讼。这种情况符合原告资格的一般标准，因为行政机关撤销、变更具体行政行为的行为实际上是一个新的具体行政行为，因此与撤销、变更具体行政行为有法律上利害关系就符合《若干解释》第12条规定的原告资格标准。之所以对这种情况作出规定，就是因为这些当事人往往是原具体行政行为的受益人，一般不会起诉原具体行政行为，人们容易忽视他们的起诉资格，为了避免这个问题上引起不必要的争议，新司法解释针对将给他们利益造成不利影响的撤销、变更原具体行政行为情形，明确肯定了他们的原告资格。

　　5. 农村土地使用权人

　　在2000年之前，农村土地承包人等土地使用权人的权益保护问题一度比较突出，很多地方行政机关采用强制终止承包合同、分割承包成果等方式侵犯土地承包人的合法权益。土地承包人等土地使用权人向法院起诉的情况比较多，各地法院对于土地使用权人是否具有原告资格的问题看法不一，有些法院认为只有土地所有权人才有资格提起诉讼，土地使用权人没有起诉的资格。

　　在法律理论上，土地使用权原本属于土地所有权的一项权能，而非独立的法律权利，但是随着经济的发展，这项权能与所有权及其他权能产生事实上的分离，而且越来越普遍，因此，为了更好地保护人们的合法权益，定纷止争，1986年颁布的《中华人民共和国土地管理法》将农村土地使用权设定为一项独立的法律权利，其主要有两种形式：土地承包权和宅基地使用权。行政机关处分土地使用权人使用的农村土地影响了他们的法律权利，因此按照《若干解释》第12条规定的一般标准，他们应当具有原告资格。为了统一司法尺度，避免不必要的争议，《若干解释》第16条规定："农村土地承包人等土地使用权人对行政机关处分其使用的农村集体所有土地的行为不服，可以自己的名义提起行政诉讼。"

四、涉组织体行政案件的原告范围

由于组织体具有比较复杂的结构，其内部还存在一些低层次的主体，因此行政机关针对法人或者其他组织等组织体作出具体行政行为时，其影响往往会波及组织体内部成员，因此确定他们是否具有原告的名义和身份往往会成为一个难题。《若干解释》针对实践中出现的一些疑难问题，作出了比较明确的规范。下面分别予以说明：

1. 非法人组织

第一，合伙企业及其他合伙组织。

《若干解释》第14条第1款规定："合伙企业向人民法院提起诉讼的，应当以核准登记的字号为原告，由执行合伙企业事务的合伙人作诉讼代表人；其他合伙组织提起诉讼的，合伙人为共同原告。"按照该规定，合伙企业的原告资格得到了承认，其他合伙组织则不能具有原告名义，只有合伙人才有原告资格。之所以如此规定，主要是考虑到两者法律地位的不同。

根据1997年《合伙企业法》（2006年已修订）第2条的规定，合伙企业指的是，依照《合伙企业法》在我国境内设立的由合伙人订立合伙协议，共同出资、合伙经营、共享收益、共担风险，并对合伙企业债务承担无限连带责任的营利性组织。依该法第8条规定，合伙企业申请设立应具备以下五个条件：（1）有两个以上的承担无限责任的合伙人；（2）合伙人之间要签订书面的合伙协议；（3）有合伙人实际缴付的出资；（4）有企业名称；（5）有经营场所和从事经营的必要条件。根据该法第25条、第26条规定，合伙人可以委托一至数名合伙人执行合伙企业的事务，执行合伙企业事务的合伙人，对外代表合伙企业，其他合伙人不再执行合伙企业事务。可见，合伙企业的组织化程度已经相当高，介于法人与一般的合伙组织之间。按照《合伙企业登记管理办法》的要求，合伙企业必须登记，通过登记合伙企业内部分工不但在法律上是明确的，而且具有公示性，执行合伙事务的合伙人之地位与法人的法定代表人相当，因此，在行政诉讼上可以以经过核准登记合伙企业的名义即字号为原告，以执行合法企业事务的合伙人为诉讼代表人。

合伙企业之外的其他合伙组织主要指的是个人合伙和未经登记的法人

之间的合伙型联营。由于个人合伙不要求合伙人之间必须要有职权分工，关于合伙的一切事务都由合伙人共同决定；法律也不要求个人合伙必须要经过登记并取得字号，因此，个人合伙一般在法律上只是一种关系的体现，而非一种组织的体现，因此，个人合伙一般要以合伙人为共同原告。个人合伙依法登记有字号的，应在法律文书中注明登记的字号。未经登记的法人之间的合伙型联营亦以出资的法人为共同原告，道理同上。

第二，其他非法人组织。

除合伙企业和合伙组织外，还有很多种不具备法人资格的组织，比如无独立经费的机关、事业单位、学会、协会等。这些非法人组织的成立需要经过国家行政机关批准，其活动受到法律的规范，并且和其他法人一样须接受国家行政机关的管理和监督。当这些非法人组织与行政机关发生各种行政法律关系时，不可避免地会出现一些行政争议，此时这些非法人组织是否具有行政诉讼的原告资格？这个问题在《行政诉讼法》实施之初就已明确，从《贯彻意见》第 14 条规定①中"不具备法人资格的其他组织向人民法院提起行政诉讼"的表述就能推出承认其原告身份的隐含之意。新的司法解释仍然延续了这种表述。②

综上，按照现行法律规定，除了个人合伙组织外，包括合伙企业在内的其他非法人组织都可以以组织的名义提起行政诉讼。之所以有这样的区别，可能是基于两个因素的权衡，一是组织体的当事人能力。按照一般理解，依法成立的有自己的财产且有一定组织机构的组织体具有当事人能力。③ 个人合伙是比较松散的个人联合，在组织机构上无法与其他非法人组织相比。二是行使诉权的便利。由个人合伙组织中的合伙人行使诉权不存在太大的不便，而不承认其他非法人组织的诉权，由其全体成员共同行使诉权就可能难以操作，比如有些协会成员遍及全国各地，集中起来虽然理论上是可能的，但成本必定是很高的。

2. 法人

第一，联营企业，中外合资、合作企业。

---

① 《贯彻意见》第 14 条：不具备法人资格的其他组织向人民法院提起行政诉讼，由该组织的主要负责人作法定代表人，没有主要负责人时，可以由实际的负责人作法定代表人。

② 《若干解释》第 14 条第 2 款：不具备法人资格的其他组织向人民法院提起诉讼的，由该组织的主要负责人作诉讼代表人；没有主要负责人的，可以由推选的负责人作诉讼代表人。

③ 参见张卫平主编：《民事诉讼法教程》，129 页，北京，法律出版社，1998。

联营企业指的是法人型联营的企业，即数个企业按照联营协议确定的份额共同出资组建的按各自份额分享利润、分担风险的对外承担有限责任的营利性组织。中外合资企业也属于企业法人，企业形式为有限责任公司和股份有限公司两种。中外合作企业是中外合作者依照《中外合作经营企业法》举办的企业，其中符合中国法人条件的，可以取得中国法人的资格，不具备法人资格的，亦具备中国企业的资格。行政机关对上述企业作出具体行政行为后，这些企业有权起诉当无疑问，问题在于，这些企业的投资方是否有权起诉？这曾经是行政审判实践中的一个争论不休的问题，直到新的司法解释颁布才得以平息。《若干解释》第15条规定："联营企业、中外合资或者合作企业的联营、合资、合作各方，认为联营、合资、合作企业权益或者自己一方合法权益受具体行政行为侵害的，均可以自己的名义提起诉讼。"此规定有两点需要注意：一是企业投资方可以基于自身权益损害起诉行政机关对企业作出的具体行政行为，而不能仅以企业权益受到侵害为由提起诉讼；二是企业投资方只能以自己的名义起诉，而不能以企业的名义起诉，因为其不具有代表企业的合法资格。

第二，被行政机关注销、撤销、合并、强令兼并、出售、分立或者改变企业隶属关系的非国有企业。

对行政机关注销、撤销、合并、强令兼并、出售、分立或者改变企业隶属关系的行为，谁有起诉的原告资格？是否还可以用企业的名义起诉？《若干解释》第17条规定："非国有企业被行政机关注销、撤销、合并、强令兼并、出售、分立或者改变企业隶属关系的，该企业或者其法定代表人可以提起诉讼。"曾经有一种观点认为，此时，企业已经不存在了，所以不应承认其原告资格。这似乎有一定道理，但不利于保护企业的合法权益。如果否认原企业的起诉资格，则只有承受其权利义务的企业或者其他民事主体才有起诉资格，而他们的利益与原企业未必一致，甚至他们本身就是行政行为的受益者，这往往会造成他们不愿起诉使原企业利益受损的情况，因此《若干解释》上述规定承认了原企业的起诉资格。为了更好地保护原企业的利益，该规定还扩大了原告的范围，赋予法定代表人以自己名义起诉的资格。

需要注意两点：一是国家对国有企业和非国有企业的管理机制有很大的不同。非国有企业与行政机关之间是一种外部行政关系，国有企业与行政机关之间原本为内部行政关系，虽然从发展趋势上看，政企最终必定是完全分离，但是现在还处在变革的过程中，现实情况还是难以一概而论。因此行政机关对国有企业作出的注销、撤销、合并、强制兼并、出售、分立或者改变企业隶属关系的行为的，不一定属于外部行政行为范畴，其性质还要视具体情况和法律规定而定，不宜在司法解释中作出统一规范，或者说进行司法解释的时机尚不成熟。二是原企业和法定代表人的原告资格仅限于起诉行政机关作出的注销、撤销、合并、强制兼并、出售、分立或者改变企业隶属关系的情形，而不包含起诉其他具体行政行为的情形。

第三，股份制企业。

行政机关对股份制企业作出具体行政行为，企业的股东是否有权起诉，这是个争议比较大的问题。在理论上，股东是股份制企业的投资方，前面讲过，联营企业、中外合资、合作企业的投资方是有起诉资格的，据此似乎没有理由否定股东的起诉资格，但是最高人民法院在制定司法解释时在这个问题上态度是谨慎的。股份制企业与其他企业最大的不同就是股东人数的众多，大多数股东在资本中所占比重极小，承认其诉权可能带来两个问题：一是行政监管部门遭到起诉的几率将大大增加，诉讼负担的增加将造成监管效率的下降；二是企业意志可能遭到小股东的干扰和左右，损害整个企业或者多数股东的利益。两相权衡，最高人民法院最终未在这个问题上明确表态，实际上等于否定了股东的原告资格。不过，需要注意一点，如果股东具有独立于企业的权利主张，其可以依法或者依照企业章程提起行政诉讼。①

一般来说，股份制企业的诉讼活动应当由法定代表人决定，并由法定代表人以企业的名义起诉，但是法定代表人拒绝起诉可能损害企业利益时，谁还有权起诉？我们认为，股份制企业的决策部门应当有决定起诉的权力。决策部门有三个：一是股东大会，其为企业权力机构，作出的决议在企业内部具有最高权威；二是股东代表大会，其决议如果与股东大会决议不抵触，也具有较高权威；三是董事会，其为股份制企业的执行机构，执行股东大会的决议。这三个机构作出的意思表示都可以代表股份制企业

---

① 参见最高人民法院行政审判庭编：《〈关于执行《中华人民共和国行政诉讼法》若干问题的解释〉释义》，35页，北京，中国城市出版社，2000。

的意志，因此，《若干解释》第 18 条规定："股份制企业的股东大会、股东代表大会、董事会等认为行政机关作出的具体行政行为侵犯企业经营自主权的，可以企业名义提起诉讼。"

五、原告资格的转移

笔者认为，原告资格在以下三种情况下可以发生转移：

1. 有权起诉的公民死亡

《行政诉讼法》第 24 条第 2 款规定，"有权提起诉讼的公民死亡，其近亲属可以提起诉讼"。公民起诉具体行政行为的目的主要是为了维护自己的人身和财产方面的合法权益，人身方面的合法权益主张也常常具有财产内容，比如对人身自由、健康权的损害的司法救济最终将体现为财产内容的赔偿，公民死亡后，这些财产权益都是可以继承的。因此，公民的法定继承人就与具体行政行为产生了法律上利害关系，所以公民死亡，并不意味着诉权的终结，只能意味着诉权的转移，即诉权由公民转移到其法定继承人，而法定继承人限于其近亲属。根据《若干解释》第 11 条第 1 款规定，近亲属包括配偶、父母、子女、兄弟姐妹、祖父母、外祖父母、孙子女、外孙子女和其他具有抚养、赡养关系的亲属。

2. 有权起诉的法人或者其他组织终止

《行政诉讼法》第 24 条第 3 款规定："有权提起诉讼的法人或者其他组织终止，承受其权利的法人或者其他组织可以提起诉讼。"这里需要注意两点：一是终止意味着权利能力和行为能力的丧失，仅仅丧失行为能力的法人或者其他组织仍然有原告资格，此时不发生原告资格的转移。比如企业被吊销营业执照或者被行政机关撤销时，其无权从事经营活动，但仍然有资格享受企业的权利并承受义务和责任，亦有提起行政诉讼的原告资格。二是企业或者其他组织对于行政机关使其终止的行政处理决定，有权提起行政诉讼。

3. 诉权的基础权利发生变动

某地国土局通过挂牌方式出让探矿权，甲竞得了探矿权。后来甲将探矿权转让给乙并办理了变更登记。乙在准备开采之际，接到园林部门通知，探矿地点属于风景区规划范围，按照《风景名胜区条例》规定，不得在风景名胜区内采矿。不允许采矿，自然也就不允许探矿。乙意识到探矿权已无法实现，遂向某地国土局追讨购买探矿权的价款及相关投入，国土局不予赔偿。乙对其违法出让探矿权的行为提起诉讼，并请求赔偿。一种观点认为，乙没有原告资格，因为判断原告资格应当以具体行政行为作出时为准。国土局出让探矿权时，并不涉及乙的任何权益，与乙没有法律上利害关系。另一种观点认为，乙应当有原告资格，因为原告资格可以继受。

六、诉讼代表人

诉讼代表人有两种情况：一是在集团诉讼中作为原告方代表参加诉讼的人；二是代表不具备法人资格的其他组织参加诉讼的人。前者本身是原告中的一员，后者则不具有原告身份，而是原告单位的负责人。

1. 集团诉讼的代表人

《若干解释》第 14 条第 3 款规定："同案原告为 5 人以上，应当推选 1 至 5 名诉讼代表人参加诉讼；在指定期限内未选定的，人民法院可以依职权指定。"

在原告为多人或人数巨大的情况下，允许众多的原告出庭诉讼，则当事人和法院都将付出大量的时间、精力和金钱。如果事先归纳原告的诉讼主张和理由，其中相当多的付出是可以节省的。为了提高审判效率，避免各方面不必要的消耗，有必要在众多原告之中选拔出有能力真实表达所有原告意志的人作为代表参加诉讼。这就是上述规定出台的主要理由。根据该规定，诉讼代表人的产生要基于众多原告的合意，原告可以自行推选 1 至 5 名诉讼代表人，至于具体数额，原告可以在限额之内自行确定。如果原告达不成合意，则法院可以在原告之中指定 1 至 5 名诉讼代表人参加诉讼，具体数额由法院根据实际情况决定。

2. 非法人组织的诉讼代表人

司法解释将非法人组织的诉讼代表人区分为以下两种情况：

第一，合伙企业的诉讼代表人。《若干解释》第 14 条第 1 款规定：合伙企业向人民法院提起诉讼的，应当以核准登记的字号为原告，由执行合伙企业事务的合伙人作诉讼代表人。

第二，其他非法人组织的诉讼代表人。《若干解释》第 14 条第 2 款规定：不具备法人资格的其他组织向人民法院提起诉讼的，由该组织的主要负责人作诉讼代表人，没有主要负责人的，可以由推选的负责人作诉讼代表人。

第二节　行政诉讼的被告

行政诉讼的被告，就是其实施的具体行政行为被作为原告的个人或者组织指控侵犯其行政法上的合法权益，而由人民法院通知其应诉的行政主体。[①] 本节的主要问题有三：一是被告的基本条件；二是被告的确定；三是被告的变更和追加。

一、行政诉讼被告的基本条件

行政诉讼被告常遭质疑的问题是，适格被告范围比较狭窄，很多管理社会公共事务的组织都被排除在外，比如足球协会在行业自律监管方面行使着类似行政许可和行政处罚等多种权力，对足球俱乐部的生存和球员的职业生涯有着巨大的影响，却因不具有适格被告身份而免于司法审查。这种状况主要是因为我们在立法选择上将行政诉讼被告之确定与传统的行政主体理论直接划了等号，也就是说行政诉讼被告限于行政主体，只有行政主体才有可能成为行政诉讼的被告，这是一个基本条件。据此，行政诉讼的被告只能有两种基本形态：一是行政机关，二是法律、法规授权的组织。

1. 行政机关

行政机关是指依宪法或者组织法的规定而设置的行使国家行政职权的国家机关。[②] 行政机关具有以下三个基本特点：第一，国家机关。与代表某些群体利益的政党、社团不同，它是由国家设置，代表国家行使职能的机关。第二，行使行政职权。在国家权力内部分工的角度观察，由于其行

---

① 参见姜明安主编：《行政法与行政诉讼法》，337 页，北京，北京大学出版社、高等教育出版社，1999。

② 参见姜明安主编：《行政法与行政诉讼法》，92 页，北京，北京大学出版社、高等教育出版社，1999。

使的执行法律，管理国家内政、外交等各项事务，而使其与立法机关和司法机关区别开来。第三，依宪法或者组织法设立。这一点使得行政机关与法律、法规授权的组织区别开来。

2. 法律、法规授权的组织

法律、法规授权的组织是指依具体法律、法规授权而行使特定行政职能的非国家机关组织。[①] 其具有以下三个基本特点：第一，原本为民事主体。这些组织在未获得法律、法规授权之前属于民事主体，可以分为以下五类：一是经有关行政机关批准成立的各种社会团体，比如工会、共青团、妇联、残联、律师协会等；二是事业单位，比如公立学校、卫生防疫站等；三是国有企业，比如全国烟草总公司、国家林业投资公司等；四是基层群众性自治组织，比如村委会、居委会等；五是技术检验、鉴定机构。第二，行使特定行政职能。所谓"特定"是指法律、法规授权的事项非常具体，而不像行政机关那样具有比较广泛的行政职能。比如按照《中华人民共和国食品卫生法》的要求，食品卫生监督站只负责食品卫生的监督检查。第三，权力来源是行政管理方面的法律、法规，而非组织法。

二、行政诉讼被告的确定

由于行政机关运转程序和组织结构方面一些复杂因素的存在，比如复议制度、公务委托、内部审批、临时机构、内设机构、派出机构等，使得确定行政诉讼被告的难度增加，因此有必要在这方面做一些梳理和归纳工作，以便于实务运用和公众了解。

1. 基本标准：谁作出了具体行政行为？

按照权责一致原则，任何行政主体都应自己承担行使权力所带来的不利后果，因此，原告起诉具体行政行为时都应当以作出该行为的行政主体为被告。具体有以下三种情况：

第一，以作出具体行政行为的行政机关为被告。《行政诉讼法》第25条第1款规定："公民、法人或者其他组织直接向人民法院提起诉讼的，作出具体行政行为的行政机关是被告。"

---

① 参见姜明安主编：《行政法与行政诉讼法》，110 页，北京，北京大学出版社、高等教育出版社，1999。

第二，以作出具体行政行为的法律、法规授权的组织为被告。法律、法规授权的组织具有独立承担行政责任的能力，这一点与行政机关并无不同，因此其可以作为行政诉讼的适格被告。《行政诉讼法》第25条第4款规定："由法律、法规授权的组织所作的具体行政行为，该组织是被告。"

第三，共同作出具体行政行为的行政机关为共同被告。《行政诉讼法》第25条第3款规定："两个以上行政机关作出同一具体行政行为的，共同作出具体行政行为的行政机关是共同被告。"

2. 行政复议

行政复议是与行政诉讼相互衔接的法律制度，在二者衔接的过程中，确定被告是比较重要的问题。

第一，行政复议机关作出行政复议决定。行政复议机关作出何种行政复议决定对行政诉讼被告的确定有着直接的影响。行政复议决定有两种可能的结果：一是维持原具体行政行为；二是改变原具体行政行为。《行政诉讼法》第25条第2款规定："经复议的案件，复议机关决定维持原具体行政行为的，作出原具体行政行为的行政机关是被告；复议机关改变原具体行政行为的，复议机关是被告。"复议决定维持原具体行政行为后，当事人的起诉应以原具体行政行为为标的。按照《行政诉讼法》第25条第1款规定的一般原则，此时应以作出具体行政行为的行政机关为被告。复议决定改变原具体行政行为后，复议决定取代了原具体行政行为，当事人只有起诉复议决定才有实际意义。按照《行政诉讼法》第25条第1款规定的一般原则，此时应以作出行政复议的机关为被告。

第二，行政复议机关不作出复议决定。行政复议与法院的裁判活动有很多类似之处，具有一定的司法性，但是从根本上讲，它还属于行政行为范畴，据此，行政复议机关作出的行政复议决定就属于具体行政行为，而其在法定期间内不作出复议决定就属于行政不作为。对行政复议决定不服的案件中确定被告的问题如前所述，现在的问题是，对行政复议机关不作为不服的案件中，如何确定被告？我们认为，当事人对行政复议机关的不作为不服，准备起诉时，必须在以下两种诉的标的中选择其一：是诉原具体行政行为还是诉请复议机关履行作出复议决定的法定职责。如果是前者，则按照《行政诉讼法》第25条第1款规定的一般原则，应以作出原具体行政行为的行政机关为被告；如果是后者，则应以复议机关为被告。基于以上考虑，《若干解释》第22条规定："复议机关在法定期间内不作复议决定，当事人对原具体行政行为不服提起诉讼的，应当以作出原具体行政行为的行政机关为被告；当事人对复议机关不作为不服提起诉讼的，应当以复议机关为被告。"需要注意一点，由于行政复议审查原具体行政行为的合法性，不能与诉原具体行政行为的行政诉讼案件并存，因此当事人只能在诉原具体行政行为和诉复议不作为两种诉讼中选择其一，而不能同时起诉。相应的，其只能在作出原具体行政行为的行政机关和复议机关中选择一个作为被告。

法律、法规规定行政复议前置时，前述规定是否仍然适用？对这个问题，法律和司法解释没有作出明确规定，但是从《若干解释》有关规定中可以推出肯定的答案。首先，《若干解释》第 22 条并未设定前提，应当理解为法律是否规定行政复议前置，不影响该规定的适用。其次，行政复议机关不作为似乎可以理解为案件未经过复议程序，如果法律规定行政复议为行政诉讼必经程序，当事人直接诉原具体行政行为似乎存在障碍，但是《若干解释》第 33 条已经排除了这个障碍。该规定的内容为："复议机关不受理复议申请或者在法定期限内不作出复议决定，公民、法人或者其他组织不服，依法向人民法院提起诉讼的，人民法院应当依法受理。"既然当事人可以直接起诉原具体行政行为，则按照《行政诉讼法》第 25 条第 1款的一般规定，作出原具体行政行为的行政机关是被告。

3. 行政委托

第一，一般规定：以委托的行政机关为被告。《行政诉讼法》第 25 条第 4 款规定："由行政机关委托的组织所作的具体行政行为，委托的行政机关是被告。"

第二，行政机关委托的组织包括行政机关。有一种观点认为，行政机关委托的组织不是行政机关，也不是其他国家机关，它们的职能不是行使行政职能或其他国家职能，而是从事其他非国家职能性质的活动。[①] 据此，接受其他行政机关委托的行政机关不属于《行政诉讼法》第 25 条规定的"行政机关委托的组织"。我们认为，这种观点的影响范围仅限于学理，在司法实践上并未采纳。早在 1991 年，最高人民法院就在给广西高级人民

---

① 参见姜明安主编：《行政法与行政诉讼法》，115 页，北京，北京大学出版社、高等教育出版社，1999。

院的一个司法批复①中表达了相反的观点。在该批复中，最高人民法院认为，接受林业厅委托对违反林业管理行为人作出行政处罚的县公安局派出所属于由行政机关委托的组织。2000 年实施的新司法解释在这个问题上作出了适用范围更大的规范。《若干解释》第 21 条规定："行政机关在没有法律、法规或者规章规定的情况下，授权其内设机构、派出机构或者其他组织行使行政职权的，应当视为委托。当事人不服提起诉讼的，应当以该行政机关为被告。"

第三，存在的问题。现行法律对于行政委托制度没有作出系统规范，委托机关和接受委托的组织应当具备什么条件？哪些事项可以委托？哪些事项绝对不可以委托？委托不合法造成的后果由谁承担？超出委托范围行政的责任由谁承担？等等。这些问题如何回答，不但直接影响着被告如何确定的问题，也涉及合法性审查的问题，因为委托关系是否合法也属于合法性审查的范围。因此行政委托法律制度的不完善，使得法院面临审查标准缺失的困难。

4. 内部审批

按照行政系统内层级分工的原则，一般的行政事务可以由下级行政机关全权处理，直接对外作出具体行政行为；有些比较重要的行政事务则不能由完全下级行政机关自己做主，其在作出具体行政行为之前必须报上级行政机关审批。那么，当事人对经批准的具体行政行为不服提起诉讼的，应当以谁为被告？目前对此有三种不同观点：一是以作出具体行政行为的机关为被告，二是以批准机关为被告，三是以作出具体行政行为和批准行为的机关为共同被告。② 三种观点都是在具体行政行为与批准行为何者占据主导地位方面寻找各自的理由的。观点一的主要理由是，相对于具体行政行为而言，从实体上看，批准行为是一种补充性的行政行为，从程序上看，批准行为往往是具体行政行为产生过程中的一个内部程序上的行为。批准行为不影响具体行政行为的性质，只不过在条件和程序上对具体行政行为加以制约，以保证具体行政行为的合法性与正当性。因此，应当以作

---

① 参见 1991 年 9 月 16 日《最高人民法院对广西壮族自治区高级人民法院〈关于覃正龙等四人不服来宾县公安局维都林场派出所林业行政处罚一案管辖问题的请求报告〉的复函》。

② 参见张步洪、王万华编著：《行政诉讼法律解释与判例述评》，222 页，北京，中国法制出版社，2000。

出具体行政行为的机关为被告。观点二的主要理由是，批准行为决定着具体行政行为的效力，如果没有批准行为，则具体行政行为就不能够生效，因此，该具体行政行为应当被视为批准机关的行为，因此，应当以批准机关为被告。观点三的理由是，具体行政行为实际上是下级机关与批准机关的共同意思表示，因此，两个机关都应当是被告。

笔者认为，三种观点各有其道理，实践中三种情况也都是存在的，这也恰恰说明每种观点都有其片面性。归纳三种观点背后的共同因素，可以找到意思表示这个要素，即具体行政行为是谁的意思表示，谁就是被告。具体行政行为是要式行为，其法律文书上须有作出机关的署名，而署谁的名就可以认为该具体行政行为是谁的意思表示。很明显，以署名作为确定被告的标准具有更大的涵盖性，可以统合以上三种观点，因此新的司法解释采纳了署名之标准，《若干解释》第19条规定："当事人不服经上级行政机关批准的具体行政行为，向人民法院提起诉讼的，应当以在对外发生法律效力的文书上署名的机关为被告。"

5. 行政机关内部组织

行政机关内部往往有各种各样的内部组织，它们有时会以自己而非行政机关的名义对外作出具体行政行为。如果具体行政行为被诉，以谁为被告？下面分别介绍：

第一，行政机关组建的机构。行政机关组建的机构指的是，非依组织法设立，而是行政机关为开展或加强某些领域行政管理之需要，自行设立的具有某些行政管理职权但不具有独立承担法律责任能力的机构。比如地方政府设立的房地产开发工作领导小组办公室、"扫黄打非"办公室、机构改革领导小组办公室等。这些机构都是非常设性的临时机构。从形式上看，行政机关组建的机构没有获得法律、法规和规章的授权，其地位与接受行政机关委托的组织类似；从实质上看，其又不具备独自承担法律责任的能力。鉴于此，行政机关组建的机构不可能成为行政诉讼的适格被告。新的司法解释在这个问题上的态度是明确的，《若干解释》第20条规定："行政机关组建并赋予行政管理职能但不具有独立承担法律责任能力的机构，以自己的名义作出具体行政行为，当事人不服提起诉讼的，应当以组建该机构的行政机关为被告。"如果多个行政机关共同组建一个机构，当事人对该机构作出的行政行为不服提起行政诉讼的，以谁为被告。我们认为，该行政行为应视为由多个行政机关共同作出的，按照《行政诉讼法》

第 25 条第 3 款之规定，应由多个行政机关做共同被告。

第二，内设机构和派出机构。行政机关的内设机构指的是，行政机关根据组织法或依职权设立的不具有独立行政主体资格的机构。比如政府办公厅（室）、行政管理部门的内部科室等。行政机关的派出机构指的是，行政机关为了更有效地开展工作，而向本辖区某些地方派出的管理机构。派出机构不同于派出机关，组织法承认派出机关的行政主体地位，在我国，派出机关包括省级、市区级及县级政府派出的地区行署、街道办事处、区公所等，这些行政机关的职权内容和管辖范围相当于一级地方政府，具有独立的行政主体地位。而像公安派出所、工商派出所等派出机构则不是独立的行政主体。内设机构和派出机构作出的具体行政行为被诉，以谁为被告？根据新的司法解释，这要视两种机构是否有法律、法规和规章授权而定。

一是法律、法规和规章没有授权。《若干解释》第 20 条第 2 款规定："行政机关的内设机构或者派出机构在没有法律、法规或者规章授权的情况下，以自己的名义作出具体行政行为，当事人不服提起诉讼的，应当以该行政机关为被告。"之所以如此规定，是因为内设机构和派出机构本不是行政机关，又不属于《行政诉讼法》第 25 条规定的"法律、法规授权的组织"，不具备被告资格的基本条件。

二是有法律、法规或者规章的授权。《若干解释》第 20 条第 3 款规定："法律、法规或者规章授权行使行政职权的行政机关内设机构、派出机构或者其他组织，超出法定授权范围实施行政行为，当事人不服提起诉讼的，应当以实施该行为的机构或者组织为被告。"之所以如此规定，是因为内设机构和派出机构属于《行政诉讼法》第 25 条规定的"法律、法规"授权的组织，具备了成为行政诉讼被告的基本条件。行政机关超出授权范围作出行政行为被诉，应当以该行政机关为被告。同理，法律、法规或规章授权的内设机构、派出机构或其他组织超出授权的范围作出的行政行为被诉，亦应以该机构为被告。

以上规定有一处很容易遭到质疑，就是被告基本条件在文字上较《行政诉讼法》第 25 条规定有所放宽，1991 年的《贯彻意见》第 18 条将被告基本条件定位在"法律、法规对派出机构有授权"，与《行政诉讼法》第 25 条的表述是一致的，而《若干解释》第 20 条第 2、3 款规定则将起诉条件进一步放宽到规章授权，这是否符合法律意旨？有人认为这已突破《行政诉讼法》第 25 条规定的界限，而且承认了规章授权的合法性。司法解释制定者认为，不能这样看。① 首先，《行政诉讼法》对于规章授权的情况未作规定，并不意味着规章授权的组织就不能作被告，司法解释可以根据实际情况填补法律空白。其次，规章的制定者都是高级别的行政机关，如果不承认规章授权组织的被告资格，则只能由规章制定机关做被告，这一方面会加大当事人的心理负担，也会增加规章制定机关的诉讼负担，也不利于法院审理，因此从方便当事人和诉讼经济原则考虑，也应承认规章授权组织的被告资格。最后，行政执法主体与行政诉讼主体是两个不同概念，承认规章授权组织为被告，不等于承认其为合法的行政执法主体，法院在审理中还要审查规章授权条款的可适用性。

6. 被告资格的转移

行政机关虽然具有一定的稳定性，但并非一成不变，其可以依法成立，也可以被依法撤销。如果行政机关被撤销，其作出的具体行政行为被诉的，应当以谁为被告？《行政诉讼法》第 25 条第 5 款规定："行政机关被撤销的，继续行使其职权的行政机关是被告。"本款规定可以在两种情况下适用，一是行政机关作出具体行政行为之后，原告提起诉讼之前，该行政机关被撤销；二是行政诉讼中，该行政机关被撤销。在第一种情况下，当事人起诉应当以继续行使职权的行政机关为被告。在第二种情况下，应当由法院直接更换被告。

法律和司法解释未涉及下面的问题：如果行政机关被撤销，其行政职权亦同时被废止，没有继续行使行政职权的行政机关，由谁来做被告？虽然这个问题在实践中极少出现，但是从行政法治建设乃至政治体制改革发展趋势看，行政管制的范围和方式必然要做比较大的调整，有些方面可能要加强，但有些方面肯定要收缩。比如《行政许可法》第 13 条规定："本法第十二条所列事项②，通过下列方式能够予以规范的，可以不设行政许可：（一）公民、法人或者其他组织能够自主决定的；（二）市场竞争机制能够有效调节的；（三）行业组织或者中介机构能够自律管理的；（四）行政机关采用事后监督等其他行政管理方式能够解决的。"据此，有些行政许可职权可能会在今后某个时候被废止，出现前述被告选择问题的几率也

① 参见江必新：《中国行政诉讼制度之发展》，74 页，北京，金城出版社，2001.

② 该条所列事项为可以设定行政许可的事项。

就越来越大，所以，这个问题是值得我们认真对待的。有的学者提出，可以参照《国家赔偿法》第 7 条第 5 款关于"赔偿义务机关被撤销的，继续行使其职权的行政机关为赔偿义务机关；没有继续行使其职权的行政机关的，撤销该赔偿义务机关的行政机关为赔偿义务机关"之规定的精神，以作出撤销行政机关决定的行政机关为被告。[①] 笔者认为上述观点合乎法律解释规则，可作为法院的法理依据。

三、被告的变更和追加

如前所述，被告的确定并不总是一个简单问题，由于原告方认识的局限性，有时会出现被诉的行政主体不适格或者遗漏部分适格被告的情况，法院如何操作？早在 1991 年，司法解释就已对这个问题作出规定。《贯彻意见》第 17 条规定："人民法院在第一审程序中，征得原告的同意后，可以依职权追加或者变更被告。应当变更被告，而原告不同意变更的，裁定驳回起诉。"在制定新的司法解释时，制定者们认为该条规定有两个问题：一是变更和追加被告属于原告方的权利范围，应当视其意思而定，而该规定在表述上职权主义色彩较重。二是未明确规定原告不同意追加被告如何处理。鉴于此，《若干解释》第 23 条规定："原告所起诉的被告不适格，人民法院应当告知原告变更被告；原告不同意变更的，裁定驳回起诉。""应当追加被告而原告不同意追加的，人民法院应当通知其以第三人的身份参加诉讼。"

1. 被告的变更

按照《若干解释》第 23 条第 1 款规定，被告的变更有以下三项主要内容：

第一，前提条件：被告不适格。原告所起诉的被告不符合行政诉讼法关于适格被告的规定，或者不符合被告基本条件的规定，既不是行政机关，也不是法律、法规授权的组织；或者不符合确定被告的具体规则。注意一点，原告起诉的被告为两个以上的，两个以上的被告都不属于适格被告。否则就不存在变更被告的问题，而应当追加被告。

---

① 参见姜明安主编：《行政法与行政诉讼法》，339～340 页，北京，北京大学出版社、高等教育出版社，1999。

第二，是否变更被告由原告决定。起诉谁，这是原告方的权利，不应由法院依职权决定。也就是说法院不应强迫原告方起诉自己不愿意起诉的对象。

如果原告方同意变更被告，法院就应直接通知变更后的被告参加诉讼。如果原告方不同意变更，则诉讼没有适格被告，此时原告方的起诉不符合《行政诉讼法》第41条第2项关于起诉应当"有明确的被告"之规定，诉讼无法进行下去，根据《若干解释》第23条第1款规定，法院应当作出驳回起诉的裁定。注意一点，该规定适用于案件受理之后的阶段，所以法院作出的是驳回起诉裁定。如果在立案审查阶段发现被告不适格，且如果原告不同意变更的，则法院如何处理？司法解释虽未涉及，但实践中没有出现太多的问题，法院一般都会作出不予受理的裁定。这无疑是正确的。

第三，法院有提供诉讼指导的义务。所谓诉讼指导就体现为法院告知原告变更被告的规定，体现了法律对原告诉权的保护。有一个尺度把握的问题需要注意：法院应当告知到什么程度？有的法院只是简单告知原告被告不适格，是否就算达到了要求？我们认为，答案是否定的。首先，按照便民原则和诉讼经济原则，法院应当尽量给予原告方明确的指示和告知，以免在这个问题上浪费过多的时间、精力和金钱。其次，在辨别谁是适格被告的问题上，法院比原告方更有能力。

2. 被告的追加

根据《若干解释》第23条第2款规定，追加被告有以下两项内容需要注意：

第一，前提条件：遗漏部分适格被告。与变更被告的前提条件不同，追加被告以遗漏部分适格被告为前提。也就是说，原告起诉的被告当中有适格被告，但只是部分适格被告。

第二，原告方不同意追加如何处理？与变更被告一样，是否追加被告也取决于原告方的同意。现在的问题是，如果原告方不同意追加被告，法院怎么办？对这个问题的处理与变更被告不同，按照《若干解释》第23条第2款规定，法院应当通知该适格被告以第三人的身份参加诉讼。之所以如此，主要是因为原告起诉的被告中有适格被告，不追加被遗漏的部分适格被告并不影响案件的审理，因此法院在这种情况下并不作出驳回起诉的裁定，而是将遗漏的被告列为第三人。

还有一点需要注意，法院在追加被告的问题上有指导义务，即告知原告遗漏了被告，并询问其是否追加的义务。

第三节　行政诉讼中的其他参加人

一、行政诉讼第三人

《行政诉讼法》第27条规定："同提起诉讼的具体行政行为有利害关系的其他公民、法人或者其他组织，可以作为第三人申请参加诉讼，或者由人民法院通知参加诉讼。"根据该规定，行政诉讼第三人具有以下三个特征：第一，与被诉具体行政行为有利害关系。第二，是原告和被告之外的个人和组织。第三，参加诉讼的方式有两种：依申请参加诉讼或者由人民法院通知其参加诉讼。总结司法实践，以下几种情形都属于行政诉讼第三人：

1. 未起诉的原告资格人

1991年《贯彻意见》第22条规定："行政机关就同一违法事实处罚了两个以上共同违法的人，其中一部分人对处罚决定不服，向人民法院起诉的，人民法院发现没有起诉的其他被处罚人与被诉具体行政行为有法律上的利害关系，应当通知他们作为第三人参加诉讼。"在随后的行政审判实践中，法院确认了未起诉的行政裁决当事人等具体行政行为利害关系人的第三人身份。最高人民法院在制定新的司法解释时终于认识到，该条解释的原则可以适用于所有具体行政行为，因此《若干解释》第24条规定："行政机关的同一具体行政行为涉及两个以上利害关系人，其中一部分利害关系人对具体行政行为不服提起诉讼，人民法院应当通知没有起诉的其他利害关系人作为第三人参加诉讼。"

2. 与行政机关共同作出行政行为但非适格被告的组织

法律和司法解释上未对这个问题作出明确规定，根据法院的通常理解，公民、法人或者其他组织对行政机关与非适格被告组织共同署名作出的处理决定不服，向人民法院提起行政诉讼的，应以作出决定的行政机关为被告。非适格被告组织不能做共同被告，故人民法院应当通知其作为第三人参加诉讼。

3. 原告不同意追加的适格被告

按照《若干解释》第 23 条第 2 款规定，应当追加被告，而原告不同意追加的，人民法院应当通知其以第三人的身份参加诉讼。

4. 其他第三人

以上三种情形未必全面，行政诉讼第三人可能还有情形，有待实务和学理上进一步的归纳总结。

二、诉讼权利

法律未就第三人诉讼权利作出明确规定，司法解释规定了第三人的两项诉讼权利，一是提出诉讼请求的权利，二是提出上诉的权利。

1. 提出诉讼请求的权利

早在 1991 年，司法解释就确认了这项权利的存在。《贯彻意见》第 23 条规定，"第三人有权提出与本案有关的诉讼请求"。新的司法解释保留了该规定。[①] 第三人有权提出的诉讼请求可以在以下两项内容中选择其一：一是可以要求维持具体行政行为，二是可以要求撤销或变更具体行政行为。

2. 提出上诉的权利

1991 年的《贯彻意见》第 23 条规定："对人民法院的一审判决不服，有权提出上诉。"新的司法解释保留了该规定。[②] 需要注意一点，该规定只提到可以对判决提出上诉，而未提到是否可以对裁定提出上诉。我们认为，这是一个无意识的小疏漏，不可以就此做反对解释。第三人对行政裁定不服的，有权提出上诉。

法律和司法解释之所以只规定以上两种诉讼权利，是因为这些权利的重要性比较大，而不意味行政诉讼第三人只有这两项权利。行政诉讼第三人系案件的一方当事人，依法享有当事人具有的诉讼权利。参照民事诉讼的有关规定，第三人除享有前述权利外，还享有多项诉讼权利，比如委托

---

① 《若干解释》第 24 条第 2 款规定："第三人有权提出与本案有关的诉讼主张，对人民法院的一审判决不服，有权提出上诉。"

② 《若干解释》第 24 条第 2 款规定："第三人有权提出与本案有关的诉讼主张，对人民法院的一审判决不服，有权提起上诉。"

代理人参加诉讼的权利、申请回避的权利、举证的权利等。

三、诉讼代理人

按照通说①，诉讼代理是指诉讼法为了维护当事人的合法权益，保证诉讼正常进行而设置的一种法律制度。诉讼代理人是指依法律规定，或由法院指定，或受当事人委托，以当事人的名义，在代理权限内为当事人进行诉讼活动，但其诉讼法律后果由当事人承受的人。

1. 法定代理人和指定代理人

《行政诉讼法》第 28 条规定："没有诉讼行为能力的公民，由其法定代理人代为诉讼。法定代理人互相推诿代理责任的，由人民法院指定其中一人代为诉讼。"根据该规定，我们将法定代理人和指定代理人的概念概括如下：

第一，法定代理人。法定代理系依照法律规定直接产生的代理。法定代理人是根据法律规定代理无诉讼行为能力或者限制民事行为能力的当事人或第三人并以其名义进行行政诉讼活动的人。其具有以下特征：

一是被代理人限于无行为能力人或限制行为能力人。被代理人恢复诉讼行为能力将导致法定代理权的终止。

二是法定代理人的代理权不是基于当事人的委托，而是依照法律规定直接产生。按照《中华人民共和国民法通则》（以下简称《民法通则》）第 14 条规定，无民事行为能力人，限制民事行为能力人的监护人是他们当然的法定代理人。至于监护人的范围，则见于《民法通则》第 16 条规定。②

三是法定代理人在行政诉讼中的权利义务范围与其所代理的当事人权

---

① 参见姜明安主编：《行政法与行政诉讼法》，342 页，北京，北京大学出版社、高等教育出版社 1999 年 10 月版。

② 《民法通则》第 16 条："未成年人的父母是未成年人的监护人。未成年人的父母已经死亡或者没有监护能力的，由下列人员中有监护能力的人担任监护人：（一）祖父母、外祖父母；（二）兄、姐；（三）关系密切的其他亲属、朋友愿意承担监护责任，经未成年人的父、母的所在单位或者未成年人住所地的居民委员会、村民委员会同意的。对担任监护人有争议的，由未成年人的父、母的所在单位或者未成年人住所地的居民委员会、村民委员会在近亲属中指定。对指定不服提起诉讼的，由人民法院裁定。没有第一款、第二款规定的监护人的，由未成年人的父、母的所在单位或者未成年人住所地的居民委员会、村民委员会或者民政部门担任监护人。"

利范围一致。

四是法定代理人所实施的诉讼行为的法律后果，由被代理当事人承担。

第二，指定代理人。指代理人是被人民法院指定代理当事人进行诉讼活动的人。其具有以下特征：

一是被代理人限于无行为能力或者限制行为能力人。被代理人恢复诉讼行为能力将导致法定代理权的终止。

二是出现以下两种情况之一的，发生指定代理：1）对没有诉讼行为能力的人，没有法定代理人；2）法定代理人之间相互推诿代理责任。

三是指定代理人的代理权与法定代理人基本相同，但在处分当事人实体权利时须接受人民法院更严格的监督，人民法院有权解除指定代理人的代理权。

2. 委托代理人

委托代理人是受当事人或法定代理人委托而代为参加诉讼的人。

第一，法律、司法解释对委托代理的基本要求。

关于人数限制。《行政诉讼法》第 29 条第 1 款规定："当事人、法定代理人，可以委托一至二人代为诉讼。"该款规定对人数的限制主要是考虑审判效率和避免当事人承担过重的诉讼负担。

关于委托代理人的范围。《行政诉讼法》第 29 条第 2 款规定："律师、社会团体、提起诉讼的近亲属或者所在单位推荐的人，以及经人民法院许可的其他公民，可以受委托为诉讼代理人。"根据该款规定，委托代理人可以在以下范围内产生：首先，律师。依照《律师法》的规定，律师是为社会提供法律服务的法律工作者，行政诉讼的当事人及其法定代理人可以聘请律师代理诉讼活动。其次，社会团体。比如，残疾人可以委托残疾人联合会代理行政诉讼活动。最后，近亲属。根据《若干解释》第 11 条，近亲属包括配偶、父母、子女、兄弟姐妹、祖父母、外祖父母、孙子女、外孙子女和其他具有抚养、赡养关系的亲属。如果当事人因被限制人身自由而不能提起行政诉讼的，其近亲属可以依其口头或者书面委托以当事人的名义提起诉讼。

委托代理人须提交授权委托书。《若干解释》第 25 条规定："当事人委托诉讼代理人，应向人民法院提交由委托人签名或盖章的授权委托书。委托书应当载明委托事项和具体权限。公民在特殊情况下无法书面委托的，也可以口头委托。口头委托的，人民法院应当核实并记录在卷；被诉机关或其他有义务协助的机关拒绝人民法院向被限制人身自由的公民核实的，视为委托成立。当事人解除或者变更委托的，应当书面报告人民法院，由人民法院通知其他当事人。"

第二，委托代理人调查取证权利及其限制。

《行政诉讼法》第 30 条规定："代理诉讼的律师，可以依照规定查阅本案有关材料，可以向有关组织和公民调查，收集证据。对涉及国家秘密和个人隐私的材料，应当依照法律规定保密。""经人民法院许可，当事人和其他诉讼代理人可以查阅本案庭审材料，但涉及国家秘密和个人隐私的除外。"从该规定内容看，律师与其他委托代理人在调查取证权上有所不同。

关于律师。《行政诉讼法》第 30 条赋予律师的调查取证权比其他委托代理人的权利更大。具体有以下两项权利：其一，向有关组织和公民调查和收集证据的权利；其二，阅卷的权利。

对律师调查取证权的限制主要有以下三方面：一是通过调查收集的证据中有涉及国家秘密和个人隐私材料的，具有保密义务；二是无权查看法院案卷材料中涉及国家秘密和个人隐私的内容；三是被告方代理律师受到《行政诉讼法》第 33 条关于"在诉讼过程中，被告不得自行向原告和证人收集证据"之规定的限制。代理诉讼的律师可以依照有关规定查阅本案有关材料。

关于其他委托代理人。根据《行政诉讼法》第 30 条第 2 款规定，律师之外的其他诉讼代理人可以查阅本案庭审材料，但涉及国家秘密和个人隐私的除外。

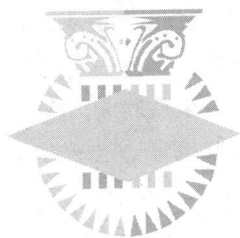

第四章 诉讼门槛之变迁（三）：起诉期限、管辖、复议前置、撤诉*

第一节 起诉期限

起诉期限与民法上的诉讼时效之同异都是显著的。相同点在于，目的都是为了促使相对人及时请求司法救济，不要做"权利之上的睡眠者"。不同点在于，民事诉讼超过诉讼时效虽然会丧失胜诉权，但诉权仍然存在，司法救济的大门始终敞开。而行政诉讼考虑到行政效率、行政秩序及其所具有重要公益价值，而赋予这种期限更为严厉的后果，只要超过了起诉期限，就丧失了诉权，司法救济的大门也将关闭。可见，起诉期限是影响诉权行使的一个非常重要的条件和门槛。二十多年来，

---

* 根据作者文章《最高法院在诉权保护方面的努力》之部分改编，发表于《行政执法与行政审判》总第 38 期（2009 年）。

在法律简单规则的根基之上，长出了司法解释和批复的繁茂枝叶，成为针对各种特定情形的规则系列，在此过程中，诉权得到了越来越好的保护。不过，规则在完善的同时也变得更加复杂，在实践中引起了很多歧义和误用，有必要通过系统的梳理，进一步阐释和澄清起诉期限规则的基本要义。

一、《行政诉讼法》第 39 条规定之缺憾

《行政诉讼法》第 39 条规定："公民、法人或者其他组织直接向人民法院提起诉讼的，应当在知道作出具体行政行为之日起三个月内提出。法律另有规定的除外。"该规定非常简洁明快，操作性强，但其缺憾也较为明显：一是与人民群众的法律认知水平不相适应。受传统文化影响，普通民众并不习惯于运用诉讼手段解决纠纷，尤其是行政诉讼是一个全新的法律制度，对于国人来说非常陌生。在《行政诉讼法》实施以后很长时间内，仍有相当多的人在遇到行政侵权时并不知道可以通过行政诉讼来救济[①]，很容易因此而丧失诉权。这无疑是不公平的，也不符合设定起诉期限的目的，因为他们并非怠于主张权利，实际上很多当事人都会采取各种方式与行政机关交涉，希望行政机关能够收回成命或者作出改变。二是以不利处分为模板，对有利处分的特点兼顾不够。对于不利处分，一般只有相对人及其特定的第三人才有内在的动力提出质疑，他们都是行政程序的当事人（比如治安案件中的加害人和受害人），行政行为作出后应当向他们送达，自然也就知道自己的权利是否受到了损害。对于有利处分，除了达到目的的相对人之外，很多情况下不会有明显的第三人，其中又会有很多情况下，行政机关作出行政行为后不会向第三人送达，他们因此并不知道行政行为，启动诉讼程序自然也无从谈起，那么，用"行政行为作出之日"作为起诉期限的起算点的不合理性在这个问题上充分暴露出来。三是以作为类行政行为为模板，对不作为没有提及。

---

① 参见湛中乐：《"民告官"法律意识现状及趋向》，转引自王振宇、王金城：《我国行政诉讼法制度症结与对策分析》，载《吉林大学社会科学学报》，1997（3）。

二、起算点从"作出具体行政行为之日"到"知道诉权和起诉期限之日"

1990 年最高人民法院《关于贯彻执行〈中华人民共和国行政诉讼法〉若干问题的意见（试行）》这一司法解释弥补了上述两个缺憾中的第一个缺憾。其第 35 条规定把起诉期限的起算点置换为"公民、法人或者其他组织知道诉权之日"。应当说，最高人民法院运用的解释方法非同寻常，甚至可以说是一种填补法律隐含漏洞的方法，而解释的结果是非常合理的，因为充分考虑了我们的国情。笔者认为，该规定不仅是一个诉讼规则，某种意义上也是一个行政上的正当程序规则，等于间接地给行政机关施加了一个告知义务。按照该规定，起诉期限为当事人知道诉权和起诉期限之日起 3 个月。这一思想后来为 2000 年的《若干解释》所承袭。

三、诉权相对有效期

如果作出行政行为的同时未告知当事人诉权和起诉期限，经过一段时间做了补充书面或者口头告知，当事人由此得知，则三个月的起诉期限自其得知之日起计算。如果行政机关一直不做补充告知，当事人一直不知道诉权和起诉期限，是否三个月的起诉期限就永远不开始计算？按照最高人民法院《关于贯彻执行〈中华人民共和国行政诉讼法〉若干问题的意见（试行）》第 35 条规定，无论如何，当事人如果一直不起诉，自行政行为作出之日起 1 年 3 个月后将丧失诉权。从司法解释起草本意来说，本拟期限为整 1 年，由于表述的问题，实践中出现了把 3 个月起诉期限与此相加的做法。最高人民法院认为此种理解更有利于保护诉权，且符合司法解释文义，乐得将错就错。2000 年重修司法解释时，《若干解释》第 41 条第 1款将此期限改为两年这样一个整数。①

关于起诉期限的现有规定上有三种不同的期限：三个月（《行政诉讼法》第 39 条）、两年（《若干解释》第 41 条第 1 款）、五年和二十年（《若

---

① 大家认为期限绝对不能短于原来的标准。

干解释》第 42 条）。实践中，对三种期限都称为起诉期限，理论上对此亦未加关注，造成法律适用当中的很多困惑。笔者认为，名不正则言不顺，有必要先做"正名"。起诉期限应当仅指"三个月"。两年、五年和二十年则是诉权有效期，这是司法解释创设的诉权最长保护期制度，也就是说，计算三个月起诉期限，其起点和终点都必须在诉权有限期内，超出部分不再有效。[①] 举例说明，行政行为作出后满三个月时，行政机关补充告知诉权和起诉期限[②]，则其应当在此后三个月内即作出行政行为满六个月之前起诉，在此之后起诉即不受理。如果行政机关在行政行为作出之日起满 1 年另 10 个月时才补充告知，就不能再给其三个月的起诉期限了，因为此后再过两个月内作出行政行为就满两年了。即便其一直不知道诉权和起诉期限，超过两年起诉，亦不受理。

诉权有效期还分相对有效和绝对有效两种情形，相对有效限于当事人知道行政行为内容但不知诉权和起诉期限的情形，绝对有效则限于当事人连行政行为内容也不知道的情形。详见下述。

四、错误告知

如果行政机关告知的起诉期限错误，如何处理？最高人民法院在一个批复中确立了有利于起诉人的原则。[③] 即行政行为交代的起诉期限短于法定期限，则依法定期限；长于法定期限，则依指定期限。也就是说，如果低于法律标准，则法律标准是底线；高于法律标准，则强调信赖利益。

五、诉权相对有效期新旧规定之衔接

由于《贯彻意见》第 35 条规定的诉权保护期短于《若干解释》第 41 条第 1 款规定的期限，如果具体行政行为作出时《贯彻意见》生效，当事

---

① 参见最高人民法院行政审判庭《关于对如何理解〈关于执行中华人民共和国行政诉讼法若干问题的解释〉第四十一条、第四十二条规定的请示的答复》（［2007］行他字第 25 号）。

② 假设起诉期限为一般情形即三个月。

③ 参见最高人民法院行政审判庭《关于税务行政案件起诉期限问题的电话答复》（1990 年 12 月 27 日）。

人起诉时《若干解释》已经施行，应当适用哪一个？新司法解释刚一实施，有的地方法院就提出了这个问题。最高人民法院的意见是：根据《贯彻意见》第 35 条的规定，公民、法人或者其他组织的起诉期限，在《若干解释》实施之日即 2000 年 3 月 10 日之前已经届满，其在起诉期限届满之后提起行政诉讼的，人民法院不予受理。根据《贯彻意见》第 35 条的规定，公民、法人或者其他组织的起诉期限，在《若干解释》实施之日即 2000 年 3 月 10 日之前尚未届满的，其起诉期限适用《若干解释》第 41 条规定。

六、诉权绝对有效期

诉权相对有效期的相对性体现在，期限并非绝对不可突破，在当事人连具体行政行为都不知道时，就不受两年期限即诉权相对有效期的拘束。与此相应，诉权绝对有效期之绝对性则体现在，期限绝对不可突破。当事人不知道行政行为内容，诉讼自然无从谈起，但是行政行为作为社会现存秩序基础，其稳定性价值的重要性随着时间的推移日益凸显，到了一定时间之后，其重要性会超过救济当事人个体利益的重要性，在那一时间节点越过之后，继续保留诉权开始体现负价值。这就是诉权绝对有效期的理论基础。按照《若干解释》第 42 条规定，即便当事人不知道具体行政行为内容的状态一直持续，涉及不动产的，自具体行政行为作出之日起 20 年的，其他情形满 5 年的，人民法院不再受理当事人的起诉。该规定中的 20 年和 5 年就是诉权的绝对有效期。

七、三种期限之间的关系

实践中，之所以把诉权有效期与起诉期限画等号，与《若干解释》第 42 条规定的表述有一定关系，其内容为"公民、法人或者其他组织不知道行政机关作出的具体行政行为内容的，其起诉期限从知道或者应当知道该具体行政行为内容之日起计算"。而知道行政行为内容的诉权有效期为两年，因此，很多人都把诉权相对有效期看作起诉期限。既然相对有效期是起诉期限，绝对有效期自然不能二解。笔者认为，该条真正要表达的意思是：公民、法人或者其他组织起初不知道行政机关作出的具体行政行为内容的，后来知道行为内容且同时知道诉权和起诉期限的，从那一时间就应当开始计算三个月的起诉期限；如果只知道行为内容而不知道诉权和起诉期限的，则应当适用《若干解释》第 41 条之规定。至此，有必要就三种期限的关系先作一小结：

第一，可替代。诉权绝对有效期可以被诉权相对有效期和起诉期限替代，诉权相对有效期也可以被起诉期限替代。如果当事人不知道行为内容，则绝对有效期在起作用，相对有效期乃至起诉期限都处于蛰伏状态；一旦当事人知道了行为内容，自那一时刻起，相对有效期就代替绝对有效期开始起作用；如果当事人同时也知道了诉权和起诉期限，起诉期限直接代替绝对有效期开始起作用。如果当事人知道行为内容而不知道诉权和起诉期限，则相对有效期在起作用，起诉期限处于蛰伏状态；一旦当事人知道了诉权和起诉期限，则起诉期限就代替相对有效期开始发挥作用。

第二，单向性。按照认识规律，对一个事实，不知道可以变成知道，而一旦知道就不能变成不知道。所以，三种期限之间的替代只能是单向的，而不能是双向的。也就是说，诉权绝对有效期可以被诉权相对有效期或者起诉期限取代，相对有效期可以被起诉期限取代，但这一过程反过来就是不成立的。

第三，互相配合。一般来说，诉权的绝对有效期或者相对有效期被其他期限替代之后，自己就隐身不见，但并非完全不起作用。在替代期限激活较晚，被替代期限剩余部分无法令其全部展开时，被替代期限就会再次现身，对替代期限起到限制作用。比如，当事人在涉及不动产行政行为作出后的第 18 年之前就知道该行为内容的，2 年的诉权相对有效期替代 20 年的绝对有效期，后者不再起作用。如果当事人在 18 年之后才知道行为内容，则绝对有效期剩余的时间不足 2 年，相对有效期无法充分展开，此时，就应当以绝对有效期为准。

八、起诉《若干解释》施行前的行政行为可否适用诉权绝对有效期之规定

最高人民法院的批复回答了这个问题：行政机关在《行政诉讼法》实施之后即 1990 年 10 月 1 日以后作出的具体行政行为，当事人不知道该具

体行政行为内容的，其起诉期限的计算应当适用本院《若干解释》第 42 条的规定。① 也就是说，可以适用于《若干解释》施行前的行政行为，只要该行政行为系《行政诉讼法》实施之后作出即可。在讨论的过程中，有一种反对意见认为，在《若干解释》实施之前，如果行政行为作出超出 1 年 3 个月，按照当时生效的《贯彻意见》第 35 条规定就已丧失了诉权，不宜再溯及适用《若干解释》第 42 条规定，使其重获诉权。笔者认为，这种意见在理论上不能成立。主要理由是：第一，法不溯及既往是约束法律适用的一项原则，司法解释并非法律，而是对法律的解释，而解释所明确的法律含义和标准可与法律实施相同步，故司法解释一般不受禁止溯及力原则的约束。第二，司法解释在同一法律问题新旧司法解释不同的情况下，可以受到法不溯及既往原则约束。第三，反对意见混淆了诉权的绝对有效期和相对有效期，误把《若干意见》第 35 条规定的 1 年 3 个月的相对有效期看作绝对有效期。实际上，关于诉权的绝对有效期问题，在旧司法解释上是个空白，新司法解释第一次加以明确，并不属于新旧解释不同，故该解释的适用之日应当认为与行政诉讼法生效之日相同步。

需要指出一点，上述反对意见虽不可取，但在《若干解释》出台之前，却是行政审判实践当中的主流观点，甚至可以说是一种惯例，很多案件都是照此办理的。如果有些当事人以新司法解释为依据申请再审，如何处理？笔者认为，此类案件牵一发而动全身，一旦推翻，接下来可能就是大范围地拨乱反正，对判决的既判力以及建立其上的社会秩序构成强烈冲击。在法安定性价值与权利救济之间的权衡当中，天平倾向于前者，或许更为合理。

九、知道具体行政行为内容的时间

当事人不知道具体行政行为内容的情形主要出现在诉有利处分的案件当中，尤以行政许可案件最为突出。行政机关对被许可人作出准予行政许可决定后，通常不会通知第三人。而不服准予行政许可决定的又通常是第

---

① 参见最高人民法院《关于如何执行〈最高人民法院关于执行《中华人民共和国行政诉讼法》若干问题的解释〉第四十二条的规定的请示的答复》（［2002］行他字第 6 号）。

三人，而不是被许可人。所以，笔者将这个问题的讨论放在本书第十三章第四节。

十．知道行为内容不知道侵害

这种情况也是在有利处分当中比较常见，由于行政行为结果对相对人有利，而其中的不利之处在行为作出时可能无从发现，待到当事人发现受损时，如果从知道行为内容开始已经过了很长时间，如何计算起诉期限？笔者认为，应当用知道受损短时间取代知道行为内容的时间，然后适用相应规则。理由参阅本书第十三章第四节。

十一、不作为的起诉期限

笔者认为，行政机关办事期限届满之日就相当于知道具体行政行为内容的时间，然后在这一事实基础上适用《若干解释》第 41 条规定等规则。不过需要强调一点，要考虑到不作为与一般具体行政行为的明显不同，如果当事人有证据表明，行政机关明确作出继续办理的表示，并承诺在某一期限届满之前履行其职责，则在承诺期限届满之前，起诉期限可不计算。详细理由可参阅本书第十三章第四节。

第二节　管辖

行政诉讼管辖是在各级人民法院和同级人民法院之间分配行政案件审判权的制度。按照《行政诉讼法》第 41 条第 4 项规定，案件属于受诉人民法院管辖是行政诉讼起诉条件之一，但这一条件对诉权的影响并不在于诉权之有无，而仅在于诉权行使之负担。即使案件不属于受诉法院管辖，也终归能够找到有管辖权的其他法院，而不会出现任何法院都没有管辖权，起诉人告诉无门的情况。不过对起诉人来说，有管辖权的法院是有限的，选择余地很小甚至没有什么选择余地，由于种种原因，他们有时并不信任有管辖权的法院，此时，管辖制度就体现出限制诉权行使的效果。

一、基本形态：地域管辖和级别管辖

管辖有两种基本形态：横向的地域管辖和纵向的级别管辖。地域管辖是审判权在同级法院之间的分配。级别管辖是审判权在上下级法院之间的分配。

二、级别管辖的原则：两便原则

关于确定行政诉讼地域管辖的原则，通常认为是"两便"原则，即方便诉讼原则和方便审判原则，这一点与民事诉讼一脉相承。所谓方便诉讼指的是方便当事人参加诉讼，首先强调的是方便原告行使诉权，其次也要考虑节约当事人尤其是被告的诉讼成本，防止滥诉。所谓方便审判指的是方便人民法院查明案件事实、及时作出裁判。两种方便之中，方便审判是前提，在满足这一前提之后，才考虑方便当事人诉讼。之所以如此，是因为方便审判的目标在于保障审判质量和效率，方便当事人诉讼的目标则在于减少当事人的诉讼成本，显然审判质量和效率更具根本性，所以，在两便原则当中，方便审判原则更为优先。

三、地域管辖中方便审判原则的体现

第一，"就被告"。《行政诉讼法》第 17 条第 1 句规定："行政案件由最初作出具体行政行为的行政机关所在地法院管辖。""就被告"具有防止滥诉的功能，表面上看是方便了被告，但其深层次的目的还是因为行政诉讼由被告负举证责任，且行政行为通常发生在被告所在地，由当地法院来审理更为方便。

第二，专属管辖。《行政诉讼法》第 19 条规定："因不动产提起的行政诉讼，由不动产所在地人民法院管辖。"所谓不动产，是指依自然性质或法律规定不可移动的土地、土地定着物、与土地尚未脱离的土地生成物、因自然或者人力添附于土地并且不能分离或分离会减损价值的其他物，包括土地、建筑物、滩涂、山林、草原等。由不动产所在地法院管辖被称为专属管辖，其目的主要是为了就近调查，便于法院执行。有的被诉行政行为未直接针对不动产，而是间接涉及不动产，是否属于"因不动产提起的行政诉讼"？比如对企业产权的界定就是如此。最高人民法院在一个批复中确立了标准，即行政行为直接针对不动产的，才适用专属管辖；涉及但未直接针对不动产的，不适用专属管辖。①

四、地域管辖中方便诉讼原则的体现

在方便审判或者至少不会给审判活动带来太大不便的前提下，要考虑方便当事人尤其是方便原告行使诉权，集中体现为原告的选择权。按照法律规定，管辖问题以原告没有选择权为原则，有选择权为例外，限于如下两种情形：

第一，经过复议改变原具体行政行为的案件。《行政诉讼法》第 17 条第二句规定："经复议的案件，复议机关改变原具体行政行为的，也可以由复议机关所在地人民法院管辖。"该条第一句话确定了具体行政行为作出机关所在地管辖这样一个一般原则，结合上下文可以知道本句中的"也可以"意味着原告可以在原具体行政行为作出机关所在地法院和复议机关所在地法院之间进行选择。对这个问题，曾经有些部委机关提出质疑，认为如此理解，他们就必须要到全国各地去应诉，造成难以承受的负担。笔者认为，被告诉讼负担的增加是显而易见的，但是法律规定非常明确，不存在变通的余地，因此，解决被告的困难只能是另寻他途，比如增加应诉工作方面的投入、委托原行政行为作出机关代为应诉，甚至启动修法等。《行政诉讼法》实施之后，该句规定在适用中反复出现的一个问题是如何理解"改变"？有的案件中，复议决定只是对原具体行政行为的笔误进行了更正，或者原具体行政行为只援引了具体法律条款，遗漏了原则条款，复议决定予以补充，结论并未改变，是否属于"改变"，一直存在较大争议。这个问题

---

① 参见最高人民法院《关于国有资产产权管理行政案件管辖问题的解释》（法释〔2001〕6号），其主要内容如下：为了正确适用《中华人民共和国行政诉讼法》第 17 条、第 19 条的规定，现对国有资产产权管理行政案件管辖问题做出如下解释：当事人因国有资产产权界定行为提起行政诉讼的，应当根据不同情况确定管辖法院。产权界定行为直接针对不动产作出的，由不动产所在地人民法院管辖。产权界定行为针对包含不动产在内的整体产权作出的，由最初作出产权界定的行政机关所在地人民法院管辖；经过复议的案件，复议机关改变原产权界定行为的，也可以由复议机关所在地人民法院管辖。

既关系到被诉行为到底是哪一个的问题，也关系到原告对受诉法院有无选择权的问题。2000年《若干解释》第7条规定，所谓"复议决定改变原具体行政行为"是指如下三种情形之一：一是改变原具体行政行为所认定的主要事实和证据。二是改变原具体行政行为所适用的规范依据且对定性产生影响。三是撤销、部分撤销或者变更原具体行政行为处理结果。

第二，限制人身自由的行政强制案件。《行政诉讼法》第18条规定："对限制人身自由的行政强制措施不服提起的诉讼，由被告所在地或者原告所在地人民法院管辖。"该条在适用中赋予了原告较大的选择余地，有如下几点原因：一是法院对"原告所在地"理解较为宽泛。按照《若干解释》第9条第1款规定，"原告所在地"包括原告的户籍所在地，经常居住地和被限制人身自由地。所谓经常居住地，是指公民离开住所地连续居住满1年以上的地方。所谓被限制人身自由所在地，是指公民被羁押、限制人身自由的场所的所在地。据此，加上被告所在地法院，原告可选的法院最多可以达到四个。二是将行政拘留视同"限制人身自由的行政强制措施"类推适用《行政诉讼法》第18条规定，《行政诉讼法》实施不久，就已成为各地法院的一致态度。三是原告的选择权延伸到特定财产强制或者财产罚的案件中。1993年最高人民法院在一个批复中称：行政机关基于同一事实，对同一当事人作出限制人身自由和扣押财产两种具体行政行为，如果当事人对这两种具体行政行为均不服，向原告所在地人民法院提起诉讼，原告所在地人民法院可以将当事人的两个诉讼请求合并审理。[①] 2000年《若干解释》第9条第2款规定把原告的选择权交代得更为清楚：被限制人身自由的公民、被扣押或者没收财产的公民、法人或者其他组织对上述行为均不服的，既可以向被告所在地人民法院提起诉讼，也可以向原告所在地人民法院提起诉讼，受诉人民法院可一并管辖。

五、管辖权争议及其解决

两个以上的法院对同一个诉讼案件都有合法的管辖权，从原告角度说，是选择权；从法院角度说，是共同管辖。它们带来的问题就是法院之

---

① 参见最高人民法院《关于江西省高级人民法院赣高法函（1993）4号请示的答复》（［93］行他16号）。

间可能发生管辖权争议，为了避免和解决这一问题，《行政诉讼法》规定了三个解决办法：一是由原告选择。根据《行政诉讼法》第 20 条第一句规定，两个以上人民法院都有管辖权的案件，原告可以选择其中一个人民法院提起诉讼。二是原告如果选择了两个以上的法院，由最先收到诉状的人民法院管辖。根据《行政诉讼法》第 20 条规定，原告向两个以上有管辖权的人民法院提起诉讼的，由最先收到起诉状的人民法院管辖。三是协商管辖或者指定管辖。如果收到诉状的两家或两家以上法院均不放弃管辖权，还是会出现共同管辖的争议，如何处理？按照《行政诉讼法》第 22 条第 2 款规定，人民法院对管辖权发生争议，由争议双方协商解决。协商不成的，报它们的共同上级人民法院指定管辖。

六、级别管辖的原则

确定级别管辖的原则，根据对法条的研究，笔者归纳出以下两点：一是就地解决纠纷原则。也就是说，行政纠纷应当尽可能在当地主要是在基层法院得到很好的解决，这是司法机制的内在要求。我国有四级法院，级别越高越应突出对下的监督和指导功能，级别越低则越应突出解决具体纠纷的功能。如果案件都集中到上级法院，就会出现上级法院陷入具体案件的汪洋大海，无暇顾及对下监督指导，基层法院无所事事的状况，司法机制也就无法正常运转。二是按能力分配审判权原则。如果法院获得的审判权超出其能力范围，将无法保障案件的正确处理，所以，审判权的分配必须要与法院的能力相适应。两个原则当中，按能力分配审判权原则具有优先性。

七、级别管辖中就地解决纠纷原则的体现

《行政诉讼法》第 13 条规定："基层人民法院管辖第一审行政案件。"该条规定是就地解决纠纷原则的集中体现。

八、级别管辖中按能力分配审判权原则的体现

按照制度设计的正常逻辑，上级法院的综合能力应当强于下级法院，因此就应当承担更具挑战性的行政审判任务。

关于中级人民法院管辖的一审案件，《行政诉讼法》第14条明确规定了两类。一类是确认发明专利权的案件①和海关处理的案件，另一类是对国务院各部门或者省、自治区、直辖市人民政府所作的具体行政行为提起诉讼的案件。该条还设定"本辖区内重大、复杂的案件"这样一个兜底条款，借助其留下的裁量余地，《若干解释》第8条又进一步明确了三种属于中级人民法院一审的情形：一是被告为县级以上人民政府，且基层人民法院不适宜审理的案件；二是社会影响重大的共同诉讼、集团诉讼案件；三是重大涉外或者涉及香港特别行政区、澳门特别行政区、台湾地区的案件。

关于高级人民法院和最高人民法院管辖的一审案件，法律未作具体规定，只是概括地规定"高级人民法院管辖本辖区内重大、复杂的第一审行政案件"，以及"最高人民法院管辖全国范围内重大、复杂的第一审行政案件"。与中级人民法院相比，高级人民法院和最高人民法院对自己的一审行政案件管辖的裁量权显然更大，既可以一案一议，直接确定某一案件由自己管辖，也可以规则化，根据本辖区或者全国整体情况明确标准。

九、管辖制度存在的主要问题

从《行政诉讼法》实施开始，司法环境对行政审判的消极影响就已出现并受到关注，其中具有结构性和根本性的问题在于地方法院地方化，尤其是人、财、物等方面受制于当地政府的体制性因素，使得行政审判难以抗拒来自行政机关的干预。理论界提出了很多解决方案，比如成立专门的行政法院、设立行政审判巡回法庭等；实务界也尝试和运用了很多措施和办法，比如在法院内部实行"一把手"工程（法院"一把手"要亲自主抓行政审判）、一二三工程（基层人民法院要保证至少一个行政审判合议庭、中级人民法院两个合议庭、高级人民法院三个合议庭），在外部环境上紧紧依靠当地党委和人大，在一些重大问题上主动汇报工作、争取支持，构建与行政机关的良性互动机制等。应当说，经过各方的努力，取得了一些

---

① 行政诉讼法制定之时，在知识产权案件中只有确认发明专利的行政行为可诉，中国加入世界贸易组织后，确认知识产权的案件全部改为可诉，故此确认知识产权的案件均应由中级人民法院管辖。

积极效果，司法环境有所改善，但只是局限于个案效果和环境的局部改善。在大的体制不可能发生根本性调整的情况下，法院自身还能有哪些潜力可以挖掘？最高人民法院把目光锁定在管辖制度上。按照现行法，地域管辖以"就被告"为一般原则，级别管辖以基层人民法院管辖为一般原则，因此，绝大多数案件都是由被告所在地的基层人民法院管辖，而基层人民法院的抗压能力是司法最弱的一环。所以，体制缺陷与目前的管辖制度相结合，就使得司法环境加倍恶化。

十、管辖制度改革的主要内容：异地管辖和提级管辖

既然大的体制缺陷短期内无法改变，务实的做法就是改革现有的管辖制度，尽可能从源头上摆脱对行政审判的不当干预，从根本上改善司法环境。基于这样一种认识，最高人民法院经过认真调研，于 2008 年 1 月 14 日公布了《最高人民法院关于行政案件管辖若干问题的规定》（以下简称《管辖规定》），并于同年 2 月起实施。《管辖规定》共有 10 条，其中主要有如下两个措施：异地管辖和提级管辖。所谓异地管辖指的是经上级人民法院指定，把本属本辖区某一法院管辖的一审行政案件交给本辖区内其他法院（通常没有管辖权）审理。提级管辖则是上级法院决定有自己审理本属下级法院管辖的一审行政案件。异地管辖和提级管辖贯穿了《管辖规定》的 10 条规定，主要内容如下：

第一，一、二审法院以基层法院与中级人民法院之间关系为模板作出规定，其他情形参照上述规定（第 9 条）。

第二，异地管辖还是提级管辖，由中级人民法院裁量。《管辖规定》第 2 条至第 5 条规定授权中级人民法院对于本应由基层人民法院审理的一审行政案件的处理，可以在异地管辖、提级管辖和原基层法院管辖之间作出选择，而如何选择并未规定明确的标准，只是概括地规定"根据不同情况"，标志着极大的裁量权。

第三，中级人民法院行使裁量权的范围及于基层法院管辖的所有一审案件。按照《管辖规定》的规定，遇到以下四种情形，中级人民法院可以根据情况决定是异地管辖还是提级管辖：（1）当事人以案件重大复杂为由或者认为有管辖权的基层人民法院不宜行使管辖权，直接向中级人民法院起诉（第 2 条）。（2）当事人向有管辖权的基层人民法院起诉，受诉人民

法院在 7 日内未立案也未作出裁定，当事人向中级人民法院起诉（第 3 条）。（3）基层人民法院对其管辖的第一审行政案件，认为需要由中级人民法院审理或者指定管辖而向上报请（第 4 条）。（4）中级人民法院认为基层人民法院管辖的一审案件应当异地管辖或者提级管辖的，可以作出相应决定（第 5 条）。

第四，提级管辖的标准。《管辖规定》第 1 条对《若干解释》第 8 条规定的由中级人民法院管辖的一审行政案件进行了一点调整，就是把原规定中的"被告为县级以上人民政府的案件"改为"被告为县级以上人民政府的案件，但以县级人民政府名义办理不动产物权登记的案件可以除外"。原规定中的兜底条款继续保留，这使得裁量权也同时得以保留。

第五，送达。中级人民法院指定异地管辖的，需要作出指定管辖的决定，该决定须送达当事人；如果是基层人民法院报送的案件，同时应给该基层人民法院送达（第 6 条）。中级人民法院决定自己审理的，直接对当事人作出受理通知。这一点，《若干解释》已有明确规定。

第六，管辖权异议。当事人对指定异地管辖的裁定有异议的，不适用管辖权异议的规定（第 7 条）。因为如此将给异地管辖造成严重障碍，改革的意义也将大打折扣。

第七，期限。提级管辖从决定之日起计算审理期限；指定管辖或者决定由报请的人民法院审理的，从收到指定管辖裁定或者决定之日起计算。

司法解释实施后，各地运用的效果总体是好的，不过也出现了一些新问题，比如，有些省份诉县级政府土地、山林确权的案件数量非常多，如果提级管辖，则中级人民法院不堪重负，如果二审就上诉到高级人民法院，更是难以承受。另外，还有一些适用当中的疑问，比如，能否将专属管辖的事项指定其他下级人民法院管辖？笔者认为，任何措施和办法，在解决问题的同时，也难免会制造一些问题，只要总体上利大于弊，就是一个成功的改变。《管辖规定》带来的问题和困难都不是根本性的障碍，都可以通过研究加以解决。

关于上级法院负担难以承受的问题，笔者认为，虽然《管辖规定》第一条关于"应当由中级人民法院管辖"似乎是一个羁束性的表述，但必须看到上级法院在级别管辖方面享有很大的裁量权，按照《行政诉讼法》第 23 条规定，上级法院既有权审判下级法院审理的一审案件，也可以把自己审理的一审案件交给下级法院审判。据此，并不妨碍有关省份将此类案件仍确定由基层人民法院管辖。

关于专属管辖事项能否指定其他下级人民法院管辖的问题。笔者认为，专属管辖是不能突破的，如果上级法院认为不动产所在地的下级法院不宜审判的，只能提级管辖，而不能交给其他下级人民法院管辖。

第三节　复议前置

一、我国行政诉讼不实行复议前置原则

复议前置又称"穷尽行政救济"，是指当事人提起行政诉讼必须先申请复议，在复议机关作出决定后仍然不服，才可以向法院起诉。不少国家的行政诉讼都实行复议前置原则，即便不是所有行政案件都适用，也至少适用于撤销诉讼类型，而我国并未吸收这一原则。《行政诉讼法》第 37 条规定："对属于人民法院受案范围的行政案件，公民、法人或者其他组织可以先向上一级行政机关或者法律、法规规定的行政机关申请复议，对复议不服的，再向人民法院提起诉讼；也可以直接向人民法院提起诉讼。""法律、法规规定应当先向行政机关申请复议，对复议不服再向人民法院提起诉讼的，依照法律、法规的规定。"第 1 款规定是原则：是先复议再诉讼还是直接诉讼，通常情况下尊重当事人的选择。第 2 款规定是例外：复议前置仅限于法律、法规作出规定的情形。立法者为何独辟蹊径，作出如此抉择，能够查到的立法资料对此未置一语，其真正缘由我们不得而知。不过，笔者认为，上述选择的确符合我国的特殊情况，其合理性体现在以下两个方面：

第一，避免增加当事人的诉讼负担。诉讼作为一种最基本的争端解决机制，一般应当直接向所有成员开放。一种争端只要可诉，就应当允许当事人直接起诉，如果在争端和诉讼之间插入特定的其他争端解决机制并作为必经程序，必须有足够的理由。如果没有充分的理由，直接照搬他国模式，要求当事人在诉讼之前必须要经过行政复议等其他程序，势必得不偿失，徒增当事人的诉讼负担。

第二，以复议前置为一般原则的条件并不具备。行政诉讼实行复议前置需要具备两方面条件：一是复议的司法化。成熟的行政复议制度被认为

具有"准司法性"，不仅在程序上引入庭审、听证、合议等机制，而且在人员和机构方面也与行政机关保持相对的独立性。这样的行政复议实际上相当于行政诉讼的一审程序①，自然也就不存在增加当事人诉讼负担的问题。二是行政的专业化。这是现代行政发展的新趋势，有些专业性特别强的行政领域，不具备一定的专业知识，连基本事实都难以理解，更不用提作出判断。法院的司法能力主要体现在法律问题领域，在事实问题领域，则是行政复议机关更有优势。如果复议前置，就可以发挥各自优势，提高行政纠纷解决的质量。以此标准来衡量，我国的行政复议在制度设计上与行政审判迥然不同，不仅在程序上不具备司法特征，在人员和机构上依附于行政机关其至行政机关的法制部门，行政复议权不具备独立行使的基本条件，只能说是行政自我监督机制。复议前置作为一种普遍要求，显然缺乏正当性。至于行政的专业化，我国的确有了相当的发展，但专业化、技术性特别强的领域毕竟有限，目前来看，法律、法规设定复议前置要求的主要有有限自然资源的确认、海关、进出口商品检验、税收征管、国家安全、注册会计师资格许可等诸多领域，随着行政专业化进程的深入，复议前置的菜单还可以继续增加，《行政诉讼法》第 37 条第 2 款足以满足这一领域的纠纷解决之需。

二、保障当事人选择权的司法政策

按照《行政诉讼法》第 37 条第 1 款规定，在寻求权利救济途径时，当事人享有在起诉和申请复议之间自由选择的权利，然而在实践中，被告以及行政机关往往倾向于对该条第 2 款扩大解释，提出复议前置的主张，用来限制当事人的选择权。归纳二十多年来法院行政审判中掌握的标准，可以发现一条清晰的线索：法院最为关注的问题就是充分保障当事人选择救济途径的权利，并取得了很大进展。

为了保障当事人的选择权，法院通常严格坚持法律文义。比如，《劳动教养试行办法》第 12 条第 2 款规定："被决定劳动教养的人，对主要事实不服的，由审批机关组织复查。经复查后，不够劳动教养条件的，应撤销劳动教养；经复查事实确凿，本人还不服的，则应坚持收容劳动教养。"

---

① 比如美国把经过行政复议后的司法审查程序称为"上诉"就是这个意思。

在一起案件中，某省公安机关坚持认为规定中的"复查"就是复议，所以当事人起诉劳动教养决定实行复议前置。当地法院在这个问题上争议很大，逐级向上请示。最高人民法院最后在批复中明确指出：这里的"复查"不应视为劳动教养委员会的复议程序。因此，被决定劳动教养的人对劳动教养决定不服的，可以向上一级劳动教养委员会申请复议；也可以直接向人民法院提起诉讼。[①] 批复中虽未附具理由，但结合地方法院请示报告可知，批复的考虑因素实际上就是复查与复议之不同。用复议的概念及要件来衡量复查，就可发现复议机关是作出具体行政行为的上级行政机关乃是行政复议的基本特征之一，而《劳动教养试行办法》规定的复查是由原审批机关组织的，并不符合行政复议特征。

在规范存在文义缺陷时，法院通常会以积极的姿态，运用各种法律解释方法甚至大尺度的漏洞填补方法，为当事人的选择权提供周延的保护。最为典型的当属最高人民法院对《行政复议法》第 30 条第 1 款的解释。《行政复议法》第 30 条第 1 款规定："公民、法人或者其他组织认为行政机关的具体行政行为侵犯其已经依法取得的土地、矿藏、水流、森林、山岭、草原、荒地、滩涂、海域等自然资源的所有权或者使用权的，应当先申请复议；对行政复议决定不服的，可以依法向人民法院提起行政诉讼。"其中的"具体行政行为"是个大概念，如果按照文义实施，则所有可诉的行政行为都需要先经过复议。其实从法律目的上讲，之所以在这一领域设定复议前置程序，主要是出现事实审查的需要。由于涉及自然资源权属的案件往往涉及群体和历史因素，事实问题非常复杂而且经历了长期演变，通常需要进行大量的依职权调查活动，法院与行政机关相比，显然缺乏资源优势，引入复议前置的合理性就在于此。不过，涉及自然资源权属的行政行为种类繁多，问题主要集中在行政裁决或者行政确权行为当中，实行复议前置的必要性显而易见。至于其他行政行为，问题并不突出，复议前置的必要性不大，对当事人选择权的限制也就缺乏足够理由。由法律目的衡量，该款规定中的"具体行政行为"失之过宽。基于这样一种思路，最

---

① 参见最高人民法院行政审判庭《关于人民法院受理劳动教养行政案件是否需要复议前置问题的答复》（［1997］法行字第 27 号）。

高人民法院连下两个批复：第一个批复将具体行政行为解释为"行政确认"①，第二个批复又将"具体行政行为"进一步限缩为对相关民事争议作出的行政裁决。② 有些法官曾经提出疑问，批复为什么不能一步到位？这是因为如何回答取决于如何提问。第一个批复当中，地方法院提出的问题是收回、撤销土地所有权或者使用权行政行为是否属于《行政复议法》第30 条第 1 款规定中的"具体行政行为"，把具体行政行为解释为"确认权属的行为"虽然没有完全到位，但足以解答问题。第二个批复当中，地方法院提出的问题是，行政机关颁发土地、矿藏等自然资源权属证书的行为是否属于该款中的"具体行政行为"？原来的批复中"确认"不够明确，要回答问题，就必须进一步厘清概念。还有一点需要注意，最高人民法院运用的法律解释方法为目的性限缩，这实际上是一种法律漏洞的补充方法。《行政复议法》第 30 条第 1 款的确存在着法律漏洞，其中的"具体行政行为"概念已经明显超出了立法者预想的范围③，存在着一种隐含漏洞，基于尊重当事人选择权的目的，将超出立法者预想的部分予以剔除。④ 笔者认为，漏洞填补方法实具造法功能，如使用不当，极易受到质疑，故广大行政法官在运用时应当充分考虑各种相关因素，仔细求证。如果没有足够的把握，最好向上请示。

有时，法律、法规确有行政诉讼复议前置的要求，但由于行政执法不够规范，导致相对人无法获悉是否需要复议前置的，法院能否直接受理诉讼？最高人民法院审理的一起再审案件给出了肯定的答案。⑤ 该案中，被告查封原告的账户并划走一百多万元款项，其后给原告出具了罚款证明，其中只称收到了罚款，并未提及原告有何违法行为。原告起诉后，被告答辩称原告存在投机倒把行为，按照《投机倒把行政处罚暂行条例》的规定，应当复议前置，原告直接起诉，法院不应受理。原审法院采纳了被告

---

① 最高人民法院《关于适用〈行政复议法〉第三十条第一款有关问题的批复》（法释〔2003〕5 号）。

② 参见最高人民法院行政审判庭《关于行政机关颁发自然资源所有权或者使用权证的行为是否属于确认行政行为问题的答复》（〔2005〕行他字第 4 号）。

③ 当时曾与立法机构的负责同志当面沟通，对此加以明确。

④ 明显漏洞的补充方法是扩张性的，与此相反，隐含漏洞的补充方法是限缩性的，即把文义多余的部分切掉。

⑤ 参见上海金港经贸总公司诉新疆维吾尔自治区工商行政管理局行政处罚，见最高人民法院（2005）行提字第 1 号行政裁定书。

主张，裁定驳回起诉。再审当中，最高人民法院认为：如果行政机关没有依法告知复议前置或者没有指出其违法事实和适用的法律依据，使其无法判断是否复议前置的，则法院可以直接受理当事人的起诉。据此作出裁定：撤销原裁定，由原审法院继续审理。

三、保障选择权的底线

法院在遇到复议前置规定的理解与适用问题时，并非一味地强调当事人的选择权，限制复议前置规则的运用。

法律规定不服某种行政行为提起诉讼实行复议前置，当事人申请复议后，复议机关作出不予受理决定的，当事人此时是否可以直接起诉具体行政行为？这是一个具有普遍性的问题，各地法院认识不一。一种观点认为，不予受理复议申请的决定相当于维持具体行政行为的复议决定，按照《行政诉讼法》第25条第2款规定，应当以作出原具体行政行为的机关为被告提起行政诉讼。另一种观点认为，不予受理复议申请意味着复议机关没有对行政纠纷作出处理，属于案件未经行政复议，直接起诉原具体行政行为不符合复议前置的要求。最高人民法院行政审判庭在其指导刊物登载了一个案例①，以第二种观点为裁定驳回起诉的理由，表明了该庭的倾向，具有很强的导向性。

在案件涉及很强的公益因素时，法院不会轻易否认复议前置规则的可适用性。最高人民法院办理的一起请示案件具有典型意义。按照《税收征管法》的规定，纳税人、扣缴义务人、纳税担保人同税务机关在纳税上发生争议时，可以起诉，但是诉讼实行复议前置，而申请复议之前又必先缴纳税款或者提供相应担保。该案中，法院初步查明，原告不是法定的纳税义务人，被告税务机关对其作出的纳税决定存在明显错误。此时，原告未经复议直接起诉，应否受理？法院审理形成两种观点，一种观点认为不应受理，理由是：此类争议是纳税争议，按照《税收征管法》应当先缴纳税款并先申请复议，才能起诉，否则，所有的纳税人都将以自己不具有纳税主体资格为由，在不缴纳税款的情况下，直接将纳税争议诉之法院，《税

---

① 参见王华：《法院对复议机关不予受理的复议前置案件的处理》，载最高人民法院行政审判庭编：《中国行政审判案例》第2卷（第50号案例）。

收征管法》有关复议前置及以此保障国家税款入库的规定，将失去意义。另一种意见认为应当受理，主要理由有二：一是《税收征管法》规定的纳税争议主体限于纳税人、扣缴义务人和纳税担保人，即纳税争议是在纳税主体承认负有纳税义务，仅对税种、税款额度及时间等税收要素提出的异议；因纳税主体资格而发生的争议是对当事人该不该纳税的争议，不属于纳税争议。二是以限制诉权的方式保障国家税款及时、足额入库，有悖行政救济的初衷。原告如果缴纳要求的款项，将面临倒闭；不交税款则将无法寻求行政救济和司法救济。这是变相剥夺诉权，显然违背了《行政诉讼法》和《税收征管法》的立法宗旨，不符合现代法治国家的要求。最高人民法院在反复权衡并征求立法机关意见后，选择了第二种观点。其批复如下："行政相对人因纳税主体资格问题与税务机关发生的争议属于纳税争议。根据原《税收征管法》第 56 条第 1 款或修改后的《税收征管法》第 88 条第 1 款的规定，可以依法申请行政复议，对行政复议决定不服的，可以依法向人民法院起诉。当事人未经行政复议直接提起诉讼的，人民法院不予受理。"[①] 笔者认为，用限制诉权甚至复议权行使的方式来迫使纳税人缴税，在合理性上值得商榷[②]，但法律的确就有这样的意图，对于法院以及法官来讲，不能因为认为这样的法律不够好，就将其束之高阁，因为没有这样的选择权。

第四节　撤诉

撤诉有两种情形：一是原告自行申请撤诉，二是原告同意撤诉，指的是被告改变其所作出的具体行政行为，原告同意并申请撤诉。撤诉也是当事人行使诉权的表现，因为对诉权的处分是诉权的应有之义，但是这种处分权并非毫无限制，按照《行政诉讼法》第 51 条规定，当事人申请撤诉的，由人民法院裁定是否准许。该规定与民事诉讼一脉相承，但其考虑与

[①]　最高人民法院行政审判庭《对江西省高级人民法院〈关于人民法院能否直接受理因纳税主体资格引起的税务行政案件的请示〉的答复》（法行［2000］31 号）。

[②]　参见王振宇：《从法律限制个体权利合理性的角度评〈税收征管法〉第八十八条第一款规定》，载《月旦财经法杂志》，2006（3）。

民事诉讼的规定既有相同之处，也有不同之处。相同点在于，都有防止当事人通过撤诉损害第三人或者公共利益之意；不同点在于，行政诉讼还有一种保护原告合法权益之意。这一点主要是因为行政诉讼的原告经常会遭受更多的来自被告或者相关方面的压力，法院审查的作用之一就是保障原告的诉权，使原告不会迫于压力而放弃诉讼。

一、自行撤诉与诉权保护

对自行撤诉，只要是出于原告的真实意思表示，法院一般尊重原告的选择。不过需要注意，如果撤诉可能会侵害利害关系人的利益甚至重大利益，法院就应当慎重对待。曾经有这样一起案件：某公司原法定代表人，因不服行政机关对其作出资产界定和撤换法定代表人及强行接管财产的决定，向法院提起行政诉讼。法院一审期间，被更换的新法定代表人以该公司名义向法院提出撤诉申请。法院是否应当准予？形成了不同意见，并向上请示。最高人民法院的答复是：在企业法定代表人被行政机关变更或撤换的情况下，原企业法定代表人有权提起行政诉讼。新的法定代表人提出撤诉申请，缺乏法律依据。[①]

二、原告同意撤诉与诉权保护

原告同意撤诉系与被告协商的结果，在此情况下，原告申请撤诉，法院就应当审查被告是否改变了被诉具体行政行为。如果没有实质性改变而原告误以为改变，或者被告承诺改变，但其承诺在事实上或者法律上无法实现的，法院就应当在向原告释明之后，裁定不准予撤诉，以切实保护原告的诉权。

三、协调机制的引入

法院是否可以通过协调促使原告撤诉？这个问题与诉权保护密切相关。协调，自《行政诉讼法》实施以来，就是各地法院在行政审判中经常

---

① 参见最高人民法院行政审判庭《关于对在案件审理期间法定代表人被更换，新的法定代表人提出撤诉申请，法院是否准予撤诉问题的电话答复》（［1998］法行字第14号）。

运用的手段，但是很长时间没有人去正视、研究，因此处于一种自发、自由或者说失范的状态，也出现了很多问题，比如配合被告，给原告施加压力，迫使其放弃部分甚至全部合法权益的主张，既损害了当事人的诉权，也损害了其实体权利。协调之所以成为一件只能做不能说的事情，主要原由在于《行政诉讼法》第 50 条规定，人民法院审理行政案件不适用调解。随着协调手段运用的普遍性达到路人皆知时，问题已无法回避。哲人说过："存在的就是合理的。"此时人们开始反思行政诉讼到底能不能运用调解手段，经过大家的思考和研究，尤其是考察域外经验，越来越多的人认为行政诉讼并不排斥调解手段的运用。在此情况下，最高人民法院开始立项调研，打算对协调方式进行规范，以便更好地引导诉讼，实质性化解行政争议。2008 年 1 月 14 日，最高人民法院《关于行政诉讼撤诉若干问题的规定》（法释［2008］2 号，以下简称《撤诉规定》）出台，同年 2 月 1日起施行。以该规定为契机，协调机制被正式引入行政审判，成为法院解决行政争议的手段之一。需要注意一点，协调与调解在手段上相同，都是运用建议、说服等手段，而结果不同，协调以准许撤诉裁定的方式结案，调解则以人民法院调解书的方式结案。审视条文，大家可以发现，通篇没有一处提到协调或者调解的字样，这主要是尊重立法机关意见的体现。当时立法机关建议，在《行政诉讼法》没有修改的情况下，最好不要出现调解以及类似调解的字样，以免令人产生司法解释突破法律界线的误解。

四、《撤诉规定》的主要内容

《撤诉规定》共有 9 条，主要涉及如下 6 个问题：

第一，协调手段的适用条件。按照《撤诉规定》第 1 条，人民法院经审查认为被诉具体行政行为违法或者不当，可以在宣告判决或者裁定前，建议被告改变其所作的具体行政行为。由此可知，协调手段只能适用于原告同意撤诉的情形，而不能适用于原告自行撤诉情形。如果法院认为原告无理，如果原告不放弃诉权，法院不能再做协调工作。

第二，准予撤诉的条件。按照《撤诉规定》第 2 条，只有满足了以下四个条件，人民法院才能裁定准许撤诉：（1）申请撤诉是当事人真实意思表示；（2）被告改变被诉具体行政行为，不违反法律、法规的禁止性规定，不超越或者放弃职权，不损害公共利益和他人合法权益；（3）被告已经改变或者决定改变被诉具体行政行为，并书面告知人民法院；（4）第三人无异议。

如何理解上述第二项中的"被告改变其所作的具体行政行为"？按照《撤诉规定》第3条，以下三种情形均属之：（1）改变被诉具体行政行为所认定的主要事实和证据；（2）改变被诉具体行政行为所适用的规范依据且对定性产生影响；（3）撤销、部分撤销或者变更被诉具体行政行为处理结果。按照《撤诉规定》第4条，以下三种情形均可视为"被告改变其所作的具体行政行为"：（1）根据原告的请求依法履行法定职责；（2）采取相应的补救、补偿等措施；（3）在行政裁决案件中，书面认可原告与第三人达成的和解。

第三，权利保障措施。为防止原告先撤诉，被告不兑现承诺现象的发生，《撤诉规定》第5条规定："被告改变被诉具体行政行为，原告申请撤诉，有履行内容且履行完毕的，人民法院可以裁定准许撤诉；不能即时或者一次性履行的，人民法院可以裁定准许撤诉，也可以裁定中止审理。"

第四，准许撤诉裁定的内容。按照《撤诉规定》第6条规定，准许撤诉裁定可以载明被告改变被诉具体行政行为的主要内容及履行情况，并可以根据案件具体情况，在裁定理由中明确被诉具体行政行为全部或者部分不再执行。

第五，撤诉未果的后续处理。按照《撤诉规定》第7条规定，申请撤诉不符合法定条件，或者被告改变被诉具体行政行为后当事人不撤诉的，人民法院应当及时作出裁判。应当说，第二种情况即被告改变被诉具体行政行为，原告的权利主张已经实现或者基本实现，但是出于保护诉权的考虑，司法解释还是要求人民法院的审判活动继续进行。

第六，准用条款。《撤诉规定》第8条规定："第二审或者再审期间行政机关改变被诉具体行政行为，当事人申请撤回上诉或者再审申请的，参照本规定。""准许撤回上诉或者再审申请的裁定可以载明行政机关改变被诉具体行政行为的主要内容及履行情况，并可以根据案件具体情况，在裁定理由中明确被诉具体行政行为或者原裁判全部或者部分不再执行。"

五、《撤诉规定》适用若干疑难问题

第一，被告撤回上诉或者申请再审的案件是否可以适用《撤诉规定》？笔者认为，司法解释的目的主要是保护原告以及和原告地位相似的第三人，兼顾与原告地位相对的第三人的利益，法院协调工作只能在这一前提下展开，因此，被告撤回上诉或者再审申请不宜直接援引《撤诉规定》。

第二，一审撤销被诉行为，第三人上诉之后申请撤回上诉，是否可以适用《撤诉规定》？笔者认为，这种情况下，上诉人上诉的目的并非是要改变被诉具体行政行为，正相反，目的在于恢复被诉具体行政行为。如果说要有所改变的话，他是想改变原生效判决。《撤诉规定》第8条规定对此已有处理方案，按照该规定，人民法院在准许撤回上诉的裁定理由中可以明确原裁判全部或者部分不再执行。

第三，如果原告和第三人和解，表示放弃诉讼权利，但未申请撤诉怎么办？争议较大，一种意见认为，继续诉讼已无意义，应当终结诉讼。另一种意见认为，应当参照《撤诉规定》第7条关于"被告改变被诉具体行政行为当事人不撤诉的，人民法院应当及时作出裁判"之规定，继续审理。笔者赞同第一种意见，因为原告和第三人之间是平等的民事法律关系，应当受到民法上诚信原则的约束。《撤诉规定》第7条是调整原告和被告之间关系的条款，不宜参照适用。

第五章　职权审查的主要标准[*]

在行政诉讼实体审查当中，第一项就是针对职权的审查：被告是否有权作出被诉具体行政行为；如果无权，则应依法判决撤销或者确认违法。职权审查往往具有行政权力再分配的效果，尤其在涉及授权依据可适用性判断时，其影响可能超出个案，对行政权力的结构造成冲击。这种威力并未明显强化司法的力量，反而无形中增加了司法判断的压力，除了职权问题自身的疑难性之外，常常出现顾虑重重、难下决心的情况，使得职权审查成为行政审判中困惑、困难较多的一个领域。笔者认为，结合实践对审查标准梳理一番，归纳其应用和演化的轨迹，对于解决问题或许会有助益。鉴于此，笔者尝试按照自然顺序，把职权审查分成以下三个方面的九个主要标准，供大家参考。

＊ 根据作者文章《行政审判中职权审查的九个问题》改编，载《人民司法》，2011 (15)。

第一节　授权规范的可用性

依法行政要求行政职权必须以法律为基础，这也是法院对被诉行为进行职权审查的主要内容，具体有连续三个层次的问题：有无授权、授权是否足够清楚、与上位法是否一致。

一、有无授权规范

职权审查首先要看是否存在授权规范，如果行政机关没有授权就作出行政行为属于无权限，是典型的超越职权。这一审查是依法行政原则最直接的运用。依法行政的核心要义是职权法定（又称法律保留），指的是行政机关行使的任何权力，尤其是可能侵权或者具有"杀伤力"的权力，都必须有授权依据。这也是行政法与民法最大的区别。同样的法律缄默，在民法上做有权推定，即所谓"法无禁止即自由"；在行政法上却要做无权推定，即所谓"法无授权不可为"。按照《行政诉讼法》第32条规定，行政诉讼中，被告应当向法院提交作出具体行政行为所依据的规范性文件，其中就包括授权规范。被告提供文件之后，接下来法院就应当审查其可用性，即对授权规范的合法性进行审查。需要注意的是，受限于国家权力分工，法院只能附带性地进行有限审查，主要包括以下两个方面：

第一，实体方面。主要体现为行政方式设定权的审查。根据实践需要，行政机关既可以运用命令、禁令、许可、处罚、强制、征收等刚性的行政方式，也可以运用指导、合同等柔性的行政方式。这些方式尤其是刚性方式只能由法来创设，而不能由执法者任意选择。按照比例原则，各种行政方式的能量有大小之别，其创设受到的限制程度应与此成正比。行政方式的能量越大，创设法的位阶就应当越高，如果未达到应有的位阶，则不具有可适用性。应当说，比例原则的正确性不容置疑，但是难以在司法审查中发挥作用，因为在遇到诸如地方性法规是否可以设定吊销营业执照的处罚、规章是否可以设定许可等常见的问题时，它无法给出精确的答案。① 由此就可以理解，在《行政诉讼法》实施的早期，法院在面对那些创设行政方式的低位阶法甚至是规范性文件时，何以通常采取一种视而不见的态度。其原因并不在司法怠惰，而是因为法律未提供明确的标准，而原则又不能直接司法化。这种状况随着社会主义法律体系的不断完善而逐渐改善，其中有四部法律至关重要：一是 1996 年的《行政处罚法》。按照该法规定，法律可以设定所有种类的处罚；行政法规不能设定限制人身自由的处罚；地方性法规除上述限制外，还不能设定吊销企业营业执照以外的处罚；规章只能设定警告和一定数量罚款的处罚。二是 2000 年的《立法法》。该法第 8 条规定，限制人身自由的强制措施和处罚、非国有财产的征收只能制定法律，明确了专属于国家立法机关的立法事项。三是 2003 年的《行政许可法》。按照该法规定，法律、行政法规、地方性法规在其法域内的设定权是完整的，省级政府规章只能设定期限一年的临时许可，部委规章则没有设定权。四是《行政强制法》于 2011 年 6 月 30 日通过，2012 年 1 月 1 日起施行。该法明确规定，行政强制措施由法律设定，如果尚未制定法律，行政法规可以设定限制公民人身自由、冻结存款、汇款之外的强制措施，地方性法规可以设定查封场所、设施和财物以及扣押财物。其他法律规范和规范性文件无权创设行政强制措施。行政强制执行只能由法律设定，比行政强制措施的设定更为严格。至此，行政管理方式当中最重要的四种类型②就都有了量身定做的规范，法院的审查也就基本上可以做到有法可依。

鉴于设定行政方式所处的宏大背景，法院常常需要在合法性与执法需要之间的紧张关系中寻求一种平衡。比如，某公司未经许可采集脐带血，当地卫生部门对其作出处罚决定，引起行政诉讼。诉讼中，被告提供的授权依据是卫生部的规章，该规章规定，采集脐带血须经许可。如果将该规定理解为创设许可，则显然不具有可适用性，据此应当撤销被诉行为。但从执法需求来讲，没有比许可更合适的管理方式了。因为脐带血采集与人民群众生命健康有重大关系，如果否定许可，放任脐带血的自由采集，必然后患无穷。鉴于此，法院将脐带血解释为"血液"，由于《献血法》设定

---

① 笔者记得十几年前参与合议的一个案件中，某省政府办公厅的文件设定一项行政许可。有合议庭成员提出规范性文件不能设定许可的主张，但未被采纳，因为法律上没有明确依据。

② 即处罚、征收、许可、强制四种类型，这些手段是最常见的执法形式。

了血液采集许可，脐带血采集许可也就由此成为法律设定的许可，而卫生部的规章就成为是对其程序条件的进一步细化，从而满足了《行政许可法》的要求。不过，按照当时《血站管理办法（暂行）》的定义，血液指的是"临床用全血、成分血"，而脐带血采集的目的只在提取造血干细胞，其本身并不用于临床。这实际上具有以法官造法和填补法律漏洞的意味，在此个案中，其必要性显而易见。但是需要注意，填补法律漏洞的方法是非常规法律解释方法，只能运用于保护重大公益等非常情形的场合，如果用于寻常案件，则法律将丧失安定性，并动摇法治的基础。

第二，程序方面。法院对立法程序的审查主要涉及两个问题：

一是立法程序合法性的判断。可以说，自《行政诉讼法》实施以来，这方面的审查就一直是行政审判的弱项。究其原因，主要是关于立法程序的规定不系统、不全面，法院的司法审查常常无法可依。2002年，《立法法》对立法程序作出了系统、明确的规定，为法院的审查提供了较为完善的判断标准。

二是对不符合立法程序的授权依据的处理。《立法法》在规定立法程序的同时，并未明确哪些程序的违反会导致不具有可适用性。不过，法院并非是无所作为的，探索一直没有中断。上世纪90年代，在不少案件中都曾出现过这样的情况：按照关于规章制定程序的要求，地方政府应当在规章制定后报国务院备案，但是不备案是很常见的。这样的规章能否可用？最高人民法院的态度是，不备案不符合立法程序，但并不影响可适用性，理由在于规章无须备案即可生效。在一起城市规划行政处罚案件中，被告责令某公司拆除超高的建筑，授权规范是当地城市总体规划中关于限高的规定。当事人所在的城市是省会市，按照法律规定的制定程序，城市总体规划在报国务院批准后生效。被告作出行政处罚决定时，城市总体规划尚未得到国务院批准。最高人民法院判决认为，国务院批准是决定城市总体规划是否生效的重要步骤，故未经批准的城市总体规划不能成为被诉行政行为的依据。

通过归纳可以发现，法院对立法程序的审查尺度似乎已经形成了大致可以概括"重要性"的标准。按照该标准，一种程序要求的违反，是否导致授权规范不可用，关键看该程序对于规范的效力、对于当事人、公共利益等重要价值的影响程度，影响大则重要性大，影响小则不具有重要性。违反前者可能导致相关规范不能作为被诉行政行为依据；违反后者则属于立法程序瑕疵，但不影响相关规范的适用。

二、授权是否足够明确

明确性原则作为行政法一般原则，近几十年来在各国备受重视，不仅是行政行为的准据，更可作为法院审查行政行为的基础。[1] 所谓明确性，体现为立法程序和内容两方面的要求。程序上要公开审议，并依规定公布，使人民得以知悉；内容上其构成要件及法律效果的规定必须清楚、明白，且必须以明确的措辞、用语表现出来，使行政机关及人民都能了解。[2] 明确性原则在我国学理上论述不多，但稍作探究即可发现，其实际应用不乏其例。

最高人民法院行政庭在《关于铁路公安部门是否有权查封倒卖火车票经营场所的电话答复》（［1997］行他字第 1 号）中，没有采纳被告提供的缺乏明确性的"授权规范"。被告公安机关以原告公司倒卖车票为由，查封了其营业场所。被告提供的主要法律依据是《警察法》第 7 条，其中规定："公安机关的人民警察对违反治安管理或者其他公安行政管理法律、法规的个人或者组织，依法可以实施行政强制措施、行政处罚。"最高人民法院行政庭认为：《警察法》及其他相关法律规范没有授予铁路公安部门实施查封倒卖火车票经营场所的职权。笔者认为，这一批复蕴含了如下前提：不明确的授权规范应当视为没有授权。

所谓"明确"应当有两点要求：一是行为的内容和条件明确。也就是说，法律在授权时应当写明到底可以作出哪些行为以及在什么情况下可以作出。就前述案例而言，就是授权的条件不够明确。《警察法》第 7 条虽然写明了公安机关可以实施行政强制措施，但前面还有"依法"二字，也就是说，其实施的条件还有待具体的法律规范加以明确。二是实施主体明确。有一起案件，草原管理部门对火灾责任人在作出处罚决定后，责令其赔偿损失。其法律依据是《草原防火条例》第 31 条规定。经查该条规定，确实在授权草原管理部门对火灾责任人进行处罚之后，有一句话："造成

---

[1]　参见姜梯文：《行政法上之明确性原则》，载城仲模编：《行政法之一般法律原则（一）》，421 页，台北，三民书局，1997。

[2]　参见姜梯文，前揭书，435 页。

损失的，应当负赔偿责任。"这一规定是否授权草原部门就赔偿问题作出决定？最高人民法院行政庭在《关于对雇工引起草原火灾的，可否追究雇主的连带经济责任的答复》（［1998］法行字第 4 号）中给出了否定的答案。其主要理由是，该规定是一个无主句，其意在明确火灾责任人的民事赔偿责任，至于该责任由谁来追究，则并不明确，故应认为草原部门无权处理。

在明确性审查方面还有一种值得注意的倾向，就是在不利处分行政案件中，授权明确性要求的程度高，原则性规定通常不能作为授权依据；有利处分案件中，授权明确性的要求可适当放宽，甚至原则性规定也可以成为授权依据。比如一起案件中，涉及乡镇政府是否具有保障"外嫁女"的村民待遇的法定职责的问题。尽管找不到具体的授权规范，但最高人民法院行政庭在《关于杨红艳、宋竟媛及宁多莲诉宝鸡市渭滨区神镇人民政府有关村民待遇案适用法律的请示的答复》（［2001］行他字第 6 号）中还是明确指出，根据《地方各级人民代表大会和地方各级人民政府组织法》第 61 条和《妇女权益保护法》第 30 条以及地方性法规的原则性规定，乡镇人民政府负有保障公民的人身权利、民主权利和其他权利及妇女合法权益的职责。

三、授权规范与上位法是否一致

按照法治的基本要求，法律规范体系应当是统一的整体，下位阶规范应当与上位阶规范保持一致，不得抵触。具体到职权审查，如果授权规范与上位法不一致，则不得作为被诉行为的职权依据。所以，授权规范的可适用性也是职权审查的重要内容之一。从《行政诉讼法》实施二十年的情况看，法院在这方面的审查态度一直非常明确。

1992 年，辽宁省发生了一起路政管理部门扣押车辆的行政案件。扣押行为的授权规范是辽宁省政府发布的《关于加强公路养路费征收稽查工作的通告》，其中授权公路行政管理部门，对拖缴、逃缴公路规费的单位和个人采取扣留驾驶证、行车证、车辆等强制措施，然而，国务院发布的《公路管理条例》对这一违法行为处理方式为"责令补交并处罚款"。应当说，辽宁省政府的《通告》与国务院行政法规的不一致是很明显的，从法律上作出判断并不困难。不过，此案涉及的复杂背景，却大大增加了司法决断的压力。首先是辽宁省的规定虽然不合法，但似乎具有合理性。道路交通参与人逃避规费征收的现象的泛滥表明，国务院行政法规似乎存在授权不足的问题，从这个意义上来讲，辽宁省政府的通告具有合理之处。其次是普遍性。据了解，在中央立法层次，交通部、财政部在［90］交财字507号文件《关于违反〈车辆购置附加费征收办法〉的处罚细则》（已失效）中有"扣留驾驶员有关证件或车辆"的规定。在地方立法层次，不仅是辽宁，在全国许多省市（如山东、河北、黑龙江、吉林、湖南等），以地方性法规或者地方政府规章形式赋予稽查人员扣车权力，已经成为地方路政立法的通行模式。再加上这样的规定已经实施数年，据此规定已经作出了大量的扣押行为。如果认为辽宁省政府的规章不能作为被诉行为的依据，则可能引起一系列问题，对建立在授权瑕疵的执法活动之上的行政秩序造成较大冲击。面对这样的情况，法院在处理方案上出现了分歧。一种观点认为，地方政府规章超出了行政法规规定的范围，应视为抵触。另一种观点则认为，考虑到本案涉及的特殊背景，虽然地方政府的规定存在一定问题，但不宜否定。最高人民法院在接到该案的请示之后，经反复权衡，认为法律一致性的价值应当优先考虑，据此作出了《关于人民法院审理行政案件对缺乏法律和法规依据的规章的规定应如何参照问题的答复》（法行复字［1993］第5号）。其中称：辽宁省政府的《关于加强公路养路费征收稽查工作的通告》第6条"可以采取扣留驾驶证、行车证、车辆等强制措施"的规定，缺乏法律和法规依据，人民法院在审理具体案件时，应适用国务院发布的《公路管理条例》的有关规定。笔者认为，此案在法律效果与社会效果的权衡方面具有典型意义，这一点在今天仍有实用价值。合法性审查并不排斥社会效果，恰恰相反，其最高境界正是法律效果和社会效果的统一。法律并非只是僵硬的文字，而有其开放性、适应性和灵活性，在法律理解和适用存在选择余地时，应当选择社会效果最好的方案。不过，需要我们时刻注意的是，在两种效果的关系之中，法律效果永远是基础和前提，不能脱离法律去追求社会效果，否则就不成其为法治。本案中，下位法超出上位法容许的限度授予行政机关更多权力，违法显而易见，在此情况下，考虑所谓特殊的执法背景而承认下位法的可用性，实际上就是舍弃法律效果去片面追求社会效果。"如果认可行政机关单方面超越法律、法规规定的职权，那就是承认行政机关可以违法，可以自己最后决定自己权力的范围，这样，法律对于行政机关权利范围的规定，就变得毫无意义，法治将不复存在。"① 此后，最高人民法院在其办理的大量批复当中一以贯之地坚持了如下思想：与上位法抵触的授权规范不得作为被诉行政行为的依据，据此作出的被诉行政行为构成超越职权。与法院的坚持相映成趣的是，不知从何时起，各级政府及其部门起草规章或者规范性文件时，开始征求法院的意见，这种做法渐渐成为一种习惯。这与法国行政法院的立法咨询功能颇为相似。

授权法有不同的位阶，上位法的任务侧重于打造制度框架，下位法的任务则在于丰富、完善制度细节，使上位法的规则、原则和意图得以具体化，所以，上下位法的文字不可能完全相同（完全相同的下位法没有存在的价值）。这就给法律一致性审查带来了一个最大的难题，上下位授权法的不同，何种情况属于不一致（抵触）？何种情况属于必要的具体化？其标准孰难掌握。最高人民法院对河南省高级人民法院作出的《对人民法院在审理盐业行政案件中如何适用国务院〈盐业专营办法〉第二十五条规定与〈河南省盐业管理条例〉第三十条第一款规定问题的答复》（法行〔2000〕36 号）具有探索意义。国务院《盐业管理条例》违法运输盐产品设定的罚则为"违法运输的食盐价值 3 倍以下的罚款"，河南省的一个地方法规中将其改写为"违法运输的盐产品价值 1 倍以上 3 倍以下罚款"。有人认为，下位法设定的罚则包含在上位法的范围内，属于结合本地实际，对上位法规定的具体化，并不构成抵触。最高人民法院批复并未采纳这种主张，明确指出构成抵触，理由在于下位法改变了上位法确定的罚款幅度，违反了法律一致性的要求。笔者认为，该批复揭示了一条标准，即下位法对上位法授权作出实质改变的，构成抵触。上位法罚款的下限接近于零，下位法罚款下限为盐产品 1 倍价值，实质性地提高了罚款标准。

第二节　执法主体是否具备相应法定资格

授权规范具有概括性，对象通常为某一类行政主体，被告即使可以归入其类，法院还须审查被告是否具备执法资格，也就是说，法律是否把权

---

① 姜明安主编：《行政法与行政诉讼法》，380～381 页，北京，北京大学出版社、高等教育出版社，1999。

力授予特定化的被告。这涉及权力在行政体制内的分配问题，包括事项管辖、级别管辖和地域管辖三个方面。

一、有无事项管辖权

事项管辖权的争议多与管理部门之间的职权交叉有关。在专业性、技术性不断加强的背景下，行政执法分工越来越细，而分工标准往往是多元化的，造成一件事涉及很多方面，每个方面都分设机构、各司其职，职权交叉遂成常见形态。应当说，分工细致有利于提高管理质量，但过细的分工则会降低管理的效率，因为需要投入很大力量去界定各部门的职责，而在界定清楚之前，相关领域的执法可能已经处于混乱或者停滞状态。在我国，职权交叉像是难以治愈的顽疾。十多年前，曾经有 7 个部门管机械工业，5 个部门管理水资源。应当说，多个部门共管的模式体现的是决策层面上的高度重视，但往往事与愿违，争夺权力一哄而上，履行职责相互推诿，"五龙治水"却"龙多作旱"①，违背了制度设计的初衷。经过 1998 年的行政管理体制改革之后，"五龙治水"现象有所减少，但两三个部门之间的职权交叉现象仍很普遍。行政诉讼的情况也印证了这一点，截止 2006 年，最高人民法院办理的关于法律适用问题的批复当中，涉及职权交叉问题的超过 10%。笔者认为，即便进行职能合并、"大部制"等改革，也不可能最终合并成一个部门，因为那样管理质量又会丧失。而只要存在两个以上的部门，职权交叉就不可消除。可以预见，法院对事项管辖权的审查任务在未来虽然可能有所减少，但仍将作为常规性问题占据重要位置。

职权交叉问题的根源在于法律竞合，而解决法律竞合的问题，就是要明确权力到底属于一个部门独有，还有由不同部门在不同条件下分别行使，抑或是共同行使。由此可见，此项审查不仅是明确法院的裁判基准，实际上更是直接分配行政权力，已经进入了行政自主范围的敏感腹地，处理不当，可能构成对行政的过度干预，所以，各级法院应当持一种更加谨慎的态度。笔者认为，一般应当按照如下步骤来操作：

第一，参考行政政策。如果行政机关用一些政策性文件明确权界，解决职权交叉问题，则法院应当予以必要的尊重。政策性文件主要有两种形

---

① 袁曙宏：《"五龙治水"与"龙多作旱"》，载《法制日报》，1999 - 09 - 06。

式：一是行政法规。法规是行政审判的依据，可以直接作为解决职权交叉问题的依据。比如《森林法》对苹果苗木检疫的职权到底属于农业部门还是林业部门的问题没有作出规定，国务院《植物检疫条例》对此作出了规定，确认该项权力由农业部门行使。最高人民法院行政审判庭根据该规定作出了《关于对苹果苗木的检疫职权应由何部门行使的答复》（［1995］行他字第16号）。各级法院对类似这样的问题，近十年来基本上不再有疑问。二是规章和规范性文件。规章虽是正式法律渊源，但按照《行政诉讼法》的规定，司法审查的态度与法规还是有区别的。法规是"依据"，规章则只能"参照"。法院对规章虽有尊重，但与法规相比，应当是一种"弱尊重"。至于规范性文件，虽有"法"之实，但无"法"之名，《行政诉讼法》在关于行政审判依据的规定中，甚至对此未曾提及。从法理来讲，法院对于规范性文件应当有所尊重，但这种尊重的程度应当比规章更弱一些。与尊重程度相对的是法院对这些政策的审查程度，两者之间是反比关系。从操作的步骤来讲，法院首先应当看有无行政法规。因为事项管辖权实际上是行政权力的再分配，从本质上说，这属于行政机关的固有权力。如果涉及两个行政部门之间的职权划分，国务院的行政法规当然具有权威性。其次，如果没有行政法规，则能够在一定程度上代表国务院意志的文件，比如国务院办公厅的文件也具有较高权威。最高人民法院在《关于如何认定质量监督检验检疫部门在产品流通领域中行政管理职权问题的答复》（［2003］行他字第15号）当中，就根据国务院办公厅的两份文件将产品质量管理职权在工商部门和技术监督部门之间作出了划分。再次，如果没有行政法规或者可以代表国务院意志的其他文件，则应当看相关部门是否曾就职权划分问题达成共识，如果能找到这样的文件，也是具有较强说服力的。比如，最高人民法院在《对人民法院在审理计量行政案件中涉及的应否对食品卫生监督机构进行计量认证问题的答复》（法行［2000］29号）中，就根据卫生部和国家技术监督局共同下发的一个文件对食品卫生监督机构计量认证管辖权问题予以明确。最后，上述文件都不存在，则看相关部门是否有解释性、执行性的文件，当然这些文件的部门视角在所难免，是否可用还需要法院进行仔细甄别。

第二，合理运用解释方法。如果找不到行政政策，或者行政政策存在明显问题不足为凭时，法院可以运用法律解释方法来解决问题。比如，《城市房地产管理法》第61条第1款规定："房地产抵押时，应当向县级以上地方人民政府规定的部门办理抵押登记。"有些地方政府据此指定工商机关办理企业房屋的抵押登记。针对这种倾向性，建设部出台规章，明确将房屋抵押登记纳入建设部门的职责范围。房屋抵押登记职责到底应由哪个部门来行使？过去通行的观点认为，工商部门的授权依据是法律，建设部规章不得与之对抗，故工商部门有权。笔者对此不能苟同。理由是：法律是一个体系，并非一个个孤立的条文，故《城市房地产管理法》第61条规定的文义不应孤立地理解，应当与相关条款联系起来。第61条虽然没有为地方政府指定的房地产抵押机构设定范围，但显然不是任何机构都可以指定，故限制本为法条应有之义。那么限制的依据来自何处呢？遍观条文，我们找到了该法第6条第2款规定，按照该规定，可能成为房地产管理机关者无非是建设部门、土地部门而已，据此，地方政府指定的房地产抵押机关不应超出这一范围。

第三，送请有权机关裁决。按照《立法法》的规定，在同位阶法存在不一致，难以判断如何适用时，送请立法机关或者行政机关裁决。实践当中，真正送请裁决的情况尚未发生，很多本应送请裁决的问题，基本上都通过向裁决机关法律部门征求意见，由其作出解答的方式加以解决。当然，最高人民法院在被征求意见时，都会提出自己的倾向性意见，据不完全统计，倾向性意见绝大多数都得到了肯定。

近二十年来，法院审查事项管辖权一直坚持严格标准。这种态度为社会接受是存在一个磨合过程的。在《行政诉讼法》实施之初，很多人对职权分工的重要性、严肃性认识不足，认为行政行为只要结果正确就可以了，至于由哪个行政机关作出则无关紧要。所以，法院在判决撤销实体正确但超越职权的行政处理时，往往得不到理解。有些案件还引起了不小的风波，给行政审判也造成消极影响。① 从个案看，社会观点似乎有其道理，但从宏观来看，它无视规则的存在，破坏了法治的基础。一个机关行使另一个机关的职权可以不被认为违法，这个口子一开，可以预见，在执法领域尤其是有利可图的执法领域，有关甚至无关的行政机关将一哄而上，如此，执法者将成为法治的最大破坏者。由此可见，在事项管辖权的审查方

---

① 比如曾经九上中央电视台，国内数十家媒体跟踪报道，并引起四十余位省人大代表向一审法院提出质询案的"夹江打假案"。在媒体轰炸式报导、热议的压力之下，法院最终作出了维持越权的行政处理决定的判决。

面，社会意识滞后于审判实践。改造社会意识是一个浩大的工程，需要付诸长期努力。我们欣喜地看到，从理论界到实务界，他们在坚持原则的同时，还有意识地加大宣传的力度，社会观念正在向着预期的方向完善。

二、有无级别管辖权

级别管辖的高低与行政任务的重要程度成正比，比如为了更好地保护耕地，维护国家粮食安全，1998 年《土地管理法》修改时，就将征地批准权由县以上人民政府上收到省政府和国务院。由此可见，级别管辖在行政管理制度中具有重要的价值。鉴于此，自《行政诉讼法》实施时起，法院就坚持严格的审查标准。

2000 年发生的一起行政案件中，国务院行政法规规定，超过 1 万元罚款的计量处罚应当由省级计量部门作出。辽宁省地方法规则授予县级计量部门作出超过 1 万元罚款决定的权力。下位法与上位法的抵触可谓一目了然，但是规范出台的时代背景，令法院难以轻松地作出决定。国务院的行政法规制定于 80 年代，当时 1 万元以上的罚款，属于金额巨大，且案件较少；辽宁省地方法规制定于 90 年代，随着经济的迅速发展，超过 1 万元的罚款案件数量激增，省级计量部门难以承受。所以，法院审理中有一种观点认为，行政法规明显滞后于现实需要，地方法规更为合理，应当适用。最高人民法院就此案作出了《关于对计量违法行为处一万元以上罚款的决定是否受〈计量法实施细则〉第六十条调整的请示的答复》（〔2000〕行他字第 17 号），没有采纳这种观点，而是指出地方法规违反上位法，不可用。因为下级立法机关无权通过否定上位法来解决行政法规的滞后问题，法院在规范选择的问题上也没有自由裁量的余地。这种态度至今没有改变。2008 年，最高人民法院行政审判庭《对贵州省高级人民法院关于怀化新大地电脑有限公司不服铜仁地区质量技术监督局行政处罚一案请示的电话答复》（〔2007〕行他字第 16 号）中再次重申了这一观点。

总结实践，违反级别管辖的情形大致有以下三种：

一是下级行使上级职权。这是最典型的情况，实践中的疑问也很少，兹不赘。

二是下级否定上级的行政行为。通常情况下，法官在这个问题上认识是一致的，分歧主要产生在上下级职权交叉的情形。比如，按照《土地管

《理法》规定，农村宅基地使用证由县级政府发证，而宅基地纠纷则可由乡级政府确权。乡政府的确权行为与县政府的颁证行为由此就可能出现交叉。有些乡政府在将争议土地确权给未持有宅基证一方的同时，宣告宅基证无效或者撤销证书。对这种做法，有两种意见：一种意见认为，不属超越职权。理由是，宅基证虽以县政府名义发放，但实际都是乡政府操作的。如果认为乡政府无权，则乡政府无法作出确权决定。另一种意见认为，属于超越职权。理由是发证机关之外的其他机关无权撤销宅基证。最高人民法院在就此案作出的《关于（1996）豫法行字第 6 号请示的答复》（［1997］法行字第 2 号）批复认为，县政府颁发的宅基地使用证，乡人民政府认定无效或予以撤销的行为，属于超越职权的性质。该批复下发后，下级直接对抗上级的做法当属越权无疑，但是，如果乡政府将争议土地确权给未持有宅基证的一方，而未对宅基证作出处理，是否越权？下级与上级的对抗是间接的，也更具隐蔽性，对这样的问题，实践中尚无明确的意见。

三是上级行使下级职权。不能笼统地认为上级不得行使下级的职权。哪些情况合法？哪些违法？界限很难划定。一般认为，上级行政机关行使下级行政机关专属管辖权的行为构成越权。比如，公安机关的治安处罚权、税务机关的征税权均为专属管辖权，其所属的地方人民政府不得行使此类权力。除了专属管辖之外还有没有其他情况？法律上没有明确的答案，实践中亦未形成令人信服的做法和观念，因而，法院时而在这个问题上感到困扰。比如，有些法律往往授权由"县级以上人民政府"行使核发许可证的权力，在执法主体范围上留有弹性。近年来，在不少地方市政府都下发文件，把由县政府行使多年的许可权上收到市一级。如何评价这样的做法？不少法院都出现了分歧意见。①

三、有无地域管辖权

行政主体的职权有其地域范围的限制，因此地域管辖也是职权审查的一个必要。地域管辖的基本原则是由行政客体所在地的行政机关管辖。比

---

① 笔者认为，尽管这些文件的目的、动机很可疑，因为上收的职权都是与一定的利益相联系，但是毕竟法律授权是有弹性的，市政府的做法并未超出授权范围，故不宜认定为超越职权。

如，按照《行政处罚法》的规定，行政处罚由违法行为发生地的行政机关作出。不动产登记由不动产所在地的登记机构作出，等等。这样一种管理模式，基本框架是清晰的，一般不会出现问题。比如，甲地房屋登记机构应申请就乙地的一处房产办理抵押登记。类似这样的问题，判断起来比较容易。所以比较来看，这可能是司法审查问题比较少的一个方面。但是随着社会发展，行政客体越来越多地出现了跨地域的情形，所以近年来疑难问题主要出现在这种情形之下。比如甲地企业向河流排污，河流从甲地流经乙地、丙地。甲地环保部门立案后，乙地、丙地还能否再做处理？某公司生产的产品不符合国家标准，按照法律规定应当由技术监督部门来处理。但是该公司总部在省会城市，其生产销售网点遍及省内很多地方，省会城市的技术监督部门立案后，各地技术监督部门是否还有权就该公司在本地的生产销售行为进行处理？目前司法审查掌握的通常标准是比较宽泛的，比如行政违法所在地就包括行政违法原因行为发生地、过程行为发生地和结果发生地。笔者认为，司法的态度无可挑剔，但是如果符合地域管辖的行政主体过多，可能会造成执法的乱象，这个问题立法机关或者有权的行政机关高层应当予以重视，进一步明确管辖规则。比如类似前例中的情形，确定由最便于执法的主体来行使职权。

第三节 是否逾越权界

行政机关在获得法律授权时，必须注意到权力的边界，超出边界亦属越权。法官在这一领域的审查类似足球场上的边裁。权力边界主要有如下几个要素：一是对象，二是条件和时机，三是行为的种类和幅度。

一、执法对象是否正确

行政执法的对象就是行政行为是对谁作出，对象包括人和物。"人"就是通常所说的相对人，包括公民、法人或者其他组织。如果确定相对人错误，属于超越职权。比如，应当征收公司的税，却对其法定代表人或者股东个人作出征税决定。类似这样的违法行为在《行政诉讼法》实施的早期是比较常见的，但随着法治的发展和执法水平的提高、规范，目前已经比较少见，这样明显的情形越来越少，出现的问题多有一定的疑难性。主要有以下三种情形：

第一，法律对行政行为相对人没有作出明确规定。比如《土地管理法》对非法转让土地的处理，没有规定是否针对买受人。这样的情况需要进行一番分析，就此种情况来说，法律规定的处理方式包括没收或者拆除地上物，该地上物通常都是买受人所建，由此可知买受人亦应包括在内。

第二，一个违法事实当中可能包含复数的违法行为。比如医院将皮肤性病科承包给一家公司经营，经营期间雇佣了一名外科医生进行肝病诊疗活动。这一实施当中包含四个违法行为，一是"非法承包科室"，其违法行为人是医院；二是"未取得医疗机构执业许可证擅自执业"，违法行为人是公司；三是"使用非卫生技术人员"①，违法行为人是公司；四是超出医师执业范围，违法行为人是外科医生。有的卫生执法部门不做细致区分，对一个违法主体作出本应针对不同违法主体作出的处罚。

第三，内部关系。比如某学校将食堂承包给他人，承包人违反卫生管理的规定，造成食物中毒。卫生部门作出行政处罚等处理决定是针对学校还是承包人？笔者认为，需要结合案件事实和具体的法律规定而定。食堂本是学校的内部机构，对食堂的违法行为，卫生部门作出处罚决定一般应当针对学校。但是，如果食堂以承包人的名义办理了营业执照，则可以把承包人列为共同被处罚人。其中，如果含有吊销营业执照的处罚，此项处罚的被处罚人只能是承包人。

多数执法行为都是在对人直接作出的同时，间接涉及物，比如对违法建筑人作出责令限期拆除的决定，就涉及"违法建筑"；还有扣押违章相对人的车辆，等等。还有一类情形并不涉及特定的人，其执法对象只是"物"，比如市政部门修缮道路的行为。

法院对于执法对象的范围通常倾向于严格解释，尤其在不利处分的场合，通常不允许超出文义。比如，法律规定可以扣押肇事车辆。有时肇事车辆严重毁损，交警部门就扣押肇事者所在单位的其他车辆。这样的执法行为不能得到法院的支持，因为法律规定的扣押对象是肇事车辆，而肇事单位的其他车辆，显然超出了"肇事车辆"的文义。

---

① 按照《医疗机构管理条例》及其细则的规定，使用非本专业技术人员从事医疗活动的情形视为"使用非卫生技术人员从事医疗活动"。

二、执法条件和时机是否成熟

行政机关在明确执法对象之后，应当进一步考察执法对象是否符合法律规定的作出某种具体行政行为的条件，以及执法的时机是否成熟，如果不能满足上述条件和时机也可能构成越权。关于执法条件，往往是立法上最为明确的一部分，因此法院的审查也是最有力度的。比如行政机关对某人作出收容审查决定，在审查中，法院就要看这个人是否具备合伙作案、流窜作案、连续作案的嫌疑，是否存在不讲真实姓名的情形。如果公安机关在刑事侦查中作出了扣押物品的行为，法院就要看该物品与犯罪是否有关。如果是案外人财产，则不得扣押。如果公安机关想要扣押不记名的汇票，就要看汇票持有人是否善意取得，如果是善意取得，就只能扣押复印件，而不得扣押汇票本身。如果不满足上述条件进行扣押，就属超越职权。

执法时机方面的比较典型的是行政机关作出行政处罚超过 2 年的追究时效。如果行政违法处于持续状态，则追究时效就不开始计算。这里的主要问题就是持续状态如何理解。最高人民法院曾经作出一个批复，认为非法占地就是一种具有持续状态的违法行为。笔者认为，持续状态实际上具有否定追究时效的效果，必须严格把握。还有一类问题较为常见，就是行政行为分为多个阶段，而且前面的阶段不可跨越，比如法律规定，规划部门发现违法建设，最终的手段是强制拆除，但在强制拆除之前，必须先责令违法者限期自行拆除。如果没有经过这样的处理，就直接强拆，也可认为执法时机不成熟。当然实践中，法院对这样的违法情形通常认定为违反法定程序。笔者认为，《行政诉讼法》第 54 条第 2 项规定的五条标准彼此之间并非泾渭分明，构成其中一种情形，并不妨碍作出其他认定。

三、是否超出种类范围和幅度

这是对处理结果的审查。要对纷繁复杂、不断变化的行政事务进行有效管理，法律只能采取归类的方式，比如为了保持好的治安状态，《治安管理处罚法》先是按照违法侵害的客体将治安违法行为分为四大类，即扰乱公共秩序的行为，妨碍公共安全的行为，侵犯人身权利、民主权利的行为和妨碍社会管理的行为，然后再按照违法的方式、方法或者具体对象又进一步分为数十种违法行为。这是非常典型的立法技术。归类越细致，管理就越有可能到位，但再细致也总是抽象的，其对应的实践情况仍会有很大的差别，所以，为了处理的适当性，立法机关就不可避免地要给执法部门留下选择、裁量的空间。这就是为什么法律规定的处理结果往往会有不同种类和幅度的选择余地。需要注意，在此范围内，属于行政自由裁量；超出此范围，就是越权。

可以说，对行为种类范围和幅度的审查是职权审查当中最典型、最常态的事情。法律在这方面的规定通常都很最清楚，因此这也是疑义最少的领域，其难点主要出现在个别概念的理解和把握上。比如，法律规定的罚款最高可以罚到违法所得的 5 倍，应当说文义比较清楚。但是什么是违法所得，要不要扣除成本，往往会有不同理解。笔者认为，考虑到各个执法领域差别很大、违法行为的恶性程度也有不同，因此违法所得不能强求同样的理解，要根据不同情况来解释。再比如，早期的一起卫生行政案件中，卫生部门查封了原告的冷饮店，其依据是《食品卫生法》（试行）第38 条中提到的"食品控制决定"。经查，法律并未揭示"食品控制决定"的外延，其是否包括查封食品以及经营食品的设施、工具、场所呢？都是不明确的。再比如，法律规定对无照经营的个体户可以取缔，但取缔可以采取哪些方法，在法律上也不明确，在理论上也有很多争议。面对这样的问题，判断行政机关是否越权，首先就需要做一番合理解释的作业。

当然，解释的问题并不仅仅出现于此，前述八项标准都会遇到这样的问题。比如按照《城市规划法》（已失效）规定，该法的调整对象是城市规划区内的建筑物、构筑物。"建筑物"的概念也不可谓不清楚，面对身边的楼堂馆所时，也是不难判断的，但是在遇到水上餐船、用来售货的公交车时，它们是否属于建筑？就不是那么容易判断的，因为它们都不属于典型的建筑，不易归类。对于这些不典型的案件事实如何归类就是职权审查的一大"拦路虎"。如果判断失误，就属于执法对象错误。

第六章　证据审查的基本方法

　　行政诉讼中，人民法院查明事实的过程可以概括为证据审查，而证据审查之所以能够成为专业性的审判活动，其标志就是证据规则的出现、完善和运用。1989 制订的《行政诉讼法》对证据问题作出了六条原则性规定。其后，《贯彻意见》作出了三条补充性规定，2000 年，《若干解释》在承袭《贯彻意见》内容的基础上，将补充性规定扩展为五条。2002 年，最高人民法院制订了《关于行政诉讼证据若干问题的规定》（以下简称《证据规定》），在原则和框架规定之下，围绕举证①、质证、认证三大环节制订细则，共有八十条。随着证据规则的不断完善，证据审查的自发性和任意性不断较少，逐渐嬗变为自觉、规范的审判活动。值得一提的是，证据规则的作用不仅局限于行政审判，对行政执法活动中的调查取证也具有一种源头上的规范作用。

----

　　① 司法解释包括五个部分，其中举证有三个部分，分别为举证责任和期限、提供证据的要求和人民法院调取和保全证据。本书考虑篇幅的平衡，未采用司法解释的体例，而分成举证、质证和认证三部分。

第一节　举证责任

本部分包括举证责任和期限、提供证据的要求和人民法院调取和保全证据等相关问题的阐述，具体内容如下：

一、举证责任是证据审查的发动机制

举证责任是指，法律规定由特定当事人对特定事项所承担的提供证据证明其诉讼主张成立的责任，负有举证责任的一方不能证明其诉讼主张成立的，将承担败诉或不利后果的法律制度。笔者认为，举证责任的含义有三个层次，即证据的提供责任、维护责任和证明责任，分别代表了形式、过程和内容三种不同的观察角度。在证据审查当中，举证责任的作用可以概括为以下三点：

第一，证据的提供责任是开启证据审查的一把钥匙。证据审查始于获取证据，没有充分的证据，审查就无法开启。那么，证据从哪里来？主要应当由当事人提供，这是诉讼制度的基本特点，尽管行政诉讼有着更多的职权主义色彩，法院可以依职权调取证据，但只是补充性的，并未脱离诉讼基本特点的色彩谱系。而各方当事人的诉讼主张不同，举证能力也不同，如果不把提供证据的责任赋予合适的特定当事人，就无法保证证据的充分性。提供证据的责任对于开启证据审查的重要意义由此可见一斑。

第二，证据的维护责任是推进证据审查的动力源泉。举证责任不仅要求负有举证责任的一方提供证据，还对证据提出了证明标准的要求。举证人如果提供的证据如果没有达到标准，不能证明其诉讼主张，将承担败诉或者不利后果。这就给举证人提出了在质证过程中维护证据证明力的要求。基于举证责任的压力，负有举证责任的一方势必会尽其所能地搜集证据；如果对方提出质疑，举证人势必尽其所能地加以辩驳或者作出解释；如果对方当事人提供了反证，举证人也势必尽其所能地予以反击，要么寻找对方证据的瑕疵，要么补充相应的证据。由此可见，举证人维护证据证明力的责任实际上是质证过程的动力源泉，在它的持续作用之下，证据审查被不断地推向深入。

第三，证据的证明责任是完成证据审查的最终标准。如上所述，举证责任不仅有助于法庭获得充分的证据，也可以保证各种证据的真伪、优劣以及证明力的大小、强弱得到充分的展现。而证据审查的最终结论则是看举证人是否已尽证明责任，即其提供的证据是否达到了证明标准，如果达到证明标准，则可以认定待证事实成立；如果达不到标准则待证事实不成立。借助证明责任，证据审查就可以得出最终的结论。如果没有证明责任，则在两造证据相持不下时，证据审查将陷入僵局，无法得出最终的结论。

二、举证责任的分配因待证事实而异

二十多年来，举证责任的分配规则通过《行政诉讼法》和一系列的司法解释逐步完善。归纳起来，待证事实大致可以分为以下四类：一是诉权事实，指的是与起诉是否符合法定条件包括被诉行为可诉性、原告资格、被告适格、管辖和起诉期限等有关的事实。二是具体行政行为合法性事实，指的是能够用来评价被诉具体行政行为合法性的一切事实。三是行政赔偿责任事实，指的是与行政赔偿责任是否成立以及赔偿责任大小有关的一切事实；而举证责任的分配，则主要根据不同待证事实的特点而定。四是诉讼事实，指的是在诉讼过程中发生的影响诉讼进程或者审判结果的一切事实。

三、诉权事实的举证责任

所谓诉权事实指的是能够证明起诉是否符合法定条件的事实，对于诉权事实的举证责任分配问题，《若干解释》第 27 条第 1 项和《证据规定》第 4 条第 1、3 款作出了规定。按照上述规定，举证责任以原告承担为原则，被告承担为例外。

原告对以下事项负举证责任：

第一，起诉属于受案范围。一般来说，原告只需证明有一个具体行政行为存在就可以了，因为受案范围的基准就是具体行政行为。当然，并非所有的具体行政行为都具有可诉性，但笔者认为，这一点无须原告举证。因为具体行政行为的可诉性问题多数都是法律问题，比如，被诉的行为到底是抽象行政行为还是具体行政行为？是否属于国家行为？是否属于公务员奖惩、任免的行为？是否属于行政终局决定？这些问题一般属于对法律规定或者概念的理解和解释问题。这些问题可以辩论，但无须举证。还有少数情况属于事实问题，但也无须原告举证，而应由被告来举出反证。比如原告提供了证明被诉的房屋转移登记行为的材料，被告提出该转移登记系根据法院的协助执行通知书而为，不属于行政诉讼受案范围，此时就应由被告提供相应的证据。

第二，被诉行为系被告所为。这一事项的举证通常没有问题，因为具体行政行为多采书面形式，在法律文书上必须要签署作出机关的名称，所以原告只要证明有一个具体行政行为存在，通常也就可以证明该行为系被告所为。问题主要出现在事实行为领域。例如，在拆迁案件中，原告在行政裁决指定的搬迁期限内拒不搬迁，在其后的某一天，房屋突然被拆除。原告向法院起诉认为是被告派员拆除的，但被告却认为自己根本就没有实施这种行为。原告是否已尽举证责任？笔者认为，应当结合具体情况进行分析。大概有三种可能：一是原告能够证明拆除房屋时有被告工作人员在场参与。二是原告不能证明被告工作人员参与，亦无其他相关的组织和个人承认。三是原告不能证明被告工作人员参与，但有其他相关组织或者个人承认。对第一种情形，应当认为可以证明被诉行为系被告所为。对第二种情形，可以推定被诉行为系被告所为。对第三种情形，不宜认为系被告所为。

第三，与被诉具体行政行为有法律上的利害关系。与前述类似，这个问题当中也是既有事实问题，也有法律问题。事实问题部分是：原告是否具有某种权利或者利益，这种利益是否受到不利影响。法律问题部分是，这种不利影响是否构成"法律上利害关系"？一般来说，原告只需证明其没有某种权益，此种权益受到了被诉具体行政行为的不利影响。而这种不利影响是否构成"法律上利害关系"，则是一个可争辩的法律解释的问题，而不是一个需要用证据来证明的问题。比如，甲将其房屋"一房二卖"，先卖给乙，后卖给丙，然后登记机构依据甲、丙申请办理了房屋转移登记，乙得知后提起诉讼。乙向法庭提供的房屋买卖合同可以证明其为甲的债权人，且房屋为债权标的，但被诉登记行为对这种债权的不利影响是否构成"法律上利害关系"，则是一个无法通过专门的证据加以证明的法律问题，因此，这个问题只能留给当事人去辩论，并由法院作出裁量。

　　至此，有一个相关的问题需要解决，第三人参加诉讼是否需要举证证明符合参加诉讼的资格？笔者认为，虽然法律和司法解释没有就举证问题作出明确规定，但根据相关规定，诉讼第三人应当与被诉行政行为有利害关系，因此，在当事人主动申请作为第三人参加诉讼时，应提供相应证据证明其与被诉行政行为具有特定的利害关系，具体标准与原告资格的标准类似。

　　第四，是否属于受诉法院管辖。笔者认为，在原告举证证明上述事项之后，这个问题就不再有事实问题，剩下的问题属于法律问题，无须原告进一步举证。

　　第五，复议前置问题的举证。争议可能出现在以下两个问题上：一是是否需要复议前置。这是一个法律问题，就此出现的争议，由主张复议前置的一方提供依据，并在当事人之间进行辩论，最后由法院作出判断。二是是否经过复议，应由原告举证。

　　被告的举证责任限于起诉期限问题。按照司法解释规定，被告认为原告起诉超过起诉期限的，应当提供相应的证据。之所以如此规定，是因为起诉期限与行政决定送达、作出的时间相联系，这些信息应当掌握在行政机关手里，让行政机关承担责任更有利于查明事实。笔者认为，这一规定的前提在于，原告提供的证据在起诉期限上不存在瑕疵，如果原告举证本身就有瑕疵，则可免除被告的举证责任。比如，原告已经承认在某一时间知道了具体行政行为内容，而自该时点到起诉时的期间就已经超过了2年。

四、行政行为合法性事实的举证责任

　　《行政诉讼法》第32条规定："被告对作出的具体行政行为负有举证责任，应当提供作出该具体行政行为的证据和所依据的规范性文件。"该规定被认为是行政诉讼与民事诉讼最大的区别之一，甚至被概括为被告负举证责任的原则或者举证责任倒置的原则。一般来说，被告举证不仅要证明自己做了什么，更重要的在于要证明为什么要这么做，而这在很多情况下都需要证明相对人做了什么。在不作为案件中，按照这样的模式，被告有时就需要证明原告并未提出过申请。我们知道，通常来讲，证据可以证明积极事实，但无法证明消极事实，所以，从举证能力来讲，把举证责任赋予原告，由其来证明自己提出过申请更为合理。鉴于此，《若干解释》第 27 条规定，在起诉被告不作为的案件中，原告须对其提出申请的事实负举证责任。《证据规定》第 4 条第 2 款规定进一步明确了原告承担举证责任的两种例外情形：一是被告应当依职权主动履行法定职责，二是原告因被告受理申请的登记制度不完备等正当事由不能提供相关证据材料并能够作出合理说明。上述规定在适用中，主要涉及以下具体问题：

1. 法定事实要件具备性的举证

行政机关对相对人作出具体行政行为，在法律上需要具备一定的条件，可能是相对人作出某种行为，也可能是出现了某种事实状况，也可能兼而有之，这些条件就是具体行政行为的法定事实要件。被告所负的举证责任，首先就体现在这个问题上，也就是说，被告提供的证据必须能够证明，作出被告具体行政行为的法定事实要件已经具备。比如税务机关根据《税收征管法》第 61 条规定对相对人作出罚款 5000 元的决定，在诉讼中就必须要证明以下几个事实要件的具备：一是相对人是扣缴义务人；二是相对人未按照规定设置、保管代扣代缴、代收代缴税款账簿或者保管代扣代缴、代收代缴税款记账凭证及有关资料；三是情节严重。

需要注意的是，在法定事实要件中可能出现一些消极事实，那么，由被告来举证证明消极事实的存在，还是由原告来举证证明存在一个与消极事实相反的积极事实呢？笔者认为，一般应当由被告负责举证，因为这个消极事实通常都是被告认定的，而认定往往是在调查取得有关证据之后才能作出，比如被告以相对人未取得规划审批违法建设为由作出了限期拆除违章建筑的决定。被告的执法机构在认定相对人未取得规划审批手续之前，通常会询问相对人，在相对人拿不出合法手续的情况下，再与负责规划审批的机构核实。在此过程中会形成调查记录等一系列证据。因而在诉讼中，被告有能力也就有义务提供证据。

有时消极事实之有无全由被告掌握，原告既难以证明，也难以证伪，如何处理？这在政府信息公开诉讼中比较常见。相对人申请行政机关公开某一信息，行政机关称该信息不存在。如果引起诉讼，是相对人举证证明信息存在呢，还是由行政机关证明信息不存在？在实践中存有争议。笔者认为，应当结合有关法律规定作出判断。如果当事人申请查询某一企业的设立登记遭到拒绝，在诉讼中，被告只是简单地称该信息已不存在是不能过关的，因为按照法律规定，其应当保管这些信息。如果确实不存在，也应当告知原因，并提供相应的证据，比如档案丢失，就应当把就此作出的处理包括对有关责任人员的处分情况向法庭举证。

2. 向法庭提供法律依据是否属于举证

《行政诉讼法》第 32 条规定："被告对作出的具体行政行为负有举证责任，应当提供作出该具体行政行为的证据和所依据的规范性文件。"《若干解释》第 26 条第 2 款规定："被告应当在收到起诉状副本之日起 10 日内提交答辩状，并提供作出具体行政行为时的证据、依据；被告不提供或者无正当理由逾期提供的，应当认定该具体行政行为没有证据、依据。"从上述规定来看，似乎提供法律依据也是举证责任的应有之义，这在理论上缺乏依据，在实践中也行不通。①《证据规定》最终回到了合理的观点上来，其第 1 条第 1 款在重述上述规定时刻意删去了"依据"二字，表明依据并不属于举证责任的范畴。

实践中有一个问题经常产生争论，如果本来被诉行政行为有法可依，但被告不提供，法院也没有找到，导致判决结论错误，二审或者再审中发现是否可以纠正？笔者认为，应当区分不同情况区别对待。如果法律规范已经公布实施，则应当纠正；如果法律规范并未公布，只是一个内部文件，则还要看第三人是否存在信赖利益。有信赖利益，则应纠正；没有信赖利益，则不宜以此为由改变原判。另外，在绩效考核方面，这主要是行政方面的过错，一般不宜因此对法官作出负面评价。因为，尽管"提供依据"并非被告的举证责任，但亦属被告的诉讼义务，就此造成的裁判错误，应由被告最终负责。

3. 管辖权事实的举证

管辖权包括事项管辖、级别管辖和地域管辖，三种管辖权的事实都应由被告负责举证。通常来讲，事项管辖权事实包含在法定事实要件之中，因此，行政机关通常只要提供法律依据就可以了。但特殊情况下可能法定事实要件并不包含或者完全包含事项管辖权事实。比如，不论生产者还是经营者，只要其经营的产品或者商品存在假冒伪劣，就构成违法并应接受

---

① 法律规范只要依法公布，就视为尽人皆知，法官作为司法者更是应当知道，既然法官已经知道还视为被诉行政行为没有依据，在道理上难以令人接受。实际上，《若干解释》实施之后，行政审判当中对于被诉行政行为本有法律依据但没有援引的情形通常只是当作形式瑕疵对待，由此可见举证责任并不适用于法律依据。

处罚。但由工商部门还是质监部门来处罚，则需要看违法行为是发生在生产环节还是流通环节，违法行为发生在哪一环节就是一个事项管辖权的事实。级别管辖事实和地域管辖事实通常不会被法定事实要件完全包含。比如《公司登记管理条例》第四章规定了设立公司的基本要件，相对人的申请只要符合这些要件就应当予以办理，但是由哪一级工商机关办理则另行规定在第二章。如果设立登记行为引起诉讼，则工商机关不仅要证明申请符合法定事实要件，还必须证明申请成立的公司是《公司登记管理条例》第二章规定的某种特定公司。

4. 程序事实的举证

程序事实包括两类：一类是行政机关在作出具体行政行为的过程中是否履行了法定程序的有关事实，比如是否告知被处罚人陈述、申辩或者听证权、是否依法送达了法律文书，是否在法定期限内作出决定等。另一类是相对人或者其他参与人是否遵循了法定程序要求的有关事实。比如婚姻登记时是否本人亲自到场、代为申请公司登记的人是否向行政机关出示了委托手续等。上述两类事实不仅第一类应由被告举证，第二类一般也应由被告负责举证。因为相对人是否遵守了法定程序要求，被告处于监督者的地位，如果被告认为相对人没有遵守，必须在握有相应证据的情况下才能作出认定。

5. 裁量权事实的举证

《行政诉讼法》第54条有两个款项涉及裁量权事实：一是滥用职权，二是行政处罚显失公正。那么，是由被告负责证明自己没有滥用职权或者行政处罚是公正的，还是由原告来证明存在上述两种情形呢？问题比较复杂，难以一言蔽之。笔者认为，至少应当区分三种不同情况：

第一种情况是裁量权事实是法定要件事实的组成部分，应由被告举证。比如，有些法律规定对于情节严重的违法行为给予更严厉的处罚，诉讼中被告就应当证明原告的违法行为已经达到情节严重的程度。

第二种情况是法律未对裁量权事实作出规定，但被告依法应当掌握的，由被告举证。比如，行政机关对多个共同违法行为人分别作出处罚决定，其中某个被处罚人认为与其他被处罚人相比，对自己的处罚畸重。行政机关对其他人作出了什么样的处罚决定就是裁量权事实，据此就可以判断对其处罚是否畸重。法律虽然没有明确规定，作出本案的处罚需要考虑其他处罚决定，但这些处罚决定都在被告的掌握之中，故此应当由其负责举证。

第三种情况是法律未对裁量权事实作出规定，且被告亦不掌握的，由原告举证。比如，工商机关批准个体户某甲的经营范围为小百货，某甲经营的货品中有手电筒，工商机关发现后以超越经营范围为由作出处罚决定。某甲不服提起诉讼，以当地所有经营小百货的个体户均经销手电筒，工商机关不考虑当地实际情况，武断地作出处罚决定显失公正为由，请求撤销。当地的个体经营当中是否存在原告所称的习惯，从举证能力来看，应当以原告举证为宜。

6. 不作为案件中被告是否负有举证责任

有些法官认为，在不作为案件中，被告不承担举证责任，而由原告承担。笔者认为，这种观点对司法解释规定存在误解。行政案件中，原告起诉时需要证明行政行为的存在。实际上，《行政诉讼法》是把不作为当作具体行政行为看待的，因此，原告起诉时就应当证明不作为的存在，而证明不作为的关键就在于证明其提出申请的事实。因此《若干解释》第27条规定和《证据规定》第4条第2款规定的原告举证责任并非是不作为合法性的事实，而是可诉性事实或者诉权事实。在原告证明不作为存在之后，被告还是应当负举证责任。要么证明已经作出答复以否定不作为的存在，要么证明申请不符合法定条件，从实质上证明不作为结果的正确性。

五、行政行为合法性事实举证的若干疑难问题

1. 事实行为的举证

司法解释对此未作规定，实践中对此存在不少模糊认识。笔者认为，把事实行为视为行政行为就可以得出明确的答案：原告的举证责任在于证明事实行为的存在，被告则应证明事实行为不存在或者虽然存在但合法。

2. 原告仅对被诉行为的个别方面提出异议的，被告是否还须就其他方面举证？

笔者认为，由于行政诉讼实行全面审查原则，故此法院保留要求行政机关举证的权力。是否要求行政机关举证，可以根据庭审情况而定。如果经询问，被告作出说明，原告没有异议的，可以不再要求被告举证；如果原告提出异议或者虽未提出异议，但仍存在明显疑点的，则应要求被告举证。比如，行政机关作出处罚决定依法应当进行听证，原告起诉时只是称

自己并无违法行为，而没有提及听证问题。法院在庭审当中就应当就此询问被告。如果被告称原告放弃听证，原告对此没有异议，法院一般不必要求被告就此问题举证。如果原告予以否认，则应当要求被告就此举证。

3. 被告以不符合起诉条件为由拒绝提供证明行政行为合法的证据，如何处理？

现行《证据规定》对此情形未作规定，各地法院的处理不尽一致。第一种做法是，提示被告不举证的败诉风险，再给一次举证机会。第二种做法是，先对起诉进行审查，如果确实不符合起诉条件，则裁定驳回起诉；如果符合起诉条件，则再给被告一次举证机会。第三种做法是，继续审理，如果案件受理没有问题，则直接判决被告败诉。笔者认为，第一种做法更为适当。一方面，对当事人的诉讼行为进行风险提示，可以避免判决的武断性；另一方面，法院就此提示被告，亦无损司法权威。在法院已向被告发出应诉通知的情况下，就说明起诉很有可能符合起诉条件，故此被告在对起诉质疑的同时，有义务向法院提供证明被诉行政行为合法的证据和依据。

4. 原告提出行政行为未涉及的事实主张的，由谁举证？

比如行政处罚案件中，原告认为行政机关作出的处罚决定未考虑到自己具有从轻、减轻或者免除行政处罚的情形。再比如，原告提出被告在调查当中采取了法律禁止的不正当手段骗取证言。上述事实主张，应当由谁来举证？笔者认为，如果行政机关查明的事实当中并未涉及上述情形，则应由原告举证。

5. 依职权履行法定职责案件的举证

现行司法解释规定把被告依职权主动履行法定职责作为原告举证的例外情形是否意味着，原告只要提出了被告没有主动履行法定职责，被告接下来就应对包括法定职责所依据的基础事实在内的全部事实承担举证责任？比如原告起诉称，被告公安机关接到报案后不予施救，造成其合法权益的损失，被告辩称从未接到过原告的报案，是否还需要被告证明原告没有报过案呢？笔者认为，不能这样理解。因为按照《行政诉讼法》第41条第1项，原告是认为具体行政行为侵犯其合法权益的公民、法人或者其他组织，就需要证明不作为的存在，而不作为成立的前提是被告知道有一个职责需要他去履行，比如某人货摊遭抢，如果其要起诉公安机关不作为，就必须证明公安机关当时知道其遭受哄抢的情况。所以，即使原告不必证明申请事实，恐怕也需要证明报案、行政机关知道法定事实发生的基础事实的存在。

六、行政赔偿责任事实的举证

最高人民法院《关于审理行政赔偿案件若干问题的规定》第 32 条规定，"原告在行政赔偿诉讼中对自己的主张承担举证责任。被告有权提供不予赔偿或者减少赔偿数额方面的证据"。《若干解释》第 27 条规定，"原告对下列事项承担举证责任……（3）在一并提起的行政赔偿诉讼中，证明因受被诉行为侵害而造成损失的事实"。《证据规定》第 5 条规定，"在行政赔偿诉讼中，原告应当对被诉具体行政行为造成损害的事实提供证据"。根据上述规定，原告需要证明三件事：一是行政行为违法，二是自己受到了损害，三是损害与行政行为违法之间存在因果关系。

1. 行政行为违法

一并提起行政赔偿案件时，不需要原告承担举证责任，因为在诉相关行政行为的案件中，由被告承担行政行为合法性的举证责任。在单独提起行政赔偿诉讼的案件中，原告需要提交行政行为被确认违法的证据。[①] 因为最高人民法院《关于审理行政赔偿案件若干问题的规定》第 4 条第 2 款规定："赔偿请求人单独提起行政赔偿诉讼，须以赔偿义务机关先行处理为前提。"

2. 合法权益受到损害

原告应当证明两点：一是什么合法权益受到了损害。比如，因违法强拆引起的行政赔偿案件中，原告如果主张房屋内的物品损失，就应当提供证据证明这些物品的存在。当然，不同情形要求的证明程度不同。如果是贵重物品，需要提供较为充分的证据，至少需要证明其确实曾经拥有这些物品；如果是生活常用物品，只要在合理范围内，一般不需要特别证明，甚至只要有当事人陈述和同住人的证言就可以。二是受到多大的损害。原告未能就此履行举证责任，通常不会影响其获赔，但会影响其获赔的数额。

---

① 有两种情况：一是行政机关自行撤销或者确认违法，二是被人民法院判决、行政复议机关复议决定或者上级行政机关依法撤销或者确认违法。

实践中有一个具有普遍性的问题，由于被诉行政行为严重违反正当程序导致相关证据灭失原告无法提供的，怎么办？比如，行政机关在被拆迁人不在场的情况下，强行拆除其房屋，且实施强拆前未依法采取清点物品并予公证等保全措施。被拆迁人不服起诉称，放在壁柜抽屉中的金条和首饰若干，价值达几十万元，连同发票一同丢失。如果还是坚持由原告承担举证责任，显然强人所难，如何处理？笔者认为，法院首先应当从逻辑和生活经验上判断是否存在较大的可能性，如果可能性很小，比如原告主张的损失与其经济状况明显不相适应，且不能作出合理说明的，就仍应坚持原告举证。如果可能性较大，则可以举证责任倒置，由被告提出反证，不能反证，则原告主张可以得到支持。

3. 因果关系的举证

在绝大多数情况下，因果关系是不需要专门举证的，因为行政行为的违法与相对人损害之间的联系通常是显而易见的。比如限制人身自由必然会造成相对人人身权的损害，罚款必然会造成相对人财产权的损害。即便两者之间的联系不具有必然性，也往往是具有一般理性的人可以预见的。比如车辆营运未必每天都会盈利，因此，扣押营运车辆必然导致车辆停运，但未必会给相对人造成营运收入的损失，但是任何职业只要存在，总体上都会带来收入，因此营运收入就是值得保护的期待利益，因此，扣押车辆带来营运收入的损失就是一件可以预见的事情。综上，原告提供证据证明行政行为违法，并且其受有损害之后，法院通过分析就可以对两者之间的因果关系作出判断。如果法院认为原告主张的损失与行政行为违法之间的联系不是那么紧密，似乎达不到因果关系的标准，则按照"谁主张，谁举证"的规则，可以要求原告进一步举证。

七、诉讼事实的举证

诉讼事实包括两类，一类是当事人的诉讼行为，比如当事人向法院提起行政诉讼的时间、是否出庭参加诉讼、是否作出了撤诉的意思表示等；另一类是特定的法律事实，比如在诉讼中当事人死亡或者作为组织体已经终止等。这些事实应当由谁来举证？笔者认为，诉讼事实可以分成两部分：一是谁主张谁举证。也就是说，回归到诉讼举证的一般规则。原告或者第三人在提出中止诉讼、终结诉讼、先予执行、回避等程序性主张时，应当向人民法院提供用以证明该主张成立的证据材料。二是无须举证可由法院直接认定。比如当事人向法院起诉的时间，当事人是否曾经到庭，这些事实法院本身就是亲历者或者见证者，因此无须当事人再行举证。

八、举证期限及其法律后果

《证据规定》第 8 条规定："人民法院向当事人送达受理案件通知书或者应诉通知书时，应当告知其举证范围、举证期限和逾期提供证据的法律后果，并告知因正当事由不能按期提供证据时应当提出延期提供证据的申请。"所以，行政审判中需要明确各种情况下的举证期限和法律后果。

1. 诉权事实

《证据规定》第 7 条规定："原告或者第三人应当在开庭审理前或者人民法院指定的交换证据之日提供证据。因正当事由申请延期提供证据的，经人民法院准许，可以在法庭调查中提供。逾期提供证据的，视为放弃举证权利。""原告或者第三人在第一审程序中无正当事由未提供而在第二审程序中提供的证据，人民法院不予接纳。"从"视为放弃举证权利"的表述来看，该条规定未涉及原告的举证责任，针对的应当是行政行为合法性事实的举证，而未涉及诉权事实的举证。因此，诉权事实举证的期限和法律后果，《证据规定》上并无明确规定。笔者认为，为了更充分地保护诉权，可以参照适用《证据规定》第 7 条规定。

2. 行政行为合法性事实

关于被告的举证期限和法律后果。按照《证据规定》第 1 条规定，为收到起诉状副本之日起 10 日内。如果被告不提供或者无正当理由逾期提供证据的，视为被诉具体行政行为没有相应的证据。但是被告因不可抗力或者客观上不能控制的其他正当事由，不能按时提供证据的，应当在收到起诉状副本之日起 10 日内向人民法院提出延期提供证据的书面申请。人民法院准许延期提供的，被告应当在正当事由消除后 10 日内提供证据。逾期提供的，视为被诉具体行政行为没有相应的证据。

值得注意的一点发展是，最高人民法院《关于审理行政许可案件若干问题的规定》（以下简称《许可解释》）第 8 条第 1 款规定："被告不提供或者无正当理由逾期提供证据的，与被诉行政许可行为有利害关系的第三人可以向人民法院提供；第三人对无法提供的证据，可以申请人民法院调取；人民法院在当事人无争议，但涉及国家利益、公共利益或者他人合法权益的情况下，也可以依职权调取证据。"该规定确立的规则可以参照适用于所有的涉及对具体行政行为有信赖利益第三人的情况。

关于原告和第三人举证的期限和法律后果，按照《证据规定》第7条规定，应当在开庭审理前或者人民法院指定的交换证据之日提供证据。因正当事由申请延期提供证据的，经人民法院准许，可以在法庭调查中提供。逾期提供证据的，视为放弃举证权利。不过，原告或者第三人如果有正当事由，可以突破上述期限，甚至可以在第二审程序中提供，不属于"逾期提供证据"。

3. 行政赔偿事实

法律对此问题未作规定。笔者认为，可以参照《证据规定》第7条规定。

4. 诉讼事实

法律对此问题未作规定。笔者认为，当事人在诉讼过程中就特定诉讼事实提出主张的，当时就应当提供证据，未提供证据的，其主张不能得到支持。

九、补充证据

举证责任是规范举证活动的基本原则，而原则往往都是有弹性的，如果过于刚性就会带来弊端，其中最大的弊端就是会增加法律事实与客观事实不一致的几率，而补充证据则是弥补这一弊端的重要方式。补充证据主要有两种情形：

一是当事人申请补充。《证据规定》第2条规定："原告或者第三人提出其在行政程序中没有提出的反驳理由或者证据的，经人民法院准许，被告可以在第一审程序中补充相应的证据。"该条规定适用的问题当中争议较大的问题是，原告或者第三人在行政程序中未提供证据，诉讼中提供是否应当有所限制？笔者认为，基于兼顾行政效率的考虑，应当有所限制，但是不能轻易否定原告举证的可接纳性。法院应当充分考虑各种合理因素，尤其是原告是否应当掌握有关证据，行政调查程序当中是否给原告提供了举证机会，以及根据原告的理解能力能否认识到提供证据的必要性等。如果上述因素有任何一个是否定的，都不应排除原告提供的证据。

二是依职权要求当事人补充。《行政诉讼法》第 34 条第 1 款规定："人民法院有权要求当事人提供或者补充证据。"该规定体现了行政诉讼的职权主义色彩和人民法院在证据审查手段选择上的裁量权。《证据规定》第 9 条第 2 款规定："对当事人无争议，但涉及国家利益、公共利益或者他人合法权益的事实，人民法院可以责令当事人提供或者补充有关证据。"笔者认为，除该款规定外，人民法院为了当事人的某种值得保护的利益，也可以要求其提供或者补充证据。比如原告起诉时提交的证据在证明起诉符合法定条件方面存在一定欠缺，法院就可以要求其补充证据，这种提示对于诉权保护具有重要意义。该款规定的适用问题中争议较大的是，原告补充证据后，被告是否还可以补充？补充证据有无范围的限制？是否可以重新调查？笔者认为，诉辩双方攻防机会的对等性是诉讼正当程序的基本内涵，基于此，应当给被告补充证据的机会。至于补充证据的范围，则不能漫无限制，原则上应以对抗原告所补充证据本身为限，而不能用来对抗原告已经提交的证据或者补充自身证据的重大瑕疵。至于重新调查，法院不应准许，因为这样事实上就变成先处理后调查，有违正当程序原则。

十、举证要求因证据种类之不同而异

当事人举证或者说向法院提供证据时，不同种类的证据有不同的要求。而证据的种类，按照《行政诉讼法》第 31 条规定有如下七种：书证、物证、视听资料、证人证言、当事人的陈述、鉴定结论、勘验笔录与现场笔录。

十一、书证之概念及举证之要求

书证是指以文字、符号、图画等记载的思想内容来证明案件事实的书面文件或其他物品。书证在行政执法和行政诉讼中比较常见，如罚单、行政处罚决定书、营业执照、许可证、收据等。其主要特点有四：一是文件和物品仅是载体。书证当中真正起证明作用的是文书所记载或表达的思想内容，而非文件或者物品本身。比如，在税收行政案件中，被告根据原告的账册的记载认定其漏税并作出处理决定时，账册就是书证；如果甲用账册把乙打伤，公安机关对甲作出处罚决定时，与案件有关的就是作为有重

量和硬度的账册本身，而非账册的内容，此时，账册并非书证，而是物证。二是稳定性。书证的载体多为纸张和布类，也有金属、塑料、木材、石材等，记载的方式有书写、印刷、雕刻、打印等，便于长期保存。三是直接的证明力。证明过程的直接性、确切性和简明性是书证的显著优点。尤其是经过公证的书证，可以直接证明案件事实。四是较高的证明力。书证经常作为检验其他证据可靠性的重要根据。尤其是那些在行政执法或者行政诉讼之前形成的书证，行政执法或者行政诉讼之后，由于各方当事人在情势驱动下，往往会选择对自己有利的情节，回避不利情节，其陈述难免失真或者失于片面。这种情况下，就可以根据事前形成的书证来对陈述进行甄别。

书证可以再做如下的分类：一是按主体可分为公文书证和非公文书证，前者的证明力高于后者。二是按内容可分为处分性书证和报道性书证。前者指能够产生、变更、消灭一定的法律关系或引起一定法律后果的文书，如责令强拆通知。后者指仅记载具有某种意义的事实的书证，如医院的诊断书。三是按照书证的形式，可分为原本、正本、副本、复印件和节录本，原本、正本、副本均属原件，而原件的证明力高于复印件和节录本。

提供书证之要求主要有四点：一是尽量提供原件。按照《证据规定》第 10 条第 1 款第 1 项规定，当事人向人民法院提供书证的，应当提供原件。提供原件确有困难的，可以提供与原件核对无误的复印件、照片、节录本。二是即便不能提供原件亦应尽量与原件保持一致。按照《证据规定》第 10 条第 1 款第 2 项规定，提供由有关部门保管的书证原件的复制件、影印件或者抄录件的，应当注明出处，经该部门核对无异后加盖其印章。三是书证内容应可为一般人所认知。按照《证据规定》第 10 条第 1 款第 3 项规定，提供报表、图纸、会计账册、专业技术资料、科技文献等书证的，应当附有说明材料。四是书证形成过程须经正当的法律程序。按照《证据规定》第 10 条第 1 款第 4 项规定，被告提供的被诉具体行政行为所依据的询问、陈述、谈话类笔录，应当有行政执法人员、被询问人、陈述人、谈话人签名或者盖章。如果是外文书证，按照《证据规定》第 17 条规定，还应当附有由具有翻译资质的机构翻译的或者其他翻译准确的中文译本，由翻译机构盖章或者翻译人员签名。

很多法院在行政审判当中都遇到了如下问题：一方当事人以原件丢失

无法提供等理由只提供了复印件，对方对复印件的证明效力不予认可，法院是否可以接纳？笔者认为，可以按照如下步骤进行分析：一是原件丢失等理由是否属于"提供原件确有困难"，比如原件应由其他机构或者个人所保存，则一般可认为属之，法院亦可接纳；如果原件应由当事人本人保存，则接下来进行分析。二是复印件是否经过权威机构的核对或者确认程序。如果经过了核对或者确认，则一般可以接纳；反之则复印件属于天然不具有足够证明力的证据（即便对方不提出反证亦不足以单独证明有关事实的存在），可以继续进行下面的分析。三是当事人是否提供了作为印证的其他证据。如果有其他证据，则可以接纳；如果没有，则一般可以不予接纳。

十二、物证之概念及举证之要求

物证是指能够证明案件事实的物品和痕迹。其特征有四：一是证据是物品和痕迹本身，也就是说物证是以物品的外形、特征、规格、质量等证明案件事实的。二是客观性。物证独立于人的主观意志之外，一般不会随着时间推移而变化，因而，只要查证属实，就可用作定案的根据。这与当事人陈述和证人证言形成鲜明对照，这两种证据容易受主观因素的影响，他们的主观性、价值偏好以及记忆的不断衰减都会降低可靠性。三是不可替代性。物证发挥证明作用的是物证本身所固有的特征，因而是不可替换的，当事人不可把同种类的其他物作为物证提交给法庭，而应该尽量提交原物。四是被动性。物证本身不会开口讲话，不能直接证明案件事实，这是物证与当事人陈述、证人证言、视听资料等其他证据种类的一个明显区别。物证需要经过发现和分析，有时甚至需要经过鉴定，才能起到证明作用。按照存在形式，物证可分为实体证据、痕迹证据和微量证据、气味证据。

关于提供物证的要求，主要有如下两点：一是尽量提供原物。根据《证据规定》第 11 条第 1 项规定，当事人向人民法院提供物证的，应当提供原物。提供原物确有困难的，可以提供与原物核对无误的复制件或者证明该物证的照片、录像等其他证据。二是尽量减少当事人的举证负担。按照《证据规定》第 11 条第 2 项规定，原物为数量较多的种类物的，只要提供其中的一部分即可。

十三、视听资料之概念及举证之要求

视听资料是指利用录像或者录音磁带所反映的图像、音响或以电子计算机储存的数据和资料等证明案件事实的证据，包括录像带、录音带、电影胶卷、微型胶卷、传真资料、雷达扫描资料、电子计算机储存的数据等各种形式。其特点有四：一是载体的特殊性。视听资料是现代科技的产物，以录音、录像带或者计算机磁盘作为信息载体，并且借助录音机、录像机或者计算机等高科技设备才能显示。二是内容的直观性。视听资料尤其是录音、录像，实时记录事件发生时的信息，令人身临其境，不仅可以感受证据内容本身，而且还能了解证据形成的环境和背景。这一特点是言辞证据等传统证据形式所不具备的。三是可以作为证据保全措施。由于视听资料的直观性，将其作为一种新型证据保全措施，无疑更有利于保全甚至增强证据的证明力。比如，卫生监督机构在接到某人进行非法行医的举报后立即前往调查，现场检查发现了大量医用垃圾，对当事人进行了询问，制作了现场笔录，但当事人拒绝在笔录上签字。如果卫生监督机构对整个调查过程进行录像，无疑有助于补强现场笔录的证明力。四是可修改性。这是视听资料的明显缺点，由于其很容易被删除、剪辑，因此也就很容易伪造，这无疑会降低视听资料的证明力。所以，《证据规定》第71条第4项规定，难以识别是否经过修改的视听资料不得作为定案证据。

关于提供视听资料的要求，主要有如下四点：一是尽量提供原始载体。根据《证据规定》第12条第1项规定，当事人向人民法院提供计算机数据或者录音、录像等视听资料的，应当提供有关资料的原始载体。提供原始载体确有困难的，可以提供复制件。二是提供制作过程的必要信息，以便法庭审查中进一步核实。根据《证据规定》第12条第2项规定，举证者应当注明制作方法、制作时间、制作人和证明对象等。三是应当避免信息理解的歧义。根据《证据规定》第12条第3项规定，提供声音资料应当附有该声音内容的文字记录。四是涉及外国语视听资料的，按照《证据规定》第17条规定，当事人应当附有由具有翻译资质的机构翻译的或者其他翻译准确的中文译本，由翻译机构盖章或者翻译人员签名。

随着信息化技术的快速发展，出现了网络电子证据这样一种新的证据形式。在七种证据种类当中，其与视听资料最为接近。视听资料的可

靠性程度本身就不是很高，而电子证据与之相比，由于网站、网页记载的各种数据信息更加易于修正、更改或补充，致使其可靠性又大大低于视听资料。电子证据最大的问题是难以固定，导致其证据效力难以判断。比如，工商机关发现某公司在其网站上从事虚假宣传活动，据此作出行政处罚决定，引起诉讼。工商机关向法院提交了网络上下载的该公司虚假宣传的网页，但是法院核实情况时，在网络上已经无法查到有关内容。笔者认为，行政机关在调查时应当对电子证据采取保全措施，比如委托公证机关对执法过程尤其是下载网页的真实性进行公证或者见证，以起到固定证据的作用。在修改法律时，建议把电子证据作为一种新的证据形式加以规定。

十四、证人证言之概念及举证之要求

证人证言指的是了解案件有关情况的人所作的有可能证明案件真实情况的陈述。有一种理解认为，证人证言指的是证人向法院作出的陈述。笔者认为，在民事诉讼中如此理解没有问题，但在行政诉讼中是不适当的。因为行政机关在调查当中也会涉及证人证言。在七种证据形式当中，证人证言与当事人陈述都是具有很强主观性的证据形式，这导致其难以保证真实性与客观性，很容易受到证人自身认知能力、价值偏好、道德水准、与当事人之间利害关系等多种因素的干扰。这就要求法院对待证人证言的审查应当更为仔细和慎重。

关于提供证人证言的要求，主要有如下三点：一是应当一并提供证人的基本情况。根据《证据规定》第13条第1项规定，当事人向人民法院提供证人证言的，应当写明证人的姓名、年龄、性别、职业、住址等基本情况。有的法院曾经提出问题，可否要求证人留下联系方式，以备出庭作证之需？可否要求当事人写明与当事人之间的关系？笔者认为，司法解释中的"等"字表明了弹性，只要是出于证据审查的正当需要，且不会过分增加证人负担的，都可以理解为包含在"等"字之内。二是确保证人的真实性。根据《证据规定》第13条第2项规定，提供的证人证言材料上应当有证人的签名，不能签名的，应当以盖章等方式证明。该条第4项规定，提供证人证言时，还应附有居民身份证复印件等证明证人身份的文件。三是应当注明出具日期。作证的时间是判断证言可信度的重要因素之一，因此《证据规定》第13条第3项对此提出了明确要求。

十五、当事人陈述之概念及举证之要求

当事人陈述是指当事人对案件事实情况的陈述，既包括向法庭所作的陈述，也包括在行政调查程序中所作的陈述。[①] 当事人陈述具有双重性，一方面，当事人作为案件亲历者，对行政纠纷的形成和发展过程非常清楚，因而他们的陈述往往可以解释案件的真实情况。另一方面，由于主观性因素和利害关系的影响，当事人陈述常常带有片面性甚至虚伪性，从而影响证据的证明力和可信性。

《证据规定》对当事人陈述的要求未作出规定，这并不表示人民法院对于这种证据的提供不能设定任何的要求。笔者认为，为了避免或者减少当事人陈述的片面性和虚伪性，人民法院至少可以根据案件需要提出如下要求：一是行政机关调查形成的陈述笔录不得存在重大程序瑕疵。比如在一起治安案件中，公安机关对两个共同违法行为人同时进行询问，两份询问笔录记载的调查人为两个人，但其中一个调查人的名字在两份笔录中均有出现，说明至少有一份询问笔录只有一个调查人。诉讼中，法院以被告的调查取证违反了有关法律关于人民警察不得少于两人的规定，故上述询问笔录不具有证据效力。二是不得用后来的陈述任意改变在先陈述的主要内容。因为一般来讲，时间越久，记忆就越加淡薄；不仅如此，当事人对事件与自己的利害关系也会认识得更加清楚，对事实进行取舍改变的可能性也就越大。三是告知作伪证的不利后果。四是可以采取某种庄严的形式或者仪式，比如要求陈述时起立，或者庄严宣誓等。五是可以借助一些高科技手段和技术比如测谎技术的运用，对当事人陈述进行鉴定和甄别。

---

① 行政机关调查中询问当事人和证人所作的陈述笔录属于当事人陈述和证人证言，还是属于书证，实践中存在较大争议。不同归类对应着证据能力，对证明力可能会产生影响。笔者认为，陈述笔录起证明作用的是其内容，而其内容实质上是当事人陈述和证人证言。英美的经验值得借鉴。以证人笔录为例，按照证据法，证人在审判或听证时所作的陈述以外的陈述都是传闻，而传闻证据一般不得采纳。如此之低的证据能力显然不可能是书证。参见汪贻飞：《论证言笔录的证据能力》，载《中国刑事法杂志》，2009（8）。

十六、鉴定结论之概念及举证之要求

鉴定结论是指鉴定人运用自己的专业知识和科技手段，根据案件事实材料，对需要鉴定的专门性问题进行检查、测试、分析、鉴别后得出的科学结论，包括文书鉴定、会计鉴定、医学鉴定、科学技术鉴定等。鉴定结论是否属于独立的证据种类，历来存在争论，实践中也有不同选择。英美法系将鉴定人视为"知道案件事实的人"，鉴定结论因此属于证人证言，而非独立的证据种类，其证明力比一般证言更为可靠。大陆法系则将鉴定当做是证据审查的一种独特方法和证据种类，鉴定人的地位与证人不同，甚至被看作法官的助手，某些约束法官的规则同样适用（比如回避）。从《行政诉讼法》及有关规定看，我国采取的基本是大陆法系的做法。法律和司法解释规定的鉴定结论有两种情形：一是行政调查当中行政机关委托鉴定人所作的鉴定结论；二是行政诉讼当中人民法院委托鉴定人所作的鉴定结论。两者进入行政诉讼的路径不同，前者由被告举证；后者其实是法院依申请或者依职权保全证据的一种方法，不需要当事人举证。

关于鉴定结论的举证要求，按照《证据规定》第14条规定，被告向人民法院提供的在行政程序中采用的鉴定结论，应当载明委托人和委托鉴定的事项、向鉴定部门提交的相关材料、鉴定的依据和使用的科学技术手段、鉴定部门和鉴定人鉴定资格的说明，并应有鉴定人的签名和鉴定部门的盖章。通过分析获得的鉴定结论，应当说明分析过程。

实践中的难点在鉴定结论的范围方面较为突出，主要有两个问题：

第一，被告内设机构所作的鉴定是否属于鉴定结论？比如环保局在作出行政处罚决定前的调查过程中，检查了相对人的排污情况并采集了样本，交由内部专设机构检测，并根据检测报告作出处罚决定。在行政诉讼中，被告提交该检测报告作为证据，原告认为该报告系被告内部自行制作的，不能保证真实性。法院如何对待？笔者认为，问题的关键就在于检测机构是否具备相应的资质，如果该机构是按照环境保护法及其相关规定而设就有资质，检测报告就可以作为鉴定结论；反之就不能。

第二，原告或者第三人委托鉴定人所作的鉴定是否属于鉴定结论？法律和司法解释对此未予规定，实践中大致有三种做法：一是认为法律不允许原告和第三人自行委托，其自行委托所作的鉴定不予接纳。二是只要鉴定符合法定的形式要求，就应当作为鉴定结论予以接纳。三是可以作为证据接纳，但不能按照鉴定结论对待。笔者倾向于第三种观点，理由有二：一是法律之所以没有规定当事人自行委托鉴定，是为了避免鉴定机构受到利益驱动，损害鉴定的客观性和科学性。二是虽然自行委托的鉴定其证明力会到影响，但未必丧失，故此可以将其视为一种特殊的证言，即专家证人的证言。如果对方申请重新鉴定，法院通常应当准许；如果不申请重新鉴定，则法院应当对其证明力进行评价并得出审查结论。

十七、勘验笔录和现场笔录之概念及举证之要求

勘验笔录是指人民法院为了查明特定事实，对涉案的但又不能或者不便扣押的物证或者不便查封的现场就地进行勘验、检验、测量、拍照、绘图后所制作的记录。现场笔录①是指行政机关对违法行为当场进行调查并予以处罚或者其他处理而制作的文字记载材料。勘验笔录和现场笔录的相似性在于：第一，都是对现场情况的综合性记录，具有综合的证明能力。勘验笔录和现场笔录不仅记载物证等调查对象的特征，而且记载对象与周围环境因素的联系。记载的手段以文字记录为主，但也可以用画图、照片、模型等手段，并可以辅之以录音、录像的方法。第二，都具有证据保全的功能。可以说，它们都是一种现场移植术。笔录形成后，即使调查对象不存在，也可以起到证明作用。比如交通事故发生后，保护现场无疑是最好的证据保全形式，而这势必严重妨碍交通秩序，作为一种替代的形式，行政机关进行调查制作的现场笔录就是最为可取的一种证据保全形式，其效果就相当于保护现场。正是由于两者具有较强的相似性，所以行政诉讼法把它们作为同一证据种类加以规定。不过，也有注意到两者的区别，主要有如下四点：第一，主体。勘验笔录由人民法院制作，现场笔录由行政机关制作。第二，内容。勘验笔录侧重于物证的特征等静态信息，现场笔录侧重于执法过程中的动态信息。第三，时间。勘验具有事后性，现场笔录具有实时性。第四，证明力。勘验笔录是法院按照法定程序所作，具有较强的证明力。现场笔录是行政机关在行政执法中所作，诉讼中

---

① 行政诉讼上独有的证据种类。

须接受法院的审查。

　　勘验笔录是法院保全证据的一种方法，故此在举证之要求当中不再提及，主要对现场笔录进行分析。

　　关于提供现场笔录之要求，根据《证据规定》第 15 条的规定，当事人拒绝在现场笔录上签名或者不能签名的，应当注明原因。有其他人在现场的，可由其他人签名。这里，当事人拒绝签名的情况下或者即使当事人签名的情况下，有时也会出现被告重新制作笔录并称当事人拒绝签名的情况。而且在有些执法现场，也并非都会有其他人在场。因此，为防止被告滥用权力、伪造证据，应该赋予当事人复制笔录的权利，且上面需要现场检查人员的签名。

　　有时，法律并未规定行政机关调查当中可以制作现场笔录，对于这样的现场笔录，法院是否认可？笔者认为，由于现场笔录在七种证据形式当中具有较高的证明力，为防止行政机关滥用此种方式，有必要明确其适用范围。参照勘验笔录的适用条件，原则上可以限于以下三种情况：一是证据难以保全。比如对腐烂变质的食品、数量较大的伪劣药品等。二是在事后难以取证。比如，现场查获非法营运车辆。三是其他证据难以取得或者难以证明案件事实。比如对违章机动车驾驶员的处罚，违章活动场所的方位等。以上情况之外，法院应当持慎重态度。需要强调一点，行政机关提交的现场笔录不予认可仅仅意味着不能当作现场笔录这样的优质证据，但还是可以当作一般证据，至少其证明力类似于当事人陈述。

十八、人民法院调取证据

　　人民法院调取证据主要基于两点考虑：一是弥补当事人收集证据能力之不足；二是为了保护公共利益。那么，在何种情况下可以调取证据，《行政诉讼法》第 34 条第 2 款规定未设定限制，《证据规定》第 22 条明确提出限于以下两种情形：一是涉及国家利益、公共利益或者他人合法权益的事实认定的；二是涉及依职权追加当事人、中止诉讼、终结诉讼、回避等程序性事项的。

　　人民法院调取证据有两种启动方式：一是依申请启动。按照《若干解释》第 29 条规定和《证据规定》第 23 条规定，原告或者第三人不能自行收集，但能够提供确切线索的，可以申请人民法院调取由国家有关部门保存，涉及国家秘密、商业秘密、个人隐私等的证据材料。该规定刻意排除了被告的申请权，这是因为被告对被诉行政行为的合法性负完全举证责任，诉讼中被告无权再行收集证据，法院调取证据之权亦受此约束。二是依职权启动。《行政诉讼法》第34条规定并不排斥人民法院依职权调取证据的权力，从实践来看，尤其是涉及重大公共利益时，这种权力无疑是必要的。

十九、证据保全

证据保全与调取证据系基于同样的考虑，具有同样的功能。证据保全可以采取的方式，按照《证据规定》第28条规定，包括查封、扣押、拍照、录音、录像、复制、鉴定、勘验、制作询问笔录等措施。其中，拍照、录像形成的是视听资料，复制形成的是书证复印件或者物证复制品，鉴定和勘验形成的是鉴定结论和勘验笔录，这些措施在保全证据的过程中形成了新的证据。鉴定结论和勘验笔录在各种证据当中具有较高的证明力，因此，司法解释对此作出了较为详细的规定，主要有如下五点：

一是被告重新鉴定。按照《证据规定》第29条规定，原告或者第三人有证据或者有正当理由表明被告据以认定案件事实的鉴定结论可能有错误，在举证期限内书面申请重新鉴定的，人民法院应予准许。

二是人民法院委托重新鉴定。按照《证据规定》第30条规定，当事人对人民法院委托的鉴定部门作出的鉴定结论有异议申请重新鉴定，提出证据证明存在下列情形之一的，人民法院应予准许：（1）鉴定部门或者鉴定人不具有相应的鉴定资格的；（2）鉴定程序严重违法的；（3）鉴定结论明显依据不足的；（4）经过质证不能作为证据使用的其他情形。如果鉴定结果虽有缺陷但并不严重，则可以不重新鉴定，而是采取补充鉴定、重新质证或者补充质证等方式解决。

三是鉴定过程中当事人的义务。按照《证据规定》第31条规定，对需要鉴定的事项负有举证责任的当事人，在举证期限内无正当理由不提出鉴定申请、不预交鉴定费用或者拒不提供相关材料，致使对案件争议的事实无法通过鉴定结论予以认定的，应当对该事实承担举证不能的法律后果。

四是人民法院对鉴定结论的审查。按照《证据规定》第32条规定，人民法院对委托或者指定的鉴定部门出具的鉴定书，应当审查是否具有下列内容：（1）鉴定的内容；（2）鉴定时提交的相关材料；（3）鉴定的依据和使用的科学技术手段；（4）鉴定的过程；（5）明确的鉴定结论；（6）鉴定部门和鉴定人鉴定资格的说明；（7）鉴定人及鉴定部门签名盖章。上述内容欠缺或者鉴定结论不明确的，人民法院可以要求鉴定部门予以说明、补充鉴定或者重新鉴定。对于被告提供的鉴定结论如何审查，司法解释未作规定，这主要是因为被告举证后就进入质证环节，对方当事人提出质疑，法院如果认为有理，可以按照《证据规定》第29条规定办理。

五是勘验现场的程序。按照《证据规定》第33条规定，人民法院可以依当事人申请或者依职权勘验现场。勘验现场时，勘验人必须出示人民法院的证件，并邀请当地基层组织或者当事人所在单位派人参加。当事人或其成年亲属应当到场，拒不到场的，不影响勘验的进行，但应当在勘验笔录中说明情况。按照《证据规定》第34条规定，审判人员应当制作勘验笔录，记载勘验的时间、地点、勘验人、在场人、勘验的经过和结果，由勘验人、当事人、在场人签名。勘验现场时绘制的现场图，应当注明绘制的时间、方位、绘制人姓名和身份等内容。当事人对勘验结论有异议的，可以在举证期限内申请重新勘验，是否准许由人民法院决定。

第二节　质证①

质证乃证据审查的必经程序，其效果好坏直接影响着整个庭审过程和最后的判决。长期以来，这方面的法律规范却非常粗疏，难付实用。《证据规定》设专章对质证问题详加规范，使得行政诉讼中的质证问题有法可依，既回应了实务需要，又在完善审判方式、促进审判公正、提高司法权威等方面产生了积极而深远的影响。

---

① 根据作者于2002年10月9日至2002年12月18日在《法制日报》发表的《未经质证的证据不得作为定案根据》等9篇文章改编。

一、未经质证的证据不得作为定案依据

在庭审中，当事人就法庭上出示的证据采取辨认、质疑、说明、辩论等形式进行对质核实等一系列诉讼活动被称为质证。《证据规定》第 35 条第 1 款规定："证据应当在法庭上出示，并经庭审质证。未经庭审质证的证据不能作为定案的依据。"该规定确立了证据规则的基本原则：证据必须要在法庭上出示并经过质证，未经质证的证据不得作为定案依据。对这一原则可以从以下四个方面来理解：

第一，功能。质证是证据审查的一个重要环节，对于法院查明案件事实乃至审判公正而言都具有非同寻常的作用。在庭审当中，当事人必然要站在各自的角度，对有利于自己的证据不遗余力地进行说明、辩解以求为法庭所采纳，不利于自己的证据则千方百计地质疑、驳斥以免为法庭所采纳，这是基于人性常识的合理推测。而通过当事人从各自角度对证据的质辩及对案情的揭示，居中裁判的法庭就比较易于确认每个证据的证明力，从而掌握案件事实的全貌，为正确裁判打下坚实的基础。正如有的学者所言，"获得真相的最好办法是让各方寻找有助于证实真相的各种事实，他们将使所有的事实大白于天下"，因为"两个带有偏见之人从田地的两端开始搜寻，比一个公正无私之人从田地中间开始搜寻更不可能漏掉什么东西"。正是由于质证功能如此显著，凡是法治国家，无论具有何种法律传统，采用何种制度模式，无不将当庭质证作为庭审活动的必要内容之一。可以说，不经质证的证据不得采信已是世所公认的诉讼法和证据法的原则。

第二，法理基础。质证原则是行政诉讼法的公开原则和辩论原则的直接要求和具体化。根据《行政诉讼法》第 6 条规定，人民法院审理行政案件，依法实行公开审判制度。所谓公开审判落实到操作层面，就体现为：在一审当中，所有的行政案件都要开庭审理；在二审当中，原则上要开庭审理，但案件事实在一审当中已查清的，可以实行书面审理。从立法本意来看，查清案件事实无疑是公开审判制度的主要目的之一。那么，庭审中调查案件事实应采取何种形式呢？根据《行政诉讼法》第 9 条规定，当事人在行政诉讼中有权进行辩论。据此，在调查案件事实的过程中必须要给当事人以充分的辩论机会，允许当事人就案件涉及的所有证据发表自己的

观点和意见，并相互发问。也就是说，调查案件事实必须要采取质证的形式。因此，从以上两个原则出发，按照法律的内在逻辑就可以推导出质证原则的内容。可以说，不经质证的证据不得采信的原则乃是行政诉讼法基本原则的应有之义。

第三，规则依据。本款规定的直接法律依据是最高人民法院《关于执行〈中华人民共和国行政诉讼法〉若干问题的解释》（以下简称《若干解释》）第 97 条和《民事诉讼法》第 66 条。《若干解释》第 97 条规定："人民法院审理行政案件，除依照行政诉讼法和本解释外，可以参照民事诉讼的有关规定。"《民事诉讼法》第 66 条规定，"证据应当在法庭上出示，并由当事人互相质证。"据此，在《证据规定》未出台之前，《民事诉讼法》第 66 条在行政审判当中已具有可适用性，但从以上两条规定的字义分析，《民事诉讼法》第 66 条对行政诉讼而言似乎属于选择性条款。本款将此条内容移植过来，化为行政诉讼法规定，则此原则属于强制性条款当无异议。自《证据规定》生效后，未经质证的证据不得采纳的原则具有更强的法律效力。

第四，内涵。质证原则对法院和当事人各具不同意义。对法院来说，本款规定要求其在庭审当中必须要启动质证程序，给当事人提供质证的机会。否则，其认定的事实必然立于不牢靠的证据基础之上，这实际上意味着案件事实没有查清。对当事人来说，本款规定暗示了其享有质证权利。对于案件涉及的所有证据，当事人都有权要求质证，法院对此权利有予以尊重并尽可能提供质证条件的义务。

提到质证，我们首先会想到在正式开庭审理时所进行的质证。然而，质证并不仅限于此。按照审判方式改革和完善庭审程序的要求，为了固定证据、明确争议焦点、提高审判效率，庭前证据交换程序（又称为预备庭）将成为庭审程序的一部分。因此，在庭前交换证据程序中没有争议的证据与经过质证没有争议的证据应当具有同样的法律效力，如果要求法院在正式庭审中仍对这些证据进行质证，不但没有必要，而且会造成诉讼进程的拖延和司法资源的浪费。基于此，《证据规定》第 35 条第 2 款规定，"当事人在庭前证据交换过程中没有争议并记录在卷的证据，经审判人员在庭审中说明后，可以作为认定案件事实的依据"。根据本款规定，不经质证而直接认证必须要符合以下两个条件：

第一，无须出示和质证的证据，限于在庭前交换证据中，当事人没有争议的证据。"没有争议"指的是对不利于自己的证据的明确承认，即对于一方当事人所举证据，另一方当事人表示认可或不提异议。

第二，审判人员必须将以上情况记录在卷，并且在庭审中对当事人作出说明。"将以上情况记录在卷"，主要是为了监督的需要。如果没有这一要求，则意味着放弃监督，从而审判人员可以置证据规则于脑后，视当事人的诉讼权利和庭审活动为儿戏，凭主观臆断对案件证据和事实任意取舍。这显然与行政诉讼制度的目标背道而驰。法庭在"将以上情况记录在卷"后，还必须在开庭时向当事人作出说明方可直接认证。按照审判公开原则的要求，庭审活动应当是公开透明的，涉及当事人诉讼权利的决定和事项必须要作出说明。否则，即便案件结果是公正的，人们也会对法院裁判产生怀疑，而信任的缺乏则必然会削弱司法权威。

二、无正当理由不出庭之被告的证据不得作为定案根据

根据《行政诉讼法》第48条规定，在被告经合法传唤，无正当理由拒不到庭的情况下，法院可以作出缺席判决。那么，在缺席判决的情况下，法院应当怎样对待被告提供的证据？根据《证据规定》第36条规定，被告提供的证据原则上不能作为定案依据，但在庭前交换程序中没有争议的证据可以例外。这可以从以下两方面理解：

第一，行政诉讼实行被告承担举证责任的原则，质证主要围绕被告提供的证据进行，如果被告不出庭，其提出的证据就不能在法庭上出示，质证也就无法进行。也就是说，被告提供的证据都是未经法庭质证的证据，按照《证据规定》第35条规定的未经质证的证据不得作为定案依据的原则，被告拒不出庭即可得出其提供的证据不得作为定案依据之结论。

第二，体现了保障司法权威的内在要求。被告不出庭应诉，不但会妨碍诉讼活动的正常进行，也会损害司法权威。与民事诉讼比较而言，在行政诉讼中，被告不出庭应诉给司法权威造成的损害更为明显。行政诉讼的被告是国家行政机关，其权力和社会影响力远非一般民事主体可比，如果被告不履行出庭义务，则其对司法权威的不尊重也就比民事诉讼中的类似情况具有更大的不良效果。为了保障司法权威，有必要在法律许可的范围内给被告一定压力，促其依法应诉。被告拒绝出庭应诉时，其提供的证据不能作为定案依据，这一结论不仅于法有据，对于保障司法权威也大有

助益。

《证据规定》第36条还规定，如果在庭前交换证据中双方当事人对证据没有异议，则视为该证据已经过质证，被告拒绝出庭应诉不妨碍其提供证据的可采性。这里需要注意一点，按照《证据规定》第35条第2款规定，对被告在庭前交换中没有争议的证据，必须要记录在卷，而且审判人员在庭审中必须对此加以说明。

三、三种证据不宜公开质证

按照《中华人民共和国保守国家秘密法》第2条所下定义，"国家秘密"指的是关系国家安全和利益，依照法定程序确定，在一定时间内只限一定范围人员知悉的事项。根据该法第9条规定，国家秘密分为"绝密"、"机密"和"秘密"三级。按照《反不正当竞争法》第10条第3款的定义，"商业秘密"指的是不为公众所知悉，能为权利人带来经济利益，具有实用性并经权利人采取保密措施的技术信息和经营信息。根据司法实务上的理解，"个人隐私"指的是当事人不愿意公开或者公开后会产生不良影响的个人情况，比如个人存款、疾病（如艾滋病）、夫妻关系状况等。证据内容如果涉及上述三种情形，则本应保密的事项将有泄露并产生不利后果的风险，鉴于此，《证据规定》第37条规定："涉及国家秘密、商业秘密和个人隐私或者法律规定的其他应当保密的证据，不得在开庭时公开质证。"对于本条规定，可以从以下两方面加以理解：

第一，法律目的之考量。以上各种秘密对于国家安全、公共利益、个人和组织的合法权益具有重大价值，因此，国家法律对以上秘密设定了相当严密的保护。根据《行政诉讼法》第45条规定，涉及国家秘密、个人隐私和法律另有规定情形的，实行不公开审理。该条规定虽未直接就涉及国家秘密、商业秘密和个人隐私的证据是否可以公开质证的问题作出结论，但该条规定的法律目的显而易见，主要是为了防止以上受到法律保护的各种秘密事项的不当扩散。如果将涉及以上秘密的证据公开质证，必然会造成秘密的扩散，与法律目的显为不合。

第二，此项规定来源于《民事诉讼法》相关规定之借鉴。《民事诉讼法》第66条规定："对涉及国家秘密、商业秘密和个人隐私的证据应当保密，需要在法庭出示的，不得在公开开庭时出示。"这意味着对于涉及国家秘密、商业秘密和个人隐私等证据不宜公开质证。在行政诉讼中，也存在与该条规定所规范事项性质相同的待规范事项，根据最高人民法院司法解释，在行政诉讼法律规范缺位的情况下，可以参照适用《民事诉讼法》的相关规定，《民事诉讼法》第66条规定属于可以参照适用的条款，既然实际审判当中可以直接援用该条款，则参照该规定作出司法解释自然不应受到质疑。

四、人民法院调取的证据如何质证

人民法院调取证据有两种情况：一是依申请调取，二是依职权调取。两种途径获得的证据在质证方式上有所不同。

按照《证据规定》第38条第1款规定，当事人申请法院调取的证据，应当由申请调取证据的当事人在庭审中出示，并由当事人质证。之所以如此，有两点原因：一是在这种情况下，当事人对该证据的证明力及相关情况比较了解。按照《证据规定》第24条规定，当事人向法院申请调取证据时，必须要在申请书中写明证据持有人的姓名或者名称、住址等基本情况，拟调取证据的内容，申请调取证据的原因及其要证明的案件事实。当事人对证据了解到如此程度，其自然要有能力对该证据作出说明并进行质证。二是从行为的意思要件看，该证据与当事人自己收集的证据性质相同。如何确定行为后果的承受者？按照一般法律原则，应从意思要件来考察。当事人申请法院调取证据，其实是当事人意思的体现，法院不过是实现其意思的媒介而已。因此，法院调取证据的效果应归诸当事人，故该证据可由申请调取证据的当事人来出示。

根据《证据规定》第38条第2款规定，人民法院依职权调取的证据，由法庭出示，并可就调取该证据的情况进行说明，听取当事人的意见。之所以如此，亦有两点理由：一是当事人对于该证据的证明力及相关情况往往了解不够，难以对该证据作出充分的说明，而法院则对于该证据的证明力等相关情况较为了解。二是从意思要件看，法庭依职权主动调取证据体现的是法院的意思，当事人并未作出收集证据的意思表示。从能力和意思要件两方面看，由法院在庭上出示该证据并加以必要的说明，无疑是合理的。当然，法院出示证据并作出说明并不是质证，因为质证的目的是为了实现自己的主张或者否定对方的主张，而法院并无这样的动机。

五、质证的内容和方式

质证必须在法院组织引导之下进行，而不能由当事人任意发挥、漫无边际地争执下去。那么，法院应当按照什么标准来引导质证呢？也就是说，当事人应当围绕什么内容、按照什么方式来进行质证呢？《证据规定》第 39 条对此作出了规定，主要有如下两点内容：

1. 关于质证的内容

当事人应当围绕以下两件事情进行质证：

第一，有无证据能力。所谓证据能力又称证据资格或者证据的可采性。它是指证据作为定案依据时所应具有的性质。根据法律规定和法律原则，作为定案依据的证据必须具有关联性、合法性和真实性，即通常所谓"证据三性"。

所谓关联性又称相关性，是指证据与案件事实之间具有法律意义上的联系。具有法律意义上的联系有多种形式，比如因果关系、条件关系、时间联系、空间联系等。一般来说，与案件具有因果联系和条件联系的证据是比较重要的证据形式，在定案证据当中必须要有以上两种形式的证据或其中之一，其他联系形式的证据则居于从属地位，在定案证据中往往起补充作用。如果当事人所质证的证据明显与本案事实不具有关联性，则法官可以当庭制止对该证据的质证，这一点没有疑义，然而如前所述，证据的关联多样化，实务中的形态更为复杂。在质证中，一个证据是否具有关联性，当事人往往难以分辨，法官亦可能难以遽下判断。这种情况下，慎重起见，法庭应暂且认可该证据的关联性，任当事人继续质证，待进入认证程序后，再深入考察该证据的关联性。

所谓合法性是指证明案件事实的证据必须符合法律规定的要求。主要体现在两个方面：一是手段合法。无论是正当行政程序还是正当司法程序都要求，作为定案依据的证据必须经由合法手段收集，通过非法手段收集的证据被视为"毒树之果"，不能采信。比如公安机关采取刑讯逼供方式获得的口供即不能作为证明其处罚决定合法的证据。二是形式合法。不符合法律规定的表现形式的证据不能作为定案依据。比如法律要求土地出让必须签订书面合同，如果当事人提供证言称土地管理部门与其达成口头出让合同，则该证言不能作为其享有土地使用权的证据。证据不具备合法性，性质严重的往往最终体现为证据没有真实性，甚至没有关联性。比如烟草专卖局认定抽验的香烟为假烟，并据此作出处罚决定。诉讼中法院发现送检过程中，相对人没有签字，也没有封存样品，无法证明被告送检的香烟属于原告。程序违法的后果是检测报告与待证事实缺乏关联性。

所谓真实性到底何指？对于真实性有两种不同的理解，一种观点认为指的是证据的内容即待证事实为真实。另一种观点认为仅指证据本身为真实，待证事实是否存在还须进一步分析两造的证据。比如双方当事人提供的证言都不属于伪证，但内容却并不一致，到底事实如何还需要通过综合分析来认定。第一种观点在理论和实践上均属通说。笔者也同意第一种意见，但第二种意见也不可忽视，如不澄清容易产生认识上的混乱。笔者认为，证据"三性"作为证据资格的标准具有双重性：一是可接纳证据的资格，二是定案证据资格。所谓可接纳证据资格是指如果举证人提供的证据可能符合证据"三性"，法院就应接纳。也就是说，如果完全不具备"三性"或者"三性"之一，就应不予接纳。所谓定案证据资格是指法庭对证据进行审查，确认其完全符合证据"三性"（尤其是真实性），从而具备了证明案件事实成立的资格。

第二，有无证明力及证明力的大小。证据如果具有证据能力，就具有证明力，但证明力还有大小之分，尤其是各方当事人就同一待证事实提供的证据和反证都具有证据能力的情况下，比较证明力大小就尤为必要。

2. 互相发问及其限制

《证据规定》第39条第2款规定，当事人及其代理人可以就证据问题相互发问，也可以向证人、鉴定人或者勘验人发问。质证的功能在于，通过当事人就证据加以说明、解释及相互质疑，使证据的可信程度和疑点充分展示，为法庭认证提供保障。既然当事人就证据加以说明、相互质疑，是质证的必要内容，则当事人就证据问题向对方发问，向对方证人、鉴定人或者勘验人发问，就理应为质证的应有之义。

根据《证据规定》第39条第3款规定，当事人及其代理人相互发问，或者向证人、鉴定人、勘验人发问时，应受到以下两点限制：一是发问内容必须与案件事实有关联。关联性原则是质证必须遵循的首要标准，如果发问内容与案件没有丝毫关系，法院就可以予以制止，以保证司法效率，避免诉讼被不适当地拖延。二是不得采用引诱、威胁、侮辱等不正当的语言或者方式。为了维护自己的诉讼主张，当事人可以充分行使发问的权利，但是必须要使用文明的语言和正当的方式。如果当事人无视法庭纪律，采取不当方式误导或者激怒对方，则属于滥用质证权利，法庭对此应当及时制止。

六、书证、物证和视听资料的质证

1. 原件、原物优先原则

按照《证据规定》第 40 条第 1 款规定，举证一方提供书证、物证和视听资料时，应当出示原件，只有两种特殊情况下，才能提交复制件或者复制品：一是出示原件或者原物确有困难。这种情况下，当事人出示证据复制件或者复制品须经法庭准许，法庭准许与否就看当事人出示原件或者原物是否真的确有困难。"确有困难"不是一个法定标准，而是一个酌定标准，由法庭结合实际情况进行合理裁量。二是原件或者原物已不存在。这种情况下，当事人在出示复制件或者复制品的同时，可以出示证明复制件、复制品与原件、原物一致的其他证据。比如，当事人的房产证原件灭失，只有复印件。那么当事人在庭上出示房产证复印件时，可以一并出示复印件与原件一致的证明。

2. 视听资料应当当庭播放或者显示

视听资料的出示方式就是播放或者显示。鉴于此，《证据规定》第 40 条第 2 款规定，视听资料应当当庭播放或者显示，并由当事人质证。视听资料是以音像制品或者计算机的数据材料来证明案件事实的，如果质证时不予播放或者显示，则对方当事人就无从了解视听资料包含的信息内容，也就难以有针对性地提出反证或者反驳意见。因此，为了保证质证的效果，公开播放或者显示就非常必要。制定司法解释时这一规定还有很多法院不具备相应的技术条件，随着科技和经济的发展，目前大多数法院都能够做到当庭演示视听资料。

七、证人有出庭作证的义务

证人出庭作证之法定义务由来已久，我国 20 世纪 80 年代初制定的《民事诉讼法》第 70 条规定早已明确要求，"凡是知道案件情况的单位和个人，都有义务出庭作证。有关单位的负责人应当支持证人作证"。此规定之必要性显而易见：证人所提供的证言完全是根据其亲身体验而作出的，非他人所能代替。而且，只有其出庭作证，当事人才能对其展开询问与反询问，以便质证能够充分而深入地进行。如果证人仅仅向法庭提供书面证言，则一旦对方当事人就书面证言提出有力的质疑或反驳意见，由于证人不在场，其他当事人很难作出确切的说明或解释，往往使书面证言的可信性和证明力受到削弱或者难以确定，对审判活动的正常进行亦有不良影响。此规定在行政诉讼中亦具有可适用性，然而，这种适用只是参照适用，并不具有强制性，加之人们法律意识不强，证人出庭之义务在行政诉讼中未引起包括司法机关在内的社会各方面的重视，这对行政审判的质量乃至行政诉讼制度的发展都有一定的消极影响。基于此，《证据规定》第41条承袭了《民事诉讼法》第70条规定的内容，将证人出庭作证义务引为行政诉讼的正式规范，使其具有更明确的规范效力。

但在某些特定的情形下，要求证人出庭或者没有必要，或者事实上、法律上不可能，或者会损害更大的合法利益和价值，因此证人出庭作证义务并不具有绝对性，此时法庭允许证人不出庭，而代之以提供书面证言之举动，理应得到法律支持，《证据规定》第41条即为此提供了支持。根据该规定，在以下五种情形下，经法院准许，当事人可以提供书面证言：

一是当事人在行政程序或者庭前证据交换中对证人证言无异议的。法律要求证人出庭的目的在给对方当事人就证人证言提出质疑和反驳的机会，以保障质证的效果。如果对方当事人在行政程序或者庭前交换证据中对证人证言没有异议，则法律目的确已达到，再就证人证言进行质证，没有任何实质意义。

二是证人因年迈体弱或者行动不便无法出庭的。证人出庭的义务与公民生命健康权相比较，显然后者具有更重要的价值，在两者不能兼得的情况下，后者应当受到法律的优先保护，不宜要求其履行出庭作证的义务。

三是证人因路途遥远、交通不便无法出庭的。从合理性的观点看来，要求证人出庭作证不能给其造成过重的负担。如果证人因路途遥远、交通不便而无法出庭，则证人可不出庭作证。

四是证人因自然灾害等不可抗力或者其他意外事件无法出庭的。在这种情况下，由于证人出庭作证在客观上不具有可能性，要求其出庭显系强人所难，有违法律精神。

五是证人因其他特殊原因确实无法出庭的。以上列举的四种具体情形系对实务归纳的结果，并未按周延的逻辑进行分类，不可能将所有应当纳入规范的对象尽列其中，为了适应审判实践发展的需要，避免出现规范漏洞，故设此兜底条款，以付实用。

八、证人资格

所谓证人资格指的是，证人应当具备与出庭作证相适应的基本条件。按照《证据规定》第 42 条第 1 款规定，证据资格只需符合一个条件：正确表达意志。为什么要求证人必须具有正确表达意志能力？这很容易理解。审判必须要确认过去发生的事实，这需要借助证人的感官印象。如果其不具备起码的表达意志能力，则其证言难以令人相信。比如精神病患者发病期间的证言，限制行为能力人对超出其认知能力范围的事实的证言等。一般认为，正确表达意志的能力包括三项内容：一是准确感知、记录和回忆有关事实印象的能力；二是理解有关问题并清楚表达的能力；三是对如实陈述的义务及作伪证的后果的辨识能力。

如果对于证人的表达能力产生争议，如何处理？根据《证据规定》第 42 条第 2 款的规定，法院在必要时可以根据当事人的申请就证人是否具备正确表达意志的能力进行审查或者交由有关部门鉴定。必要时，法院也可以依职权交由有关部门鉴定。

九、行政执法人员出庭作证

原告或者第三人是否可以要求相关行政执法人员出庭作证？法律上并无禁止性规定。但是考虑到相关行政执法人员往往是被告所属人员，与被告持同一立场，要求其作为原告或者第三人的证人出庭作证，则由于证人立场所限，其证言往往对被告有利，而不利于原告或者第三人，因此，在一般情况下，许可原告或者第三人申请相关行政执法人员出庭作证没有什么实际益处。不过，在某些情况下，相关行政执法人员出庭作证有利于查明一些特定事实，因此，《证据规定》第 44 条规定了可以申请行政执法人员出庭作证的五种情形：

一是对现场笔录的合法性或者真实性有异议。有些行政案件中，行政执法人员制作了现场笔录，而且该笔录系证明具体行政行为合法的证据。

如果原告或者第三人对现场笔录的合法性或者真实性提出异议，如制作笔录的程序违法、记录的内容不真实等，这种情况下，就有必要与制作笔录的行政执法人员当面质质。如果被告没有申请相关人员出庭，则原告和第三人可以申请其出庭。

二是对扣押财产的品种或者数量有异议。按照法律规定，行政机关扣押财产必须要清点、登记、制作清单，清单上要记录清楚财产的品种、数量、质量、特征等信息。如果原告或者第三人对扣押财产的品种或者数量提出异议，认为清单上记录的财产品种或者数量与实际不符，则有必要让扣押财产的执法人员与原告或者第三人当庭对质。如果被告没有申请相关工作人员出庭，则原告和第三人可以提出申请。

三是对检验的物品取样或者保管有异议。对于检验物品的取样或者保管，法律有专门的规定，行政执法人员不得违反。如果原告或者第三人就此提出异议，则物品检验的可采性就处于不确定状态，有必要让行政执法人员与原告或者第三人当面对质。如果被告没有申请相关人员出庭，则原告或者第三人可以提出申请。

四是对执法人员的身份的合法性提出异议。执法人员具有合法身份是其从事执法活动的前提条件，比如税收人员必须是本辖区税务部门工作人员，如果原告或者第三人认为执法者不是本辖区税务部门人员，就可以提出异议。在此情况下，就有必要让该工作人员与原告或者第三人对质。如果被告不申请相关人员出庭，则应允许原告或者第三人提出申请。

五是需要执法人员出庭作证的其他情况。由法院在案件审理当中结合实际情况进行裁量。

行政机关出庭作证的证言是否属于证人证言？有一种观点认为，行政执法人员是证人，只不过比一般证人具有特殊性，即存在明显的立场。另一种观点认为，行政执法人员实际上与被告是一体的，其证言实际上是当事人陈述。原告的陈述是当事人陈述，如果把与原告发生争执的执法人员的陈述当作证人证言，显然在证据上双方在起点上不平等。笔者倾向于第一种观点。主要理由是为了保证行政管理的有效性，通常情况下应当赋予行政执法人员陈述以更高的证明效力。比如，一名交通警察在执法过程中对轻微的道路违法行为作出处理决定引起诉讼后，如果被告只有交通警察的陈述，另一方则只有原告的陈述时，一般应当认为交通警察的陈述更为可信。两者之间证明效力的差别大概就相当于证人证言与当事人陈述之间的区别。

十、证人出庭作证的基本要求

《证据规定》第 45 条和第 46 条对证人出庭作证的基本要求作出规定，具体有以下四点：

1. 表明身份

表明身份之要求规定在《证据规定》第 45 条第 1 款第 1 句，具体要求是：证人出庭作证时，应当出示证明其身份的证件。为了查明案件事实，人民法院必须按照《行政诉讼法》的要求，对案件涉及的所有证据进行细致、深入的审查，尽最大可能识别伪证或者有明显瑕疵的证据。证人出庭作证时，法院首先需要确认的就是该证人是否确系法院所传唤的证人，而这就需要该证人证明自己的身份。

2. 诚实作证

《证据规定》第 45 条第 1 款第 2 句给法院设定了一项义务：告知证人诚实作证的法律义务和作伪证的法律责任。该规定形式上是规范法院的，但实质上却强调了证人诚实作证之要求。出庭证人应当诚实作证，这是法律的内在要求。证人作伪证不但会损害某些当事人的合法权益，也会阻碍法院审判正常进行，导致错判、误判，降低司法权威。因此，为了督促证人诚实作证，法律对于作伪证设定了相应的不利后果。根据《证据规定》第 76 条规定，证人、鉴定人作伪证的，依照《行政诉讼法》第 49 条第 1 款第 2 项的规定追究其法律责任。根据《行政诉讼法》第 49 条第 1 款第 2 项规定，对于作伪证者，人民法院可以根据情节轻重予以训诫、责令具结悔过或者罚款、拘留，构成犯罪的，依法追究刑事责任。在证人出庭作证时，法院应将以上内容告知该证人。

3. 不得旁听

《证据规定》第 45 条第 2 款规定："出庭作证的证人不得旁听案件的审理。"为什么如此要求？这主要是基于人性的弱点。社会心理学的研究表明，人在潜意识里有接受占优势地位者观点的倾向，这种倾向无疑会影响证人作证的真实性，因为证人根据他人观点对其亲历的具体事实进行剪裁和取舍之后，该证言已不是其信以为真的内容了。这显然有违证据真实性的要求。为了保证证人证言的可信度，免受当事人及其诉讼代理人的诱导、暗示，以及庭审气氛压力的影响，有必要对证人进行隔离，除了其在庭上作证期间外，其余时间内不允许证人旁听案件的审理过程。

《证据规定》第45条第2款还规定："法庭询问证人时，其他证人不得在场，但组织证人对质的除外。"询问证人不允许其他证人在场的理由与上述理由大致相同，即为了保证证言的可信度，避免证人在不当的引导和压力之下改变自己对信以为真的具体事实的陈述。法庭询问证人时，其他证人在场，乃组织证人对质的应有之义，此理至明，没有必要作出进一步的解释。

4. 证言内容之要求

《证据规定》第46条规定："证人应当陈述其亲历的具体事实。证人根据其经历所作的判断、推测或者评论，不能作为定案的依据。"该规定有以下两点内容：

陈述亲历的具体事实。证人证言的形成要经历感知事实、记忆和陈述三个阶段，在此过程中证人所称的事实其实已经过人脑加工，不再是完全的客观事实，使证人证言具有可塑性和易变性的特点，而这给质证和认证带来很大的困难。为了使证言内容与案件事实有更强的对应关系，便于质证和认证，有必要对证言的表达方式作出规范，根据本条规定，证人应当陈述其亲历的具体事实。这里的"亲历"是否仅限于在案件事实发生现场耳闻目睹的具体事实？是否也包括听别人转述的事实即传闻证据？原则上讲，应当包括。因为亲历并不限于直接经历，也包括间接经历。听他人对案件事实进行转述本身也是属于其亲身经历的事实。然而，必须要看到这种间接证据的弊端，其以他人传闻作为证据，存在内容错误或被歪曲的危险，且转述内容越复杂，次数越多，则危险越大。因此，采信传闻证据必须要加以合理的限制，据此，传闻证据不能单独作为定案的依据，但是可以作为次要证据，起间接印证的作用。

根据自身经历所作的判断、推测或者评论不能作为定案依据。为什么提出这样的要求？主要是因为这些陈述不符合证据的特性。为了使人能够对案件具体事实有比较清楚的了解，证人证言的内容应当限于对案件具体事实的客观描述，而非主观评论。证人的判断、推测或者评论显然不符合这一要求。另外，这些主观评论对于证据审查没有必要性。证人陈述证言的目的只在揭示案件的真相，恢复案件事实的本来面目，要达到这一目的，证人只要陈述其亲历的具体事实即已足够，没有必要在此基础上进一步发挥，作出判断、推测或者评论。

十一、鉴定人和专业人员出庭

1. 鉴定人出庭接受询问的义务

按照《证据规定》第 47 条第 1 款规定，当事人只要提出鉴定人出庭接受询问之要求，鉴定人就应当出庭，这是一个原则。鉴定结论是法院审查判断书证、物证等证据常常需要借助的手段，在行政诉讼中具有重要意义。鉴定结论是鉴定人就案件中某些专门性问题通过鉴定所进行的判断，从实质意义上说，其属于言词证据。由于言词证据的可靠性容易受到诸多社会、自然因素的影响，因此，为了确认鉴定结论的可信度，有必要给对方当事人深入质证的机会，如果对方当事人要求鉴定人出庭接受询问，法庭就应当准许。当然与证人出庭作证一样，这里也有例外。如果鉴定人有正当理由不能出庭，经法庭准许，也可以不出庭，由当事人对其书面鉴定结论进行质证。

2. 书面质证的情形

按照《证据规定》第 47 条第 2 款规定，鉴定人不能出庭作证的情形，参照《证据规定》第 41 条关于证人不出庭情形的规定。

3. 法庭查验和告知

《证据规定》第 47 条第 3 款就法庭核实鉴定人身份等情况及告知注意事项作出规定。法律对鉴定人的资格有特定要求，没有鉴定资格者作出的鉴定结论无效。因此，对于出庭的鉴定人，法庭首先应当核实其身份，确认其是否具备相应的鉴定资格。由于鉴定结论体现的是鉴定人个人的判断，容易受到利害关系的左右，因此，按照正当程序的要求，鉴定人与当事人及案件之间不应存在个人的利害关系。对这些情况法庭应予以核实。另外，根据该款规定，法庭对鉴定人有两项告知义务：一是要告知鉴定人有如实说明鉴定情况的义务。二是要告知作虚假说明的法律责任。关于法律责任之规定，见于《行政诉讼法》第 49 条第 1 款第 2 项关于对伪造证据者视情节予以拘留或罚款的有关规定。

4. 专业人员出庭说明

随着科技发展和社会分工的不断细化，诉讼涉及的专业性问题越来越多，为了查明事实，公正审判，有必要借助相关专业人员的专业知识解决诉讼中的专业性问题。因此,《证据规定》第48条就专业人员出庭说明的有关问题作出了规定。根据该条第1款和第3款规定,专业人员的作用主要有两点:一是帮助法庭理解涉及专业背景的案件事实,比如在判断某项发明专利是否具有创新性时,需要了解相关科学领域的研究状况之后才能作出判断,往往需要专业人员提供知识方面的支持。二是协助当事人对鉴定结论进行质证。

如果当事人对专业人员资质产生异议怎么办?《证据规定》第48条第2款规定,对方当事人可以询问,并由法庭决定其是否可以作为专业人员出庭。

十二、何谓"新证据"

按照《证据规定》第49条第3款规定,法庭对经过庭审质证的证据,除确有必要外,一般不再进行质证。按照该规定第50条和第51条规定,二审和再审程序中,对当事人依法提供的新证据,法庭应当质证。那么,如何理解新证据呢?《证据规定》第52条规定了三种情形:

第一,在一审程序中应当准予延期提供而未获准许的证据。根据《证据规定》第7条规定,因正当事由申请延期提供证据的,经人民法院准许,可以在法庭调查中提供。如果当事人有正当事由申请延期未获准许,则未对该证据质证的过错在法院而不在当事人,如果二审、再审中仍不采纳,则等于以法院错误惩罚当事人,而把此类证据视为"新证据"进行质证,显然更为公平。

第二,当事人在一审程序中依法申请调取而未获准许或者未取得,人民法院在二审程序中调取的证据。根据《证据规定》第23条和第25条规定,原告或者第三人不能自行收集,但能够提供确切线索的,可以申请人民法院调取。人民法院经审查符合调取证据条件的,应当及时调取。如果人民法院应当调取而未调取,则过错在法院而不在当事人,二审、再审如果仍不采纳显然有失公平,为此,将此类证据视为"新证据"就成为一个明智的选择。

第三,原告或者第三人提供的在举证期限届满后发现的证据,此种情形属于典型的"新证据",不复赘言。

第三节　认证

认证指的是法庭在对证据进行审查、分析的基础上认定案件事实的思考和判断过程。证据审查包括举证、质证和认证三个阶段，在整个审查过程中，法庭一直起主导作用，但是各阶段存在明显不同。举证阶段，以举证人提供证据的活动为核心；质证阶段，以当事人之间就证据能否证明待证事实展开的互动为核心；认证阶段，则以法庭的思考和判断为核心。前两个阶段都有当事人的参与，认证阶段则是法官的独角戏。经过举证和质证两个程序的铺垫，各方提供的证据在内容和形式上的优劣都已充分展示，接下来的认证将对所有的证据作出取舍，并对事实作出终局性的判断，为法律适用和裁判提供根据。传统观点对于自由心证的提法持排斥态度，但由于没有认证规则，所以实践中自由心证不仅存在，而且没有任何限制，造成同样的证据不能保证作出同样事实认定。《证据规定》就认证制订了专门规范，共有 21 条之多，为认证的规范化奠定了坚实基础。不过，要完全实现规范目的，还需要正确地理解和适用这些规则。

一、认证的方式、方法和目标

认证的基本方式，按照《证据规定》第 54 条规定，包括以下两种：

一是逐一审查。所谓逐一审查指的是对单个证据的审查，主要看该证据与案件是否具有关联性、合法性，并对真实性作出初步的判断。

二是综合审查。所谓综合审查指的是对经过初步审查的单个证据进行综合分析，将彼此一致、相互补充的证据结合起来，对相互矛盾的证据在比较证明力的基础上进行取舍，并对案件事实作出认定。

认证的基本方法，按照《证据规定》第 54 条规定，包括以下三点：

一是遵循法官职业道德。法官职业道德是指基于法官职业内在要求而对法官提出的在审判工作乃至生活当中应当遵循的道德准则。其核心在于法官必须基于理性和良知作出判断，排除一切利益诱惑和感情因素的干扰。法官如果不受职业道德的约束，别说二十几条认证规则，就是二百条也无法保证认证的正确性，因为再严密的规则在复杂的生活面前都会露出破绽，而这既是合理裁量的空间，同时也是上下其手的空间。

二是运用逻辑推理。逻辑推理是人类从已知领域出发探索未知领域的理性工具，借助这一工具，我们就可以在现有经验的基础上作出符合规律的新判断，甚至可以发现规律本身。逻辑推理有两种最基本的形式，即演绎推理和归纳推理。两种推理在认证当中都很常用。

三是运用生活经验。生活经验是一般大众所具有的经验，区别于少数群体具有的专门经验。生活经验在认证当中的作用至关重要。比如卫生监督部门以某单采血浆站采血前未依法进行体检为由对其作出处罚决定。该单采血浆站不服提起诉讼，并向法庭提供了体检记录以证明其进行了体检。法院经审查发现，原告在两天里共给近三百人抽血，而体检只有一名医生，体检时间总共不足五小时，平均一分多钟就体检一人。法院认为，如此之短的时间无法完成体检，据此认定被诉处罚决定正确。再比如，一起治安案件中，一方当事人的数名证人与其并非亲友，但是这些证言不仅内容一致，而且表述也完全一致，甚至连错别字都一样，法院认为证人证言的证明效力不仅没有因为数量多而得到强化，反而弱化。上述案件中，法院判断所依据的就是生活经验。当然，有时案件会涉及专门知识背景，需要借助专门经验，比如鉴定人出具的鉴定结论，但这些鉴定结论往往需要举证人或者鉴定人作出说明，使得法官凭借其生活经验就可以理解，只有这样，法官所作判决最终才能为大众所理解。

认证的基本目标，按照《证据规定》第 54 条规定，在于准确认定案件事实。这里的"准确"并非是哲学上意义的"准确"，而是在法律意义上的"准确"，也就是说，其并不具有绝对性，而具有相对性，仅就法庭掌握的证据而言。

二、证据关联性的判断

认证当中，法官首先需要做的就是判断证据的关联性，也就是说，需要确定证据材料与案件事实之间是否存在证明关系，如果有证明关系就是有关联性；没有证明关系就不具有关联性，这样的证据就应予以排除。比如，原告因考试作弊，其所在的大学未授予其学位，引起诉讼。原告向法院提供的证据中包括其在读期间的各种获奖证书，这些证据与被诉行为之间没有任何证明关系，与其考试是否作弊也没有任何证明关系，故此应予

排除。对关联性作出准确判断,以下三点至关重要:

一是要准确把握事物之间的内在联系。关联性蕴藏在不同事物之间的联系当中,而要判断这种联系,就要求法官必须具备丰富的生活经验。应当说,多数情况都可以根据生活经验甚至常识直接作出判断,即便是涉及专业背景时,借助于专业人士或者机构的帮助,法官仍然可以凭其生活经验加以正确理解并作出判断。比如,多人使用某饭馆的卤肉后出现食物中毒,经卫生部门取样检测,卤肉的大肠杆菌超标,并据此对饭馆作出处罚决定。但是医院对病人的诊断表明,致病菌为变形杆菌。尽管法官可能并不具备很多的医学知识,但凭其生活常识,应当能够意识到检测报告与医院诊断之间不一致表明,检测报告与案件事实之间的关联性需要进一步论证,而借助医学专家的帮助,法官就可以作出判断。

二是要正确解读相关法律条款。如果误读法条,不仅会影响法律适用,证据的关联性判断也可能误入歧途。比如,《房屋登记办法》关于房屋所有权初始登记的规定中,并未明确要求必须提交勘验报告。如果在房屋初始登记案件中,法官据此就认为勘验报告属于没有关联性的证据,就属于一个明显的误判。因为在《房屋登记办法》的另一处对房屋登记机构提出了如下要求:办理房屋所有权初始登记时必须实地查看。如果被告实地查看时进行了勘验,则勘验报告就可以用来证明其已尽审核职责,当然具有关联性。之所以出现这样的错误,归根结底就是因为断章取义、误读法条所致。

三是要全面掌握法律要件。在一起案件中,盗窃嫌疑人拒捕并袭警后逃跑,巡警警告无效后枪击致其受伤。伤者不服,以巡警违法用枪为由提起行政诉讼。被告就原告暴力袭警一事提供了证据,但未就警察生命安全是否受到威胁提供证据。原告就此提出异议,法院认为这一事实与用枪行为合法性无关,未予采纳。应当说,这是对证据关联性的误判,其根源在于对用枪行为的法律要件理解有误。《人民警察使用警械和武器条例》第9条第10项规定的用枪条件是"以暴力方法抗拒或者阻碍人民警察依法履行职责或者暴力袭击人民警察,危及人民警察生命安全",本案法官认为该条的意思是,两种情况下可以用枪:(1)以暴力方法抗拒或者阻碍人民警察依法履行职责;(2)暴力袭击人民警察,危及人民警察生命安全。本案盗窃嫌疑人有暴力抗拒执法的行为即已满足用枪条件,至于暴力抗拒执法是否威胁警察生命安全则可不问。通过句法分析即可揭示此解之谬。

需要注意,法条中的逗号非常重要,点在不同的位置,意义会有不同。逗号点在"或者暴力袭击人民警察"之前,则其解读可以接受;点在现在的位置,则"危及人民警察生命安全"就是要件之一。把握法律真义之要求,不仅针对法官,也针对行政官员,甚至对行政官员的要求还要更高。因为法官事后审查,可以在审理时查阅法律并作出解读;行政官员则必须在执法之前就已掌握法律真意,否则就可能在调查时遗漏有关联性的证据。

把相对人的违法都分为"一般违法"和"违法情节严重"两种情形,并规定轻重不同的处理方式,为大量行政管理法所采用。实践当中有一种常见的现象,有些行政机关不加区分,只要相对人存在违法行为,就对其作出较重的处理决定。在诉讼中,它们只能提供证明相对人违法的证据,却不能提供证明违法情节严重的证据。从法律上讲,行政机关将因遗漏关联性证据收集而付出败诉或者部分败诉的代价。不过有些案件中,被诉行政行为是在加强特定领域行政管理的背景下作出的,法院往往因此而忽略被告缺失关联证据的瑕疵。笔者认为,这种做法可救一时之急,但于法明显不合。当然,目前这还限于个案,但是正如千里之堤可以溃于蚁穴,如果听任这种做法成为习惯,则法治建设必将受到严重损害,我们对此必须保持足够的警惕。

证据如果不符合关联性标准,如何处理?按照《证据规定》第54条规定,法院可以直接排除,不必再分析其是否具有合法性和真实性。《证据规定》第62条第3项中关于鉴定结论"不明确或者内容不完整"的人民法院不予采纳的规定与该规定第54条一脉相承。

三、证据合法性的判断

对证据合法性的判断主要就看证据是否符合法定的形式要求以及取得方式及程序是否合法。目前,关于证据合法性的标准,法律上已经较为完善,主要有:《行政诉讼法》证据一章规定了七种证据类型以及某些违法证据不予采纳等要求,《证据规定》第10条至第21条对上述证据则提出了形式和方式上的要求。接下来有一个重要的问题需要明确,就是如果违反上述规定,对证据的效力有何不利影响?概括而言,主要有四种不利后果:

1. 不予采纳

主要有两种情况：

一是原告举证不予采纳。按照《证据规定》第 59 条规定，被告在行政程序中依照法定程序要求原告提供证据，原告依法应当提供而拒不提供，在诉讼程序中提供的证据，人民法院一般不予采纳。

二是被告举证不予采纳。按照《证据规定》第 62 条第 2 项规定，被告提交的鉴定结论，如果鉴定程序严重违法，人民法院不予采纳。需要注意，鉴定程序违法之所以严重，主要是因为鉴定结论的真实性大打折扣，无法令人相信。比如，卫生部门接到举报，某食品店用含有大烟的汤汁煮肉，遂派员取样检查。检测报告显示肉汤的确含有毒品成分，卫生部门据此作出处罚决定，引起诉讼。法院经查发现有三个问题，一是在采样收据单上仅有一名卫生监督员的签字。二是按照有关规范，应当给当事人申请复检的机会，而本案未给当事人机会。三是取样应当采三份样品，以备复检之用，而本案只采一份样品。

2. 不能作为证明被诉行政行为合法的证据

按照《证据规定》第 60 条和第 61 条规定，四种违法证据不得作为认定被诉具体行政行为合法的证据：一是被告及其诉讼代理人在作出具体行政行为后或者在诉讼程序中自行收集的证据；二是被告在行政程序中非法剥夺公民、法人或者其他组织依法享有的陈述、申辩或者听证权利所采用的证据；三是原告或者第三人在诉讼程序中提供的、被告在行政程序中未作为具体行政行为依据的证据。四是复议机关在复议程序中收集和补充的证据或者作出原具体行政行为的行政机关在复议程序中未向复议机关提交的证据。

需要注意，此类证据可以用来证明被诉行政行为违法，所以，此类证据并非绝对不可采纳。

3. 不能作为定案依据

按照《证据规定》第 57 条和第 58 条规定，下列违法的证据材料不能作为定案依据：

一是严重违反法定程序收集的证据材料。需要注意，这里不包括《证据规定》第 60 条和第 62 条第 2 项规定的情形。二是以偷拍、偷录、窃听等手段获取的侵害他人合法权益的证据材料。这里需要注意一点，并未排除偷拍、偷录、窃听等取证手段。三是以利诱、欺诈、胁迫、暴力等不正当手段获取的证据材料。四是无正当事由超出举证期限提供的证据材料。五是在中华人民共和国领域以外或者在中华人民共和国香港特别行政区、澳门特别行政区和台湾地区形成的未办理法定证明手续的证据材料。六是以违反法律禁止性规定或者侵犯他人合法权益的方法取得的证据。

4. 需要补强

所谓需要补强就是说，证据本身的证明效力不足，不能单独作为定案依据，只有在补充证据之后才有可能与其他证据一起作为定案依据。因为证据存在合法性瑕疵而导致证据需要补强的情形，按照《证据规定》第71条第3项规定，应当出庭作证而无正当理由不出庭作证的证人证言就属于需要补强的证据。

证据合法性存在的其他瑕疵，如果不会导致证明效力的丧失或者明显降低，则可以将其视为证据合法性的轻微瑕疵，而不认为构成证据违法。比如当事人提供的证人证言上未按《证据规定》第13条第1项的要求写明证人的年龄、职业或者住址。类似这样的瑕疵很常见，这些信息虽然对案件事实认定不具有决定作用，但有时可以提供有益的参考，比如证人的职业有时可以影响证言的可信度。因此，人民法院在告知举证责任时，把有关提供证据的要求一并告知或释明，就并非只具有形式意义。如果当事人提供的证据仍有不符合法律要求之处，如有必要，可以要求当事人补正。

四、暗访方式取证的合法性判断

这里还有一个值得讨论的问题：行政机关采取暗访方式取得的证据是否可以采纳？暗访作为一种取证方式，长期以来在行政处罚领域的应用非常普遍。2009年上海"钓鱼执法"事件①曝光，引起社会公众和舆论一边倒地群起而攻之。行政机关对此避之唯恐不及，暗访方式由于容易招致"钓鱼执法"的质疑，一时间拿不准能否继续运用，不少法院对此也是疑虑重重。笔者认为，不能否认，群情激奋当中有道德和正义的力量，但这

---

① 社会对"钓鱼执法问题"予以关注，起因于发生在上海的两起交通执法案件，以非法营运为由受到处罚的分别为孙中界和张军，其中，18岁的司机孙中界认为自己本是好心搭载"路人"，却被认定"非法营运"，遭遇"钓鱼式执法"，愤而断指自证清白，更是引燃了公众的情绪。

种力量受到惯性的趋势很容易失控，超出合理的限度，一个可行的方案最终应当出于理性。以一种实事求是的态度来考量，暗访方式取得的证据并非必然不可采纳。主要有如下三点理由：

第一，暗访与"钓鱼执法"存在着本质区别。暗访指的是不公开的调查方式，仅此而已。"钓鱼执法"又称警察圈套（entrapment），指的是当事人本无违法意图，在执法人员的引诱之下，才从事了违法活动。如执法人员假扮妓女引诱他人。也就是说，钓鱼执法令人诟病的并非是其秘密的调查方式，而在于引诱他人产生违法意图甚至从事违法行为。上海的"钓鱼执法"事件如果确实是利用司机的善意，在获得其帮助后给予酬劳，而司机始终没有从事违法营运的意图，则近似于栽赃陷害，性质更为恶劣。

第二，暗访方式在行政调查中的必要性不容忽视。不可否认，人有自私的一面。只要是自己认为重要的利益哪怕是违法利益，采取一切可行的措施加以维护，乃是人类与生俱来的天性。如果要求行政机关所有的调查都必须公开进行，在不少情况下都意味着给违法嫌疑人充分的时间和机会去编织谎言或者掩盖过错。如果行政调查无法获得有效的证据，就意味着违法行为将因此而逃避惩罚，低廉的违法成本将激发更多的效仿者，行政管理由此可能走向失序。因此，无论在行政执法还是在行政审判当中，对于暗访方式都不能一概排斥。当然，暗访的适用范围应当有所限制，公开调查应当是行政调查的基本原则，暗访只是补充性的例外。笔者认为，一般只能限于对那些社会危害性较大的违法行为才能适用。

第三，《行政处罚法》有关规定并不具有否定证据可采性的效力。《行政处罚法》第 37 条规定："行政机关在调查或者进行检查时，执法人员不得少于两人，并应当向当事人或者有关人员出示证件。当事人或者有关人员应当如实回答询问，并协助调查或者检查，不得阻挠。询问或者检查应当制作笔录。"有的同志认为，该条要求行政机关调查时，执法人员必须先出示证件。如果没有照此办理，其取证程序违法，证据不可采信。笔者对此不能苟同。行政机关公开调查是在当事人（可能就是原告）知情甚至是配合的情况下获得的证据，的确可以赋予较高证明效力；而暗访或者秘密调查与此相比，其证明效力存在差距，但并非全无效力。

当然，有两点需要强调：一是即便是采用暗访的方式，在暗访结束前，亦应向被调查人公开身份。比如卫生执法部门接到非法行医的举报后，派出两名调查人员前往暗访，其中一人扮为患者，另一人陪护，套取了违法行医的有关证据并秘密录像后，两人亮明身份，制作笔录，但违法嫌疑人拒绝在笔录上签字，秘密录像是否可以采纳由此就变成一个关键问题。由于调查人员在程序上基本到位，应当认为其获得的证据具有可采性。二是考虑到对暗访获得的证据与公开调查取证相比，毕竟是在被调查人对于其言行的法律后果缺乏认识的前提下获得的，客观上存在与实际情况不符的可能，故此，法院应当进行更为深入的审查，以甄别其可信程度及其他瑕疵。

五、证据真实性的判断可分为两个阶段

证据真实性的判断并非一蹴而就，而是不断深化的一个去伪存真的过程，大致可以分成以下两个阶段：一是单一判断，即针对特定证据本身的真实性作出判断。这一阶段的任务主要是发现证据瑕疵，排除真实性存在重大瑕疵的证据，其余的证据是否具有真实性仍无定论，或者说待证事实的存在具有一定的可能性，最终还须留待下一阶段审查后确定。二是综合判断，即通过不同证据之间的比较分析和结合分析来确定每个证据最终的真实性。

六、证据真实性瑕疵的不利后果

主要有如下三种不利后果：

1. 不予采纳

按照《证据规定》第 62 条第 1、3 项规定，被告提供的鉴定结论，如果存在鉴定人不具备鉴定资格，以及鉴定结论错误、不明确或者内容不完整等情形的，人民法院不予采纳。

2. 不能作为定案依据

按照《证据规定》第 57 条第 6 至 9 项规定，下列证据材料不能作为定案依据：一是当事人无正当理由拒不提供原件、原物，又无其他证据印证，且对方当事人不予认可的证据的复制件或者复制品。二是被当事人或者他人进行技术处理而无法辨明真伪的证据材料。三是不能正确表达意志的证人提供的证言。四是不具备合法性和真实性的其他证据材料。

3. 需要补强

按照《证据规定》第 71 条第 1 项、第 2 项及第 4 项至第 7 项之规定，以下六种证据需要经过补强后，才有可能作为定案依据：

一是未成年人所作的与其年龄和智力状况不相适应的证言。

二是与一方当事人有亲属关系或者其他密切关系的证人所作的对该当事人有利的证言，或者与一方当事人有不利关系的证人所作的对该当事人不利的证言。

三是难以识别是否经过修改的视听资料。这是因为视听资料虽然具有高度的准确性、逼真性和动态的直观性，但极易伪造、篡改，而一旦被伪造、篡改，不借助科学技术手段往往难以甄别。因此，视听资料的证明效力低于物证、勘验笔录和鉴定结论。如果存有疑点且没有其他证据印证，视听资料不能作为单独认定案件事实的根据。

四是无法与原件、原物核对的复制件或者复制品。

五是经一方当事人或者他人改动，对方当事人不予认可的证据材料。

六是其他不能单独作为定案依据的证据材料。比如，当事人提供的用以证明其对争议土地享有权利的土地使用证上只有国土部门的公章，而未加盖当地人民政府土地登记专用章，存在形式瑕疵，此时就有必要结合登记档案，如果登记簿上的记载能够印证，就可以连同查询情况一起作为定案依据。再比如，死于车祸的一名男青年由于颅脑受到重创，难以辨认，造成两家争抢认领，一家主妇称是其 37 岁的丈夫，另一家的父母称是其 29 岁的儿子，公安机关对死者做了趾骨鉴定，结论是死者年龄约为 24 岁，据此作出决定，死者与两家都无关系，系无主尸体，继续冷冻没有意义，下令火化，引起诉讼。法院经审理认为，尽管趾骨鉴定年龄是客观公正的，但由于每个人生长发育情况和生理状态各不相同，以及鉴定结论本身就允许有误差，故此鉴定只能确定人的一定年龄范围，没有绝对的排他性，仅凭该鉴定来认定无主尸体显得证据不足。[①]

需要注意一点，补强证据并非是完全自由的，而应受到一定限制。比如，被告提供的证据如果需要补强，其通常只能提供其作出具体行政行为之前就已取得的证据，而不能提供事后收集的证据。

[①]　参见张树义主编：《行政诉讼证据判例与理论分析》，271～273 页，北京，法律出版社，2002。

七、单一判断

在证据逐一审查阶段，按照《证据规定》第 56 条规定，法官应当从以下几个方面审查证据的真实性：

一是证据形成的原因。不同的原因对于证据真实性可以起到不同的作用，有的可以强化，有的可以弱化。

二是发现证据时的客观环境。同样的证据处在不同环境中，其真实性也可能发生很大的变化。比如大量的医用垃圾，如果卫生执法人员在被举报人的营业场所里发现，则以其证明非法行医行为，可信度很高；如果在营业场所门旁垃圾箱发现，则可信度会相应降低，需要其他证据补强；如果在物业小区的垃圾箱里发现，则出现了关联性的真空，即医用垃圾出自被举报人，如果用该证据来证明其非法行医，则需要能够弥补关联性真空的证据。

三是证据是否为原件、原物以及复印件、复制品是否与原件、原物相符。原件、原物具有更高的真实性，这一点很好理解，不复赘言。

四是证人与当事人的关系以及证人是否具备相应的行为能力。利益关系或者感情关系会使人预先产生立场，对于证人而言，其与当事人之间的关系会影响其证言的客观性。而证人对案件事实的理解能力和表达能力则会影响其证言的准确性。因此这两种因素在证据真实性分析当中也是经常需要考虑的因素。

五是是否存在影响证据真实性的其他因素。可以说影响证据真实性的因素是无穷无尽的，很多都无法类型化，需要法官结合案件具体情况去发现并运用。比如，某甲建设的房屋与其原来建设规划许可证最初批准的位置不同，相邻权人向建设部门举报要求查处。建设部门经查发现建筑许可证上的批建位置做了涂改，再查管理档案，发现存根上也做了改动。经再查，又发现当时原告曾到被告处查询，并请求改动建设位置，遂据此认定原告私自涂改，并作出处理决定，注销建设规划许可证。此间原告死亡，其近亲属提起诉讼。管理档案上的涂改是否原告所为，由于原告死亡而无法鉴定。在此情况下，法院考虑到被告对档案管理负有职责，据此认定原告涂改证据不足。

八、综合判断

综合判断包括比较分析和结合分析两种方法。比较分析主要体现为证据与反证之间的证明效力的比较，在比较中落败的证据将遭到淘汰。《证据规定》第 63 条规定的最佳证据规则就是比较分析的基本规则。结合分析的要点在于寻找证据之间以及证据与诉讼行为之间的一致性或者补充性，使对于待证事实的证明效力最大化。《证据规定》第 65 条至第 67 条规定的自认规则就是结合分析的一种体现。

九、最佳证据规则

《证据规定》第 63 条列举了如下九种情形：第一，国家机关以及其他职能部门依职权制作的公文文书优于其他书证。第二，鉴定结论、现场笔录、勘验笔录、档案材料以及经过公证或者登记的书证优于其他书证、视听资料和证人证言。第三，原件、原物优于复制件、复制品。第四，法定鉴定部门的鉴定结论优于其他鉴定部门的鉴定结论。第五，法庭主持勘验所制作的勘验笔录优于其他部门主持勘验所制作的勘验笔录。第六，原始证据优于传来证据。第七，其他证人证言优于与当事人有亲属关系或者其他密切关系的证人提供的对该当事人有利的证言。第八，出庭作证的证人证言优于未出庭作证的证人证言。第九，数个种类不同、内容一致的证据优于一个孤立的证据。关于上述第三项中的原件、原物，《证据规定》第 64 条规定："以有形载体固定或者显示的电子数据交换、电子邮件以及其他数据资料，其制作情况和真实性经对方当事人确认，或者以公证等其他有效方式予以证明的，与原件具有同等的证明效力。"

笔者认为，最佳证据规则主要是用来解决各方当事人提供的证据之间不一致的问题。在各方提供的证据不一致时，就需要取舍。比如在交通事故引起的行政案件中，甲方有证人称看到乙方车辆违反交通规则的行为造成事故，而勘验笔录则表明恰是甲方的违规行为造成事故。两个证据不可能同时为真，所以客观上就需要至少排除其中一个证据（个别情况下也有可能两个证据都被排除）。而取舍证据的标准，则非最佳证据规则莫属。

如果证据之间彼此一致，这种证明效力的比较就没有什么意义。这一原则适用的一个重要前提是：最佳证据本身没有重大瑕疵。如果最佳证据本身存在重大瑕疵，则其证明力必然会降低甚至丧失，如果是这样，则证据比较很可能是没有意义的。笔者认为，法官在适用最佳证据规则之前，至少需要确认最佳证据不存在以下几个方面的瑕疵：

第一，形式瑕疵。证据不符合法定形式要求，可能会降低证明力，甚至使证明力完全消失。比如在一起案件中，缉私部门对涉嫌走私的相对人作出了处罚决定，相对人不服提起诉讼。缉私部门向法院提交了其制作的现场笔录，笔录中，相对人对走私事实供认不讳。但相对人提出缉私部门没有管辖权，因为其截获船只的地点是公海。经核对缉私部门的现场笔录，地点一栏为空，不符合《证据规定》第15条①关于被告向人民法院提供的现场笔录，应当载明地点之要求。尽管缉私部门的现场笔录与相对人的陈述相比，本属优势证据，但此形式瑕疵足以使其在管辖权事实方面的证明力归零，从而使两造证据优劣之势完全逆转。

第二，方法瑕疵。比如拆迁行政部门对被拆除的房屋内的物品进行了证据保全，并进行了公证，但是诉讼中其提供的现场笔录及物品清单显示，只是清点了大件，对于零散物品却未进行清点。原告提出其在衣柜抽屉中存有黄金首饰等贵重物品若干。经查验，抽屉中的确有这些物品，但数量少于原告主张。就双方证据比较而言，被告的现场笔录和物品清单都经过了公证，其证明效力本来远远高于原告陈述，但由于被告清点物品过程中存在明显疏忽，致使其证明效力大大折损。

第三，方式瑕疵。比如，技术监督部门以某公司生产的纯净水微生物超标为由对其作出处罚决定，引起诉讼。被告提供了检测报告，但原告认为纯净水的质量没有问题，问题出在被告的取样方法上，当时被告工作人员并非在纯净水包装容器内真空取水，而是直接到饮水机上接水，因此检测结果不能说明到底是水本身的质量问题还是受到了饮水机的污染。法院

---

① 《证据规定》第15条规定："根据行政诉讼法第三十一条第一款第（七）项的规定，被告向人民法院提供的现场笔录，应当载明时间、地点和事件等内容，并由执法人员和当事人签名。当事人拒绝签名或者不能签名的，应当注明原因。有其他人在现场的，可由其他人签名。法律、法规和规章对现场笔录的制作形式另有规定的，从其规定。"

最终以处罚决定主要证据不足为由判决予以撤销。①

　　第四，能力瑕疵。以证人证言为例。无行为能力人不具备作证的能力，限制行为能力的人只具备提供与其能力相应证言的能力。除此之外，还需要注意证人是否具备与特定案件事实有关的特定能力。比如一起交通事故当中，目击证人称看见甲车闯红灯与乙车追尾，乙车搭车人予以否认，目击证人与两车车主没有利害关系，乙车搭车人则是乙车车主的近亲属。原本目击证人的证言是最佳证据，但此人却是色盲，这一点可能使其证言优势不再。

　　第五，明确性瑕疵。在一起卫生执法案件中，卫生部门依据现场笔录和证据登记保存清单，对涉嫌非法行医者作出了处罚决定，引起诉讼。原告诉称，卫生部门扣押的医疗器械和药品并非是用来行医的，而是自用。卫生部门称当时现场查获的医疗器械和药品数量很大，不可能是自用，但是在其登记保存清单上并未填写数量。在一起山林确权案件中，争议的一方提供了山林权证，这原本是最佳证据，但其记载的四至却填写不够清楚，在有争议的西至方向上记载为"西至大石头"，争议发生时，大石头已经不复存在。

　　第六，科学性瑕疵。在涉及专业背景尤其是涉及鉴定结论时，需要特别注意是否存在科学性方面的瑕疵。在一起案件中，一名犯罪嫌疑人死于看守所。法医鉴定结论为心脏病死亡。其后，公安机关通知家属火化尸体。在火化之前，家属发现尸体大腿内侧有大量的淤伤和皮外伤，遂拍下照片保存，并在火化尸体之后，提起行政诉讼。法官在审理当中发现鉴定结论运用的是尸表检验方法，倍感疑虑，遂向医学专家咨询。专家指出，就心脏病死亡结论来讲，通常采取解剖方法，尸表检验的可靠性较低。按照最佳证据规则，被告的法医鉴定结论本来优于原告提供的照片，由于鉴定方法不当，使得鉴定结论在科学性上存在重大瑕疵，故此证据优劣之势立即逆转。

　　最佳证据规则并非绝对真理，如果把它当作数学公式一般去运用，可能会带来不合理的结果。比如一起交通事故引发的案件中，被告作出的勘验笔录认定原告甲某在某路口违章驾车，撞伤驾车的乙某，据此对甲某作

---

　　① 参见株洲市深州纯净水有限责任公司因诉株洲市卫生局公告行为及行政赔偿侵权案，湖南省高级人民法院（2003）湘行再终字第6号行政判决书。

出拘留 15 天的处罚决定。甲某不服提起诉讼，并提供了一份录像带，其中显示，是乙某违章驾车撞了甲某的车。该录像系路边楼房一位居民无意间拍摄。按照最佳证据规则，勘验笔录的证明效力高于视听资料，但直接据此判决维持处罚决定显然过于武断。在此情况下，法院不应急于作出判断，而应进一步检视勘验笔录是否更为可信，是否在客观性或者科学性等方面存在瑕疵，必要时可以听取有关专家或者专业机构的意见。再比如，证人出庭作证所作的证言，与其在被告对其进行调查时候提供的证言不一致，是否一律以出庭作证的证言为最佳证言，而对被告调查取得的证言一律不予采纳？这样的问题没有标准答案，因为对这种情况，需要法院探究证人改变证言的原因，以及被告调查取证是否存在误导、胁迫等情形，这些因素是可变的，这就意味着答案也不可能是唯一的。

十、自认规则

自认指的是当事人对另一方当事人陈述的事实或者提供的证据明确表示认可，人民法院可以直接认定案件事实或者认定特定证据的证明效力的情形。从《证据规定》第 65 条和第 67 条规定看，自认具有如下特征：第一，自认本身是一种证据，如果归类的话，可以归入当事人陈述。第二，另一方当事人提供的证据的证明效力因本方自认得以加强，因此，人民法院可以直接认定案件事实或者证据的证明效力。第三，自认的对象有两种：一是对另一方当事人陈述的事实的认可；二是对另一方当事人提供的证据的认可。而另一方当事人的陈述或者提供证据既可能对本方不利，也可能有利。第四，另一方当事人陈述的事实或者提供的证据本身不存在重大瑕疵。就陈述的事实而言，应无明显的错误，且现有的相反证据不足以推翻之。就提供的证据而言，则须审查自认是否与其他证据一致，如果存在明显矛盾，还要看能否消除。

关于对另一方当事人陈述事实的认可。《证据规定》第 65 条规定："在庭审中，一方当事人或者其代理人在代理权限范围内对另一方当事人陈述的案件事实明确表示认可的，人民法院可以对该事实予以认定。但有相反证据足以推翻的除外。"关于例外情形，《证据规定》第 66 条规定："在行政赔偿诉讼中，人民法院主持调解时当事人为达成调解协议而对案件事实的认可，不得在其后的诉讼中作为对其不利的证据。"关于对另一方当事人提供的证据的认可。《证据规定》第 67 条规定："在不受外力影响的情况下，一方当事人提供的证据，对方当事人明确表示认可的，可以认定该证据的证明效力。"由以上规定可知，两者存在的区别在于，对另一方当事人陈述的认可必须要在庭审当中以陈述的方式作出，而对另一方当事人提供的证据的认可则不限于庭审过程中，在整个诉讼过程中作出的口头或者书面的认可都是有效的。

自认规则在适用当中有三个问题比较常见：

第一，如上所述，《证据规定》只规定了诉讼过程中的自认，对诉讼程序之外的自认，如何看待其效力？笔者认为，诉讼程序外的自认多出现在行政调查程序当中，考虑到行政程序与司法程序同具公法属性，可以类推适用《证据规定》上自认规则；但是考虑到行政机关与法院的地位相比，中立性较差，故此法院应当做到以下两点：首先，应当对自认严格把握。比如在一起案件中，被告对原告作出收回土地使用权决定时，未同时处理地上物。后来被告再次出让土地时连同地上物一并处分。原告就该处分行为起诉时，被告认为已经超过起诉期限，其提供的证据中有一份原告在 2 年前给当地政府写的报告。其中载有"据悉，政府有关部门已将地上物卖给港商"的内容，被告据此原告自认其当时知悉处分行为内容，自当时至起诉前已超过 2 年。法院认为，自认必须是一种明确认可，尤其是本案诉权涉及原告重大利益，更应严格把握。鉴于"有明确的被告"是行政诉讼法规定的起诉条件之一，原告如果不知道作出行为的具体部门，则起诉存在根本性的障碍，故应认为作出行为的机关名称应为行政行为的主要内容。原告报告只提到有关部门，并未指出哪个部门，故不应认为原告报告为明确认可，即原告并未自认。其次，法院对诉讼外的自认所进行的审查应当比通常的自认更为深入，尤其需要确信行政调查中的自认并非出于胁迫或者某种压力之下。

第二，自认能否反悔？笔者认为，《证据规定》未就此作出规定，可以参照《最高人民法院关于民事诉讼证据的若干规定》第 74 条规定，看当事人在反悔的同时能否提供足以推翻自认的证据。提供的证据足以推翻自认的，反悔可以成立；不能推翻自认或者不能提供任何证据的，反悔不能成立。

第三，被告主张被诉具体行政行为合法，但未提供充分的证据或者未提供任何证据，但原告提供的证据恰恰能够证明，是否可以免除被告的举证责任？笔者认为，不能免除被告的举证责任，原告的证据不能作为认定被诉具体行政行为合法的证据，但可以作为认定其诉讼请求不能成立的证据。

十一、司法认知和事实推定

法院无须借助证据或者足够的证据就直接认定事实的两种情形分别为司法认知和事实推定。

司法认知（Judicial notice）作为一种审判技术由来已久，在"显著的事实无须举证"这一古老的法修当中可以找到思想根源。所谓司法认知，指的是法官在审理案件的过程中，对于某种待认定的事实存在与否或其真实性，无须凭借任何证据，不待当事人举证即可予以认知，作为判决的依据。司法认知具有如下几个特点：第一，司法认知既可避免法院作出背离常理的裁判，又可保证有限的司法资源用于解决真正的争议，减少司法成本。第二，对于法官而言，认知既是一种权力，更是职责。在特定情况下，应予认知而不认知即属未尽职责。第三，对于当事人而言，认知意味着免除举证责任一方的举证负担，增加相对方的举证负担。第四，认知的对象范围各国并不统一，比如有的国家把法律规范也纳入认知的范围，有的则将之排除在认知范围之外，体现了各国法律文化的差异性。我国行政诉讼上的司法认知主要规定在《证据规定》第68条和第70条，其主要内容有：

第一，可认知的事实范围。法律规范不属于认知范围，具体包括以下六项：众所周知的事实、自然规律及定理、按照法律规定推定的事实、已经依法证明的事实、根据日常生活经验法则推定的事实、生效的人民法院裁判文书确认的事实。

第二，对方当事人应有辩驳机会。除了自然规律及定理之外，其余的事实均可辩驳，因此应当给对方当事人举证反驳的机会。其中，对于生效的人民法院裁判文书确认的事实，如果对方当事人举证能够证明其存在重大问题的，应当启动审判监督程序，中止本案审理，待审判监督纠正错误的事实认定之后，再恢复审理。其余四项内容，如果对方当事人举证可以推翻司法认知，则司法认知不成立，本方当事人的举证责任亦不可免除。

第三，法院享有较大的裁量权。司法解释在给法庭授权时，衔接词用的是"可以"而非"应当"，表明了法院享有的裁量权。而裁量不仅体现在哪些事实可以直接认定的问题上，也包括对方当事人提供的反证是否"足以"推翻认知等问题。

事实推定是基于两种事实之间的因果联系或者密切的条件关系而作出的推断，其模式为：如果原因（条件）事实存在，则结果事实成立。事实推定是建立在生活经验的基础上，因为两种事实之间的原因关系或者密切的条件关系就是通过生活经验才能观察并予以认识。需要注意，这种生活经验并非个体的个别经验，而是社会共同的生活经验。事实推定与司法认知的区别在于，司法认知不需要任何证据就可以认定事实。事实推定则需要一定的证据，至少原因（条件）事实就需要证明加以证明。我国行政诉讼上的事实推定主要有三种情形：

第一，基于举证责任的事实推定。如果负有举证责任的一方未尽举证责任，则法庭一般情况下应当按照现状作出事实推定。

第二，基于妨碍举证行为的事实推定。按照《证据规定》第69条规定，原告确有证据证明被告持有的证据对原告有利，被告无正当事由拒不提供的，可以推定原告的主张成立。也就是说，原告已经在其举证能力的范围内尽了举证责任，此时被告负有推进责任即提交其持有的证据的责任。而被告拒不提交，则应承担不尽责任的不利后果。这与举证责任理论一脉相承。

第三，基于合理性因素的事实推定。实践当中，具有因果关系或者密切条件关系的事实组合绝不限于以上两种情形，因此，事实推定具有普遍存在的基础。当然，由于法律不可能一一列举并详加规范，推定很容易被滥用，因此，有必要强调合理性原则的内在约束。再者，程序上保障当事人充分行使辩驳权也是非常必要的。

十二、证明标准

经过上述的证据取舍和证明力评估（有时还包括司法认知）之后，法官对于案件事实将形成内心确信，但这种确信在不同的案件中会有程度的区别，这就提出了一个证明标准的问题。在理论上有三种不同的证明标准：第一，排除合理怀疑。法官对于案件事实的内心确信要达到坚信不疑的程度，也就是说，即便有人提出质疑，这种质疑也不具有任何合理性，不值一驳。如果量化，案件事实存在的可能性为100％。第二，优势证明标准。法官对于案件事实的确信程度至少要超过半信半疑的程度，日常生活当中，人们推测一件事情时经常讲的"多半如此"，就是优势证明标准的通俗表述。如果量化，案件事实存在的可能性只要超过50％即可。第三，清楚而有说服力。介于上述两种证明标准之间，法官对于案件事实的确信要达到较高的程度，人们推测一件事情时经常讲的"八成如此"，就是清楚而有说服力标准的通俗表述。

　　法律上可以作为证明标准的是《行政诉讼法》第54条规定的"证据确凿"，但何谓"证据确凿"，没有具体标准。起草《证据规定》时，草案本就证明标准设有专条，但审委会讨论最终未予采纳，主要理由是相关理论研究不够成熟，提出的标准过于抽象，难以操作。[①] 不过，从未有人否定问题的价值，可以说，这是实践中最为令人感到困扰的一个地方。《证据规定》出台以来，审判实践对证明标准的探索一直没有停止，目前的通说是：行政诉讼采用清楚而有说服力的证明标准，在行政裁决及其涉及较小利益的行政行为当中可以适用优势证明标准，在涉及重大利益的行政行为当中应当适用排除合理怀疑的标准。笔者原则同意通说，但有如下几点补充意见：

　　第一，清楚而有说服力的证明标准并非固定不变，而具有浮动性，浮动的底线是优势证明标准，上限是排除合理怀疑。

　　第二，个案中证明标准的具体化是法官自由裁量的过程，法官应当考虑合理的因素来选择确定。

　　第三，合理因素的考量往往体现为利益衡量的过程。从行政行为自身的正当性来看，证明标准越高越好，但是以系统论的观点来看，证明标准越高意味着成本越高，而且达到一定程度之后，与事实存在可能性的增加相对应的行政成本的增加并非对称，而是线性增加，过高的证明标准意味着难以承受的高成本甚至是行政的崩溃。比如要求对违反交通规则的轻微违法行为一律适用排除合理怀疑的标准，实际上就意味着交通违规的风险超低，仅此一点就足以造成交通秩序的混乱。因此，法官在选择证明标准

---

　　① 参见李国光主编：《最高人民法院〈关于行政诉讼证据若干问题的规定〉释义与适用》，190页，北京，人民法院出版社，2002。

时，能够准确把握现象后面的利益关系背景并进行合理的取舍，是合理裁量的关键。

第四，预测性事实属于例外情形，适用更低的证明标准。比如某些强制措施，只要相对人有一定的违法可能（如果量化甚至可能只是 10%），就可以采取。

第七章 法律规范的寻找和选择

　　按照《行政诉讼法》第 54 条第 1 项和第 2 项第 2 目的规定，行政机关适用法律规范是否正确，是人民法院审查被诉行政行为合法性的一个重要方面。在审理行政案件过程中，人民法院本身也有一个适用法律作出裁判的过程，适用法律是否正确也是评价裁判活动（尤其在二审、再审当中）的一个重要标准。按照结构分析的方法，德国将法律适用的过程概括为涵摄方法，其实就是我们熟悉的演绎方法：首先要明确法律的大前提，其次将事实代入其中，最后得出结论。这不过是一种简单的描述，实际的法律适用过程要更为复杂，法律规范的理解与对事实的认定过程很难截然分开，经常要经历以法律规范来试着评价事实，再从事实角度来反思对法律规范的最初理解是否适当，并结合经验、逻辑加以调整，这样的过程甚至可能要经过多轮的循环往复。在此过程中，法律的适用通常要经历三个阶段：寻找、解释和选择。所谓寻找是指寻找调整本案的所有法律规范。解释是指通过解释方法的运用使得法律规范的疑义得以澄清或者使其含义得以明确。选择是指在法律规范出现不一致时如何选择适用的规则。法官是法律的守护者，又被称为"会说话的法律"，适用法律的能力是其司法能力中最核心的部分。而在审判工作中，法律适用也是难题最多、最容易出错的一个领域。2004 年，最高人民法院颁布了《关于审理行政案件适用法律问题的座谈会纪要》（以下简称《纪要》），提出一系列法律适用规则，以更好地指导审判实践。出于篇幅的考虑，本部分先谈法律的寻找和选择，法律解释在后面专章讨论。

第一节　法律规范的寻找

无论在理论上还是在实践中，法律规范的寻找，或者说"找法"，从来都不是一个引人注目的问题。在人们的印象当中，它似乎没有多少技术含量，甚至严格地说，连脑力活动都算不上。这种轻视态度带来的问题就是，有些行政行为或者案件裁判出现的适用法律错误，追根溯源就是因为在找法时遗漏了应当适用的法律规范。仔细观察，在很多结果正确的行政行为或者裁判当中也不同程度地存在遗漏法律规范的情形，之所以没有造成错误，可能因为后续环节尤其是解释法律的环节弥补了瑕疵，也可能因为被遗漏的规范不具有重要性，甚至可能仅仅因为运气好。找法是法律适用的基础工作，这一环节的工作质量如何，在很大程度上决定了法律适用的方向正确性。要做到这一点，就不能不关注其方法和路径的问题。

一、找法的基本目标和要求

只有先明确了目标，才能在路径选择上避免盲目性。笔者认为，找法的基本目标其实就是一点：全面找法。找法方面的错误主要是找法不全面，造成法律适用的错误或者为错误留下隐患。所谓"全面"，有如下几点含义：

第一，要注意法律条文之间的内在联系。一个行政行为或者一起行政案件的审理往往涉及多个法律条文，这些条文可能在同一部法律规范当中，也可能在不同的法律规范当中，如果不注意法条之间的内在联系，就中断了继续找法的线索。

第二，既要注意上位法，也不能忽视下位法。在一起案件中，两位同事夫妇在家里饭后打牌，约定了小额的彩头。巡警发现后，将四人带到公安局询问。四人虽然承认有现金输赢，但辩解只是娱乐而已，但公安局仍以赌博对他们作出了罚款若干的处罚决定。该决定引用的法律条款是《治安管理处罚条例》第 32 条规定，而该条规定仅仅是说有赌博行为的，"处十五日以下拘留，可以单处或者并处三千元以下罚款"，并未对赌博作出进一步的界定。而从情理上，本案情形是否属之是有解释空间的。诉讼后，法院以适用法律错误为由撤销了处罚决定，具体讲就是遗漏了应当适用的法律规范。公安部公发〔1990〕9 号《关于严格依法办事、执行政策，深入开展除"六害"斗争的通知》规定："对于家庭成员、亲朋之间娱乐中带有彩头（少量输赢）的活动，可不以赌博追究，应通过宣传教育加以引导。"

按照行政诉讼法的规定，法律、法规是行政审判的依据，规章则为参照，规章以下的规范性文件更是没有提及。如何理解"参照"规章？如何对待规章以下的规范性文件？这些问题令不少法官产生了模糊认识，甚至一度出现轻视规章及其以下规范性文件的倾向。从立法本意讲，"参照"有两层含义：一是较深程度的审查。为了维护法律的位阶秩序，法院在遇到下位法时，必须要进行可适用性的审查，尤其要看是否与上位法抵触。规章是法律渊源中最低级别的法，法院对其应当进行程度较深的审查。①二是一分为二的态度。如果规章因存在法律冲突而不具有可适用性，则应放弃；但是如果具有可适用性，则应当优先适用。因为跟上位法相比，下位法更具体，更有操作性，也更管用。上述思想对于规章以下的规范性文件也是有效的。所以，2000 年的司法解释专门对此加以明确，《若干解释》第 62 条规定："人民法院审理行政案件，可以在裁判文书中引用合法有效的规章及其他规范性文件。"2004 年的《纪要》又进一步作出如下说明："行政审判实践中，经常涉及有关部门为指导法律执行或者实施行政措施而作出的具体应用解释和制定的其他规范性文件，主要是：国务院部门以及省、市、自治区和较大的市的人民政府或其主管部门对于具体应用法律、法规或规章作出的解释；县级以上人民政府及其主管部门制定发布的具有普遍约束力的决定、命令或其他规范性文件。行政机关往往将这些具体应用解释和其他规范性文件作为具体行政行为的直接依据。这些具体

---

① 规章立法有部门立法和地方立法两种形态，优势是贴近实践，可操作性强，劣势是容易为局部利益左右。

应用解释和规范性文件不是正式的法律渊源，对人民法院不具有法律规范意义上的约束力。但是，人民法院经审查认为被诉具体行政行为依据的具体应用解释和其他规范性文件合法、有效并合理、适当的，在认定被诉具体行政行为合法性时应承认其效力；人民法院可以在裁判理由中对具体应用解释和其他规范性文件是否合法、有效、合理或适当进行评述。"

　　第三，既要找到完整法条，也不能遗漏不完整法条。完整法条是指逻辑结构完整的法条；不完整法条就是逻辑结构不完整的法条。而完整的逻辑结构至少由两个部分组成：法定事实构成要件和法律后果。也就是说，完整法条在形式上要具备法定事实要件和法律后果两个部分。要么是一个正面的行为或者事实会带来什么积极效果。比如《个体工商户登记管理办法》第 18 条规定："登记机关收到申请人提交的登记申请后，对于申请材料齐全、符合法定形式的，应当受理。"其中"申请材料齐全并符合法定形式"是一个正面的事实，登记机构"应当受理"则是一个积极效果。要么是一个负面的行为或者事实会带来什么消极后果。比如《个体工商登记管理办法》第 28 条第 2 款规定："申请人以欺骗、贿赂等不正当手段取得个体工商户登记的，应当予以撤销。"其中"以欺骗、贿赂等不正当手段取得个体工商户登记"是一个负面行为，"撤销"登记则是一个消极后果。不完整法条则会缺失某个部分，要么是用来详细规定完全法条的构成要件、构成要件要素或法律效果，要么则将特定案件类型排除于另一法条的适用范围之外，借此限制起初适用范围界定过宽的法条，要么就是就构成要件，或就法律效果的部分，指示参照另一法条。因此，不完整法条又可分为说明性的法条、限制性的法条以及指示参照性的法条以及作为指示参照的法定拟制四种类型。[①] 一般来说，寻找完整法条相对容易，而不完整法条由于常常与完整法条并不相连，甚至不在同一部法律规范当中，因此很容易遗漏。而遗漏不完整法条的后果往往不能用"瑕疵"来一言以蔽之，尤其在不完整法条对完整法条的文义作出重大修正或者对适用范围作出重大调整的情况下，不完整法条的重要性与完整法条相比，可以说是有过之而无不及。

　　在找法的环节上，还有如下两个最基本的要求：

---

　　① 参见［德］卡尔·拉伦茨著，陈爱娥译：《法学方法论》，132～144 页，北京，商务印书馆，2003。

第一，准确。这是找法的最起码的要求，必须在一部部法律典籍当中，准确无误地找到与案件事实有关的法条。做不到这一点，正确适用法律就是一句空话。随着法治的不断进步，法律日益健全并成为越来越庞大复杂的一套规范体系，与特定案件有关的法条显得越来越像藏在大海里的一根针，准确地找法也就随之越来越不容易。

第二，及时。无论是行政执法还是行政审判，都要求具有一定的效率。在实际工作中，一般不允许在找法环节上花费很多的时间，这就要求找法者对于找法的方法和路径非常熟悉。

二、体系观点是找法的指南

非专业人员遇到问题需要找法时，常常需要花费更多的时间、精力，而且找到的规范也未必准确、全面。之所以如此，要么是因为他没有把法律当作一个体系来看待，而只是一堆零散法条的堆砌，要么就是对法律体系的结构和内容不熟悉。法律是一个体系，而之所以被称为体系，就是因为它具有一定的框架结构，其各个部分以及各部分当中的内容直至各个法条之间都具有某种联系。要做到全面、准确、及时地找法，关键就是要有一种体系论的观点，并且准确地掌握法律体系的结构以及内在联系。只有如此，找法者的头脑中才有一张精确的路线图，也才能在法律迷宫中不至于歧路亡羊，失去方向。

1. 法律的总体框架

按照法律的调整对象，可以对法律作出如下几种分类：

第一，部门法。宪法是国家的根本大法，众法之源，也是部门法的渊源。在它之下，有规范国家机关组织活动的法，比如《地方人民代表大会和地方人民政府组织法》、《人民法院组织法》等。有规范立法活动的法，比如《立法法》。有规范司法活动的法，比如《刑事诉讼法》、《民事诉讼法》和《行政诉讼法》。有规范行政管理活动的法，调整的范围包括所有的行政管理领域，实际上我国的法律超过 90% 都可归入此类，根据不同的行政管理领域，可以再做进一步的划分。还有直接规范公民、法人或者其他组织行为的法律，比如《民法通则》、《刑法》。

第二，行为法。即专门调整某种行为（主要是民事行为、行政行为）的法律。比如《招标投标法》、《行政处罚法》、《行政许可法》、《行政强制法》等。

第三，责任法。在具体的部门法和行为法中往往有零散的责任条款，除此之外，还有专门就某一类法律责任加以规范的法律，比如《侵权责任法》、《国家赔偿法》等。

按照法律的位阶秩序，法律包括由高到低的如下几类规范形式：

第一，宪法。全国人民代表大会按照最严格的立法程序制定的法律规范，是国家政治生活和社会生活的根本大法，具有最高的法律效力。

第二，法律。分为基本法律和其他法律。全国人民代表大会制定基本法律，包括刑法、民法以及三大诉讼法等。全国人民代表大会常务委员会制定其他法律。

第三，行政法规。国务院按照《立法法》规定的程序，根据宪法和法律制定的法律规范。

第四，地方性法规。省级人民代表大会或者享有立法权的较大市人民代表大会在不同宪法、法律和行政法规等上位法抵触的前提下，制定的法律规范。

第五，自治条例和单行条例。民族自治地方的人民代表大会有权依照当地民族的政治、经济和文化的特点，制定自治条例和单行条例。自治条例和单行条例可以依照当地民族的特点，对法律和行政法规的规定作出变通规定，但不得违背法律或者行政法规的基本原则。

第六，规章。规章有两种：一是部委规章，即国务院各部、委员会、中国人民银行、审计署和具有行政管理职能的直属机构，根据法律和国务院的行政法规、决定、命令制定的法律规范。二是地方政府规章。包括省级人民政府制定的规章和享有立法权的较大市人民政府制定的规章。

此外还有两个问题立法上不够明确：一是省级地方性法规和部委规章之间的法律效力高低问题。《立法法》并未作出明确规定，一般认为两者并无高低之分。二是司法解释是否属于法律渊源及其法律位阶问题。通说认为属于法律渊源。至于其位阶尚无权威观点，笔者认为应当高于规章，与行政法规类似。

2. 法律规范的内部结构

一部法律规范往往具有一定的结构，尤其是法条较多的法律规范，一般都分为编、章、节、条、款、项、目。其中每一编、章、节都附有标题，对所属部分的内容作出概括，所以标题就如同路标一样，具有重要的提示意义，这是找法者必须高度注意的部分。比如某企业的保管员保管的炸药被盗，其害怕职业前途受影响，隐瞒不报，被单位发现并向公安机关报告。公安机关对这种行为如何定性？首先就要找法。以法律的总体框架结构为线索，可以找到《治安管理处罚法》。该法共有119条，分为六章，分别为总则、处罚的种类和适用、违反治安管理的行为和处罚、处罚程序、执行监督和附则。其中涉及定性问题的只有第三章"违反治安管理的行为和处罚"，下面有四节，所针对的违法行为分别为"扰乱公共秩序的行为"、"危害公共安全的行为"、"侵犯人身权利、财产权利的行为"、"妨碍社会管理的行为"。其中最为合适的就是"危害公共安全的行为"，在该节下就可以找到第31条可以适用。①

3. 法条之间的内在联系

这里需要引入规整的概念。拉伦茨认为，法律中的诸多法条，其彼此并非只是单纯并列，而是以多种方式相互指涉，只有透过它们的彼此交织及相互合作才能产生一个规整。法秩序并非是法条的总和，毋宁是由许多规整所构成。② 一个规整通常以一个完整法条为中心，其外围是与其有关的所有不完整法条。比如《药品管理法》第74条规定："生产、销售假药的，没收违法生产、销售的药品和违法所得，并处违法生产、销售药品货值金额二倍以上五倍以下的罚款；有药品批准证明文件的予以撤销，并责令停产、停业整顿；情节严重的，吊销《药品生产许可证》、《药品经营许可证》或者《医疗机构制剂许可证》；构成犯罪的，依法追究刑事责任。"这是一个关于对生产、销售假药行为如何进行处理的完整法条。那么什么是假药呢？《药品管理法》第48条第1款规定："有下列情形之一的，为假药：（一）药品所含成分与国家药品标准规定的成分不符的；（二）以非药品冒充药品或者以他种药品冒充此种药品的。"这是一个说明性法条。假药仅限于此吗？《药品管理法》第48条第2款规定给出了回答："有下列情形之一的药品，按假药论处：（一）国务院药品监督管理部门规定禁止使用的；（二）依照本法必须批准而未经批准生产、进口，或者依照本

---

① 爆炸性、毒害性、放射性、腐蚀性物质或者传染病病原体等危险物质被盗、被抢或者丢失，未按规定报告的，处五日以下拘留；故意隐瞒不报的，处五日以上十日以下拘留。

② 参见［德］卡尔·拉伦茨著，陈爱娥译：《法学方法论》，144页，北京，商务印书馆，2003。

法必须检验而未经检验即销售的；（三）变质的；（四）被污染的；（五）使用依照本法必须取得批准文号而未取得批准文号的原料药生产的；（六）所标明的适应症或者功能主治超出规定范围的。"这是指示参照法定拟制条文。有时一个规整中可能含有多个互相之间具有修正、补充关系的完整法条，常见的情形是法律在前面规定相对人符合某种条件才有可能获得特定的权利，后面则规定如果不符合条件而获得特定权利将会采取某种方式处理（比如取消该种权利，如果骗取的可能还有罚则）。找法时如果遗漏其中某个或者某些法条，就可能造成法律的误用。

三、事实和问题是找法的动力之源

找法的目的是什么？是为了对案件事实作出评价，并解决在此过程中出现的问题。所以，案件查明的事实就决定了找法的方向，而找法过程中法律与事实结合所产生的问题（可能会一个接一个地出现）则控制着找法的进程。试举一例来说明，为了更好地说明问题，把找法放在行政机关调查程序结束之后，开始研究如何处理之前。假设案件事实为：甲公司与乙医院签订协议，由甲公司承包其肝病科室。在经营期间，甲公司聘请乙医院的外科医生从事肝病诊疗。

查明案情后，产生的第一个问题是：涉嫌违法的行为有几个？带着这个问题进一步分析，就产生了以下四个问题：一是甲公司承包肝病科室的行为是否违法？二是乙医院将肝病科室承包给甲公司是否违法？三是甲公司聘请外科医生从事肝病诊疗是否违法？四是外科医生从事肝病诊疗是否违法？应当说，这四个问题就是找法活动的原动力。

如果熟悉我国法律体系的框架结构，就应当知道这属于卫生行政管理领域的范畴，由此就可以把找法活动先聚焦在这一范围。① 这是找法的第一步。

对这一领域有限的法律、法规无须细看内容，只需看看名称，就可以确定甲公司和乙医院涉嫌违反的法律规范应当是《医疗机构管理条例》，而外科医生涉嫌违反的法律规范应当是《执业医师法》。这是找法的第二步。

---

① 这一点对于卫生执法人员来说没有什么困难。

与甲公司的两个行为对应的有两个规整，一是《医疗机构管理条例》第 24 条关于"任何单位或者个人，未取得《医疗机构执业许可证》，不得开展诊疗活动"之规定以及后面第 44 条规定的罚则。二是该条例第 28 条关于"医疗机构不得使用非卫生技术人员从事医疗卫生技术工作"之规定及后面第 48 条规定的罚则。与乙医院的行为对应的规整为《医疗机构管理条例》第 23 条第 1 款关于"《医疗机构执业许可证》不得伪造、涂改、出卖、转让、出借"之规定及第 46 条规定的罚则。与外科医生的行为相对应的规整是《执业医师法》第 14 条关于"医师经注册后，可以在医疗、预防、保健机构中按照注册的执业地点、执业类别、执业范围执业，从事相应的医疗、预防、保健业务。未经医师注册取得执业证书，不得从事医师执业活动"之规定以及后面第 39 条对非医师行医的罚则。这是找法的第三步。

上述条款与案件事实初步结合之后，会产生四点疑问：一是诊疗活动的主体是甲公司还是乙医院？这涉及能否认定甲公司违反了《医疗机构管理条例》第 24 条规定。这个问题在条例、下位法和有关规范性文件中没有找到可用的条文。二是如果是甲公司从事诊疗活动，则甲公司是否属于该条例第 28 条规定的"医疗机构"？可以找到条例第 2 条关于"本条例适用于从事疾病诊断、治疗活动的医院、卫生院、疗养院、门诊部、诊所、卫生所（室）以及急救站等医疗机构"之规定。三是外科医生是否属于该条例第 28 条规定的"非卫生技术人员"？可以找到卫生部《医疗机构管理条例实施细则》第 81 条第 2 款关于"医疗机构使用卫生技术人员从事本专业以外的诊疗活动，按使用非卫生技术人员处理"之规定。四是外科医生从事肝病诊疗是否属于《医疗机构管理条例》第 39 条规定的非法行医？除了前述卫生部《医疗机构管理条例实施细则》第 81 条第 2 款规定，找不到其他条文。这是找法的第四步。

上述四个疑问并未通过找法得以解决或者全部解决，未解部分留待下一步环节即法律解释来释疑，这里暂且不表。目前讨论的问题都是罚则的法定事实要件部分，在没有定论之前假设要件能够成立，接下来就来看看四个罚则，可以发现都涉及罚款和吊销许可证。比如《医疗机构管理条例》第 48 条规定："违反本条例二十八条规定，使用非卫生技术人员从事医疗卫生技术工作的，由县级以上人民政府卫生行政部门责令其限期改正，并可以处以 5000 元以下的罚款；情节严重的，吊销其《医疗机构执业许可证》。"无论行政执法人员还是法官都应当意识到这可能涉及《行政处罚法》的适用。经过对照检查，《行政处罚法》的以下几条规定可能需要适用：一是第 31 条规定的关于"作出处罚决定前，应当告知当事人作出处罚决定的事实、理由及依据，并告知当事人依法享有的权利"之规定。二是第 32 条关于"当事人有权进行陈述和申辩"以及"行政机关必须充分听取当事人的意见"之规定。三是第 41 条关于"不告知或者拒绝听取陈述申辩，行政处罚决定不成立"的规定。四是第 42 条关于"作出吊销许可证或者较大数额罚款的处罚决定应当告知当事人听证权"的规定。五是第 3 条关于"没有法定依据或者不遵守法定程序的，行政处罚无效"之规定。这是找法第五步。

《行政处罚法》的条款与案情结合还可能产生新的疑问，比如 3000 元罚款是否属于"数额较大"的罚款？可能就需要看卫生部或者地方是否制定了具体标准。如果找到，就看能否释疑；如果找不到，就留给下一环节即法律解释去解决。

四、让找法更便捷

实现全面、准确、及时地找法，除了行政执法人员和行政法官要业务精熟并掌握正确的方法和路径之外，还应当在法规整理方面下足工夫，使法条的查找更为便捷。笔者 15 年前开启法官职业之初，就发现很多案件在找法环节上很费周章。当时可以利用的主要是立法机关和司法机关定期出版的法规汇编，最高人民法院的每个法官案头都有一套。但是这些汇编都是中央立法，包括法律、行政法规、部委规章和个别重要的规范性文件，不包括地方立法。如果涉及地方性法规、规章，经常要到资料室查阅或者要求下级法院提供。如果涉及规范性文件就更为麻烦，如果被告没有向法院提供，原审法院也未能发现，我们有时也无从发现，很容易造成遗漏；如果对方当事人向我们提供，还需要通过下级法院进行核实。后来条件逐步改善，尤其是网络技术普及之后，很多机构都开发了法规查询系统软件，并随时更新，为法条的寻找增添了不少便利。不过，从行政执法和行政审判的需要来看，还是有不少值得研究如何继续改进的地方，比如目前的法规查询系统不能确保与权威文本的一致性，法官如果直接将系统上条文下载到裁判文书上，其准确性是有风险的；再比如，中央政府和地方政府及其部门的规范性文件还有不少没有编入法规查询系统。还有条文之间关系的指引、条文与有关案例之间的指引有些查询系统已经开始尝试，但做得还不是很扎实；等等。笔者相信，如果能把不断进步的技术充分地应用到这一领域，会给找法带来更大的便捷。

第二节　法律规范的选择

在多个法条对同一问题进行规范的情况下，就涉及如何选择适用的问题。经过释法消除了理解上的疑义之后，可能出现四种情况：一是具有一致性。多个法条之间是互相补充或者修正的关系，按照它们之间相互结合形成的规则加以适用。比如按照《反不正当竞争法》的规定，工商部门是查处不正当竞争行为的主管机关，但法律另有规定的除外。《商业银行法》在总则中规定金融机构不允许不正当竞争，罚则中又规定金融机构违反该法的行为由银行业监督部门查处。两种之间就是一种补充和修正的关系，形成的新规则是：工商部门是查处不正当竞争行为的主管机关，但对金融机构不正当竞争行为，应当由银行业监督部门查处。[1]当然一致性的判断有时也是一个难点所在，比如法律规定某种行政行为由县级以上人民政府作出，省政府规章规定由市人民政府作出，市政府文件则规定由县政府作出。对此问题，大家的观点很不统一。[2]二是不一致。要么是下位法抵触上位法，要么是同位阶法相互冲突，两种情况下必然有一个法条不具有可适用性。三是竞合。多个法条都具有可适用性，但在本案中只有一个法条的适用是合适的。四是并行适用。多个法条可以在本案中同时适用。第一种情况通过释法问题已经得到解决，本书不再涉及。第二、三种情形涉及法律规范的选择问题，属本书讨论的重点。第四种情形虽不涉及选择，但什么情况下属于并行适用仍属疑问较多的问题，本书亦有探讨。

---

① 参见最高人民法院《关于工商部门对农村信用合作社的不正当竞争行为是否有权查处问题的答复》（［2005］行他字第 10 号）。

② 我们的观点是，下位法的规定虽与上位法在文字上不同，但上位法是有弹性的，而下位法并未超出弹性允许，故不属于不一致。

一、如何界定法律规范的不一致

在行政执法当中，尤其在立法法出台之前，有一种现象，就是许多具体行政行为是依据下位法作出的，并未援引和适用上位法。在这种情况下，为维护法制统一，人民法院审查具体行政行为的合法性时，就应当对下位法是否符合上位法一并进行判断。如果下位法与上位法相抵触的，应当依据上位法认定被诉具体行政行为的合法性。那么，如何判断就需要一定的指引。《纪要》列举了十一种常见的抵触情形：一是下位法缩小上位法规定的权利主体范围，或者违反上位法立法目的扩大上位法规定的权利主体范围；二是下位法限制或者剥夺上位法规定的权利，或者违反上位法立法目的扩大上位法规定的权利范围；三是下位法扩大行政主体或其职权范围；四是下位法延长上位法规定的履行法定职责期限；五是下位法以参照、准用等方式扩大或者限缩上位法规定的义务或者义务主体的范围、性质或者条件；六是下位法增设或者限缩违反上位法规定的适用条件；七是下位法扩大或者限缩上位法规定的给予行政处罚的行为、种类和幅度的范围；八是下位法改变上位法已规定的违法行为的性质；九是下位法超出上位法规定的强制措施的适用范围、种类和方式，以及增设或者限缩其适用条件；十是法规、规章或者其他规范文件设定不符合行政许可法规定的行政许可，或者增设违反上位法的行政许可条件；十一是其他相抵触的情形。同位阶法之间的冲突是法律规范不一致的另一种形态，如何界定？《纪要》未给予明确指引。笔者认为，可以参照下位法抵触上位法的认定标准。

二、法律规范不一致的选择适用规则

主要有如下几条规则：

第一，下位法不符合上位法的原则上应当适用上位法。《纪要》明确地提出了这一规则，其依据是《立法法》第 78 条至第 80 条关于法律的位阶秩序的规定，其明确了上位法的效力高于下位法。这就意味着下位法如果与上位法抵触，原则上是无效的，因此原则上应当适用上位法。

第二，实施性规定在上位法改变之后的适用规则。法律、法规与其实施性规定之间也是一种上下位法的关系，但具有一定的特殊性，尤其是法律、行政法规或者地方性法规修改后，其实施性规定未被明文废止的情况比较常见，实施性规定是否还具有可适用性是一个普遍令人困惑的问题，《纪要》就此归纳了三点指导性规则：一是实施性规定与修改后的法律、行政法规或者地方性法规相抵触的，不予适用；二是因法律、行政法规或者地方性法规的修改，相应的实施性规定丧失依据而不能单独施行的，不予适用；三是实施性规定与修改后的法律、行政法规或者地方性法规不相抵触的，可以适用。

第三，同一机关制定的法律规范不一致的适用规则。有两点具体内容：一是按照《立法法》第 83 条规定，特别法相对一般法优先适用，新法相对于旧法优先适用。二是按照《立法法》第 84 条规定，新法不溯及既往，但为了更好地保护公民、法人和其他组织的权利和利益而作的特别规定除外。该条主要针对的是同一法律发生变更的情况。其没有解决的一个问题是，如果行政机关在行政程序进行期间，或者说行政行为没有作出之前，法律发生变更，如何选择适用？从法院的司法政策来看，授益行为与不利处分可能有不同的选择。如果是授益行为，则一般按照从新兼从优的原则。[①] 如果是不利处分，则一般按照从旧兼从轻的原则。

第四，新的一般规定与旧的特别规定不一致的适用规则。按照《立法法》第 85 条规定，新的一般法与旧的特别法不一致，不能确定如何适用时，由有权机关裁决。对该规定可以作出如下解读：如果法院可以确定如何适用，就不必送有关机关裁决。据此，《纪要》提出了如下指导性规定：新的一般规定允许旧的特别规定继续适用的，适用旧的特别规定；新的一般规定废止旧的特别规定的，适用新的一般规定。不能确定新的一般规定是否允许旧的规定继续适用的，人民法院应当中止行政案件的审理，属于法律的，逐级上报最高人民法院送请全国人民代表大会常务委员会裁决；属于行政法规的，逐级上报最高人民法院送请国务院裁决；属于地方性法规的，由高级人民法院送请制定机关裁决。

第五，地方性法规与部门规章冲突的选择适用。《纪要》确立了如下

---

① 参见最高人民法院《关于审理行政许可案件若干问题的规定》第 9 条：人民法院审理行政许可案件，应当以申请人提出行政许可申请后实施的新的法律规范为依据；行政机关在旧的法律规范实施期间，无正当理由拖延审查行政许可申请至新的法律规范实施，适用新的法律规范不利于申请人的，以旧的法律规范为依据。

指导性规则：一是法律或者行政法规授权部门规章作出实施性规定的，其规定优先适用；二是尚未制定法律、行政法规的，部门规章对于国务院决定、命令授权的事项，或者对于中央宏观调控的事项、需要全国统一的市场活动规则及对外贸易和外商投资等需要全国统一规定的事项作出的规定，应当优先适用；三是地方性法规根据法律或者行政法规的授权，根据本行政区域的实际情况作出的具体规定，应当优先适用；四是地方性法规对属于地方性事务的事项作出的规定，应当优先适用；五是尚未制定法律、行政法规的，地方性法规根据本行政区域的具体情况，对需要全国统一规定以外的事项作出的规定，应当优先适用；六是能够直接适用的其他情形。不能确定如何适用的，应当中止行政案件的审理，逐级上报最高人民法院按照《立法法》第 86 条第 1 款第 2 项的规定送请有权机关处理。

第六，部门规章与地方政府规章之间对相同事项的规定不一致的适用规则。《纪要》确立了如下五个指导性规则：一是法律或者行政法规授权部门规章作出实施性规定的，其规定优先适用；二是尚未制定法律、行政法规的，部门规章对于国务院决定、命令授权的事项，或者对属于中央宏观调控的事项、需要全国统一的市场活动规则及对外贸易和外商投资等事项作出的规定，应当优先适用；三是地方政府规章根据法律或者行政法规的授权，根据本行政区域的实际情况作出的具体规定，应当优先适用；四是地方政府规章对属于本行政区域的具体行政管理事项作出的规定，应当优先适用；五是能够直接适用的其他情形。不能确定如何适用的，应当中止行政案件的审理，逐级上报最高人民法院送请国务院裁决。

第七，国务院部门之间制定的规章对同一事项的规定不一致的适用规则。《纪要》确立了如下四个指导性规则：一是适用与上位法不相抵触的部门规章规定；二是与上位法均不抵触的，优先适用根据专属职权制定的规章规定；三是两个以上的国务院部门就涉及其职权范围的事项联合制定的规章规定，优先于其中一个部门单独作出的规定；四是能够选择适用的其他情形。不能确定如何适用的，应当中止行政案件的审理，逐级上报最高人民法院送请国务院裁决。

第八，同位阶规范性规定不一致的适用规则。《纪要》规定：国务院部门或者省、市、自治区人民政府制定的其他规范性文件对相同事项的规定不一致的，参照上述第五至第七条规则的精神处理。

三、法律位阶的识别

过去，由于立法程序的规定不够完善，或者即便有规定，也没有得到严格执行，造成法律位阶识别的困难。因为享有立法权的机关尤其是行政机关，既可以制定正式的法律规范，也可以制定规范性文件，哪些属于正式的法律规范，哪些只是规范性文件，常常引起争论。法院在这个问题上，由于缺乏明确的判断标准，做到严格要求常常是困难的。尤其是这个问题往往影响面广，涉及重大利益，行政机关通常都会全力争取，而不会轻易放弃，法院想要坚持就更是难上加难。比如上世纪 90 年代中期的一起案件中，按照《水法》规定，水资源费征收办法由国务院制订。在国务院没有制订收费办法之前，有些地方人大制订地方性法规确定了征收水资源费的办法。按照地方的规定，只要是用水的企业包括中央直属企业在内都需要交纳水资源费。不少地方的中央直属企业纷纷向上反映，后来国务院办公厅发布了一个文件，要求各地暂不向中央直属企业征收水资源费。某地水务部门没有理会国办的文件，仍然根据地方性法规向中央直属企业收费，引起行政诉讼。争议焦点在于水务部门是否超越职权，而判断的关键在于到底应当适用国办文件，还是适用地方性法规？而回答这个问题，首先需要搞明白国办文件到底属于什么位阶，如果是行政法规的位阶，则应当优先适用；如果不是，则不具有优先适用的效力，地方性法规就具有可适用性。最高人民法院接到地方法院的请示之后，反复斟酌，多方论证，认为该文件虽然没有经过国务院全体会议或者常务会议讨论，但考虑到过去国务院的很多政策方针都是采用办公厅下文的方式，该文件系由国务院领导签署，可以代表国务院的意志，故此该文件可视为法规性文件，应当适用。

2003 年出台的《立法法》对于各个层级的立法都规定了严格的程序，标志着立法活动被彻底纳入法治化和规范化的轨道，行政审判的政策随之也进行了调整。《纪要》中明确指出，考虑新中国成立后我国立法程序的沿革情况，现行有效的行政法规有以下三种类型：一是国务院制定并公布的行政法规；二是《立法法》施行以前，按照当时有效的行政法规制定程序，经国务院批准、由国务院部门公布的行政法规。但在《立法法》施行以后，经国务院批准、由国务院部门公布的规范性文件，不再属于行政法规；三是在清理行政法规时由国务院确认的其他行政法规。

不过，现在还有一点疑问继续存在，国务院办公厅的文件与规章相比谁高谁低？有的同志认为，应当认为规章优先适用。因为国务院办公厅的文件不是正式的法律渊源，而规章属于正式法律渊源。另有同志认为，法律之所以没有向对待部委一样授予其制定规章的权力，是因为它是内部办事机构。如果它所发的文件事实上或者间接地起到规范作用，亦应予以承认。考虑到国务院办公厅的地位与部委相当，故可以视为部委规章。还有同志认为，国务院办公厅在行政系统中实际上发挥着枢纽作用，其发布的文件实际上并非是一个部门的意志，在很大程度上代表着国务院的声音，因此，应当认为其效力低于行政法规，但高于部委规章。笔者认为，第一种观点在理论上具有正当性，后两种观点尤其是第三种观点在实践中更为可行。但是，从法治政府建设的角度看，还是应当坚持第一种观点。政府应当带头尊重法律，维护法治，如果有些文件中的内容确实很重要，可以考虑采取其他的形式，比如上升为国务院的行政法规，或者以国务院的决定、命令的形式发布。

四、竞合

竞合本是刑法理论上的概念，包括想象竞合和法规竞合两种形态，所谓想象竞合是指行为人实施一个犯罪行为，其犯罪结果侵害两个或两个以上权益，触犯两个或两个以上罪名。这两个罪名本来没有联系，只是借助特定的犯罪行为将两者联系在一起。比如，犯罪嫌疑人制作、传播邪教宣传品的行为构成了利用邪教组织破坏法律实施罪，同时其邪教宣传品的内容当中有侮辱、诽谤的内容，触犯了侮辱罪、诽谤罪等罪名。侮辱罪、诽谤罪与利用邪教组织破坏法律实施罪之间本来没有必然的联系，只是犯罪嫌疑人的行为将其联系在一起。法规竞合则指的是，同一犯罪行为之所以触犯了不同法条，是因为不同法条之间本来就存在重合或交叉关系。竞合不构成数罪，而应按照一罪进行处罚。

在行政法上也有竞合的情形，尤其在行政处罚等不利处分当中，想象竞合与法规竞合都是存在的。比如某人无证驾驶车辆造成交通事故后逃逸，同时触犯了《道路交通安全法》第99条第1款第2项和第3项的罚则，就是一种想象竞合。金融机构的不正当竞争行为就同时违反了《反不正当竞争法》关于经营者不得采取不正当手段从事交易活动损害竞争对手的规定，以及《商业银行法》关于商业银行开展业务，应当遵守公平竞争的原则，不得从事不正当竞争的规定。两个法条之间为包含关系，属于法规竞合。笔者认为，行政法上尤其是不利处分当中的竞合可以借鉴刑法理论，只能适用其中一个法条来处理，而不能多个法条并用。那么在多个法条当中如何选择呢？笔者认为，可以针对两种竞合形态根据具体情况作出如下处理：

1. 想象竞合

在一个事件当中，相对人通常都有多次相同行为或者多种不同行为存在，而在多次相同行为之间存在连续关系或者多次不同行为之间存在吸收关系时，才按照竞合处理，即选择一个法条对相对人的行为进行定性并作出处理。

所谓连续关系指的是相对人作出的同类行为（主要是违反行政管理秩序的行为）具有连续性。这里最容易产生疑义的问题就是如何理解"连续"的问题，比如，违法行为间隔多长时间以内才算是连续行为？笔者认为应当符合两个条件：一是前一个违法行为没有超过追究时效之前，相对人作出了新的违法行为；二是相对人作出新的违法行为之前，行政机关未对前一违法行为作出处理。两个条件有一个不满足，都不构成连续行为。对于连续行为，行政机关只能作出一次处理，而不能拆成若干案件分别处理，但是相对人行为的连续性可以作为从重或者加重的情形予以考虑。

所谓吸收关系指的是，一个违法行为为另一个违法行为所吸收，只成立吸收行为一个违法事实的情形。确认一个违法行为是否可以为另一个违法行为所吸收，主要标准有两条：第一，一个违法行为处在另一违法行为发生的过程当中，两者存在密切联系：前行为可能是后行为发展的必经过程，后行为可能是前行为发展的自然结果。比如，某公司涂改企业营业执照上的经营范围，然后从事超出经营范围的营业，这里面有两个违反公司登记管理的行为，一个是涂改企业营业执照登记事项的行为，另一个是超出经营范围从事营业活动的行为。两个违法行为之间符合上述标准。第二，具有密切关系的两个违法行为，可以由同一个行政机关管辖，如果管辖权分属不同的行政机关，则两个违法行为不成立吸收关系。比如，某人采取冒用他人户口和居民身份证的手段取得个体工商户营业执照，查处冒用他人户口和居民身份证行为的权力在公安部门，而对骗取个体工商户营业执照进行查处的权力在工商部门，这种情况下，吸收关系就不能成立。

对有吸收关系的违法行为应当择一处断，而不能分别作出处理决定。那么，应当选择哪一个行为呢？参照相应刑法理论，可以按照以下三个原则来选择：第一，重行为吸收轻行为。一般来说，社会危害性比较大的、制裁比较严厉的是比较重的行为；反之，社会危害性较小、制裁相对较轻的行为是较轻的行为。第二，结果行为吸收过程行为。因为对结果行为的处理必然会把过程行为中的问题一并考虑。比如某企业不使用排污设施，导致污水流出，造成周边环境污染，损失巨大，此种行为亦应接受处罚。不使用排污设施和污染事件都是应当受到处罚的行为，但在处理污染事件时，会把不使用排污设施作为原因行为考虑。第三，实害行为吸收危险行为。后两个原则是第一个原则的两种具体表现形式。比如无证驾驶是一个危险行为，造成交通事故逃逸则是一个实害行为。

2. 法规竞合

法规竞合情况下如何选择法条，视竞合的形态而定。

第一，法条之间为包含关系时，一般应当适用被包含的法条。因为两个法条之间实际上是一般规定与特别规定的关系，包含法条是一般规定，而被包含法条是特别规定，按照《立法法》确定的特别规定优先适用的原则，应当适用被包含法条。比如前面提到的金融机构不正当竞争问题，《反不正当竞争法》的规定针对所有经营者，就是一般规定，而《商业银行法》的规定则仅针对金融机构这一特定的经营者，就是特别规定。应当选择后者。

第二，法条之间为交叉关系时，是否构成竞合，还要看法条在目的上是否也有重合，如果并不重合，则尚不构成竞合，两种目的都必须实现，故此应当两个法条都适用。比如，某企业擅自开采地下矿泉水的行为，既违反了《取水许可管理办法》关于经许可才能取水的规定，又违反了《矿产资源法》（因为矿泉水属于矿产）关于办理采矿许可证才能从事采矿行为的规定，但是两种许可的目的明显不同，而且在管理上也要求开采地下矿泉水需要办理采矿许可证并附具水资源管理部门意见，因此，某企业的行为就应当作为两个违法行为看待，而不存在竞合。如果法条在目的上也重合，则构成竞合，应当适用法律后果较重的法条。所谓"后果较重"，既有性质的考虑，比如吊销许可证的性质要重于罚款；也有数量的考虑，比如同为罚款，处罚数额较大的条文应当优先适用。

五、并行适用

相对人作出的满足多个法条事实要件的行为或者行为系列，虽然具有一定关联性，但符合以下两种情况下，不属于竞合，多个法条可以并用：

一是法条之间存在交叉，但目的不重合。此种情况实际上并非真正的交叉，因为当事人的行为表面上是一个行为，但实际上是两个行为。比如，前面讲的开采矿泉水的行为虽然是一个行为，但要把整个事实联系起来看，此前还有两个不作为，即未取得取水许可的行为和未取得采矿许可证的行为，两个不作为分别与开采行为结合就构成两个行为。

二是法条之间没有交叉，且相对人的多个行为之间没有吸收关系。比如某人将承揽的建筑工程转包给他人，构成非法转包，受到建设部门的处罚。建设部门处理时发现其以公司名义从事包括转包工程等非法经营活动，但并无营业执照，遂移交工商管理部门。工商管理部门以无照经营为由对其再次作出处罚。

第八章　法律解释方法和规则在行政审判中的应用 *

概念法学论者有一种理想，制定出尽善尽美、彻底明确、无异于"被写下来的理性"的万能法典，任何问题，无须借助解释即可找到答案。由此，适用法律将易如复印条文。此种思潮于 19 世纪席卷欧陆，虽留下《拿破仑法典》等令人惊叹的座座丰碑，但法典万能的神话亦随之梦碎。因为社会生活变化无穷，以人类的有限智能去洞悉无限，并规范靡遗，是不可完成的任务。另外，法律以语言为载体，而语言开放或半开放的结构，亦使得法律无法绝对精确。① 所以，法典的制定者即便殚精竭虑，精雕细刻，彻底明确仍可近不可及。可见，法律之不完美先天注定，规范存疑和法律漏洞在所难免，释疑和补漏由此成为适用法律的重要内容，这项功课

---

* 根据作者发表于《人民司法》2011 年第 3 期的《行政审判中解释法律的五种基本方法》和发表于《行政执法与行政审判》2010 年第 6 集的《行政审判中的法律解释：方法、规则及应用》改编。

① 参见王振宇：《行政裁量及其司法审查》，载《人民司法》，2009 (19)。

在广义被称为法律解释。对于执法者而言，释法能力可谓极端重要。反观行政审判，违法行政、违法裁判当中，不当解释引起的法律误用占有较大比重，其中望文生义有之，断章取义有之，武断专横、任意曲解亦有之，暴露出释法能力的明显不足。由此也更加突显出这一选题的重要价值。

第一节　概述

一、适用法律解释方法的场合和步骤

行政审判中，法律解释可出现在两个层面：一是抽象层面。指的是针对具有普遍性的疑难问题作出的具有规则意义的解释。其中，最高人民法院可以制定具有法律效力的司法解释；各级法院可以制定不具法律效力的审判解释，包括指导性文件和个案批复。二是个案层面。审理当中，法院可对疑难问题作出解释。不过笔者认为，考虑我国司法实际，个案解释并非完全自由，一般应按如下步骤操作：（1）看有无权威解释。如果是诉讼问题，则找司法解释；如果是行政管理问题，则找行政解释。两者属于正式法源，只要不与上位法抵触、同位法冲突，就应直接适用，而不再审查解释方法运用的妥当性。（2）如无权威解释，则看有无参考性的解释。如果是诉讼问题，则找审判解释；如果是行政管理问题，则找执行解释，即以规范性文件或者行政批复方式作出的解释。法院对审判解释应高度尊重，只审查其与正式法源的一致性，而不审查解释方法运用的妥当性；对执行解释则应有限尊重，不仅审查其与正式法源的一致性，也要对解释方法运用的妥当性进行审查，如显有不当，则不予采用。（3）如无上述文件，则运用法律解释方法和规则。对诉讼问题可直接解释，但对行政管理问题，一般应在审查被告解释的基础上作出解释。

二、法律解释的目标和任务

解释，就是将"有疑义文字的意义，变得可以理解"[①]。解释是理解的

[①]　［德］卡尔·拉伦茨著，陈爱娥译：《法学方法论》，193 页，北京，商务印书馆，2003。

艺术，按照认识论的观点，理解是在规范与事实之间不断认识深化的过程，拉伦茨形象地称之为"对向的交互澄清程序"①。在解释法律过程中，法官只抓住规范，而不及事实，认识就无法深化。笔者认为，法律解释的目标就是对法律规范进行再理解，使之适于对案件事实作出评价。法律适用采演绎模式，对法律规范的再理解其实就是形成案件事实量身定做的大前提。根据不同情况，这一目标可以分解成不同的任务。笔者将其分成以下三类：一是归类，主要解决确定概念存疑的问题，对应的解释方法称为狭义解释方法。二是具体化，主要解决不确定概念的运用问题。三是漏洞补充，主要解决规范缺失和规范过度的问题。

第二节 归类及其对应的狭义解释方法

法条的疑问通常只在个别概念，表现为某些事实或情节是否涵摄其下难以判断。如果确定概念存疑，则解释体现为归类。先对规范进行分析，然后用分析明确的概念要件或者标准，对有关事实或者情节进行初次评价；如果评价尚不能完全释疑，则结合事实对概念进行再一轮的分析。如此循环往复，直至法律规范变成可以评价案件事实的具体大前提为止。工人某甲上班时间在厂区厕所摔伤致死，能否认定工伤？按照《工伤保险条例》第14条第1项规定，"在工作时间和工作场所内，因工作原因受到事故伤害的"应当认定工伤。将规范与事实对照，除"工作原因"外，别无疑义。疑问首先在于，"工作原因"是否仅限工作岗位上完成工作任务，而不包括其他活动？联系上下文，合理的答案是，工作原因还应包括"与完成工作任务有关"的其他活动。以此衡量"上厕所"仍有疑问，需要对"与完成工作任务有关"进一步分析。根据《劳动法》关于职工享有卫生权利之规定，可以推出企业的相应义务。有条件的企业为职工提供盥洗设备和卫生间，作为劳动的附属设施，应为企业义务的应有之义。职工在上班时间正常使用附属设施的行为自应解为"与完成工作任务有关"。由此，可以得出适用本案的大前提：职工在上班时间正常使用厂区厕所摔伤致死

---

① ［德］卡尔·拉伦茨著，陈爱娥译：《法学方法论》，196页，北京，商务印书馆，2003。

系出工作原因。① 至此某甲的死亡归类于"工作原因"之下，解释的任务也得以完成。

需要强调一点，归类虽重要，但非解释之全部，有时还须辅之语法分析、逻辑分析等方法。比如，《人民警察使用武器和警械条例》第9条规定：人民警察判明有下列暴力犯罪行为的紧急情形之一，经警告无效的，可以使用武器：……以暴力方法抗拒或者阻碍人民警察依法履行职责或者暴力袭击人民警察，危及人民警察生命安全的。一起案件中，对暴力抗法的人开枪是否还须满足"危及人民警察生命安全"之条件的问题引起了争论。个别同志认为，"危及人民警察生命安全"只适用于暴力袭警，而不适用于暴力抗法。这种观点不能成立，因为逗号的位置在两种情形之后，这就意味着两种情形与逗号之后半句话的关系相同。如果逗号移到两种情形之间，上述个别观点才可成立。

与归类对应的解释方法包括文义解释、体系解释、法意解释、目的解释、社会学解释，这些方法都是在文义可能性范围内选择取舍，故称为狭义解释方法。② 所谓"文义可能性"，又被称为"文义预测可能性"或者"文义射程"。其与概念构造理论有关。概念的构造分为核心和轮廓两个部分。核心非常明确，不致产生歧义。轮廓则是模糊地带，边界难以辨认。一个概念，无论确定还是不确定，都不例外。只不过不确定概念轮廓空间大，确定概念轮廓空间小。文义可能性止于概念轮廓外缘，如明显超出，则不属狭义的解释方法，而变成填补法律漏洞的解释方法。

一、文义解释

1. 文义解释是首选方法

"解释的标的是'承载'意义的法律文字，解释就是要探求这项意义。"③ 那么，法律的意义从哪里探求？首先应当求诸文字本身，也就是把文义解释作为首选方法。何以如此？主要理由是，文字是表意和沟通的工

---

① 参见王雪梅：《何文良诉四川省成都市武侯区社会保障局工商认定案评析》，载最高人民法院行政审判庭编：《行政执法与行政审判》总第12期，94页。

② 杨仁寿先生的狭义解释方法不包括社会学解释，笔者认为，狭义解释方法的特点是立足于文义，社会学方法也是在文义预测可能性范围内进行选择，宜划入狭义解释方法。

③ ［德］卡尔·拉伦茨著，陈爱娥译：《法学方法论》，194页，北京，商务印书馆，2003。

具，其有效性以是否具有通用性为前提。如果不能通用，则言语虽同，却人言人殊。表意既被误解，自是无法沟通。文字最具通用性的意义就是文义。法律之所以用文字来表述，看重的正是其通用性，故理解法律，应首重文义。反之，如果法律不能从文义把握，则法律难以捉摸。如此，法律将无法保持稳定性和一致性，必然损害法安定性价值，法律的规范作用、指导作用、预测作用都无从谈起。如此，法律制造的问题将比解决的问题还要多，那我们恐怕就要考虑是否放弃法律，因为法律意味着麻烦，显然没人愿意自找麻烦。

2. 文义的三种形式

所谓文义解释，又称语义解释，指的是按照法条用语的通常含义或者通常语义，阐释法律的意义或者内容。《纪要》规定，"人民法院对于所适用的法律规范，一般按照其通常语义进行解释"。那么，如何把握通常文义呢？笔者认为，通常文义一般表现为以下三种形式：

第一，通常义项。词典上的解释是概念通常义项的标准文本；如果有多个义项，则往往是第一义项。笔者认为，词典虽可借助，但不应过于依赖，更应注意培养良好的语感和文字功底，以保证审判效率。比如，法律规定违反治安管理屡教不改的，可以劳动教养。一次盗窃是否属于屡教不改？即使不查字典，也应知道，"屡"指的是两次以上。[①] 再比如，国务院《道路交通事故处理办法》（已失效）第 13 条规定："交通事故造成人身伤害需要抢救治疗的，交通事故的当事人及其所在单位或者机动车的所有人应当预付医疗费……交通事故责任者拒绝预付或者暂时无法预付的，公安机关可以暂时扣留交通事故车辆。"有时肇事车辆严重毁损，交警部门就扣押肇事者的其他车辆。对此种情形，我们应当条件反射般地作出判断，交通事故车辆就是肇事车辆，不包括肇事者的其他车辆。有时，行政机关超出文义执法的模式会受到规范性文件的认可，比如交警扣押肇事者其他车辆的做法就曾为公安部《道路交通事故处理程序规定》第 28 条规定所肯定。这固然会增加审查的复杂性，但并未改变问题的性质，下位法超出

---

① 参见最高人民法院《关于能否对仅有一次盗窃行为的公民实施劳动教养问题的答复》（〔2005〕行他字第 8 号）。

了上位法的文义，构成抵触，应当按照上位法的文义执行。①

确定语义有时需要挖掘概念的全部内涵，有时只要揭示某一特征就足够了。比如，在一起案件中，某甲下班搭乘某乙的摩托车回家，某乙系无证驾驶且摩托车未经年检，某甲对此知情。路上摩托车与货车相撞，致某甲受伤。交通部门认定某乙没有责任。某甲申请工伤认定，劳动部门认定构成工伤。某甲所在单位不服，提起诉讼。理由是，某甲明知某乙无证驾驶，亦明知摩托车未经年检，应当预见其危险，故其行为属《工伤保险条例》第16条第3项规定的"自残自杀"，不应认定工伤。法院未予采纳，主要理由是：自残自杀的主观要件为"故意"，某甲虽有过失，但并无故意。② 再比如，企事业单位食堂将餐余食品卖给本单位职工是否需要办理工商登记？单位将多余车辆用来接送职工上下班，只收取成本费，是否需要到交管部门办理营运许可？类似问题在审判实践中很少见，但曾有行政机关的同志向笔者咨询。笔者认为，工商登记或者运营许可针对的主体可能需要符合很多要件，我们不需要把所有的要件一一比对，只要抓住这些主体不属于营利性组织这一点就可以得出结论：食堂无须经过登记，车辆也无须经过许可。

第二，特定义项。词语义项如为复数，一般都应按第一义项理解，不过特定情况下，须采后面的义项，至少以下两种情况要如此：一是如采第一义项，法律要件与法律后果之间的关系将明显失衡。比如，某人两次违反治安管理均被警告处罚后，再次违反治安管理，如果这属于屡教不改，则可以将其劳动教养。判断的关键在于明确"警告处罚"是否属于"屡教不改"中的"教"。字典上，"教"的第一义项是教育，第二义项是训诲。按照公安部的解释，"教"指的是被罚款、拘留、劳动教养、判处刑罚，取的是训诲之意。③ 笔者认为，此为正解。屡教不改的法律后果是劳动教养，如此严重的后果与不痛不痒的"教育"之间比例明显失衡，只能选择强度更大的"训诲"。法律条款虽未揭示，但此倾向亦昭然若揭。二是如采第一义项，将出现法律漏洞。此时就应考虑后面的义项是否更

① 参见最高人民法院行政审判庭《关于公安部〈道路交通事故处理程序规定〉第二十八条与国务院〈道路交通事故处理办法〉第十三条如何使用问题的复函》（［1996］法行字第19号）。

② 参见最高人民法院应用法学研究所编：《人民法院案例选》，2009（1）。

③ 不过，罚款处理也算是"教"，合理性似有瑕疵，另外该解释认为一次处理再违法就属屡教不改，也明显与"屡"的文义不一致，在解释方法运用上值得检讨。读者不可不察。

为适宜。

第三，专业义项。上述两种都属生活用语，法律词汇中多数都是生活用语，即便是专业词汇，也多与生活用语保持一致，比如"法律"、"行政机关"、"工作人员"、"合法"、"违法"、"过错"等。不过，也有一些专业词汇与生活用语出现了明显差别。如"善意"在生活中是指善良，但在法律上却与道德无涉，仅指不知情。"矿产"一词在生活中一般不会用来指称水、土、沙、石这些随处可见、唾手可得之物，但是在《矿产资源法》上，它们都在矿产之列。《纪要》规定，"有专业上的特殊涵义的，该涵义优先"。也就是说，如果词汇是在专业背景下使用的，则应照此把握。

以上三种形式当中，一般应当按照通常义项来理解，如果涉及特别使用方式，则应按照特定义项理解，如果涉及专业背景，则应按照专业含义来把握。三者当中，以专业含义最为优先。

3. 确定文义的三种材料

笔者认为，可以作为解释依据材料当中，下面三种非常重要：

第一，定义条款。法律上的定义条款是最权威的材料，也是最好用的材料。比如，《矿产资源法》对矿产的定义为：是指由地质作用形成的，具有利用价值的，呈固态、液态、气态的自然资源。根据定义，立即可以作出判断，水、土、沙、石、地热、地下泉水均属矿产。《工伤保险条例》第61条规定，职工"是指与用人单位存在劳动关系（包括事实劳动关系）的各种用工形式、各种用工期限的劳动者"。依此定义，退休人员返聘只要与用工单位存在劳动关系就是职工，就可以纳入工伤保险的范围。[①]

运用定义条款，首先应明确要件，然后用要件衡量事实。比如，学校向学生推销保险，然后收取保险公司佣金并入账，工商部门认为该行为属于不正当竞争行为，系采取商业贿赂的方式进行不正当竞争。争议焦点在于收取回扣并入账的行为是否构成商业贿赂。《反不正当竞争法》第8条规定："经营者不得采用财物或者其他手段进行贿赂以销售或者购买商品。在账外暗中给予对方单位或者个人回扣的，以行贿论处；对方单位或者个人在账外暗中收受回扣的，以受贿论处。""经营者销售或者购买商品，可

---

① 参见最高人民法院《关于离退休人员与现工作单位之间是否构成劳动关系以及工作时间内受伤是否适用〈工伤保险条例〉问题的答复》（〔2007〕行他字第6号）。

以以明示方式给对方折扣,可以给中间人佣金。经营者给对方折扣、给中间人佣金的,必须如实入账。接受折扣、佣金的经营者必须如实入账。"按照该规定,商业贿赂的要件包括:以销售或者购买商品为目的;采取回扣方式等手段;回扣是秘密的。本案的回扣明示且入账,不完全符合商业贿赂的要件。据此,学校向学生推销保险收取保险公司佣金并入账的行为不宜视为不正当竞争行为。[①] 再比如,在房地产拍卖当中,竞买人甲与竞买人乙、丙协商,三人由竞争对手转变为合伙竞买人,由甲代表三人参加竞买,利益共享。后甲竞得房地产后,不愿意履行约定,欲独得房地产。乙、丙不满,向工商部门举报。工商机关确认拍卖无效,对三人作出处罚决定,依据是《拍卖法》第 37 条关于"竞买人之间、竞买人与拍卖人之间不得恶意串通、损害他人利益"之规定。甲不服,提起行政诉讼称,三人虽有恶意串通,但并未损害他人合法利益。因为拍卖单位曾委托房地产评估机构进行过评估,而甲的出价已经超出了估价,并未损害原房地产所有权人的利益。这里需要明确原房地产权利人拿到高于估价的房款之后,是否还可能存在利益。《拍卖法》第 3 条规定:"拍卖是指以公开竞价的形式,将特定物品或者财产权利转让给最高应价者的买卖方式。"由此定义可知,原房屋权利人对最高应价的合理期待是受到保护的,而最高应价有可能高于估价,因此,甲的行为对原房屋权利人的利益是有损害的。[②]

需要注意,定义条款当中的内容未必都是要件,应当仔细甄别,否则可能导出不合理、甚至荒谬的结论。比如,赵某下班骑自行车回家,过铁轨时被行驶的列车撞死。其妻申请工伤,劳动部门不予认定,理由是,法律规定只有机动车事故伤害才能认定工伤,而《道路交通安全法》对机动车所下定义为:"以动力装置驱动或者牵引,上道路行驶的供人员乘用或者用于运送物品以及进行工程专项作业的轮式车辆",其中有"上道路行驶"。火车不在道路上行驶,故不属于机动车。[③] 如果仔细分析,就可以确

---

① 参见最高人民法院行政审判庭《关于学校向学生推销保险收取保险公司佣金入账的行为是否构成不正当竞争行为的答复》([2003]行他字第 21 号)。

② 参见钟应庆诉汉阴县工商行政管理局行政处罚案,载最高人民法院应用法学研究所编:《人民法院案例选》,2009(1)。

③ 参见柏素英诉上海市虹口区劳动和社会保障局工伤认定案,载最高人民法院应用法学研究所编:《人民法院案例选》,2008(2)。

认"上道路行驶"并非机动车的要件，具体分析在体系解释当中详述。

第二，有关条款。法律虽无定义，但通过相关条款可以归纳出概念全部或部分特征的，也可作为较权威的解释依据。比如，劳动教养部门对其作出的劳动教养决定进行的复查是否属于复议？有人认为应当属于。因为1982年颁布《劳动教养试行办法》时，行政诉讼制度尚未建立，行政复议条例更未出台，故试行办法只规定复查，但其实质与复议一样。最高人民法院未采此观点，理由就是不符合行政复议特征。按照《行政复议法》的规定，行政复议以上级机关作出为原则，同一机关（仅限于部级机关）作出为例外，这是一个重要特征。劳动教养部门自己作出行为，又自己复查，不符合行政复议的特征，不能视为复议。①

第三，学理通说。定义条款仍有疑义或没有定义条款时，也可用学理通说作为解释依据。比如，行政行为本应引用《行政复议法》第28条第2款，但却错写成并不存在的第3款。问题可以类型化为：行政行为结果正确但引错了条款的，到底属于适用法律错误，还是程序瑕疵？应当说，两种观点各有道理。不过，按学理通说，程序是行政权在时间和空间的展开，其包括行政行为的步骤、顺序、形式、方式、期限等要素。其中，法条的援引属于法定形式的要求。而法律适用错误通常被认为属于实体错误。鉴于此，仅仅引错法条不宜认为法律适用错误，而应纳入程序错误范畴。鉴于错误性质较轻，解释为程序瑕疵更为合理。

4. 什么情况下运用文义解释之外的方法

如可脱离文义任意解释，法安定性和法的规范作用将无从谈起，所以解释法律要首重文义。但认识上也不可走入另一误区：视法律文义为金科玉律，其他解释方法皆旁门左道。法律是受目的支配的规则体系，法官为解释时，如果只注意词句，而对法律目的及隐藏其后的政治、经济和社会关系结构、文化传统、利益情境等因素视而不见，则削足适履式的教条主义流弊在所难免。如何做到尊重文义又不拘泥于文义，是一门学问和艺术。其分寸把握之难，就是经验老到者也不免失误。杨仁寿先生的法解释学造诣广受称道，他亦坦承对著名的"谤韩案"的辩护观点存在不当解释

---

① 参见最高人民法院行政审判庭《关于人民法院受理劳动教养行政案件是否需要复议前置问题的答复》（〔1997〕法行字第27号）。

之误。① 掌握解释的艺术，做成合理的解释，关键要搞清楚，什么情况下可以运用文义解释之外的方法。笔者认为，至少以下四种情形可以考虑运用其他方法：

第一，通常含义为复数，且难以选择。比如"法律"一词，至少有三种通常文义。最狭义的是全国人大及其常委会制定的法律规范。较广义的是通过立法程序制定的规范性文件都是法律，包括法律、法规、规章、自治条例和单行条例。最广义的是只要可以作为行为准则的规范都是法律，就把规章以下规范性文件也囊括进来了。在行政诉讼法中，"法律"出现了数十次，每一次都是采何种通常含义，单纯的文义解释无法奏效，只能继续适用其他解释方法来进一步明确。

第二，通常文义明显不合理。丹宁法官说："在解释任何文件时，都必须首先考虑词句的意思。""但是，如果从字面上解释它们就会导致不公平或不合理的结果，那你就必须再想想。"② 想什么？想想有无更好的解释方法。比如，在一起案件中，某建设单位建设水库，把挖掘作业获得的砂石用来筑坝，矿管部门得知后对其作出了征收矿产资源补偿费的决定，理由是挖掘砂石系采矿行为。从文义上看，砂石属于矿产，挖掘砂石与采矿行为外观相似，似乎没有问题。但仔细分析可以发现，挖掘砂石与一般的采矿行为目的是不同的，而且按照这种思路，无论是盖楼、修路都需要打地基，需要挖掘作业，就都得交资源补偿费，也都得办采矿许可证。这显然不合理。国土资源部在一个解释性文件中，摒弃僵死的文义，采用社会学方法作出了解释。最高人民法院对该解释予以认可。③

至于前面提到的工伤认定案，劳动部门以火车不属机动车为由，拒绝认定被火车撞死的职工为工伤。被汽车撞死能认定，火车撞死就不认定，在情理上近于荒谬。这种情况更应探索其他解释方法的运用。

---

① 此案系因郭寿华在文中提到韩愈因风花雪月染风流病一事。引起韩愈第三十九代直系血亲韩思道不满，诉其"诽谤死人罪"。法院受理并判决郭寿华诽谤罪成立。判决引起极大震撼，被指为文字狱。当时，杨仁寿先生曾起而辩护，称判决尚属公允。多年后，认识到判决有误，误在一味专注于概念逻辑，只知"运用逻辑"，为机械的操作，未运用智慧，为"利益衡量"，以致闹此笑话。并称"至今思之，未免可晒"。载于杨仁寿：《法学方法论》，3～4页，北京，中国政法大学出版社，1999。

② ［英］丹宁著，杨百揆等译：《法律的训诫》，69页，北京，法律出版社，1999。

③ 参见最高人民法院《关于在已取得土地使用权的范围内开采砂石是否需办理矿产开采许可证问题的答复》（［2006］行他字第15号）。

　　第三，解释的对象是不确定概念或者一般条款。对这样的概念和条款运用文义解释，只能得到大概的方向和框架，无法把握具体的内容和要件，自难形成可用于个案的大前提。此时只能借助其他方法，也就是具体化的方法。比如，法律规定作出较大数额罚款等处罚决定之前应听证。那么"等"字是否包括没收？"等"的字面意思是"表示列举未完"或者"还有"。"还有"哪些？语焉不详。文义解释的作用只能到此为止，要搞清楚，就需要其他解释方法来接替。

　　第四，存在法律漏洞。法律漏洞分为明显漏洞和隐藏漏洞。明显漏洞就是法律规则缺位。包括文义解释在内的狭义解释方法都是针对法律规则及其概念，规则缺位，文义解释自无用武之地。隐藏漏洞就是法律规则在文义上将不应规范之事纳入规范。顾名思义，文义解释就是按照文义来解释，将不应规范之事剔除，已非文义解释所能为。

　　有必要指出，在裁判文书中，运用文义解释一般不必细致分析，甚至有时可不作分析。比如判断一次盗窃是否属于屡教不改时，判决中只要直接写出结论即可，因为"屡"的含义，具有一般文化水平的人都知道。运用其他解释方法时则一般应做较细分析，这是裁判文书说理性的要求。

二、体系解释

　　《纪要》规定："语义不清楚或者有歧义的，可以根据上下文和立法宗旨、目的和原则等确定其涵义。"其中提到的"根据上下文"就是体系解释方法。所谓体系解释指以法律条文在法律体系上的地位，即依其编、章、节、条、款、项之前后关联位置，或相关法条之法意，阐明其规范意旨之解释方法。[①] 法律是一个有机整体，过于强调文义，易现只见树木，不见森林之弊，体系解释则恰可弥补。其在整体中把握局部，既有助于把握法条意义，也有助于保持法律体系的一致性。之所以用体系解释接替文义解释，是因为两者之间的密切联系，文义解释是把某一法条作为解释文本，体系解释则把文本扩大到相关的数个法条，甚至扩大到一部法律或数部法律。

　　体系解释有五种具体方法，分别为扩张解释、限缩解释、类推解释、

---

①　参见杨仁寿：《法学方法论》，140 页，北京，中国政法大学出版社，1999。

反对解释和合宪解释。[①] 这些方法并无优先次序，我们可以根据情况选择，如无矛盾，也可并用。

1. 扩张解释方法的运用

扩张解释，即将通常较为狭窄的文义在外延上进行扩张。这一方法的运用需要满足两个条件：

第一，文义过于狭窄，不足以表示立法真义。如何判断立法真义？通过研究上下文关系和法律目的来判断。比如台湾地区有一案例，涉及出售鸦片的罚则可否适用于出售鸦片烟灰者的问题，其焦点在于鸦片是否包含其烟灰。通常文义上，两者有别。不过，从禁烟条规看，之所以禁绝鸦片是因为它会令人上瘾并损害健康，此为立法真义。法条"鸦片"一词的通常文义与立法真义之间存有差距，而法院的任务就是尽量予以弥合。该案判决体现了这一思想，其中称："烟灰含有鸦片余质，仍可吸食抵瘾，纵仅出售烟灰，亦无解于贩卖鸦片之罪责。"[②]

第二，外延的扩张不得突破文义的极限，或者"文义预测可能性"。如前例，鸦片"烟灰"虽非典型的鸦片，不处在鸦片概念的核心，但其与鸦片之间的联系是明显的，至少也处在概念的边缘。故此，判决运用扩张解释并未突破文义极限。

如果突破文义可能性，就从狭义解释走出而进入到漏洞补充方法。如果法律有漏洞，如此运用或无问题，如无漏洞，就必是错误的解释。比如，"将淫秽物品出售他人"是一种违反治安管理的行为。《治安管理处罚条例》（已失效）第18条规定，违法行为自发生之日起六个月内公安机关没有发现的，不再处罚。有人购买淫秽光盘自用之后，又转卖他人，或让他人复制，或借给他人造成连续传播。公安机关发现时，最初的售盘行为已超六个月。公安机关把后续的行为当作"将淫秽物品出售他人"的持续状态，对最初售盘者予以处罚。最高人民法院对此类案件作出的答复是：行为人"将淫秽物品出售他人后"应当视为其违法行为已经终了。"致使

---

① 杨仁寿先生的《法学方法论》，笔者反复揣摩，受益匪浅，其解释规则框架的构建非常严密合理，不过，还是存在一些不同认识。比如在体系解释方法分类上，杨先生将当然解释方法列入，笔者并不赞同，因为其解决的是法无明文的问题，事实上还是法律出现了漏洞或者破绽，将其作为漏洞补充方法更为适宜。同时，类推解释主要借助体系的功能，可纳入体系解释。鉴于此，笔者将类推解释替换了当然解释。

② 杨仁寿：《法学方法论》，146 页，北京，中国政法大学出版社，1999。

淫秽物品接连不断地在社会上转卖、复制、传播"，只能作为其违法行为的情节（即所造成的后果）来考虑，而不能视为连续或继续状态。① 为什么？因为购买者的后续行为已经超出了"出售"概念的文义可能性，已非扩张解释，而是目的性扩张。但此时扩张与法律目的并不相合，属解释方法的误用。还有一个案例也很能说明问题。《工伤保险条例》规定，职工受伤有"自伤、自残"情形的，不认定工伤。某甲乘坐无照驾驶的未经年检的摩托车，路遇车祸死亡，交警认定对方全责。劳动部门依其家属申请认定工伤，某甲单位不服提起诉讼，理由是，其明知驾驶者没有驾驶证，亦明知摩托车未经年检，明知存在伤亡风险而乘坐，实属自伤自残，不予认定工伤。这种观点未获法院采纳，理由就是这种解释明显超出"自伤自残"的文义可能性。

为便于理解，借几个典型案例展示这种方法的运用：

（1）火车是否属于机动车

在上下班途中被火车撞死能否认定工伤，关键就看火车是否属于机动车。《道路交通安全法》对机动车的定义为"以动力装置驱动或者牵引，上道路行驶的供人员乘用或者用于运送物品以及进行工程专业的轮式车辆"。其中的"上道路行驶"把火车排除在外了。《道路交通管理条例》第3条第1项又做了外延式规定，"机动车是指各种汽车、电车、电瓶车、摩托车、拖拉机、轮式专用机械车"。其中也没有将火车列入。按照《工伤保险条例》的规定，上下班路上发生机动车事故的可以认定工伤。按照机动车的定义，被汽车撞能认定工伤，被火车撞就不能认定工伤。难以想象，立法者会这样处理问题。因为文义明显狭窄，有一般理性的人都可以得出这个结论。《工伤保险条例》与《道路交通安全法》的上述法条之间出现了不协调，法院应当做的是"熨平法律织物上的皱褶"，而不是简单地顺从这样的安排。如何"熨平"？唯有合理扩大机动车概念的外延。应当注意到，机动车的概念是出现在《道路交通安全法》和《道路交通管理条例》上，受调整范围所限，它们只能规范"道路"上的机动车，所以定义中提到道路是再正常不过的事情。从逻辑上，我们不能就此认为道路之外就没有机动车。因此，机动车定义中的"上道路行驶"不应作为要件看

① 参见最高人民法院行政审判庭《关于出售淫秽物品如何计算追溯期限问题的电话答复》（1991年8月21日）。

待。排除这一条件后,火车完全符合其余条件,因此可以得出结论:火车属于机动车。按照这一解释,机动车不仅包括上道路行驶的机动车,而且还应包括轨道交通中的火车、地铁和轻轨等交通工具,此一解释,应当说很好地体现了对劳动者利益的保护,更符合立法真义。

(2)上下班途中

"上下班途中"也是认定工伤的一个重要条件,其为确定概念,但有着复杂的演化。比如,单位给其职工某甲分了一间宿舍,某甲的家人住在外面。某甲的工作为白班、小夜班和大夜班循环制,按照排班情况,某甲经常往返于单位与家人住处之间。一天,某甲为小夜班,在从家人住处到单位的路上发生车祸,受伤住院。后申请工伤认定,劳动部门作出了其受伤属于工伤的认定。单位不服,提起诉讼,主要理由是单位已给某甲分了宿舍,宿舍就是其住处,"上下班途中"仅限于住处到单位之间的路上,不应包括探亲往返途中,故在探亲途中发生的机动车事故不应认定为工伤。法院判决未采纳原告观点,维持了工伤认定决定。其主要理由是,职工既有单位临时休息宿舍,又另有较近的与家人相处的居住场所,根据工作岗位的不同上班时间要求,选择更有利于自己休息的住处属于情理之中。因此,就存在休息宿舍和工作场所、经常居住地与工作场所间的多种上下班合理路径。[①]判决恰当地运用了扩张解释方法。"上下班途中"是从住所到工作场所之间的路径。"住处"可以包括户籍所在地和经常居住地。经常居住地处在住所的概念边缘。从工伤保险制度目的来看,将经常居住地纳入住所,将其与单位之间作为"上下班途中"具有合理性。

(3)职工参加单位组织的比赛受伤

在单位组织的足球比赛中,司机林某受伤导致小腿骨折,申请工伤认定遭拒。劳动部门给出的理由是,林某是单位的司机,踢球并不是其本职工作,故林某不是在工作时间、工作地点因工作原因而受伤,其受伤情形不符合《工伤保险条例》第14条和第15条规定的认定工伤和视同工伤的情形。法院审理认为,林某在公司组织的足球比赛中受伤,系为公司利益,被告未能提供证据证明其受伤非因工作原因。笔者认为法院的判决非常合理,此种情形可以归入《工伤保险条例》中的"单位负责人指派的临

---

① 参见张意文:《职工往返于住处和工作单位之间的合理路径属于工伤认定中的"上下班途中"》,载最高人民法院行政审判庭编:《中国行政审判指导案例》第1卷(第33号案例)。

时工作"，比赛并非工作的通常含义，但亦可在轮廓部分找到位置，结合工伤保险立法精神，将其纳入属于合理扩张。

（4）临床违规使用的工业氧是否属于劣药

这个问题涉及管辖权问题，如果是劣药就由药监部门处理，如果不是则由工商部门处理。一种意见认为，工业氧是一种工业品，不是药品，国家药典当中也没有将工业氧列入。既然工业氧不是药品，自然也不可能是劣药。另一种意见认为，此时的工业氧是药品。第一，工业氧用于临床时，既是工业产品，同时又是药品。工业氧是否药品应当根据其用途和目的来判断。当它用于临床时，其用途是医用，医院是将其作为药品在使用。因此当工业氧用于临床时，既是工业产品，同时又是药品，应当受《药品管理法》调整。第二，以工业氧代替医用氧的行为，既是销售不符合保障人身健康、财产安全产品的行为，同时又是销售含量不符合国家药品标准的行为。工业氧的氧含量没有达到医用氧的标准，用工业氧代替医用氧，属于"药品成分的含量不符合国家药品标准"的行为，此时工业氧应界定为"劣药"。最高人民法院采纳了第二种观点，其答复为：《药品管理法》第 32 条规定，药品必须符合药品标准。国务院药品监督管理部门颁布的《中华人民共和国药典》和药品标准为国家药品标准。医用氧被列入其中，制定有相应的国家药品标准，应当按照药品管理。① 笔者认为，从通常文义上，我们不会把工业氧看作药品。所以说，认为药品限于药典所列，在文义上可以找到依据。不过，从《药品管理法》规定来看，其目的在于规范药品的研制、生产、销售和使用，使药品的研制、生产符合质量标准，销售和使用能够保证用药安全，按照这一目的，其规范的药品就不仅包括那些列入药典的药品，也包括不是合格药品或者本来不是药品但被当作药品使用的物品（比如该法第 74 条、第 75 条就对生产、销售假药、劣药设定了罚则），由此来看，《药品管理法》的药品范围应当宽于通常文义。应当按照用途来界定，只要被当作药用，就应当视为药品。只有如此，才与《药品管理法》的真义保持一致。

（5）"扩大"与"改为"

法律规定，装修房屋时，禁止将"没有防水要求的房间或者阳台改为

① 参见最高人民法院《关于工商行政管理部门对医疗机构购买工业氧代替医用氧用于临床的行为是否具有处罚权问题的答复》（［2003］行他字第 8 号）。

卫生间、厨房"。某甲装修房屋时，打掉一堵墙，使卫生间扩大了1.96平方米。行政机关依据上述规定处罚某甲。某甲不服，提起诉讼。主要理由是，法律规定的"改为"意味着整个卫生间都是由房间或者阳台改成的，并不包括卫生间"扩大"的情形。行政机关对法律规定做扩大解释是不适当的。法院审理认为，行政机关对法律的解释是适当的。[①] 笔者认为，某甲的理解只是"改为"的典型情况，结合法律目的，之所以反对"改为"是因为卫生间是有防水要求的，如果将没有防水要求的房间改为卫生间势必影响房屋质量，亦会妨碍相邻人对其房间的正常使用。这一点，卫生间全部由房间改造与只有一部分由房间改造是没有区别的，因此扩大解释是必要的。

（6）加处罚款在非诉执行中是否与罚款一并执行

有一种观点，加处罚款属于执行罚，不属于行政处罚，而是一种行政强制措施，不是行政处罚决定本身的内容，故不属于人民法院非诉执行的范围。笔者认为，这种观点在文字的角度看无疑是有道理的。但是要看到，加处罚款是从处罚决定衍生出来的，且写入处罚决定当中。不仅如此，更要看到行政处罚法在设定执行罚条款时并未授予行政机关强制执行的权力，如果不借助非诉执行，法律的目的将落空，显然这并非立法者追求的结果。因此，联系上下文，应当对罚款在可能文义范围内采取较宽的解释基准，将加处罚款理解为罚款。

2. 限缩解释方法的运用

限缩解释，又称缩小解释，是将通常较为广泛的文义在外延上收缩。其适用需要满足以下两个条件：

第一，通常文义失之过宽，不符合立法真义。比如，《工伤保险试行办法》规定的排除认定工伤的情形之一为"犯罪或违法"，就是说职工在受伤时如有犯罪或者违法情形的，就不能认定工伤。某单位司机因公外出时违反交通规则情节轻微未受任何处罚，能否认定工伤？从通常文义讲，违反交通规则（比如压线、超速）亦属违法。不过，从法律规定将违法与犯罪并列来看，将轻微违法也作为排除认定工伤理由，显然有违立法真义。所以，最高人民法院在一个批复中体现了这种思想，认为违法是性质

---

① 参见王晓滨：《擅自扩大卫生间属于室内装修中的违规行为》，载最高人民法院行政审判庭编：《中国行政审判指导案例》第1卷（第11号案例）。

比较严重的违法，其程度应接近于犯罪。[①]

第二，文义应当缩小到与相关法条或概念相互协调的程度。比如，《城市房地产管理法》第 62 条规定："房地产抵押时，应当向县级以上地方人民政府规定的部门办理抵押登记。"有些市县政府下文，指定工商机关负责办理企业的房屋抵押登记，诉讼时涉及工商机关是否具有办理房地产抵押登记职权的问题。这个问题上，建设部门与工商部门一直有着职权之争。工商部门说，我的权力来自市县政府的指定，所以不存在越权问题。市县政府说，指定工商部门的依据就是《城市房地产管理法》第 62 条，该条未明言哪些部门不能指定，故可指定任何部门。显而易见，这种理解不符合立法真义，规定中的"部门"文义过于宽泛。联系上下文，该法第 6 条规定非常重要，其内容为："国务院建设行政主管部门、土地管理部门依照国务院规定的职权划分，各司其职，密切配合，管理全国房地产工作。""县级以上地方人民政府房产管理、土地管理部门的机构设置及其职权由省、自治区、直辖市人民政府确定。"该规定明确了，可以被赋予房地产管理职能的部门只有两个。此条对第 62 条具有约束作用，市县政府只能在此范围内指定。[②]

需要注意，法条文义过宽，如果能够在上下文找到制约条款或概念，就可以做限缩解释，如果找不到制约条款，则意味着法律存在漏洞，相应的限缩也就变成了漏洞补充方法，由于用来限缩的依据只能是法律目的，因此这种方法又被称为目的性限缩。比如，2003 年《工伤保险条例》出台取代了《工伤保险试行办法》，其规定的排除事项有"违反治安管理伤亡"，当时《治安管理处罚条例》第 27 条和第 28 条对交通违法行为十五种违章行为设定了罚则。这些违章行为是否都排除认定工伤？存在不同认识。一种观点认为，应当按照文义，十五种违法行为都应排除。另一种观点认为，十五种违法行为的性质有轻有重，应当区别对待。后来，《治安管理处罚法》出台，其中关于交通违法行为只保留了两种：一是偷开他人机动车；二是无证驾驶或者偷开他人航空器和船舶。此后，区别对待的观点得到越来越多的人支持。区别对待的观点其实就是目的性限缩的方法，而不是限缩解释方法。

---

① 参见最高人民法院法行（2000）26 号批复。
② 笔者一家之言，不代表机构观点。

下面举两个个典型例子进一步演示这一方法的运用。

（1）原告资格主观标准的客观化

《行政诉讼法》第 2 条规定，公民、法人或者其他组织其他组织认为行政机关和行政机关工作人员的具体行政行为侵犯自己的合法权益，有权提起行政诉讼。依通常含义，原告资格似乎是纯粹主观标准，任何人只要"认为"自己受到行政行为侵害就可以了。这过于宽泛，显然不符合立法真义。从《行政诉讼法》第 1 条规定来看，解决行政争议是其主要目的之一；从《行政诉讼法》第 2 条规定的"自己"用语来看，这个争议显然是起诉人与行政机关之间的争议，不仅如此，其旨趣所在应当是保护起诉人"自己"的利益。也就是说，是否构成真正的行政争议，关键就看起诉人是否在主张自己的利益。如果起诉人只要声称自己的利益受到侵犯，即使其显然没有任何值得保护的利益，案件也必须受理，则上述规定就没有任何意义。所以，显然原告资格应当有所限制。最高人民法院司法解释规定的"法律上利害关系"实际上就是一个合理的限缩解释。

（2）落实政策性质的房地产纠纷

最高人民法院 1992 年作出一个关于房地产案件受理问题的司法批复，其中称："凡不符合民事诉讼法、行政诉讼法有关起诉条件的属于历史遗留的落实政策性质的房地产纠纷……不属于人民法院主管工作的范围，当事人为此而提起的诉讼，人民法院应依法不予受理或驳回起诉，可告知其找有关部门申请解决。"① 房管部门作出了落实私房政策的通知，宣布撤销对某甲占有房屋的经租，责令其退还某乙自行管理。某甲以该房屋系其经批准自行建造，非租赁自房管部门，更与某乙无关为由，拒不腾退，并向法院提起行政诉讼。房管部门作出的是一个落实房屋政策的决定，在通常文义上，某甲与房管部门之间的纠纷可以归入"落实政策性质的房地产纠纷"。按照上述批复，法院似乎不能受理。然而，最高人民法院再次就此案作出了个案批复，如果该房屋确系某甲经批准建造，则其起诉应当受理。② 落实政策的目的在于解决新中国建立早期社会主义私房改造扩大化

---

① 最高人民法院《关于房地产案件受理问题的通知》（1992 年 11 月 25 日 法发〔1992〕38 号）。

② 参见最高人民法院《关于对山西高院关于行政机关以落实政策为由作出的行政处理决定涉及公民、法人和其他组织权益的，该公民、法人或组织向人民法院提起行政诉讼，人民法院应否受理的请示的答复》（〔1999〕行他字第 143 号）。

产生的遗留问题，这些问题不适合用当前的法律标准去衡量，也不适宜用诉讼途径解决，以政策调整更为恰当。这种纠纷应当是国家与房屋原权利人之间的旧有纠纷，而不包括国家与其他人之间的新的纠纷。就本案来讲，落实政策行为本来是为了解决国家与某乙之间的旧的房地产纠纷，但是却同时产生了国家与某甲之间的新的房地产纠纷。按照《行政诉讼法》第2条和第75条规定，自该法实施之日起，公民、法人或者其他组织认为具体行政行为侵犯自己合法权益的，都可以提起行政诉讼。所以，在"落实政策性质的房地产纠纷"中就应当将国家与某甲之间的新的房地产纠纷排除。只有如此，司法批复才能与《行政诉讼法》的规定相互和谐，也才符合立法真义。

3. 类推解释方法的运用

解释法条用语文义时，类推其他法条用语之含义加以阐释，使其真正含义得以澄清的一种方法。

笔者认为，类推实际上是一种比较分析方法，有时可以通过比对两个概念的特征而直接得出答案。比如，《治安管理处罚条例》第39条规定："被裁决受治安管理处罚的人或者被侵害人不服公安机关或者乡（镇）人民政府裁决的，在接到通知后五日内，可以向上一级公安机关提出申诉，由上一级公安机关在接到申诉后五日内作出裁决；不服上一级公安机关裁决的，可以在接到通知后五日内向当地人民法院提起诉讼。"其中的"申诉"究竟何指？通常含义上，申诉与信访同义。将其与《行政复议法》相比对，可以发现其符合复议的特征。再结合第40条关于"对治安管理处罚提出申诉或者提起诉讼的，在申诉和诉讼期间原裁决继续执行"的规定，其在诉讼之前，更与复议相似。故可以将其理解为行政复议法规定的"复议"。

有时，在比对概念特征过程中，需要结合事实分析。比如，《水法》第48条第1款规定："直接从江河、湖泊或者地下取用水资源的单位和个人，应当按照国家取水许可制度和水资源有偿使用制度的规定，向水行政主管部门或者流域管理机构申请取水许可证，并缴纳水资源费，取得取水权。但是，家庭生活和零星散养、圈养畜禽等少量取水的除外。"该条没有明确从水库取水是否需要缴纳水资源费。某供水公司从水库取水，每月向水库管理单位缴纳水利工程水费。因其一直未缴纳水资源费，当地水利部门多次下达催缴水资源费的通知，遭到拒绝后，水利部门作出责令限期缴纳水资源费的通知。供水公司不服，提起诉讼。诉讼中，水利部门提出的理由是，按照当地政府规章规定，湖泊包含水库。如此解释是否符合法律真义？答案是肯定的。《水法》第7条规定："国家对水资源依法实行取水许可制度和有偿使用制度。但是，农村集体经济组织及其成员使用本集体经济组织的水塘、水库中的水除外。"从其但书推断，"水库"显然被纳入取水许可制度和有偿使用制度。从事实角度看，水库与湖泊不仅形态相似，而且都是源流于自然江河。鉴于此，最高人民法院答复认为，《水法》对水资源实行有偿使用只作了原则性规定，在国务院制定水资源费征收办法前，除法律、行政法规明确规定不得征收水资源费的情况外，水资源费征收范围应暂按省、自治区、直辖市的规定执行。目前水库分为设计有供水功能的水库和没有供水功能的水库。有供水功能的水库，且水库管理单位已向水行政主管部门申请取水许可证并缴纳水资源费的，用水户仅需按用水量和水利工程供水价格向水库管理单位支付水利工程水费，无须再向国家缴纳水资源费；没有供水功能的水库，则用水户应当依法直接向水行政主管部门申请取水许可并缴纳水资源费。①

4. 反对解释方法的运用

反对解释是反定理的逻辑，即不同事项不同处理。许多法律条款都可以通过反对解释来明确真义。比如，《行政诉讼法》第2条规定："公民、法人或者其他组织认为行政机关和行政机关工作人员的具体行政行为侵犯其合法权益，有权依照本法向人民法院提起诉讼。"其反对解释为，公民、法人或者其他组织主张他人权益的，无权提起行政诉讼。再比如，法律规定行政诉讼起诉期限为3个月，但"法律规定的除外"。其反对解释为法规、规章、规范性文件无权规定行政诉讼起诉期限。

《若干解释》规定一种排除行政诉讼的情形为，公安、国家安全等机关依照刑事诉讼法明确授权实施的行为，其意为此行为是司法行为而不是行政行为。那么，看守所羁押犯罪嫌疑人的行为是司法行为还是行政行为？在实践中，各地做法不一。最高人民法院的答复为：根据《中华人民共和国看守所条例》的规定，看守所是对被依法逮捕的犯罪嫌疑人予以羁押的法定场所，并负有保护被羁押人在羁押期间人身安全的法定职责和义

---

① 参见最高人民法院行政审判庭《关于用水单位从水库取水应否缴纳水资源费问题的答复》（〔2004〕行他字第24号）。

务。看守所履行上述职责的行为，是行政法规赋予的行政职责行为，不是《中华人民共和国刑事诉讼法》规定的行使国家侦查职权的司法行为。因此，犯罪嫌疑人在看守所羁押期间患病未得到及时治疗而死亡所引起的国家赔偿，应当按照《中华人民共和国国家赔偿法》规定的行政赔偿程序处理。① 其中"不是《中华人民共和国刑事诉讼法》规定的行使国家侦查职权的司法行为"有反对解释的明显痕迹。

《工伤保险条例》第 53 条规定，公民、法人或者其他组织对行政机关作出的工伤认定决定、单位缴费费率决定、认定签订服务协议的医疗等机构未履行协议或者规定决定、工伤保险待遇等 4 种行政行为不服的，提起诉讼实行复议前置。其他行政行为可否直接起诉？最高人民法院答复称：当事人对工伤认定不予受理决定等其他有关具体行政行为不服，直接提起行政诉讼并符合其他起诉条件的，人民法院应当依法受理。② 此为反对解释运用的范例。

反对解释并非放之四海而皆准，不加分析地运用，必定会出问题，甚至闹出笑话。比如，《治安管理处罚法》第 12 条规定，"已满十四周岁不满十八周岁的人违反治安管理的，从轻或者减轻处罚；不满十四周岁的人违反治安管理的，不予处罚，但是应当责令其监护人严加管教。"运用反对解释就成了，"超过 18 周岁的人违反治安管理的，不得从轻或者减轻处罚；满十四周岁的人违反治安管理的，必须予以处罚"。如果法律没有规定行政行为是否可诉，其反对解释就意味着该行政行为不可诉。③ 一起案件中，某人祖上解放前购买房屋连同土地，解放后地方人民政府为其颁发了房地所有权证，1982 年《宪法》将城市土地收归国有，其不再享有土地所有权。那么，其土地的使用到底是什么性质？20 世纪 90 年代，当地拆迁确定补偿标准时涉及这一问题。按照当今土地法制，土地使用权只有两种，一种是无偿的划拨，一种是有偿的出让、转让。拆迁主管部门裁决所持观点为，既然被拆迁人的土地使用权不是通过出让、转让取得，就应

---

① 参见最高人民法院研究室《关于犯罪嫌疑人在看守所羁押期间患病未得到及时治疗而死亡所引起的国家赔偿应如何处理问题的答复》（法研〔2005〕67 号）。

② 参见最高人民法院行政审判庭《关于如何适用工伤保险条例第五十三条有关问题的电话答复》（〔2005〕行他字第 19 号）。

③ 《行政诉讼法》出台之前，这种观点得到实践认可。《行政诉讼法》出台后，就行不通了。一个具体行政行为，只要法律没有否定其可诉性，就应可诉。

视为划拨取得。被拆迁人不服，反唇相讥到，为何不说既然土地使用权不是通过划拨取得，就应视为出让取得呢？

可见，反对解释方法的运用应受某些限制。哪些限制呢？德国学者库鲁格从逻辑技巧入手，给出了答案。他认为，某一法律规定，可否为反对解释，应看其构成要件与其法律效果之间的行为，及相互间逻辑关系加以决定。① 构成要件与法律效果之间不外三种关系：

第一，效果包含要件。比如，火车是机动车，效果要件"机动车"就包含着构成要件"火车"。这种情形不宜反对解释，否则就会得出"火车以外的车不是机动车"这样有悖常识的结论。

第二，要件包含效果。如果倒过来，机动车包括火车，那么，不是机动车就肯定不是火车。在这种情况下，反对解释可用。

第三，要件和效果互相包含。比如，成年的唯一条件就是满 18 周岁的公民，满 18 周岁的公民就是成年。两者就是一种相等关系。反过来，未成年的人一定未满 18 周岁，未满 18 周岁的一定是未成年人。在此情况下，反对解释可用。

在判断要件与效果之间关系之前，要仔细识别要件，要件部分的内容未必都属于要件。离退休人员是否具有工伤保险资格？最高人民法院曾经作过如下批复：根据《工伤保险条例》第 2 条、第 61 条等有关规定，离退休人员受聘于现工作单位，现工作单位已经为其缴纳了工伤保险费，其在受聘期间因工作受到事故伤害的，应当适用《工伤保险条例》的有关规定处理。其中的"现工作单位已经为离退休职工缴纳工伤保险费的"就不能理解为要件，因为是否缴纳工伤保险费，并不妨碍工伤认定，至少《工伤保险条例》中的工伤认定条款就可适用。批复之所以如此表述，主要因为此系个案特殊情节，而该批复系个案批复。

要件与效果的关系如何判断？笔者认为，有以下两种途径：

一是借助经验。比如，在现行法背景下，出让、转让是有偿取得土地使用权的方式，除此有偿取得土地使用权再无其他方式。"出让、转让"与"有偿取得土地使用权"之间的关系，按照现行法可以画等号，但结合历史，解放初期曾允许土地所有权转让，所有权包含使用之权能，土地所有权收归国家，土地使用权仍为地上房屋所有权人保留。追根溯源，这种

---

① 参见杨仁寿：《法学方法论》，153～159 页，北京，中国政法大学出版社，1999。

使用权的性质应当归类为有偿取得，而非无偿取得。由此可以判断，"有偿取得土地使用权"在外延上大于"出让、转让"，即效果包含要件。

二是借助法律上下文。比如，《治安管理处罚法》规定不满 14 岁的人违法不予处罚。关于可以不予处罚的情形，《治安管理处罚法》还规定了其他几种情形，比如自首、立功、情节显著轻微等。可知"不予处罚"的外延大于"不满 14 岁的人"，亦是效果包含要件。如果像这样，能够找到直接的判断依据，自是最好。不过很多情况下，是不能找到直接依据的。此时，退而求其次，看看能否找到间接法条，然后通过分析决定是否用作判断依据。比如，"上道路行驶的车辆"与机动车的关系，主要就是抓住机动车定义条款处在《道路交通安全法》这样一个关键，通过将"上道路行驶"从机动车要件中排除，从而得出效果包含要件的结论。即使找不到有关条文，也不见得全无用处。比如，在《工伤保险条例》上寻找，除了第 53 条规定了四种复议前置的情形外，他处再无复议前置的规定，可以确定"四种情形"与"复议前置"相互包含。

5. 合宪解释

所谓合宪解释，指的是下位法存疑时，如上位法的含义相对明确，则引入上位法规则以消除疑义的一种方法。一起案件中，黄某领养一弃婴并办理了收养手续，后其妻怀孕，计划生育部门以属于计划外怀孕为由对其妻采取了强行搬走电视机和限制活动范围的措施，将其禁闭在镇政府并于同日引产。黄某夫妻不服，提起行政诉讼。当时生效的最高人民法院《关于贯彻执行〈中华人民共和国行政诉讼法〉若干问题的意见试行》第 2 条第 3 款规定："公民对计划生育主管部门作出的征收超生费、罚款的行政处罚不服的，可以向人民法院提起行政诉讼。"该款规定是否构成受理的障碍，原审法院有不同意见，一种意见认为，按照上款规定，计生案件的受案范围只限于对计生主管部门作出的征收超生费、罚款的行政处罚。计生工作是"天下第一难"，对计生中采取的过激现象应予理解，本案应裁定驳回起诉，建议由政府处理。另一种意见是，扣押财物和限制人身自由属于行政强制措施，对此不服提起诉讼，符合《行政诉讼法》第 11 条规定的受案范围。《行政诉讼法》没有特别规定某一类行政主管部门所采取的行政强制措施，可以不属于行政诉讼法的受案范围。有关司法解释并不意味着计生管理中法院只能受理不服征收超生费、罚款的起诉，而是明确征收超生费、罚款的行为属法院的受案范围，与行政诉讼法的规定并不矛盾。最高人民法院就此问题的批复采纳了第二种意见。① 笔者认为，该批复运用的正是合宪解释方法，即用《行政诉讼法》第 11 条第 1 款第 2 项规定的明确含义澄清了司法解释的疑义，据此我们可以断定，对司法解释的规定只能从正面去理解，而不能做反对解释。

6. 体系解释与其他狭义解释方法的关系

除文义解释、体系解释之外，狭义解释方法还包括法意解释、目的解释和社会学解释。笔者认为，这几种方法并无绝对的先后关系。如果具备条件，可以合并使用，如果能够相互补充或者结论一致，最后的结论无疑更具说服力。如果不同方法带来不同的结论，怎么办？可进行综合比较。不同的解释方法依靠不同的素材，文义解释从法条文字入手；体系解释侧重法条结构及相互关系；法意解释离不开载明立法意图的材料；目的解释强调法条、规整及法律规范整体的目的；社会学解释则须借助对社会关系和生活事实的观察与把握。不同载体各有其价值在背后支撑，价值之间可能相互一致、相互协调，也可能相互矛盾、相互冲突。如何取舍，乃是一个复杂的权衡过程，难以言表。求安的本能，使人类无法放弃确定性的追求。受自身规定性的局限，人类又无法穿透认知的迷雾。对峙的矛盾格局之中，越是依赖主观因素的判断，就离终极确定性越远。在此，笔者只能遗憾地指出，价值取舍充满了主观性。对我们来说，最好的结果，也无法达到数理科学般精确，而只能获得较有说服力的结论。这是解释的软肋，但也恰是其艺术性及魅力根由所系。

三、法意解释

《纪要》规定："语义不清楚或者有歧义的，可以根据上下文和立法宗旨、目的和原则等确定其涵义。"其中的立法宗旨就是法意。法意解释，又称立法解释、沿革解释或历史解释，系指以立法意图为依据，确定法条意义的方法。丹宁法官说："律师的任务—也是法官的任务—是找出国会的意图。"② 运用法意解释方法的关键在于寻找立法意图。关于立法意图，

---

① 参见最高人民法院《关于不服计生管理部门采取的扣押财物、限制人身自由等强制措施而提起的诉讼人民法院应否受理问题的批复》（法复〔1997〕3 号）。

② ［英］丹宁著，杨百揆等译：《法律的训诫》，10 页，北京，法律出版社，1999。

有两种学说：一为主观说，指的是立法者立法当时的意思。二为客观说，指的是法律所具有的合理意思。① 笔者更为赞同客观说。但是需要注意，要对立法者意思有足够的尊重，解释者归纳的客观法意须有相应的载明立法者意思的资料为基础。如果没有任何资料，就推测立法本意，或者虽有资料而不采纳，另行提出立法本意，实际上并非"立法者之意"，而是"法官之意"。即便在法院分享立法权的判例法国家，亦有被指为"赤裸裸地篡夺立法职责"② 的风险。即便法院可以如此解释，亦不属法意解释，而是其他解释方法甚至是漏洞补充。③ 可用作法意解释的资料既包括立法过程中形成的正式材料，也包括参与立法的机构、人员的非正式意见，具体可分为如下六种：

第一，指导起草的政策性文件。比如，按照《计量法》第 22 条规定，为社会提供公正数据的产品质量检验机构只有在经过计量认证后才能开展工作。那么，建设工程质量监督站是否要经过认证？从文义上看，建设工程质量监督站可以纳入该条调整。但是国务院 1992 年作出了《关于加强质量工作的决定》，其将质量工作按照产品质量、工程质量和服务质量进行分类，由此分类可知，建设工程质量监督站可以定性为工程质量检验机构，而不是产品质量检验机构。《计量法》由国务院起草，该决定在《计量法》出台之前作出，应当视为立法起草的指导性文件。得此立法本意，最高人民法院作出批复，建设工程质量监督站不需经过计量认证。④

第二，起草及审议过程材料。包括起草立项报告、立法座谈会、论证会、听证会记录和报告、审议报告等。目前，上述材料多属内部文件，随着透明政府建设的不断深入，相信上述材料将会逐步公开。

第三，起草说明。比如，房屋登记、婚姻登记是否属于行政许可？从文义上看，其可以纳入行政许可的法律定义。不过，国务院法制办在其起草说明中就此问题专门指出，确认人身关系、财产关系的行政行为不是行

① 参见梁慧星：《民法解释学》，219 页，北京，中国政法大学出版社，1995。

② ［英］丹宁著，杨百揆等译：《法律的训诫》，14 页，北京，法律出版社，1999。

③ 比如美国 1787 年宪法规定军队包括陆军和海军，空军出现后，一起案件涉及其宪法地位。法官推测立法者有将空军纳入军队的意图。这实际是在弥补宪法漏洞。

④ 参见最高人民法院《关于对县级以上人民政府设立的建设工程质量监督站是否应由计量行政主管部门进行计量认证问题的请示的答复》（［1996］法行字第 7 号）。

政许可，不受行政许可法调整。

第四，立法和起草机关的解释性文件。比如，《产品质量法》第 70 条规定，行政处罚由产品质量监督部门或者工商行政部门按照国务院规定的职权范围决定。这一权力如何分配，法律实施之后一直不明确。2001 年国务院作出国办发［2001］56 号文和 57 号文，其中规定："国家质量监督检验检疫总局负责生产领域的产品质量监督管理；国家工商行政管理总局负责流通领域产品质量监督管理。"该规定既是对《产品质量法》第 70 条的解释，同时由于国务院的法律起草单位身份，亦可理解为对立法本意的一种阐释。①

第五，立法和起草机关的指导和咨询意见。按照《立法法》的规定，全国人大法工委工作机构可以对有关具体问题的法律询问进行研究予以答复。法院在审理案件遇到涉及法律本意如何理解问题时，可以循此途径。此外，法院也可以采取征求意见的方式探寻立法本意。

第六，参与立法人员的个人意见。包括法律条文释义、在法律问题论证会上发表的意见等。

在运用上述材料明确法意的过程中，需要注意两点：

一是材料的权威程度。上述材料中，前四种材料具备权威形式，有的甚至属于法律渊源，是解释的重要依据。第五种材料即指导和咨询意见，具有重要的参考价值，应当给予高度尊重。第六种，即参与立法人员的个人意见，具有一定的参考价值，可以根据具体情况决定取舍。

二是材料的形成时间。一般来讲，立法过程材料价值最大，其他材料，与立法间隔时间越长，参考价值会随之降低。

最后在运用法意解释方法时，还须注意一点，法律的年代越近，解释的可靠性越高，反之则会降低。比如，1957 年《关于劳动教养问题决定》规定的适用劳动教养的情形，主要是针对当时的情况。如今，已经发生了天翻地覆的变化，当时看作严重违法的某些问题，在今天看来已不那么严重，甚至不算是违法。对此做法意解释，对于解决今天的问题可能不合时宜。

---

① 参见最高人民法院《关于如何认定质量监督检验检疫部门在产品流通领域中行政管理职权问题的答复》（［2003］行他字第 15 号）。

四、目的解释

《纪要》规定："语义不清楚或者有歧义的，可以根据上下文和立法宗旨、目的和原则等确定其涵义。"其中的"目的"就是目的解释。目的解释，是以法律规范目的为判断依据，来明确法条意义的方法。法律不是一堆零散的文字，而是受到目的操控的规范体系。只有把握住目的，才能真正掌握条款的意义，所以，目的解释应当从寻找目的入手。法律目的有三个层次，皆可作为解释依据。

第一，法条目的。多数法律条文，尤其是完整法条都有其具体目的。从立法技术考虑，一般不会在条文中明白写出，但是通过分析是可以探求和把握的。这个分析的过程就是所谓的逆推法。[1] 比如，《婚姻法》第 8 条规定："要求结婚的男女双方必须亲自到婚姻登记机关办理结婚登记。"那么，婚姻登记机构在双方未亲自到场情况下办理的结婚登记是否属于《行政诉讼法》第 54 条规定的"违反法定程序"？如果是，则婚姻登记即应撤销。最高人民法院答复认为，婚姻关系双方或一方当事人未亲自到婚姻登记机关进行婚姻登记，且不能证明婚姻登记系男女双方的真实意思表示，当事人对该婚姻登记不服提起诉讼的，人民法院应当依法予以撤销。[2] 有人质疑，答复中的"真实意思表示"从何而来？"双方亲自到场"是法律的强制性要求，登记机构未按要求即构成违反法定程序，法院增加了"真实意思表示"的条件考量，系凭空增设条件，于法无据。笔者认为，此言有"只见树木、不见森林"之误。从《婚姻法》第 8 条要求当事人亲自到场，可以推测出目的在于确认双方结婚是否出于真实意思。只强调法条文字，忽略其背后的目的，就无法正确理解法律，更无法实现法律意图。

第二，制度目的。在一部法律当中，可能涉及若干具体制度，每个制度都有其较为特定的目的。比如行政诉讼法中管辖制度的目的：一是便于当事人诉讼，主要是便于原告行使诉权；二是便于法院审查。按照地域管辖的规定，行政案件一般由被告所在地人民法院管辖。如果行政机关和当

---

[1]　参见杨仁寿：《法学方法论》，168 页，北京，中国政法大学出版社，1999。

[2]　参见最高人民法院行政审判庭《关于婚姻登记行政案件原告资格及判决方式有关问题的答复》（〔2005〕行他字第 13 号）。

事人不在一地,行政机关对其同时作出限制人身自由和扣押财产两种行为,当事人不服提起诉讼,按照上述规定,就只能由被告所在地法院和原告所在地法院分别审理,或者由被告所在地法院合并审理。是否能够由原告所在地法院合并审理? 按照《行政诉讼法》规定,限制人身自由可以选择在原告所在地或者被告所在地。对扣押财产行为则只能在被告所在地。那么,两个行为基于同一事实,可否合并审理? 行政诉讼法上不够明确,存有疑义。最高人民法院的批复认为,可以由原告所在地法院合并审理。①这一批复的理由基本上是基于行政诉讼管辖制度目的考量。从便于诉讼的角度讲,合并审理显然便于原告行使诉权,节约其诉讼成本。虽然会增加被告的诉讼成本,但行政诉讼更强调方便原告,只要增加的成本没有大到被告无法承受,就符合便于诉讼的目的。从法院审理角度看,合并审理有利于降低审判成本,至于由原告所在地还是被告所在地的法院来合并审理,并无明显差异。

第三,法律整体目的,即贯穿法律整体的目的。我国的立法一般都有完整的结构,其中在开篇都有总则部分或者原则规定,法律目的多可在这一部分觅得。另外,有的法律名称中亦可载有目的,比如《水污染防治法》。在解释下位法时,不仅可以运用该法目的,还可以运用有关上位法的目的。比如前述"上厕所摔伤"工伤认定案中,法院在解释"与完成工作任务有关"这一要件时,就不仅考虑了《工伤保险条例》规定的目的,还运用了其上位的《劳动法》第2条的原则规定,其目的在于保障劳动者一系列权利,其中包括"获得劳动安全卫生保护的权利"。这一目的贯彻劳动法律规范的始终,工伤认定自不例外,这就为解释找到了一个极好的切入点。循着劳动的卫生权利,可以推出企业的相应义务,并进一步具体化为劳动者提供卫生设施的义务(根据企业的实际情况),这些设施一旦设立,即为工作的配套设施,自然与"完成工作任务有关"。

在一起案件中,涉及未经批准交换土地是否属于非法转让土地的问题。按照《土地管理法》的规定,对非法转让土地的处理非常严厉,没收违法所得之外,还要拆除或者没收地上物。按照法律规定,非法转让土地

---

① 参见最高人民法院《关于在同一事实中对同一当事人,行政机关同时作出限制人身自由和扣押财产两种具体行政行为,当事人依法向其住所地法院起诉,受诉法院是否可以合并审理问题的请示的答复》(1993年7月9日)。

不仅仅限于买卖形式，还包括其他形式。所以，交换土地可以认定为相互转让土地的行为，实际上相当于两次买卖的结果，包含在"非法转让土地"的文义可能性之内。国土资源部的意见是，未经批准即进行调换的，应认定转让无效，换地双方需返还所交换的土地。本案涉及的交换土地行为未经县级以上人民政府批准，应当认定交换协议无效。对此类历史遗留问题，如目前双方仍愿意继续调换土地的，经补办批准手续后，办理土地所有权变更登记，对其调换土地行为予以确认。① 这一解释实际上是以法条目的为依据的。法律禁止非法转让土地的目的在于防止土地投机现象，而相邻农民之间相互交换土地是为了方便生产和生活，并且是自己使用，而不是为了投机获利，按照我国有关政策精神，在自愿的原则基础上，调换土地也是允许的，当然需要经过批准。

五、社会学解释

《纪要》规定："人民法院在解释和适用法律时，应当妥善处理法律效果与社会效果的关系，既要严格适用法律规定和维护法律规定的严肃性，确保法律适用的确定性、统一性和连续性，又要注意与时俱进，注意办案的社会效果，避免刻板僵化地理解和适用法律条文，在法律适用中维护国家利益和社会公共利益。"社会学解释与体系解释等方法相同，都是以文义解释为基础，当文义解释结果，有复数解释可能性时，进一步确定其含义，使之明确的一种操作方法。

社会学解释的目标是统一法律效果与社会效果，而统一之要在于，社会效果的考量只能在法律的文义可能性限度内，不得超出。文义可能性实际上代表着法律的弹性系数，文义可能性的领域越大，则法律的弹性也就越大。文义可能性有两种情形：一是在同一内涵之下，外延有伸缩的可能；二是有多种文义，每种文义都有其内涵，每一内涵之下，外延亦有不同程度的伸缩性。当文义解释的结果，有复数解释的可能性出现时，如果不超出文义，严格说来，每一种见解，都是合法的解释。这一选择空间就是社会学解释的用武之地，也是可以考虑社会效果的范围。如果法官认为

---

① 参见《国家土地管理局对浙江省土地管理局关于村与村之间调换土地有关问题的请示的答复》（已失效）（1996 年 7 月 18 日国土函字第 71 号）。

法律的文义存在明显瑕疵而进行补充漏洞，自不能一概禁绝，亦不能反对其用社会效果加以修正，不过，此时他运用的已不是社会学解释方法，而是漏洞补充的方法。有人或许会问，用同样的社会学方法，既然又可以在文义内解释，又可以在文义外补充，还有区分的必要吗？笔者认为，有必要。社会学解释属于司法上的常规方法，可自由运用。漏洞补充属于非常方法，具有造法作用，运用受到很大限制。

日本的"一厘事件"案被看做是社会学解释方法运用的典范。烟农某因私制烟草，被诉违反烟草专卖法，并扣押其私制烟草重约七分，价值一厘。法院审理中就其是否有罪的问题产生很大争议，争议焦点在于烟草专卖法上的"烟草"，究竟应当以物理学观念为之，还是以"共同生活"之观念解释。如从物理学之观念解释，即使私制烟草一分，亦应构成犯罪。如从共同生活观念解释，则不能构成犯罪。法院判决中说："当解释刑法及其他刑罚法时，当考虑究应从于物理学之观念，抑从于共同生活之观念，若依前者，则虽如粒粟、滴水之微，倘于刑罚法有禁制侵害法益之明文，而侵害之者，则无须考虑其为任何场合，均得用该法，以执行其刑罚。然刑罚者，就非专为前述零细之场合而设，虽任何人亦皆不得争执，盖刑罚法者，系规定共同生活条件之法规，以维护社会秩序为唯一之目的，所以当解释之时，应准乎所表现之共同生活观念，而不得从乎物理观念。"[①] 结合此案，可以对社会学方法运用中的两个重要问题进行分析：

第一，社会学方法在什么情况下运用？应当在运用了文义解释、体系解释、法意解释、目的解释之后，文义上仍存在可选择性的情况下运用。"一厘事件"中，如果依物理学观念，则私制烟草一厘也构成犯罪；若依社会学观念，则显属轻微，不构成犯罪。

第二，关于社会效果具体化。社会效果的评价结论左右着解释的方向，然而评价社会效果有关的要素具有极大的开放性，内容也极不确定。为了避免仁者见仁、智者见智，提高社会学解释方法的效用，采用何种分析方法就显得尤为重要。杨仁寿先生提出的方法非常可取，笔者将其概括为利弊分析法和目的归纳法，先后运用即可得出结论。

首先，对每一种解释可能产生的社会效果加以预测，比较哪一种好处更大，或者哪一种害处更小。"一厘事件"的判决中虽未详述，但其结论

---

① 杨仁寿：《法学方法论》，173～175 页，北京，中国政法大学出版社，1999。

显然建立在利弊分析的基础上。学者对于隐含的权衡做了如下表述：私制烟草七分，如以物理学观念解释，认为构成犯罪将之判刑，于世道人心是否有益？不顾费用及手续之繁苛，而强以株求，是否违背税法之精神？凭借经验事实加以预测后，再就共同生活观念解释，是否有同样情形？如若不然，两相比较，害恶孰大？[①]

其次，确定社会目的，并用该目的加以衡量。笔者认为，社会目的与法律目的有别，否则，目的解释就与社会学解释相互交叉。社会目的有两种情形：一是站在社会的角度评价法律的作用。一厘事件判决体现了这样的观念，对社会而言，刑罚的作用就是为了维护社会秩序，而不是为了专门治理危害性不大的违法行为（零细场合）。以此衡量，共同生活观念显然更为适宜。二是法律之外的目的。可能是其他法律的目的，也可能是社会的稳定和发展所衍生出来的值得法律保护的目的。

为了更好地掌握和运用这一方法，下面介绍几个典型案例：

1. 事故伤害发生之日

按照《工伤保险条例》的规定，工伤认定申请期限为"事故伤害发生之日起 1 年内"。2004 年 6 月，杨某从事汽车修理作业时，铁屑溅入左眼。杨某当时滴了眼药水后疼痛缓解，故未去医院检查。2006 年 10 月 3 日，杨某左眼剧痛，视觉模糊，遂赴医院就医。医院诊断为：（1）左眼外伤性白内障；（2）左眼铁锈沉着综合症；（3）左眼球内附异物。同时指出，此类事故伤害可以存在较长的潜伏期。虽经治疗，杨某左眼视力明显减弱。2007 年 4 月 9 日，杨某提出工伤认定申请，劳动保障部门以工伤认定申请已超过 1 年为由，不予受理。杨某不服，提起诉讼。

在通常文义上，"事故伤害发生之日"可以理解为铁屑入眼的当天，不过，理解为伤害确诊之日亦未超出"事故伤害发生之日"的文义可能性。法院最后判决被告受理杨某的申请并作出工伤认定决定。其判决理由较好地运用了社会学方法，其中称："上诉人无锡市劳动局认为《工伤保险条例》第 17 条第 2 款关于工伤认定申请时效的规定是为了防止工伤认定申请的提出没有时间上的限制，并因此导致浪费国家行政管理资源，影响办事效率，妨碍劳动保障部门及时、准确地查明事实。上诉人还认为上

---

① 参见杨仁寿：《法学方法论》，176 页，北京，中国政法大学出版社，1999。

述规定中的'事故伤害发生之日'应当理解为事故发生之日。其上诉理由不能成立。如果不对提出工伤认定申请作出时效限制，确实可能造成行政管理资源的浪费，影响劳动保障部门的工作效率，也不利于劳动保障部门及时、准确地查明事实。但是，规定工伤认定申请时效，更为重要的是充分保障工伤职工的合法权益。另一方面，如果将事故发生之日作为工伤认定申请时效的起算时间，则劳动保障部门在工伤事故发生后，伤害后果没有马上出现的情况下，也无法及时、准确地查明事实，无法作出正确的处理，反而必将造成行政管理资源的浪费，影响劳动保障部门的工作效率，也不利于工伤职工合法权益的保护。"①

2. 采矿行为

某公司在建设水电站挖掘作业中，将得到的砂石土直接用来浇筑水电大坝。当地矿管部门以无证开采为由对其作出《行政处罚决定书》。某公司不服，提起诉讼。在文义上，砂石土属于矿产，这没有疑问。但是挖掘砂石土是否可以理解为采矿行为，却有两种可能。因为采矿有两种可能的文义：一是从外观上，只要挖掘并加利用，就可以界定为采矿行为。二是从目的上，采矿是为了获利，而非自用。对此类问题，国土资源部国土资函〔1998〕190号《关于开山凿石、采挖砂、石、土等矿产资源适用法律问题的复函》作出了如下答复："建设单位因工程施工而动用砂、石、土，但不将其投入流通领域以获取矿产品营利为目的，或就地采挖砂、石、土用于公益性建设的，不办理采矿许可证，不缴纳资源补偿费。"国土资函〔1999〕404号《关于解释工程施工采挖砂、石、土矿产资源有关问题的复函》又进一步指出："我部《关于开山凿石、采挖砂、石、土等矿产资源适用法律问题的复函》'二'中'因工程施工'和'就地'是指在工程建设项目批准占地范围内，因工程需要动用或采挖砂、石、土用于本工程建设。目的是鼓励建设单位在建设中充分利用已批准占地范围内的矿产资源，减少异地开采，以利于保护环境。"从国土资源部考虑的几个因素来讲，既涉及矿产资源法的目的，也涉及环境保护法等其他目的。上述解释观点最终为最高人民法院所采纳。②

① 《杨庆峰诉无锡市劳动局工伤认定行政纠纷案》，载《最高人民法院公报》，2008（1）。
② 参见最高人民法院《关于在已取得土地使用权的范围内开采砂石是否需办理矿产开采许可证问题的答复》（〔2006〕行他字第15号）。

3. 对无财产的已满 14 岁不满 18 岁的人可否适用罚款处罚

一种意见认为不能适用。因为罚款是对违反条例的行为人的一种行政处罚而不是民事赔偿，只能由行为人自己承担责任；如果对其处罚，由监护人支付，对行为人起不到教育处罚的作用，也不符合责任自负的原则。另一种意见认为，条例中没有关于对无财产的已满 14 岁未满 18 岁的人违反条例不能适用罚款处罚的规定。且其监护人对无财产的已满 14 岁未满 18 岁的人负有法律上的监护责任，可以由监护人负担罚款。两种意见都具有合理性，都在文义可能性范围内。最高人民法院答复为：这个问题《条例》第 9 条已作明确规定，已满 14 岁不满 18 岁的人违反治安管理的，从轻处罚；不满 14 岁的人违反治安管理的，免予处罚，但是可以予以训诫，并责令其监护人严加管教。《条例》对无财产的已满 14 岁不满 18 岁的人违反治安管理，没有规定，不适用罚款处罚。鉴于监护人对未成年人员有法定的监护责任，所以对无财产的已满 14 岁不满 18 岁的人违反治安管理的可以适用罚款处罚，由其监护人支付罚款。[①] 笔者认为，两种意见相互比较，上述解释有利于教育未成年人，并督促家长切实履行监护职责，具有明显优势。

第三节　不确定法律概念之具体化

如果有疑义的概念是不确定概念，则解释体现为具体化的过程。解释者虽然也是起始于对概念的理解，但这种理解只能是模糊的、粗线条的，最重要的环节还是事实分析。先找出事实中可能受到不确定概念调整的利益或者要素，然后看这些利益或要素之间是否协调一致。如果不能协调一致（多属此种情形），则结合案件事实分析各自的重要性。在此过程中，价值判断从案件事实中归纳出来，将其与不确定概念相结合，就可以得出适于本案的大前提。试举一例：德国法律规定，征地必须基于"公共利益"需要。某汽车公司看中一块土地，欲购买建试车场，然土地所有权人不肯出售，遂请当地政府出面征地。考虑到该项目可以解决两百多人就

---

① 参见最高人民法院行政审判庭《关于对无财产的已满 14 岁不满 18 岁的人违反〈治安管理处罚条例〉可否适用罚款处罚问题的电话答复》（1988 年 10 月 21 日）。

业问题，且大大增加财政收入，当地政府将之列入大型项目，并作出征地决定。土地所有权人不服，先提起行政诉讼，后又引起宪法诉讼。焦点问题是政府的征地行为是否出于"公共利益"？"公共利益"是不确定概念，难以把握，所以要从分析事实入手。首先，可以找到征地行为涉及的土地所有权、汽车公司的利益、两百多人的就业、财政收入四种利益。然后可以确认汽车公司利益、就业利益和财政收入相互协调，但与土地所有权相冲突。在价值判断环节，宪法法院认为，汽车公司利益是私人利益，不是公共利益；就业利益和财政收入只是汽车公司利益的附带结果，并非直接的公共利益，其与宪法保护的私人财产权的重要性无法相提并论，因此"公共利益需要"并不包括汽车公司试车场这样的项目。①

不确定法律概念的具体化，可以分为以下三个基本步骤：

第一，从文义入手。但文义解释等狭义解释方法提供的作用有限，因为不确定性难以消除。不过，或多或少还是可以提供一些理解文义的方向和线索。比如，按照《城市规划法》第40条规定，"影响城市规划"在违法情节上分为"严重影响城市规划"和"影响城市规划尚可采取补救措施的"两种情况，并规定了两种不同的处罚。何谓"严重影响城市规划"？最高人民法院答复认为，违反城市规划的行为人其违法行为是否属于"严重影响城市规划"，应从其违法行为的性质和后果来确认。② 也就是说，把握"严重"与否的方向是违法的性质和后果。

第二，事实分析。从事实中找出可能与概念相关的因素。继续上面的例子进行分析。某人建设房屋越过道路红线，是否属于"严重违反城市规划"？首先我们可以确认某人的行为违反了《城市规划法》第35条关于"任何单位和个人不得占用道路、广场、绿地、高压供电走廊和压占地下管线进行建设"之规定，但问题在于该条规定的情形是否属于"严重影响城市规划"还是不够明确。再回到事实，我们可以发现道路涉及重大的公共利益，而某人违法所带来的利益与之相比明显不成比例。

第三，结合事实对概念注入价值，再经过价值分析筛选的最优者。从

---

① 参见王振宇：《行政裁量及其司法审查模式化》，载最高人民法院行政审判庭编：《行政执法与行政审判》，2009（3）。

② 参见最高人民法院行政审判庭《关于对〈中华人民共和国城市规划法〉第四十条如何适用的答复》（〔1995〕法行字第15号）。

某人违反城市规划占用道路的性质和后果，都是严重的，由此可以认定占用道路建设属于"严重违反城市规划"的行为。

需要注意两点：一是具体化通常不追求完全揭示概念的内涵（因为几乎不可能），只是一种个案的涵摄方法。所以它只能解决一些点上的问题，而无法解决面上的问题。最高人民法院在前述批复称违反《城市规划法》第35条规定属于"严重违反城市规划"的同时，还指出"严重影响城市规划"的行为不仅限于该规定，应根据个案的具体情况予以确认。二是不确定概念的具体化有着较大的裁量余地，应当遵循合理性原则的约束。比如，《行政复议法》规定，行政复议机关必要时可以通知第三人参加复议，进行调查核实。如果某甲请求复议机关撤销行政机关颁发给某乙的许可证，行政机关怠于向复议机关提供证据时，是否应当通知某乙参加复议，进行调查？按照正当程序原则，答案是唯一的。规定中的"必要时可以"，在这种情境下，就具体化为"此时必须"。

随着实践中相关案件的不断积累和理论上的不断探索，某些不确定概念逐渐要件化，确定性不断增加，逐渐接近确定概念，此时狭义解释方法就有了用武之地。试举一例。儿子死亡后，父母对儿子的结婚登记提起行政诉讼，请求撤销，是否具有原告资格？《若干解释》对于原告资格规定的标准为与行政行为有法律上利害关系。"法律上利害关系"本是一个不确定概念，但经过十年的经验积累，逐渐形成了一些共识：原告主张保护的利益应当受到特定行政法律的保护。这实际上已经基本上是一个确定概念了，因为确定性的成分已经超过了不确定的成分。按照这种观点，我们就需要关注案件事实情况，首先看父母主张何种利益。如果主张继承权，则没有原告资格，因为继承权并不在婚姻登记制度保护的利益范围内。如果主张结婚非出自儿子真实意思，则有原告资格。因为儿子的婚姻自主权属于婚姻登记制度保护的利益。儿子是有诉权的，儿子死亡，按照《行政诉讼法》第24条规定，父母有原告资格。再比如，《行政处罚法》规定作出较大数额罚款等处罚，应当告知对方听证权。没收是否包括在"等"字里？"等"的意思是"后面还有"，还有什么？并不确定。但是《纪要》规定："法律规范在列举其适用的典型事项后，又以'等'、'其他'等词语进行表述的，属于不完全列举的例示性规定。以'等'、'其他'等概括性用语表示的事项，均为明文列举的事项以外的事项，且其所概括的情形应为与列举事项类似的事项。"罚款后面的"等"表示与罚款相似的处罚，意思已经非常明确，据此，没收应当含在"等"内。[①]

第四节 法律漏洞填补及其限制

所谓法律漏洞指的是应有的法律规范出现缺失或者规范文义明显无法表达立法意旨的情形，又称为"违反计划的不圆满性"[②]。这一点就把法律漏洞与法漏洞以及法外漏洞相区别。法漏洞是就法律全体而言的，规范意旨、计划是较为具体的意象，一部法律可以有其规范意旨或者计划，全体法律的意旨、计划则无从谈起。法漏洞一般往往体现为一部或一系列法律规范的缺乏。比如《劳动法》出台之前，该法的缺失就是法漏洞。法外漏洞指的是立法者不打算用法来调整的领域。比如法律对同居问题未设不利处分条款，就是因为立法者认为这属于个人自由的问题，用国家权力加以干预是不合适的。上述三种漏洞中，法院能够填补的漏洞是法律漏洞，其余两种漏洞不能填补。其中法漏洞应由立法者填补，法外漏洞则没有必要填补，即使填补也最好由立法者自行填补。比如，工伤认定的要件为工作时间、工作地点、工作原因，即通常所谓的"三工"标准。如果法律只规定到此，则法院就不能通过漏洞补充的方法把上下班途中发生机动车事故的情形纳入工伤范围，因为立法者并不打算规范这种情形，充其量这是一种法外漏洞。但是法律通过目的性扩张，即"工作原因"扩展到"上下班"，"工作场所"和"工作时间"扩展到"途中"。只有在法律自己填补了这一漏洞之后，法院才可以运用，当然不排除通过狭义解释方法的运用进一步具体化。

法律存在漏洞是很正常的，因为立法者不是神明。正是认识到这一点，丹宁勋爵说："如果国会的法律是用神明的预见和理想的清晰语言草拟的，它当然会省去法官们的麻烦。但是在没有这样的法律时，如果现有的法律暴露了缺点，法官们不能叉起手来责备起草人，他必须开始完成找出国会意图的建设性的任务。他不仅必须从成文法的语言方面去做这项工作，而且要从考虑产生它的社会条件和通过它要去除的危害方面去做这项

[①] 参见最高人民法院《关于没收财产是否应当进行听证及没收经营药品行为等有关法律问题的答复》（〔2004〕行他字第1号）。

[②] ［德］卡尔·拉伦茨著，陈爱娥译：《法学方法论》，254页，北京，商务印书馆，2003。

工作。然后，他必须对法律的文字进行补充，以便给立法机构的意图以'力量'和'生命'。"① 可见，弥补漏洞亦是法官不可回避的工作。当然，国情和制度的不同，可能在漏洞补充的范围方面有所区别。虽然所有的法律漏洞，法官都可以填补，但不同类型的漏洞，填补手段运用的自由度是不同的。下面结合漏洞的分类——分析：

第一，明显漏洞和隐藏漏洞。所谓明显漏洞指的是立法者对应加规范之事未予规范。所谓隐藏漏洞指的是对不应规范之事误加规范。两种漏洞都具有可补充性，但在补充明显漏洞时要受到更多限制，因为明显漏洞的补充具有更强的造法性。

第二，规则漏洞与制度漏洞。规则漏洞即规则层面的漏洞，指的是较小的漏洞，一般体现为个别规则或者规则细节的缺失。法律规定，公园禁止一切机动车进入，其缺失的就是具体的一些例外规则，比如失火的情况下，消防车是否可以进入？游客发生急病，急救车可否进入？等等。制度漏洞即制度层面的漏洞，指的是较大的漏洞，一般体现为规整或者一系列规整的缺失。比如，旧《烟草专卖法》规定，国家实行烟草专卖制度，再无具文。这一制度如何实施，需要对监管机构的设立、职权、管辖、监管手段、方式、程序、法律责任等一系列问题加以规范，其中每个问题都需要一个或者若干规整，其缺失就是制度漏洞。法院可补的漏洞通常限于前者。后者如果出现在行政诉讼法领域，在与立法机关充分沟通的基础上，可由法院结合个案进行某一点上的补充。

第三，原始漏洞与嗣后漏洞。原始漏洞指立法时就已存在的漏洞。比如《行政诉讼法》第18条规定，对"限制人身自由的行政强制措施"不服提起的诉讼，由被告所在地或者原告所在地人民法院管辖，未将情况非常相似的"限制人身自由的行政处罚"包括在内。嗣后漏洞指随着社会发展原本没有漏洞的法律开始出现破绽的情况。比如，美国宪法制定时军队只包括陆军和海军，当时并无漏洞。随着科技发展，飞机出现了，空军开始组建，原来的规范就出现了漏洞。再比如，1957年的《关于劳动教养问题的决定》中规定："罪行轻微，不追究刑事责任的反革命分子、反社会主义的反动分子，受到机关、团体、企业、学校等单位的开除处分，无生活出路的"，可以实行劳动教养。这在当时是合适的，并无漏洞，但是

---

① ［英］丹宁著，杨百揆等译：《法律的训诫》，13页，北京，法律出版社，1999。

放到今天就不合适了，实践中基本见不到该条的运用。这就是一个嗣后的隐藏漏洞。法院进行漏洞填补解决的是文不达义的问题，也就是说，违反计划性问题，立法者虽然没有表达出来，但是其立法意图是存在的。如果立法者原本无此意图和计划，则进行所谓漏洞补充就彻底进入了立法权的范围。所以，可填补的漏洞限于原始漏洞，而不及于嗣后漏洞。法官可以进行法律之内的法律续造，而不能进行法律之外的法律续造。[①]

法院对法律漏洞的填补以案件审理需要为限，否则即便发现，也不宜主动弥补。比如，《农村土地承包法》第11条规定："乡（镇）人民政府负责本行政区域内农村土地承包及承包合同管理。"但乡政府如何管理，尤其是对如何保护村民平等待遇，并无具体的授权。如果没有获得承包地的农村"外嫁女"认为乡镇政府的处理没有做到位，提起行政诉讼，则法律漏洞显现，此时不补充漏洞就无法作出适当判决。如果乡镇政府未作任何处理，则无填补法律漏洞之需要，因为法院可以按照该条规定，概括判决被告作出处理。需要注意，漏洞补充方法风险较大，用得不好，容易滑向有法不依或者于法无据的泥潭，甚至被指为践踏法律。不过，也不可走入另一极端，片面追求安全第一，躲在残破不堪、明显不合理的文字背后苟且偷安。当然，此类情形不仅是适用法律的问题，也涉及法律规则的发现、发展与完善，具有一定的造法性，考虑到我国的特殊体制，地方法院在拿不准的情况下，可以向上级法院请示。

补充漏洞有以下五种方法：目的性扩张、目的性限缩、当然解释、类推适用、创造性补充。扩张与限缩针对的是有规范，但文义不是过窄就是过宽的情形。当然解释和类推解释针对的是没有直接可用的条款，但可以找到近似条款可以参照的情形。创造性补充则针对规范缺失且无近似条款可以参照的情形。

一、目的性扩张方法的运用

行政审判实践中，目的性扩张方法虽不乏运用，但多为不自觉状态。为更好地理解，先从一个案例入手。《拍卖法》第22条规定，禁止"拍卖

---

① 参见［德］卡尔·拉伦茨著，陈爱娥译：《法学方法论》，246页，北京，商务印书馆，2003。

人及其工作人员以竞买人的身份参与自己组织的拍卖活动"。某拍卖机构工作人员以竞买人代理人身份参加拍卖活动,工商机关是否可以依据该规定进行处罚。法院在案件审理期间形成两种不同意见:一种意见是不可以。理由是按照《民法通则》,拍卖行既代理委托人进行拍卖,又代理竞买人参加竞拍,构成双重代理,是违法的,且该行为违反《拍卖法》第4条公开、公平、诚实、信用原则。但作为处罚依据,由于《拍卖法》第22条规定不明确,裁判时适用法律存在障碍。另一种意见认为可以,因为从行为看,拍卖机构工作人员持牌参与竞拍,属《拍卖法》第22条规定的禁止内容;客观上给其他人的印象即为竞买人,符合《拍卖法》第22条规定的禁止行为。经请示,最高人民法院答复认为,代为竞买的行为属于《拍卖法》第22条规定的禁止行为。[①] 此批复将"以竞买人身份"扩大包容了"以竞买人的代理身份"情形,运用的正是目的性扩张方法。

顾名思义,目的性扩张就是基于目的而扩张文义。其与扩张解释的区别在于,目的解释超出文义可能性,而扩张解释则扩张通常文义,但仍受文义可能性约束。目的性扩张与目的解释的区别,除前述外,目的性扩张是扩大文义,目的解释则既可能扩大,也可能缩小,也有可能在概念具有多义性时,选择最合目的者。概括起来,目的性扩张有两个特点:

第一,其用途在于解决言不及义的问题。立法者制定规范时,将本应纳入规范的事项遗漏在外,其表现就是法律的文义过窄或者说言不及义,不足以解决应当纳入规范意旨的所有问题。比如,1982年《中华人民共和国食品卫生法(试行)》第38条规定,食品卫生监督机构作出的"食品控制的决定",实行起诉不停止执行。在实施当中,控制手段是否包括查封,控制的范围是否包括生产经营食品用工具、设施,曾经产生不少疑问。从文义上,查封可以纳入控制手段,这一点通过文义解释即可解决。控制范围是否包括生产经营工具、设施,则不易判断。从文义上,答案是否定的,因为已经明显超出了"食品"的文义可能性。采取最广义的观点,也无法把生产经营工具、设施也包括进来。不过,执法部门仅控制食品本身,不控制其生产经营,无异扬汤止沸,这显然不会是立法者追求的效果。在这种情况下,就应当考虑是否适当超出文义,以求规范意旨的

---

① 参见最高人民法院《关于〈中华人民共和国拍卖法〉第二十二条如何适用问题的答复》([2003]行他字第20号)。

实现。

第二，扩张应与目的相合。扩张可到什么程度？显然不能漫无边际，只要实现规范意旨就应停下扩张的步伐。外延式扩张是逐点式扩张，其解决的往往是某一个具体情形是否可以划入某一概念之中，通常不会存在越界问题。比如"食品生产经营用工作食品"是否属于"食品"的问题，最高人民法院作出答复：食品卫生监督机构在执行《中华人民共和国食品卫生法（试行）》第 38 条中"食品控制的决定"时，可以直接对食品及生产经营食品用工具、设施进行查封。① 实际上就是一种外延式扩张。内涵式扩张则往往内涵收缩一点，外延就大大膨胀，其具体情形难以尽列，易犯类似立法上隐藏漏洞的错误，过犹不及，应当慎之又慎。扩张应合于什么目的？笔者认为，应与目的解释中作为基准的目的相同。其不应是法外目的（包括其他法律的目的在内），而应是法内目的，具体包括规则目的、制度目的和法律目的三个层次。

二、目的性限缩方法的运用

目的性限缩指的是根据法律的目的来限缩文义。其与限缩解释的区别在于，限缩解释有两种情况：一是借助上下文明确的规范来限缩文义，这是改变内涵的方法。二是用法律目的消除的通常是文义边缘的某一或者某些点、某一部分甚至整个边缘，但文义核心必须完整保留。这是改变外延的方法。目的性限缩，一是没有与上述第一种情形相对应的情况，即无法利用明确的上下文来限缩，如果可以这样做，将归入限缩解释。二是按照法律目的，其将位于概念核心的某一或某些点、某一或某些类型消除。假设法律规定，禁止一切机动车进入公园。如果公园失火，消防车能否进入？此规定的目的不外公园的宁静和游人的安全，但是这一目的能够实现的前提是公园完好无缺。如果公园不存在，则"皮之不存，毛将焉附"，因此，公园之存在亦为内在之追求目标。值此危急时刻，其将成为法律的首要目的。以这一规范意旨审视法条，"机动车"的概念显然过于宽泛，消防车应当不在其列。这种排除只是针对一个点，相当于补充了一个例外

---

① 参见最高人民法院《关于卫生防疫部门在实施〈食品卫生法（试行）〉中能否采用查封措施的答复》(1991 年 11 月 9 日)（法（行）函〔1991〕108 号）。

条款。由于法院只针对个案，所以，未必会在一个案件中排除所有应当排除的情况。比如，如果有人在公园受伤、发生急病，急救车是否可以进入？就尚未触及。

《行政复议法》第30条第1款规定："公民、法人或者其他组织认为行政机关的具体行政行为侵犯其已经依法取得的土地、矿藏、水流、森林、山岭、草原、荒地、滩涂、海域等自然资源的所有权或者使用权的，应当先申请行政复议；对行政复议决定不服的，可以依法向人民法院提起行政诉讼。"该规定中的"具体行政行为"范围非常广泛。如按文义实施，则实行复议前置的行政诉讼案件将大量增加，如此，《行政诉讼法》第37条规定的当事人选择救济途径的原则将受到剧烈冲击，增加当事人主张救济的成本。法律规定复议前置一般都是涉及专业性、技术性和复杂性事实的领域，对于法院来说，复议机关的审查有利于查清事实，把重点放在擅长的法律问题方面。《行政复议法》第30条第1款规定的"具体行政行为"并非都是这种情况，文义显然过宽。基于这一思想，最高人民法院先后做了两次批复，都是运用了目的性限缩的方法。第一次涉及行政处罚、行政强制措施是否包括在该条"具体行政行为"范围内。批复结论是将"具体行政行为"限缩为"确认不动产权属的具体行政行为"。从而，把涉及自然资源所有权、使用权的行政处罚、行政强制措施等排除在外。① 第二次是针对土地登记是否包括在"确认不动产权属的具体行政行为"范围内。批复结论是将"确认不动产权属的具体行政行为"进一步限缩为"当事人对自然资源的权属发生争议后，行政机关对争议大自然资源的所有权或者使用权所作的确权决定"，而将颁发自然资源所有权或者使用权证书的行为排除在外。②

三、类推适用方法的运用

类推适用的法理是"类似情形，相同处理"。在法无明文之时，参照

---

① 参见最高人民法院《关于适用行政复议法第三十条第一款有关问题的批复》（法释〔2003〕5号）。

② 参见最高人民法院《关于行政机关颁发自然资源所有权或者使用权证的行为是否属于行政确认行为问题的答复》（〔2005〕行他字第4号）。

调整类似情形的规范处理的方法，在最高人民法院的批复当中常见其应用。试举两例：

一是地方人民政府认为自己作出的复议决定错误，是否可以自行撤销？《行政复议法》没有规定。有一种观点认为，这意味着不能撤销，因为法院没有给复议机关授权，法无授权不可为。最高人民法院最终没有采纳，认为复议机关有权撤销错误的复议决定。[①] 在文义上，对于复议机关的撤销权缺乏规范。在行政职权的问题上，以反对解释为原则，若无规范，则可理解成无权。但是，"同样情况，同样处理"乃是法律的内在原理，由此，我们就应当回到"找法"阶段，即寻找调整类似情形的规范。按照《地方各级人民代表大会和地方各级人民政府组织法》第 59 条第 3 项规定，地方人民政府有权改变或者撤销所属各工作部门的不适当的命令、指示和下级人民政府的不适当的决定、命令。此处的监督权与行政复议制度的目的相同，功能近似。故可类推适用。

二是按照《城市房屋拆迁管理条例》（已失效）第 24 条规定，在拆迁补偿当中，土地使用权是作为区位因素计入房屋补偿当中，但是其考虑的只是容积率之内的土地，超出容积率的土地采取何种补偿标准？行政法规未设明文。实践中，各地一度做法不一。某地的做法是给予补偿，但按照划拨土地的补偿标准，而划拨土地又参照征用农村土地的标准补偿。当地属于经济发达地区，当事人解放前购买的土地坐落在繁华地段，但按照农地标准，每平方米只能补偿 20 元左右。当事人不服，提起诉讼。此案经请示，最高人民法院作出如下答复："根据《城市房屋拆迁管理条例》第 24 条规定精神，解放初期获得房地所有权证的城市私有房屋附着土地超出容积率的部分，拆迁时应当按照房地产市场评估价格予以补偿。"[②] 该答复的内在逻辑是：当事人的土地本系有偿取得，与出让取得的土地相类似，其补偿应当参照出让土地标准。

一般认为，类推适用方法在民事上的应用较为自由，公法上则受到较大限制，尤其是刑法原则上禁止类推适用。笔者认为，在行政法上，类推

---

① 参见最高人民法院《关于复议机关是否有权改变复议决定请示的答复》（［2004］行他字第 5 号）。

② 最高人民法院《关于解放初期城市私有房屋附着土地超出容积率部分拆迁时依何标准进行补偿问题的答复》（［2006］行他字第 5 号）。

适用属于可用的方法，但非常规性方法，受到较大限制。概略地讲，法院层级越低，限制越严格，这是维护法安定性的要求。最高人民法院享有准立法权，应用可以较为自由；下级法院则应慎用。笔者认为，慎用并不是禁止，否则可能伤害法律的正义价值。一般来说，需要注意两点：

一是类推适用的结果是扩大行政职权时应当慎重，但明确行政职权行使的条件和程序时则应积极适用。比如，有的行政机关不给相对人直接送达，而用公告送达的方式，等当事人看到或从其他渠道了解，再行起诉时已经超过了起诉期限。行政机关的送达是否合法，缺乏明确标准，因为法律往往对行政决定的送达方式未作规定。有的法院就认为这属于行政机关自由裁量的范围，司法不宜评判。其实，行政决定的送达与司法文书的送达非常相似，而司法文书的送达在民事诉讼法上就有具体规定，在能够直接送达的情况下，不得采取公告送达方式。这些规定不仅是可以参照的，而且在此情况下是应当适用的。

二是类推适用的结果如果会限缩相对人权利或者减少权利保障时应当慎重，但扩大相对人权利或者增加权利保障时应当积极运用。在一起工伤认定案件中，涉及申请工伤认定的期限能否中断的问题，《行政诉讼法》及司法解释并无规定。当事人提出工伤认定申请，劳动部门作出工伤认定后，经过1年后告知其申请有误，予以撤销，其应当重新申请。当事人再次申请工伤认定时自然也就超过了《工伤保险条例》规定的1年申请期限。从文义上看，申请确实超过了法定期限，而且条例及相关法律规范对此未设明文。但是法院没有简单地拘泥文义，而是参照了《民事诉讼法》上的期限中断规定。其理由是，申请人第一次申请工伤认定系正常行使申请救济权，由此在客观上造成的期限耽搁，申请人并无过错。而通过法定途径主张权利应为诉讼时效中断的充分理由，故应视为申请工伤认定期限的中断事由。[①] 再比如，某甲先后两次结婚（对方系初婚），各生育一个孩子，离婚后孩子跟随对方，他第三次结婚后又生育一子。计划生育部门得知后，以超生为由向其征收社会抚养费，其不服提起诉讼。按照当地的地方性法规，他生育第三个孩子既不属于再生育的法定情形，亦不属于不再安排生育的法定情形。但是地方性法规规定："再婚夫妻，再婚前双方各

---

① 参见北京世纪金源大饭店有限责任公司诉北京市海淀区劳动和社会保障局工伤认定案，载最高人民法院应用法研究所编：《人民法院案例选》，2007（4）。

生育一个子女，离婚时依法判决或者离婚协议确定未成年子女随前配偶，新组合家庭无子女的"，可安排再生育一个子女，某甲的情况与此相类似，法院可以类推适用该规定。

四、当然解释方法的运用

当然解释与类推适用的相同之处在于，都是指因法无明文，而依规范意旨参照其他条文的方法。不同之处在于，程度有别。类推适用所针对的事项，与参照条款的调整事项的类似；当然解释所针对的事项，比参照条款的调整事项具有更充分的理由。唐律规定："诸断罪而无正条，其应出罪者，则举重以明轻，其应入罪者，则举轻以明重。"堪称当然解释的经典表述。行政法上的当然解释可以表述为，法律后果有利者，举重以明轻；法律后果不利者，举轻以明重。比如，禁止践踏草坪，其目的在于保护，以此衡量，则挖掘草坪虽无明文禁止，亦应参照禁止践踏之规定予以处理。

在一次招标拍卖当中，竞买人为竞标成功，与其他竞买人串通时，误将某甲当做竞买人。某甲遂冒充竞买人与之配合。竞买成交后，其分得钱款若干。工商部门发现后，对其作出了处罚决定，依据为《拍卖法》第65条关于"竞买人之间……恶意串通，给他人造成损害的，拍卖无效，应当依法承担赔偿责任。由工商行政管理部门对参与恶意串通的竞买人出最高应价百分之十以上百分之三十以下的罚款"之规定。某甲并非真正竞买人，是否可以按照该条处罚？法院对此予以肯定。[①]该案判决采用了目的性扩张的方法，将"竞买人"扩展到包括"冒充竞买人"在内。笔者认为，目的性扩张用于本案不能说错，但比较起来，当然解释更具妥当性。因为某甲除了以竞买人的身份恶意串通外，还有冒充一节，与一般竞买人的恶意串通相比，有过之而无不及。一般违法尚且处罚，何况严重违法！

实践中，当然解释方法的运用比较罕见。原因有二：一是所谓的"轻重"不易判断。比如拘留和罚款孰轻孰重？有人说，自由无价，拘留比罚款重。那么，《行政处罚法》为什么规定较大数额的罚款实行听证，作出

---

① 参见刘志群：《冒充竞买人参与竞买人之间的恶意串通应当受到行政处罚》，载最高人民法院行政审判庭编：《中国行政审判指导案例》第1卷（第17号案例）。

拘留决定就不需要听证呢？可见，轻重的判断不是那么容易，妨碍了此种方法的可操作性。而判断失误的后果必定是法律适用错误。笔者认为，轻重判断可采用定性和定量相结合的方法来判断。比如，在定性分析上，拘留重于罚款，但罚款达到一定量（比如1亿元）之后，就可运用重于拘留（比如1天）。二是运用其他方法往往也可殊途同归。比如类推解释、目的性扩张等方法，但是在与参照规则调整事项相比存在轻重的场合，此法的运用可有助于把说理性发挥到极致。

五、创造性补充方法的运用

以上四种漏洞补充方法都需要借助实证法上的依据，尽管只是间接依据。如果连间接依据也找不到，怎么办？法官不能拒绝裁判，此时可以考虑能否运用创造性补充的方法。易言之，创造性补充是法院最后采用的方法，如果有其他方法可以补充漏洞，则不能运用，否则就相当于在法已有规范的情况下另搞一套。所谓创造性补充，就是在没有规范之处创造出规范，以之作为裁判依据。法院运用的创造性补充方法只能适用于弥补规范漏洞，而不能弥补制度漏洞。每种解释方法都有作为依据的材料，创造性补充的依据是什么呢？笔者认为，有以下三个方面：

第一，依法理补充。法理就是从法（包括规则和原则）中生出的道理。笔者将其分为大道理和小道理。大道理是经过大量判例学说积淀而成的一般法律原则和成熟理论，比如行政法的合目的性原则、公益原则、比例原则、信赖保护原则等。小道理是从具体规则中推演出来的目的、要求。比如，《工伤保险条例》第17条第2款规定："用人单位未按前款规定提出工伤认定申请的，工伤职工或者其直系亲属、工会组织在事故伤害发生之日或者被诊断、鉴定为职业病之日起1年内，可以……提出工伤认定申请。"如果工伤职工死亡且无直系亲属，用人单位和工会组织又不提出工伤认定申请时，其旁系近亲属是否有权申请工伤认定？法上无明文。但是《工伤保险条例》第37条规定，"职工因工死亡，其直系亲属按照下列规定从工伤保险基金领取丧葬补助金、供养亲属抚恤金和一次性工亡补助金"，劳动部《因工死亡职工供养亲属范围规定》第2条规定，"本规定所称因工死亡职工供养亲属，是指该职工的配偶、子女、父母、祖父母、外祖父母、孙子女、外孙子女、兄弟姐妹"，从两项规定可以作出两个判断：一是旁系近亲属的利益在工伤保险制度保护范围之内；二是与直系亲属相比，近亲属的利益具有从属性和次要性。基于第一判断，应当承认近亲属申请认定工伤的权利；基于第二判断，近亲属认定工伤的权利应当在法定申请人缺位的情况下行使。①

第二，以事理补充。所谓事理就是从事物本性中生出的道理。比如，撤销行政行为的前提是，在被撤销之前它必须是有效的。以此衡量，撤销已经被变更、废止的行政行为，显然不合事理。鉴于此，《若干解释》对此种情形创设了确认判决，这是对《行政诉讼法》规定的判决方式的补充。

第三，依情理补充。情理即从情感因素中生出的道理，主要体现为社会道德和风俗习惯。依情理补充就是以此来填补法律空白。比如，法律对未缴费车辆设定了扣押的强制措施，但采取措施的程序则尚付阙如。王某车载生猪去县城销售，途遇交通部门上路执法。经检查，王某未缴纳有关规费。交通部门遂欲扣押车辆。王某恳求待其安顿生猪后再行扣押，交通部门置之不理，迳将手扶拖拉机拖斗卸下，将车头开走。致使拖斗倾斜，上载生猪因挤压、高温而死亡。王某诉讼，请求赔偿。法院判决原告胜诉。② 笔者认为，判决实际上含有规则补充之意，就是说，行政机关在可以预见到依法扣押相对人财产将损害相对人或者第三人合法权益的情况下，应当尽可能采取措施，避免损害发生。此规则的基础就是社会道德。当前，各地政府大力提倡的人性化执法，禁止简单粗暴，就是对社会道德要求的一种回应。

创造性补充方法不仅挑战制度极限，对司法技术的要求也是很高的，双重难度令人望而却步。比如，在火化无人认领的尸体之前，是否应当尽一切可能寻找家人？法律上没有规定。但这个问题不难回答，从道德上应该。那么，应当采取哪些方式？有的公安机关只是向相邻地区公安部门发出协查通知，没有采取其他措施就作出了确认，是否已尽职责？是不是必须借助登报、广播、电视等媒体来寻找？让法院把这些要求通过创造性补

---

① 参见王雪梅：《何文良诉四川省成都市武侯区社会保障局工商认定案评析》，载最高人民法院行政审判庭编：《行政执法与行政审判》总第 12 期，94 页。

② 参见王伟：《执法机关严重违反比例原则暂扣车辆给当事人造成损失的应当承担赔偿责任》，载最高人民法院行政审判庭编：《中国行政审判指导案例》第 1 卷（第 19 号案例）。

充的方式加以明确，是很困难的。还有，火化之后，如何处理骨灰，法律上亦无规定。有的民政部门迳行遗弃，理由是，法律并无规定要求保留，国家亦未设此经费。如何评判？从善良风俗考虑，这些做法值得商榷。要求法院对规则进行具体的补充，无疑是困难的。但是笔者认为，在类似情况下，法院如能积极尝试，应是最符能动司法之举。

第九章　行政程序的司法审查*

　　我们说的行政程序中的"程序"二字是在与实体相对的意义上使用的，可以理解为行政行为的外观形式或者说行政行为在时间和空间上的展开，其包括行政活动的顺序、步骤、过程、形式、方法、期限等诸多要素。按照依法行政原则，行政活动既要遵守实体法规则，也应当遵守程序法规则。与此相对应，法院在司法审查当中，不仅要对具体行政行为进行实体审查，还要进行程序审查。可以说，在司法审查当中，程序审查与实体审查具有同等重要的地位。根据《行政诉讼法》第54条第2项第3目规定，程序审查所遵循的标准可以概括为法定程序标准，即被诉具体行政行为是否遵守了法定程序。那么，法院如何把握和运用"法定程序"这一重要标准呢？具体行政行为对任何程序性规定的违反是否都被认定为"违反法定程序"？如果不是，那么违反程序到什么程度才是"违反法定程序"呢？违反程序规定的具体行政行为是否一定要被撤销？这些问题自行政诉讼制度创立以来，就一直困扰着行政法官，并在各种各样的具体案件中反

---

　　* 根据作者文章《行政程序的司法审查》改编，载《行政执法与行政审判》总第17期。

复引起争论。在这样的状况之下，同类案件就很容易因时因地而出现迥然不同的裁判结果。为了避免审判尺度的不统一，有必要对程序审查及相关问题进行深入的研究，鉴于此，笔者写就了本文，如能给同仁一点启发、使这个课题能够更深入地研究下去，将令笔者倍感欣慰。囿于自身的经验、学识和眼界，文中定有一些疏漏和不妥之处，欢迎大家批评指正。

第一节　司法审查尺度的演变

一、法律对行政的程序约束

有一个寓言很耐人寻味。两个小孩分苹果，都怕吃亏，都想要大的一份，争议似乎难以避免，但是聪明的妈妈有办法，她只跟孩子们说了一句话：切苹果的人后挑。结果两个孩子都拿到了自己满意的一份。这则常常被人提起的寓言小故事用来说明程序法的重要性是再合适不过的了，因为妈妈没有从实体上提出任何要求，仅仅设定"切苹果的人后挑"这样一个程序规则就促成了公平和秩序。从程序法与实体法的关系看，程序法也具有举足轻重的地位，可以说程序法的好坏在很大程度上决定着实体法的命运。故事中的程序规则是一个好的规则，之所以说它好，是因为它隐含着以权利制约权力的思想，一个孩子虽然获得了分苹果的权力，但是这个权力却受到了另一个孩子先选权的制约。在这种制约机制之下，出于对自身利益的关注，分苹果的孩子就一定会尽量把苹果分得均匀，而这就足以保障实体上的公平。如果没有这种权力制约的思想，比如妈妈设定的程序规则是"切苹果的人先挑"，那么以一般的人性揣度，实体结果十有八九是不会公平的，要想不出现争议也必定是困难的。用法律来约束行政是现代行政法关注的核心问题，用来约束行政的法律则既包括实体法，也包括程序法。对于公民权的保障来讲，程序法的重要性比实体法可以说有过之而无不及。大家可以想一想，如果行政程序对行政权没有制约作用，也就是说，受到行政权影响的人没有一种程序上的权利来抗衡的话，实体权利还有什么保障。即使法律把人身权、财产权规定得再神圣，如果程序上对行政权的运用没有任何限制，房子说拆就拆，说征用就征用，说扣押就扣押，我们的权利还有什么保障？还有什么神圣可言？举个简单的例子，就是一个小小的期限规定，有没有都是大不一样。比如《刑事诉讼法》对于行政侦查当中扣押物品的期限没有作出规定，这可能造成什么后果呢？一个案外人的货物可能被扣上几年都要不回来。主要是因为告诉无门，监督部门起不到监督作用，即便监督部门把申诉当个事情办，由于法律上没有规定期限，公安机关说我们还在调查当中呢，就可能使这个事情继续拖延下去。程序规定的不完善会给公民主张权利带来多大的麻烦，由此可见一斑。接受了前述观点，我们就一定会相信以下结论：没有程序法，就无法有效地约束行政，程序法是促成依法行政的一支不可缺少的力量。

二、行政程序法的发展

在我国，约束行政的程序立法的发展情况可以概括为从无到有，从不完善到完善的过程。我国的行政法中历来不缺少程序规则，但是在改革开放之前，这些程序规则主要关注执法者的方便，很少强调对相对人利益的程序保护。如果法有良法和恶法之分，这样的法就可以称之为恶法。因为在这样的程序里，相对人的程序权利很弱，不足以抗衡行政权。改革开放以后，程序立法开始强调对行政的约束，目的在于保护相对人的合法权益。下面以几部具有里程碑意义的法律来说明程序立法的发展过程：

（1）《治安管理处罚条例》

改革开放之初，百废待兴，社会还没有从十年动乱的阴影下完全恢复。当时最突出的问题就是社会秩序很差，流氓、黑势力团伙气焰嚣张，人民群众缺乏安全感。面对这种严峻的治安管理形势，立法机关开始考虑赋予公安机关充分的权力，打击违反治安管理的违法犯罪行为，恢复并保持正常的社会秩序。同时立法机关也认识到，权力如果得不到约束，同样会产生严重问题。20世纪80年代初，立法机关就开始了相关法律的起草工作，经过努力，终于在1986年颁布了《治安管理处罚条例》。虽然从条文具体内容上看，该条例对公安机关的授权非常充分，但是不能否认的是，这部法律显然考虑到了保护相对人免受公安机关权力不当行使侵害的社会需要。有两点是非常值得关注的：一是控制公安机关权力的实体法规则占了很大的比重，几乎每种可以处罚的情形中，都比较详细地规定了处罚权行使的具体条件。二是程序规则在约束公安机关权力上具有极其重要的作用。《治安管理处罚条例》第四章是"裁决与执行"，总共10条，都是程序性的规定，规定了有权作出处罚的机关、处罚的基本步骤、不服处罚决定的救济途径等。在这些程序规则中，相对人享有一定的程序权利，凭借这些权利，相对人在一定程度上获得了防止公安机关权力不当行使侵害自身权益的能力和机会。当然，现在回过头看，这部法律中保护相对人的程序规则显得比较粗糙，在当时的治安形势下，对公安机关执法便利的考虑似乎优先于对相对人合法权益的保护，比如申请复议的期限只有 5 天。但它毕竟是程序立法发展方向转变的新开端。

（2）《行政处罚法》

《治安管理处罚条例》的公布、实施具有一种探路的意味，它是在公安行政领域内用法律来规范和约束行政处罚权的一种尝试。以此为突破口，立法机关紧接着就把《行政处罚法》纳入立法计划，意规范各行政机关行政处罚这种重要的行政执法手段的程序。1996 年，《行政处罚法》颁布实施了。这部法律规定了行政处罚实施的基本程序和原则，对于行政处罚的三种程序：简易程序、一般程序和听证程序作出了比较全面的规定。《行政处罚法》对于行政处罚程序提出了前所未有的严格要求，尤其是该法第 3 条关于"公民、法人或者其他组织违反行政管理秩序的行为，应当给予行政处罚的，依照本法由法律、法规或者规章规定，并由行政机关依照本法规定的程序实施"、"没有法定依据或者不遵守法定程序的，行政处罚无效"的规定，以及第 41 条关于"行政机关及其执法人员在作出行政处罚决定之前，不依照本法第三十一条、第三十二条的规定向当事人告知给予行政处罚的事实、理由和依据，或者拒绝听取当事人的陈述、申辩，行政处罚决定不能成立"的规定等，都明确地指出了程序违法的法律后果。由于这些规定凸显了程序的重要性，使得程序法的地位得到了很大提升。

（3）《行政许可法》

行政处罚程序刚刚公布，立法机关又把目光锁定在行政许可上，行政许可也是行政执法活动的重要手段，政府对其的依赖程度甚至要超过行政处罚，尤其是我们这样一个是从计划经济时代走出来的国家，政府的管理主要靠审批。《行政许可法》经过 7 年的孕育过程，最终于 2003 年 8 月 27 日颁布并于 2004 年 7 月 1 日起实施。这部法律主要也是程序性的规定，也就是说，对行政许可行为的法律控制主要借助程序性规则。对于行政许可程序的规定比《行政处罚法》更加细致，全面，虽然在措词上似乎没有

《行政处罚法》那么严格，但是在操作性上则显得更好一些。

（4）《行政强制法》

全国人大经过十多年的调研、起草工作，于 2011 年 6 月 30 日讨论通过了《行政强制法》，并于 2012 年 1 月 1 日起施行。该法对行政强制措施和行政强制执行两种具体行政行为作出规范，可谓是行政程序法制的又一重大进展。

此外，各级各类立法主体多年来制定了大量的部门行政法（包括法律、法规、规章甚至规范性文件），其中都穿插设定了一些程序性规则，这些程序法与前述几部重要的行政行为法相互呼应、配合，形成了越来越细的程序规则之网，可以说行政权运作的主要方式尽皆被罩入程序之网。程序立法的进步是显著的，而且还在继续前行，理念和方向都是正确的，但是不足之处也是明显的，对司法审查造成消极影响：一是审查经常陷入无法可依的境地。目前的单行法模式只能解决特定类型行政行为的程序标准问题，但是行政行为的种类很多，除了能够类型化的行政行为外，还有大量的新产生的以及未型化的行为类型。二是对低级别程序规范的可适用性审查缺乏标准。行政审判中，法院对法律适用问题事实上拥有审查权，这是保证法律正确适用所必要的。层级越低，审查程度越深。而对低级别法律的审查标准应当是上位法，然而，很多程序规定都是低级别的法律所创设，比如行政登记规则，多数都是规章创设。没有上位法，实际上就没有评价标准，法院的审查就没有抓手。三是某些程序在制度设计上缺乏合理性、科学性，法院无力矫正。比如《税收征管法》规定，只有先缴纳税款才能申请复议，复议又是诉讼的前置程序。这些问题给司法审查带来了困难，有的困难在某种程度上可以克服，但很难完全克服。比如程序设计的不合理，法官很难不按照字面规定去适用法律。因为这种困难已经超出了解释权的射程范围。

三、司法审查尺度的演变

对行政程序进行司法审查的标准体现在《行政诉讼法》第 54 条第 2 项第 3 目"违反法定程序"的规定上，即行政行为违反法定程序的，法院应当判决撤销。这一标准自《行政诉讼法》实施以来，文字上没有任何改变，但是掌握的基本尺度却发生了微妙的变化。笔者认为这种变化的基本方向是正确的。

1. 早期的尺度

《行政诉讼法》实施之后，法院对行政程序的司法审查确实有一种"严格"的倾向，但是这种严格局限在文字意义上，简单地说，只要是违反了程序性规定，就是违反法定程序。这种审查尺度存在两个问题：

一是刚性有余，弹性不足。即法律有明确规定的，严格掌握，只要违反了就一律撤销，而不问法律对行政提出了什么样的程序要求。在早期，学者们针对我国行政法"重实体、轻程序"的传统，力主通过行政诉讼制度的开展来扭转这种局面，因此，他们特别重视行政程序，在依法行政的问题上对于程序问题非常敏感。在这种思潮的影响下，法院对于行政程序的审查表现出很强的严格按照字面意思执行的倾向。在早期行政程序规范之网不太严密的时候，这种严格的态度其实对老百姓不利，因为程序上的不明确，多数情况下都使得老百姓的程序权利处于模糊状态，而等于给了行政机关一个自由裁量权，法院呢，只要文字上没有要求，它往往就不再对行政机关提出要求，老百姓呢，模糊的程序权利就被否定了。比如，法律没有规定扣押物品的期限，往往行政机关就可以扣上三年两载，而得不到法院的纠正。后来，法律之网完善了，对行政机关的要求越来越明确了，这种文字上的严格审查就出问题了，法院对程序违法的处理出现了越来越多的不合理。一个行政决定先决定后取证，要撤销；引错了条文，没有指出具体的法律条款要撤销；甚至原本就已经超期限作出行为也要判决撤销，然而撤销之后，行政机关再重作在时间上岂不是耽搁更多？[①] 某地曾经有一个案件，复议决定在实体上是对的，但超过了法律规定的期限，法院以违反法定程序为由撤销了，同时还责令复议机关在一定期限内重新作出复议决定。这种对于规范文字的严格掌握流于僵化，使得司法审查时而偏离行政法的目的，其标志之一就是时而会出现一些不合理的裁判结果。

由于法院倾向于在文字意义上严格掌握审查标准，因此在《行政诉讼法》刚一实施就出现了一个比较大的问题：根据《行政诉讼法》第 54 条

---

① 2000 年重新修订司法解释以后，这种情况有了转变，因为该解释增加了判决方式，其中的确认违法判决或者驳回诉讼请求判决可以解决这个问题，对于超期限的违法问题，可以通过司法建议的方式给行政机关指出。

第 2 项第 3 目规定，行政行为因违反法定程序被撤销后，如果有必要重作的，可以判决重作。而《行政诉讼法》第 55 条又规定，行政行为被撤销后，行政机关不得基于同一事实和理由作出与原具体行政行为基本相同的具体行政行为。由于不影响行为内容实体的程序违法亦会导致行政行为被撤销，此时重作的行政行为就必然与原行政行为基于同一事实和理由，因此《行政诉讼法》第 55 条也就必然成为行政正常运转的障碍。鉴于此，1991 年的司法解释作出了如下规定，"人民法院以违反法定程序为由，判决撤销行政机关具体行政行为的，行政机关重新作出具体行政行为时，不受行政诉讼法第五十五条规定的限制。"

二是法律没有明确规定的，则审查尺度放得很宽松，甚至是放任自流，行政主体滥用程序裁量权的行为难以遏制。比如，行政机关责令当事人在 1 天内搬迁，否则就强制搬迁，不利后果由当事人承担。尽管这存在着比较明显的不合理，但是由于在法律上找不到具体的关于搬迁期限的程序规则，因此有些法院就不认定这构成程序违法。

2. 近期的演变

下面针对早期审查尺度的两个问题分别叙述：

第一，关于对程序规则的把握尺度问题。早期对行政程序司法审查的严格态度当然有其积极意义，至少对于行政机关树立一种尊重程序的意识起到了很大的作用，但是在因纯粹的程序问题而撤销具体行政行为的案件中，弊端也是存在的，既不利于行政效率，浪费行政资源，也没有起到保护相对人合法权益的作用。因为在此类案件中，相对人或者没有合法权益，或者撤销行政行为不会给他们带来更多的利益。而且随着行政诉讼制度的深入发展，尤其是行政程序规则的不断发展，弊端越来越明显。一是自《行政诉讼法》公布实施以后的 10 年间，每年受理的行政案件数量增长了十多倍，与此相同步，涉及行政程序问题的案件也越来越多，从经济学角度看，如果说起初严格审查的弊端尚属可以支付的成本的话，那么，现在这个成本就显得有点过高。二是早期行政程序规则的不完善，意味着法院在程序问题上可以监督行政机关的点和面都是有限的，因此严格审查的弊端也就只能在有限的范围内出现。但是随着立法的迅速发展，程序法网变得细密起来。严格审查的弊端影响的范围亦随之蔓延到越来越大的范围。

这种情况引起了学者和实务工作者的注意，尤其是当我们把目光转向域外时，发现国外同行尤其是大陆法系的行政法官在程序审查标准上并非一味严格，于是我们开始反思如何掌握司法审查尺度的问题。在这种背景下，程序审查的严格标准开始逐渐松动。法院在发现行政行为程序违法时，往往先甄别一下，将比较严重的程序违法认定为"违反法定程序"，其余不太严重的则称为程序瑕疵。把程序瑕疵从应当撤销的"违反法定程序"当中区别出来。比如 1998 年某地法院审理的一起行政案件中，按照当时生效的旧《婚姻法》规定，办理离婚登记需要提交申请书、结婚证、双方对子女抚养及财产处理的离婚协议书、夫妻双方单位的调解无效证明。一对夫妻提交了以上材料后，民政部门为其办理了离婚登记。之后，一方反悔，提出夫妻双方单位的调解无效证明是伪造的，请求撤销离婚登记。单位调解无效证明系离婚登记须提交的书面材料之一，未提交该文件情况下办理的离婚登记在形式上不符合法律规定，构成程序违法。而且在《婚姻登记管理条例》上，确实有"当事人弄虚作假，骗取婚姻登记"无效之规定，但本案情形是否属于这种情况呢？法院经审查认为，虽然单位调解无效证明是假的，但当事人离婚的意思表示是真实的，因此不属于当事人弄虚作假。而按照民政部就此问题作出的解释，单位调解无效的介绍信不是要求单位表示同意与否，而是便于基层单位了解当事人的婚姻状况，配合婚姻登记管理机关做好婚姻调解工作。可见，单位调解无效证明本身就只是一个参考性的材料，其虚假并不足以否定婚姻登记的法律效力。所以，本案中的程序违法只是一个程序瑕疵，而不能认定为违反法定程序。

2000 年新的司法解释实施以后，这种相对灵活的审查标准得到了更有力的支持。该司法解释虽然没有专门对程序违法的各种后果作出专门规定，但是其中增加的一些裁判方式却有助于法院对程序违法作出更加适当的处理。比如根据该司法解释第 56 条第 2 项、第 4 项规定，在"被诉具体行政行为合法但存在合理性问题的"及"其他应当判决驳回诉讼请求的情形"之下，法院可以判决驳回原告诉讼请求。这些规定都可以适用于程序瑕疵的情形。

第二，在程序规则缺位时的司法审查问题。由于最高人民法院并没有在司法解释及有关司法文件上，对行政自由裁量权的审查标准作出规范，因此在程序规则缺位时如何进行审查的问题，在法律规范层次上找不到比过去更多可利用的依据。在这个问题上最明显的变化是司法态度的转变，法院过去在这个问题上是倾向于消极放任的，现在则开始有了一种积极进取的趋势。一些行政法官开始大胆地运用法律原则、法律精神和法律解释技术，用合理的处理方案来填补程序规则缺位造成的法律调整真空。笔者认为，这是司法审查的一个新的生长点，行政法官这种探索精神是值得鼓励的。当然这要成为一种普遍的做法可能还存在很多体制上的障碍。比如法官业绩考核制度。以结果论英雄，只要结果被上级人民法院否定了，就会被扣分，对考核就会产生不利影响。这对法官行使司法裁量权是很不利的。

应当注意到，司法政策调整的方向是合理的，但是也存在矫枉过正的问题，甚至出现了程序虚无主义的倾向，程序丧失了独立的价值。一些案件反映出这样的问题：一个程序违法，无论性质多么严重，只要结果没有错，行政行为就不能撤销。很多行政机关都发现了这一"窍门"并加以利用，在准备作出行政行为之时，就蓄意置行政程序于不顾，违反程序作出行政行为。如果该行为给相对人造成财产损害，只要把证据保全做好即可免于遭到天价索赔。因为他们知道，一旦诉讼，法院不会判决撤销，而是确认违法，但保留行政行为效果。司法政策的天平从一个极端摆到了另外一个极端，应当再行调整，以在行政程序的严肃性与行政秩序的安定性之间找到一个适当的平衡。

第二节　可作为司法审查依据的法

在查明事实后，马上面临的任务就是找到相应的法律依据，也就是找法。到哪里找呢？这就需要明确一个范围。由于法律是一个效力等级体系，不同层级或者同层级不同法律文本对同一问题可能都有规定，我们需要判断这些规定是否一致？或者说是否存在抵触和冲突？在没有明确的法律规则时怎么办？能否适用法律原则？这些问题是我们无法回避的。

一、法的范围

对法律、法规和规章确立的行政机关应遵循的程序规则，应否纳入法律依据的范畴，在《行政诉讼法》颁布实施之初曾经在理论上有一些争议，实践中也有不同的标准，但很快就达成了共识，即它们都属于法律依据。现在争议比较大的是规章以下的规范性文件能否纳入程序依据的范畴的问题。在下面的案件中就遇到了这个问题：法律规定的行政许可作出期限定为两个月，行政机关给自己加压，在办工场所张贴了一个公告，承诺一个月内办结。某人申请之后超过一个月行政机关还没有作出行政决定，就向法院起诉称行政机关超过法定期限不履行法定职责。其请求能否得到支持，就取决于行政机关的规范性文件（本案中的承诺属之）是否属于法律依据的范畴。

对于规范性文件是否属于法律依据的问题，历来有两种观点：一种观点认为，行政规范性文件不属于正式的法律渊源，应当排除在程序所依之法的范畴之外，本案中的承诺仅是行政机关的自律性规则，行政机关即便没有达到自己提出的高标准，只要仍然在法律允许的期限内，也不能认定其超出法定期限。另一种观点认为，规范性文件对人们的行为有规范的作用，其中若有为行政机关设定义务的或者赋予当事人权利或者便利的，即应纳入法定程序的范畴。

笔者认为，在这个问题上，应当对法作最广义的理解，即规范性文件属于法的范畴，如果规范性文件不违反上位法就应当作为程序规则看待。主要理由是：第一，对于案件内容的分类，实务上一直采用二分法，即把案件分成事实根据和法律依据两大块。法律依据实际上最根本的特征在于其所具有的规范性，即我们在辨认抽象行政行为时经常运用的"对不特定对象反复适用的规定"。无论是法律、法规、规章，还是规范性文件，他们都共同具有这种属性。第二，规范性文件属于行政解释，其与所解释的法律文本具有同样的属性，二者是一体的，我们将它与法律文本截然分开是不符合事物本质的。第三，将其纳入法的范畴可以更好地满足司法审查本身的需要。由于这种行政解释有助于将法律的含义揭示得更加清楚，可以为司法审查提供更具操作性的标准，承认其属于法律依据有百利而无一害。第四，把规范性文件排除于法的范畴之外，不利于对规范性文件的司法监督。虽然法本身不能作为司法审查的标的，但是实际上对法的司法监督作用是不容忽视的，我们在审查法律适用问题时，实际上就对法本身的可适用性进行了审查，这对于行政法制规范体系的统一性具有重要作用。如果说法律、法规、规章都可以接受法院的司法审查，唯独规范性文件例外，显然难以找到令人信服的理由。

二、对程序规则可适用性的审查

1. 法院的审查权

程序规则，无论在法律、法规、规章当中，还是在规范性文件当中，它们出现在具体案件时，都要面临法院的司法审查。法院审查的目的就是确认它们的可适用性。对特定程序规则可适用性的审查，主要的任务就是判断该规则是否与上位法抵触，是否与同位阶法冲突。从《立法法》有关规定及其精神看，法院在这个问题上的判断权并非总是一律，大致可以分成两种情形：一是对上下位法是否抵触的判断，法院有充分的权力。《立法法》在其第 78 条至 82 条明确规定了法律的位阶顺序之后，对于上下位法之间不一致的判断问题，仅在该法第 86 条第 1 款第 2 项规定了地方性法规与规章不一致且不能确定适用哪个规范时的判断需要借助国务院或者全国人大的裁决。除此之外，法院可以自行作出判断。二是对于同位阶法的冲突问题，法院的判断权受到一定限制。除了同一立法机关作出的新法与旧法、特别法与普通法的不一致，法院可以直接依照《立法法》第 83 条规定直接判断并适用外，其他情况下，均须与国务院或者全国人大常委会分享判断权，尤其是同一机关制定的新的一般规定与旧的特别规定不一致、部门规章之间、部门规章与地方政府规章之间对同一事项的规定不一致时，法院没有判断权，只能由制定机关或者国务院作出裁决。①

2. 实务中的一些具体问题

笔者根据对审判实践的有限了解，提出以下两个值得探讨的问题：

第一，如何审查行政机关对程序规则的解释？在国外，法院具有最终的法律解释权，这无论在理论上还是实务中都是一个不容置疑的法律命题。在我国，法律解释权在三种主要国家机构之间分配，分别为全国人大常委会的立法解释、法院的司法解释和行政部门的行政解释。按照这种模式，解释行政程序规则的权力应当属于各级政府及其有关主管部门，现在的问题是，如果他们没有就特定问题作出解释或者作出的解释性程序规则不具有可适用性，法院怎么办？法院能否根据自己对法律的理解作出解释？如果能，这种解释具有何种法律地位？

---

① 参见《立法法》第 86 条第 1 款第 1 项、第 3 项规定。

笔者认为，法院可以对行政程序规则作出解释。虽然林林总总的行政管理法明确地把法律解释权授予行政机关，而未提及法院是否具有解释权，但是这并不意味着法院无权解释这些法律。在理论上，法官对法律具有当然的解释权，只要法律没有明确否认这一点，即应承认法院对行政程序规则的解释权。即使在我国不承认法院解释权具有最终效力，考虑到法院对行政机关司法审查的实际需要，也应承认法院具有优越于行政机关的法律解释权。当然行政机关在其管理领域内的经验、技术条件和资源毕竟是法院所不具备的，因此在解释程序规则需要借助较强的知识、信息的情况下，法院应当谨慎地行使解释权，最好先通过某种适当的途径①了解有关行政机关（被告之外的）的意见。比如我们办理的一起诉工商变更登记的行政案件中，工商登记法上要求申请人提供"主管部门审查同意的文件"，而对于什么是"主管部门"，工商总局没有作过解释。我们通过咨询，获得了该局意见后，经合议庭讨论认为具有合理性，最后予以采纳。

对行政机关的解释进行审查之后，还有一个在裁判文书中的表述问题需要注意。笔者认为，可以视具体情况作两种不同的表述：一是作为法律依据援引。行政机关的解释性规则具备规范性文件形式的，如果经审查认为其具有可适用性，则可以作为法律依据援引。二是以法院解释法律的面目出现。行政机关的解释不是规范性文件（比如个案答复、有关机关及其负责人提供的咨询意见等），或者行政解释虽然属于规范性文件，但经审查不具有可适用性，则法院可以在充分考虑相关因素的基础上，对有关程序问题作出解释，并写在判决理由中。

第二，对内部程序规则的审查。先举一例提出问题：国家工商总局就企业变更登记制作了一个申请书范式下发全国，要求各级工商机关照此制作变更登记申请书。按照该范式，拟任法定代表人签署申请书的，同时必须填写其简历、提交身份证明，并加盖企业公章。某国企子公司原法定代表人被国企总公司撤职后，拒不交出公章，拟任法定代表人签署变更登记申请书后无法加盖企业公章，工商局因此未予核准登记。新任法定代表人遂提起行政诉讼。工商总局下发全国的变更登记申请书范式是以对下级工商机关的内部要求的形式出现的，是一个内部程序规则。该案涉及的主要

---

① 比如邀请有关行政机关负责人员参加讨论会、交换意见，或者通过上级法院征求有关意见。

问题有两个：一是内部程序规则能否作为行政执法依据。二是如何审查其可适用性。

从理论上讲，由于内部规则不对外公布，公众无从知道其内容，因此法院在司法审查中不能把它作为行政执法的法律依据。当然，考虑到内部规则往往可以发挥统一行政执法尺度的作用，对于维护法制统一具有积极意义，因此法院亦应对于此种规则给予充分尊重。所以我们有必要在此问题上作更加深入的研讨。笔者认为，内部规则中只有规范行政机关本身的内容才可能作为行政执法依据，规范行政管理相对人的内容不可以作为行政执法的依据。内部规则在形式上属于规范性文件①，规范性文件的规范对象取决于其公布的范围，内部规则在行政机关内部公布，因此其只能规范行政机关，而不能规范行政管理相对人；外部规则对外公布，因此其既可以规范行政机关，也可以规范行政管理相对人。当然，内部规则也可能转化为外部规则，比如行政机关在网上公布了内部规则，则该内部规则亦可被看作具有外部效力的规范性文件。但是内部规则只要未经公布，就只能作为行政机关作出相应内部行为时的执法依据，而不能作为其外部执法行为的法律依据。案例中，从国家工商总局下发的范式形式上看，是对下级工商机关规定了统一的执法尺度，但实际上是对工商登记法有关申请企业变更登记条件的进一步细化，而被细化的条件是用来规范企业的变更登记申请行为的，因此国家工商总局的范式具有内部规则和外部规则的双重性。如果该规则没有以某种方式向公众公开，则该范式就不能作为工商机关变更企业登记的依据。

以上讨论的是内部规则是否具备成为执法依据的资格问题，如果具备这个资格，接下来就应当审查内部规则的可适用性。这时主要审查该内部规则是否与上位法相抵触，是否与同位法相冲突。审查标准与我们对一般规范性文件的审查没有区别，值得一提的是，如果审查认为该内部规则可以适用于本案，则应在判决中援引。

还有一点需要注意，内部程序规则不具备成为被诉行政行为法律依据的资格，并不意味着规则的内容就必然是错误的。此时我们仍然可以把它当作我们解释法律的一种资料来源，如果认为其内容是上位法相应程序规则的正确解释，我们也可以把它作为法院对上位法相应程序规则的解释写

---

① 如果属于按照《立法法》规定的程序制定的规章，则其必定对外公布，不属于内部规则。

进裁判文书，并以此来评判被诉具体行政行为。

三、法律原则的运用

以一个案例引出问题：在《行政许可法》生效之前，按照当时的法律规定，物业管理委员会是小区不动产业主的自治组织，其产生与改选均须经行政主管机关登记，否则其民事主体的身份不能得到承认。但是法律对于行政机关不予登记是否需书面通知物业管理委员会的问题没有作出明确规定，如果行政机关对申请人要求其予以登记的申请，长时间不予书面答复，是否构成程序违法？答案是肯定的，法院判决确认行政机关不予答复违法，但是法律依据并非是具体的法律规则，而是法律精神。

这个案件涉及的问题就是法律原则（法律上明文的规定）甚至法律的一般原则（成文法上未见明文的）能否作为行政程序所依据的法？或者说，法院能否依据法律原则认定行政程序合法或者违法？这个问题在行政诉讼的初期是不可想象的，尽管当时的行政程序具体规定是残缺不全的，可以利用的程序审查标准很不充分，但是法官还是很少把法律原则作为案件裁判的标准。现在持赞成观点的人越来越多，不仅是学者，很多法官也是接受的，尽管在实践中的具体应用仍然比较谨慎。

1. 法律原则作为行政程序依据的必要性

法律原则作为行政程序依据具有必要性，主要体现在以下几个方面：

第一，法律原则可以填补法律规则的漏洞。任何法律规则都不能涵盖复杂的现实生活，再缜密的法律规则都有漏洞，我们过去的程序规则漏洞很大，现在就小多了，可以预计将来会更小，但是漏洞总会有的，而且现在没有发现漏洞，可能将来社会生活发展了，规则也会出现破绽。如果法律有了漏洞，怎么办？最有效的办法就是用法律原则来弥补，因为法律原则具有较大的涵盖性，可以起到以简御繁的作用。比如，我们办理的一起案件①就遇到过这样的情况，某地行政部门将液化石油气的专营权赋予甲公司，但是其在许可文件上却表述为燃气专营权（燃气包括天然气在内的多种可燃气体），并称该燃气工程能与西气东输接轨。按照法律规定，行

---

① 参见《益民公司诉河南省周口市政府等行政行为违法案》，载《最高人民法院公报》，2005（8）。

政部门无权就西气东输作出许可行为，但是该文件一直没有被撤销。后来西气东输在当地接口时，政府通过招标将西气东输天然气利用工程专营权赋予乙公司。甲公司不服，提起诉讼。在诉讼中，行政机关撤销了甲公司持有的许可文件。法院经审理认为，政府在未对甲公司的许可文件作出处理的情况下，就直接通过招标确定西气东输天然气利用工程的经营者，在程序上肯定是有问题的，但是法律依据在哪里呢？翻遍法律条款，找不到对这种情形作出规范的具体条款。法院最后借助于正当程序的一般原则解决了这个问题。判决的具体理由为：按照法律正当程序，政府在招标之前应当先排除法律上的障碍，即对于构成招标障碍的许可文件应当采取适当措施进行处理，使之不与招标活动相矛盾，政府未这么做就构成程序违法。

第二，法律原则可以指导程序规则的选择适用。比如，行政机关自行作出的程序规则能否适用？如果上位法并没有相应的规定，我们就可以借助于法律原则来判断。如果程序规则给当事人设定了义务，我们就可以根据比例原则来作判断：这个义务与行政目的是否有关，无关就违反了比例原则，程序规则就不具有可适用性。如果有关，则还要看这个义务的设定是否超出了行政目的的需要，如果超出了行政目的的需要，则该程序规则仍不具有可适用性。如果程序规则赋予当事人一定的程序权利或者提供了一定的便利，我们就可以公益原则（这个程序权利是否会损害公共利益）、行政自我拘束原则（程序规则是否已经实施，如果实施了就成为拘束行政机关自身的惯例）、平等原则（其他人都给了这项权利，却没有给当事人，就违反了平等原则）等等作出综合判断。

2. 具体操作中需要明确的几个问题

从操作的角度，笔者认为，在运用法律原则时，需要明确以下几个问题：

第一，到哪里找？我们在判决上必须要援引法律条款，因此就有一个找法的前期工作，那么，到哪里寻找作为法范畴中的法律原则呢？法律原则中有一些载于成文法中，有的在宪法当中，有的在单行法或者部门法当中，还有一些体现在学理当中。比如前面的燃气经营者诉政府招标许可案中所运用的正当程序原则就没有规定在有关的法律当中，而是在学理当中。

第二，关于表述问题。法律原则尤其那些法律上没有规定的一般法律原则并不具有固定的形态。不同的学者可能会从不同的角度总结出不同名称和内涵的原则，层次也不相同，在这些原则当中，合理性原则最具有涵盖性，其他所有的一般法律原则的意涵其实都可以被囊括其中。有些一般原则调整的对象相对有限，比如信赖保护原则主要调整和约束行政行为的变更撤废。不当联络禁止原则意在对行政行为对相对人课以义务和不利负担施加必要的限制（比如政府许可企业在当地经营电厂，但条件是必须给当地修一条路）。行政自我拘束原则主要运用在行政规范性文件及其相关的行政惯例可适用性的判断上。这对法官意味着什么呢？笔者认为，这意味着法官在法律原则的表述上具有较大的发挥余地。由于一般法律原则不具有固定的形态，所以在这个问题上可以不必拘泥于现成的法律原则，不一定非要在判决上写上根据信赖保护原则还是根据不当联络禁止原则。事实上，很多原则都是由行政法官发现的，比如法国行政法的一般原则基本上都是由行政法院的判例创造的。这些原则归根到底都可以说是合理性原则的运用。什么叫合理性？合理性就是合乎理性。那么什么是合乎理性？只要能为社会一般观念认可就是合乎理性。

再举一个案例①来说明这个观点：甲公司以房产作抵押向银行申请贷款，房产抵押需要办理抵押登记，于是甲公司向抵押登记机关提交了包括房屋所有权证在内的资料，房屋登记机关据此办理了抵押登记。结果甲公司提交的房产证是伪造的，贷款人拿到银行贷款就潜逃了，给银行造成了经济损失，于是银行就起诉房屋登记机关，请求赔偿。在这个案件中，法律对于房产登记机关是否应当对抵押房产及其权属证书的真实性进行核对和识别没有作出任何规定，在这种情况下，就很难在学理上找到一个比较具体的可以适用的一般原则，因此，合议庭采用将案件的事实与事理和情理相结合，最后得出了较为合理的结论。该案判决的主要意旨是：根据《中华人民共和国城市房地产管理法》和《中华人民共和国担保法》的有关规定，办理房地产抵押登记是抵押合同生效的前提条件。房管局作为负责办理房产抵押登记的行政主管部门，在办理房产抵押登记过程中，对当事人的申请应当以高度负责的态度认真履行必要的注意义务，对于抵押房产及其权属证书的真伪有条件加以核对与识别。然而房管局在本案中违反

---

① 参见《中国银行江西分行诉南昌市房管局违法办理抵押登记案》，载《最高人民法院公报》，2004 年卷（合订本），285 页。

职业规范，未尽必要的注意义务，构成违法。

第三，运用法律原则的条件问题。笔者认为，法律原则的适用仅限于法律没有明确规则的情形。由于法律原则的主要功能在于填补法律漏洞，如果法律上已经有了明确的规则，我们就不能把规则放在一边，直接运用原则。当然，如果法律规则在文义上有歧义，我们可以借助法律原则来固定规则的具体含义，除此之外，我们不能用法院对一般法律原则的理解来代替具体的法律规则，因为这样我们就行使了本应由立法机关行使的权力。

3. 运用法律原则的副作用

在对行政程序问题进行司法审查时，适用法律原则确实有助于我们处理一些棘手的法律难题，但是我们必须了解，凡事有利必有弊，法律原则的运用也不例外。笔者认为，其至少带来两点不和谐情况：

第一，就同一法律问题，有的法院可以运用法律原则，有的则不能。在我们国家有个比较特殊的情况，就是各省及某些地方具有立法权，因此各省对同一问题的规范就可能不一样，这必然会影响到一般法律原则的运用范围。同样一种案情，有的地方就可以用法律原则，有的地方就不能用。比如《城市房屋拆迁管理条例》第24条规定："货币补偿的金额，根据被拆迁房屋的区位、用途、建筑面积等因素，以房地产市场评估价格确定。具体办法由省、自治区、直辖市人民政府制定。"然而只有少数几个省按照国务院行政法规的要求制定了具体办法。多数省份都没有作具体的规定（为此建设部曾专门向全国各省建设厅发出通知，要求各省抓紧制定）。那么现在问题就来了，有的城市拆迁，拆迁人与被拆迁人达不成房屋拆迁补偿协议，拆迁人就请房屋评估机构对被拆迁人的房屋价值作了评估，然后拿着评估报告申请房屋拆迁主管部门裁决，拆迁主管部门就依据该评估报告确定了房屋补偿的数额，而且没有给被拆迁人申辩的机会。被拆迁人不服，认为拆迁主管部门作裁决不应当仅依据拆迁人单方委托的评估公司的评估报告，该评估报告不应当作为证明行政裁决合法的证据。有的省份就评估作出了具体规定，当然可以运用具体规则来解决。多数省份没有制定具体规定，就只能运用公平原则。按照该原则，评估是牵涉拆迁人和被拆迁人双方重大利益的事情，必须要让双方共同参与，因此拆迁人单方委托评估单位作出的评估报告就不能作为行政裁决的证据。

第二，运用同一个法律一般原则可能结果不一样。比如法律规则缺位，就依据法律原则来处理，但是法律原则的包容性是很强的，可能很多种做法都可以在同一个法律原则上找到依据，就如同很多互不相容的教派共同信奉同一经书一样，因此在各地或者各个法院就同一个问题运用同样的法律原则，完全可能作出不同的处理。比如公安机关的交通事故责任认定应否受理，过去有的地方受理，有的地方不受理。最高人民法院请有关专家座谈时就发现，专家们也是两种不同观点，都能说出一定的道理，也就是说两种不同的做法都能在合理性原则上找到依据。由于法律原则包容性太强，因此同样案情出现不同的判决结果就是很正常的事情。

以上两种情况，在法律没有作出统一的具体规则之前，是我们必须要容忍的，笔者认为这也是运用法律原则必须要付出的一个代价。这个代价比起法律原则的运用的好处来还是小得多。

第三节　司法审查的基本内容

法院对行政程序的审查主要围绕其基本要素即步骤、顺序、方式、形式和期限来进行，归纳起来，主要有以下几个问题：

一、是否遗漏必要的步骤

所谓步骤，就是行政程序的若干阶段。按照法律规定，每个行政行为都需要经过若干步骤。但是，法院在审查时，需要注意，遗漏不同的步骤，其法律后果是不同的。有些步骤是必须要经过的，比如符合听证条件的，行政机关必须要告知相对人听证的权利，听证就是不可逾越的步骤。有些步骤则具有可选择性，比如法律规定有些行政行为在作出之前可以听取专家的意见，这里听取专家意见就不是一个必经的步骤。如果遗漏必要的步骤，则构成违反法定程序；而遗漏可选择的步骤则未必构成，但有可能构成瑕疵。

行政行为是否遗漏了步骤是容易判断的，难点在于如何判断哪个步骤是必要的，哪个是可选择的。一般来说，应当从文字上判断，如果在该步骤之前的衔接词为"应当"、"必须"、"须"等词语时，则可以认定这是必要的步骤。如果没有这些衔接词，则可以联系上下文确定。比如《税收征收管理法》第38条规定："税务机关有根据认为从事生产、经营的纳税人有逃避纳税义务行为的，可以在规定的纳税期之前，责令限期缴纳应纳税款；在限期内发现纳税人有明显的转移、隐匿其应纳税的商品、货物以及其他财产或者应纳税的收入的迹象的，税务机关可以责成纳税人提供纳税担保。如果纳税人不能提供纳税担保，经县以上税务局（分局）局长批准，税务机关可以采取下列税收保全措施……"

需要注意，有时法律在某一步骤之前的衔接词是"可以"、"得"等词语，这通常意味着这些步骤是可选择的，但是选择不可任意为之，在一些个案当中，遵循这些步骤的理由非常充分，不遵循反倒显得非常不合理，此时也可以认为这些步骤是必要步骤。比如《行政复议法》第22条规定："行政复议原则上采取书面审查的办法，但是申请人提出要求或者行政复议机关负责法制工作的机构认为有必要时，可以向有关组织和人员调查情况，听取申请人、被申请人和第三人的意见。"

此外还需要认识到，行政程序的每个步骤都有其直接的特定目标，有的是为了实现更高的效率，有的是为了给相对人的权益提供保障，考虑到行政诉讼制度保障公民、法人或者其他组织合法权益的功能，对于那些保障相对人权益的步骤应当给予格外的注意。比如按照《行政处罚法》，作出行政处罚决定之前应当告知并听取当事人的陈述、申辩或进行听证的权利。之所以如此，就是因为相对人借助这样的程序就可以向行政机关提供对自己有利的证据，充分阐述自己免于不利后果的理由，使其免遭不应遭受的损害，防患于未然。如果没有经过这样的步骤，行政决定就可能遗漏重要的证据，相对人就可能因此而遭受冤屈。类似这样的步骤在法律典籍当中比比皆是。税务机关扣押财产需要经过领导批准是如此，《行政处罚法》规定所有的行政机关在证据保全当中先行登记保存证据要经行政机关负责人批准也是如此，都是为了保护相对人的合法权益。与其他程序违法情形相比，法院在这方面审查的态度最为坚决，一旦被告遗漏必要的步骤，法院通常是敢于判决撤销的。比如有一起案件，学校以学生存在迟到、旷课、夜不归宿等诸多违纪行为为由，作出勒令退学的决定，法院审查中发现学校对学生作出勒令退学的处分没有经校务委员会讨论，而且也未经当地教委审批，违反了《内蒙古自治区中等师范学校学生学籍管理暂行规定》关于"给予勒令退学、开除学籍处分的，经校务委员会讨论决定，报盟（市）教育处（局）审批，报自治区教育厅备案"之规定，就没有再继续审查处分决定实体上是否正确，而直接判决撤销。[①] 法院之所以敢于下判，是因为遗漏必要步骤常常会带来事实不清的问题。

行政法有着鲜明的公益性格，行政审判对此不能忽视，这就要求法院对于那些以保护公益为目的的步骤不能忽视。比如《海关法》第28条第2款规定："经收发货人申请，海关总署批准，其进出口货物可以免验。"为什么进出口货物免验必须经过海关总署的批准，是为了防止走私，保护公益的目的显而易见。如果海关未经总署批准，直接决定免验有可能放过走私行为，损害公共利益，故此应当认为构成程序违法。

二、是否任意增加步骤

法律在设定步骤时考虑的重点是明确最基本的步骤，而不追求把所有的步骤事无巨细都固定下来，事实上也做不到。从事物的本性来说，在能够保证科学性的前提下，当然是步骤设计得越细致越好，所以，行政机关如果出于提高行政执法的质量和水平的目的，增加一些步骤应当是允许的，不应因此而认定违法。比如，行政机关在调查之后，认为某些事实具有较强的专业性或者某些法律问题比较疑难，为稳妥起见，召开专家论证会，为决定提供参考。虽然法律没有规定可以召开专家论证会，但其目的是合理的，应当允许。法院在审查中发现行政机关增加步骤，不能马上就下结论，而应继续考察这种增加是否具有任意性。如果增加步骤明显不是出于正当目的，或者过分增加相对人的负担，即具有任意性。比如，行政机关在审查行政许可申请时，不是一次性告知补正，而是连续不断地要求相对人补充各种各样的材料，或者要求相对人补正的材料并非法律要求提供而且与申请无关的材料，或者要求提供的材料事实上或者法律上无法获得等即属之。

三、顺序是否颠倒

法律在设定行政行为的若干步骤时，往往有一定的先后顺序，不能随

---

① 参见乌兰察布盟师范学校不服集宁市人民法院行政判决上诉案，内蒙古自治区乌兰察布盟中级人民法院（2000）乌法行终字第7号行政判决书。

意颠倒。法律有时会把这种顺序要求明确地表现出来，但有时则表现得比较含蓄，甚至存在于普遍的观念之中。比如《行政诉讼法》为什么要规定，行政机关在行政诉讼中不得自行向原告和证人搜集证据？那是因为按照事物的自然属性理应如此。在对于任何事物作出判断之前，都必须要先搞清楚事物的内容和属性，也就是说，要先查明事实，而查明事实则需要找到足够的证明。所以，"先取证、后裁决"是从事物本性当中产生的一个符合规律的观念，这种观念无须得到法律的认可，恰恰相反，法律应当符合这样的观念。① 这样的规则自然也应为司法所认知，并成为判断案件是非曲直的标准。据此，法院如果发现行政机关用作出决定后调查取得的证据来证明其行为合法的，就应当直接排除这些证据；即使出于保护第三人合法权益或者公共利益而采纳这些证据，也不能用这些证据证明行政行为合法，而只能用来证明原告的诉讼请求不能成立。

四、是否采取了合法正当的方式

行为方式的含义非常广泛，包括行为过程的一切外在表现因素。行政方式通常表现为某种方法，比如采用刑讯逼供、暴力胁迫、或者利诱等方法取得的证据之所以不能作为定案依据，就是因为取证的方式违法，不符合证据合法性的要求。行为方式有时表现为一种作为义务。比如《行政许可法》第34条第2款规定："申请人提交的申请材料齐全、符合法定形式，行政机关能够当场作出决定的，应当当场作出书面的行政许可决定。"再比如，涉及第三人重大利益的许可事项应当给予当事人听证的机会。行政方式有时表现为一种不作为的义务。比如进行听证，但不给相对人说话的机会，就违反了不得妨碍当事人行使听证权之义务。行为方式可以是对人的要求，比如按照《行政处罚法》规定，调查取证调查、检查时，执法人员起码要两个人以上。如果一个人去调查，行政调查方式就不符合法定要求，后果是其获得的证据尤其是当事人对有关事实的承认之证明效力受损，甚至丧失。行为方式也可以是对时间的要求。比如用收容审查的方式调查必须要24小时内进行讯问，并在3日内通知其家属。按照该规定，

---

① 笔者认为，如果一个国家的法律完全符合普遍观念，就应当认为他们的立法是完善的，也是成功的。

询问、通知方式当中，"24 小时内"、"3 日内"都是其方式要求当中不可分割的组成部分。

行政方式的违法通常是容易判断的，有时之所以难以判断，主要是因为遇到了法律理解方面的难题。比如，某地公安局接到举报电话，有人在一个叫作"梦兰美发室"的地方从事卖淫嫖娼活动，立即指令当地派出所出警检查。两名民警到达现场，在敲门未开的情况下破门进入室内，发现店主夫妇已上床就寝，民警当即表明执法身份和检查卖淫嫖娼嫌疑事宜，责令两人穿好衣服接受询问。两人一边穿衣服一边声明是合法夫妻，民警要求其出示夫妻证明，两人无法出示但打电话叫来邻居和亲朋予以证实，因而聚集了众多围观群众。民警在得到群众证实后欲离开现场，两人和部分围观群众则不让撤离。派出所和当地政府知道后，立即派员赶赴现场。指导员问明情况后，当即向两人赔礼道歉，表示负责修好损坏的门锁，才得以撤离。第二天，两人到派出所要求查处举报人，后来因派出所未能查处，而提起行政诉讼。诉讼中的焦点问题集中在程序问题上，公安部《公安机关办理行政案件程序规定》（已失效）第 67 条规定："为了收集违法行为证据、查获违法嫌疑人，经县级以上公安机关负责人批准，可以对可能隐藏违法嫌疑人或者证据的场所进行检查。检查时，须持有检查手续，并表明执法身份。""因情况紧急，对单位确有必要立即进行检查的，办案人员可以凭执法身份证件进行检查，检查结束后，立即补办检查手续。"公安机关认为"梦兰美发室"是一个单位，可以按照上述规定第 2 款先行检查，然后补办检查手续。本案虽然焦点是程序问题，但难点却在于紧急程序的条件是否具备，由此变成了一个法律解释问题，即"梦兰美发室"是否是一个单位。审判当中出现了三种不同意见。第一种意见认为，《现代汉语词典》对单位的定义是"机关、团体或者属于一个机关、团体的各个部门"，原告作为一名个体工商户，其经营的美发室虽然只有一间房屋，但以玻璃柜隔出一部分用于居住，不应属于单位的范畴。故按照规定，必须持有县级以上公安机关负责人批准的检查手续，并表明执法身份。未能按照这样的执法方式去做，程序违法。第二种意见认为，美发室虽系个体经营，经营场所也仅为一间用玻璃柜相隔的营业和居住共用房屋，但它对外终究是一个营业场所，不管其大小，均属于单位的范畴。按照规定，紧急情况对单位可以凭执法身份证件先检查，检查结束后立即补办检查手续。民警后来补办了检查手续，故应认为合法。第三种意见认为，原告商住共用的美发室定性为单位还是公民住所,不能一刀切,应按其实际的使用功能进行判定:非营业时间就是住所,营业时间则是营业用房,就是单位。民警在非营业时间的检查应当将其视为住所,故程序违法。[①] 法院最后采纳了第三种意见。

五、形式要件是否具备

行为的形式指的是行为结果或者总体上的外在表现,包括书面、口头的形式,有时可以是动作形式,比如交通岗上的民警即是用动作来表明行政行为的内容,有时还可以是电子仪表显示,比如交通指挥的命令就可以采用红绿灯的形式。通常情况下,行政行为都应当采取书面形式,只有法律作出特别规定,才可以采取其他方式。在法律没有规定的情况下,应当推定为书面形式。因为行政行为与民事行为不同,它是一种要式的行为。

就书面行政行为来说,形式上必须具备哪些基本内容,如果法律上有要求亦应遵守。比如《行政处罚法》第 39 条就要求行政处罚决定书应当载明下列事项:(1) 当事人的姓名或者名称、地址;(2) 违反法律、法规或者规章的事实和证据;(3) 行政处罚的种类和依据;(4) 行政处罚的履行方式和期限;(5) 不服行政处罚决定,申请行政复议或者提起行政诉讼的途径和期限;(6) 作出行政处罚决定的行政机关名称和作出决定的日期。此外,该法还规定,行政处罚决定书必须盖有作出行政处罚决定的行政机关的印章。有些书面的行政行为可能还有更特殊的要求,比如,出让土地必须要给相对人颁发土地使用权证,仅仅口头告知相对人获得土地使用权是不能生效的。

六、是否履行了说明理由义务

说明理由的义务是行政行为形式要求的一个延续。比如,《行政处罚法》第 39 条规定的行政处罚决定书应该具备的内容中就包含了这样的要求,其包括认定相对人违法的事实和行政处罚的种类和依据,也就是把为

---

① 参见王和成:《薛道华、白大兰诉四川省泸县公安局治安行政检查案》,载最高人民法院应用法学研究所编:《人民法院案例选》,2006 (2)。

什么要作出处罚决定的原因告知相对人，其实就是明确了一个说明理由的义务，没有做到这一点就可能认为行政处罚违反法定程序。需要注意，说明理由应当达到一定的明确性。在一起案件中，被告财政部以行政决定的形式撤销了国家国资局作出的原行政复议决定，在决定文书当中只是简单地称"《行政复议决定书》不符合《行政复议条例》的有关规定，现决定予以撤销。"法院在审理中认为，财政部撤销原国家国资局行政复议委员会的复议决定，应当认定该复议决定违法的具体事实，按照《行政复议条例》等具体的法律规定作出处理。但财政部在决定书上只简单地认定复议决定"不符合《行政复议条例》的有关规定，现决定予以撤销。"对于复议决定不符合《行政复议条例》具体条文规定的违法事实及相关证据等具体情况，以及依据什么具体法律规定作出处理，均没有记载，因此，被诉的撤销决定属认定事实不清，主要证据不足，适用法律法规错误，原审判决予以撤销是正确的。财政部在诉讼期间所称的复议决定不符合《行政复议条例》规定的三个方面表现，以及所称撤销决定适用了《行政复议条例》第45、46、47条规定，属于其事后的说明。事后的说明不能作为认定撤销决定合法的根据。[①] 法院在该案的判决中提出的理由具有积极的示范意义，意味着行政机关仅仅高度概括地说明理由是不能过关的。笔者认为，行政决定在事实部分必须明确地指出相对人作出了什么样的行为，都有哪些证据佐证，援引的法律规定必须具体引出条款项目，如果援引的是原则性条款，还必须结合案情加以具体化。

七、是否遵循办事期限

法律在授权行政机关作出某种行政行为时，往往会规定一个办事期限，比如《行政许可法》规定，行政机关自受理行政许可申请之日起通常在 20 天内就应当作出是否准予许可的决定。当然法律在设定办事期限时，会考虑实际情况准许行政机关延续，但延续也应有正当理由，而且延续本身也有限制，不能无限延续。有时，对于行政行为过程中的某些步骤也会规定一个期限，比如按照《行政处罚法》，行政机关在采取证据保全措施

---

① 参见广东省药材公司不服中华人民共和国财政部行政决定上诉案，广东省高级人民法院(1999) 粤高法行终字第 22 号行政判决书。

后，应当在 7 天内作出处理决定。该规定虽然没有直接说保全的期限就是 7 天，但是显然不应无限期地保全。

行政机关超过办事期限作出行政行为的，法院通常不会仅仅因此就把行政行为全盘否定，但是如果超过的期限明显过长，则可能会认为行政行为尤其是不利处分构成严重违反法定程序，比如行政机关在对相对人的违法行为进行调查并有了结论，但迟迟不作决定，10 年后的某一天突然作出一个决定，引起诉讼。法院就会以行政机关作出处罚决定严重超期为由判决撤销处罚决定。

八、是否侵犯相对人的程序权利

行政程序当中，行政机关和相对人各自都有程序权利，也都各自负有程序义务。由于行政机关在程序上的主导性和优势地位，相对人的程序权利更容易受到侵犯，从而使其实体权益失去了程序保障，因此行政机关是否侵犯相对人的程序权利，应当成为司法审查的一个重要问题。

相对人的程序权利当中首先就是请求权。可以说，现代行政控制了一切重要的资源，以至于人们"从出生到坟墓"都离不开行政。人们要生存与发展，就必须跟政府打交道，其中重要的方式就是提出请求。比如行政许可、行政登记、行政裁决、行政复议等等都是由相对人的请求而开启的。行政机关对于请求权应当给予尊重和保护，如果在请求权之上设置障碍或者增加额外的负担，就构成程序违法。行政机关有时应当善意地解释法律，以保护相对人的申请权，做不到这一点也可能构成违法。比如相对人申请工伤认定有 1 年的有效期，但是认定工伤的前提是劳动关系成立。如果存在争议，相对人可以通过仲裁、诉讼途径解决，但是解决必然经过一段期间，如此则在其劳动关系得到确认，再来申请工伤认定可能就超过了 1 年。有的劳动部门就以超过申请期限为由拒绝作出工伤认定，应当说，这样的处理明显不合理，因为行权障碍是请求权期限扣除的正当事由。

其次是知情权，这一权利对应的就是行政机关的告知义务。某地公安局在侦查一起诽谤案件时，怀疑陈某打印了一份诽谤他人的匿名材料，有作案嫌疑，决定对陈某收容审查。一天早晨，陈某上班时，被告工作人员身穿便衣，未出示任何证件，借故将陈某骗出机关大楼，随即将陈某推上楼下一辆汽车，押到公安局派出所，并让她在传唤证上签名，将她秘密收审，随即又将其押至县公安局看守所。三天后，被告向其出示了三天前填写的《收容审查通知书》，并让陈签名。关了 23 天后，被告以"暂时审查不清，有待进一步调查"为由，将陈释放。陈不服提起诉讼。法院在审理中主要抓住了一个问题：公安机关在已经作出了收容审查决定的情况下，不告知当事人，而是采取传唤的方式，在对相对人审查了三天以后才将收容审查决定送达，构成程序违法。[①] 其实质是侵犯了当事人的知情权。

再次是参与权，一方当事人通过行使申请权启动了行政程序之后，如果涉及另一方的合法权益，无论法律有无明确规定，按照正当程序，都应当给予其参与的机会。比如，《行政复议法》第 22 条规定行政复议的审查当中，行政复议机构认为必要时，可以听取第三人的意见。似乎第三人的参与并非是必须的，有的同志也据此认为，第三人并无参与权。笔者认为，该条规定仅仅是说行政复议机构在听不听第三人意见的问题上有裁量权，仅此而已。但是裁量并不能任意，要受到合理性原则的约束，而合理性原则与某些特定案情结合之后，行政机关听取第三人意见的理由远远胜过不听取第三人意见的理由，甚至不听取意见就没有任何理由，此时答案是唯一的，法律上的"可以"在本案中就变成了必须，这种必须就意味着第三人的参与权。目前，法院在这一领域取得了明显进展，已经成为一种得到法律界高度认可的司法惯例。

与参与权密切相关的还有申辩和听证的权利。司法实践中也有与参与权保护相类似的发展。比如某地国土局在事先没有通知房主的情况下，依另一方当事人申请，对房主作出"收回土地证并注销"的行政确认行为，引起诉讼。法院判决认为，国务院颁布的《全面推进依法行政实施纲要》中确定了正当程序原则。正当程序原则的一项重要内容，使行政机关作出对相对人不利影响的具体行政行为前，应当听取相对人的意见，以保障相对人的知情权、参与权，并借此监督行政机关依法行政。据此，被告在未给王某申辩机会的情况下，直接确权并注销其土地证的行为属于违反法定程序。

另外，相对人有时还有一种值得保护的期限利益。比如，拆迁部门在

---

① 参见《陈迎春不服离石县公安局收容审查决定案》，载《最高人民法院公报》，1992 (2)。

强拆决定中通常要给相对人指定一个搬迁期限，如果没有考虑合理的因素，指定的期限过短，也可能构成违法。比如，给被拆迁的工厂指定 3 天的搬迁期限，而该工厂有很多大型设备，10 天也无法完成。

九、行政机关是否妥善履行程序义务

法律对行政机关的程序义务有明确规定时，自然可以成为行政审判的标准。即使法律没有作出明确规定，法院也可以考察行政机关是否具有基于正当程序而负有某种程序上的义务。比如对于不明原因死亡的人，公安机关负有调查死因的职责。但是调查程序由谁来启动，法律没有明确规定。在一起案件中，公安机关让死者家属将尸体领回火化。死者家属火化后，诉公安机关，理由是其未查明死者的死亡原因属于没有履行法定职责。公安机关称，未做法医鉴定的原因在于当事人没有申请鉴定。笔者认为，虽然法律没有明确的程序性规定，但是按照正当程序，公安机关应当主动调查，在家属未申请的情况下，公安机关应当提出建议，征得同意后再做尸检。

十、是否依法回避

回避制度要求与处理的行政事务有利害关系的人不得参与有关行政活动。目前来看，回避在不少行政领域的法规当中都有体现，但并未成为一个具有普遍性的要求，因为还有不少领域没有提出回避的要求。行政审判当中如何审查？笔者认为，回避直接来自于古老的自然公正原则，该原则有两条含义，其中之一就是"自己不能做自己的法官"。即使具体的法律上没有作出规定，也不应妨碍自然公正原则的应用。

第四节　程序违法的认定：违反法定程序还是程序瑕疵

不知从什么时候起，我们对待程序违法开始有了区别，程序违法被分为两种不同情况：一是违反法定程序，二是程序瑕疵。一个行政行为如果被认定为违反法定程序的话，按照《行政诉讼法》及司法解释的规定，具体行政行为就将被撤销或者确认违法；如果被认定为程序瑕疵的话，则不足以导致具体行政行为被撤销的后果。因此，我们在审判实践中，如果发现一个具体行政行为没有按照法律规定的程序运作，我们首先就要判断这种情形到底是违反法定程序还是程序瑕疵。

我们为什么会形成这样一种做法呢？这可以在正反两方面找到原因。

第一，反的方面即消极方面。一是我们没有重视程序的传统。二是我们不得不对现实中的一些因素妥协。首先我们说，程序是为实体服务的，但是在传统上我们往往把这句话理解成程序要服从实体，或者说只要结果是正确的，它是通过什么样的过程和方式，这无关紧要。我们只关心结果。我们对程序的态度完全是实用主义的观点，程序没有独立存在的价值，当遵守程序能得到好的实体结果的时候，我们就按照它做，当遵守程序得不到好的实体结果时，我们就把程序放到一边，直接追求结果。这种传统至今仍在观念上影响着我们。在西方，程序在法律上的地位就高多了，正当程序的传统在西方可以说是根深蒂固，宗教信仰和法律制度上始终可以看到它明显的痕迹。圣经上记载的第一次审判是上帝主持的，其表现出两个特点：一是两造兼听，在所有当事人在场的情况下，开始审判，而不是只听一面之词；二是给当事人申辩机会。我们不能小看这段记载，它折射出实际生活中的习惯和观念，既然全知全能的上帝都给当事人申辩的机会，世俗的国王、统治者又有什么资格不这样做呢？因此，即使在最黑暗的中世纪，正当程序的基本原则也坚持下来。臭名昭著的宗教裁判所在进行裁判时也给被告以辩护机会。到了近代就更不用说了，过去正当程序主要体现在司法程序尤其是刑事审判程序当中，后来扩大到行政和立法领域，国家立法要搞听证，要征求有关人士意见，行政机关作出不利处分要给当事人申辩的机会，涉及重大利益的，要听证。行政官员不能做自己案件的法官，甚至自己亲友的案件也不能参与。程序的合法性具有独立的价值，尤其是在英美，这种独立性更加明显。其次法官或者法院的司法权威不足以抵抗一些现实的因素。在西方，他们的法律图腾是正义女神，正义女神的背后有一句拉丁文："为了正义，哪怕天崩地裂。"这种精神在行政程序的审查中很好地贯彻了。韦德勋爵在《行政法》中举了一个例子。某个地方当局想把现有的 8 个学校改组成一个综合性学校的决定已经得到国务大臣批准，在快要实施的时候，上诉法院对当局发出了禁止令，理由是没有遵循发出公告、提供提出异议的机会的法定程序。在下判之前，地方当局抗辩说，为了执行这个计划已经做了大量的工作，推翻所有已成的计划将使政府的机器暂停运转，会导致过度混乱。这的确是一个实际情况，但是法院没有为这一事实所震慑，他们不乐于倾听行政不便的牢骚。上诉法院在判词里写到，"即便导致混乱无序，法律也必须遵从"。实事求是地讲，这在当前我国是难以想象的，究其原因，恐怕不是法官勇气的问题，而是体制问题，即法院得不到目前政治体制的有力支持，这使得法院难以抵抗现实的政治和社会生活中方方面面的压力。

第二，正面看，这种区分有一定合理性。我们对待司法程序是比较严格的。之所以如此是因为我们常常说司法是正义的最后一道防线，也就是说，司法是权利救济的终局程序，所以我们对待司法程序的违法是比较严格的。但是行政程序不同，后面可能还有行政复议和司法审查，如果行政程序中有些违法之处，可能还有补救或者救济的机会。大陆法国家就是这样，它的司法程序很严格，但是对待行政程序的违法则是比较务实的态度。德国、意大利、西班牙在行政程序法上都对行政程序作出了规定，提出的要求并不低，但是对程序违法的司法评价标准却并不是很高。对待一个行政程序违法，他们首先看这个行政程序是否属于可以矫正的，如果可以矫正，则仅认定为瑕疵。其次，即便认定行政程序是违法的，而不是瑕疵，他们也看这个违法是否可能侵害当事人合法权益或者公共利益，如果仍不能排除这种可能，就撤销之，如果能排除，就不撤销。大陆法的观念我们更好接受，因为我们近百年来的法治建设主要是在大陆法观念的基础上进行。

目前，法律上没有对此设定具体的标准，法官具有较大的自由裁量权，但是这并不意味着法官可以任意裁量，而是必须受到一些合理性标准的约束和指导。目前，从我们掌握的情况看，各地在程序违法判断标准上尺度不一，有的仅仅是作出行政行为时超过了几天期限，就认定违反法定程序并判决撤销。有的已经违反了法律规定的程序要件，比如结婚登记本人不到场，还认为仅是程序瑕疵而已。这里笔者无意评判哪种做法正确，哪种不正确，因为我们还处在探索的阶段，出现这些尺度上的不一致是可以容忍的。指出上述问题的目的在于强调明确判断标准的重要性和急迫性。结合一些案例和学理，笔者认为，确立违反法定程序与程序瑕疵的判断标准应当考虑以下五个方面的因素：

一、外部程序还是内部程序

外部程序在行政机关与行政相对人之间创设程序权利义务关系。内部程序则用来规范行政机关内部的运转。外部程序直接与行政相对人发生关系，影响相对人利益的可能性比较大，因此违反外部行政程序，就有可能被认定为违反法定程序。内部程序不直接与相对人发生关系，一般不会影响相对人的利益，所以违反内部程序一般被认定为程序瑕疵，不影响行政行为的对外效力。在这个标准上，我们需要注意两点：

第一，这个标准并不是写真的，而是写意的。我们考察的程序违法属于外部程序范畴的，我们只能说，该违法属于违反法定程序的概率较大；如果属于内部程序，则其属于程序瑕疵的概率较大。

第二，区分外部程序和内部程序只是我们操作的第一步。如果违反的程序属于外部程序，则我们需要进一步考察该外部程序是主要程序还是次要程序，是自由裁量程序还是羁束性程序，然后才能确定。内部程序的违反也有可能被认定为违反法定程序。有些内部程序具有很明显的保护相对人的目的，违反这些内部程序就如同违反外部程序一样，可能造成相对人利益的损害，从而产生外部化的后果，这时候我们就应当把这个内部程序视为外部程序。比如，纳税人不履行征税决定，税务机关于是就把纳税人的货物予以扣押并变卖，折抵税款，按照法律规定①，税务机关在采取这个强制执行行为之前，应当经县级以上税务局（分局）局长批准。这个批准本是内部程序，但是从立法目的上可以看出，这个程序的设定是为了防止这种强制权力行使的不当，避免使纳税义务人遭受不应有的损害。如果法院经审查后不能排除纳税义务人受到损害的利益是合法权益的可能，也就是不能排除其合法权益受到损害的可能的话，我们就应当认定税务局长批准这个内部程序已经外部化了，没有走批准程序就应当被认定为违反法定程序，而不仅仅是个瑕疵。

---

① 参见《税收征管法》第37条。

二、主要程序与次要程序

试举一例提出问题：甲将劣质化肥卖给乙，乙要求退货遭到拒绝，遂向技术监督局举报。该局经调查认为属实后，先扣押了化肥，然后作出了没收化肥的处罚决定并送达给甲。本案中，行政机关执法在顺序上出了问题，这一点是肯定的，关键在于这个问题到底是一个程序瑕疵，还是违反法定程序？

笔者认为，作出判断之前应当看法律赋予执法顺序以什么效力，这决定着它是否是主要程序的问题。一个程序如果影响行政行为的主要内容或者效力就是主要程序，否则就是次要程序。比如按照《行政处罚法》的规定，作出行政处罚决定时不告知当事人陈述、申辩权利或者拒绝听取当事人陈述、申辩的，行政处罚决定不能成立。如果不向当事人送达行政处罚决定，则该决定不能生效。这些程序在整个行政处罚程序当中地位比较高，被立法者寄予很高的期望，期望它能起到保护当事人权益的作用，这些程序就是主要程序。违反了这些程序，一般都构成违反法定程序。其他的对当事人权益影响比较小的程序就是次要程序。比如行政机关作出行政行为的期限，给当事人送达行政决定的期限等等。虽然法律也往往要求行政机关作出行政行为时必须遵守期限，但是由于其本身不具有那么大的重要性，即使违反了对当事人的权益一般不会造成损害或者损害甚微。比如处罚决定按照法律应当 7 天给当事人送达，如果第 8 天才送达，虽然违反了期限的规定，但对当事人的权益并没有造成其他的损害。因此，违反次要程序就只是程序瑕疵。

关于程序的重要性，法律有时规定得很明确，比如上述案例涉及的《行政处罚法》规定的送达程序，《行政处罚法》规定得很清楚，不送达处罚决定不生效，可见该程序具有很高的效力。不生效的行政处罚当然是不能执行的，所以强制执行的程序就是违反法定程序，而非程序瑕疵。

在多数情况下，法律对程序的主次并没有作出明确的界定，这就需要我们结合法律的上下文[①]，通过法律解释方法的运用来确定。比如，前述离婚登记案中的调解无效证明未提交是否构成违反法定程序的问题，我们

---

① 上下文可以是一个法律文本的上下文，也可以是整个法律体系的相关内容。

在《婚姻法》上找不到依据，于是合议庭把视野展开，在相关的法律、法规、规章和规范性文件中寻找有关内容，最后在民政部作过的一个行政解释中找到了有价值的意见，该解释称："调解无效介绍信不是表示单位同意与否，而是便于基层单位了解当事人的婚姻状况，配合婚姻登记机关做好婚姻调解工作"。这个解释就说得再明白不过了，据此，这个违法的分量就只能被认定为瑕疵。

三、羁束性程序与裁量性程序

羁束性程序，是指法律明确规定了行为的形式、步骤、顺序、时限和适用条件，行政机关必须遵循的程序。裁量性程序是指法律允许行政机关在行为步骤、顺序和形式等方面可以根据自己的判断进行取舍或者选择的程序。羁束性和裁量性都是在相对的意义上讲的，取决于法律如何规定，同样的行为，如果法律规定变了，则行政程序的性质就会发生变化。比如法律规定作出较大数额的罚款之前应当给当事人听证的机会，那么行政机关如果打算给予相对人 10 000 元罚款的处罚时是否应当给听证机会就是一个可裁量的问题，从而这个听证程序就是裁量性程序。如果某个行政机关以规范性文件作出解释，5 000 元以上的罚款为较大数额的罚款，则这时的听证程序就变成羁束性的了。

违反羁束性程序一般都构成违反法定程序。而违反裁量性的程序只要不存在明显的不合理，则不构成违反法定程序。如果裁量合理，则是程序合法的，如果裁量存在一般的不合理，则属于程序瑕疵。

四、有利处分还是不利处分

以下两个例子对比一下或许有助于说明问题：（1）李某殴打他人，公安机关对其作出罚款 100 元的处罚决定，但作出处罚决定之前没有告知其申辩权，也没有给他申辩的机会。李某不服，提起行政诉讼。（2）某地政府组织公共工程招标，但只给了招标人 10 天的准备时间，少于法律规定的 20 天准备时间，甲公司和乙公司都参加了投标，最后甲公司中标，乙公司不服，提起了行政诉讼，请求撤销发给甲公司的中标通知书。两个案件都是程序违法，但结果不同，第一个案件中法院撤销了行政处罚，第二个案件中法院维持了招标行为。区别就在于行政行为性质的不同。

行政行为按照不同的标准可以有很多分类，但是对于我们区分程序瑕疵和违反法定程序最有帮助的就是看其对相对人利益的影响所作的分类，按照这个标准行政行为可以分为侵益性行政行为和授益性行政行为。也有人称之为不利处分和有利处分。侵益性行政行为由于直接损害相对人的利益，这本身就要求行政机关必须要谨慎地行使这种权力，必须要高度注意。与此要求相适应，法律上对这种权力行使的程序提出的要求也是比较高的，最典型的例子就是《行政处罚法》第41条规定，处罚之前没有告知当事人申辩权的，行政处罚不成立。所以司法审查上掌握的标准也是比较严格的。有的程序违法，在法律上并没有指出后果，比如超出法定期限作出行政决定的怎么办？是不是必须撤销[①]？这个问题不是很明确，各地做法也很不统一，有的法院判决也前后不一致，但是总还有些法院是作出了撤销判决的，合适与否先不作评价，但是笔者认为不利处分的程序违法，从严掌握标准是正确的。

授益性行政行为由于相对人是从行政行为中得到了好处的，如果相对人是善意的，那么这种利益就是合法的，应当受到法律保护，即便行政机关作出行为的时候在程序上存在违法之处，他们的利益也是值得法律保护的，我们称之为信赖利益。所以在授益性行政行为程序上存在违法的时候，我们掌握的尺度就不要那么严格，应当适当宽松一些。当然宽松也是有限度的。

这里需要注意一点，以上标准在二元关系[②]背景下是有效的，如果行政行为涉及第三人，则该标准未必合适。此时就应当比较哪种利益更值得保护。这就是我们接下来讨论的标准。

---

① 比如某地一个案件中，甲公司与乙公司签订了委托加工合同，约定由乙公司提供药品批准文号委托甲公司按《药典》标准和有关管理规定生产药品。药品监督管理部门批复同意乙公司委托甲公司生产前述三种药品。但甲公司超出了药品监督管理部门批复范围，生产批复范围之外的其他种类药品。药品监督管理局对乙公司调查了1年以后作出了处罚决定，甲公司对该处罚决定不服提起行政诉讼，法院审理认为，法律规定的作出期限为3个月，药品监督部门从调查开始到最后作出处理决定用了1年的时间，大大超出了法定期限，违反了法定程序，判决予以撤销。

② 即仅限于行政机关与相对人两方关系，而不涉及第三人。

五、比较哪种利益更值得保护（利益衡量）

先介绍一个案例：男方与女方准备结婚之前已有两个月的身孕，为了顺利办理准生证，两人找到外地民政部门的熟人办了结婚证，并将结婚时间倒签了将近1年，办理了结婚登记。小孩出生后，男方以民政部门越权异地办证，违反地域管辖的规定，而且结婚证上所写的日期与进行登记的实际时间不符，程序违法为由，提起了行政诉讼。该案中，登记机关有两处程序违法：一是违反了地域管辖规定，二是登记时间的填写系形式错误，尤其是第一处违法还违反了强行性规定，法院如何认定呢？到底是程序瑕疵还是违反法定程序？前面介绍的方法在这个案件中都不太好用，最后他们采取了利益衡量的办法，即看哪种利益更值得保护。最终法院认为女方的利益更值得保护，程序违法仅属瑕疵，因此驳回了男方提出的诉讼请求。

利益的衡量不仅仅限于双方当事人之间，除此之外，法院还应当考虑一切相关的因素，比如第三人利益、公共利益、法律所追求的特定目的等等。就本案情况而言，除了男女双方的利益之外，还有一个儿童利益的问题。此外还涉及《婚姻法》的两个立法目的：一个是保障男女双方在婚姻问题上的自愿和平等，这是《婚姻法》的首要目的，另一个是保护妇女、儿童的合法权益，这也是《婚姻法》的重要目的。那么，我们就来衡量一下，先看男方，办理婚姻登记是男方的真实意思，因此婚姻登记的违法之处并没有侵犯男方的合法权益，因此撤销这个登记并不会使男方得到什么合法权益。再看女方，刚刚生下小孩，撤销婚姻登记当然对她很不利。对于小孩当然也是不撤销婚姻登记对他有利。从《婚姻法》的目的看，结婚登记是双方自愿的，而且承认结婚登记的效力对保护妇女儿童权益最有利。因此，很明显，女方的利益和实现法律目的的利益明显大于撤销婚姻登记给男方带来的利益，经过比较之后可以认定，程序违法并没有影响到当事人值得保护的利益，因此可以认定为瑕疵。

需要注意一点，利益衡量不意味着迁就行政机关，放纵其违法的行政行为。所以说行政机关在使用公共利益这样的不确定概念为自己的程序违法辩护时，就必须严格审查，以作出合理的判断。这里再举一个案例来说明观点：卫生检疫部门在报纸上公布了一批检疫不合格的饮料生产企业的产品名单，其中一家企业不服，向法院起诉，法院经审理查明，卫生检疫部门没有按照国家规定的采样程序操作，不能证明其化验的样品来自这家企业生产的矿泉水，也不能证明其所采的样品没有掺入其他杂质。行政机关辩称虽然在采样程序上有些问题，但是这家企业也不能证明其饮料就没有问题，食品安全关乎人民群众身体健康，一旦将有问题的饮料投入市场就可能造成严重后果，损害公共利益，而公共利益比企业个体利益要大得多。行政机关的辩护意见可以采纳吗？笔者相信绝大多数读者不会同意，为什么呢？就是因为公共利益的概念运用得不适当。因为公共利益的损害只是一种可能性，市场上任何一家企业的经营活动都可能给公共利益带来这种类似的风险，因此我们说公共利益的损害可能性是一种微弱的可能性，而这家企业被公布饮料不合格之后，我们可以预见，其损失一定会是惨重的，甚至会倒闭，这对企业来说就是难以承受之重。将公共利益那种极不确定的损害与企业的可以预见的重大损害相比，显然我们不应当采信行政机关的辩护意见。也就是说，尽管饮料是否合格是个谜，但是在不能排除其合格可能的情况下，行政机关的程序违法就可能侵犯了其重大的合法权益。因此，卫生检疫部门通报行为的程序违法就不仅仅是个瑕疵而已，而是违反法定程序。

以上的各项标准只能说指出了大概的方向，不能绝对化，具体使用哪种方法还得根据案件的情况，综合起来考虑。比如说侵益性行政行为中程序标准要严格一些，授益性行政行为中则相对宽松一些，这只能在相对意义上理解，在侵益性行政行为本身实体上没有问题，而且又牵涉到其他人合法权益或者公共利益的时候，就应当作进一步的利益衡量。授益性行为可能对相对人是授益性的，对其他人比如竞争权人就是侵益性的，如果其他的利益比相对人的利益更值得保护，就不可再用宽松标准了。

第五节　处理方式

一、判决

法院在作出上述审查后，可以视情况作出如下判决：

第一，判决维持。适用于行政程序合法且没有其他违法之处的被诉具体行政行为。

第二，驳回原告诉讼请求。适用于实体合法，但程序有瑕疵的被诉具体行政行为。

第三，撤销被诉具体行政行为。适用于违反法定程序的被诉具体行政行为。

第四，确认被诉具体行政行为违法。适用于违反法定程序，但不具有可撤销内容的被诉具体行政行为。

第五，确认被诉具体行政行为，责令被告采取补救措施。适用于违反法定程序，但撤销将给国家利益或者公共利益造成重大损害的具体行政行为。比如因国家大型工程的征地，虽然征用程序违法，但撤销征用行为可能造成损害国家利益或社会公共利益的，也不宜采用撤销判决，使其仍保持效力，但是被告应当采取一定的措施，以消除仍然存在的违法状态。现在的问题是，有些程序违法在事实上或者法律上不能补救，怎么办？对此，法律或者司法解释没有作出规定，需要我们继续探讨。

二、司法建议

需要指出的是，某些行政行为虽有程序违法情形而不撤销或宣告无效，行政行为效力不受影响，这并非意味着这种程序违法行为就不受追究。行政行为程序违法虽未撤销或宣告无效，行为效力不受影响，但应承担其他法律责任。如《行政处罚法》第 55 条、《行政复议法》第 34 条均规定，程序违法的，由上级机关或有关部门责令改正；对直接负责的主管人员和其他直接责任人员依法给予行政处分。《行政许可法》的规定就更为具体，根据该法第 72 条规定①，在行政许可行为出现六种违法情形之一时，有关责任人员可被给予行政处分。由此可见，法律对行政程序责任的

---

① 行政机关及其工作人员违反本法的规定，有下列情形之一的，由其上级行政机关或者监察机关责令改正；情节严重的，对直接负责的主管人员和其他直接责任人员依法给予行政处分：（一）对符合法定条件的行政许可申请不予受理的；（二）不在办公场所公示依法应当公示的材料的；（三）在受理、审查、决定行政许可过程中，未向申请人、利害关系人履行法定告知义务的；（四）申请人提交的申请材料不齐全、不符合法定形式，不一次告知申请人必须补正的全部内容的；（五）未依法说明不受理行政许可申请或者不予行政许可的理由的；（六）依法应当举行听证而不举行听证的。

其他方式规定尤其是行政责任越来越具体。这些规定中虽然没有提到人民法院的作用，但是人民法院在审判当中发现这些违法情形，即使这些违法情形不足以导致撤销被诉具体行政行为的后果，但是人民法院可以据此发出司法建议。

在区分程序违法为违反法定程序和程序瑕疵之后，由于法院对程序瑕疵追究责任的力度有限，因此，在此类案件中，注重运用司法建议的形式，对于加强司法监督作用，促进依法行政就别具一种重要的意义。

第六节 我国制定行政程序法的必要性

应当说，法院对行政程序问题的司法审查在《行政诉讼法》第 54 条规定的几大审查标准当中，虽不属于效果最差的，但也难称理想。其中很大一个原因就是审查标准不够完备。要解决这个问题，最好的途径就是制定统一的行政程序法。在该法当中，可以规定适用于一切行政活动的程序规则，同时也可以考虑借鉴国外成功经验，把行政法的基本原则和重要规则吸收进来，使其起到行政法和行政程序法总则的作用。有了这部法律，行政审判当中，很多程序问题的审查就有了切入点，审判规则也就有了新的生长点。自 20 世纪 90 年代中期以来，行政程序一直是我国行政法的热门课题之一。从理论界到实务界，都投入了很大力量进行调研，并探讨立法的必要性和可行性。十余位知名学者牵头组成科研团队，撰写了多种版本的行政程序法试拟稿，供立法参考；湖南、湖北等不少地方也制定了程序规则，在当地试行。面对立法呼声，全国人大常委会积极回应，并于 2003 年决定将行政程序法列入立法计划。行政程序法的重要性在于，其对行政法治建设的促进和保障是全方位的。其除了解决司法审查标准问题，还在以下几方面具有不可替代的作用。

一、制定行政程序法有助于完善社会主义法律体系

行政法既包括实体规则，也包括程序规则。实体规则规范行政的内容，程序规则规范行政的过程。从两者关系来看，实体规则是目的，程序规则是手段，程序规则为实体规则服务。不过，从实际作用来看，程序规

则的重要性与实体规则相比并不逊色。首先，程序规则比实体规则更具操作性。制定实体规则，需要迁就历史、考虑现实、兼顾未来，受行政事务复杂性的制约。因此，面对纷繁复杂、瞬息万变的现代行政，立法者经常只能写出十分抽象的规则，难以操作。制定程序规则，却不受具体行政事务的束缚，立法者只须对行政活动进行类型化，就可以制定出统一的程序要求。这样的规则更易于操作。其次，实体规则的实施效果受制于程序规则。以"分苹果"的寓言为例。假设实体规则是"两人平分一个苹果"。若无程序规则，分配结果无法确定；若程序规则是"切苹果者先挑"，则结果倾向于不平均；若程序规则改为"切苹果者后挑"，则结果倾向于平均。可见，实体规则离不开程序规则；程序规则设计得越合理，实体规则就越有保障。

上世纪初，世界主要国家开始认识到程序规则的价值。1904 年，奥地利总理委任的研究组提供的一份报告指出："欠缺行政程序的明确规定，比行政组织上的欠缺，更令人感到痛切。"国会对此非常重视，有议员指出："应着手从事行政法法典化之工作，使行政实体法建立在明确而又积极有效的基础上"。1925 年，在多种力量共同推动下，第一部行政程序法在该国诞生。其后 70 余年，西班牙、德国、瑞士、意大利、葡萄牙、日本、韩国、荷兰、我国台湾地区陆续跟进。甚至美国也一反判例法传统，于 1946 年制定了《联邦行政程序法》。与此行政程序法典化浪潮相伴的是，行政程序法被看作行政法治成熟的重要标志。

在我国，行政法是社会主义法律体系的重要组成部分。改革开放以来，行政法取得了长足进步，但是不够平衡，表现为：实体法制定得较多，亦较完善，但程序法未受到足够重视，程序规则零散、缺失的问题较为突出，成为制约行政法治持续发展的瓶颈。特别是在当今社会转型、体制转轨、实体法难以适应急剧变幻的环境之时，程序规则的不足又在无形中被放大，成为行政法乃至社会主义法律体系的明显缺憾。要弥补这一缺憾，最好的办法就是制定行政程序法。

二、行政程序法使行政行为真正有法可依

依法行政，首先要有行政可依的完善之"法"，尤其是程序法。而我国当前残缺不全的程序法，却与有法可依的理想状态存在较大距离。

当前，行政程序规则集中于《行政复议法》、《行政处罚法》、《行政许可法》等几部法律之中，其余则散见于大量的单行管理法。在此结构之下，只有行政复议、行政处罚和行政许可三种行政行为的程序规则较为系统。我们知道，行政行为具有多样性，除以上三种类型之外，还有行政命令、行政强制、行政征收征用、行政奖励、行政合同、行政计划等等有名行政行为以及未型化的其他行政行为。这些行政行为的程序规则完全来自单行管理法，而单行管理法的主要旨趣却非程序问题，故这些程序规则只能是零散的、片段式的，无法为连续的行政过程提供稳定的依据。要解决这个问题，有两种方式可供选择，一是针对各类行政行为分别立法，二是统一立法。两相比较，后者立法周期更短，还可以避免重复立法和规范冲突，更为可取。

另外，行政行为的共同原则、成立和生效的要件、违法的法律后果等问题，在行政法上具有突出的重要性。关于这些问题的规范具有总则的性质，堪称行政法的骨架。这些规定放在任何一部单行法律中都不合适，从国外的情况看，基本都放在行政程序法中。这一经验值得我们借鉴。

三、行政程序法为政府科学决策提供保障机制

以首长负责制为代表的集中模式，虽然可以保障行政管理的有效性，但也容易产生长官意志和主观主义。这是各国行政体制的通病，如果制约不利，不仅会滋生腐败，也会妨碍行政决策的科学性。从世界主要国家尤其是制定行政程序法的国家的经验来看，以公开、公正和效率原则为主线建立起来的行政程序规则体系，在减少决策失误、保障行政决策的科学性方面发挥了重要作用。比如，听证制度给予利益相关方以参与行政过程和表达意见的机会，有助于全面收集意见和信息，集合众人智慧，为科学决策奠定了坚实基础；回避制度旨在帮助行政机关摆脱偏私、保持公正立场，为科学决策排除了干扰；时效制度要求行政机关及时作出决策，使科学决策的成果不致因行政效率低下而时过境迁。

我国当前正处在社会转型期。此时，行政事务更为重大复杂、敏感急迫，这意味着政府决策的风险更高，一旦失败，付出的代价也更大。在此形势下，党中央有针对性地提出"贯彻落实科学发展观"，要求政府决策

保持更高的科学性。在这一时代背景下，制定行政程序法，为政府科学决策提供保障机制，无疑具有特别重要的意义。

四、制定行政程序法可以提高政府效能

完善的行政程序规则有利于提高政府效能。域外立法经验表明，提高政府效能，乃是制定行政程序法的重要目的之一。比如我国台湾地区《行政程序法》第 1 条关于立法目的之规定中，"提高行政效能"就赫然在列。

目前，我国行政程序规则零散、缺失的状况，对政府效能的消极影响已经显现。一是适用法律的难度增大。由于程序规则尤其是行政行为生效要件、当事人程序地位等总则性规定的缺失，行政机关经常陷入无法可依的困境，此时寻找可行的法律方案，势必投入更多的时间、人力、费用等行政成本。二是为程序滥用提供便利。权力滥用与规则的完善程度成反比，而当前程序规则上的大量模糊、冲突乃至空白之处，恰如程序滥用的一道道方便之门。当然，行政诉讼等监督机制可以发挥作用，但毕竟是事后纠正，而此时政府效能已经受到了损害。三是引发行政争议。程序是行政行为的外观，这一特点使得程序瑕疵很难遮掩。因此，即使行政处理实体正确，当事人亦可能从程序上提出质疑，使宝贵的行政资源被无端消耗。四是行政管理上下脱节。当前的分别规定模式，无法对行政程序基本原则和共同制度作出统一规定，也易于造成规则冲突和重复。这就可能形成各部门和各地方自行其是、中央政令难以落实的局面。要解决上述问题，提高政府效能，最有效的办法就是制定行政程序法，形成以该法为龙头的程序规则体系。当前，我国面临的国际国内环境空前复杂，党中央要求各级领导干部提高执政能力，这对政府来说，则意味着必须要保持更高的效能。可见，从提高效能的视角来看，制定行政程序法，既立意深远，亦有很强的现实意义。

有一种意见认为，我国目前不宜制定行政程序法，因为发达的程序规则会束缚行政机关手脚，降低效率。我们认为，这种意见是片面的。首先，他们只看到程序规则增加了行政成本，却未看到缺少规则的弊端更为严重，而这些弊端意味着，国家需要消耗更多的经济、社会、环境和道德资源。近年来，国家为了解决已成社会顽疾的行政上访，投入巨大却收效甚微，就是一个明证。而制定行政程序法，可以减少决策失误、避免资源

浪费、及时化解争议、舒缓执政压力，明显利大于弊。其次，行政程序并不排斥效率。事实上，效率也是行政程序的基本价值之一。遍观各国法律，立法者在设定行政程序尤其是规定行政行为时效、步骤时，提高行政效率始终是一个重要考虑。

综上，我国的法治建设走到今天，制定行政程序法的必要性和可行性均已具备，可谓恰逢其时。

第十章　行政裁量与司法审查 *

　　面对行政裁量①权膨胀带来的滥用权力的种种弊端，现代司法一反不介入行政裁量的传统立场，在这一领域展开越来越深入的司法审查。时至今日，法院对行政裁量行为的有效审查已成为现代行政法最引人注目的成就之一。在我国，1989 年出台的《行政诉讼法》已将行政裁量纳入司法审查范围，然而反观司法实践，法院对行政裁量的审查至今依然薄弱，可谓是制约行政诉讼制度发展的瓶颈之一。之所以如此，原因是多方面的，法律界对行政裁量及其司法审查标准缺乏深入的调查研究就是其中一个主要原因。鉴于此，笔者对行政审判实践情况作了一些归纳分析，提出自己的观点和设想，供大家参考。

---

　　* 根据作者发表于《法制与社会发展》2000 年第 3 期的《对自由裁量行政行为进行司法审查的原则和标准》（合著），发表于《行政执法与行政审判》总第 20 期（2006）的《行政裁量与司法审查》等文章改编。

　　① 学术界开始对行政自由裁量提出质疑，认为所谓"自由"的提法不科学，越来越多的人以行政裁量的称谓取而代之。笔者认为"行政裁量"在表述上更加准确，故本书主要采用"行政裁量"这一称谓。

第一节　行政裁量的表现形式

在司法审查中，经常会遇到行政裁量问题，但是由于实务中对行政裁量关注较少，所以，法官往往意识不到他们正在审查自由裁量问题。针对这种认识上的误区，笔者就行政裁量的表现形式，提出以下两个问题进行研讨：

一、行政行为的哪些环节可能出现行政裁量问题

很多法官只承认行政机关在行政行为结果上的裁量，而不承认行政行为其他环节上出现裁量的可能性。这种观点相当于国外对行政裁量认识的早期阶段，即所谓的效果裁量说。这种学说与放弃审查行政自由裁量的司法政策相适应，为了避免行政脱离法律的监督，对行政自由裁量应尽可能作狭窄理解。由于这种观点不符合行政的实际情况，尤其是在行政权力膨胀、社会对行政的主动性、灵活性要求越来越高的背景下，这种观点已经让位于要件裁量说。按照要件裁量说，行政行为的任何环节上都可能出现自由裁量问题。笔者赞同这种观点。

1. 事实认定的裁量

如果行政行为的证据明显超过证明标准所需要的证明程度，事实认定自无裁量的余地。但是行政行为的证据并非总是确凿无疑，对证据是否达到所需要的证明程度，有时是仁者见仁，智者见智，这种情况下，事实认定就有了裁量的可能性。比如，有一起交通事故，在汽车调头的过程中，迎面骑自行车的行人倒地，司机当时未停车，继续前行，两者之间并未发生接触。在交警部门处理当中，行人称，汽车转弯时速度太快，几乎碰到她，其倒地系受到惊吓所致。司机则称，汽车调头时速度缓慢，且离行人尚有两米距离，其倒地与汽车调头无关。两造各有数量相当的目击证人支持各自的说法。对司机是否违章的问题，只能根据以上证据作出判断，然而，两造证据都不占明显的优势，交管部门要想作出合理的事实认定，只能运用恰当的裁量方法。

2. 法定事实要件的裁量

行政机关在对事实进行定性时，需要借助法定事实要件，而法定事实

要件往往为行政机关留下裁量的空间。比如《商业银行法》第 12 条规定，设立商业银行，除了要有合法的章程、一定数额的注册资本、具备任职专业知识和业务工作经验的人员和健全的组织机构和管理制度、符合要求的营业场所、安全防范措施和与业务有关的其他设施之外，还应当符合"其他审慎性条件"。"审慎性条件"这一要件为银监会的判断留下了较大的裁量空间。

3. 程序裁量

行政机关在程序问题上也有不少的选择余地。比如，《行政处罚法》规定，行政机关作出较大数额的罚款等行政处罚之前应当举行听证。那么，罚款数额达到多少才举行听证？罚款后面的"等"字包括哪些处罚种类？这些问题使得听证程序的选择具有不确定性，从而使得行政机关具有了裁量权。

4. 结果裁量

在是否作出一定行为以及行为种类上也有选择余地。比如《治安管理处罚法》第 19 条规定："违反治安管理有下列情形之一的，减轻处罚或者不予处罚：（一）情节特别轻微的；（二）主动消除或者减轻违法后果，并取得被侵害人谅解的；（三）出于他人胁迫或者诱骗的；（四）主动投案，向公安机关如实陈述自己的违法行为的；（五）有立功表现的。"根据该条规定，公安机关在遇到上述情形时，可以减轻处罚到什么程度，什么时候不予处罚，都是有裁量权的。

按照德国学说，结果裁量还可以分为决定裁量和选择裁量。所谓决定裁量就是说是否作出某种决定的裁量。所谓选择裁量，就是在各种不同的法定措施之中，行政机关根据案件具体情况选择哪一个的裁量。

二、在哪些法律规范中可能出现行政裁量

在行政审判实务中，法官在遇到弹性条款以及法律条款的不确定概念时，一般都会将其正确地判断为裁量问题，但在其他情形下尤其是在遇到法律条款的确定概念时，就往往一概否认行政裁量权的存在。笔者认为，这种做法很值得商榷。任何类型的法律规范都不可避免地会给行政留下一定的选择空间。按照法律留下选择空间的大小，可以分为以下几种情况：

1. 裁量性条款

德国通说认为，裁量由立法机关授予。从法律技术来看，裁量授权有时通过明示的裁量，但多数情况下都是通过诸如"可以"、"得"、"有权"等术语。相反，如果采用的术语是"必须"、"应当"、"不得"等，行政机关就有义务采取某种活动，就称为羁束性条款。比如根据《道路交通管理条例》（已失效）第 48 条规定，违反交通规定的人应当按照主管机关的传讯参加交通培训。显而易见，行政机关不可能传唤每一个"交通违法者"参加培训，而只能根据其裁量传唤。

2. 弹性条款与行政裁量

弹性条款有两种情形，一是确定裁量幅度，比如罚款幅度。二是授权行政机关在两种或者多种处理方式之中进行选择。行政机关在弹性条款下的裁量空间小于不确定概念，但仍享有较大的裁量空间。我们对此种情形非常熟悉，故不再赘述。

3. 法律概念与行政裁量

第一，不确定概念与行政裁量

所谓不确定概念是指内涵和外延都不确定的概念。比如"公共利益"、"社会公德"、"民族风俗"、"必要"、"适当补偿"、"视情节轻重"、"其他"等。这样的规定在法典上随处可见，比如《对外贸易法》第 16 条规定，"国家基于下列原因，可以限制或者禁止有关货物、技术的进口或者出口：（一）为维护国家安全、社会公共利益或者公共道德，需要限制或者禁止进口或者出口的……"《商标法》第 10 条第 8 项规定的不予注册商标的情形是，有害于社会主义道德风尚或者有其他不良影响的。我们经常讲的行政自由裁量权扩大，其原因就是这种形式的授权条款越来越多。据笔者粗略的查询，在中央立法当中，"公共利益"一词就出现 600 多次，"道德风俗"出现近 200 次，"其他"出现 21 000 多次，"必要"出现 10 600 多次。

不确定概念具有开放性，其可能的文义不足以准确地划定其外延，只能说给执法者指出了一个大概的方向，至于在这个方向上走多远，则完全取决于执法者的自由意志。因此，在法律条款的不确定概念之下，行政机关享有最大的自由裁量空间。

第二，确定概念与行政裁量。

确定概念是指内涵确定、外延封闭的概念，比如"建筑"、"水"、"矿产"、"签署"等。如果法律用确定概念来表述，是不是就没有裁量余地了呢？不是的。确定概念并非在任何情形下都是确定无疑的。我们只能说，在典型的情况下确定概念是确定无疑的，如果调整对象属于概念的边际情形时，就不敢那么肯定了。哈特教授举的一个例子可以很好地说明这一点。他说：一位男士的头又亮又光，显然属于秃头之列，另一位头发蓬乱，显然不是秃头。但问题是第三个人只是在头顶的周边有些稀稀落落的头发，把他归到哪一类就不是那么容易了，假如他是否秃头很重要的话，这个问题就可能引起无穷的争论。所以，法律即便使用确定无疑的语言，也无法避免边际情形下的争议。之所以如此，与概念的构造有关。有一种理论认为，概念由"核心"和"轮廓"两部分组成。概念核心是清楚的，但轮廓却是模糊的。在轮廓地带，常常搞不清是否已经走出了概念的范围。当调整对象处在法律确定概念的轮廓地带时，行政机关在事实上是有选择余地的。因此，在这种情况下，行政自由裁量就会经常出现。

确定概念下的自由裁量问题在行政审判中可谓屡见不鲜，在疑难问题当中占据相当的比重。比如，矿产管理部门对矿产的勘查、开采进行管理，水资源管理部门对取水、用水进行管理，那么，矿泉水、地热到底是矿产还是水？抑或既是矿产又是水？就是一个可裁量的问题。再比如，按照《城市规划法》规定，所有在城市规划区的建筑都受该法调整。那么水上餐船是否属于建筑？是否受该法调整？也是一个可裁量的问题。当然，法律确定概念下行政自由裁量的空间是比较小的，这是由确定概念的封闭性特点决定的。

三、法律规范的缺失与行政裁量

按照依法行政原则，在法律没有对行政机关作出授权性规定的情况下，行政机关就无权作出相应的行政行为。据此，法律规范的缺失意味着行政机关无权做某事，自然也就不涉及什么自由裁量的问题。不过，凡事都是有原则必有例外。笔者认为，至少在以下两种情况下，行政机关具有自由裁量权。

一是程序规范的缺失。如果法律赋予行政机关某种实体权力，但未规定行使该权力的步骤、顺序、期限、方式等，行政机关可以作出选择。比如，《行政复议法》没有规定中断、中止等事由时，行政复议机关在这些问题上可以酌情处理。再比如，法律没有规定扣押物品的最长期限时，行政机关可以根据情况选择扣押物品的时间。当然，行政机关在程序问题上的选择应当受到合理性原则的支配，不能因为法律没有规定扣押物品的期限，就无限期地扣押下去。

二是无害于公共利益或者第三人利益的有利处分。比如，在一起村民马某诉公安机关奖励行为的案件中，法律没有授权公安机关对见义勇为的行为给予奖励①，是否应当据此认定公安机关召开表彰大会并对见义勇为者进行奖励超越职权？我们认为，行政机关在这个问题上是有自由裁量权的。因为"法无授权不得为"的原则对于不利处分和授益处分虽然都有约束力，但约束程度不同。不利处分受到该原则的严格约束，授益处分则相对宽松。尤其在现代社会对行政机关提出越来越多的服务需求的背景下，只要不损害公共利益或者第三人利益，行政机关具有选择为或不为某种有利处分的裁量权。

当然，在法律规范缺失的情形下，行政机关享有的自由裁量权是很小的，因为其属于依法行政原则的例外情况，而例外是不可能太多的。

第二节　合理性原则在司法审查中的运用

用合理性原则来审查行政裁量，英国法院首开先河。这要追溯到 16 世纪末的 Rooke 诉水利委员会案。② 该案中，法律授权水利委员会征集河堤维护费用，课征对象及数额由该委员会酌定。水利委员会修复泰晤士河

---

① 1995 年 5 月，洋河上的一艘船翻了，5 人落水。原告马某闻讯赶来，立即参加救捞工作。由于水深，直到晚上 7 时，马某才用鱼钩和渔网将最后一位遇难者打捞上岸。这一次，他一共打捞了 3 个人。事后，当地镇政府为了弘扬公众见义勇为的精神，举行了隆重的表彰大会，5 位村民领到了荣誉证书和奖金。令人诧异的是，其中没有出力最多的马某。更令马某难堪的是在表彰大会上，一位副镇长以马某挡住摄像机镜头为由将他赶下领奖台。

马某认为自己的行为未得到应有的奖励，镇政府也没有规范性文件予以确认，于是先后到省市上级部门上访，讨说法，并以镇政府行政不作为、侵犯荣誉权为由将该镇镇政府告到法院，要求镇政府赔偿精神损失费和承担诉讼费 3 800 元，并予以书面赔礼道歉。

2000 年 10 月 8 日，法院审理认定，镇政府是否发给马某奖金取决于其自由裁量权，法院无权过问；荣誉权是在获得以后才享有的权利，而荣誉权授予不授予，不是荣誉权所保护的范围。马某不服，向中级人民法院提起上诉。2001 年 3 月 26 日，中级人民法院作出终审判决，维持原判。

② See（1598）5 Co. Rep. 99b.

堤后，仅向河岸土地权人 Rooke 先生征收了修护费，而未对因修护河堤免除淹水危险而获益的其他土地权人课征费用。Rooke 先生遂提起诉讼，主张所有因堤防未修护而将蒙受危险之附近土地所有人均应公平负担此修护费用，不能仅因其土地紧邻河流即令其负担所有的工程开支。科克大法官在该案判决中称："虽然法律已授予水利委员会裁量权以决定修护费用课征之对象及数额，但此裁量程序仍应依据法律及合乎理性"。"自由裁量权意味着，根据合理和公正的原则做某事，而不是根据个人的意见做某事……根据法律做某事，而不是根据个人好恶做某事"，即其"不应是专断的、含糊不清的、捉摸不定的权力，而应是法定的、有一定之规的权力"①。自此案开始，合理性原则开始成为对行政自由裁量进行司法审查的重要原则，并得到越来越广泛的应用。

在我国，引入合理性审查的必要性，一线法官时时都会感受到。比如，拆迁安置有两种方式：产权调换和金钱补偿。关于产权调换，法律上规定了地段、价值等因素。一起案件中给七旬老人安置的房屋完全符合法律规定的条件，但是楼房没有电梯，老人上下楼困难。法院判决撤销裁决，责令重作，实际上就是依据合理性原则。

那么，什么叫合理性呢？顾名思义，合理性（Reasonality）就是合乎理性（reason）。那么何谓理性？自古至今已引起无数争论，而且还将继续争论下去，绵绵无绝期。博登海默搁置争议而求各种观点之大同，他认为，无论持何种观点，人们都把理性当作思考和行动的参照系，其能够"为我们的观点寻找令人信服的根据"②。据此，如果行政机关的裁量能够令人信服的话，这个裁量行为就可被认为符合合理性原则。首先，"令人信服"中的人不是指每一个人，也不是某个个人，比如案件当事人说他不信服，并不一定就表示行政自由裁量不合理。不是一个具体意义上的人，而是一个抽象意义上的人，一个被概念化了的人，这个人取的是社会普通民众的最大公约数，我们可以称其为社会一般人。他遵守法律，笃信通行的道德伦理观念，具有一般人的经验和学识。其次，社会一般人虽然有虚构的成分，但他也并非生活在真空当中，他的世界观深深植根于社会之

---

① 转载于［美］施瓦茨著，徐炳译：《行政法》，568 页，北京，群众出版社，1986。

② ［美］博登海默著，邓正来译：《法理学法律哲学与法律方法》，260 页，北京，中国政法大学出版社，1999。

中，为社会各种综合条件所决定。

那么，我们从哪些方面入手来判断一个行政裁量行为是否令人信服呢？换句话说，行政裁量行为合理性有哪些比较具体的标准呢？笔者认为，行政裁量如果能够通过以下十个方面的审查，我们就可以认为它是一个合理的行政行为，反之就是一个不合理的行政行为。

第三节 审查标准一：目的是否正当

20世纪英国学者韦德对合理性原则的表述是，行政自由裁量应当遵循"合理、善意而且仅为正当目的行使，并与授权法精神及内容相一致"[1]。一位英国法官曾说过："自由裁量权总是包含着诚实善意的原则，法律都有其目标，偏离这些目标如同欺诈和贪污一样应当否定"[2]。另一位英国法官也曾讲道："毫无疑问，议会不会给予任何法定机构恶意行事的权力，或让其滥用权力"[3]。就是说，执法者的动机应当是"诚实善意"的，而不能是"恶意"的。他们所谈的就是行为目的是否正当的问题，如果不正当就是滥用了自由裁量权。审查目的是否正当，主要就看行政裁量行为的目的是否与法律目的相一致。目的审查比较困扰我们的问题主要有以下几点：

一、法律目的的确认

法律授予行政机关自由裁量权都有其目的，有的在规定中明确指出目的何在。如果是这样，找法律目的的工作就很简单。比如，关于加油站间距的问题，贵州省的地方政府规范性文件赋予行政机关自由裁量权。《贵州省成品油市场管理若干问题的通知》中第3条第1项规定，"为防止重复建设，新建加油站凡在地、州、市（不含县级市）所在地以上城市一般应相距两公里以上，高等级公路在十公里以上，其他在五公里以上"，该

---

① ［英］威廉·韦德：《行政法》，56页，北京，中国大百科全书出版社，1997。
② 同上书，75页。
③ 同上书，62页。

规定明确告诉我们，设定关于加油站间距的规定，目的就在于防止重复建设。

然而，明确指出目的的法律规则是很少的，多数并未明确指出目的何在。这时如何确定法律规则的特定目的？可以采取以下几个步骤：

第一，到法律一般性规定中寻找。经常是在法律的总则部分或者前面的几条。比如，《税收征收管理法》第88条对纳税人申请救济权设定了较大的限制，但限制的目的何在？条文中并未交代，那么，到前面找，就看到该法第1条的规定，有四个目的，规范税收征收行为、加强税收征收管理、保障纳税人合法权益、保障国家税收。显然，限制纳税人申请救济权的目的在于加强税收征收管理和保障国家税收，而规范税收征收行为和保障纳税人合法权益则非第88条旨趣之所在。

第二，到立法资料中寻找。比如起草人关于法律草案的说明，辩论记录等。

第三，立法机构或者专家的解释。包括立法机关编写的释义，征求意见的答复，起草人个人的意见等。

第四，到公共政策当中寻找。公共政策包括执政党和国家的政策，比如十六大报告，国务院依法行政纲要、十一五发展规划等。这些公共政策不能作为法律来适用，但是在我们对裁量行为合理性作出判断的时候，这些政策有助于我们理解重要的法律目的和目标，因此作为判断合理性的补充依据。

以上资料中，法律一般性规定虽然抽象，但仍属于法律范畴，对于法律目的的寻找，属于权威性的来源。后三种则属于具有重要价值的参考资料。

二、确认行为目的

判断行为的目的是一件比较困难的工作，因为我们无法深入执法者内心去探求其真实的主观状态，除非执法者自己承认，但实际上很少有人会承认这一点。那么怎么判断呢？一般采取如下步骤：

（1）先把行政行为所可能涉及的目的都找到，其中可能有法律目的，也可能有其他目的。比如，公安机关在接到当事人报案后，对涉嫌诈骗的嫌疑人的财产采取了扣押措施。该措施既可能是出于侦查犯罪的目的，也可能出于替第三人追讨债务的目的。要确定行为的真正目的还需进行第二步操作。

（2）用案件的具体事实来进一步确认行为的真正目的。比如上述案件当中，公安机关如果先把人收容审查，扣押财产后将财产直接给了第三人，然后解除收容审查，就终结了案件，未做其他处理。我们就可以认定，公安机关扣押财产的目的不是为了侦查犯罪案件，而是为了给第三人讨债。据此我们可以认定其以刑事侦查手段介入民事纠纷，系执法目的不当，属于滥用职权。如果没有解除扣押措施，而是继续侦查，就不能排除其采取的强制措施有侦查犯罪的目的。

再比如，某商店有轻微的违反税法行为，一般都是在下限罚款，但执法人员按照幅度上限作出罚款决定。如果商店可以证明，该税管人员曾向其索要好处遭到拒绝，则可以确定其罚款畸重的原因是报复。

目的不当的裁量行为有以下两种情况：

第一，偏离。行政行为表面上是在执行法律，实际上是追求某种违法的利益。非法目的中牟取经济利益的情况比较常见。比如，某地有很多生产假冒伪劣产品的厂家，按照有关法律，行政机关可以采取的处理方式包括罚款、没收伪劣产品及违法所得、关闭、吊销营业执照等。然而，行政机关与这些厂家在很长时间里达成一种默契，行政机关定期带着写好的处罚决定书，向这些企业收取罚款，罚款也不给发票，只给收据，然后就不作其他处理，这些企业交了罚款就可以继续生产经营。虽然罚款是法律上的选项之一，但这种方式已经不足以遏止违法行为，行政机关本应采取更有效的执法方式。处罚实际上已经成为变相收费，偏离了法律目的。行政机关滥用了处罚裁量权。再比如，法律对废止三轮车运营许可的条件未作规定，某地以整顿三轮车市场为由，下发了一个通告，所有三轮车的营运许可收回，重新组织招标，共计1 000辆车的营运许可权，底价13 800元，最高的拍到4万元。该案中，我们可以作出政府收回三轮车营运许可的目的在于收费的判断，如果这样就偏离了法律目的。

第二，错位。行政行为的目的虽然有助于公共利益，但并不符合特定法律的目的。有时表面上在执行一部法律，实际上是为了达到另一种法律目的。比如，水边饭店的排污问题比较严重，政府想把它们都拆除，一劳永逸地解决问题，但卫生部门又没有这个权力，于是政府就要规划部门想办法。规划部门就超出裁量的幅度，把饭店拆除。这表面看是执行规划法，但实际的目的却是环保法所追求的治理污染之目的。再比如，公安机关插手经济纠纷，表面上看，似乎是为了刑事案件的侦查，实际上却是为了替人讨债。讨债虽然本身并不违法，但此种纠纷应当通过民事诉讼、仲裁等途径解决，公安机关以刑事侦查为名行替人讨债之实就是一种执法目的的错位。

三、合法目的与非法目的的混合

如果一个裁量行为中既有合法目的，也有非法目的，如何判断行为目的正当性？笔者认为，依矛盾律的观点，矛盾的主要方面代表事物的性质，若非法目的是主要目的，则属目的不当，反之则非法目的没有实现，行政行为仍然属于合法。所以，解决这类问题的根本标准就是看非法目的对处理结果有无实质的影响。

比如，公安机关在巡查当中发现了当事人的赌博行为，然后将当事人带回公安局，对他们作出罚款的处罚决定，罚款的事实根据和法律依据都是充分的，但是罚款没有上缴财政，而是直接充当办案经费或者干脆作为小金库。在这个处罚决定中，治安管理的法律目的和追求非法利益的不当目的都有所体现，哪个是主流呢？用前述的标准来衡量就清楚了。假如排除了充实小金库或者办案经费的目的之后，赌博行为仍然会发生，公安机关仍然有权进行巡查，巡查中发现赌博仍然应当作出处罚决定，据此可以认定非法目的对案件结果没有实质影响，公安机关的处罚决定应当认定为受到法律目的的支配。充实小金库或者办案经费这样的非法目的尚未影响到处罚行为的合法性。所以，这样的案件就应当驳回诉讼请求，然后给公安机关发司法建议。如果公安机关授意卧底人员进行怂恿、引诱他人赌博，然后由警察来抓赌，性质就变了，因为公安机关的非法目的直接促成了赌博行为，而法律目的基本上可以排除，所以整个行为都属于目的不当。

第四节　审查标准二：是否符合比例原则

比例原则是行政裁量必须遵循的一个原则。那么，怎么理解比例原则？我们讲的比例实际上就是执法目的、执法手段和执法代价之间相互的比例关系。比例原则有三层含义，也可以把这三层含义看成是操作的三个步骤。

一、适当性原则

适当性是从执法目的和手段之间关系的角度来说的。它要求行政机关选择有助于实现执法目的的执法手段。也就是说，手段对目的而言是适当的。比如，有人在公共场所酒后寻衅滋事，为了达到恢复正常社会秩序的执法目的，警察可以选择的手段有警告，强制带离现场，使用警棍、催泪弹、高压水枪、特种防暴枪等驱逐性、制服性警械。如果违法者暴力抗拒，警察可以使用武器。也就是说，以上的手段都属于有助于实现执法目的的手段。那么，这些手段警察是否可以任意使用呢？显然不是。适当性原则不过是划定了一个手段的备选范围，要从中选择出最合适的手段，就需要进入下一个步骤，即必要性原则的衡量。

二、必要性原则

必要性是从执法手段和执法代价的角度来说的。它要求行政机关必须选择相对代价最小的执法手段，被称为必要性原则或者最小侵害原则。比如，面对前述案件中的违法行为人，警察应当先作出警告，而不能直接运用暴力强制，因为警告对违法行为人的侵害最小。如果警告无效，必须采用强制手段，在不必要时，就不要使用警械。必须使用也应使用对当事人伤害较小的警械。违法者暴力抵抗在不危及警察生命安全时，则不宜直接使用武器，只能采取使用警械等其他对违法者伤害较小的方式。即使非使用武器不可，在打伤就能制伏违法行为达到执法目的时，则开枪直接命中要害就是过当的，超出了比例。

三、均衡性原则

均衡性是从执法代价与执法目的之间的关系来说的。也就是说，把执法代价和执法的收益放在天平上称一称，如果代价太大，甚至比执法收益还要大，那么，就宁可不采取这种执法手段。这又被称为均衡原则或者狭义比例原则。这正如德国法谚所说："不可用大炮打小鸟"①，为什么？就是因为代价太大。比如，一个抢劫犯得手后，向闹市区逃去，如果不开枪，抢劫犯就跑掉了，执法目的就落空了，如果开枪很可能伤及无辜，相比较而言，人民群众的生命健康显然比抓获犯罪分子的价值更大，所以，此时宁可让犯罪分子跑掉，也不能开枪射击。

四、比例原则的运用状况

目前，比例原则在我国法律上还没有专门规定，但是在一些法律条款当中，已经体现出比例原则的一些要素。比如，《行政处罚法》第4条第2款规定："设定和实施行政处罚必须以事实为依据，与违法行为的事实、性质、情节以及社会危害程度相当。" 该法第27条规定："当事人有下列情形之一的，应当依法从轻或者减轻行政处罚：（一）主动消除或者减轻违法行为危害后果的；（二）受他人胁迫有违法行为的；（三）配合行政机关查处违法行为有立功表现的；（四）其他依法从轻或者减轻行政处罚的。违法行为轻微并及时纠正，没有造成危害后果的，不予行政处罚。"《人民警察使用警械和武器条例》第7条第2款规定："人民警察依照前款规定使用警械，应当以制止违法犯罪行为为限度；当违法犯罪行为得到制止时，应当立即停止使用。"目前正在起草的行政程序法草案当中，已经把比例原则写进去了。

实践层面上，也有一些探索性的案例出现。最高人民法院在1998年审理的一起规划行政处罚案件中，首次在判决理由中运用了比例原则。某公司在一条文化名街上建设一幢商服楼，超出了规划许可证批准的高度，规划部门作出处罚决定，责令拆除。按照规划法的规定，严重违反规划的，责令拆除；违反规划尚可采取补救措施的，罚款保留。诉讼中，被告提出两点理由来试图证明某公司的建设行为属于严重影响城市规划：一是按照关于保护文化名街的规定，建设不能破坏大街的整体风貌。违反规划就破坏了整体风貌；二是建设行为违反了当地城市总体规划中关于限高的规定。但是两点理由都站不住脚，就第一点理由，规划部门没有提供足够证据，而且大楼的外观经过其批准，认为与大街整

---

① 孙笑侠：《法律对行政的控制》，285页，济南，山东人民出版社，1999。

体风貌是融合为一体的。第二点理由不成立是因为原来的城市总体规划中没有关于限高的规定，而新的总体规划虽然有限高的规定，但尚未经过批准，没有正式生效，因此限高没有法律依据。在这种情况下，规划部门就建设是否破坏大街整体风貌的问题是有一定裁量权的。经过法院组织双方到现场勘查，行政机关提出了一个标准，就是在文化大街的街角选取一个视点，将大街标志性建筑新华书店的尖顶作为参照，大楼遮挡尖顶的部分属于破坏大街整体风貌，因此严重影响城市规划。未遮挡的部分未破坏大街整体风貌，不属于严重影响城市规划，可以罚款保留。行政机关提出的标准最终得到某公司的认可，法院也认为这个标准是合理的。但是最后庭审的时候，规划部门又反悔了，还是坚持认为大楼超高部分应当全部拆除。法院如何处理？最后法院运用比例原则作出了一个说服力较强的判决。

该案中，某公司的建设行为违法是肯定的，关键是违法是否达到了严重的程度，而是否严重就取决于建设的大楼是否破坏大街整体风貌，这个问题是有裁量余地的。将未经批准的部分全部拆除固然有利于维护大街整体风貌，但是否不拆或者少拆也能达到执法目的呢？判决写道："诉讼中，上诉人规划部门提出汇丰公司建筑物遮挡中央大街保护建筑新华书店顶部，影响了中央大街的整体景观，按国务院批准的哈尔滨市总体规划中关于中央大街规划的原则规定和中央大街建筑风貌的实际情况，本案可以是否遮挡新华书店顶部为影响中央大街景观的参照标准。规划局所作的处罚决定应针对影响的程度，责令汇丰公司采取相应的改正措施，既要保证行政管理目标的实现，又要兼顾保护相对人的权益，应以达到行政执法目的和目标为限，尽可能使相对人遭受最小的侵害。而上诉人所作的处罚决定中，拆除的面积明显大于遮挡的面积，不必要地增加了上诉人的损失，给被上诉人造成了过度的不利影响。"也就是说，大楼遮挡新华书店尖顶的部分属于破坏大街整体风貌，其余部分为一般违法。法院认为这个标准是合理的。鉴于此，按照必要性原则，行政机关在能够达到执法目的的前提下，应当选择对当事人损害最小的执法方式。最后判决就把有损整体风貌即遮挡新华书店尖顶的一小部分拆除，其余超出规划许可的部分罚款保留。

第五节　审查标准三：是否遵循先例

行政裁量行为应当遵循行政先例或者行政惯例，这是依法行政原则的基本要求。如果行政机关任意裁量，反复无常，是难以让人信服的，他们作出的行为就是一个不合理的行政行为。

一、对"遵循"的理解

对"遵循"如何理解实际上是先例的拘束力问题。笔者认为，先例的拘束力并非是刚性的标准，而是一个柔性的标准。也就是说，先例与法律不同。对待法律规则，尤其是强行性规则，执法者是不得违反的，这是一条刚性的标准。而先例则并非绝对不能打破。也就是说，先例的拘束力在法律之下。不过，我们不能因此而忽视先例的拘束力。实际上，一个按照合理性原则行事的行政机关都不应当轻易打破先例。即便非要这么做不可，也必须充分说明理由。

二、对"先例"的理解

一般认为，先例是一定时期内行政机关反复施行的某种做法或者措施。其应当具备以下两个条件：

（1）必须要通行

所谓通行，可以归纳为以下三种情况：

第一，一定数量的行政处理决定。俗话说："世上本无路，走的人多了，也便成了路。"法律把自由裁量权留给了行政机关，对于行政机关来说，存在着多种选择的可能。行政机关可以在裁量空间内进行探索，找出最为合理的方案和途径，而探索则需要一定的数量作支撑。所以行政机关刚刚作出一个行政裁量行为，还不足以被看作先例，只有行政机关对反复出现的某种类似情况都做了类似的处理，我们才能认为一个先例已经形成。比如，20世纪60年代，美国拳王阿里拒绝依照征兵法应征入伍后，纽约州体育委员会暂停了他的拳击许可证。阿里向法院申请禁止令，他向法院提交了一份名单，说明有九十多名重罪犯尽管判了罪，仍获准在纽约州拳击。法官认为，虽然体育委员会在罪犯是否可获得拳击许可的问题上存在裁量权，但裁量权的行使不能无视惯例的存在。鉴于纽约体育委员会已经给九十多位犯有罪行的人颁发了拳击许可，可以认为该州存在许可罪犯拳击的惯例。在这种情况下，暂不允许阿里从事拳击的裁决令就是违法的，因为它专断地、不合理地背离了许可罪犯拳击的既成惯例。法院判词还写道："法律不允许行政机关许可某人做此行政机关在同样情况下不许可别人做的事。不应当星期一用一种原则，星期二用另一种原则。一个普遍适用的原则不得在某特定案件中完全被废弃。"

第二，通行做法。比如，关于企业变更登记的规定当中对提交的申请文件是否应为原件的问题并未作出规定，在法律上这是一个可以裁量的问题，但是在国家工商总局监制的某省企业变更登记申请表下"敬告"中称："申请人提交的文件、证件应当是原件，确有特殊情况不能提交原件的，应当提交加盖公章的文件、证件复印件。"在一起案件中，申请人提供的申请材料全部是复印件，均未加盖企业公章，工商部门拒绝办理变更登记。我们认为，这是符合登记惯例的。

第三，行政批复。裁量意味着可选择性，这就带来一个问题，即便可以找到很多对同一裁量问题的个案处理，但可能是"千人千面"，很难从中找到一种通行做法，此时，如果能找到上级行政机关对特定问题的正式表态也可以认定先例的存在。这种表态就是行政批复。行政批复虽然不见得有很多的个案支撑，但由于其对今后的类似行政行为具有很强的指导性，故此也可以将其看作先例的一种表现形式。

（2）先例必须合法

先例必须在法律上能够成立，否则，即便在实务中非常通行，也不能作为先例。比如，某城市规划部门遵照市政府领导的指示，相继对一条街上的某些违章建筑补办了合法手续，但对其中某些人的违章建筑却不给办证，向法院起诉。法院一查，办证是没有法律依据的，其他的发证行为都是违法的，不能作为先例来援引。怎么办呢？只能是驳回诉讼请求，然后给市政府发司法建议指出违法发证的问题，请政府自行纠正，而不能把违法的发证行为当作先例。

第六节　审查标准四：是否平等对待当事人

一、基本含义

平等原则是宪法位阶的原则。在行政法上也有平等原则的规定，比如《行政许可法》第 5 条规定："设定和实施行政许可，应当遵循公开、公平、公正的原则。"平等原则在行政法当中，用通俗的话表述，就是同样情况要同样处理，不同情况则要区别对待。平等原则有两层含义：一是以时间线索的平等，就是前述的遵循先例原则。二是不同主体间的平等，也就是平等对待当事人。平等对待要求对同样法律地位的人要同样对待，不同法律地位的人要区别对待。不能因人而异、厚此薄彼。如果行政机关不平等对待当事人，使得某些当事人的利益受到过度侵害，则构成滥用自由裁量权。比如，鲁某砍伐自家木材，在运回家的路上被林业检查站拦截，木材被扣押，鲁某要求对方出具收条，遭到拒绝后发生口角，互相殴打中双方都负了伤，公安机关处理当中只对鲁某作出了拘留 10 天的决定。法院判决撤销了处罚决定。为什么要撤销？违反平等对待原则是一个重要理由。笔者认为，平等对待原则有些情况下比单纯的合法性考量还更要优先。比如上述案件中，即便单就鲁某一方的行为看，公安机关对其作出拘留决定于法有据，但其对同样违法的林业站检查人员却不作任何处理，这种明显的偏袒严重违反平等对待原则。以平等原则受到严重损害为代价的合法性不符合法律意旨，对这样的合法性理应给予否定的评价。

二、适用

不平等对待主要包括以下两种情形：
1. 同类主体不同法律后果或者不同主体相同法律后果
比如两个人互相殴打，都受了同等程度的伤，有的处罚，有的不处罚；有的处罚轻，有的处罚重。
2. 归类标准不合理
比如，比利时航空公司曾经规定，空姐过了 30 岁必须转为地勤，男空乘人员则无此限制。按男女性别归类是否合理？法院未支持这种做法。再比如，某地政府招考公务员要求中有一条，乙肝携带者不具有报考资格。《公务员法》要求公务员必须身体健康。也就是说，法律上把人分为健康和不健康两类，地方政府把乙肝携带者归入身体不健康类，不合理。

第七节　审查标准五：考虑是否正当

1890 年英国的 Esher 法官在其审理的 R. v. St. Pancras 案中指出："行政机关必须公正考量申请案，不应考虑法律上所不应考量之事项。假如行政机关在行使裁量权时已考虑不该考虑之因素，则此裁量为违法无效"。此后，"正当考虑"这一审查标准开始在各国行政审判中得到越来越广泛的应用。依此标准，如果行政机关在行使自由裁量权时，遗漏了应当考虑的事项或者考虑了不应当考虑的事项，则裁量行为不合理；如果不合理很明显，或者性质比较严重，构成滥用自由裁量权，则法院可以认定被诉行政行为违法并作出相应的判决。"正当考虑"标准在我国行政审判中的应用，在观念上并无障碍，但在实际操作中还是存在一定的困难，其中最令行政法官感到困扰的莫过于如何确定应当考虑事项的问题。这个问题是无法回避的，法官如果对此心中无数，就无法正确适用"正当考虑"标准，所以，关于这个问题的研究是当下行政审判实践所急需的。笔者认为，行政裁量所应考虑的事项可以从以下三个方面来寻找。

一、在法律规定中寻找

有些法律条款本身就明确规定了适用该条款所应当考虑的因素。比如，按照《治安管理处罚法》第 19 条规定，公安机关在决定是否对违法者减轻或者免于处罚时，必须要考虑违法者是否属于以下五种情形之一：（1）情节特别轻微的；（2）主动消除或者减轻违法后果，并取得被侵害人谅解的；（3）出于他人胁迫或者诱骗的；（4）主动投案，向公安机关如实陈述自己的违法行为的；（5）有立功表现的。再比如，按照《行政许可法》的规定，行政机关在决定是否举行听证的问题上需要考虑两个事项：一是许可是否涉及公共利益，二是许可是否涉及第三人重要利益。

有时，法律规则本身没有明确规定，但是结合该法或者相关法的其他条文，可以推导出应当考虑的事项。比如，《水法》第 27 条规定："禁止围垦河流，确需围垦的，必须经过科学论证，并经省级以上人民政府批准。"该条规定对于省级以上人民政府在决定是否批准围垦河流时应当考虑的事项并未写明，但是从《水法》总则当中可以确定，省级政府至少应当考虑以下三个事项：是否有利于开发、利用、保护、管理水资源；是否有利于防止水害；是否有利于改善生态环境。

有时法律规则及相关规定对于应当考虑的事项没有作出规定或者规定比较抽象或者不够充分。笔者认为，在这种情形下，需要从法律之外寻找可资凭据的因素来界定应当考虑的事项。这些因素概括起来就是以下两点：一是事理，二是情理。

二、到事理中寻找

所谓事理，又称事物性质或者事物本质。按照事理，行政机关在行使自由裁量权时应当考虑与行政目标具有内在联系的事项，不应当考虑与行政目标没有内在联系的事项，否则，将有可能构成违法。比如，《公务员法》对于公务员的外貌和身高未作出规定，某地政府要求报考公务员的男性身高须在 170 厘米以上，女性须容貌端庄。由于一个人能否胜任公务员工作与其是否达到 170 厘米以上、外貌如何没有内在的联系，因此地方政府提出这样的要求明显不合事理。

在不同的案件中，事理可以体现为不同的内容，但从渊源上讲基本上可以归纳为以下三种形式：

第一，科学依据。事理经常存在于科学之中，如果裁量行为在科学上能够找到依据，则必定可以令人信服。比如，某甲跳楼自杀，未当场死亡，在警察处理现场过程中，某甲的母亲请求警察用警车将其子送医院治疗，警察要求某甲的母亲等待 120 急救车进行救护，但 120 急救车由于交通堵塞未能及时赶到，致使某甲未得到及时抢救而死亡。某甲的母亲遂起诉公安局不作为并请求赔偿。法院如何评价警察的拒绝行为呢？在法律上找不到明确依据，但是在医学上可以找到评判标准。按照医学常识，高空坠楼的人即使未当场死亡，但绝大多数都会发生筋骨断裂现象，此非专业人士所能处理，某甲的母亲要求不具备专门技能的警察将其子用警车送入医院系强人所难，警察对此请求予以拒绝是合乎事理的。

需要注意一点，科学依据不仅仅限于自然科学，也包括社会科学及其定律。比如，在英国一个判例中，Poplar 市政府根据《市政管理法》第62条关于"市政府有权在必要范围内雇用员工，并有权发给市政府认为合适之薪金"的规定确定了政府雇员的工资数额，地区审计员认为工资数额过高，系超额开支，并据此决定追回雇员工资的超额部分。判断雇员工资是否过高，在法律上并无明确规定，最高法院最后按照经济学上的价值定律作出了判决，其中称："市政府受雇人薪资之决定必须参考既存之劳动条件，如恣意而为，将逾越裁量之范围。"①

第二，逻辑。事理经常通过逻辑推理展现出来。在一起工伤认定行政案件中，工人何某在上班铃声响后，进入车间之前，先到厂区内的厕所小解，因厕所潮湿滑倒摔伤脑部致死。按照工伤认定的规定和有关政策，只有与"完成工作任务有关"的伤亡才有可能被认定为工伤，而本案争议焦点问题则是何某的死亡是否与"完成工作任务有关"。法院恰恰就是通过逻辑方法的运用对这一问题作出的判断。首先，法院从《劳动法》第3条关于"劳动者享有获得劳动安全卫生保护的权利"之规定，推导出企业负有为劳动者提供饮水设施、淋洗设备、盥洗设备、卫生间等生产辅助性设施的义务，并进而推导出在上班时间使用这些设施包括基于生理需要上厕所的行为系与"完成工作任务有关"的大前提。其次，法院提出何某上厕所系基于生理需要的小前提。最后，法院得出了何某上厕所摔伤致死与"完成工作任务有关"的结论。

第三，事物的重要特征。在一起规划行政案件中，涉及水上餐船是否属于受规划法调整的建筑的问题，法院最后就是从餐船是否具有建筑物的特征入手作出判断的。该餐船本是一艘经过船舶管理部门检验合格的船只，但动力装置已拆除，船上建起三层楼房用来经营饭店，固定在岸边，并有排污设施。法院认为，餐船属于受规划法调整的建筑，因为餐船更多地体现出建筑物的特征，而不是船的特征。

---

① [1925] A.C.578. 转引自林惠瑜：《英国行政法上之合理原则》，载城仲模编：《行政法之一般法律原则（上）》，178～179 页，台北，三民书局，1999。

三、到情理中寻找

所谓情理指的是道德和风俗习惯。

有时，从法律的原则性规定中，可以推导出要求行政机关考虑某种道德或者风俗习惯的结论。比如，《草原法》在赋予地方政府在草原上指定行车路线的裁量权时，并未说明地方政府是否可以不考虑已有的习惯路线而另开新路，不过按照该法关于保护草原和草场使用人合法权益的原则性规定，地方政府在指定路线时，应当优先考虑已有的习惯路线，不得没有任何理由就另行开辟新的行车路线，占用国有或者第三人合法使用的草场。否则，地方政府批准行车路线的行为就可能因不合情理而被认定违法。

如果从法律原则性规定中无法推导出是否要求行政机关考虑某种道德或者风俗习惯的结论，只要道德和风俗习惯与行政裁量有关，且非落后的道德或者陋习，也应当予以尊重。比如，在一起工商行政处罚案件中，工商管理法规对于手电筒属于小百货还是五金的问题，并无明确规定。某工商机关以某一经营范围为小百货的个体户经营手电筒属于超过经营范围为由，作出了行政处罚决定。法院审理认为，把手电筒当作小百货系当地已行之多年的交易习惯，工商机关无视该交易习惯作出的行政处罚不合理，违反了合理性原则。

情理的运用需要注意以下两点：一是情理具有地方性，它与不同国家、社会、地方的具体情形有着密切的关系，在一处不合情理之事，在另一处可能就是合情合理的；反之亦然。比如在英国，曾有一个老师因为染了红头发而被学校辞退，法院以不合情理为由撤销了学校的行为。如果在一个比较保守的国家或者是二十多年前的我国，情况可能完全相反。二是情理具有时代特征。还以英国一个案件为例。20 世纪初的英国社会对于电影这种新鲜事物在道德上持一种比较警惕的态度。1932 年的《星期日娱乐法》将星期日开放使用电影院合法化，并授权核发执照的主管机关于合法准演执照之同时得附加"其认为适当"的限制条件。本案原告史塔夫郡 Grumont 电影院的经营权人，向有权核发准演执照的被告机关提出准予星期日开放使用电影院的申请，被告审核结果准予星期日开放，但有下列条件：15 岁以下之孩童，不论是否由成人陪同，均不准入场。原告因而起诉请求法院宣告此项附加条件是不合理且逾越权限的。但是法院未支持原告的主张，认为"无人敢言孩童的福利及身心健康非主管机关应列入考虑之因素"。这样的案件如果发生在今天，被告的行为很有可能被认定违法。之所以有这样的差别，原因就在于随着时代的变迁，社会的道德标准发生了改变。行政法官对此不可不察。

第八节　审查标准六：是否忽视了应受保护的利益

如果法律明确规定行政机关在决策过程中必须考虑某种利益，则此种利益是应受法律保护，这一点没有什么疑问，也没什么裁量余地。随着行政法治的不断进步，行政机关忽视法律保护利益的现象已经不太常见，很多问题都出在法律规定不够明确的地方，此时行政机关往往表现出无意识状态：径自作出行政行为，而不考虑该行为是否会给哪些人造成损害？损害能否避免？如果不能避免，是否还要坚持作出行政行为？如果坚持作出是否进行补偿？比如，很多地方都出现了起诉行政机关强拆户外广告牌的案件，有些广告牌是经过政府批准，按照政府制定的标准设立的，但是由于标准制定得不够科学，影响了大街的景观，因此为了美化市容的需要，政府责令广告商自行拆除一些广告牌，但对于其投入却不给予任何补偿，引起诉讼。当时的法律对广告牌在什么情况下可以拆除以及拆除给广告商造成损失是否应当给予补偿的问题没有作出规定，这是否意味着行政机关可以自由选择呢？笔者认为，不能这样理解，按照合理性原则的要求，行政机关应当首先对拟作出的行为所涉及的相关人利益应否受到保护作出判断，然后才能就是否作出以及如何作出行为作出决定。

一、如何识别应受保护的利益

在法律没有明确规定的情况下，识别一种利益应否受到保护，是我们遇到的第一个难题。笔者认为，至少以下三种利益应当受到法律的保护，行政机关如果忽视了这些利益就是不合理或者严重不合理的。

（1）以法律权利为基础的利益

有些利益虽然法律对其保护问题未作规定，但由于它是以某种法定权利为基础的，所以应当受到法律保护。比如，法律虽然没有规定收回许可权的补偿问题，但是财产权是一项法定权利，作为财产权保护的延伸，合法行政行为损害他人的财产权理应予以补偿，所以说，被许可人的合法投入只要有损失，从合理性上亦应给予补偿。其原因在于合法投入属于法定财产权范畴，或者说是以法定财产权为基础的。

（2）信赖利益

信赖对于政府非常重要，失去公众信赖的政府也就失去了行政权力的正当性和合法性。为了维系这种信赖，法律就必须对公众的信赖利益予以保护。比如，相对人获得行政机关审批从事某种营业，但该行政机关实际上无权审批，上级行政机关撤销了该行政许可。在《行政许可法》实施之前，对相对人的投入是否予以赔偿或者补偿的问题法律上没有规定，有些行政机关就认为，相对人受到的损害并非是合法利益的损害，不应受到法律保护。笔者认为，这种观点经不起合理性的检验。如果相对人的损失系真诚信任政府的结果，那么，实际上相对人没有任何可受责难的地方，而政府是有过错的，这种情况下，撤销许可带来的损失如果让相对人自己承受，就相当于让相对人代政府受过。这不符合起码的公平观念。

（3）重要利益

重要利益的一种情况是对其他权利行使或者实现具有重要前提意义的利益。比如，有些地方房产登记部门对房屋产权人之外的人提出的查询请求一概予以回绝，理由是法律没有规定谁有权查询土地登记，这种做法在合理性上很值得商榷。有时，申请查询者是民事判决胜诉一方，其查询债务人的房屋产权情况对其实现民事判决确认的权利非常重要，从合理性上讲，房屋登记材料作为公共信息，只要其中没有法定不宜公开的情形，都应当对其公开。也就是说，由于这种获取信息的利益对于申请查询人的重要性，而应成为法律保护的利益。

还有一种情况就是在不同利益冲突中更值得优先保护的利益，在这种比较中，公共利益并不总是优先于个体利益。比如，美国最高法院审理的一起案件中，总部设在巴西的一个小教派一直从国外进口一种叫做Hoasca 的兴奋茶，这种茶对于该教派的宗教仪式非常重要，没有它，宗教仪式无法进行。但是它又属于毒品范畴，因此美国联邦政府根据《反毒品法》禁止该教派进口这种茶。该教派遂提起诉讼。法院审理中遇到的焦点问题是进口兴奋茶的权利受到《宗教自由复兴法》的保护，禁止进口兴奋茶又可以在《反毒品法》上找到依据。执行这两部法律的利益哪个更优先？美国联邦最高法院最后以 8 比 0 宣布该教派有权进口此种被联邦政府认为应当作为毒品来加以禁止的兴奋茶。判决中着重指出，这种以 Hoasca 名字命名著称于世的茶，对于该教派的仪式举行来说至关重要。也就是说，这种重要性超过了禁止进口所增进的公共利益的重要性（Gonzales V. O Centro Espirita Beneficente Uniao do Vegtal［2005］）。

二、如何应对法律本身的缺陷

行政执法中对法律保护利益的忽视的问题，不仅与执法者的观念有关，也与法律本身的缺陷有关。我们发现，法律本身忽视当事人利益的情形也时有出现。比较多的情况就是法律规范缺失，就像前面讲的，法律对某种重要利益是否给予保护没有作出明确的表态，解决这个问题的办法就是按照合理性原则的要求，先判断对该种利益是否应当给予保护，然后作出相应的处理。还有一种情况处理起来更为困难，就是有些法律直接对某种重要利益作出否定评价或予以剥夺。比如，按照现行海关管理方面的规定，只要是没有合法进口证明的汽车，无论什么时候，执法部门一经发现都一律予以没收。有的走私者利用假发票、假证明以及其他非法手段向公安机关申领了汽车牌照，然后将汽车在市场上销售，买受人对此并不知情。然而执法部门并不区分买受人是否知情、是否有过错，而是迳将买受人的汽车没收。我们遇到这样的法律规范，如何处理？受司法权的局限，法院很难解决所有的问题，但笔者认为，法律是人而不是神制订的，不可能完美无瑕，执行者和司法者应当时刻秉持一种善意，尽量不使法律呈现出严酷性。法官首先应当探索能否通过法律规范可适用性的审查以及法律解释方法的运用，避免不合理结果的出现。即使个案中不得已而无法实现合理的结果，亦应通过适当的方法来影响立法部门，促进法律的改善。立法机关和行政部门起草法律、法规、规章甚至规范性文件时，往往会征求最高人民法院的意见，最高人民法院在给立法机关和行政部门提修改意见时，都会检视他们是否忽视了法律保护的利益。比如，公安部正在起草的《治安管理处罚法》的解释草案中规定，对买赃自用者一律追缴赃物，我们就向他们提出建议在保护善意取得人利益的基础上重新斟酌。

第九节　审查标准七：事实认定是否合理

一、证明标准与事实裁量

一般认为，行政行为的证明标准有三种：一是优势证据标准，也是最低证明标准，如果加以量化，只要证据所指向的事实存在的可能性超过50%就可以了。该标准适用于简易程序行政行为以及对民事争议作出行政裁决。二是排除合理怀疑标准，也是最高的证明标准，其主张的事实存在可能性需要高于90%。它适用于听证程序行政行为、涉及人身自由或者其他重大利益的行政行为。三是有说服力的证明标准，其主张的事实存在可能性应当高于70%。它适用于一般的行政行为。无论采用何种证据标准，行政机关都是有选择余地的，为什么呢？因为实践中对事实存在可能性只能作出大概的判断，而很难作出精确判断。比如，按照优势证明标准，只要事实存在的可能性超过50%就可以了，但是有时我们很难判断一方的证据已经证明到51%，还是只达到了49%。比如，前面提到的交通事故行政处理案件中，车辆调头的过程中，对面骑自行车的孕妇倒地。司机和孕妇各有数量相当的目击证人，各执一词。司机的证人称，车辆缓慢调头当中，孕妇自己慌张没有控制好自行车，自行车晃了两晃，倒在地上，当时距离汽车有2米远。孕妇的证人称，司机突然调头，车速很快，车尾险些碰到孕妇，孕妇受惊倒地。由于司机当时未停车，交警部门无法还原现场情况。此时无论怎么认定事实都不是很踏实，都可能与事实不符。但作为交警部门在处理交通事故时必须要作出认定，这是无法回避的问题，而这种模模糊糊、模棱两可的状态，就意味着交警部门实际上具有在两种可能性中进行选择的余地。不过交警部门的选择不是任意的，必须受到合理性原则的制约。

二、事理、情理及利益衡量

事实裁量的基本方法就是自由心证。为了使内心确信不至蜕变为无法预计、不可知的主观标准，从而使自由心证堕入任意性的泥潭，自由心证应当受到一些规则的指导。笔者认为，行政机关的自由心证与法官的自由心证并无本质的不同，因此，最高人民法院《关于行政诉讼证据若干问题的规定》第54条关于法官自由心证规则的规定也可以适用于行政机关。该条规定："法庭应当对经过庭审质证的证据和无需质证的证据进行逐一审查和对全部证据综合审查，遵循法官职业道德，运用逻辑推理和生活经验，进行全面、客观和公正地分析判断，确定证据材料与案件事实之间的证明关系，排除不具有关联性的证据材料，准确认定案件事实。"参照该规定，与"职业道德"相对应的是，行政机关在对事实裁量时必须持正当的目的，不能让不正当的私心杂念所左右。所谓"逻辑"、"生活经验"则与笔者前面提到的事理和情理属于同一范畴。而"全面、客观和公正地分析判断"，则是对证据分析更侧重于比较分析，而比较不仅是证据内容的比较，还应当包括对证据背后利益的比较。这里要重点谈谈事理、情理及利益比较方法在事实认定上的应用。

用事理和情理来认定事实似乎不符合实事求是的观点，因为如此认定的事实可能与实际不符。但是在所谓的"实际"到底什么样，除了当事人谁也搞不清而又必须作出一个权威判断的时候，用事理和情理作为判断的凭据就是合理的。这种方法在中国的法律文化上是有传统的。比如海瑞就曾总结出一个事实认定的标准，就是以当时的道德风俗为依据的。他说，凡讼之可疑者，与其屈兄，宁屈其弟；与其屈叔伯，宁屈其侄；与其屈愚直，宁屈刁顽。事在争产业，与其屈小民，宁屈乡宦，以救弊也（乡宦计夺小民田产债轴，假契侵界威逼，无所不为。为富不仁，比比有之，故曰救弊）。事在争言貌，与其屈乡宦，宁屈小民，以存体也（因贵贱有别）。海瑞所用来认定事实的封建道德虽然内容上有些不合时宜，不宜照搬仿效，但他的方法在今天仍然具有借鉴意义。

利益比较的方法能否应用在事实裁量当中，很少有人研究这个问题，但是实践中确实已经有这方面的探索。比如，在一起民事案件的审理中，法院就运用利益比较方法认定了难以查明的案件事实。一座居民楼上掉下一个花盆，砸伤一位居民，受害者不知道是谁家的花盆，就把从二层到顶层的一排住户都起诉了，法院也查不清到底花盆是出自谁家，但是考虑到受害者的权益更值得保护，法院就判决由二层到顶层的住户共同承担赔偿责任。等于推定这个花盆是二层到顶层的住户共同掉下来的，这个事实认定肯定与真实情况不符，但是从利益衡量的角度看，就是合理的。所谓利益比较的方法，就是在认定事实左右为难的情况下，看争议各方当中谁的利益更值得保护。利益比较方法虽然合理，但由于其是一种事实推定的方法，未必与实际相符，加之此种方法所衡量的因素具有开放性和不确定性，容易被质疑为随意性和任意性的产物，因此应当慎重使用，最好与其他方法配套使用。

第十节 审查标准八：对法律的理解和解释是否适当

法律在适用之前往往需要解释，对法律的理解和解释往往存在多种方案备选，这就使得行政机关在法律问题上有了裁量余地，由此对法律的理解和解释也就有了适当性问题。如果行政机关对法律的理解和解释明显不当，则构成适用法律错误。比如，按照有关工商行政管理法规，工商行政管理部门对于个体户无照经营的行为应当予以取缔。有一个个体户无照经营，工商机关多次责令其停止营业，都没有效果。最后，工商机关把取缔行为解释为可以使个体户经营行为不能继续经营的一切行为，并根据这种理解将个体户用来经营的违章建筑予以拆除。由于拆除违法建筑属于规划部门的职权，而不属于工商机关的职权，工商机关对取缔的解释过宽，显然不当。其适用关于取缔的法律规定亦自然属于适用法律错误。不过，前面讲过，法律概念即使是确定概念也有一个不够清晰的轮廓，某种不典型的情形到底在轮廓内还是在轮廓外并不总是那么清楚，不同的人对于概念的轮廓大小可能会有不同的认识。比如，按照工伤认定方面的有关规定，下班之后发生交通事故引起的伤亡能否认定工伤，取决于伤害是否发生在下班的必经路线和正常的下班时间内，如是则认定工伤，反之则不能认定工伤。某人加夜班之后已是夜里 11 点 30 分，肚中饥饿，回家之前先去闹市区（在回家的反方向，因回家的路上店铺都已关门）小吃店吃了一碗面条，饭毕回家的路上发生交通事故造成死亡。此人死亡是否发生在下班必经路线上？是否发生在下班回家的正常时间内？这两个问题都不好回答，似有选择的余地。如果行政机关作出了选择，我们如何判断其解释的适当性？笔者认为，我们可以按照如下步骤来进行：

一、运用解释性规范

这里的解释性规范包括规章以下的规范性文件以及上级行政机关就下级行政机关就某个法律问题的请示作出的批复。解释性规范可以为司法审查提供比较具体的审查依据。比如，笔者参与审理的一起行政案件中，某地公安分局以有流窜作案嫌疑为由将黄某收容审查。而认为黄某流窜作案的依据就是其骗取钱财后，将款项从湖南资阳转移到深圳。那么，把赃款的转移解释为流窜作案，是否正确呢？我们找到了公安部、最高人民法院、最高人民检察院、司法部《关于办理流窜犯罪案件中一些问题的意见的通知》（〔89〕公发 27 号），该通知对流窜所作的解释如下："凡构成犯罪且符合下列条件之一的，属于流窜犯罪分子：1、跨市、县管辖范围连续作案的；2、在居住地作案后，逃跑到外省、市、县连续作案的。"据此，人的转移才是流窜的必要特征，由此可以认定公安机关对流窜作案的理解系明显不合理的解释。

行政机关的解释性规范是联系行政法律规范和行政管理事实的桥梁，它不但对于行政执法非常重要，而且对法院的司法审查也有很大的作用，因为它是法律与行政管理经验和知识相结合的产物。而法官虽然是法律专家，但并非行政管理专家，所以法官对解释性规范应当持尊重的态度。不过，尊重并不意味着放弃审查。根据笔者多年来的观察，多数解释性规范都是符合法律和法律精神的，但不合理的解释也时有出现。行政机关如果选用了与不合法理或者法律精神的解释性规范，就不能认为其行为是令人信服的。

对解释性规范可以审查到什么程度呢？一般来说是程度较低的，只要在法律授权的范围内进行解释，法院就应认可。比如，以前工商登记的规章曾经规定，申请企业变更登记必须要提交"主管部门审查同意的文件"，这里的"主管部门"实际上就是股东。在变更登记申请表上有"主管部门意见"一栏，有一个股东没有在该栏签署意见，而是在企业董事会纪要上表示同意变更登记并签字盖章，这是否可以视为"主管部门审查同意的文件"？关于这个问题国家工商局曾经作出过行政批复，认为股东只要在董事会纪要上作出了明确的同意申请变更登记的意思表示，并且签字盖章就可以视为"主管部门审查同意的文件"。对该批复，法院不宜作深入审查，或许还有更好的方案可供选择，但只要该批复没有明显的不当，就应当作为审查依据。

有时，不同部门或者同一部门都出了不同的解释性规范，都没有明显的不合理，这时就应当进行比较深度的审查，以便从中选择一个最合理的解释。比如，《计量法》第 22 条规定："为社会提供公证数据的产品质量检验机构，必须经省级以上人民政府计量行政部门对其计量检定、测试的能力和可靠性考核合格。"那么食品卫生监督检验机构是否须经计量认证？国家技术监督局和卫生部的法制部门作出了不同的解释。卫生部法制与监督司作出的卫法监综发（1999）第 152 号文指出："食品卫生监督机构是根据《食品卫生法》的有关规定开展食品卫生监督检验工作，其监督检验资格是根据法律规定获得的，出具的检测结果是有法律效力的，不属于计量法第二十二条调整的范畴。""各级食品卫生监督机构中列入强制检定目录的工作计量器具，应按照计量法第九条规定接受强制检定。"国家技术监督局政策法规司作出〔1999〕质技监改便字第 103 号文则提出相反意见："食品卫生监督检验机构依照国家和行业标准开展食品产（商）品质量监督检验的，属于为社会提供公正数据的产品质量检验机构，应当经省级以上质量技术监督部门计量认证。"两种方案都可以讲出各自的道理，但是经过深入分析，还是卫生部的理解更符合执法实际，也可以在有关法律上找到相应依据。《食品卫生法》（已失效）第 36 条规定："国务院和省、自治区、直辖市人民政府的卫生行政部门，根据需要可以确定具备条件的单位作为食品卫生检验单位，进行食品卫生检验并出具检验报告。"该规定是关于食品卫生监督检验机构资格的特别规定，而《计量法》第 22 条则是一般性规定，据此，食品卫生监督检验机构不必经过计量部门对其检验机构资格进行认证。《食品卫生法》对食品卫生监督机构的计量器具检定问题并未作出特别规定，因此应当根据《计量法》的一般性规定进行计量器具强制检定。

二、运用法律解释方法和规则

判断解释合理性最终还是要靠法律解释方法和规则。法律解释方法有很多，比较常见的有以下五种：

一是文义解释。就是按照法律的字面意思或者通常含义来解释。文义解释是最常用的法律解释方法。道理上就应当如此，试想，如果多数情况下，法律都不能通过文字含义来理解，那么法律必然是不稳定的或者说充满了不确定性，法律的可预测性和法制的统一性都将成为一句空话。判断行政机关对法律的理解是否正确合理，也当首推文义解释方法，此方法可以解决大量的判断问题。比如，在一起案件中，交警部门以交通事故不以接触为要件为根据对司机作出了行政处罚决定。交警部门的解释是否合理呢？我们可以找到《道路交通事故处理办法》（已失效）第 2 条的规定，该规定给道路交通事故所下定义是"车辆驾驶人员、行人、乘车人以及其他在道路上进行与交通有关活动的人员，因违反《中华人民共和国道路交通管理条例》和其他道路交通管理法规、规章的行为，过失造成人身伤亡或者财产损失的事故。"该规定的文义很清楚，司机只要违反了交通管理法律规范，造成对方人身伤害就构成交通事故，而违反交通管理法律规范并不一定非要与对方有接触，比如转弯太快，使他人受惊吓动作变形也可以造成交通事故。所以，我们认为，交警部门的这一理解是合理的。

"必须记住，无论一项法律什么时候被提出来考虑，人们都没有能力预见到在实际生活中可能出现的多种多样的情况。即使人们有这种预见能力，也不可能用没有任何歧义的措辞把这些情况都包括进去。英语不是精确的数学工具，如果是的话，我们的文化就太可怜了。正是在这一点上，国会的法律起草人经常受到不公正的批评。一个认为自己要受'只应注意法律的语言，而不要管别的东西'这种假想的规则约束的法官，往往抱怨起草人没有为这种或那种情况作出相应的规定；或者认为起草人写了写可以作多种解释的话是有罪的。如果国会的法律是用神明的预见和理想的清晰语言草拟的，它当然会省去法官们的麻烦。但是在没有这样的法律时，如果现有的法律暴露了缺点，法官们不能叉起手来责备起草人，他必须开始完成找出国会意图的建设性的任务。"[①] "一个法官绝不可以改变法律织物的编织材料，但是他可以，也应该把皱褶熨平。"

二是体系解释。所谓体系解释就是联系法律的上下文，将一个条款放在系统中来把握其真义。实际上这种方法仍是以文义为基础，只不过所解释的文本更大了一些。有时行政机关严格按照文字解释我们感觉很不合理，怎么办？可以运用体系解释的方法来判断。比如，《海关法》第 30 条

---

① 西福德·考特不动产有限公司诉阿舍尔案，载［英］丹宁著，杨百揆等译：《法律的训诫》，13 页，北京，法律出版社，1999。

第 1 款规定，"进口货物的收货人自运输工具申报进境之日起超过三个月未向海关申报的，其进口货物由海关提取依法变卖处理，所得价款在扣除运输、装卸、储存等费用和税款后，尚有余款的，自货物依法变卖之日起一年内，经收货人申请，予以发还"，"逾期无人申请或者不予发还的，上缴国库"。那么，在海关上缴国库之前，开立信用证持有提单的银行是否有请求收回货款的权利？海关根据该款文字上作了反对解释，认为只有收货人有权申请，提单持有人作为货物所有人无权申请。法院认为，结合该条第 4 款关于"收货人或者货物所有人声明放弃的进口货物，由海关提取依法变卖处理"之规定，货物所有人应当与收货人受到同等的保护，海关对该条第 1 款的理解流于机械教条。

三是历史解释。即探讨立法者本意。具体还有两种不同方法：一为客观的历史解释方法，二为主观的历史解释方法。前者是运用立法者就某一问题所作的阐述为依据。比如抵押登记是否属于许可？《行政许可法》上并未明确指出，但起草者所做的法律草案说明中已经指出对民事财产权、人身权的确认不属于行政许可。后者则基于假如我是立法者将会如何解释法律原意。一般都适用于年代比较久远的法律。比如美国 1987 年《宪法》只规定，军队包括陆军和海军，是否包括空军？立法者肯定不会想到这个问题，客观历史解释显然无法奏效，运用主观历史解释则可以得出合理的答案。

四是目的解释。指的是基于法律所追求的目的而对法律的文义作出扩张或者限缩性的解释。比如，按照法律规定，只有在工作时间、工作区域内（含因工外出），在完成本职工作任务中受到的伤害才能认定为工伤，那么前面提到的在上班时间在工区上厕所摔伤致死能否认定工伤？从字面上看，上厕所显然与"完成本职工作"大异其趣，也就是说，上厕所并不包含在完成本职工作的通常含义之中，不过，从《劳动法》关于劳动者享有劳动安全卫生保护的权利之规定目的看，资方应当为劳动者提供包括厕所在内的附属设施，以满足劳动者在工作期间的基本生理需要。上厕所与工作之间具有密不可分的联系，将两者分离开来是不符合常理的。

五是法益解释。在选择何种解释方案难以取舍时，最终就看哪种方案的利益更大。假设法律规定，禁止一切机动车进入公园。如果公园失火，消防车能否进入？拘泥于字面意思和突破字面意思相比较，显然后者带来的利益比前者要大得多。这说明本条规定文字意思过宽，需要补充例外条款来剔除多余的文字意思。

以上几种解释方法在运用当中，应当遵循一定的选择顺序，首先立足文义。文义不清楚、不合理或者难以取舍，则联系上下文，将其放在法律系统的整体中来把握。立法的历史文献对解释具有重要的参考价值，但其参考价值会随着时间的流逝而减少，主观的历史解释方法则有更多的机会得到运用。不过笔者认为，历史解释一般不宜单独运用，而应与其他方法相结合。目的解释和法益解释是弥补法律漏洞的两种方法，虽然名为解释，实有造法之嫌，故其运用应慎之又慎。

第十一节　审查标准九：程序裁量是否合理

一般认为，程序包括期限、步骤、顺序、方式等要素。在程序裁量中，最值得注意的是关于期限和方式裁量的合理性问题。

一、期限的裁量

期限有两种：一是行政机关指定相对人在一定期限内为一定的行为。比如责令限期搬迁或者拆除违法建筑。二是行政机关完成行政行为的期限。行政机关在期限合理性方面最容易遭到质疑的就是严以律人，宽以待己。或者说给当事人指定的期限过短，给自己的期限太长。那么某种情形的期限到底过长还是过短，需要具体情况具体分析，衡量的标准更多的来自于事理。

比如，拆迁行政主管部门给被拆迁人指定的搬迁期限为3天，到期不自行搬迁就强制搬迁并拆除房屋，如何衡量3天搬迁期限的合理性？要看具体情况，如果被拆迁的房屋是住房，且没有多少大件物品，只要真正行动起来，3天可以完成搬迁，则期限就是合理的。如果被拆迁人是一家工厂，有很多大型设备，而且不少都是固定在地上的，即使3天3夜不睡觉，也无法完成，那么3天期限就明显不合理。

对行政机关办事期限的合理性也是同样的审查标准。行政机关在法律对其办事期限没有规定时，比较常见的现象是无限期的拖延。比如，在一起案件中，公安部门以扣押涉嫌犯罪物品为由扣押了案外人的财产，由于法律没有规定扣押期限，所以公安机关一直未解除扣押措施，最后长达 9 年。当然，衡量时间的长短也要根据案件具体情况，也就是事理。如果办事时间较长系事出有因，则应当认为合理。比如在一起案件中，钟某向税务部门举报某公司偷逃税款行为，该局经过调查属实并对某公司进行处理后，按照当地奖励标准，先后给予钟某两次奖励。钟某认为奖励未达到标准，且自其举报后 8 个月到 1 年多才给奖励系拖延履行法定职责，构成程序违法。经查，法律和有关规定对此并未有关于期限之规定。法院考察了行政程序实际运转情况后认为，在执法程序中，被告经过了调查、核实、答复原告、追缴税款、申报市局批准以及分别给予奖励等程序，其历时较长，但未违反法律的禁止性规定，故不构成程序上的违法。

二、行为方式的裁量

行为方式的合理性可以用很多方法从很多方面来衡量，其中最值得强调的方法是比例原则的适用和审查是否忽视重要利益。

1. 比例原则的运用

法院公报上曾经登载过下面这个案例：按照法律规定，交通部门可以扣押未交纳养路费的车辆。农民王某的小四轮拖拉机未交纳养路费。有一天，王某驾驶手扶拖拉机，拖斗中载着 15 头生猪到县城去卖。途中遭遇交通部门执法人员的拦截检查。执法人员查明情况后，欲将拖拉机主车扣押。王某提出，当时已是酷暑难耐的正午时分，将主车扣押必使拖斗倾斜，生猪相互挤压产生高温，兼之缺水，后果不堪设想。如迳将生猪从拖斗中卸下，在此荒郊野外又无法控制。遂恳请执法人员在扣车之前允其将拖拉机开到前面不远处村庄，将猪卸到一位朋友家中。执法人员称，那是你自己的事情，自己的困难自己克服，我们是依法扣押。于是不由分说，将拖斗强行卸下后驾驶主车离去。王某急忙到前面村庄找人，无奈车上 15 头生猪最终还是由于受到挤压、暴晒而死亡。[①] 法院审理认为，交通部门扣押王某主车虽然于法有据，但选择的执法方式欠妥，在存在可以避免王某财产损失的方式可供选择的情况下，却选择了对王某利益侵害较大的

---

① 参见《王丽萍诉中牟县交通行政赔偿纠纷案》，载《最高人民法院公报》，2003 年合订本，400～405 页。

方式，不符合比例原则中的最小侵害原则。

说到这里，笔者认为需要指出，是否符合最小侵害原则不应单纯从结果上评价，如果被告采取的方式适当，即便给原告造成较大损害，仍应认为方式的选择符合最小侵害原则。比如还有一起公报登载的案例：一辆在高速公路上行驶的汽车被撞变形后，车门无法开启，司机被夹在车里，生死未卜。汽车有燃烧起火的危险，情况紧急。警察迅速赶到现场，在采用种种风险较小的方式均不奏效情况下，为了救人，果断采用气焊切割方法并采取了必要的防范措施，但由于此种方法风险很大，最终还是导致轿车失火，造成了很大损失。法院判决确认警察的施救行为合法。① 笔者认为，法院的判决符合最小侵害原则之要旨。因为在当时的情况下，警察不能因为气焊切割方法风险大就放弃施救，而在采取此种方法之前已经试过其他风险较小的方式，且采取了降低风险的防范措施，已经做了将损害降到最低的努力。

比例原则中，运用最多的是最小侵害原则，但我们同时也不能忽视适当性原则和均衡性原则的适用。比如，实践中行政机关听证会流于形式的现象比较突出。有些行政机关确实按照法律的要求安排了听证会，但听证中却不给当事人充分发表意见的机会。如果法院严格审查，应当注意运用适当性原则，审查行政机关妨碍当事人听证权的行使，是否已经使得这种听证方式无助于达成听证的目的。如果是则违反了适当性原则。再比如前述的警察采取气焊切割方式施救案件中，实际上法院在考察气焊切割方式的可采性时已经运用了均衡性原则。

2. 审查行政机关是否忽视重要利益

这种审查方法在我们目前司法审查当中并未得到应有的重视。比如，按照《行政处罚法》第 42 条规定，行政机关作出责令停产停业、吊销许可证和执照、较大数额的罚款等决定之前，应当举行听证。在一起案件中，行政机关作出了没收当事人价值数万元的财产的行政处罚决定，而没有举行听证。针对当事人提出的违反法定程序的质疑，法院认为，《行政处罚法》并未提到没收是否需要举行听证的问题，也就是说，没收是否听证的问题完全属于行政机关自由裁量的范围。② 因此，行政机关没收财物

---

① 参见《陈宁诉庄河市公安局行政赔偿纠纷案》，载《最高人民法院公报》，2003 年合订本，398～400 页。

② 此案发生时最高人民法院尚未就此问题作出司法批复，故行政机关仍可裁量。

不举行听证并不违法。笔者认为,《行政处罚法》列举的几种需要听证情形都是涉及当事人重大利益的处罚种类,之所以如此规定,就是为了保护当事人的重大利益。鉴于此,《行政处罚法》第42条规定中的"等"字应当按照这一法律精神进行解释。由于没收与罚款对当事人利益产生的影响很相似,参照罚款情形来解释没收应否举行听证的问题是能够令人信服的,因此行政机关作出没收4万元这样较大数额的没收决定之前应当举行听证。

不过,笔者注意到,有些行政法官已经开始探索,积极地运用重要利益保护的方法来衡量行政行为方式的合理性。比如,某甲申请行政复议,请求撤销颁发给某乙的许可证,复议机关在没有通知某乙的情况下,作出了撤销许可证的决定。某乙不服,提起诉讼。行政复议机关答辩认为,《行政复议法》第22条规定:"行政复议原则上采取书面审查的办法,但是申请人提出要求或者行政复议机关负责法制工作的机构认为有必要时,可以向有关组织和人员调查情况,听取申请人、被申请人和第三人的意见。"该规定并未要求其必须通知第三人参加复议,因此其未通知第三人某乙参加复议并不违法。法院判决认定复议机关未通知某乙参加复议构成违反法定程序。笔者认为,按照合理性原则,区分复议机关对哪些人负有通知参加复议的义务,必须考虑的一个因素就是复议是否涉及第三人的重要利益。行政复议机关所讨论的问题是是否撤销许可证,该复议程序对于被许可人某乙非常重要,行政复议机关不通知某乙参加复议已不是一般的不合理,而是明显的不合理。法院认定行政复议机关违反法定程序是正确的。

第十二节 审查标准十:结果裁量是否合理

这个问题可以分为两个方面:一是是否作为的裁量,二是如何作为的裁量。

一、是否作为的裁量

传统上,合理原则仅限于适用于行政上积极行为的审查,至于行政机关怠于行使其裁量权,法院不能审查。这是基于一种被称为"公共义务原则"的理论，其含义是，法律赋予行政机关权限或迳课予法律义务时，行政机关虽有依法作为之义务，但此义务乃系对国家或公众所负之义务，并非对公民个人所负之义务，所以个别公民无权请求行政机关为一定行为。英国上诉法院 1968 年作出的著名的 Padfield 判决，仍然持保守观点，认为法院不能用合理原则来审查行政机关是否作为的裁量权。该案中，根据 1958 年《农业行销法》的规定，农民必须将其生产的牛奶授予牛奶销售局，而由牛奶销售局决定售价。该局将英格兰及威尔士划分为 11 个区域，再依各区域运费成本核定其牛奶售价，然此售价是数年前运费尚低之时核定的。东南区的农民一直力争应该增加差额，但未为牛奶销售局同意通过，于是他们就请求农渔业食品部长依据 1958 年《农业行销法》第 19 条之规定指示成立调查委员会审查他们的提案。然而部长认为此由牛奶销售局自行决定较为适宜，故置之不理。农民为此提起诉讼。上诉法院最终判决原告败诉。

虽然如此，但丹宁法官提出的反对意见非常有说服力，对后世产生深远影响。他说："这个案件提出了一个重要问题：大臣在什么程度上可以立即驳回申诉？大臣是否可以自由地行使他的不受限制的自由裁量权，拒绝将事情提交调查委员会，并因此拒绝让农民们向委员会申诉，而通过拒绝允许申诉，从而拒绝给予法律救济呢？为牛奶销售局出庭的肯普先生争辩说，大臣完全不必考虑申诉，他可以一眼不看，就把申诉书扔进废纸篓里。副检察长不同意这一说法，因为它显然站不住脚。大臣有义务考虑每一项申诉，以便决定是否需要提交调查委员会。我完全可以理解他会当即就十分恰当地驳回一些申诉，因为，这些申诉可能是无关紧要的或者是异想天开的，要不就是已经受理过的原有的申诉的重诉。但是，也有一些申诉他却不能正当地驳回。在我看来，每件值得调查委员会调查的真诚的申诉必须提交委员会，大臣不能随便以武断或异想天开的理由驳回申诉。""有人说，大臣的决定是行政的不是司法的。但是，这并不意味着他可以随心所欲，无视是非，也不意味着法院无权纠正他。好的行政机关要求对申诉应当予以调查，对冤情应当给予法律援助。当国会正是为此目的而设立该机关时，它不是为了让大臣把它撇在一边；没有充分的理由，大臣不得拒绝让申诉得到调查。"[①]

---

① ［英］丹宁著，杨百揆等译：《法律的训诫》，102～103 页，北京，法律出版社，1999。

此案之后，"公共义务理论"的影响力日趋式微，丹宁的思想越来越为司法所接受，这一转变与长期以来政府职能变化以及公民对政府积极行使职权依赖程度加深的时代背景有着密切的关系。如今，在法治发达国家，对是否作为的裁量进行司法审查已经成为不争的事实。我国在观念上并不排斥这一领域的司法审查，但重视程度不高，很少有人研究这个问题。相应地，对这个领域的司法审查也比较消极，在一些案件中法院甚至持一种完全放任的态度，直接基于行政机关是否作为的裁量权而否定原告请求行政机关为一定行为的权利。笔者认为，这种状况不符合行政法治的发展趋势，法院必须在这方面有所作为。

摆在法院面前的第一个问题是，如何确定行政机关的法定职责。值得注意一点，法律往往对行政机关的职责没有作出具体规定或者规定的职责非常宽泛，需要先作出确认。比如，某甲的房产在该市某区获得房屋所有权证后，该市房地产管理部门为他人颁发了该房屋的所有权证。某甲发现了"一房两证"的问题后，向市房地产管理部门提出了"确认其房产证及撤销不正确房产证"的申请，遭到该局拒绝，遂诉至法院。本案的焦点问题是市房地产管理部门有无作出相应处理的法定职责。法院认为，虽然法律对是否可以撤销错误的房地产登记未作出规定，但法律将城市房地产的登记、确认的职权授予了市房地产管理部门，而确认就隐含着对错误登记的纠正。原告就其房产存在的"一房两证"问题，向被告申请解决是合理合法的。被告予以拒绝系规避应该履行的法定职责。还有一点需要注意，法定职责不限于法律规定，还可能包括规范性文件、法院的判决，甚至还包括行政机关的承诺。

法院面临的第二个问题是，申请事项是否属于行政机关的法定职责。如果不属于行政机关的法定职责，行政机关的不作为自然不违法，亦不存在合理性问题。比如，单纯的民事纠纷不属于公安机关治安管理的范围，一方当事人请求处罚另一方当事人，公安机关不予处理并不违法，其只要将不予处理的理由告知提出申请的当事人，则不会再受到合理性问题的诟病。如果申请事项属于行政机关法定职责，则可以确认其不作为是违法的。

由于行政机关的自由裁量权恰在于此，因而这个问题也是司法审查的核心问题和难点所在。比如，《公安机关行政许可工作规定》第33条规定："公安机关鼓励个人和组织参与对行政许可事项活动的监督。个人或者组织向公安机关举报违法从事行政许可事项活动，经查证属实的，公安机关可以给予适当奖励。"公安机关根据举报对违法行为人作出查处后，举报人申请奖励，公安机关是否有兑现奖励的法定职责？很难判断，因为法律规定的是"可以"给予，但对什么情况下"可以"给，什么情况下"可以"不给，并未作出明示。这种情况下，法院如何作出判断？笔者认为，首先考察行政机关拒绝奖励的理由是什么，是否遗漏了应当考虑的因素，是否考虑了不应当考虑的因素，还可以考察是否有先例可以遵循等。

二、如何作为的裁量

行政机关作出一定行政行为时常常存在如何作为的选择余地。比如，规划部门对未获得规划审批的建筑是要作出处理决定的，但是在处罚种类上存在着是决定拆除还是罚款保留的选择，如果决定罚款，在数额上还存在着罚多少的选择。关于如何作为的裁量是我们最为熟悉的领域，前面所讲的第一个到第六个标准主要就是针对这种情形。故笔者不再赘述。

第十三节　司法审查的尺度：基本合理

从价值判断的角度讲，合理性原则追求的是一种至善的境界，而且法律也提倡行政机关在行使自由裁量权时将合理性原则发挥到极致，但若法院严格地以合理性原则的要求去审查裁量行为，任何裁量行为只要稍有瑕疵，就予以撤销，这肯定是不现实的。一个是行政效能将受到过分的制约，监督过分就有副作用。还有一个就是，司法权可能过深地进入了行政领域，有代替行政权的嫌疑。基于这两点考虑，司法审查运用合理性原则的尺度必须确定在一个务实的水平上，笔者将之概括为基本合理标准，其要义是：只要裁量行为没有明显的不合理，就不认为它违法。也就是说，行政机关执法应当追求百分之百的合理性，但是如果他们实际上只要达到60分的"及格线"，就可以通过法院的审查。

从各国的司法实践来看，对裁量行为司法审查都定位在基本合理的水平上。基本合理的意思就是明显的不合理才被认为是违法。在此原则下，一般的合理性问题被排除于司法审查范围之外，而只有明显的不合理才确认它违法。"明显"的标准在不同类型的裁量问题还会有宽严不同的区别。也就是说，"基本合理"并非是一个一成不变的固定标准，而是一个允许在一定幅度范围内浮动的标准。以下因素的出现将对司法审查的尺度产生影响：

一、确定概念还是不确定概念

如果裁量是在确定概念的范围内，由于概念的边界相对确定，可裁量的范围仅限于概念边缘地带，根据具体情况，可以向外作适当延展，但不能走得太远。比如，我们说相对固定的餐船是建筑，但没有固定的餐船就不能认定为建筑。如果裁量是基于不确定概念而发生，则由于概念本身的内涵和外延都不确定，立法者只不过为执法者指出了一个大概的方向，对这种问题的司法审查的标准就应当放得更宽。

二、授权行政行为还是侵益行政行为

一般来说，法律没有规定时，行政机关不得对公民作出不利处分，这是法律保留原则决定的，但是法律保留并不禁止行政机关对公民作出收益性处分。也就是说，行政机关在这时有较大的自由裁量权。

三、专业性问题

随着现代社会的发展，行政管理体现出越来越多的专业性和技术性，比如医疗事故的鉴定，水电站、核电站的许可，行政机关的知识和手段为法院所不具备。所以，法院越来越尊重行政机关的判断。比如，核电站的许可必须要以危险性的评估为依据。对于专业部门的评估，法院不能作深入的审查。一般性的问题则相对要严一些。因为这些问题往往依靠常识就可以作出合理的判断，因此法官有能力作出程度相对较深的审查。

四、紧急行为

与一般行政行为不同，在紧急情况下，没有充分的时间作缜密的思考和细致的准备，因此不太严重的疏漏和失误是可以容忍的，相应的审查标准也应当适当放宽。

五、当事人权益的重要性

在法制成熟国家，对行政裁量的司法审查有一个引人注目的发展，就是在涉及公民重大权利时，司法审查密度会有提高。

第十四节　审查行政自由裁量需要完善的条件

要想有效地开展司法审查，除了摸索出一些有指导性的审查标准之外，还必须另外做一些准备，创造必要的条件。笔者认为，从我国的情况来看，以下三个条件是当前要着意强调的。

一、行政行为说明理由义务

如果行政机关作出裁量行为而不说明理由，一方面将会给相对人行使诉权造成障碍，另一方面法院的审查也将变得更加困难，因为人们难以探知裁量行为作出时的理由。巧妇难为无米之炊，法官不知道裁量行为的理由，就无法对其合理性作出判断，司法审查的效果可想而知。因此，行政行为说明理由制度的设立是审查裁量行为的一个重要条件。

从国外的情况看，设立这一制度的初衷，很大程度上就是基于对裁量行为进行司法审查的需要。传统行政法理论基于公权力优越思想，并不要求行政机关在作出行政决定时必须说明理由[①]，这与当时法院放弃对裁量行为的司法审查的政策有着密切的关系。进入现代以来，行政自由裁量权无论在深度还是在广度上都在不断扩张，过去作为例外情形的自由裁量今日已经成为行政活动的常态了。这种情况下，各国法院纷纷突破传统，开始对裁量行为进行司法审查，与此相对应，很多国家的行政法（法律或者

[①]　参见郭佳瑛：《论行政法上强制说明理由原则》，载城仲模编：《行政法之一般法律原则》（二），537 页，台北，三民书局，1997。

判例）都将行政行为说明理由设定为行政机关的义务①，学者称之为"行政法上之强制说明理由原则"②。而设立这一原则的重要理由之一就是为了提高法院对于行政机关行使裁量权进行司法审查的可能性。③ 我国法学界赞成这个原则，很多法官在认识上也是接受的，但是由于法律上没有提出明确的要求，在具体的案件中，这一原则给法官的帮助是很有限的。为了加强对裁量行为的司法审查，笔者建议立法机关在制定行政程序法时引入这一原则，将说明理由设定为行政机关的一项法定义务。

如果行政机关给出的理由非常笼统、抽象、没有具体内容，令人无法了解其确切含义，则其对于法院的审查而言没有什么实际意义，可见法律仅仅规定行政机关说明理由对于法院的司法审查是不够的。为了保证这一规定不流于形式，还应当对理由的内容、范围设定更为具体的要求，这在主要西方国家行政法学当中已成共识。美国联邦最高法院在 1931 年作出的判决中提到的一句话很有代表性："理由叙述不能太过肤浅，若只是套用法条上的语句，未实质说明考虑因素，仍属违法"④。

理由的内容一般来说可以分成两部分，事实根据和法律依据。这很好理解，符合我们的分类习惯，法律对执法机关的要求主要就是从这两个方面着眼的，也就是我们通常所说的"以事实为根据，以法律为准绳。"既然法律是这样要求行政机关的，我们当然有理由要求行政机关把这两方面的理由告诉当事人。

所谓行政行为理由的范围，也就是应当说明到什么程度？笔者认为，权衡人民权利与行政效率，理由既不能过于笼统，又不应要求过于详细，只要能够在行政行为中体现出重要理由即可，次要理由可以忽略

---

①　比如美国《行政程序法》第 557 节（c）款规定："一切决定，包括初步的、建设性的和临时的决定在内，都是案卷的组成部分，而且应当包括下列事项的记载：（1）对案卷中所记载的事实的、法律的或自由裁量权的实质性争议所做的裁定、结论及其理由或根据。"《德国行政程序法》第 39 条规定："书面或由书面证实的行政行为须以书面说明理由。"

②　郭佳瑛：《论行政法上强制说明理由原则》，载城仲模编：《行政法之一般原则》（二），556 页，台北，三民书局，1997。

③　《德国行政程序法》第 39 条之立法理由书："关于裁量决定之理由说明，原则上相同。然而，裁量权行使之正确性必须加以审查，行政机关认识裁量权之法律上之界限，并未逾越，且于决定时其裁量权之行使亦合乎授权之目的，此等事项必须按照决定之基准以识别之。"

④　Florida V. U. S. 194，213（1931）. 参见郭佳瑛：《论行政法上强制说明理由原则》，载城仲模编：《行政法之一般原则》（二），556 页，台北，三民书局，1997。

不计。① 具体到裁量行为，行政机关必须要明确告知以下事项：（1）需要行使自由裁量权的情形。比如规划部门如果认为违法建设属于规划法上规定的"情节严重"情形，就应当告知当事人其违法建设已经达到情节严重的程度。（2）告知对于利害得失权衡的情形以及按照具体情况而衡量一切公共利益或私人利益时所考虑的因素。比如规划部门告知当事人其违法建设之所以达到严重程度，是因为其在城市规划的绿地上建筑房屋，严重损害了整体环境，或者其在规划的住宅区里建筑化工厂的厂房，威胁周边居民的身体健康等等。（3）告知该行政行为所依据的事实和证据。告知的程度依当事人是否对事实认定存在争议而定，如果当事人在行政程序中对行政机关认定的事实没有异议，则其在行政决定中仅告知其认定的事实即可，而不必再告知其所依据的证据和理由；如果当事人提出异议或者当事人在行政程序中没有机会提出异议，则行政机关必须就以上内容作出全面告知。（4）告知行政机关所依据的法律。需要注意，在法律条文具有很大裁量性时，行政机关仅仅告知法律条文是不够的，正如美国联邦最高法院一个判决所揭示的那样：行政机关在作出裁量行为时仅仅重复法律的词语是不够的，其必须对法律所规定的政策作出明确的解释。② 行政机关在运用裁量性的法律条款，尤其是不确定概念和一般条款（比如法律总则部分规定基本原则）时，必须要根据具体情况作出合理解释，并将该解释告知当事人。

从国外情况看，说明理由的具体要求不一定非得要由法律明确规定，但一般来说，实行判例法的，一般以判例形式存在，至少最初是由判例提出标准，然后上升为法律规定；不实行判例法的，则往往由法律加以规定。笔者建议，考虑到我国不实行判例法的情况，行政行为说明理由的具体要求还是应当在统一制定的行政程序法当中体现出来，至少应当提出一些基本要求，将更为具体的问题留待行政解释和司法解释予以完善。

---

① 《德国联邦行政程序法》第 39 条第 2 句规定，行政行为理由中必须告知重要理由。欧洲共同体法院在 1963 年的一个判决中认为：仅须就理解行政决定之依据与行政决定之思考过程而言，系必要之重要的法律上及事实上之考虑事项说明之即可。

② Phelps Dedge Corp. v. NLRB, 313 U. S. 177 (1941)，参见王名扬：《美国行政法》，517 页，北京，中国政法大学出版社，1995。

二、法官的解释法律之权

与审查对象的特性相适应，在诉裁量行为的案件中，仅仅依靠法律条文开展司法审查是远远不够的，其要求法官必须要创造性地认定事实、适用法律，而这就意味着法官必须要有充分的自由裁量权。比如，《行政许可法》规定，行政机关应当依申请或者依职权撤销违法的行政许可，但撤销将损害公共利益的除外，如果行政机关以损害公共利益为由拒绝利害关系人提出的撤销行政许可申请，引起诉讼，法官就必须要判断行政机关对公共利益作出的解释是否合理，公共利益是否会受到损害以及受到何种程度的损害。这一判断过程主要依靠法官的法律意识和经验，法律条文本身没有太大的助益。

与事实审查和法律审查的基本模式相适应，法官的自由裁量主要有两种形式：一是自由心证。行政机关在裁量证据的基础上，就事实认定得出了结论[①]，法官在审查这个结论时，不可避免地要对证据与行政机关认定的事实之间的关系进行评估，评估当中法官的"内心确信"将起很大的作用，甚至是决定作用。这个"内心确信"就是自由心证。如果不承认自由心证，此类问题实际上是无法判断的。二是对法律的合理解释。在司法审查中，法官在判断行政机关提出的法律上的理由是否合法合理之前，自己要先对法律作出一个合理的解释。目前，法律虽然没有明确承认法官可以"自由心证"，但却不存在司法自由裁量权不足的问题，因为法律对法官如何审核认定证据并没有作出限制，法官在事实上都在做着所谓"自由心证"的事情。在这方面，司法自由裁量权被滥用的风险倒是一个问题，不过这个问题不属于本书讨论范围，暂且搁下。当前比较突出的问题还是在法律解释方面，主要问题是：由于法律解释权高度集中，审理具体案件的法官解释法律的权利受到极大限制。

按照学者的描述，我国的法律解释体制是，"由高层立法机关和法律实施机关执掌法律解释权，最大限度地使法律实施成为机械适用法律的过程"[②]。当然，法律对法官解释权并未直接作出限制，然而在现行体制下，

---

① 在美国，被称为事实裁定。

② 张志铭：《法律解释操作分析》，235 页，北京，中国政法大学出版社，1999。

法官的解释常常无异于带着镣铐跳舞。法官，尤其是审判一线的法官，在审理案件中的解释仅限于通常文义范围，如果需要在不同文义中进行选择，或者走得再远一些，超出文义作出具有创造性的解释时，一般都要采取向上级请示的方法。在自由裁量行政案件中，由于待解释的法律文本文义一般比较模糊，甚至很难以对确定的文义作出精确表述，因此，按照现行体制，涉及法律解释问题的自由裁量案件很多都需要向上级请示，而不能由审理案件的法官作出解释。随着自由裁量行政案件的不断增加，这种模式将越来越难以适应有效司法审查的需要。摆脱这种困境的明智选择就是给法官的解释权松绑，鼓励和指导法官在审理具体案件中适当地运用法律解释方法和规则。

三、行政判例的指导作用

裁量行为的司法审查原则和标准存在于何处？也就是说，它的载体在哪里？不可否认，各种法律规范是一个重要载体，但是从明确性上讲，它们基本上还属于抽象规范，各种原则和标准在具体案件中的展开和应用仍然需要若干层次的解释和具体化。这种解释和具体化的工作由谁来承担？各国基本上都选择了判例。判例法国家自不待言，在美国、英国这样的判例法国家，判例一直起着将法律规则具体化甚至填补法律漏洞、创制规则的作用。法国是典型的成文法国家，但在司法审查领域却实行判例法，判例的作用与美国不相上下。德国、意大利等国原本在司法审查领域实行成文法，但据笔者了解①，最高行政法院的判决对下级法院的司法审查活动发挥着越来越大的作用，其权威性已经接近于判例。②

另外，法官充分行使解释权之后，也会有一些问题出现，而判例制度可以起到平衡作用，抑制和纠正这些问题。虽然法官行使充分的法律解释权有助于填补法律不足，但要看到，我国有着数以万计的行政法官，如果在自由裁量领域完全听凭法官的解释，则法律的统一性

---

① 2003年11月，在云南丽江召开的行政诉讼法修改国际研讨会上，德国、意大利的专家、法官介绍了判例在他们国家司法审查当中所占有的重要地位。

② 据德国、意大利专家介绍，最高行政法院的判决采取多种方式公开（上网、编书等），下级法院及公众很容易查阅，如果公众发现下级法院的判决违背最高行政法院判决，可以上诉。

将受到威胁。① 收回法官的解释权的做法是因噎废食，显然不足取。这时应当做的事情就是采取必要的措施来保障法律的统一性，判例制度就是能担此任的重要措施之一。

为了加强对裁量行为的司法审查，孙笑侠教授建议引进司法审查判例法制度并就此提出了具体思路：在目前条件下，可先由最高人民法院选择、编撰一批各级法院判例，鉴于目前判决形式过于简单，无法归纳出具有相应判例意义上的规则，最高人民法院可以修正原判决不规范之处，并补充判决理由，以形成具有普遍指导、示范意义的一般规则。对于判例应当按照标准分类编号，以利查询。② 笔者认为孙教授的意见非常切合实际，法律规范与判例共同构成了裁量行为的司法审查原则和标准的载体，法律规范提纲挈领，判例则在连接法律规范与法律关系的过程中创造了新的补充规则，两者相辅相成，循环不止，使得原则和标准日臻完善。

判例是裁量行为的司法审查原则和标准的重要来源，在加强对行政自由裁量权的司法控制已成必然趋势的今天，强调判例制度的作用具有重要意义。不仅如此，判例制度还可以将法院的司法资源予以整合，使得对自由裁量的司法控制形成一种合力，而这一点在我们这个呼唤司法权威的国度里，又别具一种独特价值。

---

① 比如行政机关因行政不作为承担赔偿责任已无疑义，但应如何确定赔偿份额，各地的理解和做法不一致，这种状况长期存在下去必然损害法律的统一性。

② 参见孙笑侠：《法律对行政的控制》，291～293 页，济南，山东人民出版社，1999。

第十一章　行政诉讼的第一审裁判 *

　　裁判包括判决和裁定，都是人民法院作出的具有一定法律效力的司法文书。行政判决是人民法院对被诉具体行政行为是否合法、是否应予维持、撤销、变更或责令限期履行等问题作出的具有法律效力的决断。行政裁定是人民法院为解决行政案件上的程序问题所作出的具有相应法律效力的决断。《行政诉讼法》第七章"审理与判决"中共有 4 条（第 52 条至第 55 条）对一审行政判决作出规定，内容包括一审判决适用的法律依据、一审判决的种类及适用条件、被告执行重作判决的限制。1991 年《贯彻意见》就一审判决的适用及形式要求进一步作出六条解释（第 65 条至第 70 条）。《行政诉讼法》对于裁定的适用只在两个条文中提到，即第 42 条的不予受理裁定和第 51 条的准许撤诉裁定。《贯彻意见》对于裁定的适用范围在第 71 条中作出进一步解释。以上法律规定和司法解释对于行政审判所发挥的作用不容置疑，但是，由于行政审判实践的不断发展，这些规范存在的不足和局限也不断地暴露。具体到一审裁判领域，在大的方面主

---

　　* 根据作者文章《行政诉讼的裁判》改编，载《行政审判与行政执法》，2000 年第 2 集。

要有两个问题，一是判决种类不付实用；二是裁定的适用范围和标准不够明确。在更具体的层次上还有一些问题，比如，撤销判决对复议决定如何处理？对于《行政诉讼法》第 55 条设定的被告执行撤销重作判决之重要标准的"同一事实和理由"如何理解？与撤销判决相配套的处理手段有哪些？在什么条件下适用？判决重作和判决强制履行能否设定履行的期限？对法院作出变更判决的权力是否存在某种限制？行政诉讼能否一并审理民事争议？行政裁判如何适用各种法律依据？等等。这些具体问题，《贯彻意见》或者是没有作出解释，或者是虽有涉及，但仍不够具体。2000 年最高法院全面修订司法解释，推出的《若干解释》针对上述不同层次问题，遵循法律及法理，结合行政审判经验，一一作出解释。具体内容包括《若干解释》第 44 条、第 53 条至第 63 条，共计 12 条，内容更为丰富，也更有针对性和操作性。下面，笔者以发展变化为主线，对行政诉讼第一审的六种判决、十五种裁定以及适用中有关问题加以阐述和评析。

第一节　维持判决

一、维持判决的由来

维持判决是我国行政诉讼制度上的一项独创，在其他国家的行政诉讼制度中并没有这种判决形式。在《行政诉讼法》制定过程中曾提出过五种肯定式的裁判形式：一是使用裁定，驳回当事人的起诉；二是用判决驳回当事人的诉讼请求；三是裁定驳回当事人的诉讼请求；四是用裁定维持行政机关的决定；五是用判决维持行政机关的决定。立法最后采用了第五种方式，用判决维持行政机关的合法行为。如此选择系出何因，已无从考证，在传说当中有这么几种说法：其一是前苏联行政程序法设定了维持判决，我国受到这种做法的影响。[①] 其二是以维持判决来弥补行政行为尤其是行政裁决法律效力的不足。当时曾有学者指出，"我国目前有关经济行政管理法律法规，除少数有特别规定外，基本上不认为行政机关的裁决一

---

① 参见吴晓庄：《行政诉讼维持判决适用中的若干问题》，载《华东政法学院学报》，2002(6)。

经作出即产生法律效力。加上我国法院审理经济行政案件拥有完整的变更权，可以用变更判决纠正行政机关一些瑕疵。在这种情况下，法院的判决除采用驳回的方式外，还应采用维持的方式确认行政机关的裁决的合法性。"① 其三是各种不同意见相互妥协的结果。据说当时有一种意见认为法院对行政机关不能只监督，不维护，所以《行政诉讼法》第1条的立法目的，就在"监督行政机关依法行使行政职权"之前加上了"维护"两字，如何"维护"？维持判决就是一种方式。笔者认为，第三种说法更可信。《行政诉讼法》制定时，仍处在计划经济时代末期，行政机关对于责任政府这样的新角色还没有准备好，对这样一部法律缺乏理解、不能充分接受是很正常的反应。② 用"维护行政机关依法行使行政职权"和"维持判决"来舒缓法院与行政机关之间的紧张关系，营造一种法律在两造当事人之间的平衡感，无疑是最符合历史逻辑的一种推测。

二、维持判决的适用条件

《行政诉讼法》第54条第1项规定，具体行政行为证据确凿，适用法律、法规正确，符合法定程序的，判决维持。据此，维持判决需要同时满足以下三个条件：

第一，证据确凿。被告作出具体行政行为，应当以事实为根据。诉讼中，被告对此负举证责任，那么，被告需要提供多少证据才能证明特定事实的存在呢？这实际上是个证明标准的问题，而这个标准就是《行政诉讼法》第54条第1项规定的"证据确凿"。但是，需要注意，"证据确凿"并不一定是"板上钉钉"，通常情况下，特定事实的存在只要具有较大的可能性即可，而不要求必须达到百分之百。在本书第六章的"认证"部分对此已有详论，不再赘述。

第二，适用法律、法规正确。这里的法律、法规应当在广义上理解，

---

① 张旭勇：《行政诉讼维持判决制度之检讨》，载《法学》，2004（1）。

② 原全国人大常委会法工委主任顾昂然在《行政诉讼法》颁布二十周年纪念会上回忆说，"制定行诉法的阻力是很大的。当时，有的人说，如果公民可以告政府，政府还有什么权威，行政机关工作人员不敢管了，会增加政府与群众的矛盾，影响稳定。有的人甚至提出，这样会鼓励'刁民'告状。当时大家的认识并不统一"。参见《行政诉讼法颁布二十周年：140万告官案》，新华网，2009-04-04。

除了法律、行政法规和地方性法规之外，还应当包括符合上位法的规章和规范性文件。首先，被诉行政行为在处理结果上必须与法律规整的意思相符合。所谓"法律规整的意思"，是把法律之中相关法条结合在一起，经过合理解释所明确的含义。[①] 这就要求法官在适用法律时不能孤立地看待所适用的法条，必须在相互联系的关系当中把握法律的意义。其次，主要法条在被诉行政行为上均应援引，不得遗漏。

第三，符合法定程序。行政程序的重要性存在差别。违反了重要程序即构成违法，违反次要程序没有出现明显的不利后果则认为构成瑕疵，被诉行政行为在程序方面既无违法，又无瑕疵，才能认为符合法定程序。

三、维持判决的既判力

既判力是所有类型判决共有的效力，指的是判决对诉讼标的所作的处理及其基本理由对诉讼参与各方（包括法院本身在内）及其权利人具有拘束力。[②] 一个生效的维持判决，其既判力主要包括如下内容：

第一，确定力。维持判决确认被诉行政行为合法有效，这一结果对于所有的人（不限于诉讼参与各方）都有拘束力。

第二，不可争力。这主要针对原告而言，也包括与原告地位类似的利害关系人。他们无权再就被诉行政行为再次提起行政诉讼以及行政复议。这里需要提示一点，有些行政行为的影响面很广，比如征收决定、排污许可，如果只有一个人或者部分人起诉，法院就此作出的维持判决是否对那些未起诉的人也具有不可争力？笔者认为，不能一概而论。详细内容参见本书第十三章第四节。

第三，执行力。如果行政行为具有给付内容的话，则维持判决就把这

---

① 判例的规则意义就在于此，通过法条之间的相互修正、补充，明确了法律的真义，同时也具有创制规则的意义。

② 关于既判力的范围是否包括判决理由，在我国尚有不同认识，笔者赞同德国的经验，按照该国《行政法院法》第121条规定，已有既判力的判决，只要是关于诉讼标的的裁判，就对参加人及其权利承受人具有约束力。学者认为，由此，判决及其基本理由在此范围内就具有实体上的既判力。参见［德］弗里德赫尔穆·胡芬著，莫光华译：《行政诉讼法》，586页，北京，法律出版社，2003。

种给付义务变成了判决确定的义务，也就是说，履行行政行为所要求的给付就是履行判决，不履行该义务就是不履行判决，而不履行判决则可以进入强制执行程序。当然由谁来强制，还要看行政机关是否具有强制执行权，如果没有，则可以申请法院强制执行。

第四，不可变更力。这也就是所谓的禁止偏离（Abweichungsverbot）的效力[①]，主要针对被告、被告的领导机关和法定监督机关（如行政复议机关）以及法院而言。对于行政机关而言，既不允许撤销或者对行政行为内容进行实质性改变，也不允许在其他行政行为中作出与被诉行政行为不一致的决定。对于法院而言，除了依照审判监督程序推翻原维持判决之外，不允许在其他案件当中作出与此不一致的裁判。

四、维持判决已无存在之必要

笔者认为，维持判决已无继续存在之必要，如果修改《行政诉讼法》，建议删除此种方式。

第一，维持判决意在强化被诉行政行为的效力，但这是没有必要的。因为行政行为的效力来自法律，只要法院不支持原告的诉讼请求，其效力就是充分的。而要做到这一点，法院只需判决驳回诉讼请求即可。

第二，在技术层面上，合法性审查模式不足以保证法院作出维持判决的结论。虽然行政诉讼实行全面审查，但法院并非在每个方面都平均使用司法力量，一般来说法院都会把审查重点放在有争议的问题或者方面即所谓的争议焦点。所以，一个行政行为经过行政诉讼的检验，通常只能说没有发现问题，而不敢说没有任何问题，没有任何瑕疵，尤其是焦点之外的问题或者方面。所以，维持判决是一种存在系统风险的判决方式。

第三，维持判决可能造成司法与行政的不协调。比如，对房屋登记行为的合法性审查并不能保证发现所有的问题，所以法院判决维持之后，一旦登记真的存在问题，就会给登记机构的更正登记造成不必要的障碍。这恰恰是刻意强化被诉行政行为效力带来的尴尬。

---

① 参见［德］弗里德赫尔穆·胡芬著，莫光华译：《行政诉讼法》，587页，北京，法律出版社，2003。

第二节　驳回诉讼请求判决

为了解决行政判决种类不付实用的问题，《若干解释》第 56 条和第 57 条新增加了两种判决形式：驳回诉讼请求判决和确认合法或违法判决。

一、驳回诉讼请求与驳回起诉的区别

驳回诉讼请求与驳回起诉有两点不同：第一，驳回起诉否定的是当事人程序上的请求权即诉权，而驳回诉讼请求否定的则是当事人的实体请求权。第二，驳回起诉采用裁定方式，而驳回诉讼请求则采用判决形式。

二、判决形式的法律依据

行政审判当中，法院应当对被诉具体行政行为的合法性进行审查，而非对原告诉讼请求的合法性进行审查，与此相对应，《行政诉讼法》第 54 条只规定了维持判决，而没有规定驳回诉讼请求判决。这是否意味着《若干解释》第 56 条设定的驳回诉讼请求判决与《行政诉讼法》相抵触？笔者认为，不抵触。我们应当注意到，《民事诉讼法》上规定了驳回诉讼请求的判决形式，由于行政诉讼是从民事诉讼中脱胎而来，行政诉讼中可以参照民事诉讼的有关规定，当然也就可以适用驳回诉讼请求这种判决形式。再者，维持被诉具体行政行为其实就等于驳回了原告的诉讼请求，维持判决与驳回诉讼请求判决实际上是同一结果的两种表现形式，如同一枚硬币之两面。[①] 据此，《若干解释》规定驳回诉讼请求之判决形式不过是阐释了法律的应有之义，而没有突破法律的界限。

三、驳回诉讼请求判决适用的情形

根据《若干解释》第 56 条规定，人民法院判决驳回原告诉讼请求的

---

① 事实上前文已述，驳回诉讼请求比维持判决更具妥当性。

情形有以下四种：

第一，起诉被告不作为理由不能成立的。在诉行政不作为的案件中，被告具有法定职责往往并不意味着原告的请求必然成立。有时被告不作出原告请求的具体行政行为的原因在于原告。比如，原告向工商局申请办理个体工商营业执照，工商局工作人员口头告知原告，其不具备办理营业执照的法定条件，因此不予办理。原告向法院起诉工商局不作为。这种情况就属于原告起诉被告不作为的理由不能成立。有时被告没有作出法律要求的一定行为有其他正当原因，比如，某甲房屋失火，向消防队求救，消防队没有赶来救火致使房屋烧毁，某甲向法院起诉。法院经审理查明，消防队没有赶来救火的原因是当时城区街道发生严重的交通堵塞，消防车无法通行。也就是说，消防队没有赶来救火的原因属于不可抗力范畴，原告起诉被告不作为的理由自然也不能成立。在原告起诉被告不作为理由不能成立的情况下，法院作出维持判决显然不合适，因为不作为本身不具有可维持的内容，而判决驳回诉讼请求就是一个合理合法的结果。

第二，被诉具体行政行为合法但存在合理性问题的。在有些情况下，行政机关作出的具体行政行为按照合法性标准，其既没有突破法律的明确界限、范围，也不能被认为是滥用职权和显失公正，但还是存在比较明显的合理性问题。这时撤销显然不合适，但作出维持判决也有一定的瑕疵，而且维持之后，被告行政机关再想纠正该具体行政行为的不合理之处也会出现困难。在这种两难局面之下，作出驳回诉讼请求判决就不失为一个明智的选择。

第三，被诉具体行政行为合法，但因法律、政策变化需要变更或者废止的。这种情况下，法院无论是判决撤销还是判决维持都不合适，而适用驳回诉讼请求就是非常恰当的。这种情况适用驳回诉讼请求还有一个理由，就是为公平结果的出现提供了一种可能，由于法院对于被诉具体行政行为并未表态，因此，行政机关可以根据自己的意志对被诉具体行政行为进行纠正和调整。

第四，其他应当判决驳回诉讼请求的情形。即除以上情形外，不适宜于维持被诉具体行政行为的其他情形。比如，被处罚人在接到处罚决定后死亡，则对其拘留的处罚决定已经无法执行，如果其近亲属向法院提起行政诉讼，法院经审查认为该拘留处罚决定合法，则应当作出驳回诉讼请求判决，而非维持判决。凡此种种情形，难以一一列举，需要法院根据实际情况裁量，采取合理的判决形式。

四、既判力

驳回诉讼请求判决的既判力其实就是一点：不可争力。就是说原告或者有关权利人不得就诉讼标的或者被诉具体行政行为的合法性问题再次起诉或者申请行政复议。

此种判决是否具有确定力？笔者认为，要看判决内容而定，如果判决理由中对被诉具体行政行为的合法性予以确认，则可以认为具有确定力。如果判决对此未置可否，则行政行为本身就有确定力，但判决就此并未表态。由此可以引申一点，判决原则上不禁止行政机关变更被诉行政行为。但是行政机关变更必须要有正当理由，一般来说，只能基于判决考虑因素之外的其他情况而进行变更，否则就属于没有正当理由。

此种判决是否具有执行力？笔者认为，判决本身并没有执行力，但被诉具体行政行为可以具有执行力。如果该行为具有给付内容，则该义务仍然予以履行；如果不履行，可以强制执行。问题是：强制执行通过何种程序？笔者认为，鉴于驳回诉讼请求判决本身没有执行力，可以参照非诉执行的程序，由行政机关直接申请执行行政行为，而生效判决则是申请执行时的必备材料之一。

第三节　撤销判决

一、撤销判决的适用条件

按照《行政诉讼法》第 54 条第 2 项规定，具备以下五种情形之一，就应当作出撤销被诉具体行政行为的判决：

第一，主要证据不足。既包括被告提供的证据达不到证明标准使被诉行政行为的事实基础不能成立的情况，也包括被告无正当理由不提供或者逾期提供证据而推定被诉行政行为没有证据的情况。

第二，适用法律、法规错误。这里的法律、法规主要是指能够影响处理结果的法律规范，而引起适用错误的原因主要包括遗漏、错误理解和错误选择法律规范。

第三，违反法定程序。通常指具有重要性的程序以及违反将会对处理结果产生重要影响（尤其是损害相对人、利害关系人利益或者公共利益）的程序。

第四，超越职权。包括职权来源不合法、缺乏执法主体资格和超越授权界线三种情形。

第五，滥用职权。指的是行政行为明显不合理的各种情形，包括目的不当、考虑不当、不符合比例原则、违反惯例、不平等对待，以及对相对人或者利害关系人的利益缺乏应有的尊重等等。值得一提的是，《行政诉讼法》第 54 条第 4 项规定的"显失公正"也可归入滥用职权。

需要指出一点，随着行政诉讼制度的不断发展，《若干解释》把确认判决作为一种补充形式确定下来，其中的确认违法、确认无效和确认行政行为不成立与撤销判决具有互补性。也就是说，符合上述条件的，在《若干解释》出台之前，通常只有撤销判决一种形式[①]，《若干解释》出台后，也可以使用确认判决的形式，其具体的适用条件将在下面专述。

二、撤销判决的既判力

撤销判决的既判力有如下几个方面的内容：

第一，确定力。撤销判决使被诉行政行为失去法律效力，这对所有的人都有拘束力。问题是失去效力的时间是从判决生效时起，还是从行政行为作出之日起。笔者认为，要看判决的理由而定。如果撤销的理由是因为行政行为作出时即属违法，或者说当时就不应作出，则判决的确定力一般应当回溯到行政行为作出之时，也就是说被诉行为自始无效。如果撤销的理由是因为行政行为作出之后的因素导致，则判决的确定力产生于判决生效之时，即被诉行为自判决生效之日无效。

第二，恢复原状的效力。主要针对被告而言。撤销判决系无须执行的形成判决，无所谓执行力的问题，但是其具有恢复原状的效力，即回复到

[①] 事实上《若干解释》出台前亦有法院参照《民事诉讼法》使用了确认判决的形式，但属个别现象，作为明确的制度，其使用是从《若干解释》实施开始。

行政行为作出之前状态的效力。[①] 这一点在实践中经常会产生疑问，比如行政机关撤销采矿许可证之后，许可权人起诉，人民法院判决撤销了行政机关撤销采矿许可证的决定，如果恢复原状，则意味着采矿许可的效力恢复。能否这样理解？再比如，行政机关扣押物品的决定违法，被法院撤销，是否有返还的义务？笔者认为，如果是撤销行政机关的撤销决定，则原行政行为的效力原则上应当恢复，而例外仅限于法律或者事实上存在障碍的情形。详细论述参见本书第十三章第六节。如果涉及财产返还，则被告一般负有返还义务，但在有法律或者事实障碍的情况下除外，比如本行政机关扣押行为因越权而违法，但其他行政机关有权扣押，并已依法移交其他行政机关的情况。另外，如果主张返还，通常需要通过行政赔偿诉讼来解决。

第三，不可变更力。主要针对包括被告在内的行政机关和法院而言。撤销判决对行政行为违法性的确认具有普遍的约束力，这种约束力对被告而言，就是禁止其基于同一事实和理由作出与被诉具体行政行为相同的行政行为。对于法院而言，则是除了依照审判监督程序推翻原撤销判决之外，不允许在其他案件当中作出与此不一致的裁判。

三、撤销判决与复议决定

《若干解释》第53条就撤销判决对复议决定的处理问题作出规定。第1款是《贯彻意见》第65条内容的保留，但是在表达方式和文字上略作改动。原来的规定是："人民法院判决撤销复议机关维持的原具体行政行为，复议裁决自然无效。"修改后的内容为："复议决定维持原具体行政行为的，人民法院判决撤销原具体行政行为，复议决定自然无效。"

在司法解释的修改当中，对于该规定如何修改形成三种不同意见：第

---

① 德国《行政法院法》第113条赋予当事人请求法院判决行政机关使执行恢复原状的权利。参见〔德〕弗里德赫尔穆·胡芬著，莫光华译：《行政诉讼法》，587页，北京，法律出版社，2003。日本通说认为，如果行政行为已经执行完毕或者部分执行，则被告就因撤销判决的存在而具有执行回转的义务。如果被告不履行该义务，权利人可以另行起诉。撤销诉讼具有恢复原状功能。这种恢复原状功能，是所有撤销诉讼所共通的、最为重要的功能，无论是更正处分的撤销诉讼，还是惩戒免职处分的撤销诉讼，通过其胜诉判决，都同样复归行政行为不曾作出的状态。参见〔日〕盐野宏著，杨建顺译：《行政法》，305页，北京，法律出版社，1999。

一种意见认为，复议决定不是被诉具体行政行为，法院不能就复议决定作出判决；第二种意见认为，复议决定维持了一个违法的具体行政行为，不必经过审查也可以确认该复议决定违法，法院可以判决撤销该复议决定；第三种意见认为，原具体行政行为被撤销后，复议决定自然失去存在基础，自然失去效力，法院撤销与否无关紧要。司法解释最终采纳了第三种意见，保留了原来司法解释的内容。笔者认为，本款规定的理由主要有以下三个方面。

第一，《行政诉讼法》第 25 条第 2 款规定，"经复议的案件，复议机关决定维持原具体行政行为的，作出原具体行政行为的行政机关是被告"。此规定隐含的前提是，当复议机关维持原具体行政行为时，对公民、法人或者其他组织的处理从根本上体现的是原行政机关的意志，复议机关不过是对这种意志加以肯定而已，故实际上对公民、法人或者其他组织的权利义务产生拘束力的是原具体行政行为，而非复议决定。既然以作出原具体行政行为的机关为被告，则诉的标的就只能是原具体行政行为，判决对于复议决定也就不必理会了。

第二，在复议决定与原具体行政行为之间关系方面，复议决定维持原具体行政行为，并不是以一个具体行政行为取代另一个具体行政行为，而是对原具体行政行为的法律效力加以认可。所以这种情况下，复议决定在内容上从属原具体行政行为，而不具有独立性，若原具体行政行为被判决撤销，则"皮之不存，毛将焉附"，复议决定自然就失去了存在的基础。

第三，在复议决定与法院判决的关系方面，判决的权威性显然要高于复议决定，两者产生矛盾的情况下，只能以法院判决为准。

《若干解释》第 53 条第 2 款是新增加的，内容为："复议决定改变原具体行政行为错误，人民法院判决撤销复议决定时，应当责令复议机关重新作出复议决定。"此规定在讨论制定过程中的焦点问题是，改变原具体行政行为的复议决定被撤销后，法院在判决的同时是对原具体行政行为一并作出判决还是责令复议机关重新作出复议决定？此问题争议很大，主要有两种意见：一种意见认为，复议决定撤销后，原具体行政行为自然生效，因此，法院不必判决重新作出复议决定。另一种意见认为，尽管复议决定被撤销了，但复议申请还在，复议机关应当重新作出复议决定。第二种意见最终成为倾向性意见，并体现在《若干解释》第 53 条第 2 款当中。主要理由有以下三点：

第一，《行政诉讼法》第 25 条第 2 款规定："复议机关改变原具体行政行为的，以复议机关为被告。"据此可知作出原具体行政行为的行政机关并不是被告，原具体行政行为也不是诉讼标的，如果法院在判决撤销复议决定的同时一并对原具体行政行为作出判决，则超越了审判的权限。

第二，从逻辑上讲，复议决定的错误并不必然意味着原具体行政行为的正确，以一个错误取代另一个错误的可能性是不能完全排除的。也就是说，复议决定的正确与否与具体行政行为的合法性没有必然的联系，法院在认定复议决定违法之后，并不能据此认定原具体行政行为合法与否，因此，法院如果不对原具体行政行为作实体审查，就无法对其作出合法性判断，法院在撤销复议决定的同时一并对原具体行政行为合法性作出判决也就没有可能性了。

第三，复议决定被撤销后，原告的诉讼请求往往还没有满足，而法院的审判权限也尚未用尽，根据《行政诉讼法》第 54 条第 2 项规定，法院可以在作出撤销判决的同时，责令被告重新作出具体行政行为。据此，法院在判决撤销复议决定时，自然也可以同时判令复议机关重新作出复议决定。

四、判决重作

按照《行政诉讼法》第 54 条第 2 项的规定，人民法院在作出撤销判决的同时，可以判决行政机关重新作出具体行政行为。该规定与德国《行政法院法》第 113 条第 4 款关于"除要求撤销行政行为之外，也可请求一给付时，允许在同一诉讼审理中就给付作出判决"的规定非常相似。德国学者认为这体现了程序经济原则，这种调整就使得原告不必在提起撤销胜诉之外，再另行提起义务之诉或给付之诉。[①] 笔者认为，他们的解读放在我们这里也是合适的。法条上的"可以"二字赋予了法院是否判决重作的裁量权，其行使的原则是一个需要进一步明确的问题。笔者认为，重作裁量权的行使应当受到以下几个原则的约束：第一，尊重当事人的选择权。如果当事人明确提出要求重作，原则上应当判决重作。第二，利益衡量。

---

① 参见［德］弗里德赫尔穆·胡芬著，莫光华译：《行政诉讼法》，589 页，北京，法律出版社，2003。

当事人如果没有提出重作请求，但案件涉及其重大利益，比如诉山林、土地确权决定的案件。为保护第三人利益或者公共利益有必要重作的案件，亦应判决重作。第三，重作应当根据案件审理情况尽量作出内容具体的判决，而不能不加区分地一律作出概括判决，以实质性解决行政纠纷和相关纠纷。

五、对于"同一事实和理由"的理解

《行政诉讼法》第55条规定："人民法院判决被告重新作出具体行政行为的，被告不得以同一的事实和理由作出与原具体行政行为基本相同的具体行政行为。"据此可知，"同一事实和理由"是对被告重新作出具体行政行为加以限制性规范以防止其规避法律、对抗法院判决的重要标准。那么，如何理解这一标准呢？《贯彻意见》第67条规定："人民法院判决被告重新作出具体行政行为，被告重新作出的具体行政行为的事实和理由部分只要改变了其中的一部分，即不属于《行政诉讼法》第五十五条规定的'同一事实和理由'。"《贯彻意见》第68条规定："人民法院以违反法定程序为由，判决撤销行政机关具体行政行为的，行政机关重新作出具体行政行为时，不受行政诉讼法第五十五条规定的限制。"修改后的司法解释对这两条规定进行修改后予以保留，分别为《若干解释》第54条第1款和第2款，该条第3款是新增加的内容，该款就法院对行政机关以同一事实和理由重新作出与原具体行政行为基本相同的具体行政行为如何处理作出了具体规定。

1. 同一事实和理由的界定

同一事实和理由中的"事实"，指的是行政机关所认定的据以作出具体行政行为的法律事实；"理由"指的是行政机关据以作出具体行政行为的证据和所依据的规范性文件。《若干解释》第54条第1款规定："人民法院判决被告重新作出具体行政行为，被告重新作出的具体行政行为与原具体行政行为的结果相同，但主要事实或者主要理由有改变的，不属于行政诉讼法第五十五条规定的情形。"与《贯彻意见》第67条的规定进行比较可以看出，新的司法解释对同一事实和理由的理解更为准确合理。

从语义上看，现在的司法解释对于"同一事实和理由"的解释比过去更加准确。依《若干解释》第54条第1款规定，判断事实和理由同一性的标准是主要事实和主要理由是否一致，即只要主要事实和主要理由一致，就属于《行政诉讼法》第 55 条规定的同一事实和理由，而仅仅次要事实和次要理由的改变则不影响这一定性。《贯彻意见》第 67 条则规定，被告重新作出的具体行政行为的事实和理由只要改变了其中的一部分，即不属于《行政诉讼法》第 55 条规定的"同一事实和理由"，并没有对于改变的事实和理由是否必须是主要部分的问题作出回答，在字面意思上似乎不排斥这一结论：被告重新作出的同样的具体行政行为在事实和理由上只要作出改变，就不能被认定为以同一事实和理由作出相同的具体行政行为，哪怕改变的事实和理由是次要的事实和理由。这种理解显然不合法理。被诉具体行政行为如果在主要事实和理由上是站得住的，而仅仅在次要事实和理由上有缺陷，法院是不能判决撤销的，反过来说，法院判决撤销被诉具体行政行为则意味着该具体行政行为在主要事实和理由上是站不住的，因此，行政机关仅仅改变了次要事实和理由而重作的同样的具体行政行为实质上没有根本的改变，仍属于基于同一事实和理由作出的相同的具体行政行为。为避免因字面意思引起的误解，新司法解释对《贯彻意见》第 67 条作出修改，使得该规定更为确切。

2. 违反法定程序——适用《行政诉讼法》第 55 条的例外

《若干解释》第 54 条第 2 款是《贯彻意见》第 68 条规定的保留，根据该规定，如果撤销被诉具体行政行为的理由是违反法定程序，则行政机关重新作出的与原具体行政行为内容相同的具体行政行为，不属于《行政诉讼法》第 55 条规定的以同一事实和理由作出的与原具体行政行为基本相同的具体行政行为。之所以如此，主要是因为事实与理由都属于实体问题，而不属于程序问题，违反法定程序固然可能影响实体处理的结果，但两者之间并无必然的联系，也就是说，违反法定程序作出的具体行政行为可能在事实、理由和结果上是正确的。比如，原告违反了工商管理法规，依法应予吊销营业执照，但被告工商局在作出吊销原告的营业执照的决定时没有告知其听证的权利，那么，在法院判决重作后，如果工商局告知原告听证的权利并依原告申请组织听证后，仍然作出吊销原告营业执照的处罚决定，则该处罚决定不属于《行政诉讼法》第 55 条规定的情形。

3. 对基于同一事实和理由作出的基本相同的具体行政行为的处理

《若干解释》第 54 条第 3 款规定："行政机关以同一事实和理由重新作出与原具体行政行为基本相同的具体行政行为，人民法院应当根据行政诉讼法第五十四条第（二）项、第五十五条的规定判决撤销或者部分撤销，并根据行政诉讼法第六十五条第三款的规定处理。"该款规定是新增加的，旨在进一步明确处理方式及法律依据。

如果行政机关重新作出与原具体行政行为基本相同的具体行政行为，则意味着新作出的具体行政行为与原具体行政行为具有同样的违法性，既然法院将原具体行政行为撤销了，新的具体行政行为自然也应予撤销。撤销的法律依据除了《行政诉讼法》第 54 条第 2 项外，还有该法第 55 条的规定。

行政机关作出与原具体行政行为基本相同的具体行政行为，这其实属于拒绝履行法院判决的情形，因此可以适用《行政诉讼法》第 65 条第 3 款关于对拒绝履行法院裁判的情况作出处理的规定。根据该款规定，法院对于以同一事实和理由作出基本相同的具体行政行为的行政机关可以采取执行罚，对于有关责任人可以采取向有关部门提出司法建议、甚至追究其刑事责任。

六、撤销判决的善后处理问题

由于政府活动的目的在于管理社会和服务社会，因此，具体行政行为不但影响相对人的利益，而且往往与国家利益、公共利益或他人利益息息相关，那么在被诉具体行政行为因违法而被撤销的时候，就难免对国家利益、公共利益或他人利益造成损害。鉴于此，《若干解释》第 59 条对于撤销判决的善后处理问题作出规定。根据该规定，法院判决撤销并作出相应处理应当符合下列条件：第一，被诉具体行政行为应予撤销。即该具体行政行为属于《行政诉讼法》第 54 条第 2 项规定的五种情形之一。第二，撤销被诉具体行政行为将给国家利益、公共利益或他人合法利益造成损害。这一点与撤销判决转换为确认判决的情况不同。前者损害的对象包括国家利益、公共利益和他人利益，即一切第三人的利益；后者则只是国家利益和公共利益，而不包括他人的利益。第三，损害不必达到重大的程度。这一点也与撤销判决转换为确认判决的情况不同，前者对于国家利益和公共利益损害程度的要求是重大损害，而后者则只限于一般损害。对于他人利益来说，无论是一般损害还是重大损害，都应当适用本条规定，在作出撤销判决的同时，作出善后处理，而不能适用确认违法判决。

根据《若干解释》第 59 条规定，法院在作出撤销判决后，应根据实际情况分别采取以下四种方式处理。

第一，判决被告重新作出具体行政行为。这种方式一般适用于相对人的合法权益以具体行政行为的作出为前提的情况，行政许可和确认领域最为典型，而行政处罚一般不能适用。

判决重新作出具体行政行为必须具备重作的必要。如果行政行为的作出需要相关民事争议处理结果的，则不宜直接判决重作，而应告知其先行处理民事纠纷。比如，甲持乙的身份证去办理机动车过户，将甲的机动车转到乙的名下。后来丙（与甲和乙都是朋友）驾驶机动车发生事故，甲遭遇索赔，遂就机动车登记提起行政诉讼。法院经审理查明，甲所持乙的身份证已经过期，且未提供乙的授权委托书，登记机构未尽审核职责，遂判决撤销机动车登记。甲不服，提出上诉，认为一审判决在判决撤销的同时，应当责令被告就其申请重新作出登记行为。二审法院未予支持，理由是机动车转移的基础关系是否存在存在争议，行政机关无法对其登记申请作出处理，法院作出重作判决时机也不成熟。

判决重作时，被告的职权转移到其他行政机关的，如何处理？可以追加有职权的行政机关为第三人。

第二，责令被告采取相应的补救措施。补救措施应当在行政机关的权限或职责范围内，不能强其所难。

第三，向被告和有关机关提出司法建议。法院对于在审判过程中发现的行政执法人员的轻微违法违纪行为及其他问题应当向有关部门提出司法建议，有关部门应当在一定期限内处理或作出答复。

第四，发现违法犯罪行为的，建议有权机关依法处理。

第四节　确认判决

一、确认判决的由来

按照《行政诉讼法》第 54 条的规定，行政判决有以下四种：维持判决、撤销判决、责令履行法定职责判决和变更判决，而确认判决则没有明确规定。那么，确认判决在行政诉讼中是否没有适用的余地呢？不是的，确认判决在其他国家和地区的司法审查当中一直得到广泛的应用。在美国的司法审查中，确认判决起初源自衡平法上的一种制度，即法院对于某种法律关系只确认其是否存在，是否合法，而不伴随强制执行的效果。1934年《确认判决法》将确认判决赋以法定形式。该法规定联邦任何法院对在其管辖范围内的现实的、非假想的争议，除少数税务案件外，都可以根据利害关系人的申请，确认其权利或某种法律关系是否合法存在。[①] 在德国，行政诉讼有撤销之诉、义务履行之诉和确认之诉的区分，与此相对，判决形式也分为形成判决、给付判决和确认判决。确认判决主要适用于确认法律关系和澄清有争议的法律状态的情况。[②] 在我国台湾地区，行政诉讼也有撤销诉讼、确认诉讼和给付诉讼之分（台湾地区 1999 年"行政诉讼法"第 3 条），其中确认诉讼适用于两类情形：一是确认行政处分无效及公法上法律关系成立或不成立之诉讼；二是确认已执行完毕或因其他事由而消灭之行政处分为违法之诉讼（台湾地区"行政诉讼法"第 6 条）。以上适用确认判决的情形在我国的行政审判实践中同样会遇到，如果拘泥于《行政诉讼法》的条文，则只能勉强适用维持判决或撤销判决，说其勉强，主要是因为这种判决往往逻辑上有缺陷或者很不合理，这对于法院判决的严肃性和权威性必然会造成损害。为了弥补这一不足，在审判实践中，有些法院早已开始尝试确认判决的运用，然而，由于确认判决尚处于法无明文规定的状态，这种运用往往带有很大的随意性。鉴于此，《若干解释》第57 条、第 58 条在设定确认判决的同时，对于确认判决的适用范围和条件作出规定。

二、确认判决的种类及适用情形

1. 确认合法或者有效判决

如果被诉具体行政行为合法，则根据《行政诉讼法》第 54 条第 1 项，法院一般应当作出维持判决；如果适用维持判决不合适，则根据《若干解释》第 56 条，法院应当考虑适用驳回诉讼请求判决；如果驳回诉讼请求判决也不适宜，根据《若干解释》第 57 条第 1 款规定，人民法院可以作

---

① 参见王名扬：《美国行政法》，576 页，北京，中国政法大学出版社，1995。
② 参见于安：《德国行政法》，178～182 页，北京，清华大学出版社，1999。

出确认其合法或者有效的判决。与维持判决相比，确认合法或者有效判决和驳回诉讼请求判决都属于补充性的判决形式。

确认合法或有效判决的适用要满足以下两个条件：第一，人民法院认为被诉具体行政行为合法；第二，既不适宜判决维持被诉具体行政行为，也不适宜判决驳回原告的诉讼请求。

2. 确认违法、无效或者行政行为不成立的判决

此种判决方式一般适用于不具有可撤销性的"违法具体行政行为"，根据《若干解释》第 57 条第 2 款规定，主要包括以下三种情况。

第一，被告不履行法定职责，但判决责令其履行法定职责已无实际意义的。在一些诉行政不作为的案件中，原告的请求对时间的要求程度比较高，如果被告不及时作为，就会时过境迁，使得请求的事项对于原告而言变得没有实际意义，比如，数名歹徒正在撬动门锁，准备入室抢劫时，室内主人向公安机关报警，如果公安机关不及时派员抓捕歹徒，致使歹徒在入室抢劫并伤人后逃走，则此时，公安机关的作为对于受害人而言已经没有任何意义。这种情况下，依照《行政诉讼法》第 54 条第 3 项判决行政机关限期履行，对原告起不到实际的救济作用，有时还可能造成当事人更大的负担。其实，原告提起诉讼的目的不外是请求赔偿或者"讨个说法"，而这两个目的都是正当合法的，法律应当给予支持。法院作出确认行政不作为违法的判决就可以满足这两个目的的需要。

第二，被诉具体行政行为违法，但不具有可撤销内容的。这主要指事实行为。事实行为与法律行为相对，行政法律行为会引起行政法律关系的产生、变更或消灭，事实行为则不以产生、变更、消灭行政法律关系为目的。事实行为虽然不会导致行政法律关系的变动，但与执行职务有密切关系，而且往往给公民、法人或其他组织带来实际损害。比如，交通警察在对违章司机作出处罚决定时，以该司机态度不好为由将其殴打致伤。这里的殴打行为不会引起交通管理法上的权利义务变动，但是该殴打行为与该交通警察执行职务存在着密切联系，而且造成该司机人身权的损害。从《行政诉讼法》保护公民、法人和其他组织合法权利、促进依法行政之宗旨考虑，事实行为应当纳入行政诉讼受案范围。事实行为有合法与违法之分，比如，执法人员在行政强制执行过程中，如果遇到当事人的暴力抵抗，可以在一定限度内使用强制手段（包括暴力强制），在限度之内就是合法的事实行为，超过限度则是违法的事实行为。对于违法事实行为而

言，《行政诉讼法》上明确规定的撤销判决和变更判决都是难以适用的。如果法院判决撤销或变更殴打行为、摔毁物品的行为，则无疑会显得很荒谬，而适用确认违法判决就能够很好地解决这个问题。

第三，被诉具体行政行为依法不成立或者无效的。具体行政行为不成立就等于说这个行为在法律上还不存在。判断具体行政行为是否成立的标准主要是该行为是否经过必经法定程序，是否具备必备形式，不符合这些标准则具体行政行为不成立。当然，现在行政程序法不健全，很多具体行政行为的程序标准不尽明确，如果恰好该具体行政行为有法定程序标准，则司法审查也依据此标准就可以了，但是在标准很模糊甚至没有标准的时候，怎么办？笔者认为，在没有标准的时候则应当依据正当程序之法理进行判断。一般来说，具体行政行为还不成立的时候，法院的司法审查为时尚早，即法院不能受理该案，但是，在该不成立的"具体行政行为"产生了实际效果并对当事人造成损害的情况下，则法院应当受理。比如说，县政府将某一有争议的宅基地权属确认给争议的一方，但是确权决定只有县长的签名，而没有加盖县政府的公章，争议的一方据此在宅基地上建起房屋，争议的另一方对确权决定不服，诉至法院。这种情况下，县政府的确权决定给另一方当事人造成实际损害，法院应当受理。但类似的案件受理后就会产生一个问题：如何下判决？适用撤销判决显然不合适，因为该"具体行政行为"在法律上还不存在，故不具有可撤销性，因此只能适用确认判决。

无效行政行为指的是行政机关作出的行政行为具有重大明显的违法，因而该行为自始无效的情况。这里要注意，无效行政行为有两个要件：一是违法的重大性，二是违法的明显性，仅仅一般的违法尚不属于无效，而是可撤销的具体行政行为。两者的区别在于，无效的具体行政行为，其违法情形重大，而且已经明显到任何有理智的人均能够判断的程度，因而在法理上已经不能再承认其公定力，否则就会对法治构成破坏。对于无效行政行为，本不必经法院等权威机构确认，公民直接可以根据自己的判断而不服从。公民之所以起诉，主要是因为该具体行政行为已经给其造成实际损害或者可能因强制执行而给其造成损害，对于针对这种无效行政行为的起诉，法院应当受理。可撤销的具体行政行为则具有公定力，其在被法院等权威机构撤销之前被推定为有效。公民无权根据自己的判断而不服从。行政行为若不成立则必然无效，但无效的具体行政行为并不局限于此，实体上的重大、明显违法同样可以导致具体行政行为的无效。目前，法律上尚未明确揭示具体行政行为无效的标准，但是将现有法律法规规定的无效具体行政行为情形结合法律精神来考量，可以从中归纳出"重大且明显"违法的标准。对于无效的具体行政行为，过去的行政审判实践中一般都是适用撤销判决，这在法理上很难讲得通。因为，严格地讲，撤销的前提是该具体行政行为在此之前是存在的，而且在法律上是有效的。既然被诉具体行政行为无效，则撤销判决就显得无的放矢，缺乏针对性。综上，这种情况也应当适用确认违法的判决形式。还有一点应当注意，目前"重大明显"尚不是一个法律上明确肯定的标准，而且该标准的自由裁量余地很大，法院及法官在适用这一标准时必须要充分考虑特定行政管理法及相关法和《行政诉讼法》的立法目的，兼顾法律效果与社会效果。

3. 情况判决

情况判决是来自日本的说法，我国有的学者称之为"变通性判决"①。指的是虽然被诉行政行为违法，本应判决撤销，但考虑到案件的特殊情况，而作出确认违法保留行为效果的判决。《若干解释》第 58 条规定："被诉具体行政行为违法，但撤销该具体行政行为将会给国家利益或者公共利益造成重大损失的，人民法院应当作出确认被诉具体行政行为违法的判决，并责令被诉行政机关采取相应的补救措施；造成损害的，依法判决承担赔偿责任。"本条规定的判决方式就是情况判决。

情况判决的适用需要符合以下两个条件：第一，被诉具体行政行为依法应予撤销。即被诉具体行政行为属于《行政诉讼法》第 54 条第 2 项规定的五种情形之一。比如，在城区改造过程中，政府颁发的拆迁许可证是违法的，这就是一个可撤销的具体行政行为，进入诉讼程序后，法院就可以依照《行政诉讼法》第 54 条第 2 项的有关规定予以撤销。第二，撤销被诉具体行政行为将会给国家利益、公共利益带来重大损失。这里要注意，损失限于国家利益和公共利益的损失，而且损失必须是重大的。比如前述案件中，被诉具体行政行为如果被撤销，则城区改造必然会受到影响，国家利益和公共利益也会受到损害。又如前述案件中，如果拆迁工作已进行完毕，而且新的公共设施已建设完毕，此时撤销拆迁许可证，则新的公共设施就可能成为应予拆除的违法建筑，而这无疑会对国家利益和公

---

① 黄学贤：《行政诉讼中的情况判决探讨》，载《行政法学研究》，2005（3）。

共利益造成重大损失。这种情况下，根据本条规定就不宜于适用撤销判决，而应适用确认违法判决。在认定损失是否重大的问题上，法院有很大的自由裁量余地，由于政府对于行政审判施加影响的程度较强，法院有可能在压力之下不适当地扩大本条的适用范围，将一些应当适用撤销判决的情形适用确认判决。为了避免这种情况，笔者认为，有必要强调一点：自由裁量不是任意裁量，其应受到合理性原则的拘束。合理性原则包括丰富的内涵，其下有很多次级原则，如权利保障原则、平等对待原则、比例原则等。在适用这些原则的过程中，经常需要比较各种相互冲突的利益的轻重大小，以决定如何取舍，这种利益比较的方法一般被概括为利益衡量理论。根据该理论，法院在决定是否撤销被诉具体行政行为之前，应当将违法行政行为所产生的公益与该行政行为所侵害的私益或公益进行比较，如果前者不是明显大于后者，则应当判决撤销；如果前者明显大于后者，则应当适用确认违法判决。比如，前述案件中，如果拆迁许可证刚刚颁发，拆迁工作尚未展开，则拆迁许可证所带来的公益就不是明显地大于其所损害的利益，因此法院应当作出撤销判决；如果公共设施已经修建完毕，则拆迁许可证带来的公益明显大于被损害的利益，因此，法院可以适用确认违法判决。当然，比较利益大小的标准不是法官个人的主观标准，而应当依一般社会见解而定。

法院作出确认判决后，还应当采取相应补救措施。这里的补救措施主要指的是采取一些使被诉具体行政行为不失去效力的一些措施。如果造成当事人权益损害的，还应判决赔偿当事人的损失。赔偿损失应当按照行政赔偿的法定要件、范围和标准来进行。

三、既判力

确认判决的既判力的共同点体现为确定力，即确认被诉行政行为合法、违法、无效或者不成立。在确认违法的判决当中，还有两种不同的效力：一是效果消灭[1]，二是效果保留。

确认合法判决及确认违法（保留效果）判决与驳回诉讼请求判决相类

---

[1] 严格地说，行政行为的效果并非是由判决消灭，恰恰相反，正是因为行政行为的效果在判决之前已经消灭，才不能判决撤销，只能退而求其次，选择确认判决。

似，原则上不禁止行政机关变更被诉行政行为，但需要有正当理由，不得直接与判决抵触。

确认违法（效果消灭）、无效及行政行为不成立的判决与撤销判决类似之处在于，还具有两种效力：一是恢复原状的效力，即回复到行政行为之前的法律状态，如果客观上无法恢复，则应采取补救措施，比如赔偿。二是不可变更力，即禁止重作的效力。

第五节　履责判决

履责判决即责令被告履行法定职责的判决。

一、履责判决的适用条件

按照《行政诉讼法》第 54 条第 3 项规定，在以下两种情况下，人民法院可以判决责令被告在一定期限内履行法定职责。

第一，被告不履行法定职责。一般称为行政不作为，包括积极不作为和消极不作为两种形态。所谓积极不作为指的是形式上作出了行政决定，实质上拒绝了相对人的请求。所谓消极不作为指的是相对人提出申请后，被告不予答复。

第二，被告拖延履行法定职责。一般称为迟延，可以归入消极不作为。

二、履责判决的既判力

履责判决的既定力主要有两点：

第一，确定力，即确定被告负有某种职责。

第二，执行力。具有执行力的判决需要符合两个条件：一是有财产给付内容；二是义务特定化。履责判决有具体判决和答复判决之分，义务特定化的判决是具体判决。除此之外的履责判决，由于法律没有授权法院对行政机关采取强制措施迫使其作出某种行政行为，所以，执行力是有欠缺的。

三、判决重作和判决责令履行法定职责的期限问题

法院在判决撤销具体行政行为的同时可以责令其重新作出具体行政行为，也可以在强制履行之诉中判决被告履行法定职责，但是在司法实践中，行政机关拖延不重作或者拖延履行法定职责的现象屡见不鲜，而法院因职权所限又不能代替行政机关作出具体行政行为，因此，原告及利害关系人的合法权利难以保障，国家利益和公共利益也难免受到损害。鉴于此，新的司法解释增设了一条规定，给判决重作和责令履行法定职责设定了期限，以更好地监督被告行政机关履行判决。《若干解释》第60条规定："人民法院判决被告重新作出具体行政行为，如不及时重新作出具体行政行为，将会给国家利益、公共利益或者当事人利益造成损失的，可以限定重新作出具体行政行为的期限。人民法院判决被告履行法定职责，应当指定履行的期限，因情况特殊难于确定期限的除外。"

1. 判决重作期限的设定

判决重作一般情况下不宜限定行政机关重作的期限，只有符合以下两个条件才能设定重作的期限：第一，对于重新作出具体行政行为在时间上具有迫切性。即相对人在时间上的利益是比较明显的，往往是"机不可失，失不再来"。第二，如果不及时重新作出具体行政行为，则国家利益、公共利益或他人利益将遭受损失，这种损失是具有一般理智的人都可以合理预见的。至于期限设定为多长时间方为合理，还应当由法院根据案件的实际情况进行设定。一般来讲，有法定标准的应参照法定标准；没有明确法定标准的，可以参照行政惯例即实践中行政机关作出此种具体行政行为的一般标准；如果没有行政惯例则可以参照行政机关作出类似具体行政行为的期限标准来确定；如果以上三个标准均无法适用，则法院可以在综合考虑国家利益、公共利益和相对人要求的迫切性，以及行政机关的履行能力和一般的效率水准的基础上，自行确定期限。

2. 判决责令履行法定职责期限的设定

《行政诉讼法》第54条第3项规定："被告不履行或者拖延履行法定职责的，判决其在一定期限内履行。"据此，法院判决行政机关履行法定职责时一般都应设定履行期限。这一点与判决重作的情况不同。那么，如何确定履行期限呢？一般来讲，有法定期限的则可依法定期限，如果没有

法定期限，则可在判决中指定期限，指定期限应当合理，对合理期限的理解参见关于判决重作期限的有关论述。

第六节　变更判决

变更判决指的是改变被诉具体行政行为内容的判决。

一、变更判决的适用条件

按照《行政诉讼法》第54条第4项规定，变更判决适用条件有两个：
第一，被诉行政行为是行政处罚。
第二，行政处罚显失公正。

二、变更判决的既判力

变更判决的既判力主要有如下三个内容：
第一，确定力。变更判决是形成判决，形成了新的行政处罚决定，该决定的效力对所有的人都有拘束力。
第二，不可变更力。对被告而言，就是禁止其再次改变行政处罚决定，或者撤销行政处罚决定。对于法院而言，则是除了依照审判监督程序推翻原维持判决之外，不允许在其他案件当中作出与此不一致的裁判。
第三，执行力。判决变更后形成的新的行政处罚决定具有执行力，如果相对人不履行，可以强制执行。

三、关于变更判决的权力界限问题

人民法院对被诉行政处罚作出变更判决，那么，法院的变更权是否有某种界限呢？《贯彻意见》第66条规定："人民法院在审理行政案件中，对行政机关应给予行政处罚而没有给予行政处罚的人，不能直接给予行政处罚。"新的司法解释对这一规定略作修改予以保留（《若干解释》第55条第2款）。除此之外，新的司法解释还确立了判决不加重原告处罚原则，

《若干解释》第 55 条第 1 款规定："人民法院审理行政案件不得加重对原告的处罚，但利害关系人同为原告的除外。"从《若干解释》第 55 条两款之间关系看，第 1 款是基础，第 2 款则是第 1 款规定原则上的延伸。

1. 判决不加重原告处罚及例外

《行政诉讼法》第 54 条第 4 项规定："行政处罚显失公正的，可以判决变更。"这里的显失公正，指的是行政处罚虽然在法律、法规规定的范围和限度内，但是与法律目的和精神相悖，损害了社会或者他人的利益而表现出明显的不公正。显失公正具有以下四个特征：第一，行政机关作出的行政处罚有事实和法律根据，被处罚人的行为确实应该受到行政处罚。第二，行政机关作出的行政处罚虽然在法定的范围和限度内，但存在明显的不合理或不适当。第三，这种不合理和不适当严重地违背了法律的目的和精神，以至于具有一般理智的人均能够发现这种不公正性。第四，不公正的表现形式主要是畸轻畸重。即行政机关实际作出的行政处罚与被处罚人的违法行为应受到的行政处罚相差过于悬殊，轻错重罚或重错轻罚。

既然法院对于显失公正的行政处罚可以变更，那么，是否能够加重原告处罚？从变更的字面意思看，其含义既包括减轻，也包括加重。当然，也不能否认法律用语在日常生活中的含义往往被作为法律解释上的一个重要参照标准，但是，应当注意到，法律是一个相对统一稳定的系统，因此在法律解释上就必须要优先考虑维护法律体系一性的基本原则和观点，并以此作为限制、修正法律用语日常生活含义的标准，只有这样才能最终获得恰当的法律解释。《行政诉讼法》没有规定变更处罚只能理解为减轻处罚而不能加重处罚，但是从法律目的上看，法律追求的终极性目标是公正，而为了实现法律上的公正，就应当在法律程序的设置上要具有一定纠正错误的功能。由于相对人与作为被告的行政机关相比，处于很明显的劣势地位，加之传统的"官本位"思想的影响，人民群众还普遍存在着不敢告"官"的心理，这本身已经不利于保护公民的诉权，如果认为行政审判可以加重对原告的处罚，则将使两造当事人之间力量对比上的失衡更加严重，公民的诉权难以顺利行使，行政审判纠正违法行政的功能将受到阻碍，法律上的公平目标也就更加遥远。再考虑到实际情况，相对人如果想就行政处罚提起行政诉讼，则虽不能肯定必然存在处罚过重的问题，但一般不会是处罚过轻。因而判决不加重处罚的利远大于弊。从法律原则上看，《行政诉讼法》虽然没有明确规定变更判决不加重原告处罚原则，但我国《刑事诉讼法》中已经明确规定"上诉不加刑"的原则，制定这一原则的主要考虑就是充分保护当事人的诉权及纠正原审判决的错误，这与《行政诉讼法》有相通之处，故这一原则可以为行政审判所借鉴。基于以上考虑，这次修改《贯彻意见》时明确规定了变更判决不加重处罚原则。

依本条规定，如果利害关系人同为原告，则法院可以在变更判决中加重对原告的处罚。同为利害关系人的原告有两种情况：一是利害关系人为受害人。比如在治安案件中，加害人与受害人对于治安行政处罚均不服，加害人认为太重，受害人则认为太轻，双方均提起行政诉讼。二是利害关系人同为受处罚人。比如，两家公司合谋盗用他人商标，被工商局处罚，两家公司均认为工商局对自己的责任认定过重，向法院提起行政诉讼。在这些情况下，作为利害关系人的原告与作为受处罚人的原告可能存在相逆的利益。这时，变更不加重原告处罚原则所体现的价值已经不能满足法律公平的需要了，故此原则就不能适用了。

2. 不能对行政机关未予处罚的人直接作出处罚判决

虽然法院在审理当中可能会发现行政机关对应给予处罚的人没有作出处罚决定的情况，如果法院直接判决处罚，固然可以使违法者承担应有的法律责任与后果，甚至对社会的正义也是有贡献的，但是考虑到权力分工，就可以看到这种处理的不当之处。审判权和行政权是两个独立的权力，有着各自的分工和调整范围，彼此不应僭越。行政审判只能对行政机关作出的具体行政行为是否合法进行监督，如果行政机关还没有作出具体行政行为，则法院无权代替行政机关作出具体行政行为，否则就构成权力的僭越。同理，在行政机关没有对与行政案件有关的公民、法人或其他组织作出应有的行政处罚时，法院不能直接追加处罚，而只能向有关的行政机关提出司法建议。

第七节　关于行政诉讼一并审理民事争议的有关问题

关于行政诉讼能否一并审理民事争议的问题，长期以来，聚讼纷纭，莫衷一是。新的司法解释出台后，这个问题终于有了结论，行政诉讼一并审理民事纠纷得到了新司法解释的肯定。《若干解释》第 61 条规定："被告对平等主体之间民事争议所作的裁决违法，民事争议当事人要求人民法院一并解决相关民事争议的，人民法院可以一并审理。"

《若干解释》增设行政诉讼一并审理民事争议的规定，主要是出于以下三点考虑：第一，方便当事人诉讼，节省诉讼成本；第二，提高行政审判效率，避免行政审判结果与民事审判结果的矛盾；第三，彻底解决纠纷（行政纠纷和民事纠纷），维护法律关系与社会秩序的稳定性。

行政诉讼一并审理民事争议指的是人民法院在审理行政案件的同时，对于引起该案件的行政争议有关的民事纠纷一并审理的诉讼活动。其具有以下三个特点：第一，民事诉讼的原告一般是行政诉讼的原告，也是行政裁决中民事争议双方当事人中的一方；第二，民事诉讼的被告不是行政诉讼的被告，而是民事争议的相对一方；第三，行政裁决所针对的民事争议包括两类：一是诉权属裁决案件，比如诉土地确权、专利确权裁决等案件；二是诉侵权赔偿裁决案件，比如诉治安侵权赔偿裁决案件。

行政诉讼一并审理民事争议一般应具备以下几个条件：第一，以行政案件成立为前提；第二，行政裁决引起两个不同性质的争议，一方面引起了当事人对行政裁决不服，另一方面引起了新的民事纠纷或对原有的民事争议发生影响。注意一点，当事人仅要求人民法院撤销行政裁决而未同时要求人民法院重新确认民事关系的，不是一并审理民事争议，而是行政诉讼。第三，两个不同性质的诉讼请求之间具有内在的关联性：一是同一具体行政行为引起了行政和民事两个不同的争议和纠纷。二是民事纠纷的解决有待于行政争议的解决；第四，有关联的民事诉讼请求必须在行政诉讼的过程中提出。

在对行政诉讼一并审理民事争议案件的审理上，应当把握以下两个条件：第一，被告作出的民事裁决违法；第二，当事人申请法院一并审理民事争议。如果没有申请，则根据"不告不理"的原则，法院不能主动审理。在审理次序上，法院应先审理行政部分，然后再审理民事部分。如果民事部分案情较为复杂，可能延误行政诉讼审理期限的，也可以先对行政部分审理并作出判决后，再由同一审判组织继续审理民事部分。根据实际情况，行政、民事的判决或裁定一般应分别作出。

在行政诉讼一并审理民事争议的过程中，应当注意到行政诉讼和民事诉讼规则的不同，在各自部分适用各自的规则，不可混淆。尤其是在行政诉讼部分不能适用调解、反诉等。

第八节 行政裁定的适用范围

行政裁定是法院用来解决行政诉讼程序上有关事项的处理方式，是一种正式的司法手段，与行政判决一起合称为行政裁判。《贯彻意见》第71条规定了九种需要作出裁定的情形：起诉不予受理、驳回起诉、诉讼期间停止具体行政行为的执行或者驳回停止执行的申请、财产保全和先予执行、准许或者不准许撤诉、中止或者终结诉讼、补正判决书中的笔误、中止或者终结执行、其他需要裁定的事项。《若干解释》第63条的规定在此基础上又增加了如下四项内容：管辖异议、移送或者指定管辖、提审和指令再审或者发回重审、准许或者不准许执行行政机关的具体行政行为。其中对不予受理、驳回起诉和管辖异议三项裁定可以上诉。下面分别对适用裁定的事项加以说明。

一、不予受理

根据《行政诉讼法》第41条和42条的规定，人民法院审查起诉，对不符合提起诉讼条件的起诉，可以裁定不予受理。《若干解释》进一步规定，原告对裁定不服的，可以向上一级人民法院提起上诉。这一规定旨在更加充分地保护公民、法人和其他组织的诉权，确保司法救济途径的畅通。

二、驳回起诉

驳回起诉在《行政诉讼法》中没有规定，但在实践中却会发生需要驳回起诉的情况。人民法院在审理民事案件过程中发现已受理的案件依法不应受理的，依照《民事诉讼法》的规定，法院应当裁定驳回起诉，在行政审判中，法院遇到类似问题，可以参照《民事诉讼法》的有关规定，裁定驳回起诉。裁定驳回起诉，属于程序上的驳回，不涉及实体问题的处理，即其针对的是当事人的诉权，而非诉讼请求。为充分保护当事人的诉权，《若干解释》第63条规定，当事人对驳回起诉的裁定不服，可以提出上诉。

三、管辖异议

管辖异议指的是，被告行政机关在接到人民法院的应诉通知书后，如果认为该法院对原告与自己的行政争议没有管辖权的，可以在法定期限内提出异议，要求人民法院进行审查。人民法院应当在实体审理之前作出本院是否有管辖权的裁定。当事人对管辖权异议裁定不服，可以向上一级人民法院提出上诉。

四、终结诉讼

终结诉讼指的是，在行政诉讼过程中发生了某种特殊情况，使案件继续审理失去意义或者成为不可能，由人民法院作出裁定结束正在进行的诉讼程序的行为。（终结诉讼的适用条件详见《若干解释》第52条的规定。）

五、中止诉讼

中止诉讼指的是，在行政诉讼过程中，发生了某种无法克服或难以避免的特殊情况，使诉讼难以继续进行，从而由人民法院决定暂时停止正在进行的诉讼程序，待中止的原因消失后，再恢复诉讼的行为。（中止诉讼的原因详见于《若干解释》第51条的规定。）

六、移送或者指定管辖

《行政诉讼法》第21条规定："人民法院发现受理的案件不属于自己管辖时，应当移送有管辖权的人民法院。受移送的人民法院不得自行移送。"根据此条规定确定管辖的被称为移送管辖。《行政诉讼法》第22条规定："有管辖权的人民法院由于特殊原因不能行使管辖权的，由上级人民法院指定管辖。人民法院对管辖权发生争议，由争议双方协商解决。协商不成，报它们的共同上级人民法院指定管辖。"这一条规定了两种形式的指定管辖，即特殊原因的指定管辖和发生争议的指定管辖。特殊原指的是出现了不能正常行使管辖权的事由，比如集体回避、无法组成合议庭等等；发生争议包括两种情形：一是互相推诿，二是争夺管辖权。移送或者指定管辖在过去一般都采用决定形式，这次修改为采用裁定方式，主要是考虑避免法院任意移送或指定管辖，避免无谓地增加当事人的诉讼成本。

七、诉讼期间停止具体行政行为执行或者驳回停止执行的申请

根据我国《行政诉讼法》的规定，在行政诉讼中，以不停止具体行政行为的执行为原则，以停止执行为例外，而且例外都有严格的适用条件。尽管如此，法院也不能忽视停止执行的申请，因为这确实与当事人尤其是原告的切身利益关系重大，从权利保护的角度看，应当认真对待，而裁定是处理程序问题上最正式的方式，所以，《若干解释》明确将停止具体行政行为执行和驳回执行申请均纳入裁定事项的范围。

八、财产保全

财产保全的目的是为了保证人民法院作出的判决得到顺利执行。《若干解释》第 48 条规定："人民法院对于因一方当事人的行为或者其他原因，可能使具体行政行为或者人民法院生效裁判不能或者难以执行的案件，可以根据对方当事人的申请作出财产保全的裁定；当事人没有提出申请的，人民法院在必要时也可以依法采取财产保全措施。"该条明确指出财产保全裁定的适用条件，具体的解释在前面已经讲过，这里就不再赘述。

九、先予执行

先予执行旨在保证当事人免遭不可弥补的损害，或者解决他们的燃眉之急。《若干解释》第 48 条规定："人民法院审理起诉行政机关没有依法发给抚恤金、社会保险金、最低生活保障费等案件，可以根据原告的申请，依法书面裁定先予执行。"该条对先予执行裁定的适用条件作了明确

规定，具体解释在前面已经讲过，这里就不再赘述了。

十、准许或不准许撤诉

《行政诉讼法》第51条规定："人民法院对行政案件宣告判决或者裁定前，原告申请撤诉的，或者被告改变其所作的具体行政行为，原告同意并申请撤诉的，是否准许，由人民法院裁定。"依此规定，法院准许或不准许撤诉应当采用裁定方式。

十一、补正裁判文书的笔误

行政判决书应当是准确无误的，在付印之前都要经过严格校对，但是错漏仍是在所难免。实践中，有些法院在这个问题的处理上有欠规范，或直接涂改、或涂改签名，显得很不严肃，也不符合法律的明确要求。因此，这里有必要强调补正裁判文书笔误应采取裁定方式，尤其在比较关键之处如当事人姓名、名称、适用法律条文、重要的数字等容易引起歧义的地方就更要注意这一点。

十二、中止或者终结执行

进入行政强制执行程序后，人民法院应当按照法律规定的程序和方式将生效的行政裁判文书及其他法律文书的全部应执行内容强制执行完毕。但是，一些特殊事由的出现会阻碍执行程序的继续进行，在特殊事由消失之前，强制执行不得不停止下来。法院遇到这些情况之一，就应当作出中止执行的行政裁定。

在进入行政强制执行程序后，由于出现了某些特殊事由，使得强制执行无法继续进行或继续进行没有意义，在这些情况下，法院就应当作出终结执行的行政裁定。

十三、提审、指令再审或者发回重审

提审和指令再审是依照审判监督程序纠正违法裁判的两种方式。《行政诉讼法》第 63 条规定："上级人民法院对下级人民法院已经发生法律效力的判决、裁定，发现违反法律、法规规定的，有权提审或者指令下级人民法院再审。"发回重审是依照二审程序纠正违法裁判的方式之一。《行政诉讼法》第 61 条规定："人民法院审理上诉案件，按照下列情形，分别处理：——（三）原判决认定事实不清，证据不足，或者由于违反法定程序可能影响案件正确判决的，裁定撤销原判，发回原审人民法院重审。"对于发回重审，法律已经明确规定采取裁定方式，而提审、指令再审则未作明确规定，《若干解释》将其纳入裁定事项范围，主要是出于规范审监处理方式的考虑。

十四、准许或者不准许执行行政机关的具体行政行为

行政机关作出具体行政行为后，相对人在法定期间内既不起诉，也不履行的，可以依职权或者申请法院强制执行。在申请法院强制执行的情况下，法院在对申请材料进行初步审查后，如果没有发现具体行政行为有重大明显的违法，就应作出准许执行的裁定；反之，则应作出不予执行的裁定。

十五、其他需要裁定的事项

实践是复杂的，而且是不断发展的，再缜密的概括也难免有疏漏。基于此，作出这种兜底的规定，法院可以根据案件的实际情况自由裁量，决定哪些事项应当作出裁定。

第九节　不予受理裁定和驳回起诉裁定的适用条件

不予受理裁定指的是，公民、法人和其他组织对具体行政行为不服，向法院提起行政诉讼，法院对起诉材料进行初步审查后，认为起诉不符合法定条件，而作出的不予受理的裁定。驳回起诉裁定指的是，法院受理案件后，在审理的过程中查明了起诉不符合法定条件，而作出的驳回起诉的裁定。

不予受理裁定和驳回起诉裁定是行政裁定中最重要的两种裁定，同行政判决一样，其使得行政争议获得终局性的解决。所谓终局性不同于终审，其指的是司法审判权在该案件中已经被用到了极限，比如，法院作出的财产保全裁定并未将审判权用到极限，因此就不是终局性的裁定。鉴于不予受理裁定和驳回起诉裁定的重要性，《若干解释》增设了关于不予受理和驳回起诉裁定的适用条件的规定。不予受理裁定与驳回起诉裁定的适用条件是一致的，区别就是两者所处的阶段不同。下面对于这两个裁定的适用条件一一加以说明。

一、请求事项不属于行政审判权限范围

《行政诉讼法》第 11 条和第 12 条从正反两方面对受案范围进行了界定，同时也界定了法院的行政审判权的界限，起诉人的诉讼请求不能超出受案范围也就意味着其请求的事项必须在行政审判权范围内，否则，法院不能受理。比如，起诉人针对抽象行政行为或国家行为等提起行政诉讼，法院应当作出不予受理的裁定。

二、起诉人无原告诉讼主体资格

根据《行政诉讼法》第 24 条规定，原告有三种情况：一是公民、法人和其他组织。二是有权提起诉讼的公民死亡时，该公民的近亲属可以以自己的名义提起诉讼。三是有权提起诉讼的法人或其他组织终止时，承受其权利的法人或其他组织可以提起诉讼。第一种情况是最为普遍的情况，第二种情况和第三种情况都是基于第一种情况衍生出来的。为什么法律要对原告资格进行限制？这主要是因为，对于公民、法人或其他组织而言，行政诉讼是一个权利救济途径，这意味着公民、法人或其他组织如果要起诉行政机关，就必须与被诉具体行政行为有法律上的利害关系，否则，该公民、法人或者其他组织就没有提起行政诉讼的资格。"法律上的利害关系"包含以下三层意思：（1）原告必须与被诉行政行为有直接的利害关系，否则不具备原告主体资格。比如，工商局对某企业以造假为由作出没收产品并处罚款的行政处罚决定，致使该企业无力偿还债务，该企业的债权人以该处罚侵犯了自己的债权为由提起行政诉讼时，法院就不能受理，

因为债权人的债权与行政处罚没有直接关系。（2）原告必须是认为"自己的"合法权益受到侵害，如果是别人的利益则不具备原告主体资格。比如，前述案例中，如果债权人认为行政处罚显失公平侵犯了该企业的合法权益，而提起行政诉讼，则该案不能受理。（3）原告必须是认为自己的"合法权益"受到侵害，如果其认为受到侵害的权益明显属于非法利益则不具有原告主体资格。比如起诉人仅以侵犯财产权为由提出返还赃资的诉讼请求。公民、法人或其他组织不符合以上条件之一，则不具备原告主体资格。如果其向法院提起行政诉讼，法院就应当作出不予受理的裁定。

三、起诉人错列被告且拒绝变更的

起诉必须要针对明确的被告，否则，无论是当事人的诉讼请求还是法院的审理活动都无法进行。如果起诉人错列被告，法院应当告知起诉人，令其在一定期限内变更被告，如果起诉人拒绝变更，则其起诉就没有明确的被告，法院就应当作出不予受理的裁定。

四、法律规定必须由法定或者指定代理人、代表人为诉讼行为，未由法定或者指定代理人、代表人为诉讼行为的

法定代理人指的是，根据《行政诉讼法》第 28 条等有关法律规定，代理无诉讼行为能力的人参加诉讼的人。包括：被代理人的父母、养父母、配偶、成年子女及负有监护职责的机关、组织。指定代理人指的是，在法定代理人互相推诿的情况下，法院在其中指定的代为诉讼的人。代表人指的是在原告方为多人的情况下，由原告共同推举或法院指定作为原告代表全体原告参加诉讼的人。如果法律规定必须由法定或指定代理人、代表人为诉讼行为而未由他们为诉讼行为的，则法院应作出不予受理的裁定。

五、由诉讼代理人代为起诉，其代理不符合法定要求的

《行政诉讼法》第 29 条规定："当事人、法定代理人，可以委托一至二人代为诉讼。"诉讼代理人的代理权的发生不是基于法律规定的原因，

而是基于当事人、法定代理人的意思表示,因此,代理人代为起诉就应当向法院提供证明这种意思表示存在的充分证明。从实践的情况看,诉讼代理人至少应当向法院提交由委托人签名或盖章的授权委托书,授权委托书上应写明委托事项和权限。如果不符合这些要求,则法院可以不予受理。此外,代理人本身也必须符合法律的要求,否则也不予受理。比如由不具有完全的行为能力的人代为诉讼的,法院应裁定不予受理。

六、起诉超过法定期限且无正当理由的

依《行政诉讼法》第38条规定,先行复议的,诉讼时效为收到复议决定之日起十五日或复议期满之日起十五日。依《行政诉讼法》第39条规定,迳行起诉的,应当在知道作出具体行政行为之日起三个月内提出。此外,有些法律有与此不同的规定的,从其规定。起诉如果超过了法定期限而无正当理由,就丧失了诉权,法院就应作出不予受理裁定。正当理由包括以下几种情况:第一,行政机关未告知诉权。依《若干解释》第41条,行政机关作出具体行政行为时,未告知诉权或起诉期限的,起诉期限自其知道或应当知道具体行政行为内容之日起计算;第二,行政机关未告知其具体行政行为的内容。依《若干解释》第43条,起诉人不知道行政机关作出的具体行政行为内容的,其起诉期限从知道或应当知道该具体行政行为内容之日起计算,但最长从具体行政行为作出之日起涉及不动产的不超过二十年,其他不超过五年。第三,不可归因于起诉人自身的原因,包括其人身自由受到限制的情况。依《若干解释》第43条规定,由于不属于起诉人自身的原因超过起诉期限的,被耽搁的时间不计算在期间内。因人身自由受到限制而未提起诉讼的,被限制人身自由的时间不计算在期间内。第四,当事人提出的被法院认为正当的其他理由。

七、法律、法规规定行政复议为提起诉讼必经程序而未申请复议的

《行政诉讼法》第37条规定:"对属于人民法院受案范围的行政案件,公民、法人或者其他组织可以先向上一级行政机关或者法律、法规规

定的行政机关申请复议，对复议不服的，再向人民法院提起诉讼；也可以
直接向人民法院提起诉讼。法律、法规规定应当先向行政机关申请复议，
对复议不服再向人民法院提起诉讼的，依照法律、法规的规定。"可见，
行政复议在原则上不是诉讼的必经程序，当事人可以选择采用何种救济途
径，但是如果有法律、法规将行政复议规定为必经程序，也从其规定。这
个规定是强行性的，当事人无选择余地，如果当事人直接起诉，则法院可
以裁定不予受理。

八、起诉人重复起诉的

"一事不再理"是法律的统一性、稳定性和权威性的要求，在一个裁
判经法定程序撤销之前，其具有法律效力，法院不能再针对同一案件进行
审理。这对当事人也同样具有拘束力，所以，起诉人重复起诉的，法院应
当裁定不予受理。

有时当事人先后起诉的两个行政行为有着密切的内在联系，诉讼请求
具有同一性，亦属重复起诉。比如，行政机关作出一个行政行为后，当事
人不服提起诉讼，法院判决确认合法。当事人遂以同样的理由再次申请行
政机关予以纠正，行政机关通知其行政行为并无错误，没有纠正的可能。
当事人遂再次起诉拒绝行为。重复起诉不同于重新起诉。

九、已撤回起诉，无正当理由再行起诉的

为了促使原告谨慎地运用撤诉权利、防止其滥用诉权，必须对撤诉后
再行起诉施加某种限制。从法理上讲，法院准许撤诉有两个后果：一是原
告因放弃诉权的意思表示得到法院的认可而失去了诉权，二是法院对于原
告的诉讼请求再无审理的义务。因此，原告撤回起诉后再行起诉，原则上
法院不予受理。当然，这并不是绝对的，如果有再行起诉的正当理由（比
如被迫撤诉），法院不能因此而不予受理。

十、诉讼标的为生效判决的效力所羁束的

"诉讼标的"指的是被诉具体行政行为，"羁束"指的是法院的生效判

决已经就被诉具体行政行为的合法性作出了结论。原告向法院提起行政诉讼时，如果已有生效判决对被诉具体行政行为的合法性作出了结论，则法院不能再受理该案。因为从法院判决权威性的角度讲，法院不能就一个被诉具体行政行为重复审理，除非原来的生效判决已经通过审判监督程序予以撤销。这里的"羁束"一词应严格理解，生效判决中对于被诉具体行政行为作为证据采信或不予采信并不意味着该具体行政行为受到生效判决的羁束。比如，民事判决将房产证作为证据采纳并不意味着法院已对该证作出确认合法的判决，也就是说房管局的发证行为并未受到生效民事判决的羁束，如果原告对于该发证行为不服，仍然可以向法院提起行政诉讼。

十一、起诉不具备其他法定要件的

这是兜底的规定，为今后的发展留下余地。

以上十一种情况之一，如果有补正、更正的可能，合议庭应当先告知起诉人，指定补正或更正的期间。如果起诉人在指定期间内补正或更正，则起诉就已符合起诉条件，法院就应当受理，而不能裁定不予受理或驳回起诉。

第十节　关于行政裁判对法律依据的引用问题

关于行政裁判的法律适用问题，《贯彻意见》有两条规定，其第 58 条规定："被诉行政机关与受诉人民法院不在同一地区，人民法院审理行政案件适用地方性法规时，应当以作出具体行政行为的行政机关依法所适用的地方性法规为依据。"其第 70 条规定："人民法院作出判决或者裁定需要参照规章时，应当写明'根据《中华人民共和国行政诉讼法》第五十三条，参照××规章（条、款、项）的规定'。"新的司法解释没有保留《贯彻意见》第 58 条，《贯彻意见》第 70 条的内容则被修改为《若干解释》第 62 条第 2 款。《若干解释》第 62 条规定："人民法院审理行政案件，适用最高人民法院司法解释的，应当在裁判文书中援引。人民法院审理行政案件，可以在裁判文书中引用合法有效的规章及其他规范性文件。"

一、作为裁判依据的司法解释和法律规定应当引用

1. 司法解释

最高人民法院的司法解释应当在裁判文书中引用。否定观点的前提是司法解释不是法的渊源。我们认为，法的渊源就是法律的表现形式，而这与制定机关并没有直接的关系。即使在实行"三权分立"原则的国家，法的渊源也不仅仅限于立法机关制定的法律，而是行政机关制定的规章、法院的判例皆可成为法的渊源，在行政审判中，可以成为裁判依据，法院可以引用。我国并没有实行权力分立，更没有强调立法权只能专属于权力机关，当然，一切国家机关的权力都应当有宪法或法律上的依据，即权力的来源应出自权力机关，但是只要宪法或法律已经将某些事项的立法权授予某国家机关，则该机关按照法律程序制定出的规范性文件就应纳入法律的渊源。《人民法院组织法》第 32 条规定："最高人民法院对于在审判过程中如何具体应用法律、法令的问题，进行解释。"这说明司法解释权为法律授予最高人民法院的一项权力，司法解释虽不属于创制性立法，但具有执行性立法的性质。既然司法解释也是一种法的渊源，那么，自然也可以成为行政审判的法律依据。这次修改《若干解释》正是基于这种考虑，将司法解释规定为应当引用的裁判依据。

2. 法律、法规的引用

《行政诉讼法》第 52 条规定："人民法院审理行政案件，以法律和行政法规、地方性法规为依据。地方性法规适用于本行政区域内发生的行政案件。"法律指的是全国人大及其常委会制定的基本法律和一般法律。行政法规指的是国务院按照行政法规制定程序颁布实施的规范性文件。地方性法规指的是被宪法、法律赋予立法权的地方国家权力机关按照地方性法规制定程序制定的规范性文件。作为判决依据的法律、行政法规和地方性法规应当在判决书中引用，这一点没有什么异议。

地方性法规的适用在实践中可能出现的问题是，被告行政机关与受诉法院不在同一地区，应适用哪个地方性法规？这种情况一般出现于复议机关作被告或者原告在异地被限制人身自由的行政案件中。《贯彻意见》第 58 条曾就此作出规定："被诉行政机关与受诉人民法院不在同一地区，人民法院审理行政案件适用地方性法规时，应当以作出具体行政行为的行政

机关依法所适用的地方性法规为依据。"这一规定在本次修改中没有保留，是否意味着这个规定就不再适用？我们认为，不能这样看。因为无论有无这个规定，按照法律原则，遇到这样的问题都应当这样处理。《行政诉讼法》第52条规定："地方性法规适用于本行政区域内发生的行政案件"，这意味着行政机关作出具体行政行为时依法所适用的地方性法规只能是行政案件发生地的地方性法规。人民法院在审理行政案件时，同样也只能适用行政案件发生地的地方性法规，人民法院与被诉行政机关是否在同一地区都不影响这一结论。

3. 自治条例及单行条例的引用

自治条例及单行条例是民族自治地方的国家权力机关根据宪法和法律的授权，结合本地的实际情况和特点按照立法程序制定的规范性文件。有权制定自治条例和单行条例的民族自治地方包括自治区、自治州和自治县三级。自治条例和单行条例的效力与地方性法规相当，故在成为裁判依据时应当为裁判文书所引用。这里要注意，自治条例和单行条例在必要的情况下可以变通法律、法规的规定，但是这绝不意味着自治条例和单行条例可以不受上位法的约束，就是说，它们同样不能与上位法相抵触。

二、规章及规范性文件的引用

1. 规章的引用

规章包括中央部委规章和地方性政府规章。我国《行政诉讼法》第53条规定："人民法院审理行政案件，参照国务院部、委根据法律和国务院的行政法规、决定、命令制定、发布的规章以及省、自治区、直辖市和省、自治区的人民政府所在地的市和经国务院批准的较大的市的人民政府根据法律和国务院的行政法规制定、发布的规章。"那么，"参照"一词应如何理解？原《贯彻意见》第70条规定："人民法院作出判决或者裁定需要参照规章时，应当写明'根据《中华人民共和国行政诉讼法》第五十三条，参照××规章〈条、款、项〉的规定'"。这次修改将"参照"解释为对合法有效的规章可以引用。这样修改，主要是基于对"参照"的更深刻理解。

首先，参照与依照不同。参照不是简单的参考并依照，而是参考之后决定是否作为衡量具体行政行为是否合法的标准，而依照是指人民法院审理行政案件时，对法律、法规的法律效力不容许怀疑和否定，必须作为衡量具体行政行为是否合法的标准。由此看来，参照意味着行政规章对人民法院不具有绝对的约束力。这种不绝对的约束力主要表现在，人民法院在审理行政机关根据规章作出的具体行政行为时，对不合法的规章，可以不承认其效力，不予适用，或者在规章与法律、法规的规定不一致时，有权只根据法律、法规的规定作出判决。

其次，参照绝不意味着法院在适用规章的问题上可以任意裁量。人民法院对于合法有效的规章必须适用。规章属于法的渊源，虽然其效力层级相对较低，但是效力层级这一标准的有用性主要还是体现在法律冲突的领域，如果没有法律冲突存在，具体说，就是规章与上位法并不冲突，则规章与整个法律体系具有统一性，其规定也就成为必须遵守的法律规范，这一点是没有裁量余地的。换言之，不但行政机关作出具体行政行为时应当以合法有效的规章作依据，而且法院在行政审判的过程中同样要将规章作为裁判的依据。

综上内容进一步分析，参照一词体现了法院对行政规章在某种程度上的审查，即审查规章是否合法有效。具体来讲，应从以下几个方面进行判断：第一，规章是否超越部门或地方的法定权限。比如林业部门制定的规章规定了应由工商部门管辖的木材市场管理事项，甲地方政府制定的规章规定了对专属于乙地方政府管辖权的事项。第二，本规章是否与同位阶合法有效的规章相冲突。第三，规章是否与高位阶的法律规范相抵触。抵触的情形有很多，但以下三种情况是比较常见的：一是突破高位阶法的禁止性规定。比如，高位阶法禁止设定某种行政性收费项目，而规章设定了这种收费项目。二是突破高位阶法设定的范围。比如高位阶法就某一事项规定了行政处罚的罚种及罚款的最高限额，而规章增设罚种及突破罚款的最高限额。三是规章规定的事项高位阶法既无禁止性规定，也无授权性规定，但违反高位阶法的特定目的和原则。此外，还可能有一种法律效力层级高低不是绝对确定的情况，比如部委规章与省级地方性法规、部委规章与省级地方政府规章之间的效力高低并不总是很明确的，实践中，对于前一种情况，一般应通过最高人民法院报全国人大处理，后一种情况则通过最高人民法院报国务院处理。

2. 规章以下的规范性文件的引用

本次修改《贯彻意见》新增加了对合法有效的规范性文件应当在裁判

文书中引用的规定。《行政诉讼法》关于法律适用的规定中只规定了适用法律法规和参照规章，而没有规定可以适用规章以下的规范性文件，那么，这是否意味着裁判文书中不能引用呢？我们认为，不能这样看。法律解释的功能之一就是把法律未明的本义揭示出来，以便于适用，而本规定显然属于本义。发布规范性文件即作出抽象行政行为是宪法赋予行政机关的一项职权，而抽象行政行为对于不特定的对象能够反复适用，具有立法的性质，如果该规范性文件是合法有效的，则行政机关应当甚至必须作为执法的规范依据，这对法院的行政审判有着同样的拘束力。道理上与前述规章的适用基本是相同的。

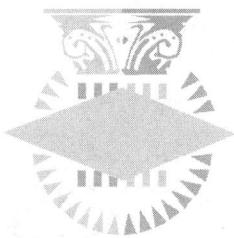

第十二章　行政争议与民事争议的交织及处理 *

　　市民社会与政治国家的区分仅仅存在于理念当中，实际上两者之间的相互作用不仅是在所难免的，而且是十分必要的。离开市民社会，政治国家是空中楼阁；离开政治国家，社民社会是一团乱麻。这种关系具有本质性，自古就是如此，进入现代就看得更加清楚。自 19 世纪末尤其是 20 世纪以来，市场和社会不断产生却又无力解决的问题已经堆积如山，逐渐演化为种种顽疾。为了保持社会的健康、稳定和有序，除了适当的国家干预，没有其他选择。在西方国家，尽管加强国家干预起初只是作为一种应急措施，一旦社会状况好转就会有减少管制的呼声，但由于社会的发展趋势无法逆转，不得不接受日益增多的管制。正应了卢梭的名言："人生而自由，但无往而不在枷锁中。"我国虽与西方国家发

---

　　* 根据作者文章《试论行政争议与民事争议的交织及其处理》改编，载《行政执法与行政审判》2005 年第 3 集。

展的起点不同，但殊途同归。人们在市场生活和社会生活当中，面临越来越多的管制。① 这一点在司法审判当中最突出一点体现就是，行政争议与民事争议交织的现象越来越多。这些交织现象既增加了审判的难度，又易于造成不同审判结果之间的冲突，令法官备感困惑，给当事人徒增讼累，司法权威和法院的公正形象亦由此打了折扣，因此，认真研究并拿出切实可行的解决方案可谓是当务之急。作为对现实需要的回应，目前学术界和实务界都已经开始关注这个问题，尤为值得一提的是，最高人民法院有关部门已就此展开专题调研，已有数年之久，但由于问题的牵涉面的广泛性和复杂化，尚未形成成熟的规则，仍需学者和实务界同仁继续努力。

第一节　行政争议与民事争议交织的类型

哪些情形下会出现行政争议与民事争议的交叉，不解决这个问题，就不知道病灶出现在哪里，也就无法对症下药。为了便于把握行政争议与民事争议交织现象的全貌，笔者首先对此进行了类型化的分析。分析可以从以下两个角度分别展开，一是民事法律关系的视角，二是行政法律关系的视角。

一、民事法律关系的角度

哪些民事法律关系当中可能出现行政争议与民事争议交织的情形？笔者通过观察发现，民法上的所有类型的法律关系都存在与行政争议交织在一起的情况。具体地说，民法上的各种制度包括民事主体制度、财产权制度、人身权制度、知识产权制度、民事责任制度，以上各方面的法律关系都可以出现两种争议交织的情形，可以分为以下八种类型：

1. 民事主体之存废、变动与行政争议的交织

民法上规定的法人、个体工商户等民事主体的产生都不是自发的，而

---

① 这是一种双向的发展，某些方面在松绑，但另外一些方面的管制则越来越完善，而且管制的最核心目的还在于让人们更好地享受自由和权益带来的好处。

必须经过行政确认，并接受国家的行政管理。比如，公司的设立要办理开业登记，不经登记就没有民事主体资格。公司的法定代表人也须经过登记以后才能代表企业进行各项活动。公司的各种要素比如注册资金、企业性质等发生变化也须经过变更登记才能得到承认。企业终止同样需要经过注销登记才能产生消灭的效果。民事主体设立、变更和注销登记都是可诉的，如果在这些行为被诉的同时，该民事主体与其他民事主体之间存在其他民事争议，则构成行政争议与民事争议的交织。比如，一家公司向债务人主张债权，提起了民事诉讼，在诉讼过程中，该公司被注销了，该公司的法定代表人认为注销登记违法，又向法院提起行政诉讼。这时，行政争议的处理结果就会对民事争议的处理产生影响，两种争议于是就交织在了一起。

2. 合同关系与行政争议的交织

有些行政行为的合法性以合同关系的有效性为前提，比如按照中外合资经营企业管理制度，开办中外合资企业须经行政管理部门审批，申请审批时必须向审批部门提交有效的合资双方签订的合同。再比如也是更常见的，经转让取得土地使用权或者房屋所有权的，在办理土地使用权登记或者房屋所有权登记时，必须要向登记机关提交土地使用权转让合同或者房屋买卖合同。如果合同关系或者行政行为出现争议，都可能使另一个法律关系也出现争议，从而出现行政争议与民事争议的交织。比如，乙向房屋登记部门提交了其与甲签订的房屋买卖合同，其中称甲将其房屋以一定价格转让给乙，房屋登记部门给乙办理了过户登记。后来甲主张说其并没有与乙签订房屋买卖合同，该合同系伪造。这里的买卖合同争议极有可能引起房产登记行为合法性方面的争议。

3. 物权关系与行政争议的交织

这种类型的交叉常常出现在物权登记领域，本文以抵押权登记为例。在我国，对不动产和重要的动产抵押权实行严格的登记制度，登记甚至还是不动产及一些重要动产抵押权[①]成立的必要条件，即所谓的登记成立要件主义。这种行政登记本身就已经介入到本属民事关系的物权关系当中，直接影响物权关系的效力。两种关系当中的任何一个方面出现了争议，都

---

① 按照《物权法》和《担保法》的有关规定，抵押的标的不仅限于不动产，还包括林木、航空器、船舶、车辆及企业设备等重要的动产。

可能会波及另外一个方面。

4. 相邻关系与行政争议的交织

受相邻关系性质决定，各种相邻权所受到的侵害一般都是来自相邻人的侵权行为①，也就是说，这种侵权行为一般都属于民事侵权的范畴，但是随着国家对经济及社会各领域管理的加强，行政行为对相邻权的影响程度也越来越深，因为相邻人的侵权行为经常都是与行政机关的批准或者认可结合在一起的。比如，城市规划部门在为建筑申请人办理规划许可证时，应当审查申请人是否按照当地标准与邻人的建筑物留有一定的距离，以免影响邻人建筑物的光照和通风。如果申请人没有留够一定距离，规划部门仍然予以批准，那么这个批准行为或者说许可行为就与申请人的建设行为一起侵犯了邻人的相邻权。有时侵权行为虽然没有经过行政机关批准，但行政机关却有制止侵权行为的职责，如果其怠于行使，相邻权就失去了法定的行政保护，实际上就等于受到了行政不作为的侵害。比如，企业超标准排污，邻近居民要求环保部门予以处理，但环保部门一直推诿不采取任何措施，这时环保部门的不作为就与企业的排污行为一起对居民权益造成损害。因此，在因相邻关系引起争议时，常常是行政争议与民事争议并存。

5. 知识产权关系与行政争议的交织

在科学技术已经成为国家经济核心竞争力的今天，知识产权在民事权利体系中的重要性也越来越突出，因此，现代国家都在知识产权法律制度建设上加强了对知识产权的各种保护，包括行政保护和司法保护。从根本上说，知识产权受到侵犯的威胁多来自于民事主体，比如将他人的专利据为己有，或者仿冒他人的专利产品等，从事这些违法行为的人一般都是个人或者企业法人，而不会是政府或者行政机关，但是由于行政机关负有对

---

① 相邻关系指的是不动产相互毗邻的所有人或使用人在各自行使自己的合法权益时，都要互相尊重他方所有人或使用人的权利，相互之间应当给予一定的方便或接受一定的限制，《民法通则》将这种相邻人之间的关系用权利义务的形式确定下来，就是相邻关系。相邻关系包括相邻土地使用关系，相邻排污、防险关系，相邻用水、流水、截水、排水关系，相邻管线安设关系，相邻光照、通风、噪音、震动关系等。从以上内涵和外延看，相邻关系先天就具有相对性，相邻权只能放在邻人行为的背景下来理解。

知识产权争议或者侵权纠纷进行处理的法定职责①，因此，行政机关就不可避免地介入到知识产权关系当中。行政机关对知识产权关系作出的判断和裁决，必然会对知识产权人及相关人的权益产生重大影响。如果当事人起诉这个行政决定，那么，行政争议的处理当中就不可避免地涉及知识产权关系方面的民事争议。

6. 人身关系与行政争议的交织

人身关系是人格关系和身份关系的合称。基于人格关系和身份关系，人们享有一系列人格权利和身份权利。有些行政机关负有保护公民人格权的义务，比如公安机关就负此义务。在治安案件中，一个人把另一个人打伤了，尚不够刑事责任，公安机关就应当对责任人作出行政处罚决定，并就受害人在人格权方面受到的损害作出裁决。在这种情况下，公安机关作出的行政行为所针对的是民事侵权纠纷，如果行政行为被诉，则行政争议就与民事争议交织在了一起。身份权关系与行政争议交织的典型例子是婚姻登记包括结婚登记和离婚登记。这种登记本身就具有创设和解除夫妻身份关系的效果，因此诉婚姻登记的案件就对这种身份权关系产生直接的影响，有时还会进一步影响到与此有关的财产关系和人身关系。比如一个人在办理了离婚登记后，又与他人办理了新的结婚登记，如果离婚登记被诉，其结果将对新的婚姻关系产生影响。

7. 继承法律关系与行政争议的交织

继承与行政争议基本不出现交织的情形，但并非绝对没有，媒体炒得沸沸扬扬的儿子诉父亲与继母结婚登记的案件就属于这种情形。父亲与继母结婚并办理了结婚登记，若干年后父亲死亡，进入继承阶段，这时儿子出来说当年父亲与继母的结婚登记不符合法定登记条件，婚姻登记无效，并向法院提起行政诉讼，请求撤销结婚登记。这时行政争议的结果将影响到继母是否具有继承权以及其他继承人的继承份额的问题，因此继承关系

---

① 《专利法》第46条："专利复审委员会对宣告专利权无效的请求应当及时审查和作出决定，并通知请求人和专利权人。宣告专利权无效的决定，由国务院专利行政部门登记和公告。""对专利复审委员会宣告专利权无效或者维持专利权的决定不服的，可以自收到通知之日起三个月内向人民法院起诉。人民法院应当通知无效宣告请求程序的对方当事人作为第三人参加诉讼。"第63条："假冒专利的，除依法承担民事责任外，由管理专利工作的部门责令改正并予公告，没收违法所得，可以并处违法所得四倍以下的罚款，没有违法所得的，可以处二十万元以下的罚款；构成犯罪的，依法追究刑事责任。"

与行政争议就有了交叉。

8. 民事侵权责任与行政争议的交织

有时，民事侵权责任会与行政管理行为发生竞合，如果相对人起诉行政管理行为，并请求赔偿，则民事争议就与行政争议交织在一起了。比如，受害人被一精神病人追赶，走投无路从楼上跳下摔伤致残，在此期间他曾向公安部门求救，公安机关执法人员疏忽大意致使精神病人逃脱。就受害人的人身损害来讲，他即可以就公安机关执法明显不当提起行政诉讼并请求赔偿，也可以对精神病人提起民事侵权赔偿之诉。再比如，某人伪造房屋产权证明，然后拿着房产证做抵押与银行签订了贷款合同，银行为了自身的利益，要求对抵押合同进行登记，而登记部门只要将自己管理的有关房产登记资料拿出来一核对就可以发现房产证是伪造的，然而它没有核对就办理了抵押登记，债务人拿到贷款就逃之夭夭了。行政违法为民事侵权创造了重要条件，两者结合在一起共同造成了债权人的经济损失，即出现了民事侵权责任和行政侵权责任的竞合。

二、行政法律关系的角度

从行政法律关系的角度观察，我们可以发现几乎各种具体行政行为都与民事争议存在不同程度的交织，其中行政许可、行政确认和行政裁决出现交织情形频率最高。

1. 行政许可

当事人只有在提出的申请获得行政机关批准才能从事一定行为的制度就是行政许可制度。比如要从事市场经营活动，无论采取什么形式，都需要经过工商部门登记批准。无论开采什么种类的矿，都需要办理采矿许可证。无论建设什么样的房子，也要办理用地规划许可证和建设规划许可证等一系列许可证件。这些许可行为本身决定了民事主体的资格或者行为能力，其中有些许可甚至还以民事行为的成立或者生效为要件，由于行政许可与民事关系之间的上述密切联系，使得行政争议与民事争议极其容易交织在一起。

2. 行政确认

行政确认有如下几种：一是对相对人法律地位的确认。比如学位学历证明、居民身份证明等。二是对权属的确认，比如颁发土地使用权证、宅基地使用证、房产证的行为等。三是对法律责任的确认，比如工伤认定。四是对法律事实的确认，比如伤残等级的鉴定等。由于行政确认直接涉及民事主体的身份、权利义务和责任等内容，因此很容易与民事争议交织在一起。比如，某地国税和地税分家，地税局暗自将本应属于国税局的房屋登记到自己名下，这种情况下，地税局的侵权行为与登记机关的房产登记行为在侵权责任方面就出现了竞合。

3. 行政裁决行为

行政裁决是指行政机关根据法律授权，对当事人之间的民事纠纷进行审查并作出裁决的行为，大致可以分成两类：一是权属纠纷的裁决。按照我国法律规定，对土地、森林、草原、矿产等自然资源的权属方面的纠纷，先由有关行政机关作出处理。对处理决定不服的，再向法院提起行政诉讼。二是补偿裁决。行政审判中通常遇到的都是城市房屋拆迁补偿裁决。拆迁人与被拆迁人或者拆迁人、被拆迁人与房屋承租人达不成拆迁安置补偿协议的，经当事人申请，由房屋拆迁管理部门裁决。根据城市房屋拆迁管理条例和司法解释的有关规定，对裁决不服起诉的，应作为行政案件受理。拆迁人与被拆迁人之间仅因房屋拆迁安置补偿发生争议的，作为民事案件受理。行政裁决所针对的都是民事纠纷，行政权不可避免地介入到民事关系当中，因此行政争议和民事争议交织在一起是经常的事情。

4. 行政处罚等其他行政行为

以上行政行为与民事争议交织的情形比较多，其他行政行为与民事纠纷交织的情形虽然不是很典型，但是也呈现出逐渐增多的趋势。随着市场经济的发展，市场主体的经营活动与行政机关打交道的频率越来越高，另一方面，行政管理介入民事领域的范围和程度都大大增加，因此各种行政行为与民事争议交织的概率也越来越大了。比如，过去征收行为和行政处罚一般不与民事争议交织，但是现在两者交织的情形越来越多地出现。在某地一起海关征收行政案件当中，就碰到了征收行为和处罚行为与民事关系的交织问题。海关发现某公司从前的一笔货物涉嫌走私，但该批货物已经提走，于是就扣押了该公司一笔正常交易的货物，并将该批货物变卖充作关税，余款作为罚款。由于银行应买方的申请为其开立了信用证，并且按照信用证合同的约定，为这批货物付了货款，并拿到了货物的提单，而且按照信用证合同的约定，在买方也就是某公司向银行付清货款之前，银行享有货物所有权，并且在某公司不能及时给付的情况下，可以处置这批货，优先受偿货款。在这个案件当中，就涉及银行的受偿优先权和海关的税收征收和处罚权哪个更优先的问题，这个问题主审法官是无法回避的。

第二节　两种争议交织所产生的问题

两种争议交织带来的问题，有些是困难，有些是疑问，已经给行政案件和民事案件的审理造成了不小的妨碍和影响，其中最为突出、最令人困扰的有如下几个问题：

一、如何保持行政审判与民事审判的一致性

如果当事人就行政争议和民事争议都提起了诉讼，按照现行法律，相互交织的两种争议分别由民事审判庭和行政审判庭审理，这非常容易造成两种争议解决结果的冲突，如何避免？这个问题在民行交叉的诸多问题当中是最常见、也是最难解决的一个。为了说明问题，先介绍一个典型案件的处理过程。在该案中，法院就同一个房屋产权争议，在9年中先后作出了9个不同的行政裁判和民事裁判。

本案争议房屋原系某市纺织局所有，1983年某市纺织局将该房屋交给其下属企业甲公司使用，甲公司将房款全价交给纺织局，纺织局出具了收据，并将《住宅产权所有证》一并交付。后来纺织局将知青商店交由甲公司进行管理，该商店在争议房屋内经营。1984年，按照纺织局要求，甲公司将包括争议房屋在内的知青商店全部财产移交给乙公司。1988年，纺织局与乙公司签订了房产转让协议，将争议房屋以3万元价格转让给了乙公司。1992年，房产管理局依甲公司申请为其颁发了房屋所有权证。1993年，甲公司又将争议的房屋转让给高某，高某在办理了房屋过户登记并获得新的房屋所有权证后，向法院提起民事诉讼，请求判令乙公司腾出房屋。随后，乙公司以房产管理局给甲公司和高某颁发房屋所有权证侵犯其合法权益为由向法院提起行政诉讼。

1994年3月，法院作出一审行政判决，以甲公司"采取伪造购房票据手段骗取"房屋产权证为由，撤销两个房产证。甲公司上诉后，法院作出二审行政裁定，以一审行政判决遗漏第三人为由撤销原判，发回重审。

在行政案件重审期间，法院作出一审民事判决："确认房屋所有权归乙公司所有；甲公司不具有该房屋所有权，故其与高某达成的卖房协议无效。"高某和甲公司不服提出上诉。1995年，在民事案件二审期间，法院再次作出一审行政判决："撤销房管局为甲公司和高某颁发的房产证。"1996年，法院作出二审行政判决："改判维持房管局给甲公司颁发的房产证，撤销房管局给高某颁发的房产证。"其后，法院作出二审民事判决："撤销一审民事判决；确认争议房屋归甲公司所有；确认纺织局与乙公司的房产转让协议以及甲公司与高某之间的房屋买卖协议无效；甲公司返还高某购房款10万元。"1997年省高院提审行政案件，并在二审民事判决仍然生效的情况下作出再审行政判决："撤销房管局给高某和甲公司颁发的房产证，由其在两个月内重新确权。"房管局以二审民事判决为依据重新确权，将房产证发给了甲公司，乙公司不服，再次提起行政诉讼。1998年7月，法院裁定撤销二审和一审民事判决，将民事案件发回重审。在民事案件重审期间，法院作出一审行政判决，撤销了房管局再次向甲公司颁发房产证的行为。甲公司不服提出上诉。行政案件二审期间，法院裁定中止诉讼，等待民事案件重审结果。2001年11月，民事案件经重审再次作出一审判决："甲公司将争议房屋过户给高某；责令乙公司将房屋交付给高某。"乙公司提出上诉，法院作出二审维持一审民事判决。2002年，法院恢复行政案件的审理，根据二审民事判决撤销了一审行政判决，维持了房管局给甲公司颁发房产证的行为。

案件虽然解决了，但是长达9年的诉讼大战给当事人带来了沉重的讼累，法院的审判效率也遭人诟病，有损法院的司法形象，引起了媒体、学界的广泛关注和评论。本案中行政审判与民事审判结果冲突的情形出现过两次，一次是1997年省高院再审判决撤销房管局给甲公司发证的行为与当时生效的二审民事判决相矛盾，还有一次是1998年法院一审判决撤销房管局再次向甲公司颁发房产证的行为与其后作出的再审民事判决相矛盾。两次冲突背后的原因可能有法官处理不当的因素，但更主要的还是现行规范和司法体制方面的原因。

二、行政审判中能否对相关民事法律关系作出判断

在民事审判中能否对相关的行政法律关系作出判断？这个问题由于行

政诉讼法对于行政审判的专属性（即由行政审判庭审理）已有明确规定，故没有什么疑问。在行政审判当中能否对相关的民事法律关系作出判断？比如，起诉房屋转移登记的案件，法院经审理认为转移登记违法，本应撤销，但买受人可能是善意取得，是交给民事审判去判断，还是直接作出判断？这样的问题一直存在疑问，各地法院认识也很不统一。有的认为法律没有禁止性或者限制性规定，行政审判中可以对民事法律关系作出判断。有的则认为当事人对民事法律关系没有争议时可以判断，有争议时则应交给民事审判解决。还有的认为对法律问题可以判断，事实问题则应交给民事审判。

三、判断风险如何避免

有些法院在审理行政争议时，有时会就相关（经常是有争议的）民事法律关系作出判断，这增加了审判的难度，也增加了判断的风险。尤其是有些问题即使在民事审判中也属疑难问题时，判断风险就更大。比如，在一起海关行政案件中，海关对涉嫌走私的公司作出补缴关税和罚款的决定，然后将扣押的货物变卖，提取了关税之后尚有余款，如果再执行罚款，则所剩无几。货主失踪，而货物提单则为开立信用证的银行所持有，银行的权利是什么性质的权利？是否优先于罚款？还有一起案件，按照法律规定，海关拍卖货物抵偿税款和罚款后，应当将余款退给收货人，那么，持有提单的开立信用证的银行是否属于收货人？这些问题涉及对民事法律关系作出判断，这些因素无疑大大增加了行政案件的办理难度，也增加了判断风险。如何避免这种风险，目前没有明确的方案。

四、法律规则不付实用如何应对

行政诉讼法制订时主要以行政处罚为"假想对象"，基本上没有想到行政审判的结果是否会冲击相关民事法律关系的问题，所以现实当中这些问题就变成审判中的疑难问题不断地追问。比如，双方办理离婚登记后，又与他人结婚并办理了结婚登记，原婚姻关系另一方提起行政诉讼，起诉离婚登记。如果离婚登记违法，判决撤销无疑会对后续的婚姻关系造成冲击。但《行政诉讼法》第54条的规定看起来是刚性的，尽管《若干解释》

增加了弹性，但此种情况也没有被归入可以不撤销的情形。怎么办？这样的问题很令人纠结，急需明确政策。

第三节　解决方案之探讨

笔者认为，行政争议与民事争议交织引起的四个问题并非是孤立的，彼此之间存在着一定的联系，这就要求我们拿出的解决方案，就不仅要能够解决针对的问题，还应当注意不能给其他问题的解决造成障碍。在综合权衡的基础上，笔者提出以下几项措施，供决策者参考。

一、建议完善行政附带民事诉讼制度

解决审判结果冲突的最佳方案莫过于将两种审判统一于一个审判程序之中。基于这种认识，有的学者对前述乙公司诉房管局房屋登记案的受理提出质疑①，认为民事判决的结果将对房屋所有权及与此有关的买卖合同效力作出判断，实际上就是对房屋过户登记得出了结论，没有必要再受理行政案件了。我们在审判实践中也发现有些法院在类似案件的处理上也恰与学者的上述观点相互呼应。他们不予受理行政案件的理由是，按照司法解释规定，诉讼标的为生效判决效力所羁束的，人民法院不得受理行政案件，已经受理的应当裁定驳回起诉。笔者认为，这种观点虽有助于解决行政争议与民事争议交织的问题，但是在法律上是有障碍的。第一，按照《行政诉讼法》第3条规定，行政案件专属于行政审判庭审理，民事审判庭审查行政行为的合法性在法律上却是有障碍的。据此法院在民事审判中是不能对行政行为的效力下结论的，也不能判决撤销行政行为。第二，民事审判与行政审判审查角度不同，不能互相代替。民事审判对相关行政行为的审查不能代替行政审判对被诉具体行政行为的审查。虽然在民事案件审理中，可以把相关行政行为当作证据，但是对证据审查的强度与行政诉讼当中作为被诉具体行政行为的审查不可同日而语。

---

① 参见葛云松：《在行政诉讼与民事诉讼之间》，载《行政法论丛》第二卷，428 页以下，北京，法律出版社，1999。

当然，以上说的是一般的情况，也就是法院的民事审判在法律授权范围内的情况，那么，如果法院越权怎么办？比如法院在审理房屋买卖合同时，对房屋过户登记的合法性进行审查并确认合法（这个问题并非是个假问题，虽然多数法院法官对于审判权限有着比较清楚的认识，但这种情况还是时有发生，一旦发生这种情况，就会造成很大的麻烦）。如果乙公司再起诉房屋过户登记，法院能否受理。我们认为，这种情况法院是不能受理的。因为民事判决宣告房屋过户登记合法虽然是越权的，但是我们不能认为这个判决是无效的，在其被依法纠正之前，必须承认其效力，其拘束力不但拘束当事人和作为协助执行人的房屋登记机关，同时也拘束法院自身。由于这个民事判决对行政行为已经作出了结论（尽管其实际上无权做，但只要做了，就不能无视），这种情况下，法院就不能无视这个判决已经对被诉行政行为合法性得出结论的事实，或者说被诉具体行政行为已经受到民事判决羁束的事实，直接受理行政案件。这种情况下，法律允许的司法救济途径是，先由当事人就民事判决申请再审，待再审纠正以后，再提起行政诉讼。

既然法院以民事审判取代行政审判的思路走不通，我们就应当转过来探讨一下建立行政附带民事诉讼制度的可行性问题。所谓行政附带民事诉讼是指在行政诉讼过程中，人民法院根据当事人或利害关系人的请求，受理与被诉具体行政行为密切相关的民事争议，将民事争议与行政争议合并处理的诉讼制度。

笔者认为，这一制度的建立是可行的。第一，在法律上没有障碍。法律上虽然有行政案件专属于行政审判庭审理的规定，但并无民事案件专属于民事审判庭审理的规定，因此法律并不否定最高人民法院根据工作需要作出调整的可能性。第二，司法解释已经向这个方向迈出了突破性的一步。司法解释规定，被告对平等主体之间民事争议所作的裁决违法，民事争议当事人要求人民法院一并解决相关民事争议的，人民法院可以一并审理。这个规定实际上就是行政附带民事诉讼的一种情况，只不过这个规定的适用范围受到了严格限制，仅限于行政裁决，其他类型的行政行为不能适用。第三，最高人民法院可以在原司法解释的基础上进一步扩大适用的范围，将与行政争议紧密相联的民事争议一并附带审理。至于两个争议是否"紧密相联"，笔者试提出以下两个标准供讨论，首先，一个争议的处理是另一个争议处理的前提的，就属于"紧密相联"，比如乙公司诉房管局颁发房产证案就属之。其次，行政争议与民事争议的产生是否基于行政主体的某一行为或某一事实的发生，是则属之。比如行政机关对民事侵权具有干预的职责，如果其没有采取必要的干预措施致使侵权人得逞，造成受害人侵害的，就属于行政争议与民事争议的产生基于行政主体的行为，因而行政争议与民事争议具有紧密性。

二、审理次序问题

行政附带民事诉讼制度尚有待建立，而且即便建立以后，也仍然不可能把所有行政争议与民事争议交织的案件合并审理，那么，如果法院在审理互相交织的民事案件和行政案件时，发现另一个案件正由其他法院或者本院另外一个审判庭审理，怎么办？如何协调？这就提出了一个确定两个争议的审理次序的问题。而且，即使实行行政附带民事的案件，同一合议庭也有先审理哪个争议的选择问题。

目前，对处理这个问题的指导性原则，主要有两种观点：一种观点认为应当以"先行政、后民事"为一般原则，以"先民事，后行政"为例外。另一种观点认为，应当看民事争议与行政争议之间的关系性质而定，也就是说两个争议究竟哪一个是基础性的争议，就应当先解决哪个争议。

笔者认为，在民事争议与行政争议之间，并不具有固定的条件结果关系，有时行政争议的处理是解决民事争议的条件，有时相反，因此所谓"先行政，后民事"的处理原则就不具有可行性，由此可知第一种观点是武断的，不能采纳。第二种观点很好地把握住了事物的本质，其提出先解决基础性的争议，而不问该争议是民事争议还是行政争议。如果对行政争议的处理是解决民事争议的前提条件，就应当先解决行政争议，然后再处理民事争议。比如法人登记和该法人与其他市场主体之间的民事争议都引起诉讼的情况下，只有在法人的身份确定的情况下，才能处理民事争议。这时审理民事案件的法院就应当先中止民事诉讼，待行政案件有了结果之后，再恢复审理。如果民事法律关系的确认是解决行政争议的前提条件，就应当先处理民事争议，然后再处理行政争议。比如在乙公司诉房管局房产登记案中，甲公司与纺织局之间的房屋买卖关系是否有效之确认就是解决被诉房屋过户登记合法性的前提条件。这时审理行政案件的法院就应当先中止，待民事争议解决后，再恢复审理。

三、明确当事人不提起民事诉讼时的处理规则

以上讨论的都是当事人就两种争议都起诉的情况，实践中肯定会出现当事人只提起行政诉讼，而对相关民事法律关系却不提起诉讼的情况，此时法院到底能不能作出判断？对判断有无限制？笔者认为，应当允许法院作出判断，具体可以按照下列程序操作：

第一步，询问当事人对民事法律关系是否有事实争议。

第二步，如果没有事实争议，则可以在法律上作出判断。如果有事实争议，则建议有异议的一方提起行政诉讼，并告知不起诉的不利后果。

第三步，如果有异议的一方起诉，则尚未立案的，可以先不立案，但民事诉讼期间不计算在起诉期限内。当事人待民事生效裁判作出后，可以根据情况决定是否提起行政诉讼。如果已经立案，应当中止诉讼，待民事生效裁判作出后，再继续审理。

第四步，如果有异议的一方不起诉，则行政诉讼案件应当立案，并进入审理。审理中根据行政行为作出时的证据对民事法律关系进行认定并作出法律上的评价。如果涉及原告资格与民事法律关系交叉的情况，则当事人不接受法院建议的，可以不予立案。如果已经立案，则可以裁定驳回起诉。比如，被拆迁人甲与拆迁人达成的拆迁补偿协议中约定了回迁，但具体位置不明确。建设项目完成后，拆迁人将被拆迁人甲所在位置上建设的房屋转让给被拆迁人乙，并办理了房屋转移登记。拆迁人甲不服，起诉该转移登记行为。诉讼中，甲在证明其具有原告资格时提供了邻居的证言，其中称，拆迁办领导签约时说过，回迁就是回到原位置。双方对于拆迁协议的内容解释不一，出现了争议。在这种情况下，法院就应当建议甲提起民事诉讼，确认合同约定的内容到底是什么。如果甲不起诉，则不应当接纳拆迁人提供的证言，只根据拆迁协议的字面意思推定甲的主张不成立，然后以其不具备行政诉讼原告资格为由不予立案或者驳回起诉。

四、赔偿责任交叉的分担规则

有时行政行为和民事侵权行为交叉在一起，给当事人的合法权益造成损害，也就是行政侵权和民事侵权发生竞合，如何承担责任。从主观状态

来说，有两种情况：一是双方有通谋，二是双方无通谋。

关于双方有通谋的情况，实际上就是恶意串通或者共同侵权。比如，甲将其与乙共有的采矿权转让给丙，国土资源部门工作人员明知这一情况，仍帮甲办理了转移登记。在侵权法上，共同侵权应当承担连带责任。这里有疑问的一点是，不同性质的赔偿责任能否连带。笔者认为，行政赔偿脱胎于民事赔偿，两者是特别与一般的关系或者种属关系，并无本质不同，而且从最高人民法院关于审理行政许可案件和房屋登记案件的司法解释来看，都已认可了两种责任的可连带性。

关于双方没有通谋的情况，是一种客观上的责任混合，通常情况是，行政机关没有善尽职责，为民事侵权人所利用，造成原告合法权益的损害。比如某公司向银行申请贷款，以房产做抵押，在向房管部门申请办理抵押登记时，提供给房管部门的房产证是伪造的，但房管部门未能发现而办理了抵押登记，银行据此向某公司提供了贷款，某公司法定代表人拿到款后就卷款私逃了。后来公安机关立案侦查通缉，最后将该法定代表人捉拿归案了，但还有部分款项无法追回。这种情况下能否让房管部门承担责任呢？又在什么范围内承担责任呢？

在行政机关应否承担赔偿责任的问题上争议不大，虽然也有不同意见，但支持的人不多。否定的理由主要是从因果关系的角度。他们说，这类损害实际上是民事侵权行为直接造成，行政行为的违法只是成就这种侵权的一个条件而已。笔者认为，他们对因果关系的理解太狭窄了，是一种严格的原因说，而我们在司法实务当中所掌握的标准实际上既不是严格的原因说，也不是宽泛的条件说，而是相当因果关系说，按照理论上通行的公式（台湾地区学者史尚宽总结），其只要经过两点检验即可认定：一是条件关系，二是可预见性。条件关系好理解，行政违法肯定是损害后果的条件之一。可预见性是什么意思呢？可预见性指的是一般理智的人都可以透过行政违法预见到损害后果的发生。本案中的情况，房管部门在申请人提供假房产证的情况下给办理了抵押登记，这种登记是具有公示公信力的，银行可以给予完全的信任，由此一般人都可以预见到银行的损失。所以说，房管部门办理的抵押登记违法与银行的损失之间是符合相当因果关系标准的。

现在引起争议的问题主要是行政机关承担赔偿责任的份额如何确定，只要遇到这样的案件总是会在这个问题上引起争论。目前主要有三种观点：一是连带责任的观点，也就是说把行政机关与民事侵权人看做是共同侵权人，受害人可以向他们之中的任何一方请求赔偿全部损失。这种观点对相对人最有利，但是有一些不能自圆其说的地方，比如，在民法上承担连带责任的基础是侵权行为系由侵权人之共同意思表示（或者视为共同意思表示，比如合伙）而作出，但是正如本案的情况，民事侵权人与行政机关之间通常并无共同的意思表示。另外，由于行政机关承担责任比较重，行政机关肯定是坚决反对，而且从现行《国家赔偿法》的精神来看是很保守的，所以这种大胆的观点只是出现在讨论当中而已，至今未发现采纳这种观点的案例。二是补充责任的观点。也就是说，先由民事侵权人赔偿，不足的部分由行政机关赔偿。三是按份责任的观点。四川曾经发生过一起案件，由于公安机关的不作为，致使受到精神病人追杀的某人跳楼致残，某人请求公安机关承担身体损害的赔偿责任。最高人民法院曾就此案作出答复意见认为，一个损害结果系由多个行为造成的，应当按每个行为所起作用的大小确定赔偿份额。①从司法批复的表述来看，似乎是按份责任。最高人民法院后来出台的审理行政许可案件、房屋登记案件的两部司法解释也采用了这样的表述，但是含义已经发生了变化，既不是按份责任，也不是连带责任和补充责任，而是中间责任与按份责任的结合。详见本书第十三章第七节和第十四章第五节。

五、裁判方式应当适当改造

自行政诉讼法颁布以来，行政裁判方式一直处在不断发展的过程中。最初对于违法行政行为的判决方式只有撤销（包括撤销重作）、责令履行法定职责和变更显失公正的行政处罚三种方式，后来为了满足审判实践的需要，司法解释又补充了三种判决方式：确认违法、驳回诉讼请求和确认违法责令采取补救措施。行政争议与民事争议交织情况的大量出现又在裁判方式上提出了新的问题，即判决方式不足的问题。四川省高级人民法院在关于行政争议与民事争议交叉问题的调研报告②中指出，在与身份权有

---

① 参见最高人民法院《关于公安机关不履行法定行政职责是否承担行政赔偿责任问题的批复》（法释〔2001〕23 号）。

② 参见最高人民法院行政庭编：《行政执法与行政审判》总第 9 期，北京，法律出版社，2004。

关的行政案件中，法院应当注意选择适当的裁判方式。比如，在诉离婚登记的行政案件中，如果当事人已经办理了新的结婚登记，即使离婚登记违法也不宜轻易撤销，可以采用确认判决方式。这种观点无疑具有合理性，但是我国实行裁判方式法定原则，每种判决方式都有其适用范围，按照司法解释规定，有两种不同性质的确认违法判决：一是确认违法，适用于被告不作为、具体行政行为违法但不具有可撤销内容、被诉具体行政行为依法不成立或者无效三种情形，其效果与撤销被诉行政行为相同；二是确认违法责令采取补救措施，适用于撤销具体行政行为将会给国家利益或者公共利益造成重大损失的情形，其实际效果近似于维持。四川省高级人民法院报告中提到的确认违法应当是第二种确认违法，也就是近似于维持的确认违法。但是接下来问题就出现了，这种确认违法只能以公共利益或者国家利益为理由，个人利益并不在考虑之列。直接以这种方式作出判决，会遭到合法性的质疑。解决的办法恐怕只有通过司法解释或者法律扩大这种判决方式的适用范围。

六、加强诉讼指导

在行政诉讼中，法院如何为当事人提供必要的指导？这个问题在《行政诉讼法》上并没有明确的规定，但是从总则第 1 条关于"保护公民、法人和其他组织的合法权益"之立法目的上，可以延伸出诉讼指导的法理基础。在司法解释上有一些具有诉讼指导意味的规定，比如第 23 条规定，原告所起诉的被告不适格，人民法院应当告知原告变更被告；原告不同意变更的，裁定驳回起诉。这里的告知义务实际上就是一种指导。当然诉讼指导并不是强迫性的，而是一种建议性的，法院把对法律关于诉权规定的理解及有关的利害关系告诉当事人就算完成了指导义务，最终还是由当事人来选择（诉讼指导的过程应当有记录为证）。

笔者认为，法院的指导可以不限于法律规定的情形，如果必要，法院也可以主动提供指导。在民事争议与行政争议交织的情形下，当事人主张权益往往存在多种选择方式，有时提起行政诉讼可能是没有什么效益的。比如，在乙公司诉房管局房产登记案中，乙公司不对房产登记提起行政诉讼并不会对其合法权益造成更加不利的影响。因为民事判决要对甲公司与纺织局之间的房屋买卖关系作出确认，而该买卖关系的效力又决定着被诉房产登记行为合法与否，如此，则民事案件胜诉了，其可以直接要求房管局协助执行民事判决，而无须再提起行政诉讼；败诉了，由于行政案件的审理必须与民事审判的结果一致，其亦无法通过行政诉讼得到为民事诉讼所否认的利益主张。当然，当事人的诉权不能否认，但这种权利只具有形式上的象征意义。此时，法院可以把这些可能的选择及后果告知当事人，这将有助于当事人作出明智的选择，对于两个案件结果的协调性也有帮助。当然，法院在诉讼指导时应当客观公正，不应有意误导当事人，或者强迫当事人接受其意见，以保障当事人诉权的行使。

七、加强法院内部的沟通

行政争议与民事争议的交叉需要两种审判经验的结合。无论是分厅审理，还是合并审理，都需要行政审判和民事审判两个部门之间建立一种有效的沟通机制。随着民行交叉的问题越来越普遍，不仅要有个案的沟通，还应当有常态化的沟通机制。

第十三章　行政许可案件疑难问题研究*

　　1989 年《行政诉讼法》的制定，是我国法治建设史上一件了不起的大事，但受制于计划经济时代的观念和视野，制度初创的痕迹在所难免。其表现之一就是：虽然几乎全部具体行政行为都被划入受案范围，但行政处罚、行政强制等直接剥夺限制相对人权利和自由的不利处分显然更受关注，处于制度设计的中心地位，授益行为虽有提及，但几乎找不出一条专门针对其特点的条款。遇到授益行为的特有问题时，行政诉讼法及原有规则的运用常常显得圆凿方枘。在行政许可案件当中，困境尤为突出。从社会角度看，行政许可的影响力之大远非其他行政行为能及。行政许可不仅影响申请人，还常常波及第三人甚至大量的第三人（如排污许可）；受到影响的利益涵盖权利和自由体系之中最重要的内容。从管理角度看，行政许可可谓是成本最低、收益最大的管理手段，历来受到管理者的青睐，滥

　　* 根据作者发表于《法律适用》2010 年第 4 期的《最高人民法院〈关于审理行政许可案件若干问题的规定〉之解读》和发表于《行政执法与行政审判》2011 年第 5、6 集的《行政许可案件八十一讲》等文章改编。

设是天然的倾向；而其广泛的裁量空间，又使得许可实施的权力极易滥用。因此，在行政许可案件中，司法救济的需求尤为强烈。从审判角度看，行政许可案件越来越成为行政审判制度的发展瓶颈。随着《行政许可法》的实施，行政许可案件在原有较大数量基础上进一步跃升。从 2003年至 2006 年，行政许可案件在全部行政一审案件中的比重由 6％增加到10％。① 在此过程中，旧难题尚未解决，新难题又不断产生，各地法院认识不一，同案不同判的现象日益突出，司法权威受到销蚀，进一步明确规则、统一审判标准和尺度的内在需求日益强烈。在上述原因综合作用下，最高人民法院在《行政许可法》公布之后，立刻启动调研，深入一线了解实践中亟须规范的各种问题，组织精英队伍反复论证，充分听取和吸收立法机关、行政机关和学术界的意见和建议。2009 年 12 月 14 日，最高人民法院公布了《关于审理行政许可案件若干问题的规定》（以下简称《许可规定》），开了专门针对特定行政行为量身定做司法解释的先河。《许可规定》对行政许可案件中最重要、最普遍出现的问题作出了较为具体的规范，准确理解和运用《许可规定》是审理行政许可案件乃至授益行政行为案件的关键。但是，行政许可高度复杂，指望《许可规定》一蹴而就解决所有问题是不现实的。所以，笔者作为司法解释执笔人，除了阐释司法解释内容之外，还补充介绍了调研中涉及但由于种种原因未能成案的一些重要问题，并附具粗浅的个人分析②，供大家结合实践需要参考和批评。

第一节　行政许可的识别

一、为什么司法解释对行政许可的识别标准未做规定

被诉行政行为属于什么类型，涉及法律的选择适用，所以，审理行政案件首先要做的就是识别。行政许可的识别并非总是轻而易举。实践当中，法律规范在创设行政许可时，通常都有许可之名，比如规划许可、取

---

① 所列数字仅限于作为类许可案件，如果加上行政许可的不作为案件，则更为可观。
② 司法解释调研和本文撰写期间，与起草小组其他成员和行政审判同仁的交流令笔者受益良多，在此一并致谢。

水许可、排污许可等，但偶尔也有例外，比如某省直机关住房委员会给有分房资格的公务员颁发购房许可证。更为棘手的是，不少情况下，行政许可以审批、审核、批准、认可、同意、登记、备案、核准等名目出现，而同样称谓的行为又有很多不属于许可，比如结婚登记，房屋登记等，造成识别的困难。很多地方法院都要求司法解释首先对行政许可作出进一步的界定，为行政许可的识别提供指导。

我们认为，这种要求十分合理，必要性也是显而易见的，但存在两个障碍。一是技术障碍。行政许可现象十分复杂，可谓千差万别、变化多端，定义只能取各种行政许可的最大公约数，注定无法具体而微。尽管如此，立法者仍然明知不可为而努力为之，在定义条款上倾注心力，反复论证，悉心打磨，写出了《行政许可法》第2条的定义，用尽可能清楚的文字明确了要件，内涵的进一步具体化已无大的余地。二是职权障碍。《立法法》第42条第2款规定："法律有以下情况之一的，由全国人民代表大会常务委员会解释：（一）法律的规定需要进一步明确具体含义的。"司法解释作出定义式规范或者就其中某一要件作出进一步的阐释似有僭越立法解释权之嫌。

全国人大常委会《关于加强法律解释工作的决议》中规定："凡属于法院审判工作中具体应用法律、法令的问题，由最高人民法院进行解释。"据此，司法解释可以针对个案具体情形作出解释，比如婚姻登记是否属于行政许可？不动产登记是否属于行政许可？等等。不过，类似的问题数以千计，也非常琐碎，司法解释不可能全部解决，多数要靠法官在个案中自行判断。

二、识别步骤一：以基本要件作为判断依据

定义揭示的是概念的内涵。《行政许可法》第2条规定对行政许可作出如下定义："本法所称行政许可，是指行政机关根据公民、法人或者其他组织的申请，经依法审查，准予其从事特定活动的行为。"该条规定明确了行政许可的三个基本要件：一是申请人提出申请。与行政机关依职权主动而为的行政行为相区别。二是行政机关依法进行审查。三是获得批准后，申请人才可以从事特定活动。表面来看，有些确定资格、资质的许可不符合这一特点，但其实落脚点也是从事特定行为，如果不与特定行为挂

钩，就不是许可。① 上述三个要件是识别行政许可的基本标准。

需要注意，在运用要件时，以授权法的内容为评价对象。比如《城市规划法》（已失效）第 32 条规定："在城市规划区内新建、扩建和改建建筑物、构筑物、道路、管线和其他工程设施，必须持有关批准文件向城市规划行政主管部门提出申请，由城市规划行政主管部门根据城市规划提出的规划设计要求，核发建设工程规划许可证件。建设单位或者个人在取得建设工程规划许可证件和其他有关批准文件后，方可申请办理开工手续。"其中三个要件清晰可辨，规划许可的性质显而易见。需要注意，有些授权法并未明白写出所有要件，需要借助分析。比如，《种子法》第 45 条规定："种子质量检验机构应当配备种子检验员。种子检验员应当具备以下条件……（三）经省级以上人民政府农业、林业行政主管部门考核合格。"《旅行社管理条例》（已失效）第 6 条规定，"设定旅行社，应当具备下列条件……（三）有经培训并持有省、自治区、直辖市以上人民政府旅游行政管理部门颁发的资格证书的经营人员"。获得种子检验员、旅行社经营管理人员资格是否须先提出申请？法律并无具文，不过从事物性质考察，不可能是行政机关主动为之，只能是追求有关资质的人先提出申请。

被诉行为如果符合上述条件，则属于行政许可；不符合上述条件，则不属于许可；如果存疑，则进一步确认。

三、识别步骤二：以法定类型为判断依据

类型可以揭示概念的外延。行政许可的法定类型是识别行政许可的重要辅助依据。根据《行政许可法》第 12 条，行政许可有如下五种主要类型：普通许可、特许、职业准入、物品许可和主体资格许可。它们在符合行政许可定义三要件这一点上是相同的，但其差别也是明显的，主要体现在目的、适用范围、形式和审查方式等各个方面。

普通许可的目的是预防性的，即防范风险，其保护的法益非常广泛，

---

① 行政许可法草案曾经将"行政许可"定义为：行政机关根据自然人、法人或者其他组织提出的申请，经依法审查，准予其从事特定活动、认可其资格资质或者确立其特定主体资格、特定身份的行为。审议中，有人指出，"认可其资格资质或者确立其特定主体资格、特定身份的行为"，已经包含在前一句的表述之中。

包括国家安全、公共安全、经济安全、生态环境保护以及人身健康、生命财产安全等。其审查方式是由行政机关对申请材料进行书面审查，必要时可以进行调查。此类许可的数量最为庞大。

特许主要用于有限自然资源开发利用、公共资源配置以及直接关系公共利益的特定行业的市场准入等需要赋予特定权利的事项，其目的在于合理配置、利用现有资源，防止资源利用中的无序状态。此类许可往往与行政合同竞合，比如采矿许可既是国家对申请人提出的采矿申请的许可，又是以国家将特定地点特定矿种的采矿权这一物权转让给申请人的一种合同行为。因此，此类许可的审查方式较为特别，通常采取招标、拍卖、挂牌方式（《行政许可法》第53条）。由于特许涉及的权利本身可以转让，因此特许通常也是可以转让的。

职业准入限于为公众直接提供服务的特定职业和行业，如律师、医师等，其目的在于保证公共服务质量的可靠性。为了实现这一目的，就要求从业者具备特殊信誉、特殊条件或者特殊技能等资格、资质，由此就决定了此类许可的特殊审查方式：考试、考核（《行政许可法》第54条）。

物品许可即对物品安全性的审定，适用于直接关系公共安全、人身健康、生命财产安全的重要设备、设施、产品、物品，比如汽车、锅炉、核电设施、肉制品等。此类许可主要受科学的支配，所以其审查主要是按照技术标准、技术规范，通过检验、检测、检疫等方式进行审定（《行政许可法》第55条）。

主体资格许可适用于企业或者其他组织的设立等事项，其目的在于维护交易安全和社会秩序。其审查方式同于普通许可，即对申请材料进行书面审查；如果材料齐全、符合法定形式，应当当场作出许可决定；如果需要对实质内容进行审查，则应当依法进行调查（《行政许可法》第56条）。

被诉行为如果可归入其中某类，就可以确认属于行政许可；如果不能归入其中任何一类，或者是否可以归入仍然存疑，则应再次返回到定义，仔细研究是否符合三个要件。

四、其他判断依据

《行政许可法》第2条和第12条对分别揭示了行政许可的内涵和外延，是识别行政许可的基本依据。除此之外，还有三个依据不可忽视：一是国务院以决定方式保留了 510 种许可，二是国务院办公厅国办发 (2004) 62 号文保留了 211 项非行政许可审批项目，三是国务院法制办等机关就行政许可的识别作出的批复等解释性文件。国务院决定是权威性依据，国务院办公厅文件是参照性依据，国务院法制办文件是参考性依据。

为了更好地展示行政许可的识别，笔者接下来将结合实践对十余种疑难情形逐一分析。

五、若干疑难情形辨析

疑问一：定期检验或者年检

实践中，有些行政机关在相对人申请年检时要求对方重新提交申请许可的各种材料，否则当事人就不能从事相关活动，引起诉讼后，法院首先需要搞清楚的问题就是定期检验是否属于许可？根据《行政许可法》的规定，定期检验（包括年检）是行政机关对被许可人是否依法从事有关行政许可事项活动的监督检查手段，本身并非行政许可。行政机关把年检转为或者变相转为行政许可，属于适用法律错误。

疑问二：身份登记

身份登记包括户口登记、身份证的核发、婚姻登记、收养登记等。在行政许可法起草过程中乃至实施之初，有一种观点认为，身份登记属于行政许可，行政许可法出台后逐渐式微。因为法律起草说明（第三次）表明行政许可法不打算规范这一领域。确认人身权、财产权的登记不属于行政许可，属于行政确认。户口登记等属于人身关系的确认，并不直接给登记人带来特定活动的权利，不属于行政许可。

疑问三：不动产登记

不动产登记包括房屋登记、土地登记、林权登记、海域使用权登记、探矿权和采矿权登记等。按照行政许可法起草说明（第三次），确认财产权的登记亦不属于行政许可。笔者认为，其中有一种例外，就是按照法律规定兼具行政许可和不动产登记双重属性的情形，比如探矿权、采矿权登记。

疑问四：交通工具登记

交通工具有机动车、船舶和航空器，相应的登记也有三种。

根据《道路交通安全法》的规定，国家对机动车实行登记制度。《道路交通安全法实施条例》将机动车登记分为注册登记、变更登记、转移登记、抵押登记和注销登记。他们都是物权登记，但注册登记同时是行政许可，因为不注册不能上路。

按照《海商法》规定，船舶登记包括国籍登记、所有权登记、抵押权登记，其中除国籍登记之外，均非行政许可。

按照《航空法》规定，航空器登记包括国籍登记、所有权登记、租赁登记和抵押登记，其中除国籍登记外，均非行政许可。

疑问五：工程验收

一种观点认为，验收只是对建筑质量的一种确认，不是行政许可。笔者认为，建设工程完成后，要经过相关部门验收合格后方可投入使用，实质是一种防范风险性质的物品许可。

疑问六：企业名称预先核准

企业设立登记是行政许可，企业名称预先核准是企业筹办至设立之间的一个环节，是否属于行政许可？实践中有不同认识。笔者认为属于行政确认，而非行政许可。因为企业名称并非必须经过预先核准才能使用，并不符合"批准方可为"之要件。企业名称预先核准的效果在于确认了申请人的优先使用权，在登记有效期间，其他企业不能用这个名称。一年内企业未能设立，优先权自动取消，类似于物权登记当中的对抗权登记。

疑问七：批准组织特别清算

按照《外商投资企业清算办法》，外商投资企业不能进行普通清算时，可以进行特别清算。由企业权力机构或者投资者申请，企业审批机关作出决定。这种审批是否属于许可？笔者认为，按照行政许可的定义，许可权人是申请人，而非任何其他人。组织特别清算的申请获得审批后，清算活动并非由申请人独立完成，而是由审批机关主导，所以不宜定性为行政许可。

疑问八：商标注册

商标注册是对商标权的确认，通常不是行政许可，但是，法律、行政法规规定的必须使用注册商标的商品（如烟草制品）的商标注册除外。因为通常情况下商标注册与否都不影响商标的使用，但是在强制使用注册商标的商品领域，商标不注册就不能使用，符合"批准方可为"的要件。

疑问九：颁发毕业证书、学位证书

毕业证书、学位证书只是对持有者的某种水平或者能力的认可，并不与特定职业活动相联系，不符合"批准方可为"的要件，与司法考试、会计师考试等职业准入有着本质的不同，不是行政许可。

疑问十：安全生产培训

安全生产培训有两种：第一，用人单位对职工的培训、考核、发证，甚至要求持证上岗。根据《劳动法》规定，这是用人单位对其工作岗位的资质要求，不是行政许可。第二，劳动部门组织的职业培训，并为培训合格者授予的资格。是否属于许可，应当区分两种情况：一是资格没有指向某种特定的行为，获得资格只是对从业人员专业水平的一种客观评定，从业人员以此可以获得更好的竞争地位，对其是否可以从事特定活动没有影响，这种资格的给予不是行政许可，比如厨师。二是获得资格不只是对从业人员专业水平的客观评定，未获得此种资格，从业人员就不能从事特定活动，这种资格的给予是行政许可，比如电焊工。

疑问十一：环境影响报告

环境影响报告系由企业自己作出，其本身并非许可，但环保部门对报告进行审查后予以审批的，该审批行为是行政许可。

疑问十二：出入境管理批准行为

这个问题争议较大。笔者认为应当归入行政许可。因为该种行为完全符合《行政许可法》第2条定义的三个要件，属于该法第12条第1项规定的普通许可。最高人民法院行政审判庭曾在有关部门就此问题征求意见时作出过类似表态。需要注意一点，在外国人入境批准行为涉诉时，需要按照《行政诉讼法》关于涉外诉讼的对等原则等规则作出处理。

疑问十三：投资项目的审批与核准

应当区分如下两种情形：

第一，对由政府直接投资和注入资本金方式投资的审批，不是行政许可。因为行政许可是一种外部监管方式，而此种审批是国家履行出资人职能的过程中，对其财产权行使的自我把关，体现为政府体制的内部监督。

第二，对企业投资的重大和限制类投资项目的审批，是行政许可。

但对企业申请以贴息、转贷和补助方式使用政府投资的项目的审批，审批结果不影响投资项目本身能否进行的，不是行政许可。因为申请国家对投资项目给予优惠政策（国家对某一产业给予优惠政策，政府以贴息、转贷和补助方式），企业申请这样的项目的审批，审批结果不影响投资项目本身能否进行的不是行政许可。对已列入国家预算安排项目资金的审批，比如中央基本建设项目财务事项的审批，技改资金和技改三项费用的审批不是行政许可。因为这些优惠给不给并不影响投资者投资的自由。

疑问十四：税收减免或者应征费用的减免

政府为了鼓励或者引导某一行业或者事业的发展，常常通过审批，对特定行业或者事业的发展直接或者间接提供一定的物质（包括资金）支持，比如，减免税收或者其他应征费用，这些行为不是行政许可。因为许可获得的是一种权利，减免则不是权利，而是一种优惠。

第二节　可诉性问题

一、延续行为

行政许可是一个动态的过程，其从产生到消亡会出现一系列形态的行政行为，按照《行政许可法》的规定，可分为两类：一是行政机关对申请人作出的是否准予许可的决定；二是就行政许可的变更、延续、撤回、注销、撤销等事项作出的行政行为。上述两类行政行为都属于行政许可行为。《许可规定》第1条将行政许可行为及其相应的不作为都列入了行政许可案件的可诉行为范围，体现了保障《行政许可法》实施的旨趣。其规定为："公民、法人或者其他组织认为行政机关作出的行政许可决定以及相应的不作为，或者行政机关就行政许可的变更、延续、撤回、注销、撤销等事项作出的有关具体行政行为及其相应的不作为侵犯其合法权益，提起行政诉讼的，人民法院应当依法受理。"

在各种行政许可行为中，可诉性问题争议较大的是延续行为。有一种观点认为延续行为没有必要纳入受案范围，因为没有什么可救济的利益。这种观点在实践中有一定影响，有些地方曾经据此不受理拆迁许可证延续的案件。我们认为，任何行政行为都可能给人造成不利的影响，以拆迁许可证的延续为例，至少延缓了建设，对于回迁的被拆迁人显然是不利的。所以，不应当否定延续行为的可诉性。随着讨论的深入，这种观点为越来越多的人所赞成，最终为司法解释所采纳。

需要注意，延续行为的合法性审查不同于原许可行为，其主要审查以下内容：

第一，一致性审查。延续只是改变了许可的生效时间，其余内容不变，所以，法院审查的主要是一致性，即批准延续的许可内容与原许可是否一致。比如拆迁许可证延续时，如果扩大了拆迁范围，则可以确认违法或者判决撤销。

第二，是否超越职权。比如县级拆迁部门只能批准延续一次，最多可延续半年，还须延续应当报上级部门批准。

第三，原许可是否存在重大明显违法。原许可作为延续行为的法律基础，法院并不审查其合法性，但审查其是否存在重大明显违法，因为重大明显违法是无效的，而无效的行政行为不能作为任何事情的基础。

第四，在程序审查中，需要强调一点，有些行政许可，行政机关作出是否准予决定时需要听证，延续时一般不需要听证。以拆迁许可为例，听证要解决的问题是关于可以不可以拆迁的问题，这一问题涉及被拆迁人的重大切身利益，应当用听证的形式听取他们的意见。而延续时，原来拆迁范围内的房屋属于可拆的范围，这一点已有定论，不需要再听取被拆迁人的意见，行政机关也不再审查这一问题，因此没有就此举行听证的必要。

二、查询行为

《行政许可法》第 40 条规定，行政机关作出的准予行政许可决定，应当予以公开，公众有权查阅。该法第 62 条第 2 款规定，公众可以查询行政许可监督检查记录。两种信息都是公众可以查询的，那么，对于查询权是否可以提供司法保护，法律上并不明确。这一问题在司法解释起草之初是存在争议的。有一种观点认为，查询权诉讼不属于受案范围。因为行政诉讼法保护的权利仅限于人身权和财产权，知情权不在其列。应当说，这种观点起初在实证法上有其基础，后来《政府信息公开条例》出台，条例明确规定，因为查询政府信息引起的争议可以通过行政诉讼解决。条例对行政诉讼法显然有所改变，是否允许？《行政诉讼法》第 11 条第 2 款规定："除前款规定外，人民法院受理法律、法规规定可以提起诉讼的其他行政案件。"显然行政诉讼法为条例的改变留下了空间。所以，随着《政府信息公开条例》的实施，对于查询权诉讼可诉性的异议基本上消失了。《许可规定》第 2 条是关于查询权诉讼的规定，其既是原告资格的规定，也肯定了查询行为的可诉性。

三、程序行为

程序行为又称过程行为，指的是行政机关在实施行政许可过程中对环节事项作出的阶段性处理，多为通知或者告知，比如受理申请通知、准予或不准予听证的通知、补正材料的通知、告知申辩权、行政许可信息的告知、公示、说明、解释等。这些行为是否具有可诉性？主流观点是传统的成熟性理论，其意谓程序行为不具有最终性，当事人起诉的时机不成熟。我们认为，这可以作为一般标准，但是应当注意到，有时程序行为可以具有事实上的最终性，并影响公民、法人或者其他组织的合法权益。比如，某地环保局在受理餐馆申请时，要求补正建筑功能使用证明、污水纳管证明和居民意见等材料，申请人认为上述材料不属法定申请材料，且难以获取，遂以补正通知变相增设许可条件且强人所难为由提起诉讼。① 原告提出的问题是可争辩的，如果成立就具有最终性，对原告的主张予以终局性的否定，给其救济的机会具有合理性。再比如，律师资格考试本身并非行政许可，而是审查程序，一般不具有可诉性，但行政机关经过审查不同意申请人报考。上述情况下，许可程序对于申请人而言实际上已经终结。如果坚持等待最终决定作出后再起诉，可能丧失有利时机，甚至失去意义。为了有效地监督行政机关依法行政，保护公民、法人或者其他组织的合法权益，此时应当承认过程行为的可诉性，作为通常标准的一个例外。这一观点在司法解释起草当中得到了广泛认同，最终体现到《许可规定》第 3 条规定当中，"公民、法人或者其他组织仅就行政许可过程中的告知补正申请材料、听证等通知行为提起行政诉讼的，人民法院不予受理，但导致许可程序对上述主体事实上终止的除外"。这一规定具有司法提前介入的效果，以便提供尽可能及时的救济。

四、初审行为和批准行为

有些行政许可具有多阶段性，有两种情形：一是此机关作出行政许可

---

① 参见火奴鲁鲁餐饮有限公司诉上海市闸北区环境保护局补正通知案，上海市第二中级人民法院（2005）沪二中行终字第 99 号行政判决书。

决定之前须经彼机关初审，二是此机关作出决定之前须报经彼机关批准。实践中，把初审行为和批准行为视为内部行为排除于受案范围之外，是最为通行的做法。这种做法经常显现出明显的弊端。比如，下级机关初审时不收申请材料或者收了申请材料不予上报，此时申请人受到的不利影响完全来自初审行为，与上级机关是否决定的行为没有任何关系。但是按照通行做法，申请人只能起诉上级机关，而不能起诉下级机关，造成责任与主体的分离，既不利于原告有针对性地提出诉讼请求，也不利于法院查明事实。司法解释最终采纳了这种观点，《许可规定》第4条虽然是关于适格被告的规定，但其含有将两种行为纳入受案范围之意。按照该条规定，上级机关的任何批准行为和不批准行为都是可诉的，在初审行为中，不予初审或者不予上报行为是可诉的。需要注意一点，下级机关已经作出的初审行为一般不可诉，但初审行为事实上具有外部效果的除外。比如，按照现行法律规定，在农村宅基地上建房应当由乡政府作出决定，但决定之前往往先由乡土管所初审，有的案件中，乡土管所未报乡政府作出决定，而是直接在申请书上批准同意建设并送达申请人。如果申请人建设完成后被有关部门认定为违法建设并予以拆除，那么申请人寻求救济时，可以将起诉乡土管所的越权批准行为并请求赔偿作为一种选择，因为该行为已经外部化。至于其能否最终获得赔偿，则取决于是否有信赖利益，这要结合案件具体事实来确定。

五、不当要求和搭售行为

按照《行政许可法》第27条、第31条规定，行政机关实施行政许可，不得向申请人提出购买指定商品、接受有偿服务等不正当要求。行政机关不得要求申请人提交与其申请的行政许可事项无关的技术资料和其他材料。关于这两种行为的可诉性，有的法院在调研中提出，这两种行为附随于行政许可，应当在起诉行政许可行为或者不作为时，作为一种诉讼理由。笔者认为，这种观点有欠妥当，应当允许单独起诉。一个行为作为其他行为的环节或者组成部分，是否单独可诉，关键就看它是否可以分离出来，不能分离就不能单独起诉，能分离就能单独起诉。不当要求和搭售行为虽然附随于行政许可的实施过程，但其与行政许可是可分的，具有独立性，即便存在这两种行为，行政许可的结果仍然可能是合法的。在此情况下，可能原告对行政许可是接受的，只是想消除不当要求和搭售行为的不利后果，一定要求其起诉行政许可行为，实际上可能有违原告的诉讼初衷。为了给当事人提供更恰当、更到位的司法救济，节约诉讼成本和司法资源，应当允许对这两种行为单独起诉。

六、因前置行为被撤销而再次起诉

当事人诉撤销行政许可的案件被判驳回诉讼请求后，作为行政许可依据的前置行政行为被依法撤销或者确认违法，当事人再次起诉请求撤销行政许可，是否可以受理？笔者认为，关键就看是否存在其他救济途径，如果没有其他途径，则法院应当受理。如果有其他途径，原则上应当通过其他途径解决。考虑到《若干解释》第44条第1款第8项规定将"起诉人重复起诉的"情形排除于受案范围之外，再考虑到《行政许可法》第69条赋予作出行政许可的机关以及上级机关以撤销方式纠正错误行政许可的权力，这一权力同时也是职责，对此类诉讼，法院可以给予当事人指导，告知其先请求行政机关撤销；如果行政机关拒绝撤销或者只作出了部分撤销的决定，当事人届时不服，再起诉不作为。

七、当事人只诉颁证行为，如何确定诉讼标的

如果当事人只起诉颁证行为，法院能否对行政机关作出的准予行政许可决定进行合法性审查？也就是说，如何确定诉讼标的？笔者认为，法院在开庭审理尤其是一审开庭时，应当在释明的基础上明确审查标的，而不应当完全拘泥于诉状写明的诉讼请求。法院应结合原告关于案件事实和理由的陈述综合判断，如果原告对准予许可的合法性提出质疑，则可认为包括准予许可的决定。如果原告对于准予许可没有异议，只是对颁证环节提出质疑，比如认为许可证上的记载与准予许可决定的记载不一致或者有其他明显的记录错误等，则可以认为诉讼标的不包括准予许可决定。

八、委托行为

委托行为有两种情况：一是《行政许可法》第24条第1款规定，行政机关在其法定职权范围内，依照法律、法规、规章的规定，可以委托其

他行政机关实施行政许可。委托机关应当将受委托行政机关和受委托实施行政许可的内容予以公告。如果当事人认为行政机关的委托行为不合法，能否提起诉讼？有一种观点认为，委托行为不可诉，因为受托机关基于委托行为可以反复作出行政许可行为，所以委托行为是抽象行政行为。较为常见的做法是不允许单独起诉。笔者认为，结论是可以接受的，但理由经不起推敲，因为把行为和行为效力的持续性混为一谈了。委托行为就是委托机关对受托机关作出的授权，这是一个具体的事件。这与受托机关根据授权作出的行为是两回事。正如行政机关对相对人作出的许可行为，与相对人根据许可反复从事的许可活动两者不是一回事那样。不过，委托行为一般是不可诉的，因为这是发生在行政机关内部之间的一种权力流动，是内部行政行为。在审查行政许可行为的职权来源合法性时，可以对委托行为进行审查，但其并非独立诉讼标的。当然，委托行为直接对外生效即产生外部效果时例外。

二是行政机关可能把行政许可过程中的活动委托给民事主体，比如招标、拍卖事项。此种委托行为是否可诉？有一种观点认为，委托行为是民事行为，不属于行政诉讼受案范围。笔者认为，委托事项是行政行为的一个环节，本来应由行政主体来实施，因此并不能按照民事上的委托合同来对待。还有一种观点认为，没有必要受理此类案件，因为在审查行政许可行为时，可以把委托行为作为行政程序问题来审查。笔者认为，待到行政许可决定作出，常常无法给予有效的救济。为了提供更好、更及时的司法救济，有必要将此类委托行为纳入受案范围。

第三节　当事人

一、申请人起诉准予行政许可决定的原告资格

按照现行《行政诉讼法》，行政诉讼实际上是主观诉讼，保护个人利益是其旨趣所在。按照该法规定，原告限于"认为具体行政行为侵犯其合法权益的公民、法人或者其他组织"。据此，申请人通常没有起诉准予行政许可决定的原告资格，因为准予行政许可决定已经满足其申请，不存在利益受损。例外可能有两点：一是申请许可非其本意，比如别人冒名申

请行政许可获得批准。在这里有一点疑问，如果根据申请人的言行可以推断其认可或者接受了行政许可，是否因此而丧失原告资格。实践中的做法不一，有的以没有原告资格为由裁定不予受理或者驳回起诉。有的进入实体审理，以其诉讼理由不能成立为由，判决驳回诉讼请求。笔者认为，第二种意见似乎更为适当。二是行政机关对其提出的许可申请，只是部分准予许可。

二、竞争权人的原告资格

只要确定了某人是被诉行政许可的竞争权人，他就有原告资格。所以搞清楚什么是竞争权人至关重要。竞争权人也是行政许可的申请人。如果行政机关为甲颁发许可证，将使乙失去获得许可的机会，就可以把乙看作竞争权人。一般来说，特许和有数量限制的许可当中才可能有竞争权人的存在，其他种类的许可，每个申请都是独立的，互相之间没有竞争关系，自然也就不会出现所谓的竞争权人。比如，当前的司法考试实行统一分数线的标准，能否获得律师资格证完全取决于申请人的考试分数，为甲颁证不会减少乙获得律师资格的机会，拒绝为甲办证也不会增加乙获得律师资格的机会。

竞争权人有两种情形：一是在特许当中，竞争权人一般限于同一行政许可的申请人。比如，参加同一矿段采矿权招标的多家公司，最后有一家中标，其他公司都是竞争权人。一起案件中，外地燃气经营企业通过投标兼并了本地一家燃气企业，本地其他燃气企业是否属于竞争权人？关键就看它们是否也参加了投标。如果没有参加就不是竞争权人。二是在有数量限制的许可当中，竞争权人一般限于与同类行政许可的申请人。比如，甲乙均申请开办屠宰场，行政机关为甲颁发了许可，对乙则以同一区域只能开办一家定点屠宰企业为由予以拒绝。有一种情况值得讨论，有数量限制的许可当中，如果行政机关超出数量限制发放许可，先获得许可的人是否属于竞争权人？比如，某地规定，加油站设置间隔应超过 500 米，行政机关在距离甲加油站不到 500 米的地方又批准了设立了乙加油站，甲是否属于竞争权人？笔者认为，这要看具体的法律规定。如果规定数量限制的目的在于保护市场主体正当的竞争利益，就应当认为有竞争权；反之就没有。就案例所讲的情况，当地规定加油站间距的目的是防止重复建设，避免恶性竞争，据此，承认甲的竞争权更为合理，其起诉的原告资格应当是具备的。有些限制数量的许可，限制的目的可能在于安全或其他公共利益的考虑，与特定市场主体的竞争利益保护无关，竞争权自然也就无从谈起，比如烟花爆竹的批发许可。

三、债权人的原告资格

债权人是否可以起诉行政机关对债务人作出的准予许可行为，取决于债权是否与被诉行政许可有关联。如果被诉行政许可所依据的法律规范有保护债权的意图，或者要求行政机关适当注意避免损害债权，则有关联，债权人就有原告资格。反之，就没有原告资格。多数行政许可并不涉及债权人的利益，债权人没有原告资格。比如司法行政部门是否为申请人颁发律师资格证书与申请人的债权人没有任何关系。不过，需要强调一点，债权是否与被诉许可行为相关，从法律规定的文字上未必可以读出，需要借助分析。比如，乙公司法定代表人收到甲公司支付的货款后，以各种理由迟迟不发货，最终卷款人间蒸发，甲公司遍寻不见之余，发现乙公司登记时注册资金没有到位，遂起诉工商机关为乙公司核发营业执照的行为，是否可以受理？此类案件各地认识很不一致，多数认为不应受理，理由是甲公司没有原告资格。笔者认为，《公司法》关于注册资金的要求，就是为了使公司具备承担民事责任的能力，以降低市场风险。由此可以推测，与该公司交易的民事主体的利益在公司登记规则的保护范围内，由此可知甲公司作为乙公司的债权人应当具有原告资格。当然，如果公司登记违法，登记机构可能涉及行政赔偿责任，在确定承担赔偿的份额时应当充分考虑登记机构在注册资金监管方面能够起到的实际作用。

四、消费者的原告资格

行政许可往往涉及复杂的利益结构背景，会影响很多人、很多种类的利益，这是行政许可与其他行政行为的显著区别。很多行政许可都具有社会性，尤其是一些面对公众的许可事项，比如水电气运营许可，开办医疗机构的许可，管制产品尤其是食品、药品的生产和销售许可等。被许可人在从事许可事项时，必定会与以消费者身份出现的公众打交道。如果消费者受到被许可人违法行为的侵害，除了对被许可人提起民事诉讼之外，是否还可以提供另外一个诉讼渠道即对行政许可行为提起诉讼？

消费者的原告资格问题具有高度的敏感性，这是因为：第一，不仅涉及的人数众多，而且经常表现为公共紧急事件，比如有些食品、药品的消费者可能数以百万甚至千万计，一旦出现问题，很可能酿成严重事件，也必定引起广泛关注。第二，行政机关的责任尤其是赔偿责任可能非常巨大，甚至难以承受。因此，实践中各地法院较为谨慎，通常不会轻易受理。笔者认为，对于消费者诉讼，各国都经历了从排斥到逐步接受的过程，代表了现代行政诉讼制度的发展潮流。从我国的情况看，按照司法为民宗旨，亦应不断扩展行政诉讼原告的范围，以满足广大人民群众日益增长的权利保护需求，在行政许可案件中引入消费者诉讼的积极意义自不待言。事实上，消费者诉讼在实践中早已出现，比如旅客起诉铁路客运票涨价的案件、学生起诉教育部门为其所在的民办学校违法颁发办学许可的案件等。不过，鉴于消费者诉讼的巨大威力，笔者认为，应当对原告资格严格把握条件。一般来讲至少应当具备以下四个条件：

一是确属消费者。起诉人认为自己是消费者是提起诉讼的前提条件，其应当向法院提供证据证明这一点。

二是其受到了损害。关于损害的事实也应由消费者举证。

三是损害系由被许可人从事许可事项而导致。举证责任虽然在消费者，但是如果发生了公共紧急事件，政府负有调查责任，消费者在举证时享有获得政府帮助的权利。比如，关于劣质奶粉的危害，可能造成哪些疾病，政府应当作出结论。如果消费者吃了奶粉也出现了调查结论中列举的疾病，就达到了证明标准。

四是消费者主张的行政违法或者失职与被许可人的违法行为之间有着常人可以预见的联系。比如，过去的法律规定，民办学校应当建立完善的财务机构和制度，一起案件中，学生起诉行政机关为其学校核发办学许可，理由是，在申请人没有建立完善的财务机构和制度的情况下，行政机关就批准办学，办学期间，学校乱收费，财务制度也混乱不堪，导致原法定代表人卷款外逃。原告的起诉理由是否成立是实体审查的问题，但在起诉阶段，我们可以预见到其所主张的被告疏于审查与被许可人的违法行为之间的联系。

房屋买受人是否具有起诉商品房预售许可的原告资格？有两种不同观

点，笔者认为，不能一概而论，还要分析买受人的诉讼主张，也就是说他认为商品房预售许可存在何种违法，这种违法之处是否有可能会给买受人造成损害，如果他所说的违法根本就不可能造成买受人的损失，则不应承认其原告资格。

五、举报人的原告资格

《行政许可法》第 65 条规定："个人和组织发现违法从事行政许可事项的活动，有权向行政机关举报，行政机关应当及时核实、处理。"关于行政机关的处理方式，该法第 66 条至第 68 条作出了规定，一般采取责令改正、限期改正或者责令立即改正的方式；如果被许可人不改正，则根据具体的法律规定作出进一步处理。如果举报人认为行政机关没有作出上述处理或者没有做到位，是否可以提起行政诉讼？这个问题很令人困扰，实践中观点很不一致，但否定的观点更占上风。笔者认为，按照现有行政诉讼法的规定，起诉人主张的只能是"自己的合法权益"受到具体行政行为的损害，并无公益诉讼的余地。即便将来行政诉讼法修改引入公益诉讼，也只能适用于极其有限的情形。所以，举报人如果与行政机关的监督检查行为没有个人的利害关系，则其起诉实际上就是公益诉讼，不应承认其原告资格。但是，举报人因行政机关不履行监督检查职责将受到或者可能受到不利影响的，就应承认其原告资格。比如，举报人以被许可人超出许可标准排污，环保部门不予处理为由提起诉讼，如果举报人是外地居民，不会受到超标准排污的影响或者影响可以忽略不计，则没有原告资格；如果举报人是附近居民，直接受到排污的侵害，则有原告资格。

六、查询申请人的原告资格

按照《行政许可法》第 40 条、第 61 条规定，公众具有查阅行政许可决定和行政许可监督检查记录的权利，由此带来的问题就是，行政诉讼的原告资格是否由此扩及所有公众？主要有两种不同意见，一种意见认为，查阅权诉讼的原告范围须分两种情形：一是因查阅行政许可决定和监督检查记录引起的行政诉讼案件，原告资格面向公众。也就是说，任何人只要向行政机关申请过查阅行政许可决定或者行政许可监督检查记录遭到拒绝或者未获得答复，就有诉权。二是因查阅档案材料引起的行政诉讼案件的原告范围仅限于利害关系人。另一种意见认为，因查阅权引起的两类诉讼案件中，原告范围均应以利害关系人为限。我们认为，长远来看，第一种意见更有道理，因为对知情权的司法保护范围越来越宽是必然的发展趋势，但在目前阶段，第二种意见更为可取。主要理由是：

第一，《行政许可法》虽然允许与相关信息没有利害关系的一般公众查询，但并未就司法保护问题作出规定，故这一问题还应按照现行行政诉讼法作出判断。

第二，赋予公众诉权将使此类诉讼具有公益诉讼或者客观诉讼的意味，而现行行政诉讼法却是主观诉讼，侧重保护个人权益，尤其是人身权、财产权等合法权益，其立法宗旨并不包括公益诉讼。

基于上述考虑，司法解释采取了一种有弹性的立场。《许可规定》第2条规定："公民、法人或者其他组织认为行政机关未公开行政许可决定或者未提供行政许可监督检查记录侵犯其合法权益，提起行政诉讼的，人民法院应当依法受理。"该规定沿用了《行政诉讼法》第2条规定的"合法权益"这样的不确定概念。从文字上看，知情权也是一种合法权益，自然可以纳入其内，这就是本条规定的弹性所在。但是适用不能望文生义，而必须要兼顾现实。不仅要兼顾人民群众权利意识不断增强、司法保护需求日益高涨的现实，更要兼顾法律发展的现实。从《行政诉讼法》来看，其所保护的合法权益以人身权、财产权为核心，实践中，与人身权、财产权关系密切的受教育权、劳动权、休息权等权利逐渐得到确认，法律在其弹性空间内悄悄地生长。按照《政府信息公开条例》的规定，可公开的政府信息有两种情形：一是依申请公开的政府信息，二是主动公开的政府信息。依申请公开的，申请人只有出于生产、生活或者科研三种需要或者简称"三需要"之一才有权获得信息。主动公开的，则无此限制。行政许可信息的查询属于依申请公开的领域，相应地，"三需要"也就列入了《行政诉讼法》保护的名单之中。起诉人仅仅主张知情权固然不足以获得原告资格，但与通常诉讼必须要主张人身权和财产权或者与此密切相关的权益不同，"三需要"更为宽泛，因此原告的范围将更为拓展，标志着《行政诉讼法》的权利保护范围在其弹性允许的范围里又向前迈出了一大步。所以，目前司法解释的表述秉承了法律的弹性，既有利于兼顾现实，又不妨碍法律进一步发展。

七、听证程序参加人的原告资格

听证程序参加人的范围与行政诉讼原告资格的范围之间并不能直接画等号，前者的范围远远大过后者。因此，仅仅参加听证程序并不足以获得原告资格，还需要考察其与行政许可是否有个人的利害关系。比如提供咨询意见的专家或者证人都属于没有个人利害关系的参加人，没有原告资格。

八、原告资格的承继和丧失

行政许可如果可以转让，则原被许可权人的原告资格亦可为新被许可人所承继。比如，甲获得探矿权许可之后，因资金链断裂无力开发，遂将其权利转让给乙，并在矿管部门办理了过户登记。乙在着手勘探进行有关工程之际，有关部门立即制止，并指出矿点位于风景区内，禁止勘探作业。乙经了解，情况属实，有关部门的禁令于法有据，不可挑战，遂起诉矿管部门违法为甲颁发许可，造成其合法投入的损失，请求撤销原许可，并判令赔偿。法院审理中有一种观点认为，在原探矿权许可的法律关系当中，乙既非相对人，也非有利害关系的第三人，没有起诉原许可的原告资格。经过讨论，法院判决未采纳这种观点，而是以原告资格承继原理为基准，承认了乙的原告资格。笔者认为，关于权利转移情形下的原告资格承继问题，《行政诉讼法》虽然未作规定，但该法关于主体消亡的原告资格承继的规定可以借鉴，第24条第2款规定了公民死亡时，原告资格为其近亲属所承继，第3款则规定了法人或者其他组织终止，原告资格为承受其权利义务的法人或者其他组织所承继。由此规定可以读出，原告资格与其说从属于主体，不如说是从属于特定的权利义务，也就是说，原告资格承继的根本原因在于权利义务发生了转移。原许可权人之所以有原告资格，完全是因为许可权归属于他，那么，在许可权发生转移的情况下，原告资格自然也应同时转移。

有时，一些特定情况的出现可能导致原有的原告资格丧失，在此情况下应当终结诉讼。不过需要注意，法院需要探究原告资格的丧失是否存在恢复的可能。如果存在恢复的可能，就不宜简单终结。比如，行政机关批准甲民办学校提出的兼并乙民办学校的申请，并办理了变更登记，乙不服，提起诉讼。诉讼期间，乙的办学许可被行政机关注销，在乙的原权利人坚持继续诉讼的情况下，法院遂行裁定终结诉讼，理由是乙的办学许可被注销，就失去了以乙的名义起诉的权利。笔者认为，法院的做法值得商榷。确实，乙作为民办学校，其办学许可一经注销，在法律上即不存在，"皮之不存，毛将焉附"，原告资格自然无从谈起，但是要看到，原告资格的丧失可能是暂时的，因为注销行为是可以被挑战的，如果注销行为被撤销，乙的原告资格也就随之自然恢复了。也就是说，注销办学许可并未使乙的原告资格不可逆转地丧失，而只是中断。法院在这种情形下，最合适的做法就是通过释明讲清利害，如果原权利人对注销行为提起诉讼，则应当裁定中止本案。如果原权利人拒绝挑战注销行为，再裁定终结诉讼。

九、多阶段行政许可行为的被告

实践中，上下级行政机关分工实施行政许可的情形非常普遍，主要有两种形式：一是上级批准，下级决定；二是下级初审，上级决定。两种情况下如何确定被告经常是一个比较棘手的问题。《许可规定》第 4 条规定："当事人不服行政许可决定提起诉讼的，以作出行政许可决定的机关为被告；行政许可依法须经上级行政机关批准，当事人对批准或者不批准行为不服一并提起诉讼的，以上级行政机关为共同被告；行政许可依法须经下级行政机关或者管理公共事务的组织初步审查并上报，当事人对不予初步审查或者不予上报不服提起诉讼的，以下级行政机关或者管理公共事务的组织为被告。"该条针对多阶段行政许可行为的上述两种情形作出了规定。

关于经批准行政许可行为的被告，需要把握以下三点：

第一，批准机关可以为被告。这一规定具有一定的颠覆性，过去的做法是只能以作出行政许可决定的下级机关为被告，其依据是最高人民法院《若干解释》第 19 条关于"当事人不服经上级行政机关批准的具体行政行为，向人民法院提起诉讼的，应当以在对外发生法律效力的文书上署名的机关为被告"之规定。这一规定的理论基础是外部行为学说，也就是行政决定是直接对相对人生效，影响相对人利益的外部行为，而批准行为只是拘束下级机关，但并不对相对人产生法律效力的内部行为。所以，相对人只能起诉下级机关。应当说，该规定在理论上是成立的，实践中也基本可行，但是，在行政许可领域却有明显问题。因为很多行政许可，法律都明确规定下级作决定前要报经上级批准。随着法律的公布，上级机关的批准行为实际上尽人皆知。所以，原本是内部行为，但是经过法律规定实际上外部化了。上级机关的批准或者不批准行为对相对人的影响也由此变得显而易见，所以，批准机关做被告的理由更为突出。

第二，原告一并起诉行政许可决定和批准或不批准行为的，批准机关应当做共同被告。这句话很好理解，不复赘言。有些同志问，批准机关是否只能做共同被告？笔者认为，该条规定并无此意。当然，从实质性解决争议的要求看，最好是合并审理，两个机关做共同被告，但行政许可决定与批准行为毕竟是可分的，是分别起诉，还是一并起诉，还要尊重当事人的选择。

第三，只适用于法律规定必须报经上级批准的情形。

关于经初审行政许可行为的被告，需要把握以下三点：

第一，初审机关做被告仅限于起诉不予初审或者不予上报的情形。初审行为本来也是内部行为，但是在初审机关不予初审、不予上报的情况下，就产生了外部影响，也就是所谓的"内部行为外部化"。

第二，上级机关通常不做共同被告。因为在初审机关不予初审、不予上报情况下，上级机关尚未作出任何行为，起诉时机不成熟。

第三，管理公共事务的组织也可以为被告。按照行政诉讼法规定，适格被告有两类：一是行政机关，二是法律、法规授权的组织。关于法律、法规授权的组织，实践中的理解通常限于法律、法规为某种行政权的行使专门设立的组织，比如证监会、银监会、保监会等。它们通常被归入事业单位，但其职能完全是行政性的，是不叫行政机关的行政机关。还有一些组织是以民间社团身份设立的，其中有些是为特定行业、特定人群提供服务，同时也进行管理，比如律师协会、足球协会、残疾人联合会等；还有些本是民间自治机构，但某些单行法赋予其某种公共事务管理职能，比如村委会等。这些组织的首要身份是民间社团，其承担的管理职能要么被认为是民间的自治事务，比如足协对足球俱乐部及其职业球员的注册和处罚。要么被认为是行政执法的辅助手段，从属于行政机关最后作出的行政行为，如果认为受到损害，亦只能起诉行政机关。这种观念在实践中较有影响，对行政审判的影响很大。《行政许可法》或许对这种状况有所改变。该法第23条规定，行政许可可以由法律、法规授权的具有管理公共事务职能的组织在法定授权范围内实施。该规定有两点值得注意,一是只要管理的是公共事务就可以了,而公共事务显然要比行政事务宽泛;二是未必是管理公共事务的专设机构。

十、统一办理许可的被告

《行政许可法》第 26 条第 2 款规定:"行政许可依法由地方人民政府两个以上部门分别实施的,本级人民政府可以确定一个部门受理行政许可申请并转告有关部门分别提出意见后统一办理,或者组织有关部门联合办理、集中办理。"该款规定了三种便民的办理行政许可的方式,分别为统一办理、联合办理、集中办理。所谓统一办理是指,一级人民政府确定一个部门受理行政许可申请并转告有关部门提出意见,由该部门根据有关部门的意见对申请人予以答复的制度。其他部门没有意见的,该部门也认为申请人具备法定条件和程序的,由该部门作出准予行政许可的决定,并告知申请人。如果其他部门有不同意见的,也由该部门告知申请人不予行政许可的理由及提出不同意见的部门。联合办理就是所谓的联合办公,指的是对涉及多个部门的行政许可事项,由政府组织相关部门联合办公,这样免除了申请人往返不同部门申请行政许可的劳累。集中办理指的是由政府指定专门的场所,将负有行政许可职责的行政机关集中起来。申请人只需去该场所而不必去有关行政机关即可申请材料、获悉处理结果。[①] 按照这些新方式作出的行政许可行为,如果当事人不服,以谁为被告?联合办理和集中办理,各行政机关只是在同一场所办理行政许可,从受理材料到审查并作出决定,还是各自做各自的事情,按照原有规则就可以明确被告。统一办理由一个部门统一受理,并且行政许可决定或者执照也是由一个部门发放,所以就出现了不同的意见。其中主要有如下三种:第一种意见认为,无论起诉哪个行政许可行为,统一办理的机关都是被告。起诉行政许可决定自不待言,起诉有关机关作出的行政许可行为时,统一办理的机关也是共同被告。第二种意见认为,应当由当事人选择,不服行政许可决定的,应当以统一办理的机关为被告;不服有关部门的答复意见的,以有关机关为被告。第三种意见认为,应以作出有决定意义的意见的不利行为的

---

① 参见张兴祥:《中国行政许可法的理论和实务》,168 页,北京,北京大学出版社,2003。

机关为被告。按照这种意见，如果统一办理的机关作出的行政许可决定完全根据一个或者数个相关机关的意见而为，则不应以其为被告。《许可规定》最终采纳了第三种意见，其第 5 条规定："行政机关依据行政许可法第二十六条第二款规定统一办理行政许可的，当事人对行政许可行为不服提起诉讼，以对当事人作出具有实质影响的不利行为的机关为被告。"主要理由是：第一，在诉其他部门意见的案件中，让统一办理的部门做被告没有实际意义。对原告而言，不会因此而得到救济；对被告而言，无谓地增加了负担和成本。第二，避免挫伤行政机关执法便民的积极性。统一办理有利于高效便民，是行政许可法的亮点之一，司法应予支持，而让统一办理部门为其他部门做被告，其积极性易受挫伤。

十一、委托机关的诉讼地位

《行政许可法》第 24 条规定："行政机关在其法定职权范围内，依照法律、法规、规章的规定，可以委托其他行政机关实施行政许可。委托机关应当将受委托行政机关和受委托实施行政许可的内容予以公告。"当事人起诉行政许可行为的，受托机关为何种诉讼地位？有三种不同观点：第一种意见认为，受托机关应列为共同被告。第二种意见认为，受托机关应列为第三人。第三种意见认为，除了以自己名义作出受托行政行为的情形外，受托机关不能作为被告或者第三人，其在行政诉讼中出现只有两种可能的身份：一是接受委托机关委托参加诉讼，二是其工作人员作为证人参加诉讼。笔者认为第三种意见最为妥当。主要理由是，第一，被告和第三人都是诉讼当事人，而作为当事人，要么应当有自己的权利主张，要么在诉讼中可能承担责任。而委托关系中，受托机关在作出受托行为时，既非基于自己的权力，也不必为其行为承担责任或者法律后果。第二，委托机关以自己名义作出受托行为时需要由其自身来承担责任，此时其应当作为被告。但须注意一点，如果委托机关予以追认时，仍应以委托机关为被告。第三，与委托机关相比，受托机关对被诉行政许可行为更为了解，如果能够参加诉讼，对于查明事实是非常有利的，所以，委托机关如果委托受托机关参加诉讼，法院应当允许。法院根据案件审理的需要，也可以传唤受托机关了解情况的工作人员出庭作证，受托机关及其工作人员不得拒绝。

实践中，授权与委托之辨经常不可回避。有的行政机关以规章、规范

416

性文件或者授权委托书的形式将其实施行政许可的权力授权其他行政机关以自己的名义行使，引起诉讼时以谁为被告？其前提是委托机关所谓的"授权"到底是授权还是委托。各地法院在这一问题上分歧较大，主要有两种不同意见：一种意见认为只有法律、法规才能授权，规章和规范性文件不能授权，更不用说直接用授权委托书的方式来授权。所以，规章及其以下的规范性文件和授权委托书的"授权"只能视为委托。另一种意见认为，规章也可以授权。《若干解释》第21条规定："行政机关在没有法律、法规或者规章规定的情况下，授权其内设机构、派出机构或者其他组织行使行政职权的，应视为委托。当事人不服提起诉讼的，应当以该行政机关为被告。"该规定隐含着规章可以授权之意。目前，第二种观点在实务当中占据主流。笔者认为，应当区分两个问题：一是可作为授权依据的载体都有哪些？二是载体不符合要求的如何处理？

关于授权载体，按照《行政诉讼法》的表述，似乎只有法律、法规才有资格授权，而司法解释则似乎扩大到了规章。如何解释这种差异？其实，两者针对的情形不同。要求必须由法律、法规授权的应当指的是外部授权，即对行政机关体系外某一社会组织的授权。这种社会组织要么专门行使某种管理权限，通常与授权同时产生，比如证监会、银监会等，一般称为事业单位，实与行政机关无异。要么主要作为民事主体而存在，行政权只占很小的比重，通常在授权之前就已存在。比如，村委会作为民间自治机构，主要负责农村集体的内部管理事务，偶尔也会行使宅基地审批的初审权等外部管理职能。而规章可以授权的情况则仅限于内部授权，即对行政系统内部某一层级行政机关的授权。外部授权的条件显然应当比内部授权更为严格，这就造成了法律和司法解释的差别。

关于授权载体不合要求的处理，通行观点在逻辑上存在一定瑕疵，但为合理的司法处理留下了足够空间。从逻辑上讲，如果授权依据不是法律、法规和规章，授权就变成了委托，确有"白马非马"之嫌。但是实践当中，如果这样理解的话，就得把受托机关列为被告，在实体审理中把授权文件作为授权依据来审查，其结论必然是不可用，只能认定受托机关超越职权，多数应当判决撤销。这就难免会给行政管理造成冲击，有时还会损害相对人的信赖利益。而按照委托对待，则被告就变成了授权机关，而授权机关通常是有权的，受托机关以自己名义作出的行政行为又是得到授权机关认可的，行政行为的违法可能就变得没有那么严重，只是瑕疵。

第四节　起诉与受理

一、起诉行政许可行为的案件裁判后其他利害关系人能否再行起诉

前文交代过，有些行政许可存在大量的利害关系人，比如向河流排污的许可会涉及流域居民和单位，核电站设立许可影响的范围更大、涉及的居民和单位也会更多，拆迁许可也会涉及从数名到成千上万的被拆迁人。这些利害关系人未必都起诉，起诉也未必会同时起诉，这就可能产生一个问题，在前面的案件已经作出裁判，诉讼已经结束后，其他人再来起诉，是否应当受理？这个问题令人困惑，各地做法不一。这实际上是在先裁判是否可以拘束所有利害关系人的问题。笔者认为，在先裁判能否拘束后续的起诉人，取决于两个因素：一是裁判的理由是否符合起诉人的情形。比如在先裁定驳回起诉的理由是起诉人不具有原告资格或者超过起诉期限，就不能必然适用于后续的起诉。但是裁定的理由如果是被诉行为不具有可诉性，就可以拘束后续的案件。二是法院是否通知了该利害关系人参加诉讼。《行政诉讼法》第 27 条规定："同提起诉讼的具体行政行为有利害关系的其他公民、法人或者其他组织，可以作为第三人申请参加诉讼，或者由人民法院通知参加诉讼。"如果利害关系人参加了或者法院通知而该利害关系人放弃的，就可以拘束之，反之就不能。

如果大量利害关系人起诉或者参加诉讼，就形成了共同诉讼甚至集团诉讼。按照《若干解释》第 14 条第 3 款规定，当事人可以推选一至五人作为代表参加诉讼。如果在指定期限内未能选定，人民法院可以依职权指定。这种方法有助于提高审判效率，但可能有时出现救济不够到位的问题。因为每个人的诉讼请求可能并非完全相同，理由也未必一致。笔者认为，《德国行政法院法》第 93a 条规定的标准诉讼值得借鉴。按照请求和理由，从超过 20 个原告的诉讼中挑选一个或者数个诉讼，在事先听取参与人意见之后，中止其他诉讼。最后的诉讼结果适用于同样诉讼请求和理由的起诉人。

二、知道具体行政行为的时间

行政机关作出行政许可行为，申请人自然会知道，但是行政许可往往涉及利害关系人，如果行政机关向其发出通知，其自然也会知道。但是通常情况下行政机关都不会通知利害关系人，所以其起诉往往距离作出行政许可行为的时间较长。此时，利害关系人提出的理由往往是行政机关作出行政许可行为一直没有告知，其只是通过偶然的机会知悉。在此情况下，被告如果认为超过起诉期限，则应由其举证，证明利害关系人早已知悉行政许可行为。关于哪些情况可以认定利害关系人早已知悉，实践中有如下几个问题值得讨论：

第一，公告。有的在报纸、电视、网络等媒体上发布公告，或者在特定地点张贴，将行政许可行为的内容向社会公众或者特定人群公开。此时的问题是经过多长时间就可以推定利害关系人知道。笔者认为，可以参照《民事诉讼法》第 84 条第 1 款关于公告送达的规定，自发出公告之日起，经过 60 日，即视为送达，也就是利害关系人知道行政许可行为的时间。需要注意，公告方式可以在两种情况下使用，一是利害关系人不特定，如果行政机关知道利害关系人的存在，就应首先考虑直接送达。二是如果利害关系人虽然是特定的，但是涉及的人数众多，能否用公告方式要看是否有法律、法规的明确规定。

第二，查知。被告如果能够证明，利害关系人曾经到行政机关或者档案机构查询被诉行政许可行为，也可以证明其知道被诉行为的内容。

第三，自认。自认既包括庭审中的亲口承认，也包括此前自身的言行。比如，行政机关通过招标确定由甲企业获得天然气经营权，竞争权人乙企业不服提起诉讼，甲企业指出起诉已经超过了起诉期限，乙企业辩称被告未向其送达行政许可决定，刚刚知道被诉行为内容。被告于是向法院提交了乙企业自被诉行为作出后与其多次交涉的记录，尤其是乙企业提交的报告中多次提到被诉行为的内容。被告提交的这些材料也构成原告对其知道被诉行为内容的自认。

第四，知道被许可人的行为是否意味着知道了被诉行政许可行为的内容？笔者认为，两者之间不能简单地画等号。比如，建设单位开工建设后，邻近地段的某个居民前来交涉，认为建设项目所留间距不符合规定，侵犯其相邻权。被告向法庭提供关于上述双方交涉的证据，只能证明原告知道建设单位的建设行为，但不足以证明原告知道其为建设单位颁发规划许可证的行为，即使建设需要办理规划许可证是一个法律常识。因为应当办理规划许可证与实际上是否办理了规划许可证是两个不同的问题。

三、对"涉及不动产"的理解

涉及不动产的行政案件，起诉期限最长可达 20 年，否则，最长期限只能是 5 年。鉴于不动产的重要性，国家往往在其上设置很多的行政管理环节，形成非常严密的管理链条。比如，对房地产开发的全过程都贯穿了很多行政部门的管理措施。先是计划立项，然后是用地审批，有的还涉及土地或者房屋征收，接下来又是规划审批和开工许可，建设过程中还有监督检查，竣工还需要验收合格，然后是房屋登记，房屋存在期间的各种变化都在登记中有所体现。这一系列的行政行为是否都属于涉及"不动产"？实践中有不同认识，各地做法不一。鉴于不动产往往价值巨大，对公民、法人或者其他组织的意义不言而喻，应当给予更充分的救济机会。笔者认为，除了计划立项之外，都应认为属于涉及"不动产。"计划立项还需要具体分析，如果立项的内容就是建设项目，则应认为涉及"不动产"，否则一般不宜认定为涉及"不动产"。

四、知道被诉行政许可行为但不知自己受损

通常情况下尤其在被诉行为为不利处分的行政案件中，行政机关对相对人作出具体行政行为时，相对人就知道或者应当知道自己受到了损害。所以，《行政诉讼法》第 39 条规定起诉期限自具体行政行为"知道作出"之日起计算，不会出现什么问题。但是在行政许可案件中，这一规定可能招致合理性的质疑，因为被许可人未必会知道自己受到违法行政许可行为的侵害。比如，原告向被告申请开采矿产，被告批准后，原告长时间准备，进入了开采阶段。但不久即为当地风景区管理部门得知并出面干预，称其开采的矿产位于风景区内。原告经了解，情况属实，不得不停止开采。此时方知被告为其颁发采矿许可证系违法行为，并造成了其合法投入的损失。如果从其知道颁证行为之日起算，早已超过起诉期限，这显然是不合理的。笔者认为，应当从原告知道自己受到侵害之日起计算起诉期

限，因为这才符合《行政诉讼法》的本意。按照该法第 2 条规定，公民、法人或者其他组织只有认为自己的合法权益受到违法具体行政行为的侵害，其提起的行政诉讼才有可能被受理。既然如此，知道自己的合法权益受到具体行政行为侵害也就成为了提起诉讼的前提条件。在其不知道受到侵害的前提下，自然不能计算起诉期限。

司法解释本来有体现上述观点的条款，后来接受立法机关建议予以删除。但需要注意，立法机关认为该条内容是合理的，之所以建议删除，是因为改写了法律的文字，有司法解释僭越立法解释权的嫌疑。既然内容是合理的，又符合法律本意，各级法院在审判实践中可以如此理解适用。

五、不作为的起诉期限

不作为案件的起诉期限，在所有行政诉讼案件中都是共同的难点，在行政许可领域，问题尤为突出。《行政诉讼法》对不作为案件的起诉期限未做规定，《若干解释》规定了可以提起行政诉讼的时间起点，但未规定终点。司法解释讨论过程中，涉及了这个问题，争议很大，主要有如下三种意见：第一种意见认为，不应当有起诉期限的限制，因为行政机关不履行法定职责的状态一直存在，也就是说，具体行政行为是持续性的，起诉期限一直不起算。第二种意见认为，按照《行政诉讼法》第 39 条的规定，自行政机关办事期限届满之日起 3 个月可以提起诉讼。至于有人担心时间过短的问题，也并不会损害申请人的利益，因为过了起诉期限，只要再向被告申请一次就可以了。第三种意见认为，应当适用 2 年的起诉期限。因为不作为也被看作一种具体行政行为，由于不作为案件中，被告肯定也不会告知原告诉权和起诉期限，所以，按照《若干解释》第 41 条的规定，应当在其知道具体行政行为内容之日起 2 年内起诉。经过多次讨论，很难形成高度共识，所以最终没能写入正式条款。看来这个问题还需要继续探索。

笔者认为，比较而言，第三种观点更有道理。第一种观点如果推至极端，100 年、200 年起诉期限也不开始起算，当事人永远保有诉权，就显得荒谬了。如果承认不作为案件也有起诉期限的限制，则从办事期限届满之日 3 个月显然不合理。至于不会妨碍原告救济的理由也过于绝对，有时申请需要提交申请材料的原件，申请人可能只有一份，之前已经向行政机关提交，再次申请就无法提交了。所以，不作为案件的起诉相当于知道行为内容但不知道诉权和起诉期限的情形，应当参照《若干解释》第41条规定，至少要给原告2年的诉权有效期，由于不作为案件中，被告不会补充告知诉权和起诉期限，所以，2年的诉权有效期当中，3个月起诉期限通常不会起算，所以，2年的诉权有效期事实上就相当于起诉期限。需要注意一点，2年的起诉期限并非绝对不可突破，如果期间行政机关明确承诺作出行政行为，要求当事人等待，则这一时间从起诉期限中可以扣除。

六、行政许可办理期限的起算

行政许可办理期限届满之后，起诉不予答复许可申请的时机方为成熟，而行政许可办理期限以行政机关受理许可申请为起算点。确定行政许可办理期限的起算点通常容易确定，但是在行政机关按照《行政许可法》第33条规定实行电子政务，当事人采用数据电文方式申请行政许可时，却可能产生疑问。我们经研究认为，这实际上是数据电文申请接收时间如何确定的问题，《电子签名法》第10条、第11条关于数据电文接收时间的规定具有很强的借鉴意义。不过，该法第11条第2款规定中"未指定特定系统的，数据电文进入收件人的任何系统的首次时间，视为该数据电文的接收时间"的内容不宜借鉴。主要理由是：《电子签名法》主要规范民事领域，而行政许可属于行政领域，实践中，行政机关都是根据行政许可的特殊性设计了专门系统来推行电子政务的。鉴于此，《许可规定》第6条规定："行政机关受理行政许可申请后，在法定期限内不予答复，公民、法人或者其他组织向人民法院起诉的，人民法院应当依法受理。""前款'法定期限'自行政许可申请受理之日起计算；以数据电文方式受理的，自数据电文进入行政机关指定的特定系统之日起计算；数据电文需要确认收讫的，自申请人收到行政机关的收讫确认之日起计算。"

第五节　审理

一、不作为事实的证明

不作为分为积极不作为和消极不作为。所谓积极不作为指的是行政机关明确地全部或者部分拒绝履行其负有的法定职责的情形。消极不作为指的是行政机关对于当事人要求其履行法定职责的请求不做任何意思表示，也就是不予答复的情形。在行政许可案件中，行政机关的积极不作为有两类情形：一是作出不予受理许可申请的决定，二是受理申请后作出不准予许可的决定。消极不作为也有两类情形：一是对是否应当受理不作出答复，二是受理后对是否准予许可不作出答复。

对于不作为的事实，应当由原告负责举证，但在不同类型的不作为案件中，原告的证明事项并不相同。在积极不作为案件中，原告通常需要提交不予受理许可申请或者不准予许可的书面决定。如果原告称被告没有作出书面通知或者决定，而是口头拒绝，则需要提交相应证据。如果不能提交或者提交的证据证明力不足，但被告认可的，亦可认定不作为存在。

在消极不作为案件中，原告通常需要提交被告收下申请材料的凭证或者向提交受理许可申请的通知。至于被告不予答复的事实，则只需作出陈述即可，被告否认的，则由其举证。这里的疑难问题主要是：如果原告称被告收下申请材料但不给凭证或者受理许可申请只是口头通知，如何举证？笔者认为，这要看被告是否实行了收文凭证制度或者受理登记制度而定。按照《证据规定》第4条第2款规定，如果被告有完备的受理登记制度，则由原告举证。如果被告没有实行受理登记或者登记制度不完备，则原告只需陈述并作适当说明即可，被告否认的，应当由其举证。

二、前置行政行为的连带审查

所谓前置行政行为指的是作为行政许可基础和前提的其他行政行为。很多行政许可都涉及前置行政行为，甚至可以说这是行政许可与其他行政行为相区别的重要特点之一。比如，开办饭店的营业许可就需要以卫生许可和消防许可等其他行政行为作为前置的条件。当事人起诉行政许可行为时，并未一并起诉前置行为，或者虽然一并起诉，但已经超过起诉期限，法院能否对之进行审查？按照什么标准进行审查？鉴于前置行为与被诉行政许可行为之间密切的关联性，完全排除审查的观点很少得到赞同，分歧主要在于采取什么标准进行审查。有三种不同观点：一是合法性审查，二是证据审查，三是效力审查。笔者认为，第二、三种观点即证据审查和效力审查可以合并适用，其中效力审查是最为重要的标准。

　　合法性审查是法院对被诉具体行政行为的审查标准。如果适用此种标准，把没有起诉的行政行为当作被诉行政行为来审理，并不符合不告不理的诉讼理念，混淆了诉与非诉的界限。如果是这样，起诉期限将变得没有任何意义，法院随时可以对已经发生完全效力的行政行为进行严格的司法审查，行政秩序无法形成稳固的基础。所以，审查前置行政行为的严格程度应当低于被诉行政行为的合法性审查。

　　证据审查是一个可用的标准。前置行政行为往往体现为申请行政许可时提交的材料，用以证明申请符合行政许可的某种法定要件。在这个意义上看，前置行政行为是用以证明行政许可合法性的证据，证据审查的标准自然可用。不过，这个标准基本上不涉及行政行为内容。证据审查关键在于"三性"的确认，即所谓关联性、合法性、真实性。前置行政行为在法律上有明确要求，关联性不言而喻，没有多少审查余地，合法性主要关注证据调查程序或者取得方法的合法性，真实性亦是从行为外观上进行判断，均不触及行政行为的实质内容。

　　有效性审查是最适当的审查标准。与合法性审查相同点在于，两种审查针对的都是行政行为内容，不同点在于，其严格程度明显降低。有的同志说，合法性审查是针对病症的诊疗，有效性审查则是例行体检。笔者认为这个比喻是非常恰当的，道出了两种审查标准的差别。有效性审查的关注点在于行政行为是否有效。按照行政行为公定力理论，行政行为一旦作出，在未经合法程序撤销之前应当推定有效，其例外就是行政行为因存在重大明显的违法而无效。所谓"重大"是说违法的严重性，比如缺乏事实根据或者法律依据、无权限等。所谓"明显"指的是行政行为存在的违法之处，具有一般理性的人都可以发现或者作出判断。无效行政行为没有公定力的法律后果主要有三：一是相对人有权拒绝服从；二是相对人可以提出诉讼，请求确认无效，不受起诉期限的限制；三是不能拘束相关的利害关系人。有效性审查在为当事人提供更为有效的司法救济的同时，对行政秩序不会造成冲击，很好地兼顾了多种价值，最为可取。司法解释最终采纳了这种观点。《许可规定》第7条规定："作为被诉行政许可行为基础的其他行政决定或者文书存在以下情形之一的，人民法院不予认可：（一）明显缺乏事实根据；（二）明显缺乏法律依据；（三）超越职权；（四）其他重大明显违法情形。"该规定与《若干解释》第95条规定确定的非诉执行案件中对申请执行的具体行政行为的审查标准一脉相承。实际上，《许可规定》第7条确定的标准并不限于行政许可领域，完全可以扩张适用到所有涉及前置行政行为的行政案件当中。

三、被告怠于举证及其处理

按照《证据规定》第1条的规定，被告未在法定期限内提供证据的，视为被诉具体行政行为没有证据。该规定对于侵益性行政行为而言通常不会产生明显问题，但适用于授益行政行为就很容易带来不合理的结果。因为被告怠于举证的不利后果往往由作为申请人或者利害关系人承担，甚至还会损害公共利益。在此情况下，有时第三人向法院提供证据；有时第三人不掌握证据，但提供了证据线索并请求法院调取；还有时行政行为关系到重大公共利益，法院是否应当依职权调取就成为一个需要认真面对的问题。在原有规则上，上述三种情形都没有明确的答案。我们认为，原有规则放在行政机关与相对人的双方关系框架下的不利处分是没有问题的，但是放在行政许可这样的涉及各种各样利害关系人的有利处分，就不是很合适。因为被告违法的后果本应由其自己来承受，不能因此而惩罚无过错的第三人，但是原有规则就会带来板子打在被告身上，痛苦却全由第三人承受的问题，这显然是不公平的，也背离了制度设计的初衷。鉴于此，我们在司法解释起草过程中，就上述三个问题进行了研究，结合行政许可特点，作出明确的解释性规则，为此类案件的合理解决提供依据。《许可规定》第8条第1款规定："被告不提供或者无正当理由逾期提供证据的，与被诉行政许可行为有利害关系的第三人可以向人民法院提供；第三人对无法提供的证据，可以申请人民法院调取；人民法院在当事人无争议，但涉及国家利益、公共利益或者他人合法权益的情况下，也可以依职权调取证据。"

如果上述途径获得的证据能够证明行政许可合法，法院应当如何判决？讨论中有两种不同意见：一是判决确认被诉行政许可行为违法，但保留许可行为的效果。二是判决驳回原告的诉讼请求。我们认为，第二种意见更为合理。因为评价被诉行政许可行为的合法性，应当以行政许可行为的作出为基准时，也就是根据行政许可作出前被告收集的证据以及当时有效的法律规范来评价。被告怠于举证确实是违法，但是违法并不是发生在行政许可行为作出的过程中，是发生在其后的诉讼过程中，所以，被告怠于举证与行政许可违法之间缺乏联系。不过，在此情况下，判决维持被诉行政许可行为显然不合适，那么合适的处理方式就只剩下一种：驳回诉讼请求。根据上述考虑，《许可规定》第 8 条第 2 款规定："第三人提供或者人民法院调取的证据能够证明行政许可行为合法的，人民法院应当判决驳回原告的诉讼请求。"

四、行政许可延续和变更是否需要听证

受案范围部分的延续行为可诉性问题当中，已经提到了行政许可的延续行为一般不可诉，对于行政许可变更也是同样。但是需要注意，行政许可的变更是存在例外的。如果法律有规定或者行政许可的变更将给申请人之外的利害关系人造成重大影响的，就应当举行听证。某开发商在开始房屋预售之后，修改建设工程规划许可的技术指标，将原来规划批准的每层高度降低，城市规划部门在未举行听证，听取房屋买受人意见的情况下，批准了技术指标的变更，引起诉讼。诉讼中的焦点问题就是变更原许可是否需要听证？这个问题，建设部等七个部委联合下发的《关于整顿和规范房地产市场秩序的通知》（当时有效，现已失效）中规定："房地产开发项目规划方案一经批准，任何单位和个人不得擅自变更。确需变更的，必须按原审批程序报批；城市规划行政主管部门在批准其变更前，应当举行听证。"这一规定可以作为判断依据。即便没有该规定，考虑到变更许可指标对于房屋买受人的利益有重大影响，亦应参照《行政许可法》第 46 条关于作出涉及第三人重大利益的行政许可决定前举行听证的规定。

五、案卷排他性原则的运用

听证可以分为非正式听证和正式听证，非正式听证又称"辨明型听证"或者"陈述的听证"，其内容可以归纳为两点：一是行政机关给予相对人和利害关系人口头陈述或者申辩的机会。二是行政机关应当考虑相对人或者利害关系人的意见。正式听证又称"审判型听证"或者"准司法听证"。其内容可以归纳为两点：一是为当事人提供质证和辩论的机会。在行政机关举行的正式听证当中，当事人可以提出自己的证据，询问对方的证人，质疑对方提出的其他证据，并就法律观点进行辩论。二是听证记录

是行政机关作出决定的唯一根据。这是正式听证最核心的标志，又称为"案卷排他性原则"。《行政许可法》对两种听证都有规定，其第 36 条关于当事人陈述、申辩之规定实际上就是非正式听证，而其"听证"一节之规定就是正式听证。

《行政处罚法》虽然也有听证的规定，但听证的法律效力却语焉不详，《行政许可法》则对此作出清楚的交代，第 48 条第 2 款规定："行政机关应当根据听证笔录，作出行政许可决定。"域外经验和理论上的"案卷排他性原则"真正进入了法条。那么这一原则行政审判中如何运用呢？笔者认为，应当注意以下三点：

第一，行政机关提交的证据超出听证范围之外的，法院一般不采纳。在行政程序中，行政机关占据主动地位，所以案卷排他性原则首先意在约束行政机关，要求行政机关必须根据听证笔录作出决定。如果行政机关以听证之外的其他证据作为行政行为的定案证据，听证就失去了意义，相对人和利害关系人就变成了欺骗和愚弄的对象。

第二，原告和第三人在听证中未出示的证据，法院一般不予采纳。听证的核心目的在于查明事实，增强事实认定的可靠性，所以，案卷排他性不仅约束行政机关，也应当约束听证参加人。否则，如果原告或者第三人在听证中故意不提供证据，行政机关就只能在事实未完全揭示的情况下作出决定，听证的意义由此大大降低。

第三，在有正当理由的情况下，法院可以接纳案卷外的证据。诉讼庭审具有固定证据的效果，所以，法院在二审中一般不接纳新的证据，但这并非绝对，如果有正当理由，还是应当接纳。听证具有准司法性，其固定证据的效果也接近于司法，所以，案卷外证据的排除亦非绝对，应当给正当理由留下空间。

六、对案卷内证据的审查

所谓案卷内证据就是行政机关的听证笔录及其在听证当中出示的证据。行政机关只能根据案卷内的证据作出行政许可决定。法院对于案卷内的证据应当如何审查呢？实务当中尚无一致的看法，理论上存在两种不同的观点：一是合理审查。合理审查是一种低密度的审查，只要一个有理智的人根据案卷内的证据可能会得出与行政许可决定相同的结论，就应当支持行政机关作出的事实认定。二是重新审查。重新审查是一种高密度的审查。法院把听证结论放在一旁，对于事实问题进行审理，相当于重新组织听证。但是按照案卷排他性原则，如无正当理由，法院不接受听证之外的其他证据，也就是说，听证的固定证据效果对法院的审查有约束作用。

笔者认为，应当以重新审查为原则，合理审查为补充。在普通法国家，司法审查早期在事实问题上通常采取合理审查的标准，这是因为其采取复审的理念，诉讼以复议为前置条件，而复议则相当于一审，法院的司法审查相当于上诉，而上诉则以法律问题为审查重点。在大陆法国家，法院在行政审判中把事实问题和法律问题置于同等重要的位置。在审查密度上，法院对于事实问题和法律问题原则上不受限制，有些情况下甚至可以对被诉行政行为的事实和理由进行补充。我国行政诉讼在理念上与司法审查差异较大，更多秉承大陆法系传统。法院运用合理审查标准主要限于以下几种情形：一是涉及裁量因素或者判断余地，二是紧急行为，三是专业性、技术性较强的领域。

七、行政许可法的优先适用

行政许可由单行法设定，如果单行法与行政许可法的规定存在差异，如何选择适用？《立法法》上的三条规则是最基本的标准，即所谓上位法优于下位法，特别法优于一般法，新法优于旧法。这些规则的含义非常清楚，本身并无疑义。实践中容易出现不同理解的主要有两个问题：

一是单行法对行政许可的某些条件或者程序未作规定，《行政许可法》作了规定，是否构成抵触或者冲突。比如，国务院《城市房屋拆迁管理条例》并未要求行政机关颁发拆迁许可证时进行听证，拆迁管理部门通常也不会安排听证。《行政许可法》实施后，不少拆迁管理部门仍然按照过去的习惯做法，颁发拆迁许可证之前不进行听证，诉讼中受到质疑。有的法院认为下位法与上位法抵触，应当选择适用上位法即行政许可法，拆迁管理部门不进行听证违反了法定程序。有的法院认为拆迁管理条例并未要求听证，行政许可法实施后，该条例仍然有效。按照该条例，过去一直不需要听证，现在也仍然一如既往。所以，行政机关不听证不构成违法。笔者认为，第一种观点结论正确，但理由有误。《行政许可法》实施之前，拆迁管理条例对于是否听证没有作出规定，在相关的法律规定中亦无规定，因此可以运用反对解释方法，认为法律并不要求颁发拆迁许可证之前必须听证。《行政许可法》实施后，该法第 47 条规定："行政许可直接涉及申请人与他人之间重大利益关系的，行政机关在作出行政许可决定前，应当告知申请人、利害关系人享有要求听证的权利"，听证在上位法上有明确要求，此时应当运用体系解释方法，认为听证是一个必经的程序。实际上，《行政许可法》与《城市房屋拆迁管理条例》并不存在不一致，而是一种互补的关系。

二是《行政许可法》与过去的法律规定不一致时如何选择适用。《行政许可法》是行政许可事项的一般法，单行法是设定特定行政许可的法律，是特别法。按照特别法优于普通法原则，应当适用单行法。与《行政许可法》实施之前的单行法相比，《行政许可法》是新法，单行法是旧法，按照新法优于旧法的原则，应当适用《行政许可法》。两种规则具有同等地位，但结论完全相反。笔者认为，通常应当适用《行政许可法》，因为《行政许可法》的规定尤其是强行性规定，实际上可以理解为行政许可设定和实施的最低标准，如果没有为其他方案留下空间，应解为该规定具有优先性；如果留下了空间，则可以例外。比如，关于办理行政许可的期限，《行政许可法》第 42 条规定了行政许可办理期限的同时，还规定法律、法规另有规定的除外。

八、行政机关处理期间法律发生变更

在行政审批制度改革的背景下，设定行政许可的法律规范经常会发生变更。在行政审判当中经常会遇到此类问题，造成法律选择适用的困扰。其中最为常见的情形是：新的法律规范出台后并不立即实施，而是有一段缓冲期，有的行政机关在这一段时间内，受理了行政许可申请后往往先搁置下来，待到新法实施后，以申请不符合新法规定的条件为由作出不准予行政许可的决定，引起诉讼。我们认为，应当区分两种情形：一是行政许可申请虽然在旧法有效期间提出，但是在行政机关办理期限届满前新法实施的，原则上应当适用新法。二是行政许可办理期限届满后新法开始实施的，原则上适用旧法，除非适用新法对相对人更有利。根据这种思想，《许可规定》第 9 条规定："人民法院审理行政许可案件，应当以申请人提出行政许可申请后实施的新的法律规范为依据；行政机关在旧的法律规范实施期间，无正当理由拖延审查行政许可申请至新的法律规范实施，适用新的法律规范不利于申请人的，以旧的法律规范为依据。"

司法解释起草过程中针对第一种情形其实还作过更细致的研究，当时的倾向性意见是从新兼从优原则。也就是说，一般适用新法，但是适用旧法对相对人更有利，且不损害公共利益和第三人合法权益的，可以适用旧法。讨论中对于是否可以从优适用旧法以及适用旧法是否需要加上损害公共利益和第三人合法权益存在争议，故此，只明确规定了适用新法，是否存在例外，留待实践进一步探索。

九、法律规定不明确时的公益考量

某种事项是否需要经过行政许可，法律规定不够明确时，不可迳行否定，而应审视管制的必要也即公益考量的因素是否足够，如果答案是肯定的，就应当探讨能否通过解释法律的方法来解决。

解释法律的前提是对照法定事实要件，尽可能把有关事实调查清楚，在涉及科学背景时，最好借助专家或者有关机构的意见。在一起行政处罚案件中，技术监督部门认定某公司未经许可擅自从事气瓶充装活动，并据此作出处罚决定，引起诉讼。按照《气瓶安全监察规程》第 2 条规定，"气瓶"指的是正常环境温度（－40 度至 60 度）下使用的公称工作压力为 1.0～30Mpa（表压），公称容积为 0.4～1 000L 的盛装永久气体、液化气体的气瓶（不含仅在灭火时承受压力、储存时不承受压力的灭火用气瓶）。该规定的各项指标针对的是气体或者液化气体，而原告公司充装的碳五是一种新型液体燃料，并非气体。原告正是基于此提出了两点诉讼理由：一是碳五是液体，二是对于碳五的充装系数法律上并无明确规定。从文义上看，碳五并不属于气体或者液化气体，但其属于易燃易爆危险化学品，显然有管制的必要，但是能否采取充装许可的管制方法，则需要搞清楚两个基本事实，碳五是否属于气体或者液化气体？其充装系数是多少？这是专业性很强的问题。原审法院咨询了化工科研机构等有关机构的专家和国家技术监督部门，最后的一致意见为：原告在气瓶内同时充装氮气，碳五中包含正戊烷，可以参照正戊烷的整体指标，而正戊烷的各项指标完全符合《气瓶安全监察规程》第 2 条规定的各项标准，应当属于安全监察范围。在上述事实的基础上，法院实际上下面要做的事情就非常简单了，因为案件的事实完全涵摄于法律的文义之内。最终，法院从公益考量出发，借助专家和专业部门的知识和经验明确了事实，得出了令人信服的结论。①

为了保持法律的安定性，法院通常应当在法律的文义可能性范围内选择解释方案，可选方法的顺序依次为文义解释、体系解释、目的解释、法意解释、社会学解释。如果法律存在明显的漏洞，具体到行政许可领域就是如果作出否定解释严重损害公益时，就可以采用尺度更大的补充漏洞的方法。这一点在行政许可领域显得非常必要。因为现代科技和生产力的发展日新月异，立法机关很难预见一些新的情况，立法滞后的情形比较常见。如果法律在文字上未能涵盖后来出现的新事物，而该事物又直接影响重大公益，在立法未能及时调整和修订的情况下，无权设定行政许可的国务院部门以部门规章甚至规章以下的规范性文件加以明确，将其纳入某种上位法设定的许可，甚至直接设定一项许可，法院如何处理？这是一个令人困惑的问题。上海某法院审理的一起因脐带血采集引起的行政处罚案件或许可以提供参照。脐带血采集是近年来生物科技发展而产生的新事物，采集目的在于从脐带血中分离出造血干细胞进行储存，并在需要时用于临床治疗。但是采集脐带血是否需要经过许可，在法律层面上并无答案，因为1997年制定《献血法》时，脐带血尚未在生活中出现。为了防范风险，更好地保护广大人民群众的生命健康，卫生部出台了《脐带血造血干细胞库管理办法》，其中规定，脐带血干细胞库的设置须经国务院卫生行政部门批准，在取得《脐带血造血干细胞库执业许可证》后方可进行。原告未取得上述许可从事脐带血采集活动，被告卫生行政部门予以取缔，并作出没收违法所得的处罚决定，引起诉讼。诉讼中，原告对脐带血采集许可的设定权提出了质疑。应当说这切中了要害。按照《行政许可法》的要求，部委规章无权设定。那么，接下来就应当考察脐带血是否属于血液，如果属于，则按照《献血法》采集血液须经许可，卫生部规章就不算是设定许可，可以视为对许可条件和程序的具体化，否则就必须认定被诉行政行为超越职权。从文字上看，《献血法》要求血液必须用于临床，卫生部1998年制定的《血站管理办法（暂行）》（已失效）又进一步解释："血液是指用于临床的全血、成分血"，更是把临床作为血液定义的要件之一，而脐带血并非用于临床。应当说，《献血法》要求血液必须用于临床本来只是

---

① 参见上海德林能源发展有限公司诉上海市金山区质量技术监督局行政处罚决定案，(2004) 金行初字第 32 号行政判决书。

一个不太明显的漏洞，但卫生部的解释把临床作为要件使得漏洞最终形成，使得有效的管理受到妨碍。法院最终考虑到脐带血和血液的相似性以及脐带血采集与血液采集具有类似的风险等因素，采取了类推适用的方法，对于被告的许可予以认可。但考虑到脐带血是否须经许可在法律层面上不够明确，在法律不能为当事人的行为提供指引的情况下进行处罚，实为不教而诛，有违法治精神，所以，法院最终判决确认取缔行为合法，没收行为违法。笔者认为，漏洞补充是一种尺度非常大的解释方法，法院在运用时必须要慎重，要以法的精神实质的准确把握去发展法律、完善法律，而不是简单地造法。

十、行政许可的有效范围

在一起导游许可案件中，旅游行政管理部门对持有外地旅游行政管理部门颁发导游证的外地导游作出处罚决定，理由是其未取得其颁发的导游证在本地从事导游活动。由此提出了行政许可的有效范围问题，这在行政许可案件中经常出现。《行政许可法》第 41 条规定："法律、行政法规设定的行政许可，其适用范围没有地域限制的，申请人取得的行政许可在全国范围内有效。"根据该规定及其精神，笔者提出以下三个标准：

第一，法律、行政法规、地方性法规在设定许可时，可以附加地域限制。如果附加了地域限制，行政机关作出的准予行政许可决定时，还应当尽可能明确具体的地域范围。例如，公民、法人或者其他组织申请取水，行政机关作出的准予行政许可决定应当规定取水量和取水地点，被许可人只能在该地点取水。[①]

第二，法律、行政法规没有设定地域限制的，行政许可全国有效。例如按照《公司法》及其有关法规和规章，公司登记并无地域限制，一个建筑企业在某地依法登记，取得营业执照后，就可以在全国范围内参加投标、承揽建设工程，无须在其他地方再次申请登记、办理营业执照。但是如果为了方便生产经营活动，在某地依法设立的企业拟在其他地方设立分支机构或者投资设立独立核算的法人，则应当按照有关法律、行政法规等的规定申请办理登记、领取营业执照。关于前述案例涉及的导游证，国务

[①] 参见国务院法制办国法函［2004］293 号答复。

院《导游人员管理条例》在设定许可时，并没有对导游证的地域限制作出规定，因此导游证在全国范围内有效。①

第三，地方性法规没有设定地域限制的，行政许可在本法域内有效。

十一、有审批权的行政机关是否可以指定下级行政机关初审

按照《行政许可法》第35条规定，下级行政机关的初审权限于"依法应当先经下级行政机关审查后报上级行政机关决定的行政许可"。也就是说，初审必须要有"法"的授权，而不能由上级任意指定下级为之。至于"法"的层级，则存在解释的空间。笔者认为，"法"可以做较为宽泛的解释，只要是按照《立法法》规定的立法程序制定的规范性文件即可，包括法律、法规和规章。另外，需要注意一点，规章如果规定未经下级行政机关初审同意，申请材料就不能上报给上级行政机关，就不具有可适用性。因为这样的初审等于设定了新的许可，而规章无权设定许可。

十二、行政许可审批权和监督检查权分离

有时法律、法规把行政许可的审批权给了一个行政机关，把监督检查权却给了另外的行政机关，此时确定各方职责的依据就是有关的法律或者法规的规定。

对国务院部门实施的行政许可，有时法律行政法规没有明确规定实施监督的机关，国务院部门可以在职责范围内就上下级之间的监督职责作出划分。此类划分职责的规章或者规范性文件在不存在法律冲突的情况下可以作为依据。

有时，本地行政机关颁发行政许可，但被许可人的活动范围可能超出本地范围，因此，外地行政机关也可能有监督检查权。根据《行政许可法》第64条的规定，被许可人在作出行政许可决定的行政机关管辖区域外违法从事行政许可事项活动的，违法行为发生地的行政机关应当依法查处，并将被许可人的违法事实、结果抄告作出行政许可决定的行政机关。比如：对机动车驾驶员给予吊销驾驶证处罚的，由裁决的公安交通管理部

---

① 参见国务院法制办国法函［2004］292号答复。

门将裁决书和驾驶证转送驾驶员现籍车辆管理部门执行。

十三、撤回、撤销、吊销、注销行政许可的区别

第一，原因。撤回行政许可的原因在于行政许可的继续存在与公共利益的需要不能兼容。撤销行政许可的原因在于准予行政许可决定自始就是错误的。错误的原因可能是申请人采取欺骗手段，也可能是因为行政机关未尽审核职责，也可能是两者兼而有之。吊销行政许可的原因在于被许可人有严重的违法行为应当受到取消行政许可的处罚。注销行政许可的原因在于行政许可已经失去了效力。

第二，适用情形。撤回行政许可适用于以下两种情形：一是行政许可依据的法律、法规、规章修改或者废止；二是行政许可依据的客观情况发生重大变化。撤销行政许可适用于以下六种情形：一是行政机关工作人员滥用职权、玩忽职守作出准予行政许可决定；二是行政机关及其工作人员超越法定职权作出准予行政许可决定；三是行政机关违反法定程序作出准予行政许可决定；四是申请人不具备申请资格或者不符合法定条件；五是申请人以欺骗、贿赂等不正当手段取得行政许可；六是依法可以撤销行政许可的其他情形。吊销行政许可适用于有严重违法的被许可人，而且此种处罚只能由法律、法规设定。按照《行政处罚法》的规定，行政机关在作出吊销决定前，应当告知被处罚人有要求听证的权利，被处罚人提出听证要求的，行政机关应当组织听证。注销行政许可适用于以下六种情形：一是行政许可有效期届满未延续；二是赋予公民特定资格的行政许可，该公民死亡或者丧失行为能力；三是法人或者其他组织依法终止；四是行政许可依法被撤销、撤回，或者行政许可证件依法被吊销；五是因不可抗力导致行政许可事项无法实施；六是法律、法规规定的应当注销行政许可的其他情形。

第三，法律后果。撤回行政许可自撤回之日起，行政许可失去效力。行政机关应当就被许可人的损失予以补偿。撤销行政许可，行政许可自始无效。撤销给被许可人或者利害关系人造成信赖利益损失的，应当承担赔偿责任。吊销、注销行政许可自吊销或者注销决定生效之日起，行政许可失去效力。只要吊销或者注销决定合法，行政机关不承担任何赔偿或者补偿责任。

这里顺便谈一个问题：行政机关的撤销权是否应当有所限制？是否只要准予行政许可决定违法，行政机关就可以纠正？笔者认为，至少《行政许可法》第 69 条第 3、4 项规定，即"违反法定程序作出准予行政许可决定的"、"对不具备申请资格或者不符合法定条件的申请人准予行政许可的"两种情形当中，行政机关的撤销权应当有所限制。如果颁发行政许可证程序违法但可以补正且已补正，或者申请时不符合申请条件，但撤销前已经具备条件且申请人无过错的，行政机关不可撤销。

十四、是否任何行政许可都可以进行定期检验

根据《行政许可法》第 62 条规定，行政机关可以根据法律、行政法规的规定，对直接关系公共安全、人身健康、生命财产安全的重要设备、设施进行定期检验。该规定有两个重要内容：一是只有法律、行政法规作出明确规定，才可以进行定期检验。二是直接关系公共安全、人身健康、生命财产安全的重要设备、设施可以进行定期检验。有疑问的是第二点内容如何理解，也就是说，定期检验是否仅限于"重要设备、设施"？笔者认为，第二点内容是一个指示性条款，并不具有划定范围的效果。只要法律、行政法规规定可以进行定期检验就可以了。比如《公司登记条例》规定，每年 3 月 1 日至 6 月 30 日，公司登记机关对公司进行年度检验。公司登记虽然不涉及重要设备、设施，但不妨碍上述规定的可适用性。

十五、无资质的组织兼并或者与有资质的组织合并后资质可否延续

在一起案件中，甲旅行社具有出境游的资质，而乙旅行社没有，乙社为了开展此项业务，遂与甲社合并，成立了新的旅行社，新社是否自然获得出境游资质？这个问题，国务院法制办曾经在一个答复中指出：《行政许可法》第 70 条规定，法人或者其他组织依法终止的，有关行政许可应予注销。据此，具有出境旅游经营资格的甲社与不具有经营资格的乙社合并，成立新的法人，甲社与乙社均解散，甲社的出境游经营资格应予注销，新法人不能继续使用甲社的出境游经营资格。该答复中还指出，根据《旅行社管理条例》的规定，具备规定条件的，有资格申请取得旅行社业

务经营许可证。旅行社改制后成为其他公司下属分公司的，原旅行社终止，其业务经营许可应依法予以注销。①笔者认为，该批复揭示的规则可以适用到所有无资质组织兼并或者与有资质组织合并的情形。

十六、行政许可办理期限

按照《行政许可法》规定，办理期限一般为 20 天，可延长 10 天。统一办理、联合办理、集中办理的，可延长 15 天。《行政许可法》第 45 条规定："行政机关作出行政许可决定，依法需要听证、招标、拍卖、检验、检测、检疫、鉴定和专家评审的，所需时间不计算在本节规定的期限内。行政机关应当将所需时间书面告知申请人。"上述规定在适用中有如下几个问题需要明确：

第一，变更行政许可事项的审查期限应为多长？《行政许可法》第 49 条未作出明确规定。行政实践的做法是，对行政机关审查被许可人变更行政许可申请的期限，单行法律、法规有规定的，按照单行法律、法规的规定办理；单行法律、法规没有规定的，适用行政机关对初次行政许可申请审查期限的规定。法院对于上述做法应当参照适用。

第二，公告、公示是否扣除？根据《行政许可法》第 36 条的规定，行政机关对行政许可申请进行审查时，发现行政许可事项直接关系他人重大利益的，应当告知该利害关系人。在利害关系人不特定的情况下，行政机关可以通过公告、公示等形式履行告知义务。根据《行政许可法》第 45 条规定的精神（鉴定、检测、评估），公告、公示时间可以不计算在行政机关实施行政许可的期限内。

第三，初审时间是否计入最终作出行政许可决定的实施机关的期限内？按照《行政许可法》第 43 条规定，初审期限也是 20 天，如果计入的话，则上级机关还没有审查就已经到期了。依法未经初审部门同意，申请人的申请就不能向上级行政机关报送的，初审构成一项独立的行政许可，初审时间适用《行政许可法》第 42 条有关期限的规定。无论初审部门是否同意，初审部门依法都有义务将初步审查意见和申请人的全部申请材料报送上级行政机关，申请人无须重新提出申请，初审时间适用《行政许可

---

① 参见国务院法制办国法函〔2004〕292 号答复。

法》第43条有关期限的规定。

第四，行政机关规定期限短于法定期限，如何处理？行政机关在实施行政许可过程中承诺的法律未明确要求的义务，该义务不损害公共利益的，应当作为行政许可的依据。比如，法律规定20天办理期限，其承诺10天办结。办事期限和指定期限不同。

十七、行政许可审查和办理方式

主要有如下三个问题：

第一，集中受理许可申请。国务院法制办曾就此问题表态：行政机关实施行政许可，包括受理行政许可申请、作出行政许可决定，都应当严格执行行政许可法有关期限的规定，不宜规定每年集中受理。①这可以成为法院处理此类问题的依据。

第二，数量限制的行政许可能否实行招标或者专家评审等方式？《行政许可法》第57条规定："有数量限制的行政许可，两个或者两个以上申请人的申请均符合法定条件、标准的，行政机关应当根据受理行政许可申请的先后顺序作出准予行政许可的决定。但是，法律、行政法规另有规定的，依照其规定。"据此，如果设定行政许可的单行法没有规定可以采取招标、专家评审等方式的，就必须按照顺序作出决定。

第三，检验、检疫、检测人员资格。《行政许可法》第55条规定，行政机关实施检验、检测、检疫，应当指派两名以上工作人员进行。工作人员可否包括行政机关委托的技术专家等非在编人员。笔者认为，工作人员应当是有执法资格的人，技术专家如果不具备执法资格，就不符合法律的要求。

十八、批准权竞合

批准权竞合有两种情形：一是纵向竞合。有时，法律、法规设定行政许可不会把级别管辖规定得特别清楚，而是留下弹性，由行政机关根据执法需要进行权力的再分配。比如，《医疗机构管理条例》第9条就把设立

---

① 参见国务院法制办国法函［2004］312号答复。

医疗机构的审批权授给"县以上卫生行政管理部门"。如果行政机关也没有作出清楚的划分，就可能造成上下竞合。二是横向竞合。其指的是某一事项同时受到两部或者两部以上法律、行政法规设定的行政许可调整。此时提出的问题是：申请人需要申请办理两种许可还是只需要办理其中一种即可？

笔者认为，在纵向竞合情况下，如果按照既定的权力再分配方案可以明确批准权属于某一级行政机关，原则上应当据此作出判断。如果不能明确，则不宜否定两级行政机关的职权，可以优先保护申请在先的行政许可。在横向竞合情况下，则看两种不同的许可是竞争关系还是共生关系，如果是竞争关系，则应通过法律解释方法的有效运用，确定批准权的归属。如果是共生关系，则两种许可都应办理。比如，采集矿泉水就既需要办理采矿许可证，同时也须提出取水许可的申请，由水利部门提出意见。

十九、相关行政机关对是否属于多阶段行政许可认识不一致

随着行政管理分工的不断细化，同一管理事项由多个行政机关在不同阶段分别作出处理，并在程序上彼此衔接的情况越来越多。这就是所谓多阶段行政行为的由来。在行政许可领域，多阶段的行政许可比比皆是。有时会出现行政机关之间认识不一致的情形，比如，公民甲与他人共同出资创办一个娱乐中心，经营脚踏游艇和水上餐厅。在办理工商登记时，工商局提出，根据《国民经济行业分类》及《娱乐场所管理条例》的规定，其申办的企业属于娱乐业，应先由文化部门核发文化经营许可证，方可向工商部门申请注册登记，并书面告知。甲遂到文化局办理审批手续，但文化局以娱乐中心不属于需要办理证件的范围为由，拒绝为其办理文化经营许可证。甲将文化局的书面答复提交工商局，但该局仍坚持原来观点。甲遂提起行政诉讼。本案中，因两个行政机关认识不一致而产生了三个问题：

第一，应当以谁为被告？笔者认为，两个行政机关作出了两个拒绝许可申请的行为，两个行为均为可诉。因此，以谁为被告，关键就看诉哪个行为。如果诉一个行为，就以该行为主体为被告。如果两个行为一并起诉，可以分别立案，合并审理。

第二，第一个行政机关认为无须经过自己的前置许可，第二个行政机关仍以未经前置审批为由拒绝办理许可是否违法？笔者认为，应当先审查

向第一个行政机关申请的事项是否须经许可，如果无须经过许可，则第一个行政机关拒绝办理许可的理由成立，此案可以驳回诉讼请求。以此为基础，可以判断第二个行政机关拒绝的理由不能成立，可以判决其作出是否准予许可的决定。

如果须经许可，则可以判决第一个行政机关作出是否准予许可的决定。接下来审查该许可是否属于前置审批的项目。如果属于，则其拒绝的理由成立，可以判决驳回起诉第二个行政机关的诉讼请求。如果不属于，则第二个行政机关拒绝的理由不能成立，可以判决其作出是否准予许可的决定。

第三，如果当事人只起诉作出第二个行政机关，法院能否就第一个行政机关的职权问题作出判断？笔者认为，可以作出判断。但是如果认为需要经过第一个行政机关的前置许可时，不能判决第一个行政机关作出处理，除非当事人对其提起诉讼。

第六节　判决及其他处理

一、行政许可行为的瑕疵痊愈

所谓瑕疵痊愈指的是，行政许可行为作出后法律发生变化，该行为虽然不符合作出时的法律规定，但符合变化后的法律规定，即以旧法为衡量标准，行政许可行为是有瑕疵的，但该瑕疵被新法治愈。比如旧法要求申请举办民办学校需要提交的材料，必须包括组建完善的财务机构和财务管理制度的材料，新法实施后，则不再要求提交这两份材料。两份材料对应的管制为有关部门对学校运营中的日常监管所取代。某一民办学校办学时未提交上述两份材料，当时旧法尚在生效，但诉讼之前新法已经实施，原办学许可中的瑕疵已经治愈。

在行政审批制度改革和市场经济不断完善的背景下，放宽许可条件、降低许可门槛的法律变更经常出现，瑕疵痊愈的情形往往会伴随出现。如何处理，就成为一个需要明确的问题。我们认为，第一，行政行为的合法性审查应当以行政行为作出的时间为基准时，因此，合法性审查的法律依据应当是旧法。第二，考虑到许可申请虽不符合旧法但符合新法，被许可人的利益实际上已经受到新法的保护，随着法律的发展，行政许可已经具有一种值得法律保护的法安定性价值，故在处理方式上不宜判决撤销。第三，至此，最为适当的处理方式就是判决许可违法，但保留许可效果。此种判决既可照顾被许可人的利益，也为原告就其损害求偿预留空间。第四，考虑到行政许可决定有时不会损害原告和其他利害关系人的权益和公共利益，判决确认违法并无实际意义，此时判决驳回原告的诉讼请求更为合理。根据以上考虑，《许可规定》第 10 条规定："被诉准予行政许可决定违反当时的法律规范但符合新的法律规范的，判决确认该决定违法；准予行政许可决定不损害公共利益和利害关系人合法权益的，判决驳回原告的诉讼请求。"

二、行政许可行为不符合程序规定

行政许可行为不符合程序规定的，法院应当根据具体情况分别作出以下处理：

第一，违反程序规定可能造成许可行为错误或者损害当事人合法权益或者公共利益的，原则上判决撤销（按照《若干解释》第 58 条进行利益权衡公益更值得保护的情形除外）。比如，开发商未征求居民同意在小区公共用地上建设物业综合楼，规划局为其颁发了建设工程规划许可证。公共用地的土地使用权属于小区全体业主，不判决撤销规划许可证就无法有效地予以救济。

第二，违反程序规定不会造成许可行为错误或者损害当事人合法权益或者公共利益的，可以判决确认违法，但程序本身具有重要价值的除外，比如违反听证规定。

第三，程序违法显著轻微的，可以判决驳回诉讼请求。所谓轻微的程序违法，就是通常所称的不规范。比如，民办学校变更登记的形式法律未做规定，但实践中通常的做法都有一个书面决定。在一起案件中，教育行政管理部门在办学许可证上直接注明变更的内容，是否属于合法的批准？法院认为，变更登记的内容最终应当体现在《办学许可证》上，所以，被告颁发的办学许可证上直接注明变更后的内容，可以认为其实质上作出了审批行为。不过，这种做法不够规范，属于轻微的形式瑕疵，尚未达到通常意义上的行政行为违法。

三、准予行政许可决定的申请材料不实

作为被诉准予行政许可决定基础的申请材料不实，法院应当根据具体情况作出如下几种处理：

第一，主要材料不真实的，一般判决撤销。比如，甲向工商局申请登记，请求将公司法定代表人乙变成自己。其提交的法定代表人委托书、申请承诺书和法人变更申请书及确认书上的签名均非乙本人所写，且在股权转让的材料中隐瞒了另一份补充合同。按照补充协议，必须付清第二期股权转让款后方得转让股权，而转让款是否付清尚存争议。法院经审查以行政机关所依据材料中签名虚假，且存在股权转让民事争议，不具备变更登记条件为由撤销了被诉工商登记行为。

第二，主要材料真实性有瑕疵，但有其他证据可以印证的，可以确认违法；如果不侵害原告利益的，可以驳回诉讼请求。比如一起案件中，某公司大股东甲与另外两位小股东乙和丙一并将其股权转让给丁，并向工商局申请变更登记，当时提交的转股协议、股东会决议、修改后的公司章程等材料中，其中甲的签名均系其本人所写，但乙和丙在有关股权转让的股东会议决议中的签名却并非其本人签字。甲在变更登记后反悔，以股东会决议非乙和丙本人签字，申请材料不真实为由，请求法院判决撤销。法院调查中，乙和丙称系委托甲办理登记，有关手续上确非本人签字，但承认转让股权出自真实意思表示，并已收到转让款。法院据此认定，虽然部分文件上的两名股东的签字非本人所写，形式上存在瑕疵，但股权转让、第三人出资、原告甲受委托办理工商变更登记的事实可以确认，故原告的诉讼请求难以支持，判决驳回诉讼请求。

第三，材料有瑕疵但不影响定性的，可以驳回诉讼请求。

四、不予许可案件中法院能否对是否可以准予许可作出判断

在不予许可案件当中，法院对应否准予行政许可的问题能否作出判断？如果经审查认为应当准予许可，能否判令行政机关准予许可？这些问题涉及司法权与行政权的关系，争议较大。第一种意见认为，法院不宜判断，更不用说作出判决。因为是否应当准予许可属于行政机关自由裁量

的范围，司法不应介入。第二种意见认为，法院可以在行政机关没有裁量余地时作出判断，并且可以判决责令被告作出准予许可决定。

笔者认为，第二种意见更为合理。主要理由是：第一，起诉不予许可决定的案件通常具有撤销之诉和履责之诉的双重属性。就撤销之诉来说，法院的任务就在于确认行政行为是否合法，这种审查是一种复查，而复查意味着，法院在确认行政行为违法的同时，未必清楚什么样的行政行为是正确的。因此，法院即使认定被诉不予许可决定违法，也不必然说明原告应当获得许可。但是就履责之诉来讲，按照行政诉讼法保障人民权益的立法宗旨，法院就应当尽可能清楚地交代，对行政机关应当作出一个什么样的行政行为。就不予许可案件来说，法院应当尽其可能对原告是否符合许可条件作出判断。第二，在法律上，限制法院作出清楚判断的主要是自由裁量的因素。原告申请是否符合行政许可条件，如果法律上还有裁量余地，则基于司法权与行政权的分工，应当将这个问题留给行政机关重新作出处理；如果法律上没有裁量余地，或者行政机关已经行使了裁量权，经法院审查后确认裁量权已经限缩为零，为免原告的权益实现徒增变数，法院就应当作出肯定的判断。第三，德国、台湾地区等立法例都是以行政裁量作为分界点，在行政行为仍有裁量余地时，法院只能概括地判决行政机关作出处理，但没有裁量余地时，则可以判决行政机关作出特定的许可决定。虽然法院直接判决作出特定许可的做法值得商榷，但这一经验是值得借鉴的。综上考虑，《许可规定》第 11 条规定："人民法院审理不予行政许可决定案件，认为原告请求准予许可的理由成立，且被告没有裁量余地的，可以在判决理由写明，并判决撤销不予许可决定，责令被告重新作出决定。"

五、申请人拒绝补正材料而不予许可

行政机关以申请人拒绝补正材料为由而作出不予许可决定的，人民法院应当根据具体情况作出如下处理：

第一，要求补正的材料属于依法应当提交的材料的，判决维持或者驳回诉讼请求。

第二，要求补正的材料属于无关材料的，判决撤销不予行政许可决定。原告要求被告准予许可的，可以按照《许可规定》第 11 条规定处理。

第三，要求补正的材料属于行政机关酌定范围或者并非主要材料的，如何处理？这个问题存在不同认识。有一种观点认为，如果行政机关在此情况下颁发的行政许可能够通过司法审查的话，就应当判决撤销不予许可决定，责令行政机关重新作出。的确，行政机关在申请材料不齐全情况下办理的准予行政许可决定引起诉讼时，法院并非一概判决撤销，如果缺失的材料不影响行为结果的正确性，通常不会判决撤销，而是保留许可行为的效果。由此观察，上述观点似乎有一定道理。笔者认为，从另外的角度看，这种观点是有害的。因为行政机关应当追求无瑕疵的行政，法院没有理由阻止。如果法院可以这样做，行政执法的规范性必然遭到破坏，执法标准将越来越松弛。因此，一般应当判决驳回诉讼请求。

六、查询权案件

查阅权诉讼是新类型的行政案件，其判决方式亦有必要加以明确。我们认为，按照《行政诉讼法》第 54 条第 3 项规定，被告拒绝公开本应公开的行政许可信息的，人民法院可以判决责令被告在法定或合理期限内向原告公开。据此，《许可规定》第 12 条规定："被告无正当理由拒绝原告查阅行政许可决定及有关档案材料或者监督检查记录的，人民法院可以判决被告在法定或者合理期限内准予原告查阅。"

原告要求查询行政许可决定或者监督检查记录的请求，人民法院可以判决予以满足，因为按照《行政许可法》第 40 条和第 61 条规定，这些信息都属于公众可以查询的范围。实践中，原告需要查询的信息往往不限于行政许可决定和监督检查记录，可能会提出查询档案材料的请求，因为行政许可决定和监督检查记录上的信息很有限，重要的信息往往在档案材料中。但是，行政许可法并未规定这些材料是否可以查询，有的法院对此问题采取反对解释的观点，认为法无明定即不可查询，对于这样的诉讼请求不予支持。笔者认为，应当将查询有关档案信息作为查询的标的，而且应当受到司法保护。主要理由是：第一，行政许可法虽未明确规定档案材料可以查询，但亦未限制，应当解释为法律对此问题未做表态，不反对其他法律、法规对此问题作出明确规定。第二，按照政府信息公开条例，这些档案材料属于政府信息的范畴，只要不属于公共信息中有国家秘密、个人隐私、商业秘密，即属应当公开的范围。第三，档案材料并非面向公众，只面向利害关系人。如果不允许查询档案材料，将损害申请查询者的合法权益或者对其权利实现造成障碍，就可以认为申请人为利害关系人。

七、许可证超过有效期后行政机关可否依申请重新发证

这要视行政许可的性质而定，如果两个行政许可的主要内容不一致，应当允许重新发证，因为第二次行政许可是一个新的行政行为。如果两个行政许可的主要内容一致，则不应当允许重新发证。因为这等于对于一个事项重复作出处理决定。比如，拆迁人在拆迁许可的有效期内未完成拆迁，也未办理延续手续。在拆迁许可证失效后，行政机关根据申请再次为拆迁人办理了拆迁许可证。这就属于对同一拆迁事项重复办理拆迁许可证。当事人起诉重新办理拆迁许可证的，应当判决撤销或者确认违法。

八、吊销行政许可的决定被撤销是否自动恢复原许可

人民法院认为吊销行政许可的决定违法，判决予以撤销。此时，原行政许可的效力是否自动恢复？这个问题长期以来一直困扰行政执法和行政审判。司法解释起草当中，曾经讨论过这一问题，但最终因两种截然不同的观点始终并存而放弃。一种观点认为，可以自动恢复，因为否定之否定就等于肯定。另一种观点认为，不可自动恢复，是否可以恢复，应当经由行政机关确认。因为法院撤销行政机关吊销行政许可的决定并不等于承认行政许可是合法的，可能行政许可决定本应吊销，但行政机关没有充分调查，因而未能提出正确的理由。有的同志还举例论证道，比如对历史上被错误开除党籍的人，平反时仅仅撤销原来开除党籍的文件还不够，还必须写上"恢复党籍"才可以，因为党籍并不因为文件的撤销而自动恢复。

笔者个人倾向于第一种意见，即人民法院撤销行政机关吊销行政许可决定的行为后，原行政许可决定一般应当自动恢复效力。主要理由是：第一，对人们的生存和发展而言，行政许可的重要性日益突出，事实上，很多许可都涉及财产权或者人身权，有一些许可本身就是一种财产权，比如探矿许可和采矿许可，行政许可和物权登记登记在行政管理中结合在一起。鉴于此，法院应当为人们提供尽可能到位的司法保护。在行政许可被剥夺的场合，人们迫切需要的司法救济莫过于恢复原来的行政许可，司法救

济应当向着这一目标而努力。第二，吊销行政许可的决定被撤销，剥夺行政许可权的根据已经不复存在，如果此时不能自动恢复行政许可，则等于被撤销的吊销决定仍在生效，这在法理上是不能成立的。第三，如果不能理解为自动恢复，而需要行政机关重新确认，当事人的许可权就可能出现失去法律保护的真空阶段。如果行政机关出于抵触情绪或者其他不当的考虑，当事人权利就可能在很长时期内失去法律保护。比如在一起行政案件中，矿管部门吊销采矿人甲的采矿许可证，引起诉讼，法院经审理认为处罚决定认定事实不清、证据不足为由，并据此撤销了行政处罚决定。甲胜诉后要求被告发回采矿许可证（吊销后即被收缴），但被告拒绝颁发，一拖数年，矿山停产，损失巨大。在不能自动恢复的前提下，即便甲再行起诉，也无法获得有效的救济，因为对这种情况，法院也只能途叹奈何。第四，当然，自动恢复行政许可可能是有风险的，有时吊销行政许可最终是有理由的，但是按照正当程序原则，其在未经法定程序作出处理之前，不可剥夺，在此期间应当推定有效。行政机关如果认为行政许可应当吊销，则应尽快组织重新调查，在取得充分的证据之后，再行依法吊销。

　　笔者认为，行政许可自动恢复只是处理此类问题的一般原则，如果恢复效力存在法律或者事实上障碍的，则应当例外。比如，行政机关吊销采矿许可证后，通过招标确定了新的采矿权人，或者按照国家出台的新政策，类似原告这样的小规模矿山应当关闭，原来的采矿许可证自然无法恢复效力。在此情况下，如果采矿权人有合法权益的损失，可以请求行政赔偿。

第七节　行政许可赔偿

一、可赔偿的损失

　　结合实践中行政许可行为违法侵权的各种情形和有关因素，笔者对可赔偿的损失范围归纳如下：

　　第一，直接损失。按照国家赔偿法的规定，行政许可行为给原告造成的直接损失，属于可赔偿的范围。这是行政许可赔偿案件的基本规则。

　　第二，经常性费用开支。撤销、吊销、中止、废止行政许可或者扣押许可证等行为违法，致使被许可人停产停业的，在此期间的经常性费用开支属于行政赔偿的范围。

第三，合法投入。撤销、吊销、中止、废止行政许可或者扣押许可证等行为违法，应当判决撤销，行政许可的效力一般随之自然恢复；无法恢复的，被许可人的合法投入就变成了损失，属于行政赔偿范围。

第四，预期的收入损失。一般不属于可赔偿范围，但是行政许可与个人生存技能有关的比如出租车运营许可等，行政许可受到限制期间的收入损失属于可赔偿的范围。

第五，竞争权人的先期投入。行政许可采取招标、拍卖、挂牌等方式，招标、拍卖等程序违法，致使竞争权人无法获得行政许可的，其先期投入属于可赔偿的范围。

第六，因检验、检疫、检测结果错误造成的损失。检验、检疫、检测结果错误致使本应获得许可的申请人未获得许可的，可赔偿的损失范围不仅包括检验、检疫、检测的费用和样本的损失，还应当包括由此造成的其他财产损失。比如，生猪本来符合法定标准，但因错误检疫为不合标准而无法上市，只能抛弃处理，生猪属于可赔偿的损失。

第七，人为原因扩大的损失。因原告自己的行为或者第三人的原因致使损失扩大的，扩大部分的损失不属于可赔偿的范围。因被告工作人员或者其委托的机构和个人的行为致使损失扩大的，扩大的部分属于可赔偿范围。

二、相当因果关系

在实践中，行政赔偿和民事赔偿采用基本同样的因果关系标准，即相当因果关系。相当因果关系是介于宽松的条件说和严格的原因说之间的一种折中标准。具体包括两个要件：一是可能性。违法行政许可行为有可能会造成原告的损害。二是可预见。违法行政许可行为与损害之间的联系应当是一般人可以预见的。可以预见，既要求生活经验层面上可以预见，也要求法律层面上可以预见。比如，教育部门为第三人颁发办学许可时本应审查是否建立了完善的财务机构和财务制度，但是其在未作审查的情况下就颁发了办学许可。学校运营多年后，学校董事长卷款私逃。学生们起诉学校无法达到救济目的的情况下，提起行政诉讼，并请求判令被告赔偿。

经查，学校的财务制度和财务机构一直不够完善。据此，从经验层面可以认定许可证的颁发与学生的损失有关系。但是，本案中存在法律改变的情况，改变后的法律不要求办学许可这一环节对学校财务进行监管，而是转为日常监管，因此在法律上，办学许可的违法与学生损害之间的因果关系就被切断了。这种情况下，如果主张行政赔偿，只有在日常监管被确认违法之后才是可能的。

三、共同侵权的行政赔偿份额

在实践中，被告作出的违法行政许可行为常常与申请人、其他人或者组织的违法或者过错行为结合在一起，在此关系结构中，如何确定被告的行政赔偿责任份额，一直令司法实践困扰。经过梳理，主要有三种值得规范的情况：一是共同侵权，二是混合侵权，三是行政许可行为结果错误，但已尽审核职责。

所谓共同侵权指的是主观上有通谋的情形，也就是通常所说的恶意串通损害原告利益的情形。我们认为，参照民法上的共同侵权责任处理原则，行政机关应当承担连带赔偿责任，即其应当与违法的他人共同承担赔偿责任。在司法解释讨论当中，有两个问题引起了一定争议：一是连带责任通常发生在同样性质的侵权行为之间，比如因多个民事侵权人恶意串通或者多个行政侵权人之间的恶意串通而承担连带责任，民事侵权人和行政侵权人之间能否承担连带责任？二是民事赔偿与行政赔偿的范围和标准存在差异，计算出来的数额也可能不同，如何连带？经过讨论，最终形成了比较一致的意见，行政赔偿本身就是从民事赔偿制度脱胎而来，并无本质差异，可以适用连带责任。至于民事赔偿范围与行政赔偿范围存在的不同，属于技术层面的问题，可以在法律适用当中去探索并加以解决。

按照上述观点，《许可规定》第 13 条第 1 款第一句话规定，"被告在实施行政许可过程中，与他人恶意串通共同违法侵犯原告合法权益的，应当承担连带赔偿责任"。

四、混合过错行政赔偿责任份额

所谓混合侵权指的是申请人、其他人或者组织在行政许可申请当中存在过错，行政机关在实施行政许可的过程中亦未善尽审查职责，负有过失，导致行政许可行为违法，损害原告合法权益。此时行政机关应如何承担行政赔偿责任，主要有三种意见：第一种意见认为应当承担补充责任。即先由第三人承担民事赔偿责任，如果第三人不能履行或者不能完全履行，则由行政机关承担其余部分的赔偿。第二种意见认为应当承担按份责任。即由行政机关和第三人按照各自原因力大小，分担各自份额。第三种意见认为应当先承担全部责任，然后可以向第三人追偿。

《许可规定》第13条第1款第二句话规定，"被告与他人违法侵犯原告合法权益的，应当根据其违法行为在损害发生过程和结果中所起作用等因素，确定被告的行政赔偿责任"。从司法解释的文字上看，似乎采纳了按份责任的观点。其实这个问题仍然悬而未决，有进一步解释的空间。笔者认为，应当认定其为中间性的按份责任为宜。《最高人民法院关于审理房屋登记案件若干问题的规定》第12条规定的就是混合过错的责任分配问题，其文字表述与本句规定没有太大差异，但是其含义就是中间性的按份责任。这一点，笔者作为该司法解释执笔人，在向审委会汇报时作出了清楚的陈述并得到委员们的一致认可。

五、行政机关已尽审查职责是否承担赔偿责任

如果行政机关已尽审慎合理审查职责，由于他人以欺骗等违法过错行为而取得行政许可，给原告造成损害，是否承担赔偿责任？有一种观点认为，行政机关应当承担赔偿责任，因为行政许可是违法的，而国家赔偿法实行违法归责原则。我们认为，从原因力上讲，行政许可的结果错误完全系由他人违法过错行为造成，而与行政机关的许可行为无关，也就是两者之间不能形成相当因果关系，故行政机关不应承担赔偿责任。鉴于此，《许可规定》第13条第1款第三句规定："被告已经依照法定程序履行审慎合理的审查职责，因他人行为导致行政许可决定违法的，不承担赔偿责任。"

实践中如何确定行政机关是否尽了审核职责，也是一个难点所在。行政机关实施行政许可实行何种审查标准，历来有实质审查和形式审查之争。笔者认为，停留在概念之争，恐怕很难获得清晰认识。判断行政机关

是否尽了审核职责，以下三个方面是最重要的角度：

第一，法律规定。实质审查也好，形式审查也罢，都不是法律概念，而是一种理论概括。相对于数以千计的各种行政许可来讲，应当说这样的概括是粗线条的。审判实践中，还是要立足于行政许可法尤其是设定行政许可的单行法，看具体的法律规定是要求行政机关如何审查的，按照什么样的程序进行审查。

第二，行政能力。行政许可的审查主要体现为对申请材料的审查，对各种申请材料审查程度的深浅，并非整齐划一，如何确定？应当根据行政机关的辨识和调查能力等实际情况来确定。

第三，合理性。比如法律规定，规划部门核发规划许可证之前要现场查验，如果发现可能涉及相邻权的，应当要求申请人提供四邻签字认可的意见。一起案件中，申请人提交的意见是自己找人代签，并非四邻签字，规划部门为其颁发许可后，引起诉讼。诉讼中，规划部门称，法律只是要求申请人提交有四邻签字的材料，但未要求其与本人核实。申请材料中只要有签署四邻名字的"同意"意见，就已尽审核职责。即便意见确实不真实，亦应由申请人负责。笔者认为，对此应当依据合理性原则进行判断。应当分析法律要求四邻签字的目的是什么，并用法律目的来衡量被告的做法是否已尽审核职责。

六、一并解决民事争议

在共同侵权和混合过错的情况下，行政审判当中能否一并解决民事赔偿问题？有两种意见。一种意见认为，应当一并解决，以避免不一致的司法裁判，保证司法救济的及时性。另一种意见认为，不宜合并，行政赔偿诉讼之后，原告可以就其损失未获得部分提起民事诉讼。我们倾向于第一种意见。除前述理由外，还有一点：行政行为与民事侵权行为紧密结合在同一法律事实当中，通常是不可分的。另外考虑到不告不理的诉讼理念，民事赔偿问题一并解决的前提是必须有一个诉的存在，即当事人必须明确地提出诉讼请求。所以，应当加一个前提条件，即"当事人请求一并解决有关民事赔偿问题"。鉴于此，《许可规定》第13条第2款规定："在行政许可案件中，当事人请求一并解决有关民事赔偿问题的，人民法院可以合并审理。"

第八节　行政许可补偿

一、行政补偿诉讼类型的出现

《行政许可法》第 8 条第 2 款规定："行政许可所依据的法律、法规、规章修改或者废止，或者准予行政许可所依据的客观情况发生重大变化的，为了公共利益的需要，行政机关可以依法变更或者撤回已经生效的行政许可。由此给公民、法人或者其他组织造成财产损失的，行政机关应当依法给予补偿。"主张财产补偿的权利属于财产权的范畴，应当纳入行政诉讼法的保护范围。不过，行政补偿诉讼与起诉具体行政行为的行政诉讼和行政赔偿诉讼既有区别，又有联系，实际上是介于两者之间的一种诉讼类型。虽然过去的行政审判实践中一直存在行政诉讼案件，但通常都是把行政机关作出的补充决定作为被诉行政行为看待。行政许可法的出台，要求我们认真研究行政补偿诉讼的特点，充分注意其独特性。

二、行政补偿诉讼的起诉时机

行政机关撤回、变更行政许可后，被许可人什么时候可以起诉，这是一个起诉时机的问题。目前有两种观点：第一种观点认为，在行政机关作出的撤回、变更行政许可决定生效之后，当事人就可以起诉。第二种观点认为，只有行政机关先行处理之后，当事人才可以起诉。我们倾向于第二种观点。主要理由有二：一是行政补偿是行政机关应当主动履行的法定职责。按照《行政许可法》第 8 条第 2 款规定，行政机关在废止或者变更许可之时无需当事人申请，即应主动就补偿事宜作出处理决定。二是法院的优势在于法律问题，行政机关先行处理补偿事宜，有助于查清基础事实，让法院将审查的重点放在法律问题上。据此，《许可规定》第 14 条规定："行政机关依据行政许可法第八条第二款规定变更或者撤回已经生效的行政许可，公民、法人或者其他组织仅主张行政补偿的，应当先向行政机关提出申请；行政机关在法定期限或者合理期限内不予答复或者对行政机关作出的补偿决定不服的，可以依法提起行政诉讼。"

三、超过有效期的行政许可是否需要补偿

笔者认为，需要依次考虑两个问题：

第一，行政许可是否可以延续。如果行政许可不可延续，或者有效期届满需要重新申请的，不予补偿。

第二，行政许可如果可以延续，则应当考虑是否已经不符合延续条件。如果不符合，则不予补偿。比如某测绘机构的测绘资质许可有效期届满时，测绘管理部门因被许可人不符合已经依法修改的行政许可条件、标准而对测绘资质许可作出不予延续或者降低其资质等级，就不需要补偿。如果符合延续条件或者不能否定其延续的可能性，则应当给予补偿。

四、行政补偿标准

行政补偿诉讼的实体问题当中，补偿标准问题至关重要。行政补偿的标准首先应当立足于现行法律规范，即法律、法规、规章确定的标准。不过实践中，补偿标准常常缺乏明确的规定，法院如何确定补偿额是一个难题。我们认为，一般应按实际损失确定行政补偿数额。所谓实际损失，不仅包括现有直接损失，还应当包括必然可得利益。这是行政补偿与行政赔偿的区别。另外，我国的特许权补偿具有特殊性。因为按照当前的标准，特许权人使用公共资源所负的对价并未完全市场化，因此变更、撤回特许的补偿标准可以考虑适当降低。我们经研究认为，实际投入的损失是行政补偿的底线，考虑到特许的具体情况，可以将补偿标准确定于此。再考虑到特许权的市场化是其发展方向，不宜硬性规定为一律实行较低标准。据此，《许可规定》第15条规定："法律、法规、规章或者规范性文件对变更或者撤回行政许可的补偿标准未作规定的，一般在实际损失范围内确定补偿数额；行政许可属于行政许可法第十二条第（二）项规定情形的，一般按照实际投入的损失确定补偿数额。"

五、行政补偿能否适用调解

行政补偿能否调解以及调解适用何种程序，在过去的审判实践中一直

是个有待明确的问题。我们认为，补偿诉讼与赔偿诉讼都属于给付之诉，具有相似特点，可以相互借鉴，故行政补偿诉讼借鉴适用行政赔偿诉讼的调解程序在理论上是可行的，具体可以参照最高人民法院《关于审理行政赔偿案件若干问题的规定》第30条、第31条等关于调解的有关规定。据此，《许可规定》第16条规定："行政许可补偿案件的调解，参照最高人民法院《关于审理行政赔偿案件若干问题的规定》的有关规定办理。"

笔者认为，按照行政赔偿司法解释规定，行政补偿案件经调解达成协议后，人民法院应当制作行政补偿调解书，在该调解书生效的同时，行政补偿决定即应自行失效。

六、人民法院能否变更补偿数额

如果把行政机关作出的行政补偿决定当作行政行为的话，人民法院就不能变更行政补偿决定确定的补偿数额，因为按照《行政诉讼法》第54条第3项之规定，人民法院的司法变更权仅适用于行政处罚，对其他类型的具体行政行为不得适用。这种观点显然过于机械。行政补偿决定不同于一般的具体行政行为，其内容为财产的给付，而因财产给付产生的争议，在传统上都属于司法可以管辖的范围，这也就是为什么行政合同、行政赔偿等涉及财产内容的给付之诉在大陆法国家都属于完全管辖权之诉的原因。另外，笔者认为，从实质性解决行政纠纷的角度看，在行政补偿数额问题上引入司法变更权亦大有必要。

笔者虽然积极主张引入司法变更权，但同时认为，必须要明确司法变更权的适用条件，否则随意运用就会制造更多的问题，得不偿失。司法变更权的运用至少需要满足两个条件：

第一，经调解达不成协议。法院只有采用判决方式，才有可能行使司法变更权。如果双方当事人达成协议，法院就不能作出判决。即便双方的利益不是非常平衡，法院一般也应当按照意思自治原则，尊重当事人的选择，根据他们的协商结果作出调解书，而不能主动干预。

第二，行政补偿决定所确定的补偿数额明显偏低。对于行政行为中一般的不合理，人民法院不宜介入，以免过度干预行政。只有在行政补偿的数额明显偏低达到显失公正的程度时，才可以行使变更权，直接判决变更补偿数额。

第十四章　房屋登记案件疑难问题研究[*]

随着房地产市场的活跃，房屋登记案件数量在近年来增长迅速。2000年以来，行政诉讼案件总量从 10 万余件缓慢增加到 12 万件，增幅不到 20%，而房屋登记案件的同期增幅超过 200%。作为 94 类行政案件之一，房屋登记案件在案件总量中的比重由不足 4% 增加到超过 8%，在个别省份甚至达到 20%。在此过程中，难题越积越多，许多具有共性，比如，协助其他机关办理房屋登记的可诉性、连续转移登记案件之诉的受理、复印件和影印件的举证与证明力、民行交叉案件的审理程序和判断权限，等等。这些问题长期困扰实务部门。2007 年《物权法》出台后又增加了不少新难题，比如预告登记、异议登记、查询行为的可诉性、裁判如何保护善意取得、行政赔偿中如何适用《物权法》第 21 条，等等。这些问题涉及《物权法》、《行政诉讼法》与中央和地方规定的大量房屋登记规则的理

---

[*] 根据作者发表于《人民司法》2010 年第 23 期的《〈关于审理房屋登记案件若干问题的规定〉的理解与适用》，发表于《行政执法与行政审判》2010 年第 2 集的《房屋登记行政诉讼三十六问》等文章改编。

解和衔接，见仁见智的空间极大。由于缺乏统一的指导，各地法院在各自裁量解决个案的同时，也产生了一些裁判错误和同案不同判的问题。不动产案件本就不易让人服判，这种情况就更加剧了不信任感。某些当事人长期申诉不止，亦可在此找到根源。可以说，新老问题层层叠加，严重制约了行政审判功能的发挥，严重制约了房屋登记制度功能的发挥，既不利于对人民群众合法权益的保护，也不利于社会的和谐、稳定。一些地方法院就此展开专题调研，有的还发布指导性意见，这对于规范房屋登记案件审判起到了积极效果，但效果只能是局部的，不能从整体上扭转房屋登记案件审判的被动局面。要解决共性疑难问题，统一司法标准，实现相关法律规范的无缝衔接，最好的方法就是制定司法解释。鉴于此，最高人民法院于《物权法》颁布之初就展开了房屋登记案件审理专题调研，充分吸收立法机关、行政机关、专家学者尤其是各级法院的智慧和经验，最终于2010年11月18日经审委会讨论后，颁布实施《关于审理房屋登记案件若干问题的规定》（以下简称《房屋登记案件规定》）。笔者作为执笔人，在阐释司法解释要义的同时，一并介绍起草过程中涉及但由于各种原因未能成案的问题和思考，供大家参考和批评。

第一节　房屋登记行为的可诉性

一、行政行为与民事行为之辩

《房屋登记案件规定》起草过程中遇到的第一个问题就是房屋登记行为的属性问题，这对于该司法解释的起草具有方向意义。房屋登记行为，在理论上被归入行政行为，实践中房屋登记案件也一直被作为行政案件审理，长期以来，对此鲜有异议。起草物权法，重新思考设计物权登记制度尤其是不动产统一登记制度的过程中，物权登记的性质开始引发讨论，并出现了多种观点，除了传统的行政行为说之外，还有民事行为说和两种行为性质兼具的折中说。[①] 主张民事行为的理由主要是登记的作用相当于动产的交付，是一种物权行为，而物权行为属于民事行为。折中说则把登记分成

---

① 参见申卫星：《从〈物权法〉看物权登记制度》，载《人大复印资料（民商法学）》，2007（9）。

申请和审核两个阶段，申请阶段属于民事行为，而审核阶段则属于行政行为。笔者认为，比较而言，还是行政行为说更为符合实际。主要理由如下：一是物权登记的确具有协助民事主体实现物权转移的作用，但因此而将物权登记定性为民事行为，理由并不充分。依申请的行政行为多具有类似的功能，比如，行政许可也具有协助民事主体实现其本应具有的民事权利和社会权利的功能。二是应当根据行为中最具决定性的因素来判断行为的属性。登记过程大致有五个步骤——申请、受理、审核、记载和发证，其中只有申请是民事主体的行为，其余四个步骤均是登记机构主导的行为。从作用上看，申请的作用在于启动登记程序，受理决定一个申请能否进入登记的门槛，审核决定民事主体的意志能否实现，记载则为民事主体的意志赋予权威的认可，发证则是民事权利的权威证明。比较而言，还是登记机构的行为更具有决定性，故此，应当以登记机构的行为作为判断登记行为性质的依据。三是不动产实行统一登记后，登记机构的定位存在调整的可能，有人主张将登记机构改为民事主体，如此则登记行为也将随之改为民事行为。但是毕竟目前尚未实行不动产统一登记，登记机构也没有改为民事主体，在此情况下应当保持现状，而登记行为的现状则是行政行为。在财产体系当中，房屋等不动产具有极端重要性，将其权利变动的权威确认功能完全赋予民事主体并不适宜。遍观各国，有的实行司法书士、法定公证制度，登记当中民事行为的因素和作用在加强，但其最终的登记始终都是国家行为，只不过是把登记放在行政机关还是放在法院的区别而已。应当说，民事主体能否承担社会公共职能以及承担职能的重要性，在很大程度上取决于其有无社会自治的经验及其成熟程度，即便在社会自治程度很高的西方国家，房屋权利都无一例外地由公权力来确认。这一点对我们应当有启示意义。经过论证，在实务界基本上统一了认识，理论界虽然仍有不同观点，也总体上达成了共识。据此，《房屋登记案件规定》把房屋登记案件作为行政案件加以规范，就成为一个明确的方向。

行政行为有很多种类，房屋登记行为的归类仍有五种不同的说法：一是许可行为说，二是确权行为说，三是记载行为说，四是公示公信行为说，五是确认行为说。在《房屋登记案件规定》起草的过程中，经过讨论，大家的观点最终统一到确认行为说。由于行政许可法的起草说明已经明确指出，确认人身关系和财产关系的行政行为不属于本法的调整范围，故此许可行为说缺乏法律基础。确权指的是不动产权属存在争议时，行政机关居中作出的裁决行为，而房屋登记是对无争议的房屋权属的确认，如果有人提出争议，则不能作出确认，只有在该争议经过法院或者有权机构确权后才可以作出确认，故此确权行为说缺乏理论基础。其他三种说法各有其道理，体现了不同的观察角度，揭示了房屋登记制度的特征，结合起来可获全面认识：第一，从外观来看，登记是记载行为。具体地说，它是登记机构依申请将房屋的权利归属、权利变动情况（包括物权的设立、变更、转移、消灭）、自然情况以及其他相关事项记载于登记簿的行为。第二，从目的来看，之所以要记载物权信息，是为了向社会公示物权，把房屋权利状况和自然状况向社会公开。利害关系人通过查阅，就可以放心地进行房屋交易或者行使救济权，从而保障交易的安全和便捷。第三，从法律效果看，主要有两种确认效果：一是确认房屋物权产生及其变动的效力。《物权法》第14条规定："不动产物权的设立、变更、转让和消灭，依照法律规定应当登记的，自记载于不动产登记簿时发生效力。"二是确认对抗效力。所谓对抗效力，就是阻止他人取得房屋物权的效力，比如，预告登记就具有阻止房屋（或者在建工程）所有权人处分不动产的效果。根据《物权法》第20条的规定，未经预告登记权利人同意，处分不动产的，不发生物权效力。

房屋登记虽然是行政行为，但与一般行政行为相比，还是具有很多的特殊性。作为行政法官，要审理好房屋登记案件，应当对房屋登记制度及其规则有所了解，否则，就可能造成裁判失误。比如，有的案件当中，法院把初始登记误认为转移登记，撤销了本来没有问题的登记，导致原有的纠纷没有解决，又引起新的纠纷。

二、房屋登记行为及其可诉性

《房屋登记案件规定》第1条规定："公民、法人或者其他组织对房屋登记机构的房屋登记行为以及与查询、复制登记资料等事项相关的行政行为或者相应的不作为不服，提起行政诉讼的，人民法院应当依法受理。"从该规定的内容看，与建设部的《房屋登记办法》是完全对应的。司法审查全面覆盖了《房屋登记办法》规定的登记行为。《房屋登记办法》规定了两类行为：一是房屋登记行为，包括房屋所有权登记、抵押权登记、地役权登记这三种权利登记，和异议登记、更正登记和预告登记这三种辅助登记。二是相关行政行为，包括是否准予查询、复制登记资料以及撤销登记、收缴权属证书等行为。上述两类行为均可诉。

在《房屋登记案件规定》起草当中，争议较大的主要是：

1. 预告登记的可诉性

在调研当中，多数人认为预告登记是行政行为，应为可诉；少数人认为不可诉，理由是预告登记并未创设或者改变物权，只是中间性的登记，仅体现服务职能。笔者倾向于第一种意见，即预告登记可诉。主要理由是：第一，预告登记是行政确认，属于行政行为之一。预告登记确认了两个内容：一是申请人的请求权即实现房屋权利的请求权；二是对抗效力，即对后来发生的与该项请求权内容相同的不动产物权的处分行为，具有对抗的效力。第二，预告登记存在侵权的可能。虽然预告登记是中间性登记，但是这种登记转化为本登记在法律上是可期待的。也就是说，其虽未创设物权，但创设了期待权，即期待物权实现的权利。这种权利对各方当事人的利益都可能产生影响，这种影响虽然不如权利登记的影响那么大，但也相差不多。比如，登记机构拒绝登记，申请人就无法对抗"一房二卖"中的其他购买人。再如，甲冒乙之名与丙签署转让协议，将乙的房屋转让给丙，并办理了房屋预告登记。乙得知后，向登记机构提供了鉴定结论等证据，请求撤销预告登记，但登记机构拒绝撤销（登记机构能否依职权撤销）。此时，预告登记对乙的不利影响是显而易见的。综上，预告登记是行政行为，且有侵权可能。有权利就应有救济，按照《行政诉讼法》第2条的规定，预告登记应当被纳入行政诉讼受案范围。

2. 异议登记的可诉性

到目前为止，实践中申请异议登记的情形很少，诉讼案件就更少见，但是关于其可诉性的争论却不少。有三种意见：第一种意见认为不应受理。主要理由有二：一是异议登记并不创设物权，只是为民事争议的解决提供便利，没有侵权可能。二是受理此类诉讼没有实际意义。因为异议登记只给予异议申请人15天的期限，如果其在15天内不提起民事诉讼，则登记自然失效，此时提起行政诉讼的必要性不大。如果其提起民事诉讼，则异议登记相当于民事诉讼的一种保全措施，为司法行为的效力所吸收，行政诉讼不宜介入。第二种意见认为应当区别对待，起诉已经作出的异议登记的，不宜受理；但起诉不作为的，则应当受理，第三种意见认为，应当受理，因为异议登记是具体行政行为。

笔者倾向于第三种意见，即应当受理。主要理由是：第一，异议登记是具体行政行为。异议登记确实是为民事争议的解决提供便利的一种制度，但提供便利并非无条件，登记机构必须要对异议申请按照法定要件进行审查，而审查就可能出现失误或者滥用职权。因此，对这种权力就需要监督，尤其是司法监督。第二，异议登记对物权人的利益有影响。异议登记击破原房屋登记的公信力、限制物权行使，其效果与对财产的行政强制措施相当。第三，异议登记限制原房屋权利人的时间可能超过 15 天，如果异议人提起民事诉讼，则异议期就随之顺延，直至民事生效判决作出才有定论。第四，异议登记是登记机构基于独立判断作出的行为，法院受理民事诉讼并不意味着司法对该登记的效力作出新的确认，故异议登记并不为司法行为的效力所吸收。综上，按照《行政诉讼法》第 2 条的规定，异议登记应当被纳入行政诉讼的受案范围。

3. 查询行为的可诉性

对查询是否一定提供司法保护，这个问题一直有争议，但我们始终认为，只要行政机关行使职权或者职责的行为可能给相对人造成损害，就应被纳入行政诉讼的受案范围，而查询可能损害相对人的利益。比如，甲公司在乙信用社贷款，以房屋作抵押，并办理抵押登记。后甲因经营纠纷被他人起诉并败诉。法院在强制执行之前，向登记机构查询，登记机构的结果告知书未提到抵押情况。房屋遂被强制执行，并拍卖，买受人做了转移登记。乙信用社在此情况下，只能起诉登记机构的查询行为。

三、根据有权机关的法律文书所为的房屋登记行为不可诉

《房屋登记案件规定》第 2 条第 1 款规定："房屋登记机构根据人民法院、仲裁委员会的法律文书或者有权机关的协助执行通知书以及人民政府的征收决定办理的房屋登记行为，公民、法人或者其他组织不服提起行政诉讼的，人民法院不予受理，但公民、法人或者其他组织认为登记与有关文书内容不一致的除外。"上述三类情况的共同点是，登记机构所作的登记并非出于独立意志，承认其可诉性不能起到救济当事人的作用，只能徒增司法负担。

1. 按照确权判决、仲裁书作出的房屋登记行为

按照《物权法》第 28 条的规定，人民法院作出确权判决后，新的权

利人就直接取得了房屋所有权。按照《房屋登记办法》的有关规定，权利人可以直接向房屋登记机构申请，登记机构必须按照判决作出登记。按照司法优越的原则，此时的登记行为实际上并非登记机构的独立意志，而受到司法行为的羁束。不过有两种情况例外：一是登记机构不予登记，权利人可以起诉。二是利害关系人可以裁判文书、仲裁文书未生效或者与判决内容不一致为由提起诉讼，比如，登记申请人并非生效判决、裁定、调解、仲裁法律文书所指向的房地产权利人。

这里有一个常见的问题，各地理解很不一致。法院判决确认房屋转让合同有效，败诉方应当协助办理转移登记，但败诉方不履行，胜诉方单方请求登记机构办理过户登记遭到拒绝的，可否起诉？这个问题受制于胜诉方可否单方请求：如果可以单方请求，则是可诉的，反之就不可诉。而胜诉方可否单方请求又取决于这种判决是否属于确权判决。这个问题在政策上具有一定的可选择性。笔者认为，物权变动基于债权行为和物权行为的结合，此类判决在确认房屋转让合同即债权行为有效的同时，也要求另一方协助办理物权登记，肯定了物权行为的应为性。债权行为和有执行力的物权行为相结合，物权变动的实质条件已经完全满足。此类判决与确权判决的效果相当[①]，为了促进权利的实现，应以承认单方请求的权利为宜，如果单方请求遭到拒绝，自然可诉。

2. 根据人民政府的征收决定办理的房屋登记行为

按照《物权法》第 28 条的规定，人民政府对房屋作出征收决定的，自该决定生效时起，房屋所有权即为国有。也就是说，权利变动系因征收决定生效而发生，登记行为此时只是一个没有独立效果的记载而已，起诉这样的行为无法起到任何救济作用。

3. 根据人民法院等有权机关作出的协助执行通知书作出的房屋登记行为

基于行政机关的行政行为不得对抗法院的裁判文书，必须与司法保持一致的司法优越原理，最高人民法院作出了《关于行政机关根据法院的协助执行通知书实施的行政行为是否属于人民法院行政诉讼受案范围的批复》（法释〔2004〕6 号），确立了协助执行行为以不可诉为原则、以可诉为例外的标准。其内容如下："行政机关根据人民法院的协助执行通知书实

---

① 笔者称之为"准确权判决"。

施的行为，是行政机关必须履行的法定协助义务，不属于人民法院行政诉讼受案范围。但如果当事人认为行政机关在协助执行时扩大了范围或违法采取措施造成其损害，提起行政诉讼的，人民法院应当受理。"该规定脱胎于上述批复，故此可以把该批复作为解释基准。结合实践中的问题，对此作出以下六点解读：

第一，"有权机关"既包括法院，也可以包括检察院、公安局等行使司法权的机关①和税务局等行政机关。但需要注意两点：一是上述机关要求登记机构协助执行的权力只能来自法律的授权，低位阶法律规范的授权无效。但有法律授权的情况下，低位阶的法律规范可以进一步具体化。二是检察院、公安机关在刑事侦查中依法只有扣押物品的权力，根据这一范围内的协助执行通知书所为的登记不可诉，根据超出法定范围的协助执行通知书办理的登记应为可诉。因为按照《若干解释》第1条第2项的规定，只有依照刑事诉讼法的明确授权实施的行为才是不可诉的。

第二，协助执行的范围既包括转移登记，也包括财产保全措施。按照法院和行政机关共同认可的规则，对于法院查封或者预查封的房屋，登记机构应当及时办理查封或者预查封登记；登记机构在协助法院执行土地使用权、房屋时，不对生效法律文书和协助执行通知书进行实体审查；登记机构认为法院查封、预查封或者处理的土地、房屋权属错误的，可以向法院提出审查建议，但不应当停止办理协助执行事项。②

第三，协助执行通知书直接约束登记行为。有些实务部门曾经提出问题：协助执行通知书与判决书不一致，登记机构按照协助执行通知书的要求办理登记，是否属于"扩大了范围"？笔者认为不属于。协助执行在本质上是司法对行政所下的命令，而命令的载体是协助执行通知书，而非判决书。因此，登记机构按照协助执行通知书的要求去做，就不属于前述批复中的"扩大了范围"。即使协助执行通知书与判决书明显不同甚至冲突，按照司法优越的原则，登记机构只可向作出有关裁判的法院提出审查建议，而不能置之不理。

第四，作为登记依据的协助执行通知书或者民事判决明显错误的，登

---

① 公安机关在侦查犯罪时是司法机关。

② 参见最高人民法院、国土资源部、建设部《关于依法规范人民法院执行和国土资源房地产管理部门协助执行若干问题的通知》（法发［2004］5号）。

记行为是否可诉？比如，甲死亡，留下一套三居室房屋，由妻子乙和儿子丙继承，并登记为共同共有。后来乙、丙发生纠纷，法院判乙拥有两间、丙拥有一间。法院根据乙的要求发出协助执行通知书，登记机构据此办理了相应的登记。丙不服，提起诉讼，认为：按照登记规则，一套住宅只能存在一个所有权，民事判决在一套住宅上设定了两个所有权，明显违法。再比如，有些法院在民事案件强制执行当中，将债务人名下的楼房、设备等拍卖后，发出协助执行通知书，要求登记机构协助办理转移登记。登记机构予以办理后，利害关系人起诉，是否应当受理？笔者认为，不应受理，对于判决或者协助执行通知书的明显错误，登记机构可以向法院提出审查建议，但不能直接对抗司法。如果法院坚持，则登记机构除了照做之外，没有其他选择。

第五，错误的协助执行通知书或者民事判决被依法纠正，据此作出的登记行为是否可诉？笔者认为不可诉，应当先申请登记机构自行撤销；如果其不撤销，再起诉不作为。

第六，登记机构拒不执行协助执行通知书的，是否可诉？笔者认为，如果把协助执行通知书理解为赋予登记机构的法定职责，在理论上是没有问题的，由此看来，当事人起诉登记机构不作为似乎问题不大。但是要看到，当事人提起行政诉讼的目的不过是协助执行通知书所载明的内容而已，如果受理这样的案件，就相当于对一个事情作出两次判决，有违反"一事不再理"之嫌。对于拒不执行的行为，最好通过执行手段升级，比如给登记机构甚至其负责人依法施加压力等来解决。

四、换证、补证及更新登记簿的行为不可诉

《房屋登记案件规定》第 2 条第 2 款规定："房屋登记机构作出未改变登记内容的换发、补发权属证书、登记证明或者更新登记簿的行为，公民、法人或者其他组织不服提起行政诉讼的，人民法院不予受理。"《房屋登记办法》第 27 条规定：房屋权属证书、登记证明破损的，权利人可以向房屋登记机构申请换发。房屋权属证书、登记证明遗失、灭失的，权利人可以申请补发。另外，登记簿样式修改也会带来更新登记簿的问题。这些行为是否可诉？实践中常有疑问。笔者认为，如果没有改变原登记内容，则这些行为相当于重复处置，本身并无独立的确认权利的内容，故不

可诉；反之，则可诉。

换证、补正及更新登记簿是登记完成之后的行为，与此相对的还有登记过程中的行为即过程行为的可诉性问题。房屋登记分为申请、受理、审核、记载、发证五个环节，各环节之中、之间还有一些辅助行为，比如受理后的收费行为，审核中的测绘、评估、公证行为，等等。

第一，在受理阶段，行政程序不具有终局性，换句话说，行政行为尚不成熟，故登记机构受理申请的行为不具有可诉性。但登记机构不受理登记申请时，行政程序对申请人而言具有终局性，应为可诉。

第二，审核行为不具有终局性，不可诉。不过，登记机构超过审核期限，迟迟不进入后续程序的，应为可诉。

第三，关于记载行为，一种观点认为记载属于内部程序，不可诉；另一种观点认为可诉，因为按照《物权法》第 14 条的规定，记载于登记簿，物权即发生效力，对物权人和利害关系人产生实际影响。笔者倾向于第二种意见，记载行为确实与内部行为很相似，但《物权法》第 14 条实际上赋予其外部化的效果，记载于登记簿就意味着登记行为已经成熟。

第四，颁发房屋权属证书或者登记证明的可诉性。笔者认为，应当分成以下四种情况：A. 将颁证环节与前置程序尤其记载行为区分开来，单独起诉的，以不受理为宜。因为颁证只是对已经生效的登记行为的证明，并未设定新的权利、义务。B. 将颁证行为与记载行为一并起诉，或者虽未起诉记载行为，但起诉以登记簿错误记载为理由的，相当于起诉整个登记行为，应当依法受理。C. 公民、法人或者其他组织认为房屋权属证书与登记簿记载内容不一致，申请登记机构按照《物权法》第 17 条的规定进行纠正或更正权属证书，登记机构拒绝纠正或更正，当事人提起诉讼的，应当依法受理。D. 记载行为作出后，登记机构不予发证，申请人提起诉讼的，应当依法受理。

第五，测绘报告、评估报告、公证书错误的救济问题。申请房屋登记，有时需要提交测绘报告、评估报告和公证书。测绘报告是对房屋自然情况的测绘数据，是房屋初始登记的必备材料之一。评估报告是对房屋价格的评估，在抵押登记中通常需要提交。公证书是对合同、遗嘱等原因行为的公证。这些文书错误同样会侵犯当事人的利益，比如，甲从开发商处购得一处房屋，初始登记及其档案所附测绘报告载明房屋建筑面积 80 平方米，甲按照该记载支付了房屋价款。后来甲拟将房屋再次转让，买方提出重新测绘，结果发现房屋建筑面积只有 60 平方米。甲遂对初始登记和测绘报告提起诉讼。

笔者认为，测绘报告、评估报告错误的救济分三种情况：其一，如果测绘机构、评估机构已与登记机构脱钩，当事人认为登记机构未尽审查职责的，可以起诉登记机构。其二，在脱钩的情况下，如不涉及登记机构履责问题，仅是测绘、评估机构的自身原因，可以通过民事诉讼起诉这些机构。其三，如果没有脱钩，则测绘、评估机构的行为系受登记机构委托而为，可以起诉登记机构。

关于公证书错误的救济，按照公证法的规定，公证机构已不再是国家机关，而是社会服务机构，属于民事主体，因此，对于公证书错误的，如果涉及登记机构的审查职责，可以起诉登记机构；如果不涉及，则只能通过民事诉讼起诉公证机构。

第六，收费行为的可诉性。《物权法》第 22 条规定："不动产登记费按件收取，不得按照不动产的面积、体积或者价款的比例收取。具体收费标准由国务院有关部门会同价格主管部门规定。"收费虽然只是过程行为，但该行为具有单独侵权的可能，即发证合法，但收费标准超高，侵犯申请人的权益，故应为可诉。

五、历史遗留问题

《房屋登记案件规定》第 2 条第 3 款规定："房屋登记机构在行政诉讼法施行前作出的房屋登记行为，公民、法人或者其他组织不服提起行政诉讼的，人民法院不予受理。"其理由是，在《行政诉讼法》实施之前，房屋登记不属于行政诉讼受案范围，依法不溯及既往原则，不应受理。

六、房屋灭失不影响房屋登记的可诉性

按照《房屋登记案件规定》第 3 条第 1 项的规定，房屋灭失不影响房屋登记的可诉性。长期以来，关于这个问题一直是有争议的。一种意见认为不可诉，因为房屋已灭失，起诉登记行为已经没有值得救济的利益。另一种意见认为可诉，因为房屋虽然灭失，但登记仍然可能对某些人的利益产生影响。按照《行政诉讼法》第 2 条的规定，只要当事人认为房屋登记

侵犯其合法权益，就应保护其诉权。比如，在拆迁案件中，有人主张自己是真正的权利人，登记的权利人并非真正权利人，但拆迁人只与登记的权利人达成补偿协议，之后拆除了房屋。此时真正的权利人只有通过起诉登记行为才可能获得应得的补偿。

在可诉的意见中，还有不同观点：一种观点认为，对权利状况有争议的可诉，而对房屋自然状况（比如面积大小）有争议的不可诉。因为房屋已经拆除，事实无法查清。另一种观点认为两者都是可诉的。行政机关需要提供作出行政行为时的证据，完全可以据此作出不动产登记是否合法的判定。笔者倾向于第二种意见，事实能否查清，属于实体审查的问题，即便无法查清，也可以用证据规则尤其举证责任规则来作出推定。以事实无法查清作为否定诉权的理由是不恰当的。

七、登记机构改变房屋登记行为不影响其可诉性

房屋登记行为的改变包括房屋登记被注销、变更、更正、撤销四种情形。按照《房屋登记案件规定》第 3 条第 2 项的规定，房屋登记行为已被登记机构改变的，可诉性不受影响。

第一，注销不影响房屋登记行为的可诉性，道理与房屋灭失相同，在此不赘言。

第二，房屋登记被变更和更正。按照《房屋登记办法》的有关规定，房屋权利人变更权利内容或者房屋自然情况的，应当申请变更登记；权利人、利害关系人认为登记簿记载事项有误的，应当申请更正登记。变更登记或者更正登记之后，原证书收回，重新颁发证书，此时能否再起诉原登记行为？应当可以。因为按照《若干解释》第 50 条第 3 款关于"被告改变原具体行政行为，原告不撤诉，人民法院经审查认为原具体行政行为违法的，应当作出确认其违法的判决"之规定，原具体行政行为改变的，其可诉性不受影响。

第三，房屋登记被撤销。《房屋登记办法》第 81 条规定："司法机关、行政机关、仲裁委员会发生法律效力的文件证明当事人以隐瞒真实情况、提交虚假材料等非法手段获取房屋登记的，房屋登记机构可以撤销原房屋登记，收回房屋权属证书、登记证明或者公告作废，但房屋权利为他人善意取得的除外。"登记机构已经撤销了原登记，是否还可以起诉原登记行

为？一种观点认为，登记机构已经撤销了原登记，没有必要再起诉。另一种观点认为，按照《若干解释》第 50 条第 3 款关于"被告改变原具体行政行为，原告不撤诉，人民法院经审查认为原具体行政行为违法的，应当作出确认其违法的判决"之规定的精神，原登记被撤销并不影响其可诉性。笔者倾向于第二种观点。其必要性就在于，如果登记机构未尽审核职责，可能要负赔偿责任。而登记机构撤销登记的理由仅是相对人违法，而不涉及登记机构是否尽到审查职责，所以，不能否认此类诉讼的意义。比如，某人冒充房主与银行签订借款协议，并以房屋作为抵押。房屋登记机构办理了抵押登记。后该人携款潜逃，银行遂向房主索赔，并提起民事诉讼。民事诉讼认定借款合同、抵押合同、抵押登记申请书上的签字并非房主字迹，遂认定抵押合同无效。登记机构遂撤销抵押登记。抵押权人银行的损失无法向诈骗者追回，要向登记机构主张，必须先确认登记行为违法。虽然登记机构撤销了登记行为，但并不意味着其自身有违法行为或者过错。所以，诉讼就是非常必要的。

八、生效法律文书将房屋权属证书、房屋登记簿或者房屋登记证明作为定案证据采用不影响房屋登记行为的可诉性

按照《房屋登记案件规定》第 3 条第 3 项的规定，生效法律文书将房屋权属证书、房屋登记簿或者房屋登记证明作为定案证据采用的，不影响房屋登记行为的可诉性。

《若干解释》第 44 条第 10 项规定，诉讼标的为生效判决的效力所羁束的行政行为不可诉。所以，问题就是生效判决（通常是民事判决和行政判决）将房屋登记的结果即房屋权属证书作为证据采用，是否属于"羁束"的情形。比较一致的意见是不属于"羁束"。不过，我们注意到，有些判决不够严谨，在判决理由中说房屋权属证书可以作为定案证据之前，有时会说房产证合法、有效，这是否羁束了登记行为的效力？一种意见认为，在民事判决主文中未提到房产证的效力，仅在判决理由中提到，不能作为羁束登记行为的依据。另一种意见认为，判决理由中提到也应当算"羁束"，只有在通过审判监督程序纠正之后，当事人才能提起行政诉讼。笔者倾向于第二种意见，即判决理由中提到也应当认为羁束了房屋登记的效力。因为判决理由与主文一样，都是判决的重要组成部分，而且具有法

律效力的判断出现在判决理由部分的情形，在实践中并不鲜见。比如，在行政行为合法但存在合理性问题时，行政判决一般都是在主文中只写驳回诉讼请求，而将对行政行为效力的肯定写在判决理由当中。

第二节　原告资格

一、债权人起诉转移登记的资格

此类情形在房屋登记案件中大量出现，争议也很大，各地法院强烈要求对此加以明确。笔者认为，债权人一般没有原告资格，因为：第一，房屋所有权人把房屋卖掉可以获得对价，对价仍然可以用来还债，一般来说房屋转让并不影响债权；第二，登记机构不审查房屋所有权人的负债情况，如果加上此项审查，势必旷日持久，交易的成本提高、效率降低，得不偿失。不过某些特殊情况下债权人可以具有原告资格。鉴于此，《房屋登记案件规定》第 4 条作出如下规定："房屋登记机构为债务人办理房屋转移登记，债权人不服提起诉讼，符合下列情形之一的，人民法院应当依法受理：（一）以房屋为标的物的债权已办理预告登记的；（二）债权人为抵押权人且房屋转让未经其同意的；（三）人民法院依债权人申请对房屋采取强制执行措施并已通知房屋登记机构的；（四）房屋登记机构工作人员与债务人恶意串通的。"下面对上述四种情形分别说明：

1. 以房屋为标的物的债权已办理预告登记

房屋买卖双方办理预告登记后，房屋买受人享有的债权就由普通债权变成了受到特别保护的债权。按照《物权法》第 20 条第 1 款，预告登记后，未经预告登记的权利人同意，处分该不动产的，不发生物权效力。据此，债务人再次转让已作预告登记的房屋，房屋登记机构不得为其办理房屋转移登记。预告登记的目的就在于公示债权，使债权人可以对抗他人获得的同一债权，具有阻却他人办理房屋登记的效果。如果他人办理房屋登记，就侵犯了其经过公示的债权。这种债权，属于受到登记规则保护的权利，房屋登记机构不能无视，其权利人自然具有原告资格。如果房屋登记机构予以办理，则债权人可以基于预告登记权利人的身份提起行政诉讼。

2. 房屋为抵押物且转让房屋未经抵押权人同意

《物权法》第191条第2款规定，抵押期间，抵押人未经抵押权人同意，不得转让抵押财产，但受让人代为清偿债务消灭抵押权的除外。分三种情况：一是转让经抵押权人同意，同意则意味着放弃了提出异议的权利；二是转让未经抵押权人同意，但受让人已经代为清偿，此时不仅抵押权消灭，债权也消灭了，债权人自然没有起诉的原告资格；三是转让房屋未经抵押权人同意，且抵押权仍然存在，此时，债权人有原告资格。抵押公示的目的当中，包括对抵押权人的保护，抵押权人自然有原告资格。

3. 法院对房屋采取强制措施

笔者认为，人民法院对房屋采取强制措施的情况下，债权人具有起诉资格，须满足以下两个条件：1）法院采取强制措施的目的在于保障债权实现。债权本为普通债权，通过法院的强制措施，房屋的担保作用使债权具有优先性，即债权人享有了以房屋的价值优先受偿的权利，债务人办理房屋转移登记则直接损害了债权人的利益。如果法院采取强制措施并非是为了保护债权，而是为了其他利益，则债权与房屋并无关联，仍属于普通债权，债权人不能搭上法院强制措施的"顺风车"而获得起诉房屋转移登记的机会。2）法院已在房屋登记机构办理了该强制措施登记。房屋登记不得对抗司法，但前提是司法的意志必须先为房屋登记机构所知悉。按照有关司法解释的规定，法院对房屋采取强制措施，必须通知登记机构。在通知之前，房屋登记机构办理的房屋转移登记不受司法意志的羁束。

4. 房屋登记机构工作人员与债务人恶意串通

笔者认为，房屋转让方是否负有债务虽非房屋转移登记需要考虑的法定要件，但房屋登记机构故意侵害债权显然超出了登记规则所能容许的底线。如果房屋登记机构工作人员明知债务人转让房屋系出于逃债目的，而徇私予以办理，则应承认债权人的诉权。

需要强调一点，《房屋登记案件规定》第4条并非是完全列举，只是把实践中已经达成共识的四种情形先明确下来，并不排斥法院在实践中继续探索。根据审判经验，以下三种情形值得讨论：

第一，房屋为债权标的物。"一房多卖"最为典型。甲将其房屋先卖给乙，但未办理转移登记，后卖给丙并办理了转移登记。乙能否起诉甲与丙之间的房屋转移登记？关于这一问题分歧较大。一种意见认为，乙具有起诉的原告资格，因为房屋登记直接阻碍其实现物权。另一种意见认为乙不具有原告资格。因为按照《物权法》关于善意取得的规定，此时，乙只能要求甲承担违约责任。如果承认其提起行政诉讼的原告资格，则与《物权法》上的善意取得制度相抵触。笔者倾向于第一种意见，主要理由有二：一是原告资格只是意味着债权人在行政诉讼上有一个救济机会，如果法院在审理中发现丙为善意取得，则不会撤销房屋登记，故此反对意见担心的情形是能够避免的。二是房屋为债权标的物，就使得债权与房屋登记之间具有一种密切的联系，此时的债权已不同于一般债权，房屋登记机构对此应当有注意义务。

第二，实际使用人。除了"一房多卖"情形，还有一些类似情形，比如甲公司与开发商签订房屋买卖协议，甲公司先付一大部分房款入住后，开发商又将整个建筑以在建工程名义抵押，并据此办理了抵押登记。甲公司遂向法院起诉，请求撤销该抵押登记。此种情形，法院亦应依法受理。①

第三，恶意转让财产。《合同法》第 74 条第 1 款规定："因债务人放弃其到期债权或者无偿转让财产，对债权人造成损害的，债权人可以请求人民法院撤销债务人的行为。债务人以明显不合理的低价转让财产，对债权人造成损害，并且受让人知道该情形的，债权人也可以请求人民法院撤销债务人的行为。"有学者认为，债权人本来没有原告资格，但是该款规定赋予其原告资格。因为债务人不当转让财产的行为损害了债权人的利益，其中不动产的转让是通过登记行为实现的，所以，登记行为与债权人有法律上的利害关系。笔者认为，这种观点失之过宽。只有在有权机关正在依法处理债务人恶意转让房屋纠纷或者已经确认债务人恶意转让房屋，登记机构仍为债务人办理房屋转移登记的情况下，债权人才有起诉房屋转移登记的原告资格，其他情况下一般不宜承认其原告资格。主要理由是：A. 只有在登记机构对交易价格负有监管职能的情况下，债权人才有可能具有起诉转移登记的原告资格，然而，登记机构并无审查房屋交易价格的职权。按照依法行政原则，行政机关的权力尤其是限制公民自由的权力，只能出自法律的明确授权，除此之外别无权源。房屋所有权人以什么样的

---

① 试举一例：原告与第三人天乙公司签订了商品房买卖合同，约定由原告购买天乙公司开发的大厦一、二层整层商品房，原告支付了 85%的房款。后来，天乙公司在未告知原告的情况下，擅自将该房产以在建工程的名义，分别抵押给几家银行。被告先后按照申请办理了房产抵押登记。参见"华油长庆西安实业公司诉西安市房屋管理局房屋抵押行政登记案"，载最高人民法院应用法学研究所编：《人民法院案例选》，2007（1）。

价格处分自己的房屋属于其意思自治的范围，即便赠与他人，法律上亦无不可，这是所有权之处分权能的应有之义。遍览登记规则及有关法律，让登记机构干预所有权人处分房屋的意思自由，审查房屋转让价款的合理性，都是找不到任何授权依据的。B.《合同法》第74条并非授权依据。因为该条把解决恶意转让房屋纠纷的权力只授给了法院，并未提及登记机构。C. 虽然实践中，申请人办理转移登记时，登记机构往往要求其提供购房价款凭证，但其目的在于征税，而非监督购房价款是否适当。D. 从合理性的角度看，要求登记机构审查购房价款是不适当的：一是过分干预民事主体的意思自治，二是妨碍市场交易的效率和安全，三是给登记机构增加了难以承受的负担。E. 登记机构虽然没有审查房屋交易价格的职权，但负有与司法保持一致性的义务。在登记机构未尽此义务的情况下，债权人可能获得起诉转移登记的资格：一是债权人起诉债务人恶意转移房屋的案件已为法院所受理。此时，债务人申请房屋转移登记的，登记机构应当暂缓办理。二是法院已经确认恶意转移房屋，并撤销该转让行为。此时，债务人申请房屋转移登记的，登记机关应当不予办理。在上述两种情况下，转移登记与债权人有法律上的利害关系，其起诉应当被依法受理。

二、房屋连续转移登记

房屋连续转移的情形时有发生。比如，甲将租用房屋卖给乙，并伪造申请材料办理了转移登记。真正权利人发现后提出异议。乙为避免损失，将房屋卖给丙并办理了转移登记。真正权利人遂就两次登记一并提起行政诉讼。类似这样的情况如何处理？关于连续转移登记的起诉问题，各地法院尚无共识。一种意见认为不宜一并起诉，理由是考虑到善意取得制度，法院只能受理起诉第一次转移登记的案件，至于对后续转移登记的起诉，则不宜受理。另一种意见认为应当允许一并起诉，理由是，后续转移登记的买受人未必是善意取得，应当给予利害关系人以救济的机会。

笔者原则同意第二种意见，经过进一步分析后详述如下：第一，利害关系人具有起诉第一次转移登记的原告资格，这一点是没有疑问的。第二，利害关系人是否具有起诉第二次转移登记的资格，在第一次转移登记的司法审查结果出来之前是不明确的。如果判决撤销登记，则利害关系人

行政诉讼制度研究

具有起诉第二次登记的资格。如果判决没有撤销登记，则第一次登记的效果保留，第二次登记与其就不存在法律上的利害关系。第三，由上述意见可以得出两个判断：一是利害关系人对多次转移登记一并提起诉讼的，法院应当一并受理，并先审理第一次转移登记。法院判决驳回原告就第一次转移登记提出的诉讼请求，或者确认在先转移登记违法（保留登记效果）的，裁定驳回原告对后续转移登记的起诉；法院判决撤销第一次转移登记的，则继续审理第二次转移登记。依此类推。

根据以上观点，《房屋登记案件规定》第 5 条规定："同一房屋多次转移登记，原房屋权利人、原利害关系人对首次转移登记行为提起行政诉讼的，人民法院应当依法受理。""原房屋权利人、原利害关系人对首次转移登记行为及后续转移登记行为一并提起行政诉讼的，人民法院应当依法受理；人民法院判决驳回原告就在先转移登记行为提出的诉讼请求，或者因保护善意第三人确认在先房屋登记行为违法的，应当裁定驳回原告对后续转移登记行为的起诉。""原房屋权利人、原利害关系人未就首次转移登记行为提起行政诉讼，对后续转移登记行为提起行政诉讼的，人民法院不予受理。"

三、相邻权人

关于相邻权人是否有权起诉房屋登记，实践中有两种意见。一种意见认为应当有诉权，因为《若干解释》第 13 条第 1 项规定："具体行政行为涉及其相邻权的"，可以提起行政诉讼。另一种意见认为没有诉权。笔者倾向于第二种意见，具体意见如下：

第一，相邻权人一般没有原告资格。原告资格的确定标准是有法律上的利害关系。法律指的是行政法，尤其是授权行政机关作出特定行政行为的规定。按照现行法律，相邻权的保护主要在用地和建设阶段，而不在房屋登记阶段。也就是说，虽然相邻权是一种法律权利，但保护它的任务并未交给登记机构，而是交给了规划部门等行政机关。所以，相邻权人以相邻关系受侵害为由，对房屋登记行为提起行政诉讼的，法院不予受理。建设用地或工程规划许可违法，可诉该规划许可行为；如果规划许可行为合法，而是当事人违反规划进行建设，从而造成对相邻关系的侵害，则一可以通过民事诉讼途径排除妨害，二可以向规划部门举报，要求查处，责令

470

改正。

第二，说一般不予受理，就意味着有例外。有时当事人如果不诉房屋登记就无法获得救济，比如，有的案件中，当事人没有办理规划手续和用地手续，房屋登记机构就给办理了房屋登记。此时，一般可以起诉初始登记，但不可以起诉转移登记。

四、承租人、按份共有人起诉转移登记的资格

《合同法》第 230 条规定："出租人出卖租赁房屋的，应当在出卖之前的合理期限内通知承租人，承租人享有以同等条件优先购买的权利。"《民法通则》第 78 条第 2 款规定："按份共有财产的每个共有人有权要求将自己的份额分出或者转让。但在出售时，其他共有人在同等条件下，有优先购买的权利。"如果承租人、按份共有人认为登记机构办理的房屋转移登记侵犯自己的权益，提起行政诉讼的，法院应否受理？有三种不同观点：一是认为没有原告资格，因为法律没有要求登记机构审查承租人、按份共有人是否放弃优先购买权。二是认为只有在登记机构备案或者登记的情况下，才具有原告资格。三是认为只有经过法院确认优先购买权的，才具有原告资格。

关于这个问题由于分歧过大，无法达成共识，未能写入司法解释。笔者认为，考虑到房屋转移登记多涉及善意取得，且善意取得比优先购买权更为优先，通过行政诉讼实现优先购买权的几率非常之低，以及优先购买权通常没有直接损失，即便房屋转移登记违法也不会涉及行政赔偿责任，对承租人和按份共有人的原告资格加以限制是合理的。第二种观点和第三种观点都具有部分的合理性，可以结合起来，只要在登记机构备案或者登记，或者经过法院确认优先购买权，就应承认其原告资格。

五、继承人、共同共有权人起诉转移登记的资格

这些问题也因争议较大，未能写入《房屋登记案件规定》。关于继承人的原告资格，有肯定和否定两种不同观点。笔者认为，继承人如果主张继承权则没有原告资格，因为：此时房屋所有权人仍然健在，而房屋所有权人处分其房屋并不受继承权的任何限制，登记自然也不考虑继承权问

题。如果房屋所有权人死亡，继承人之一或者其他人将房屋转让并办理了转移登记，则其他继承人可以就转移登记起诉，但此时其主张的并非继承权，而是新的所有权或共有权。

房屋所有权人生前办理的过户登记，由于涉及房主处分房屋的行为，继承人无权干预，对相应的房屋登记无权起诉。其他人冒充房屋所有权人办理房屋登记的，若房屋所有权人健在，其本人可以起诉，其本人不起诉的，继承人无权以自己的名义起诉；房屋所有权人生前未能发现，在其死后，继承人发现的，如果未超过起诉期限，继承人有权以自己的名义起诉。

共同共有人比如夫妻，夫将共有房屋单方出售，妻子是否具有诉权？有两种意见：一是认为看是否有登记，如有登记则有诉权，无登记则无诉权。二是认为只要经过依法确认即有诉权，确认既包括登记，也包括登记之后的法院确认。笔者倾向于第二种意见。

六、公用设施登记的诉讼

从《物权法》第 73 条规定[①]的实施情况看，居民小区的公共场所、公用设施、物业服务用房归属引发的矛盾比较突出，涉及的人数众多，容易酿成群体纠纷。如果登记机构未将这些房屋登记为业主共有，业主大会、业主委员会或者业主是否有权提起行政诉讼？这个问题在司法政策上难以决断，但又无法回避。笔者谈谈个人的意见。

对于业主大会的原告资格有不同认识。一种意见认为，按照《物业管理条例》第 8 条第 2 款关于"业主大会应当代表和维护物业管理区域内全体业主在物业管理活动中的合法权益"之规定，业主大会有权代表全体业主提起诉讼。另一种意见认为，业主大会不过是一种会议机制，并非机构或者组织，让其代表业主诉讼没有可操作性。笔者倾向于第一种意见，即业主大会有原告资格。主要理由是：第一，业主大会并非只是一种会议机制，而是一种组织。从《物业管理条例》第 8 条第 1 款关于物业管理区域

---

① 《物权法》第 73 条规定：建筑区划内的道路，属于业主共有，但属于城镇公共道路的除外。建筑区划内的绿地，属于业主共有，但属于城镇公共绿地或者明示属于个人的除外。建筑区划内的其他公共场所、公用设施和物业服务用房，属于业主共有。

内全体业主"组成"业主大会，以及第 9 条第 1 款关于一个物业管理区域"成立"一个业主大会之规定的表述来看，业主大会应当是一种组织。按照《行政诉讼法》的规定，原告不仅包括公民和法人，还包括其他组织，而业主大会就是"其他组织"。第二，按照《物业管理条例》第 11 条第 7 项的规定，业主大会可以决定"有关共有和共同管理权利的其他重大事项"，自然也可以代表全体业主就涉及共有问题的登记行为提起行政诉讼。

关于业主委员会的原告资格，笔者认为，按照《物业管理条例》的规定，它是一个组织，如果有合法的授权依据，可以代表业主提起行政诉讼。至于授权依据，主要有两种表现形式：一是业主大会制定的管理规约所作的授权，二是业主大会的特别授权。

关于业主的原告资格，答案是肯定的，不过应当加上两个限制条件：第一，业主要达到一定的数量。按照《物权法》、《物业管理条例》的有关规定，业主的人数至少要达到全体业主的一半且他们的专有建筑面积也要达到总建筑面积的一半才行。第二，现代居民小区多规模庞大、人数众多，为了便于诉讼，保障法院的审判效率，建议把业主诉讼作为最终的救济手段。此类诉讼原则上应由业主大会、业主委员会作为原告，两者不起诉或者没有设立业主大会或者选举业主委员会的，才由业主作为原告。

七、查询人的原告资格

是否任何人，只要其查询登记资料遭拒就可以提起行政诉讼？有三种不同观点：第一种观点认为，按照物权公示原则，任何人都可以查。登记簿及其登记档案中的任何材料，只要不涉及国家秘密、个人隐私、商业秘密，都可以查。第二种观点认为，任何人都可以查。但是可查的材料仅限于登记簿，不能查其他档案资料。第三种观点认为，登记簿，任何人都可以查。其他档案材料，则仅限于权利人和权利、义务受到影响的人可以查。

笔者过去倾向于第三种观点，主要理由是：第一，登记簿向社会公示，就意味着任何人都可以查询。建设部《房屋权属登记信息查询暂行办法》（建住房〔2006〕244 号）第 7 条明确规定："房屋权属登记机关对房屋权利的记载信息，单位和个人可以公开查询。"第二，《物权法》第 18 条规定："权利人、利害关系人可以申请查询、复制登记资料，登记机构应当提供。"该条的登记资料实际上是原始登记凭证，并不包括登记簿对房屋权利的记载信息。按照该条规定，档案材料即原审登记凭证的查阅限于权利人和利害关系人，不能扩大到任何人。按照建设部《房屋权属登记信息查询暂行办法》（建住房〔2006〕244号）第8条的规定，权利人和利害关系人包括房屋权利人或者其委托人、房屋继承人、受赠人和受遗赠人，以及仲裁事项、诉讼案件的当事人。现在笔者开始反思该观点的妥当性，尤其是登记簿任何人都可以查询有没有侵犯隐私权的问题。个人隐私到底包括什么内容，法律上不够明确，但有一点是肯定的，隐私未必限于个人的负面信息。[①]一些案件显示，个人的财产状况也可以构成隐私。而登记簿虽然可以理解成政府信息，但该信息却是涉及个人财产状况的，通常来说，很少有人愿意向不相干的人曝光，因此很难否认其具有隐私内容。由此看来，把登记簿的查询权赋予公众，从而使原告资格也延伸到公众确有失之过宽之嫌。

八、原告资格的判断时点

房屋登记行为作出时，与某人并无利害关系，但是后来新的法律事实介入，使登记与其产生了利害关系。此时，某人起诉房屋登记行为是否有原告资格？这样的问题在实践中比较常见。比如初始登记时，开发商将物业管理用房登记在自己名下，业主发现后提起诉讼，请求撤销。再比如有些地方，拆迁的消息一传开，许多违章建筑就拔地而起，有的还获得了房产证，更有甚者，有些连鸡舍、猪棚都登记为正式房屋。拆迁人不堪负担，提起诉讼。对此类问题有两种意见：一种意见认为没有原告资格。理由是应当界定时点。如果不界定时点，会给行政管理造成混乱，不利于行政法律关系的稳定性。另一种意见认为有原告资格，利害关系不能以时间为判断标准，应当以对起诉人利益的影响是否具有必然性为判断标准。这个问题在《房屋登记案件规定》起草过程中争论非常之大，无法达成共识。笔者倾向于第二种意见，因为按照行政诉讼法和司法解释有关规定，

---

① 隐私是个人不愿为他人所知晓和干预的私人生活，其内容应包括三个方面：个人信息秘密、个人生活的不受干扰、个人私事决定的自由。参见艾尔肯、秦永志：《论患者隐私权》，载《法治研究》，2009（9）。

起诉人有无原告资格，就看其利益是否受到登记规则的保护，或者登记规则是否要求登记机构负有审慎注意义务以避免损害该种利益，至于起诉人与具体行政行为产生利害关系的时间是在具体行政行为作出时还是作出后，则在所不问。

第三节　起诉与受理

一、通知第三人参加诉讼

调研中，不少法院建议《房屋登记案件规定》应明确对于哪些第三人法院负有通知参加诉讼的义务。考虑到利害关系的明显程度和法院的承受能力，我们认为，房屋登记的权利人以及被诉异议登记、更正登记、预告登记的权利人，他们的利益直接受到判决结果的影响，而且可能是不利影响，按照正当程序之法理，作出不利处分之前应当给利害关系人申辩机会。如果他们被记载于登记簿，则利害关系显而易见，法院通知他们以第三人身份参加诉讼，既是可能的，也是必要的。除了明确记载于登记簿上的权利人之外，其他人如果与房屋登记存在利害关系，应当以法院能否认知为标准，如果能认知，则应通知。比如丈夫与妻子感情不和，遂先将房子卖给母亲并办理转移登记，然后与妻子离婚。妻子知道后，双方争执，丈夫失手打死妻子并因此而被判刑入狱。为夺回房产，死者父母起诉房屋转移登记。查阅房屋登记簿档案就可以知道丈夫也是房屋转移登记的申请人之一，这一事实能够为法院所认知。若不能认知，则由他们自行申请。据此，《房屋登记案件规定》第6条规定："人民法院受理房屋登记行政案件后，应当通知没有起诉的下列利害关系人作为第三人参加行政诉讼：（一）房屋登记簿上载明的权利人；（二）被诉异议登记、更正登记、预告登记的权利人。（三）人民法院能够确认的其他利害关系人。"比如多次房屋转移登记案件中，由于此类案件中需要审理认定善意取得的相关事实，故原则上所有转移登记当事人都要被追加为行政诉讼第三人。当然，因为审理是依次顺序审理，故可以在审理每个登记诉讼之前通知。如果驳回起诉，就不需要进行下一次通知了。

二、管辖

按照不动产诉讼专属管辖原则，房屋登记案件一般都应由房屋所在地法院管辖。之所以如此，主要是为了便于法院现场调查取证。不过，在某些房屋登记案件中，现场调查取证往往并非必要，因此，可以更多地考虑便民之需要，给予原告更多的选择空间。我们认为，请求房屋登记机构履行房屋转移登记、查询、复制登记资料等职责，对房屋登记机构收缴房产证行为提起诉讼，以及因行政复议改变房屋登记行为而提起诉讼这三种情形下，应当给予原告这种选择权。据此，《房屋登记案件规定》第7条规定："房屋登记行政案件由房屋所在地人民法院管辖，但有下列情形之一的也可由被告所在地人民法院管辖：（一）请求房屋登记机构履行房屋转移登记、查询、复制登记资料等职责的；（二）对房屋登记机构收缴房产证行为提起行政诉讼的；（三）对行政复议改变房屋登记行为提起行政诉讼的。"

三、房产受让人作为相邻权人诉房屋初始登记的起诉期限

一起案件中，房屋登记机构将消防通道转移登记于乙的名下，相邻权人甲是经过多次转移登记之后的最终权利人。甲如果起诉房屋登记行为，起诉期限应当如何计算？是从他知道登记行为内容之日起计算吗？笔者认为，不能。应当从第一手相邻权人知道初始登记之日起计算；如果自那时起没有超过2年就有诉权，超过2年就没有诉权。

四、民行交叉及其处理

原告起诉房屋登记行为时，如果对作为基础关系的转让合同、婚姻、共有、继承等民事行为提出异议，法院如何处理？我们认为，基础关系的定性决定着房屋登记行为的存废，关于基础关系存在争议时，处理行政争议的时机可能不成熟，因此，恰当的处理是告知当事人先解决民事争议，行政案件暂不立案，但解决民事争议的时间不应计算在行政诉讼起诉期限内。如果行政诉讼已经受理，怎么办？在民事案件处理期间，应当裁定中

止诉讼。鉴于此,《房屋登记案件规定》第8条规定:"当事人以作为房屋登记行为基础的买卖、共有、赠与、抵押、婚姻、继承等民事法律关系无效或者应当撤销为由,对房屋登记行为提起行政诉讼的,人民法院应当告知当事人先行解决民事争议,民事争议处理期间不计算在行政诉讼起诉期限内;已经受理的,裁定中止诉讼。"关于该规定在适用中需要注意以下问题:

1. 解决民事争议的途径

实践中解决争议的途径包括民事诉讼、仲裁、调解、自行协商等,但前述规定中法院告知的途径仅指民事诉讼和仲裁这两种正式途径。

2. 释明不成如何处理

如果当事人不接受法院的释明,不去解决民事争议,坚持继续诉讼,如何处理?有一种观点认为,可以裁定不予受理或者驳回起诉,只有这样才能有效引导当事人进行民事诉讼。笔者认为,这并不符合前述规定的本意。只有起诉不符合起诉条件的,才可以不予受理或者驳回起诉。而法院释明的前提就是起诉符合起诉条件,否则就不会有"已经受理的,裁定中止诉讼"之规定。鉴于此,如果当事人不接受释明,则法院应当在告知其放弃诉权的不利后果后继续审理。

法院继续审理时,通常应当按照登记机构在审查中的注意程度来审查基础民事法律关系,如果有重大明显的违法,则可以否定合同的效力;如果不存在重大明显的违法,则不对合同效力作出认定。这有两层含义:一是在登记机构不存在未尽审核职责的情况时,不能用合同的问题来否定登记的合法性。比如,买卖双方签订房屋买卖合同后,卖方收到房款但不配合过户,买方找人冒充卖方办理了转移登记。卖方起诉后,买方辩称买卖合同无效,法院遂告知其可以先行解决民事争议,但买方表示不提起民事诉讼,于是法院继续审理。由于登记存在冒充申请人,且冒充者与申请人存在明显差别,登记机构未尽审核职责,故此可以判决撤销转移登记,而不考虑买卖合同可能是有效的。二是在登记因登记机构未尽审核职责而违法时,不用它来作为保留登记效果的理由。

3. 地方法院是否可以继续试行行政附带民事诉讼

司法解释针对的是一般情况,也就是说,行政诉讼与民事诉讼分开审理的情况。司法解释并未禁止行政附带民事诉讼,故此不妨碍各地法院的探索。实际上,把案件放在行政审判庭还是民事审判庭,这是人民法院内部的权力再分配问题,如果法律没有禁止性规定,合并审理显然有利于实质性解决纠纷,有利于更好地实现行政诉讼和民事诉讼的目的。

4. 基础民事关系被确认合法、有效

即使基础民事关系被确认合法、有效,法院仍应继续审理登记机构尽责问题。如果登记机构已尽审核职责,驳回诉讼请求。如果登记机构未尽审核职责,可以确认违法,保留效果;但未损害原告、第三人和公共利益的,可以驳回诉讼请求。

5. 基础民事关系被撤销或者确认无效

此时,一般应当判决撤销登记,如果涉及善意取得,可以确认违法,保留效果。

第四节　登记行为的合法性审查

一、合法性审查的事项

在房屋登记的五个环节当中,最核心的内容就是审核,所以法院审查的首要内容就是登记机构是否已尽审核职责。除此之外,法院是否应当审查登记结果的正确性?曾有不同认识。一种观点认为,只要登记机构已尽审核职责,就应认为登记是合法的。至于结果错误,应当通过更正程序解决。另一种观点认为,法院既应审查登记机构尽责情况,也应审查登记结果的正确性,因为登记行为既包括过程,也包括结果。笔者同意第二种观点。应当说,第一种观点并非全无道理,但是不符合诉讼经济原则。因为登记结果的正确性经常是案件审理中不可回避的问题,很多房屋登记案件都是由此引起的。如果法院已经查清了登记结果的正确性,可以一并处理的事情还退回登记机构,显然不利于纠纷的实质性解决。

二、审查基准时

行政行为作出后,新证据有可能出现,法律也可能变化,因此,就有依据哪一时点的证据和法律来审查,即所谓的审查基准时问题。审查一般具体行政行为的基准时就是行为作出的时间,与此相比,审查房屋登记的基准时有所不同。

第一，对法律问题的审查基准时，房屋登记与一般具体行政行为无异，即房屋登记作出的时间。

第二，对事实问题的审查基准时，房屋登记与一般具体行政行为不同的是，其具有双重性。对登记机构是否尽审核职责的审查，以登记行为作出时间为基准时；对登记结果正确性的审查，可以审判的时间为基准时。也就是说，事后获得的证据不能用来评判审查职责，但可以用来评判登记结果。比如，甲盗用乙的房产证和身份证办理房屋过户，将房屋转让给丙。乙报案后，公安机关将甲抓获，甲对其诈骗情节供认不讳。乙要求丙腾房，丙以自己已取得房产证、是合法产权人为由拒绝搬迁。乙遂持甲的供述提起诉讼，请求撤销丙的房产证。笔者认为，甲的供述是登记行为作出后取得的，其可以用来证明登记结果有误，但不能用来证明登记机构未尽审核职责。

三、对登记结果正确性的审查

主要审查以下四个方面的问题：

1. 申请的真实性与合法性

审查包括三个内容：一是"人"的真实性。如果申请人不真实，则登记结果必然是错误的。比如，承租人甲获取了房主乙的身份证信息后，假冒乙骗取了居委会的身份证遗失证明，然后向公安局报失身份证，持自己的照片冒充乙补领了身份证。该身份证所有信息与原身份证完全一致，只是头像换成了甲。甲凭此身份证补办了乙的房产证，与丙签订买卖合同，并办理了房屋转移登记。二是"证"的真实性。如果主要的证书不真实，比如承租人伪造了房主身份证，将房屋转让，则登记结果必然错误。三是意思表示的真实性。如果登记并非出于申请人真实意思表示或者申请人不具备相应的民事行为能力，比如卖房者系精神病人，则房屋登记结果必然错误。

2. 客体的真实性与合法性

主要审查三个内容：一是房屋是否真实存在。某人用伪造的房产证办理了抵押登记，但实际上房屋并不存在，则登记结果必然是错误的。二是权利状况是否合法。此类情况比较常见。比如，某人以自己的名义与他人签订合同，将房屋卖给他人，但房屋登记的原产权人却是他的父亲。再比如，为违章建筑办理转移登记，设抵押房屋的转移登记未经抵押权人同意，等等。三是自然状况是否合法。申请人超出规划部门批准的范围建设楼房，登记机构视而不见，仍为其办理初始登记，就属登记结果错误。

3. 权利变动原因行为的真实性与合法性

权利变动原因有民事行为，也可能有行政行为。

对于民事行为重点审查以下三点：一是法律文书的真实性。如果文书或者签名、盖章是伪造的，登记结果通常是错误的，这一点并不必然通过民事诉讼来认定，行政诉讼如果涉及亦可作出认定。二是民事行为是否属于无效。笔者认为，行政诉讼中对于民事行为是否无效的问题，如果事实清楚，且没有裁量余地的，可以直接认定；如果具有可裁量性，则一般应当以民事诉讼的认定为基础。① 三是民事行为是否已经被依法撤销。如果法院判决撤销，则登记失去基础，结果也自然错误。

对于行政行为应当审查以下三个方面：一是真实性。行政文书如果是伪造的，对登记结果必然有影响。二是是否依法成立。作为申请登记基础材料的行政行为都必须是要式的，不仅要有文书，而且形式要件必须齐备，比如盖章。三是是否有效。如果行政行为被撤销，则对登记结果会有影响；如果行政行为合法，或者虽然不合法但仍保留效果的，则不影响登记结果。

4. 其他申请材料记载信息的真实性与合法性

上述三类材料之外还有其他的申请材料，包括付款凭证、契税完税证明、竣工证明、测绘报告，等等。这些材料不是那么重要，通常不会导致整个登记的结果错误。有些材料即使有误也不会影响登记结果的效力，比如，付款凭证记载的交易价格不准确（通常低于真实价款），但这种做法的目的在于避税，违反了税法，可以依法进行处罚，但不影响交易的有效性，仅此也不足以影响登记的效力。有些材料可能对登记的部分效力有影响，比如，测绘报告记载的面积是登记簿记载的一个内容，如果记载错误，可能对当事人的利益有较大影响。假设买受人按照房屋登记记载的80平方米面积交付了价款，但经过复测发现其实只有60平方米，如果登

---

① 当地法院试行行政附带民事诉讼的除外。

记机构不更正，买受人可能就无法索赔。但是这一错误只是登记部分内容的错误，并不会导致其他记载失去效力。个别情况下，有些材料的错误也可能导致登记的全部效力遭到否定。比如竣工证明如果有假，就可能导致初始登记被撤销。

如果案件审理之初，就可确定登记结果错误，则推定登记机构未尽审核职责。此时，登记机构只有证明自己已尽审核职责才可免责。这并未增加登记机构的负担，因为按照行政诉讼法的规定，登记机构本来就对被诉行政行为的合法性负举证责任。

四、对登记机构尽责情况的审查

登记机构已尽审核职责，只表明登记行为在法律意义上的正确，而结果正确才表明登记行为在客观意义上的正确。两者之间，审核职责是手段，结果正确是目的。鉴于房屋在财产体系中的重要性，房屋登记容许出现的失误率要远远低于一般行政行为。如果量化，恐怕达到95％也未必可以接受。事实上，即使存在5％的登记错误，也可能令人对登记产生怀疑[①]，影响公示公信的效力。建设部的《房屋登记规则》以及各地细化的规则都应按照这样的高标准来设计审核职责，但审核程度是无法细化的，落实到规范上，尤其是体现到司法解释当中，只能体现为"合理审慎"这样弹性的语言。这一标准在审判中如何适用呢？笔者认为，"合理审慎"意味着对于登记机构有三个基本要求：一是要有认真负责的态度，不允许出现不应有的疏忽。二是用登记人员应当具备的能力来衡量其尽责情况。三是是否充分利用了其掌握的资源和手段。从审查内容讲，主要有四个方面：

1. 材料是否齐全

《物权法》第12条第1项对所有登记的申请材料有一个共同要求，就是申请人要提供的材料包括"权属证明和其他必要材料"。各种登记都有各自的法定要求，可以分为两类要求：一类是针对特定登记的要求：《房屋登记办法》对每种登记都作了具体规定。比如第30条对房屋所有权初

---

① 因为房屋登记行为的总量巨大。以上海为例，一年的转移登记大约有一百万件，如果5％是错误的，将有5万件之多。

始登记，要求提交的材料有："（一）登记申请书；（二）申请人身份证明；（三）建设用地使用权证明；（四）建设工程符合规划的证明；（五）房屋已竣工的证明；（六）房屋测绘报告；（七）其他必要材料。"按照《房屋登记办法》第22条第1项的规定，未依法取得规划许可、施工许可或者未按照规划许可的面积等内容建造的建筑申请登记的，不得办理所有权初始登记。必备材料，其具有特别的重要性，缺少则登记彻底被否定。另一类是跨登记种类的要求，比如，只要涉及处分未成年人的财产，按照《房屋登记办法》第14条的规定，监护人代为申请未成年人房屋登记的，应当提交证明监护人身份的材料；因处分未成年人的房屋申请登记的，还应当提供为未成年人利益的书面保证。

2. 材料之间是否一致

按照《房屋登记办法》第20条的规定，登记机构要进行以下五个方面的审查：第一，申请人与依法提交的材料记载的主体是否一致。有的法院认为，登记机构只要查验材料的真实性就可以了。比如，贷款人以甲之名与信用社共同申请房屋抵押登记，房产证、身份证等有效证件均为真实，但申请表上的签名以及合同的签名并非甲本人。第二，申请初始登记的房屋与申请人提交的规划证明材料记载是否一致，申请其他登记的房屋与房屋登记簿记载是否一致。按照《房屋登记办法》第22条第1项的规定，未按照规划许可的面积等内容建造的建筑申请登记的，不予登记。批2层楼盖了4层，办理了登记就是未尽审核职责。第三，申请登记的内容与有关材料证明的事实是否一致。比如，房屋买卖合同上买受人写的是甲的名字，但申请却是落在甲的儿子名下。第四，申请登记的事项与房屋登记簿记载的房屋权利是否冲突。比如，是否是抵押登记、异议登记。第五，是否存在不予登记的情形：一是初始登记是否有规划手续以及是否与规划手续的内容一致。二是申请人能否提供合法、有效的权利来源证明文件，或者申请登记的房屋权利与权利来源证明文件是否一致。三是申请登记事项是否与房屋登记簿记载冲突。比如，转移房屋80平方米，登记簿记载只有60平方米。四是申请登记房屋是否特定以及是否具有独立利用价值。比如，买卖合同上只写某栋楼120平方米南向房屋一套，或者只卖一套三居室中的一居室。五是房屋权利是否存在瑕疵。比如，已被依法征收、没收，原权利人申请登记的。再如，房屋被依法查封期间，权利人申请登记的。

3. 程序是否合法

主要有 7 个程序：

第一，是否尽了必要的告知义务。比如，申请人的申请材料不全，直接不予受理，在程序上就有重大瑕疵。按照《房屋登记办法》第 17 条的规定，应当在不予受理的同时，告知其需要补正的内容。

第二，申请方式是否合法。《房屋登记办法》第 12 条规定："申请房屋登记，应当由有关当事人双方共同申请，但本办法另有规定的除外。""有下列情形之一，申请房屋登记的，可以由当事人单方申请：（一）因合法建造房屋取得房屋权利；（二）因人民法院、仲裁委员会的生效法律文书取得房屋权利；（三）因继承、受遗赠取得房屋权利；（四）有本办法所列变更登记情形之一；（五）房屋灭失；（六）权利人放弃房屋权利；（七）法律、法规规定的其他情形。"转移登记必须双方共同申请，单方申请即不符合程序要求。如果登记机构在上述情况下予以登记，就属于未尽审核职责。比如，办理初始登记或者法院对房屋作出确权判决的，权利人可以单方申请登记，如果登记机构要求双方登记，亦属程序违法。再比如，共有人转让房屋应当共同申请。单方申请就是不符合条件。

第三，是否依法询问。《物权法》第 12 条第 1 款第 2 项规定，登记机构应当就有关登记事项询问申请人。《房屋登记办法》第 18 条第 1 款规定："房屋登记机构应当查验申请登记材料，并根据不同登记申请就申请登记事项是否是申请人的真实意思表示、申请登记房屋是否为共有房屋、房屋登记簿记载的权利人是否同意更正，以及申请登记材料中需进一步明确的其他有关事项询问申请人。询问结果应当经申请人签字确认，并归档保留。"

第四，是否依法要求补充材料。《房屋登记办法》第 18 条第 2 款规定："房屋登记机构认为申请登记房屋的有关情况需要进一步证明的，可以要求申请人补充材料。"

第五，是否现场查看。《物权法》第 12 条第 2 款规定："申请登记的不动产的有关情况需要进一步证明的，登记机构可以要求申请人补充材料，必要时可以实地查看。"《房屋登记办法》第 19 条第 1 款规定："办理下列房屋登记，房屋登记机构应当实地查看：（一）房屋所有权初始登记；（二）在建工程抵押权登记；（三）因房屋灭失导致的房屋所有权注销登记；（四）法律、法规规定的应当实地查看的其他房屋登记。"比如，按照登记规则，房屋初始登记需要现场查看。某公司申请初始登记时提交了竣工证明，登记官信以为真，未去现场查看就办理了初始登记。其实房屋并未竣工，后来某公司将房子售出并办理了过户登记，产生了很多复杂的问题。追根溯源，就是因为初始登记未尽审核职责，遗漏了现场查看这样一个重要步骤。

第六，是否给利害关系人参与的机会。《房屋登记案件规定》第6条规定的通知第三人参加诉讼的要求对行政程序也有倒逼作用。如果行政程序没有让利害关系人参加，其认定的事实就可能是不全面的，就可能因此而导致登记行为违法。

第七，是否如实、及时登记有关事项。按照《物权法》第12条第1款第3项的要求，如实，主要还是一致性，是否与申请材料和登记簿原来的记载保持一致。比如，原来转移登记的宅基地面积与初始登记记载不一致，就违反了如实的要求。及时，很好理解，就是是否按照登记规范的要求时限进行登记。

4. 是否达到足够的审慎程度

第一，为了登记建立在真实的基础上，登记材料应当尽可能收取原件，无法收取原件的，应当与原件核对无异，最好保留音像资料。①

第二，是否有明显瑕疵。比如，有关部门的法律文书复印件上未加盖与原件核对无异章（相关单位和登记单位都应加盖）、伪造公证书上的公证单位名称多字或者缺字、伪造的判决书上盖的是不可能存在的"人民法院司法解释科"公章，等等，这样的问题都没有发现，就应属未达到合理审慎的程度。不仅如此，某公司在抵押登记申请书上的盖章与留存公章不一致，如果未能发现，就应属未尽审慎职责。

第三，瑕疵虽不明显，但依其应有的能力是否要求应当发现。比如，抵押合同上面的公章与登记档案留存的公章只有编号不同，如此细微的差别普通人可能不会注意，但编号本来就有防伪作用，作为登记人员应当注意。

第四，发现瑕疵后的处理是否妥当。比如，申请人与身份证明上的图像存在明显差异，而未作进一步核实，自属不够审慎。如果经过询问，申请人称之所以有差别是因为做了整容，登记官未再作进一步核实，亦属不

---

① 这与《房屋登记案件规定》第9条要求的说明义务是一致的。

够审慎。

第五，是否充分利用了当时的技术条件。比如，有些发达地区的登记机构配备了读卡机，以应对身份证造假问题。如果某人用假身份证申请，工作人员只是用肉眼判断即予以放行，则应当认定未尽审核职责。

五、对复印件、复制件的审查

在房屋登记当中，复印件、影印件大量存在。通常情况下，房屋登记收件资料大致可以分为三类：第一类是申请人的身份证明材料。比如，身份证、户籍证明、户口本、护照、结婚证、营业执照等，这类证件只能核对原件后收取复印件。第二类是证明权属来源的相关材料。如买卖合同、抵押合同、借款合同、公证书、法院或仲裁委员会的法律文书及生效证明、企业改制文件、规划证明文件等，登记机构只能尽量收取原件。第三类是房屋登记机构核发的房屋权属证书、登记证明等，要提交原件。

如果在登记档案中没有留存原件，一旦诉讼，登记机构承担举证责任时，其只能提供档案里留存的复印件。如果原告对登记机构提交的登记材料复印件、影印件的真实性提出异议，登记机构是否需要继续举证？有两种不同意见：一种意见认为，应当由登记机构提供原件进行核对；登记机构无法提供原件的，法院可以调取；复印件、影印件与原件不一致或者原件无法取得且登记机构不能提供其他证据证明的，法院对该复印件、影印件的证明效力不予认可。另一种意见则认为，若原件是由登记机构保管的，应当由登记机构提供原件进行核对；登记机构因非自身的原因而不能提供原件的，应提交经核对原件的复印件并作出说明。原告如果仍不认可，则应提供相应的证据。

笔者同意第二种意见，主要理由是：第一，登记机构不具有举证能力。因为原件由申请人自己保管，登记机构只能提供档案中保存的复印件，若申请人无法联系到、拒不提供或本来就存在弄虚作假的情况，则登记机构没有途径找到原件，在此情况下，要求登记机构不提供原件就不对复印件的证据效力予以采信是不合适的。第二，法律要求登记机构在接收复印件时进行核对，如果不给予其信任，这一制度就难以为继，因此，在一般情况下，应当推定登记机构留存的复印件与原件一致。第三，原告要推翻法律推定，应当提供证据。

据此,《房屋登记案件规定》第 9 条规定:"被告对被诉房屋登记行为的合法性负举证责任。被告保管证据原件的,应当在法庭上出示。被告不保管原件的,应当提交与原件核对一致的复印件、复制件并作出说明。当事人对被告提交的上述证据提出异议的,应当提供相应的证据。"

六、若干法律难题

房屋登记案件的法律问题常常具有复合性,兼具物权法、登记规则和行政诉讼法的背景,属于法院和登记机构共同面临的难题,内容繁杂,数量众多,难以尽列,在此选择几个较具普遍性的问题谈谈个人意见。

1. 单方申请问题

《房屋登记办法》第 12 条第 2 款规定的单方申请情形主要包括:"(一)因合法建造房屋取得房屋权利;(二)因人民法院、仲裁委员会的生效法律文书取得房屋权利;(三)因继承、受遗赠取得房屋权利;(四)有本办法所列变更登记情形之一;(五)房屋灭失;(六)权利人放弃房屋权利;(七)法律、法规规定的其他情形。"有的学者提出该规定不能满足实践需要,至少以下三种情形下可以单方申请。但笔者认为难以赞同。

第一,离婚协议将双方共有的房屋给一方,并作了公证,据此在司法局办理了离婚。其后,另一方不配合办理转移登记的,一方可以单方申请。

笔者认为,离婚协议实际上相当于房屋转让合同,此种合同经过公证也无非是增强了证据效力,即证明合同系出自双方真实意思表示,使主张合同有效的一方在未来出现的争议处理程序当中处于有利位置,但其本身仍然只是债权凭证,而不具有确权即确认房屋归一方所有的效果。而登记机构不具有处理争议的职能,因此在基础法律关系出现争议时,是不能办理登记的。而另一方不配合,就表明争议已经形成,登记的条件已经不具备。在此情况下,一方应当通过民事诉讼,申请法院作出确权判决等方式来救济。

第二,赠与或者房屋买卖之后,原房主死亡,一方可以直接单方申请登记。

笔者认为,只要房屋没有登记,就属于合同没有履行完毕。如果合同有效,则赠与人或者卖房人在办理登记前死亡的,其继承人有义务继续履行合同；如果继承人对合同有异议或者拒绝履行协助办理登记的义务，则表明有争议，亦应先行解决争议。

第三，预告登记后，房主死亡的，买受人可以单方申请转移登记。

笔者认为，预告登记是一种对债权进行物权化保护的制度，但并未改变权利人为债权人的法律地位。如果房主健在，毫无疑问应当双方申请，这一点并不因卖房人的死亡而改变，所以处理上应与上一个问题同样，可以与房主的继承人协商，如果继承人有异议或者拒绝履行协助办理登记的义务，亦应先行解决争议。

2. 异议登记是否以申请更正登记为必经程序

《物权法》第 19 条规定："权利人、利害关系人认为不动产登记簿记载的事项错误的，可以申请更正登记。不动产登记簿记载的权利人书面同意更正或者有证据证明登记确有错误的，登记机构应当予以更正。""不动产登记簿记载的权利人不同意更正的，利害关系人可以申请异议登记。登记机构予以异议登记的，申请人在异议登记之日起十五日内不起诉，异议登记失效。异议登记不当，造成权利人损害的，权利人可以向申请人请求损害赔偿。"笔者认为，按照法律文义，申请更正登记应当是异议登记的必经程序。其合理性在于防止滥用异议权，避免物权的正常行使受到过多干扰。

3. 撤销权的行使条件

《房屋登记办法》第 81 条规定："司法机关、行政机关、仲裁委员会发生法律效力的文件证明当事人以隐瞒真实情况、提交虚假材料等非法手段获取房屋登记的，房屋登记机构可以撤销原房屋登记，收回房屋权属证书、登记证明或者公告作废，但房屋权利为他人善意取得的除外。"本条的适用需要注意两点：一是"隐瞒真实情况、提交虚假文件"应当指的是隐瞒主要情况或者主要材料虚假，使基础法律关系不能成立的情形。二是"他人善意取得"应当包括善意取得和是否善意取得不能确定两种情况。

4. 对共有关系的审查

有一种观点认为，房屋是否为共有是权属登记的一个内容，只要将共有房屋登记为一方所有，登记机构就属于未尽审核职责。笔者认为，这种观点不符合实际，登记机构的审查能力不足以做到这一点。要根据具体情况判断登记机构是否有可能发现存在共有关系，比如，买卖合同的买受人有两个人，但申请登记的买方只有一个人，这种瑕疵应当发现。如果在登记簿和登记材料上无从发现共有关系，则看登记机构是否在登记中注意到这一项内容。登记机构一般应当询问是否有共有人，尤其是初始登记的申请人、转移登记的买受人，还有农村集体土地上的房屋的登记申请人。如果申请人已到合法婚龄，则应询问是否已婚，如果申请人称未婚，且写下保证书，应当认为登记机构已尽审核职责。如果申请人承认已婚，则应当要求其出具对方同意登记在一人名下的证明。

5. 申请人对房屋所有权限制的约定对登记机构是否有约束力

夫妻协议离婚，约定共有房屋归男方，但条件是男方不得将房屋出卖以保证日后由子女继承，男方凭协议办理登记后，又把房屋卖给他人，登记机构予以办理是否合法？一种意见认为，根据物权法定原则，在法无规定的情况下，对房屋所有权不得通过约定进行限制，故此该约定对登记机构没有约束力，自不应因此而认定登记违法。另一种意见认为，法无禁止的情况下，民事主体可以对民事权利进行处分，可以通过登记簿和产权证予以记载和公示。笔者认为，物权法定指的是物权种类和物权内容法定，而不包括对物权行使的限制，如果物权人自愿接受限制，应当属于意思自治范围。故此，离婚协议对房屋权利处分的限制并不属于新设物权，其实际效果与异议登记相当，如果申请人提出这一要求，登记机构应当尽量予以满足，如在备注栏注上一笔，以便于查阅。

6. 未成年人的房产可否办理转移登记

《民法通则》对未成年人的财产有特别规定，其中第 18 条规定：监护人应当履行监护职责，保护被监护人的人身、财产及其他合法权益，除为被监护人的利益外，不得处理被监护人的财产。《未成年人保护法》对此也有明确规定，如第 62 条规定：父母或者其他监护人不履行监护职责或者侵害被监护的未成年人合法权益的，应当依法承担责任。第 60 条规定：侵害未成年人的合法权益，对其造成财产损失或者其他损失、损害的，应当依法赔偿或者承担其他民事责任。从以上规定看，法律并不禁止转让未成年人的房产，只不过受到比一般财产转让更为严格的限制。为落实上述法律保护未成年人的精神，《房屋登记办法》第 14 条规定："未成年人的房屋，应当由其监护人代为申请登记。监护人代为申请未成年人房屋登记的，应当提交证明监护人身份的材料；因处分未成年人房屋申请登记的，还应当提供为未成年人利益的书面保证。"

7. 登记机构为已经灭失的房屋办理抵押登记是否未尽审核职责

对于房屋灭失的情况，如果登记机构查验现场就可发现。但问题是，《房屋登记办法》第 19 条第 1 款规定："办理下列房屋登记，房屋登记机构应当实地查看：（一）房屋所有权初始登记；（二）在建工程抵押权登记；（三）因房屋灭失导致的房屋所有权注销登记；（四）法律、法规规定的应当实地查看的其他房屋登记。"其中并未提到抵押登记。那么，抵押登记是否就不需要查验现场？有人认为，不需要。因为抵押权人可以自己查验，而要求登记机构查验现场会大大增加登记机构的负担，既增加支出，又降低效率。笔者认为，抵押权人查验不足以保证房产状况的真实性，有些房产状况比较复杂，是否与登记状况一致，抵押权人难以核实，最好由登记机构进行。不过课以普遍的查验义务的确会增加很多成本，而登记收费又很有限，故此可以考虑把查验设定为依申请的义务。如果申请查验，可以适当收费。

第五节　判决和赔偿

一、房屋登记行为合法

一般认为，按照《行政诉讼法》第 54 条第 1 项的规定，登记合法，应当判决维持。实践当中基本上都是这样运作的。比如，甲公司与被拆迁人乙公司签订拆迁补偿协议，约定乙公司按照原面积回迁，并确定了具体的位置。新楼建成后，甲公司办理了房屋的初始登记。乙公司以登记侵犯其房屋所有权为由提起诉讼。法院经审查认为初始登记合法，以乙公司要获得房屋所有权应当依法办理房屋转移登记为由，维持了被诉房屋初始登记。后来相邻权人丙发现初始登记的四至有误，损害了自己的权益，遂申请更正。但由于该登记行为已被法院判决维持，登记机构称自己不能对抗司法，便拒绝更正。从合理性的角度看，如果当事人发现登记结果错误损害了自己的权益，应当有权向登记机构申请更正。但是从法律规则的角度看，登记机构拒绝更正似乎可以找到理由。法院作出维持判决意味着行政行为得到了司法的确认，行政行为的效力由此得到了加强。而在行政行为效力中，不可变更力是一个重要内容，这种效力有力地束缚着行政机关，如果行政机关予以变更，就意味着对抗司法权威。再加上行政诉讼实行全面审查的原则，一旦法院作出维持判决，行政机关不得对行政行为的所有内容作出实质性的变动。所以，法院一旦判决维持，按照司法优越原则，登记机构不能作出与此相矛盾的行为，即便登记结果错误，亦无更正空间。由此可见，法院判决维持登记行为有可能造成法律规则与情理、事理的紧张对立，这至少说明制度设计出了问题。

笔者认为，考虑到登记案件的特殊性，不宜适用维持判决，可以用确认合法或者驳回诉讼请求的判决加以代替。主要理由如下：第一，法院对登记行为的审查实际上是复审，而不是代替行政机关作出正确的行为。法院认为被诉登记行为合法只意味着两点：一是登记机构的审核达到了审慎合理的程度，但是尽审核职责亦不能排除因第三人造假水平太高而不能发现的现象。二是现有证据可以支持登记结果，但是不能排除将来有新的证据可以推翻这一结果。第二，法院虽然要对登记行为的事实、法律、程序等方面进行全面审查，但审查程度却因当事人主张和疑点大小而有所不同，深浅不同的审查自然也无法保证发现所有的不法和错误的情形。第三，物权登记事关民众重要利益，所以制度设计上把正确性放在一个非常重要的位置上。更正登记历来就是物权登记制度的组成部分之一，《物权法》第19条再次对这种登记形式予以确认，并对其适用条件作出了界定。在司法审查无法完全排除登记错误的情况下，法院判决维持登记本来就属不当，那么，在其妨碍更正登记这项重要制度的情况下，维持判决的不当就被放大到无法容忍的地步。第四，确认合法和驳回诉讼请求只是对登记行为的合法性予以肯定，但并不产生不可变更力，从而给更正登记留下了空间。

笔者注意到，近年来有一种值得注意的发展态势：维持判决的运用明显减少，驳回诉讼请求判决的运用明显增加。从统计数据看，2002年的维持判决为1 367件，驳回诉讼请求判决只有291件。随着逐年的此消彼长，到了2008年维持判决为776件，驳回诉讼请求判决则达到1 010件。这也在一定程度上说明，各地法院已经开始或多或少地意识到维持判决与物权登记制度之间的不适应性。

鉴于此，《房屋登记案件规定》第10条规定："被诉房屋登记行为合法的，人民法院应当判决驳回原告的诉讼请求。"

二、登记结果正确但登记机构未尽审核职责

房屋登记结果正确，但登记机构未尽审核职责，未能发现登记申请的明显瑕疵的情况在实践中经常出现。比如，甲口头委托其子乙卖房，乙用甲的名义与丙协商一致，将房屋转让给丙并以甲的名义办理了房屋转移登记。后甲反悔，以合同上并非其本人签字为由提起民事诉讼，但法院确认合同有效。甲又提起行政诉讼，请求撤销丙的房产证。法院经审查，申请书等申请材料上的签名与登记档案中原房主甲的签名明显不同，遂认定登记机构未尽审核职责。但民事判决的结果又支持着登记结果。如何下判？有两种不同意见：一种意见认为，应当判决驳回原告的诉讼请求。另一种意见认为审核未尽职责构成登记行为违法，按照《行政诉讼法》和有关司法解释的规定，只能判决撤销，按照其他方式处理缺乏法律依据。

笔者认为，应当区分两种情况。

第一，瑕疵较小时，可以将未尽审核职责作为合理性问题处理。其属于《若干解释》第 56 条第 2 项关于"被诉具体行政行为合法但存在合理性问题的"情形，按照该条的规定，应当判决驳回原告的诉讼请求。

第二，瑕疵较大时，应当判决确认登记违法，保留效果。主要理由，结合案例情况有如下两点：一是登记档案预留签名与申请材料的签名明显不同，而一致性审查是登记审核的基本要求，登记机构显然没有尽到一致性审核的职责，属于重大瑕疵。不过民事判决已经判定买卖合同有效，即便撤销房屋登记，甲亦负有履行合同、协助申请房屋转移登记之义务，如果其不执行，丙可以直接依据民事判决申请登记机构办理，登记机构基于与司法保持一致性之义务，仍应予以办理，故撤销没有必要。二是登记的权利人并无过错，在被诉行为是转移登记的情况下，登记的权利人往往已经善意取得，撤销将对他们的权利造成重大损害。确认登记违法而保留效果就成为一个最为适当的选择。

三、部分撤销判决

实践当中，物权登记部分撤销的案件比较少见。以房屋登记案件为例，从 2002 年以来，判决部分撤销的案件每年全国只有几十件，最多时

也不过百余件。不少法官都提出了部分撤销判决是否适用于物权登记案件的问题，就此问题产生的争论也经常出现。比如，一起案件中，开发商将建成楼房中的一个整层卖给甲，双方共同申请办理房屋转移登记，登记机构受理了登记申请。在登记机构审核期间，开发商又将整栋楼房抵押给乙，登记机构依申请办理了抵押登记，并向抵押权人核发了他项权利证。甲获悉此事，即提起行政诉讼。法院经审查认为：登记机构应当知道开发商已将一个楼房的整层卖给甲，并已申请转移登记。开发商将包含已出售给甲的房屋在内的楼房抵押给乙，而未经甲同意，抵押申请存在明显瑕疵。登记机构在此情况下予以办理抵押登记，未尽审核职责，登记结果有误。关于处理方式，有两种意见。一种意见认为，应当判决部分撤销，即将出售给甲的一个整层部分的抵押登记内容撤销即可。因为《行政诉讼法》第 54 条第 2 项给了法院根据案件具体情况部分撤销具体行政行为的权力。另一种观点认为只能全部撤销。因为《行政诉讼法》规定的部分撤销是针对所有类型具体行政行为，能否适用还要看被诉行为是否具有可分性。按照《物权法》的精神，一物一权，一个物上不能并存两个物权，物权登记具有不可分性，所以不能判决部分撤销。在这个问题上，各地的处理方式并不统一。

笔者倾向于第一种意见，即可以适用部分撤销判决。主要理由是：第一，一物一权指的是一个物上不能有两个内容完全一样的物权，比如，一个物上只能有一个所有权，但是并不妨碍一个所有权为多个主体所共享即形成共有关系，也不妨碍某些情况下一个物被拆分为若干独立的物。第二，在共有权登记中，如果登记为共有权人中的某一位或者数位实际上不具备共有人资格，则判决将其剔除不会导致物权的分割，只要其余共有权人或者所有权人（登记簿上登记的共有人只剩下一位）继续享有原来的物权就可以了。第三，如果物是可分的，则根据需要将其分开并分别设定物权，恰恰符合《物权法》关于"明确物的归属，发挥物的效用，保护权利人的物权"之立法目的。行政诉讼中，遇到可分之物的某一部分登记错误、其余部分正确情形，法院当然可以判决撤销错误的部分、保留正确部分。就前述案子来说，楼房就属于可以分割之物，既可以按层分割，也可以按套分割。成套住宅是最小的物权单位，不能再作分割。所以，法院判决撤销出售给甲的一层房屋的抵押登记，而保留其余部分的抵押登记，就是一个最为恰当的选择。

　　有人认为，全部撤销还是部分撤销区别不大，这个问题不必非搞清楚不可。因为全部撤销后，登记机构还可以重新登记。笔者认为：如果重新登记，会增加权利人的负担和交易成本。尤其是在转移登记、抵押登记情形下，需要双方共同申请，如果权利人的相对方不配合，就无法完成交易。所以，审理房屋登记案件需要更为精致的思维，以期准确回应实践中的权利保护需求。

　　以下两种情况可以适用部分撤销：一是登记存在多个权利主体，其中部分主体的权利基础丧失，可以撤销部分主体的房屋登记。二是房屋可分，其中部分房屋的登记违法的，可以判决撤销该部分房屋的登记行为。

　　鉴于此，《房屋登记案件规定》第 11 条第 1 款规定："被诉房屋登记行为涉及多个权利主体或者房屋可分，其中部分主体或者房屋的登记违法应予撤销的，可以判决部分撤销。"

四、登记结果错误且登记机构未尽审核职责

　　根据情况可以作出三种不同的判决：

　　第一，判决撤销或者部分撤销。根据《行政诉讼法》第 54 条第 2 项，判决撤销房屋登记行为是首选的判决方式。

　　第二，判决确认违法，登记效果消失。这主要适用于被诉房屋登记行为在诉讼前或者诉讼中已被房屋登记机构撤销或者注销的情形。按照《若干解释》第 57 条第 2 款第 2 项的规定，"被诉具体行政行为违法，但不具有可撤销内容的"，法院应当判决确认登记行为违法。此种情形下，房屋登记的效力在确认违法之前即已被消灭。鉴于此，《房屋登记案件规定》第 11 条第 2 款规定："被诉房屋登记行为违法，但该行为已被登记机构改变的，判决确认被诉行为违法。"

　　第三，判决确认违法，保留登记效果。按照《若干解释》第 58 条的规定，撤销房屋登记将给公共利益造成重大损失的，可以判决确认登记违法，但保留登记效果。除此之外，现有法律和司法解释没有规定其他确认违法保留效果的情形。我们认为，为了与物权法上的善意取得制度相衔接，有必要增加一种情形，即房屋已为第三人善意取得的，即便登记行为违法，亦不应撤销。当然，如果违法可以补救，法院应当判决房屋登记机构采取补救措施。《房屋登记案件规定》第 11 条第 3 款规定："被诉房屋

登记行为违法，但判决撤销将给公共利益造成重大损失或者房屋已为第三人善意取得的，判决确认被诉行为违法，不撤销登记行为。"

五、登记结果错误但登记机构已尽审核职责

各方对这一问题的分歧较大。第一种意见认为应当撤销，但是判决理由中应当认定登记行为合法或者不违法。第二种意见是确认登记行为无效。第三种意见是判决登记机构自行纠正。当时登记依据的是法律事实，后来发现客观事实与法律事实不一致，此时，可由登记机构按照客观事实来纠正，但不能用事后发生的事件否定之前的行政行为。第四种意见是驳回诉讼请求，同时要求登记机构作出进一步处理。

以上几种意见各有合理之处，亦各具程度不等的瑕疵。登记行为包括登记审核和登记结果，第一种意见认定登记行为合法或者不违法难以自圆其说。登记机构经过审慎、合理的审查都无法发现登记申请之不实，何来明显违法？第二种意见确认登记无效似乎更难接受。《行政诉讼法》、《若干解释》授予法院作出撤销判决、确认判决以及履责判决的权力，第三、四种意见只保留履责判决，而排除撤销、确认判决之适用，过于片面。

此种情形比较容易出现在初始登记和转移登记。笔者认为，法院首先应当在判决理由中载明登记机构已尽审核职责，这一点在进一步追究登记机构以及登记人员的责任时，将是一个重要的考虑因素。然后，根据案件具体情况作出如下处理：

第一，初始登记。登记结果错误系因土地、规划、计划等原因行为虚假、被撤销或者确认无效导致的，应当判决撤销登记。登记结果错误系因其他原因导致的，如果可补正，可判决确认违法并责令补正；如果无法补正的，判决撤销。

第二，转移登记。登记结果系因房屋转让合同等原因行为虚假、被撤销或者确认无效导致的，应当判决撤销房屋登记；如果受让人为善意第三人的，判决确认登记违法，保留登记效果。登记结果错误因其他原因导致的，如果可补正，则判决确认违法并责令补正；如果不可补正，受让人为善意的，判决确认登记违法，保留登记效果；受让人非出自善意的，判决撤销登记。需要注意：对善意第三人的判断要严格按照法律标准来进行。

六、登记结果不确定而登记机构已尽审核职责

在登记机构已尽审核职责的情况下，如果原告主张登记结果错误，应当负责举证，如果无法举证，房屋登记的结果是否正确也无法确定的，应当推定房屋登记行为正确，据此应当判决驳回诉讼请求。

七、登记结果不确定但登记机构未尽审核职责

笔者认为，如果未尽审核职责构成严重违法，则一般应当判决撤销登记。比如，双方签订买卖合同后，卖方不配合办理过户，买方找人冒名办理。登记结果是否正确在很大程度上取决于买卖合同是否有效，但这一点在行政诉讼中难以确定。考虑到冒名申请办理登记属于严重的违法，可判决撤销登记。如果未尽审核职责属于较小的瑕疵，则不宜判决撤销登记，可以驳回诉讼请求或者确认违法、保留登记效果。

八、房屋登记原因行为违法的，如何下判

房屋登记的原因行为违法，但其他方面都合法的，如何判决？我们认为需要将登记机构尽责情况和是否存在善意取得第三人两个因素结合考虑，大致有如下几种处理方式：

第一，原因行为未失去效力，登记机构已尽审核职责的，判决驳回原告的诉讼请求。比如，作为房屋初始登记基础的建设工程规划许可证在另一起行政案件中被确认违法（保留效果），此种情形下，可以认为原因行为存在较小的瑕疵，属于不影响物权登记合法性的合理性问题。

第二，原因行为虽有违法之处但已被依法确认有效，登记机构未尽审核职责的，判决确认登记违法（保留效果）。

第三，原因行为失去效力，且不涉及第三人善意取得问题的，判决撤销物权登记行为。需要注意一点：法院应当在判决中对登记机构履责情况作出认定，因为一旦认定登记机构已尽审核职责，就可免于赔偿等其他责任。

第四，原因行为因一般违法而失去效力，涉及善意取得，且登记机构已尽审核职责的，应当如何判决？需要注意：法院应当在判决的同时

告知原告正确的救济途径。

第五，原因行为因一般违法而失去效力，涉及善意取得，但登记机构未尽审核职责的，判决确认登记违法（保留效果）。需要注意一点：法院应当确认受让人对于原因行为的违法是否可能发现，如果依其注意义务，其可能发现，则不能认其为善意。

第六，原因行为因严重违法而失去效力，涉及善意取得的，应当如何判决？这个问题分歧较大。有一种观点认为，应当判决撤销。原因行为严重违法的典型情况就是申请人伪造合同、遗嘱等原因行为申请登记。这些行为在民事上属于无效民事法律行为，可能已经触犯刑律，构成诈骗等犯罪情形。基于如此严重违法的原因行为办理的物权登记，不存在善意取得的第三人，也不应当再保留其登记效果。另一种观点认为，应当判决驳回原告的诉讼请求，同时向当事人释明通过民事诉讼途径向侵权人追偿。[①]第三种观点认为，应当判决确认登记违法（保留效果）。

笔者认为，应当区分两种情形。一是登记机构未尽审核职责的，按照第三种观点处理即判决确认违法（保留效果），因为只有如此才既保护善意取得人，又为原告主张行政赔偿提供了渠道。二是登记机构已尽审核职责的，按照第二种意见处理即判决驳回原告的诉讼请求，因为确认违法已经没有实际意义。当然，法院需要着重审查受让人是否符合善意取得的法定要件，尤其是对于严重违法的原因行为是否有发现的可能。

九、测绘报告、评估报告、公证书错误导致登记结果错误

在此问题上有两种意见：第一种意见认为，应当驳回诉讼请求，告知其就测绘报告、评估报告、公证书错误提起民事诉讼。第二种意见认为，应当判决撤销房屋登记，判决重作。笔者认为，首先看测绘机构、评估机构是否与登记机构脱钩。[②] 如未脱钩，可以判决撤销登记并重新作出登记。因为测绘报告和评估报告系登记机构的行为，登记机构应对上述报告的错误负责。如已脱钩或者没有隶属关系，则应当考虑登记机构是否尽了审核

---

① 参见熊文钊、张步峰：《行政法视野下的不动产物权登记行为》，载《中国法学会行政法学研究会 2007 年年会论文集》，696 页。

② 公证机构与登记机构没有隶属关系，这一点是非常明确的。

职责。如果通过审核不能发现上述错误，则应在判决中认定登记机构已尽审核职责，并判决登记机构限期更正。如果通过审核应当发现错误，则应判决撤销，并责令重新登记。

十、多因一果情况下行政赔偿责任的承担

登记错误往往与第三人过错交织在一起，给相对人造成损害。这种多因一果的情形在实践中比较常见，也是审判的难点所在。多因一果有两大形态：混合侵权和共同侵权。

混合侵权当中，登记机构与第三人并无通谋，登记机构工作人员的主观状态是过失而非故意，第三人的主观状态则可能是故意或者过失。比较典型的情况是，第三人造假并不足以乱真，但其利用登记机构工作人员的疏忽大意，最终达到了欺诈目的。比如，甲以乙公司名义与银行签订借款协议，约定以乙公司房产作为抵押，并在抵押合同上加盖了伪造的乙公司公章并签署了法定代表人姓名。然后，甲与银行共同申请抵押登记，登记机构予以办理。甲得款后潜逃，乙公司发现后，向公安机关报案，并提起行政诉讼，请求撤销抵押登记。法院经审理发现，初始登记档案中存有法定代表人的签字，抵押登记申请材料上法定代表人的签字与此明显不同；公章虽然与预留公章相似，但仔细观察，两个公章上的号码是不同的。如果登记机构工作人员仔细比对就可发现，甲就不可能达到欺诈目的。类似这样的情形下，登记机构如何承担责任？有三种不同意见：第一种意见认为应当承担补充责任，即先由第三人承担民事赔偿责任，如果第三人不能履行或者不能完全履行，则由登记机构承担其余部分的赔偿责任。第二种意见认为应当承担按份责任，即由登记机构和第三人按照各自原因力大小，分担各自份额。第三种意见认为应当承担全部责任。因为按照《物权法》第 21 条的规定，只要登记结果错误，登记机构就应当承担赔偿责任。

以上三种意见各有利弊。按照第一种意见，登记机构可能因为很小的疏忽承担 100％的赔偿责任。另外，原告需要一直等到民事赔偿责任通过法院强制执行无法实现，才可以要求登记机构承担，可能常常无法及时弥补原告的损害。按照第二种意见，登记机构在理论上可能承担比连带责任更重的责任。适用连带责任，虽然登记机构起初可能承担全部赔偿责任，但是其可以向第三人追偿，在理论上最终是不承担赔偿责任的。如果适用

按份责任，则即使登记机构不承担全部责任，但承担之后却不能向第三人追偿。另外，按照此种意见，第三人先履行了全部赔偿责任，应当有权要求登记机构给付其应当承担的份额，这显然是荒唐的。第三种意见完全不考虑登记机构过错的性质和承担作用的大小，一律变成连带责任，既缺乏规则依据，又不符合比例原则。

笔者认为，应当将按份责任与中间责任结合起来。为什么要按份？因为登记机构的过失在性质上有轻重之分、在损害原因力上有大小之分，按照公平原则，其与赔偿责任份额之间应为正比关系。为什么又是中间责任？因为是第三人利用登记机构的失误为自己牟利，也就是说，登记错误的最终受益人是第三人，而非登记机构。从这个意义上说，登记机构承担赔偿责任是第三人所致，故登记机构对原告所承担的赔偿责任，最终还是应由第三人"买单"。综上，混合侵权情况下，登记机构承担的责任具有按份责任和中间责任双重属性，此种责任形式目前尚无学理上的定义，笔者称之为有限额的不真正连带责任。其具有以下三个特点：

第一，原告请求行政赔偿的，登记机构应当先行给付，不得以其应当先向第三人申请民事赔偿作为拒绝的理由。

第二，赔偿份额与登记机构的过失轻重、大小挂钩。所谓过失，集中体现为未尽审核职责。过失小到微乎其微时，赔偿额可以接近于零。比如，孪生弟弟隐瞒真相将哥哥的房屋转让他人，并持哥哥身份证、房产证等办理了房屋转移登记。两人的面貌非常相似，但还是有一点细微差别，就是哥哥的法令纹没有分叉、弟弟的法令纹有分叉。登记机构经过比对未能发现这一差异。是否构成过失，争议较大。笔者认为，即便构成过失，亦属很小的过失，接近于无，如果登记机构承担赔偿责任，可在 0 至 5％之间选择。反过来，过失很严重或者很明显，则可以判决登记机构承担大部分赔偿责任甚至全部赔偿责任。比如，甲用伪造的房产证申请房屋抵押登记，登记机构予以办理。后来引起诉讼，法院发现房产证所记载的房产在现实中根本就不存在，对于这个问题登记机构只要一核对其掌握的房屋登记簿就可发现。[①] 此种疏忽是非常严重的，明显有恶意串通之嫌。笔者认为，可以让登记机构承担 90％至接近 100％的损害赔偿份额。

---

① 参见马永欣：《房地产抵押登记机关违法办理抵押登记应当承担行政赔偿责任》，载最高人民法院行政审判庭编：《中国行政审判指导案例》第 1 卷（第 26 号案例）。

第三，登记机构按照其过失承担赔偿责任后，可以向第三人追偿。调研中有人提出，房屋登记机构承担按份责任不符合《物权法》第21条的规定。按照该条的规定，登记机构应当承担无过错责任或者结果责任，即只要登记结果错误，房屋登记机构就应全部赔偿，然后再追偿。在《物权法》公布时，这种观点较为流行，但随着《物权法》的实施，过错推定责任渐渐成为实务当中起支配作用的标准。我们经研究认为，在关于赔偿责任承担的诸多方案当中，过错推定责任最具合理性，而且从法律解释上也可以得到论证。《物权法》第21条第1款规定："当事人提供虚假材料申请登记，给他人造成损害的，应当承担赔偿责任。"其中的"给他人造成损害"通常都意味着房屋登记已经完成，已经完成的房屋登记当然也是错误的。但是按照该款的规定，首先应当由当事人承担民事赔偿责任。如果对于登记错误，登记机构也有错误，怎么办？这个问题由第2款作出回答。所以，联系上下文，该条第2款规定的"登记错误"应当是指房屋登记机构办理登记过程中所犯的错误，这种错误就是未尽到法定的审核职责，具体说，就是登记机构的审核未达到《物权法》第12条规定的审核标准。据此，如果第三人提供虚假材料申请登记，登记机构已尽审核职责仍无法发现的，则应由第三人承担民事赔偿责任，而不能再要求房屋登记机构承担行政赔偿责任。鉴于此，《房屋登记案件规定》第12条规定："申请人提供虚假材料办理房屋登记，给原告造成损害，房屋登记机构未尽合理审慎职责的，应当根据其过错程度及其在损害发生中所起作用承担相应的赔偿责任。"

共同侵权指的是登记机构工作人员在办理房屋登记过程中与第三人恶意串通，造成房屋权利人合法权益损失的情形。共同侵权的法理是连带赔偿责任，对此各方意见基本一致，不过实践中还是有一些需要进一步明确的问题：一是行政赔偿与民事赔偿应合并审理还是分别审理？笔者认为应当合并审理。因为共同侵权中，行政行为与民事侵权行为共同构成一个不可分割的事实，由此引起的诉讼属于典型的共同诉讼。对一个事实分别审理两次既不符合诉讼经济，亦可能造成裁判冲突，显然不可取。二是当事人只要起诉时提出存在恶意串通问题就合并审理吗？笔者认为不应如此理解。原告起诉时应当提供明确的证据，比如，认定登记机构工作人员与第三人恶意串通的刑事判决。三是可以一并就追偿事宜作出判决吗？笔者认为应当可以，不过按照不告不理原则，需要登记机构明确地提出这一诉求。关于登记机构工作人员与第三人恶意串通的赔偿责任，我们认为，恶意串通属于共同侵权，而共同侵权的法理是连带赔偿责任。据此，《房屋登记案件规定》第 13 条规定："房屋登记机构工作人员与第三人恶意串通违法登记，侵犯原告合法权益的，房屋登记机构与第三人承担连带赔偿责任。"

接下来讨论一下如何理解《物权法》第 21 条中的"登记错误"。是否指登记结果的错误？上述意见是否与该条规定抵触？笔者认为，联系上下文，《物权法》第 21 条规定的"登记错误"系指登记机构办理登记过程中所犯的错误，专指登记机构的错误，而非他人的错误。按照这样的理解，即便登记结果错误，还要看是谁的行为造成的：如果是登记机构的行为造成的，就是《物权法》第 21 条规定的"登记错误"，登记机构就应当承担赔偿责任。如果完全是第三人的行为造成的，就是一个单纯的民事侵权，应由第三人承担民事赔偿责任，就不能适用该条规定而要求登记机构承担行政赔偿责任。由此可以导出一个重要结论：登记机构已尽审查职责，但未能发现第三人提供材料虚假的，不承担赔偿责任。

最后讨论一个问题：混合侵权引起诉讼的，能否合并审理？笔者认为，基于诉讼经济和及时保护相对人权利的需要，可以基于当事人一并解决相关民事赔偿问题的要求，在审理行政赔偿诉讼时一并解决。最高人民法院《关于审理行政许可案件若干问题的解释》已采纳了这种观点，道理基本都是相同的。

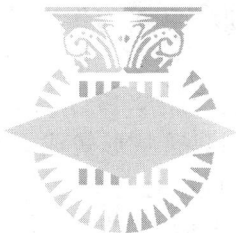

第十五章　政府信息公开不作为案件的判决*

最高人民法院《关于审理政府信息公开行政案件若干问题的规定》[法释（2011）17号，以下简称《信息公开若干规定》]于2010年12月13日经最高人民法院审判委员会讨论通过，并于2011年8月13日起施行。该规定对政府信息公开这一新型行政行为审理中的许多难点和要点都提出了切实可行的方案，为审判工作提供了有利指导。不仅如此，该司法解释中的许多规定都具有开创性，甚至对行政诉讼制度的发展有着不小的推动作用。笔者认为，其中最值得一提的是政府信息公开不作为案件的判决真正体现出义务之诉的特点，使行政诉讼以撤销之诉为绝对中心的格局在政府信息公开领域彻底改变。行政不作为分为积极不作为和消极不作为。所谓积极不作为指的是行政机关明确地全部或者部分拒绝履行其负有的法定职责的情形。消极不作为指的是行政机关对于相对人要求其履行法定职责的请求不作任何意思表

---

* 根据作者参与的《最高人民法院关于审理政府信息公开行政案件若干问题的规定理解与适用》一书的部分内容改编，中国法制出版社，2011。

示，也就是不予答复的情形。积极不作为通常体现为决定（多数为书面）的形式，具有作为的行为外观，但在实质上，行政机关对其应负的职责并未履行或者履行未到位，所以，积极不作为又称为"实质上的不作为"。消极不作为则只是从形式或者行为外观而言，从实质上来说，相对人请求的事项可能是行政机关职责所在，也可能非其职责，但无论如何，行政机关面对请求都应当作出答复，这是正当程序意义上的一个形式要求，所以消极不作为又称为"形式上的不作为"。在政府信息公开领域，公民、法人或者其他组织与行政机关产生的纠纷多数都是由两种不作为引起，在行政诉讼案件中也占据主流，对该两种案件如何处理，是审判中比较疑难，也容易出现分歧和同案不同判的地方，这也是《信息公开若干规定》设有专条加以规范的主要原因：第9条针对的是积极不作为的情形，第10条针对的是消极不作为的情形。

第一节　政府信息公开积极不作为案件的判决

政府信息公开中的积极不作为表现为很多不同的情形，以下4种最为常见：应当公开而拒绝或者部分拒绝公开、公开的内容和形式不当、应当区分处理而不作区分处理、应当更正记录错误而不予更正。《信息公开若干规定》第9条针对上述4种最为常见的情形作出了如下4款规定，明确了各自的判决方式。其内容为："被告对依法应当公开的政府信息拒绝或者部分拒绝公开的，人民法院应当撤销或者部分撤销被诉不予公开决定，并判决被告在一定期限内公开。尚需被告调查、裁量的，判决其在一定期限内重新答复。""被告提供的政府信息不符合申请人要求的内容或者法律、法规规定的适当形式的，人民法院应当判决被告按照申请人要求的内容或者法律、法规规定的适当形式提供。""人民法院经审理认为被告不予公开的政府信息内容可以作区分处理的，应当判决被告限期公开可以公开的内容。""被告依法应当更正而不更正与原告相关的政府信息记录的，人民法院应当判决被告在一定期限内更正。尚需被告调查、裁量的，判决其在一定期限内重新答复。被告无权更正的，判决其转送有权更正的行政机关处理。"

一、第一款：应当公开而拒绝或者部分拒绝公开信息的判决方式及需要注意的问题

《信息公开若干规定》第 1 条第 1 款第 1 项规定，行政机关拒绝向申请人提供全部或者部分信息的行为属于行政诉讼受案范围。对此类案件，法院如何处理？法院审查的结果无非以下两种之一，一是拒绝提供的理由成立，二是理由不能成立。于第一种情形，现有司法解释已经有了解决方案。按照《若干解释》第 56 条第 1 项的规定，起诉被告不作为理由不能成立的，法院应当判决驳回原告的诉讼请求。第二种情形如何处理，法律和司法解释尚付阙如，实践中做法不一，需要规范。《信息公开若干规定》第 9 条第 1 款对这一问题作出了回答：如果能够确认被告应予公开有关信息，法院在通常情况下应当在判决中明确指出被告的义务，即判令其在一定期限内公开。如果是否应当公开尚需被告调查、裁量的，则基于尊重行政机关首次判断权的考虑，只能作出概括判决，即责令被告在一定期限内重新答复，而不指明答复的具体内容。正确理解并适用该款规定，特别需要注意把握以下 5 点：

（1）行政诉讼法上留下了两种可供选择的处理方式

关于拒绝（包括部分拒绝）公开信息案件的判决方式，有两个条款可以选择：一是《行政诉讼法》第 54 条第 2 项的规定，二是《行政诉讼法》第 54 条第 3 项的规定。我们认为，这两项规定在处理方式上存在方向性的不同。第 2 项针对的主要是作为类的具体行政行为，按照行政行为效力原理，对违法行政行为的处理的核心方式是撤销，责令重作则是附带而为，通常采用概括判决的方式。这种判决的旨趣只在于司法与行政的衔接，避免相对人权利落空。所以，法院只要把事情交给行政机关处理就算完成任务，至于行政机关具体如何去做，法院一般应当尊重行政机关的裁量权和独立判断，通常没有必要作出具体的结论。第 3 项主要是针对不作为。法院审查最为关注的并非是不作为的理由是否具备，而是行政机关是否负有特定的职责，尤其是在相对人向行政机关提出具体请求的情况下，法院应当尽可能对此作出回答，而不是简单地把事情交给行政机关去考虑并作出决定。

行政机关拒绝提供政府信息具有行政决定的外观，形式上属于作为类

的行政行为，因此可以适用《行政诉讼法》第 54 条第 2 项规定的处理方式。同时，这一行为又属于行政机关不履行或者不充分履行法定职责，可以归入该条第 3 项的调整范围，故此该项规定的处理方式也具有可适用性。

（2）撤销拒绝公开信息的决定是判决的必备内容

按照行政行为效力理论，被告拒绝公开政府信息的决定在其存续期间具有拘束力，这就意味着任何国家机关包括法院在内，在该决定未被依法撤销之前，不得作出与之相反的决定或者判决。也就是说，法院在对被告是否应当公开有关信息的问题进行审查并作出决断之前，应当先将拒绝公开政府信息的决定撤销，以排除下一步处理的障碍。所以本款规定，对于应当公开政府信息而拒绝公开的，法院判决的第一个内容就是撤销拒绝公开的决定。该规定的上位法依据是《行政诉讼法》第 54 条第 2 项。

（3）裁判时机成熟时应当判决公开有关政府信息

撤销不予公开政府信息决定之后，接下来的问题就是原告的请求能否得到支持。法院在对这一问题的处理上面临着是按照《行政诉讼法》第54 条第 2 项作出概括判决，还是按照该条第 3 项作出具体判决的选择。按照本款规定，法院在确认裁判时机成熟的情况下，应当运用具体判决。所谓裁判时机成熟指的是人民法院经过审查确认原告申请的信息属于依法应当公开，在此情况下，可以判决被告在一定期限内向原告公开信息，也就是说，完全满足原告诉讼请求的时机已经成熟。

《信息公开若干规定》采纳具体判决，主要有如下几点理由：第一，有利于实质性解决行政纠纷。如果采用概括判决的方式，交给被告重新处理，则不仅增加了当事人的负担，还可能节外生枝，产生新的纠纷。第二，有利于更好地保障公民、法人或者其他组织的合法权益。直接判决被告公开，不仅让原告可以获得其需要的政府信息，使其得到救济，而且这种救济更为及时，从而为其有关权利和合法利益的实现提供了更为坚实的保障。第三，有利于法院更好地发挥司法职能。行政审判中，法院在注意司法权与行政权的界限的同时，更需要注意回应广大人民群众对于司法的新期待、新要求，这就要求法官在能够作出具体判决时，一定要判决到位。第四，这是一贯的司法政策。在起草最高人民法院《关于审理行政许可案件若干问题的规定》时，关于法院对被诉的不予许可决定是按照《行政诉讼法》第 54 条第 2 项作出概括判决，还是按照该条第 3 项作出具体判决，草案曾经几易其稿，存在很大争议，但是最后各种意见有一个交集，就是：无论如何，法院的判决都应当尽可能对相对人的权利保护到位，尽可能从实质上化解争议。《关于审理行政许可案件若干问题的规定》虽然选择了概括判决模式，但是特别强调，在应否给予许可已无裁量余地的情况下，应当在判决理由中写明。这实际上相当于作出了一个具体判决，因为判决理由已经明确地告诉被告应当如何去做，而判决理由对被告而言也是具有拘束力的。《信息公开若干规定》在此更进了一步，径行采用了具体判决模式，法院可以直接判决责令被告在一定期限内向原告公开政府信息。第五，在比较法上亦能找到先例可供参照。德国联邦行政法院法第 113 条第 5 款规定："违法拒绝作出行政行为或对其不作为，原告人权利受侵害的，法院可宣布行政机关的该义务，其他情况下，应作出对义务的宣判，根据判决的法律观对原告人作出答复。"在日本，判决被告履行具体义务被纳入赋义务诉讼的类型，此种判决是撤销诉讼的重要补充。[1]

（4）裁判时机受到两种因素的影响：事实调查和裁量

在拒绝公开政府信息案件乃至所有请求履行法定职责案件的审判中，法院经过调查确认的事实只要足以评判拒绝行为的合法性，调查活动就可以止步于此。此时，法院可能发现，这些事实在执法层面上可能导向唯一的结论，也就是说，只有一个正确答案，此时作出具体判决的裁判时机是成熟的。就政府信息公开案件来讲，如果认为不应当公开，应当直接判决驳回原告的诉讼请求；如果认为应当公开，则应当判决被告在一定期限内公开。但是在相当多的情况下，法院查明的事实并不导向唯一的结论，也就是在事实和结论之间存在不确定性，此时作出具体判决的裁判时机就是不成熟的，法院只能作出概括判决。就政府信息公开案件来讲，就应当判决责令被告在一定期限内重新答复，而答复存在两种可能性：既可能肯定原告的请求，也可能否定原告的请求。

作出具体裁判的时机是否成熟，主要取决于两种因素：一是事实因素，即审判并未涉及全部法定要件上的事实，某些要件事实仍须进一步调查。二是法律因素，即法律在如何决定这一环节上留下了裁量余地。

行政审判实行全面审查原则，据此，法院调查的范围可以不限于争议焦点问题，既可以对有争议的要件事实进行审查，也可以对尚未产生争议

---

[1] 参见［日］盐野宏著，杨建顺译：《行政法》，412～417 页，北京，法律出版社，1999。

的要件事实进行调查。但总的来说，这属于法院的司法裁量空间，而非羁束性的职责。在实践中，考虑到司法与行政的分工和各自的优势，法院通常采取一种司法自限的政策，如果需要补充调查，尤其是涉及专业、技术背景的问题，都不会自行组织调查，而是交还行政机关。鉴于此，在政府信息公开案件中，如果对于是否应当公开还不能直接作出判断，而需要通过进一步调查才能决定时，法院最为合理的处理方式就是判决行政机关在一定期限内根据其重新调查的结果作出决定。这就是本款把"尚需调查"作为不能作出具体判决的理由的主要原因。

传统上，尤其在行政诉讼制度建立的早期，行政裁量被认为是行政的固有领域，并被排除于司法审查范围之外。现代以来，为了更好地回应监督不断膨胀的行政裁量权的社会需求，保护人民的权利尤其是基本权利，行政裁量被纳入法院审查范围。当然，法院的审查程度在起初是非常有限的，但是现实当中，司法能动性在这一领域得到了充分体现，审查密度有一种不断加大的趋势。不过，有一种情形始终没有变化，那就是法院可以审查行政裁量的合法性，甚至可以审查其合理性，但是绝不能代替行政机关作出裁量，这就是所谓的尊重行政首次判断权。如果在行政行为的违法性和原告的权利侵害得到确认之后，行政机关仍然保有独立的裁量余地，那么，裁判时机就是不成熟的。[①] 在政府信息公开案件中，是否应当公开的问题，法律上虽然多为羁束性的标准，但有些情况下存在裁量余地，在此情况下，应当由被告作出首次判断。故此本款规定，如果是否应当公开信息尚需裁量，则应判决被告在一定期限内，根据其裁量结果作出决定。当然，该决定也是存在正、反两方面可能的。

（5）注意全面把握审查内容

从事实角度看，此类案件需要审查两个问题：一是原告是否提出了申请，二是被告是否作出了不予公开的决定（包括书面和口头形式）。从法律角度讲，此类案件中不仅要审查被告不予公开的理由是否成立，而且在被告提出的理由不成立的情况下，还需要审查是否存在其他可支持不公开的理由，因为法院需要确认被告是否"依法应予公开"。故此，法院的审查往往不限于被告的答辩理由，还应当结合法律的要求进行全面审查。以

---

① 参见［德］弗里德赫尔穆·胡芬著，莫光华译：《行政诉讼法》，444 页，北京，法律出版社，2003。

下几类问题是必备内容，不得遗漏：

第一，申请公开的信息是否属于政府信息。按照《政府信息公开条例》第 2 条的规定，政府信息是指行政机关在履行职责过程中制作或者获取的，以一定形式记录、保存的信息。据此，政府信息有以下三个特征：一是与履行行政管理职责密切相关。行政机关在具体的执法活动当中，有时可能会收到一些与管理无关的各种材料，既包括各种国家机关的法律文书，也包括记载公民、法人或者其他组织个体信息的材料。这种情况在行政许可领域较为常见。造成这种情况，有时是因为申请人对于有关材料的必要性判断不准，有时则是因为行政机关要求申请人补正的材料可能超出了法律的要求。二是不仅包括本机关在履行职责过程中制作、加工的信息，还包括在履行职责过程中从其他机关、组织、个人那里获取的信息。三是应当以一定形式记录、保存，既可以是纸质文件，也可以是胶卷、磁带、磁盘以及其他储存介质。没有载体的口头消息、社会传闻，不属于政府信息。不符合上述三个特点之一的信息就不是政府信息，被告无法提供，原告的诉讼请求自然也就不能得到支持。

第二，是否属于应当主动公开的事项。《政府信息公开条例》第 9 条规定了需要主动公开的 4 种信息：一是涉及公民、法人或者其他组织切身利益的信息，二是需要社会公众广泛知晓或者参与的信息，三是反映本行政机关机构设置、职能、办事程序等情况的信息，四是其他依照法律、法规和国家有关规定应当主动公开的信息。第 9～12 条还对各级政府及所属部门重点公开的各种事项进行了列举。法院在审理涉及主动公开信息的案件时，除了确认申请事项是否属于主动公开事项之外，还需要审查被告是否具有主动公开的职责。

第三，是否经过有权机关确认或者批准。公开信息不仅要及时、快速，更要准确。在行政分工合作机制化、职能交叉常态化和信息爆炸的时代，保证信息的准确性并非易事。如果行政机关公开的政府信息之间相互冲突，会使公民、法人或其他组织无所适从，甄别信息不但增加了决策的成本，还可能因判断错误作出不当决定而遭受损失，损害政府形象。因此，为了切实履行提供优质服务的职责，行政机关必须保证发布的政府信息准确、一致。这就提出了一个行政机关之间互相协调一致的要求。《政府信息公开条例》第 7 条规定："行政机关应当建立健全政府信息发布协调机制。行政机关发布政府信息涉及其他行政机关的，应当与有关行政机关进行沟通、确认，保证行政机关发布的政府信息准确一致。""行政机关发布政府信息依照国家有关规定需要批准的，未经批准不得发布。"法院在审查政府信息公开案件时，应当注意到该条规定，如果原告申请公开的信息属于该条规定的需要经过其他行政机关确认或者批准的，则不能直接判决公开，只能作出概括判决，给行政机关内部审批和协调留下余地。

第四，公开信息是否可能危及"三安全一稳定"。《政府信息公开条例》第8条规定："行政机关公开政府信息，不得危及国家安全、公共安全、经济安全和社会稳定。"该规定通常被概括为"三安全一稳定"。可以预见，在政府信息公开案件中，这可能是行政机关最为好用，因而也最为常用的理由。根据《中华人民共和国国家安全法》的规定，所谓"危害国家安全的行为"是指境外机构、组织、个人实施或者指使、资助他人实施的，或者境内组织、个人与境外机构、组织、个人相勾结实施的危害中华人民共和国国家安全的行为。公共安全是指社会和公民个人进行正常的生活、工作、学习、娱乐和交往所需要的稳定的外部环境和秩序。经济安全就是要保障国家的经济稳定、发展和繁荣，包括金融安全、国内产业安全、贸易安全、环境和能源安全、经济信息网络安全等多方面的内容。社会稳定是我国改革开放得以顺利进行的前提，是人民的最高利益之所在。政府信息公开制度追求的首要目标是落实和保障公民知情权，实现公民的言论自由权、监督权等多项基本权利，但是，这些个人权利的实现和保障都离不开一个前提：安全的社会环境和秩序。在一个危机四伏的国家和混乱无序的社会当中，个人权利和自由是奢谈。如果原告申请公开的信息会对"三安全一稳定"造成较大影响，则被告因此而拒绝公开，其理由成立，原告的诉讼请求不应得到支持。但是需要注意，"三安全一稳定"不应成为某些行政机关拒绝公开或不依法公开政府信息的借口。法院应当对被告提出的理由进行适度审查，其中包括：是否存在被告所称的风险，这种风险出现的可能性有多大，这种风险是否属于一个正常的社会应当容许的范围，风险与原告所主张的利益以及该种利益所代表的公共利益相比是否占有明显的优势。在进行上述审查并作出利益衡量之后，才能对被告拒绝公开的理由作出较为可靠的评判。

第五，申请人是否有权获得相关信息。《政府信息公开条例》第13条规定："除本条例第九条、第十条、第十一条、第十二条规定的行政机关主动公开的政府信息外，公民、法人或者其他组织还可以根据自身生产、生活、科研等特殊需要，向国务院部门、地方各级人民政府及县级以上地方人民政府部门申请获取相关政府信息。"在行政诉讼中，需要注意，原告的请求能否得到支持，可能因其申请公开的信息的性质而异。如果其申请公开的信息属于行政机关应当主动公开的政府信息，则只要这些信息是存在的，且由被告所掌握，没有其他障碍，则应公开。如果原告申请公开的信息属于行政机关应当依职权公开的，则情况有所不同。申请只有出自个人的生产、生活和科研等特殊需要，才可能得到支持。因为信息公开虽然是政府的职责所在，但毕竟是有成本的，而成本最终需要由全体社会成员来承担，超出个人正当需求的范围去要求行政机关提供信息，有滥用权利之嫌，更不是一个负责任的公民的应有表现。《政府信息公开条例》无意鼓励此种行为，《信息公开若干规定》与此精神一脉相承。

第六，被告是否具有法定公开信息的职责，且已经告知原告申请途径。《政府信息公开条例》第17条规定："行政机关制作的政府信息，由制作该政府信息的行政机关负责公开；行政机关从公民、法人或者其他组织获取的政府信息，由保存该政府信息的行政机关负责公开。法律、法规对政府信息公开的权限另有规定的，从其规定。"该条例第21条规定："对申请公开的政府信息，行政机关根据下列情况分别作出答复：（一）属于公开范围的，应当告知申请人获取该政府信息的方式和途径；（二）属于不予公开范围的，应当告知申请人并说明理由；（三）依法不属于本行政机关公开或者该政府信息不存在的，应当告知申请人，对能够确定该政府信息的公开机关的，应当告知申请人该行政机关的名称、联系方式；（四）申请内容不明确的，应当告知申请人作出更改、补充。"被告如果以其不负有条例第17条规定的公开信息职责为由拒绝提供信息，法院除了以该条为评判标准之外，还要审查其是否按照条例第21条的规定作出了适当处理。

第七，是否涉及国家秘密、商业秘密和个人隐私。《政府信息公开条例》第14条第4款规定："行政机关不得公开涉及国家秘密、商业秘密、个人隐私的政府信息。但是，经权利人同意公开或者行政机关认为不公开可能对公共利益造成重大影响的涉及商业秘密、个人隐私的政府信息，可以予以公开。"公开和保密是政府信息公开制度的基本命题。在确保公民、组织的知情权的同时，也应当避免、防止因公开不当导致失密、泄密，影响国家安全、社会稳定和经济社会安全，侵犯公民、法人和其他组织的合法权益，因此，政府信息公开也应有其边界，以及确定边界的机制。被告以涉及国家秘密、商业秘密和个人隐私为由拒绝公开政府信息时，法院既要注意维护国家和第三人的涉密利益，也要防止这些理由被滥用，损害原告的知情权。这就要求法院对拒绝的理由进行适当审查。

在适用本款规定时需要注意以下问题：

（1）本款规定确立了政府信息公开积极不作为案件最基本的处理方式。同条第 4 款第一句话与第 1 款的处理完全一致。同条第 3 款规定的判决方式也应当在第 1 款规定的处理模式的基础上适用。也就是说，被告以存在不宜公开情形决定不予公开的，法院应当先判决撤销不予公开决定，然后再判令被告公开可以公开的内容。至于同条第 2 款针对的公开信息行为，由于是不具有可撤销性的事实行为，一般不能用撤销判决，但是，如果被告作出了不能按照原告要求的内容或者形式提供信息的决定，则法院亦应先撤销该决定。

（2）部分撤销判决适用于两种情形：一是原告请求的信息部分应当公开、部分不属于被告公开范围，被告全部拒绝。二是原告请求的全部信息都应公开，而被告部分拒绝。

（3）被告重新答复如果仍然是拒绝公开，则按照正当程序原则的要求，若其根据调查而为的，必须要有相应的证据；如果是根据裁量结论而为的，必须要说明理由。

（4）人民法院指定被告公开的期限，如果有相关法律、法规、规章或者规范性文件的规定的，可以依照该规定；没有规定的，可以根据实际情况指定合理的期限。

（5）法院在引用《信息公开若干规定》第 9 条规定的同时，最好一并援引《行政诉讼法》第 54 条第 2、3 项的规定。

二、第二款：对存在内容或者形式不当的信息公开行为的判决及需要注意的问题

按照《信息公开若干规定》第 1 条第 2 项的规定，行政机关虽然提供了信息，但是申请人认为未按照其申请的内容或者法律、法规规定的适当形式提供的，可以提起行政诉讼。如果申请人的诉讼理由成立，如何处理？《信息公开若干规定》第 9 条第 2 款作出了规定：法院应当判决被告按照申请人要求的内容或者法律、法规规定的适当形式提供。在理解和适

用该款规定时，需要把握以下几点：

1. 被告提供信息的行为是否适当应当从内容和形式两方面进行审查

内容和形式是一对范畴。内容是事物的内在要素，形式则是事物的外在要素。以政府信息来说，内容就是信息所蕴涵的思想，即信息的本体。形式就是信息的存在方式，即信息的载体。政府信息的内容十分丰富，这是由政府承载的职责决定的。政府，尤其是现代政府，其管理和服务的领域已经触及人类社会和自然界的各个领域与层面，而且呈现出继续扩展和深入的态势，其在管理过程中获取的信息也延展到所有的自然和社会领域。政府信息的形式也具有多样性，从记录形式看，有文字，也有照片、图片、图表、录音、录像，等等；从保存形式看，有纸质文件，也有现代科技带来的胶卷、照片、磁盘等多种新型介质。

政府信息公开的核心目的在于最大限度地保障相对人获取政府信息的权利，充分发挥政府信息对人民群众生产、生活和经济社会活动的服务作用。这一目的贯穿于我国《政府信息公开条例》的始终。据此，公民、法人或者其他组织向行政机关申请获取政府信息的渠道应当尽可能保持畅通和便捷。内容和形式两个维度基本上就可以涵盖申请人的全部要求，因此，法院只要对被告提供信息的内容和形式两个角度进行审查，就可以很好地行使行政审判的功能。

2. 对信息内容的审查一般应当尊重原告的要求

原告作为申请人，其申请的信息内容，只要是行政机关在履行职责过程中制作或者获取的，除法律有明确限制外，都应当得到满足。从《政府信息公开条例》有关规定中可以得出上述结论。如果被告提供的信息并非原告申请的内容，法院应当为原告提供支持，判决被告按照原告申请的内容提供信息。本款规定的判决方式即判令被告按照当事人申请的内容公开政府信息，诠释了上述精神实质，实现了与《政府信息公开条例》的无缝对接。

如果原告要求提供的信息属于《政府信息公开条例》第9～12条规定的应当主动公开的范围，则被告应当无条件地按照原告的要求提供信息。

如果原告要求提供的信息不属于应当主动公开的范围，法院首先需要审查上述信息是否涉及"三安全一稳定"，如果涉及，则不宜适用本款规定；其次需要审查上述信息是否涉及国家秘密、商业秘密或者个人隐私。如果涉及商业秘密或者个人隐私，还需审查行政机关是否征得有关权利人同意，如果有关权利人不同意公开，则不能适用本款规定。如果涉及国家秘密，亦不可适用本款规定。只要上述审查的结论都是否定的，法院就应当判决被告按照申请人要求的内容提供政府信息。

3. 对信息形式的审查应当以法律规定为标准

《政府信息公开条例》第 26 条规定："行政机关依申请公开政府信息，应当按照申请人要求的形式予以提供；无法按照申请人要求的形式提供的，可以通过安排申请人查阅相关资料、提供复制件或者其他适当形式提供。"由此可以读出两点含义：一是要尽量满足申请人的要求，按照其要求的形式提供信息；二是无法满足申请人的要求时，也应当采取适当的形式提供信息。比如，有些信息的原始文件是珍贵的历史文物，不加限制地查阅、复印或者拍照可能导致破损甚至灭失，此时行政机关可以拒绝申请人提出的查阅、复印或者拍照要求，但不能拒绝提供信息，而应变通为提供相关资料供其查阅或者提供复制件等其他适当方式。由此亦可知，其实申请人提出的公开信息的形式要求能否满足，归根结底就是看其要求的公开形式是否适当。所以，《信息公开若干规定》第 9 条第 2 款未强调要按照申请人要求的形式公开政府信息，而只是要求按照法律、法规规定的适当形式公开政府信息。

适用本款规定时需要注意的以下问题：

（1）信息保存、记录形式的举证责任问题。比如，原告要求被告提供政府信息的电子版，被告称不存在，只能提供纸质信息的复印件。这种情况较为常见，应当由谁来承担举证责任？是由原告举证证明信息电子版的存在，还是由被告举证证明电子版信息的不存在呢？我们认为，从原则上来讲，应当由被告承担举证责任。因为按照行政诉讼法的规定，应当由被告证明被诉行政行为合法。而原告要求的形式是否存在，直接决定了被告提供政府信息的行政行为是否合法。不过，被告提供多少证据才算是完成了举证责任，应视具体情况而定。《政府信息公开条例》第 19 条规定："行政机关应当编制、公布政府信息公开指南和政府信息公开目录，并及时更新。""政府信息公开指南，应当包括政府信息的分类、编排体系、获取方式，政府信息公开工作机构的名称、办公地址、办公时间、联系电话、传真号码、电子邮箱等内容。""政府信息公开目录，应当包括政府信息的索引、名称、内容概述、生成日期等内容。"借助于该条规定的具体程序，尤其是政府信息公开指南和公开目录，相对人就可以知道欲查询的信息的必要线索，从而有利于公民、法人和其他组织迅速、低成本、有效地查阅、获取政府信息。编制、公布政府信息公开指南和政府信息公开目录是行政机关的强制性义务。如果被告未履行上述义务，则其应提供其他证据来证明原告所要求的信息形式不存在。如果提供的政府信息公开目录中虽有原告要求的信息，但并无原告所要求的形式，若原告对此没有异议，则可认为已尽举证责任；如果原告有异议，则看其要求的形式是否属于法定形式，如果是法定形式，则应由被告继续证明信息的该种形式不存在并说明理由；如果不是法定形式，则应转由原告证明该种信息形式是存在的。

（2）判决是否必须明确公开政府信息的具体形式。或者说是否允许作出概括判决？比如，判决中不直接写明提供何种形式的信息，只是要求行政机关以"适当形式"提供政府信息。我们认为，法院应当区别不同情况作出不同的处理。首先，应当对原告提出的形式要求进行适当性审查，如果该要求是适当的，则应当判决按照原告要求的形式提供信息。其次，如果原告的要求明显不当，则应按照法定的形式要求提供信息。再次，如果法律规定了唯一的信息形式，则法院应当判决按照这一特定的形式提供信息。又次，如果法律规定了多种信息形式或者未就形式作出规定，则法院应当综合权衡原告的要求和行政负担的可承受性，尽可能选择具体的某种形式。最后，法院如果难以作出具体选择，可以作出概括判决，把适当方式的选择权还给被告。

（3）可否判决被告采取公报、政府网站等便于公众知晓的方式向社会公开应当主动公开的政府信息？《政府信息公开条例》第15条规定："行政机关应当将主动公开的政府信息，通过政府公报、政府网站、新闻发布会以及报刊、广播、电视等便于公众知晓的方式公开。"有的案件中，被告依申请向原告提供了信息之后，原告认为此类信息属于应当向社会公开的信息，仅仅向其个人提供是不够的，请求法院判令被告采取公报、政府网站等方式向社会公开，能否得到支持？有人认为，根据《信息公开若干规定》第9条第2款的规定，法院应当支持当事人的请求，因为《政府信息公开条例》规定的信息是通过政府公报、政府网站、新闻发布会以及报刊、广播、电视等便于公众知晓的方式公开。我们认为，这种观点虽有合理性，但目前并不具有可行性。首先，形式与方式是有区别的。政府信息的形式主要是指信息的载体，是书面文件还是电子文档，抑或是照片、音频、视频资料。而方式主要指的是公开信息的方法。故此，《信息公开若干规定》第9条第2款不能直接适用。其次，在目前阶段，我国行政诉讼法尚无公益诉讼的职能，从该法第2条规定可以得出一个结论：公民、法人或者其他组织只有在主张"自己的"合法权益时，才可以启动行政诉讼程序。相应地，行政诉讼的判决方式亦只能为个体权益提供救济。这一点在《信息公开若干规定》中也能觅得踪迹。《信息公开若干规定》第3条规定："公民、法人或者其他组织认为行政机关不依法履行主动公开政府信息义务，直接向人民法院提起诉讼的，应当告知其先向行政机关申请获取相关政府信息。对行政机关的答复或者逾期不予答复不服的，可以向人民法院提起诉讼。"之所以不能直接就行政机关不履行主动公开信息的职责提起诉讼，必须要先向行政机关提出申请才能起诉，就是因为只有提出申请，原告才有了"自己的"利益可以主张。不过，我们认为，法院虽然不能在判决上作出处理，但可以在判决理由中作出判断，同时也可以运用司法建议来发挥能动司法的作用。

三、第三款：对不予公开可区分处理信息行为的判决及需要注意的问题

《政府信息公开条例》第22条规定："申请公开的政府信息中含有不应当公开的内容，但是能够作区分处理的，行政机关应当向申请人提供可以公开的信息内容。"《信息公开若干规定》第9条第3款与此相衔接，作出如下规定：法院经审理认为被告不予公开的政府信息内容可以作区分处理的，应当判决被告限期公开可以公开的内容。实践中，行政机关以政府信息中含有不应当公开的内容为由拒绝公开申请的情况比较常见，遇到这种情况，法院就应当分析不应当公开的内容是否能够作区分处理，如果能够区分处理，按照该规定，则应当判决被告在一定期限内作区分处理并公开。该款规定在适用中需要注意以下问题：

1. 准确把握"不应当公开的内容"之范围是正确适用本款规定的首要条件

区分处理的目的在于保留信息中不应当公开的内容，只公开可以公开的部分。所以，在适用本款规定时必须要清楚哪些内容是不应当公开的。结合《政府信息公开条例》的规定来看，不应当公开的内容主要包括以下几项：

第一，涉及国家秘密的事项。按照《保守国家秘密法》的规定，国家秘密分为绝密、机密、秘密三级："绝密"是最重要的国家秘密，泄露会使国家的安全和利益遭受特别严重的损害；"机密"是重要的国家秘密，泄露会使国家的安全和利益遭受严重的损害；"秘密"是一般的国家秘密，泄露会使国家的安全和利益遭受损害。对于是否属于国家秘密和属于何种密级不明确或者有争议的事项，由国家保密行政管理部门或者省、自治区、直辖市的保密行政管理部门确定。在确定密级前，产生该事项的机关、单位应当按照拟定的密级，先行采取保密措施。《政府信息公开条例》第 14 条第 3 款规定："行政机关对政府信息不能确定是否可以公开时，应当依照法律、法规和国家有关规定报有关主管部门或者同级保密工作部门确定。"根据以上规定，已经确定密级的信息以及依照法定程序拟报密级的信息都属于不应当公开的信息。

第二，涉及商业秘密（Business Secret）的事项。商业秘密是指不为公众所知悉，能为权利人带来经济利益，具有实用性并经权利人采取保密措施的技术信息和经营信息。商业秘密如果为他人尤其是竞争对手所知悉，企业的竞争力就会大大受损甚至完全丧失，因此，申请人申请的信息如果涉及商业秘密，通常不会得到支持。法院在审判当中需要注意涉及商业秘密的信息并非绝对不可公开，在以下两种情况下可以公开：一是权利人同意。商业秘密属于一项私权，权利人可以处分甚至放弃。《政府信息公开条例》第 23 条规定，行政机关认为申请公开的政府信息涉及商业秘密，公开后可能损害第三方合法权益的，应当书面征求第三方的意见；第三方不同意公开的，不得公开。二是不公开严重损害公共利益。按照《政府信息公开条例》第 23 条的规定，如果行政机关认为不公开可能对公共利益造成重大影响的，应当予以公开，并将决定公开的政府信息内容和理由书面通知第三方。

第三，涉及个人隐私的信息。在法律上，个人隐私并无明确界定，结合学理和实践来看，个人隐私的范围包括三类信息：一是私人信息，比如个人的姓名、性别、年龄、职业、身体缺陷或者特点、社会关系、财产等私人状况的信息。二是私人活动，尤其是那些不愿意为人所知的私人活动信息。三是私人空间，比如住宅内部情况。关于个人隐私的界定容易产生争议的问题是，个人违法、犯罪的信息是否属于个人隐私。我们认为原则上可以纳入。涉及个人隐私信息的公开，与涉及商业秘密信息的公开采取同样的程序，都是按照《政府信息公开条例》第 23 条的规定，行政机关应当先征求有关个人的意见，取得其同意才可以公开。如果其不同意，则看是否涉及公共利益，如果不公开对公共利益有严重损害，就应当公开。

第四，涉及"三安全—稳定"的信息。按照《政府信息公开条例》第 8 条的规定，如果公开原告申请的信息会危害国家安全、公共安全、经济安全和社会稳定，则不应公开。

2. 对不应当公开内容的审查密度因不同情形而异

上述四种"不应当公开的内容"当中，国家秘密是羁束性因素，原告申请的信息只要涉及，就不应公开。这一点没有任何例外。在被告以此为由拒绝原告时，法院审查的问题主要就是政府信息是否涉密、国家秘密是否经过依法确认。法院在查明上述事实之后，如何处理，在法律上只有唯一答案，没有什么选择空间了。所以，从审查强度来讲，对此类内容的司法审查的密度可以达到最强。

行政机关在确认信息是否涉及商业秘密、个人隐私时，没有什么选择余地，因为上述因素都是确定概念，但是行政机关可以根据公共利益的需要，公开涉及商业秘密和个人隐私的信息，而对于公共利益以及不公开信息损害公共利益程度的判断具有极大的裁量性，这都是因为公共利益是一个具有高度不确定性的概念，具有极大的弹性空间。"三安全—稳定"是个羁束性因素，只要涉及就不应公开，但是"三安全—稳定"属于不确定概念，内涵或者要件具有很大的弹性空间，其确认也因此具有很大的裁量性。在上述问题上，法院的司法审查密度最弱，通常不宜以自己的判断取代行政机关的判断，只能评判行政机关的判断是否存在明显的不合理。

3. 政府信息的可分割性是此类案件的审查重点

如果被告拒绝向原告提供的信息属于不应公开的信息，接下来就应当审查该信息是否可以区分处理。所谓区分处理指的是，申请人申请公开的政府信息中含有涉密成分，但是涉密成分与其余部分可以分割开来。如果可以分割，行政机关就应当在保留涉密部分的同时，向申请人公开非涉密部分的信息。区分处理既可以满足保密需要，又最大限度地保护了申请人的知情权。信息可分割性的审查，是法院审理政府信息公开案件的关键问题。如果经审查确认政府信息不能分割，就不能适用本款规定，只能判决维持不予公开政府信息的决定或者驳回原告诉讼请求。如果能够分割，比如事件可以公开，但事件中行为人的身份涉密，被告对原告提出的查询该事件的申请全部拒绝的，法院就应当判决被告限期公开可以公开的内容。被告在公开政府信息之前，可以根据具体情况选择对行为人的身份采取删除、遮盖、变更等方式加以处理。

四、第四款：不予更正信息记录案件的判决及需要注意的问题

根据《信息公开若干规定》第1条第4项的规定，行政机关拒绝更正政府信息记录的行为属于行政诉讼的受案范围，此类案件审理中，如果法院查明与原告有关的信息记载不准确，如何处理？《信息公开若干规定》第9条第4款规定："被告依法应当更正而不更正与原告相关的政府信息记录的，人民法院应当判决被告在一定期限内更正。尚需被告调查、裁量的，判决其在一定期限内重新答复。被告无权更正的，判决其转送有权更正的行政机关处理。"该规定第一、二句话与同条第1款规定的处理方式相同，即被告依法应当更正而不更正与原告相关的政府信息记录的，即判决被告在一定期限内更正；如果是否更正，尚需被告调查、裁量的，则判决其在一定期限内重新作出答复。第三句话则是针对经常出现的情形，即被告无权更正的，可以判决被告转送有权更正的行政机关处理。

行政机关在管理活动中会获得大量的与公民、法人或者其他组织有关的个体信息，无论是行政机关自己使用还是向社会、申请人公开这些信息，都难免影响信息指向的个体。如果政府信息属于法定应当公开的范围，只要记载正确，个体就应当承受由此带来的负担和不利；如果记录不准确，个体则没有义务承受这种负担和不利。因此，赋予个体对错误信息提出更正请求的权利十分重要，这已成为许多国家政府信息公开制度的重要内容。鉴于此，《政府信息公开条例》第25条第2款规定："公民、法人或者其他组织有证据证明行政机关提供的与其自身相关的政府信息记录不准确的，有权要求该行政机关予以更正。该行政机关无权更正的，应当转送有权更正的行政机关处理，并告知申请人。"该条规定赋予公民、法人或者其他组织的请求权，衍生出行政机关的两种职责：一是依法应予更正且被告有权更正的，应当予以更正。二是更正请求超出其职权范围的，应当转送有权更正的行政机关处理，并告知申请人。为了保护公民、法人或者其他组织的合法权益，监督和促进依法行政，法院应当按照行政诉讼

法的要求介入这一领域，并将司法审查的权力行使到位。鉴于此，《信息公开若干规定》作出了本款规定。本款规定了三种判决方式：一是判决被告更正，二是判决被告在一定期限内重新作出答复，三是判决被告转送有权机关处理。

诉讼符合以下三个条件的，可以判决更正：第一，有关信息记录不准确；第二，更正信息属于被告职权范围；第三，信息与原告有关。需要注意，信息未必对原告不利。比如，原告是副教授，而政府信息记载为教授。

诉讼符合以上三个条件之外，如果政府信息记录是否准确，还需要借助调查或者裁量的，应当判决被告在一定期限内重新作出答复。实践中，相当多的更正行为都需要借助调查和裁量，比如，不动产的相邻权人认为不动产登记的面积或者四至记载错误，申请更正时，登记机构就需要进行调查。

如果法院能够确认政府信息的更改不属于被告的职权范围，其余内容可不再审查，直接判决被告送有权机关处理。之所以如此，是因为涉及有关机关的首次判断权：如果法院就应否更正的问题作出判断，则无论如何都会损及有权机关的首次判断权，存在以司法代替行政之嫌。另外，有权机关并非行政诉讼的当事人，法院直接确认其职责，在诉讼程序上亦缺乏妥当性。

适用本款规定时需要注意以下问题：

《信息公开若干规定》第 9 条第 4 款在适用中可能会产生一点疑问：既然只要政府信息更正不属于被告职责就可以直接判决其送有权机关处理，庭审中是否还要对所有的证据都进行质证并进行辩论？我们认为，如果能够确认被告无权更改，这样做并无明显不当，但问题在于，除当庭宣判等极少数情况外，庭审时合议庭往往不能作出最终判断，也就是说，合议庭当时的判断存在被后续程序（比如审委会讨论）否定的可能。故此，庭审时进行全面的质证和辩论不失为一种稳妥的做法。

第二节　政府信息公开消极不作为案件的判决

被告对原告要求公开或者更正政府信息的申请无正当理由逾期不予答

复属于消极不作为。其包括两种情形：一是以各种借口为托辞，超过期限不予答复；二是不作任何表示，既不拒绝，也不同意。在理论上，只要原告向被告提出了要求公开或者更正政府信息这一履行法定职责的请求，被告就有作出答复的程序义务。如果被告不履行这一义务，按照《行政诉讼法》第 54 条第 3 项的规定，法院就应当判决其在一定期限内履行。该项规定的判决方式是法院处理此类案件的基本依据，从实践情况看，其在适用中尚存不够明确之处，其中最令人困惑的问题就是，法院何时判决被告作出答复，而不对应当如何答复表态，什么情况下可以直接判决被告公开或者更正有关政府信息。《信息公开若干规定》第 10 条作出了如下规定："被告对原告要求公开或者更正政府信息的申请无正当理由逾期不予答复的，人民法院应当判决被告在一定期限内答复。原告一并请求判决被告公开或者更正政府信息且理由成立的，参照第九条的规定处理。"

一、概括判决

结合《信息公开若干规定》第 10 条整个条文，尤其是第二句话，即"原告一并请求判决被告公开或者更正政府信息且理由成立的，参照第九条的规定处理"，可以通过反对解释方法的运用，推出本条第一句话的如下含义：原告未请求一并判决被告公开或者更正有关信息的，一般作出概括判决即可，即概括性地判决被告在一定期限内答复，而不必判决被告作出特定的给付行为。在原告未请求一并判决被告公开或者更正有关信息的情况下，法院只需查明两个基本事实：一是原告曾向被告提出了公开或者更正信息的请求。二是被告在法定或者合理期限内未作答复。至于原告的请求是否应当得到允准，不在审查的范围之内。该条规定实际上隐含着一个前提：法院的判决方式取决于原告的诉讼请求，在原告未要求判决公开或者更正政府信息的情况下，法院一般不会就是否公开或者更正政府信息主动作出具体判决。

基于行政诉讼全面审查的原理，或许会产生一种质疑：按照行政诉讼法的立法目的，行政诉讼具有权利救济和监督、维护依法行政的功能。从权利救济的角度看，法院只要围绕当事人的诉讼请求进行审查就可以了；但是从监督、维护依法行政的角度看，这可能是不够的，因为当事人可能没有发现具体行政行为的某些违法之处，或者即便发现，但从策略上考虑故意略而不提。为了更好地实现行政诉讼法的立法目的尤其是监督、维护依法行政，法院就应当对被诉具体行政行为的合法性进行全面审查，而不受诉讼请求的拘束。也就是说，即使当事人对于被诉具体行政行为的某些方面没有提出质疑，法院也应当进行审查。比如，被告对原告作出了处罚决定，原告起诉时只是提出处罚畸重、显失公正，也就是仅仅对裁量的合理性提出异议。但是法院在审查时除此之外，还必须要对被告是否有权作出被诉处罚行为、原告是否有违法行为、该违法行为应当如何定性、是否遵循了告知申辩或者听证权利等法定程序等问题进行审查。叙陈至此，该条解释是否有违全面审查原理就成为一个油然而生的疑问。我们认为，该规定与行政诉讼的全面审查并不矛盾。首先，关于如何诠释全面审查的问题。为了实现监督、维护依法行政的立法目的，法院应当对被诉具体行政行为从事实、法律、程序、职权和裁量的合理性五个基本方面进行审查，不受原告的诉讼请求的拘束。但是，这五个方面的审查并非是同样的密度，而审查密度的强度取决于当事人的争议焦点。如果属于焦点问题，法院应当进行严格的、高密度的审查；如果不属于焦点问题，则法院应当进行宽松的、低密度的审查。其次，在原告未请求判决被告公开或者更正政府信息的情况下，该条并未完全排除具体判决方式的适用。尽管原告并未请求法院作出具体判决，但是如果经过低密度的审查就可以发现原告的请求根本不能成立的，实际上就没有必要再判决被告作出答复。比如，向被告请求查询其负责人腐败资金的使用情况或者包养情妇的情况，被告不予理睬，如果原告无法提出任何证据证明此类信息可能存在，法院就可以直接判决驳回原告的诉讼请求。

该条第一句话的适用中需要注意的问题是：法院在判决被告答复时应当指定期限，这个期限如何掌握？我们认为，按照《政府信息公开条例》第18条、第24条和第26条的规定，具体分为以下几种情形：一是就是否公开被告能够当场答复的，可以判决立即公开。法律、法规对政府信息公开的期限另有规定的，从其规定。二是就是否公开被告不能当场答复的，法院可以指定最多不超过15个工作日予以答复。三是就是否公开作出答复需要延长期限的，可以指定超过15个工作日的期限，但最多不能超过30个工作日。四是申请公开的政府信息如果涉及第三方权益，需要征求其意见的，还可以再适当延长。五是申请更正政府信息，相关法律、法规有规定的，依照其规定；没有规定的，根据申请事项的难易程度和处理程序的复杂程度（比如是否需要进行调查）确定合理的期限。

二、具体判决

如果原告请求一并判决被告公开或者更正政府信息，则被告是否有向原告公开信息的义务就成为一个焦点问题，法院应当就此进行高密度的审查。与低密度的审查相比，高密度的审查更有可能获得一个明确的判断，如此则作出具体判决的时机就成熟了。在低密度审查当中，通常是无法得出明确判断的，所以法院一般只能作出概括判决，即判决被告在一定期限内作出答复；在高密度审查当中，如果没有需要调查或者裁量的因素存在，则一般情况下都可以得出明确判断。信息是否应当公开的问题可以分为事实和法律两面，事实问题通常不需要调查，法律问题方面羁束性占据主导地位，所以法院一般应当作出具体判决，即判决被告向原告公开或者变更政府信息。这就是《信息公开若干规定》第 10 条第二句话的由来，其含义为：原告请求一并判决被告公开或者更正政府信息的，法院应当参照《信息公开若干规定》第 9 条的规定，根据情况决定是否作出具体判决。

《信息公开若干规定》第 10 条第二句规定在适用中需要注意的主要有如下几个法院在审查中连续面对的问题：

第一，如何准确把握原告起诉理由成立的要件？我们认为，这是审理此类案件的关键所在。所谓起诉理由成立，相当于德国行政诉讼法上的诉的理由具备性，只有具备了诉的理由，原告的请求才能获得支持，并在判决方式上得到体现。比如，当事人提起撤销之诉，仅仅提出具体行政行为违法是不够的，还必须证明该行为侵犯了自己的合法权益。也就是说，撤销之诉获得成功需要上述两个理由。我国行政诉讼法并未对诉讼类型作出区分，但是判决方式的分类承载着与诉讼类型制度大致相当的功能。诉讼类型制度是从诉讼启动开始就根据当事人的诉讼请求将其归入不同的种类，然后用不同的诉的适法性和理由具备性、裁判时机成熟性等各种要件去衡量，最后的结论是当事人提出的诉讼请求能否得到支持。此种方式的好处是为法院作出具体判决提供一个可靠的工作平台，有利于回应具体而微的权利救济需求；弱点在于不同诉讼类型之间通常不能转化，亦为权利救济带来一些不便，因此需要原告具有较高的法律素养。判决方式的区分则带有更强的职权主义色彩，其划分不是看当事人起诉时的具体请求是什么，而是看经过对具体行政行为的合法性审查之后，法院能作一个什么结论，至于这个结论能给当事人一种什么程度的救济，通常不会太受关注。比如，《行政诉讼法》第 54 条第 3 项规定的履行法定职责，在实践中的运用多为概括判决，而很少有具体判决。如果被告不作为是违法的，法院通常不会审查被告是否应当作为，处理结论自然也就无法具体，或者即便法院经审查认为应当作为，也不会直接判决被告作为。该条规定第二句话借鉴了诉讼类型理论中的理由具备性的成分，或许可以弥补现有制度的一些缺憾。参照有关理论，法院审查原告请求判决被告公开或者更正政府信息的理由是否成立一般从以下三个要件入手：不作为违法、权利侵害和裁判时机成熟性。

第二，对不作为违法性的判断。这里的不作为指的是实质不作为，也就是在法律上被告是否有权拒绝原告。如果有权，就不构成实质不作为；如是无权，就构成实质不作为。对此作出判断需要搞清楚如下几个问题：一是原告申请的信息是否属于政府信息。二是管辖权，主要看被告是否是负有公开此类政府信息义务的法定机关。三是公开信息的条件是否成就。如果以上问题的答案都为肯定，则可以确认被告存在实质上的不作为，这是可以参照《信息公开若干规定》第 9 条的重要理由。如果有其中任何一个问题的答案为否定，则不构成不作为。比如，原告申请的信息不是政府信息，被告不是公开信息的法定机关或者公开信息须经有权机关批准或者确认而未经批准或者确认，被告的不予答复就停留在形式层面，而不构成实质不作为。

第三，对权利侵害的判断。从《行政诉讼法》第 2 条的规定可以看出，行政诉讼制度以保护个人利益为依归。据此，如果原告主张的利益是他人利益，自然不会受到行政诉讼法的保护。问题是如果原告主张的是公益，其作为公益一分子提起诉讼，是否可以受到保护。如果原告申请查询的信息与其个人生活没有任何关系，完全出自维护公益的需要，是否能够得到支持？我们认为，按照公益诉讼的重要性，其创设应当通过最高立法机关制定法律，尤其是在现行行政诉讼法以救济个体利益为依归的情况下。不过，需要注意到，存在一个如何解读个体利益的问题。《行政诉讼法》第 2 条规定的行政诉讼法保护的个体利益范围，法律的用词是"合法权益"这样一个范围很大的概念，但是第 11 条第 8 项兜底规定中的"认为行政机关侵犯其他人身权、财产权的"，又使得"侵犯人身权、财产权"似乎成了可诉具体行政行为的定语，由此引起了无穷的争论。长期以来，司法实践在这个问题上虽然较为保守，但仔细观察可以看到小步快跑，随着社会发展而循序渐进，不断发展的历程。起初，行政诉讼法保护的权利范围仅限于人身权和财产权，只有这两种权利受到行政行为的侵害，才可以启动行政诉讼程序（不作为案件中，权利性质或许并不影响起诉的可诉性，但却会影响理由具备性判断），这是符合当时的实际的，与当时处在计划经济向市场经济转型、生存为人民第一需要的发展阶段相合拍。2000年以后，我国逐步进入小康社会，社会需求多元化，人们不仅要生存，更要发展，教育权、劳动权、休息权的重要性越来越突显，司法保护的需求越来越强烈，原来司法政策的不合时宜也越来越明显。法院对于社会需求的反应是敏感的，学生起诉高等学校拒绝颁发学位证书或者毕业证书的案件、公民起诉公务员招考中歧视行为的案件、职工起诉劳动部门工伤认定行为的案件陆续进入司法审查的门槛。

结合法律规定和行政诉讼制度的发展趋势，我们认为：A. 行政审判应当给予知情权尽可能大的保护。在经济不断发展、社会迅速转型，法律滞后于现实在所难免，而修改法律又有很大难度的背景下，法院应当基于能动司法的原则，尽量把法律的弹性用足，在解释法律时尽可能采取积极、有效的解释方法，以符合实践的需要。B.《政府信息公开条例》并不排斥知情权的司法保护。该条例第33条第2款规定："公民、法人或者其他组织认为行政机关在政府信息公开工作中的具体行政行为侵犯其合法权益的，可以依法申请行政复议或者提起行政诉讼。"该条例中的"合法权益"显然包括知情权，故此，将知情权纳入行政诉讼保护的权利范围，应当说在实体法上没有障碍。C.《行政诉讼法》亦留有一定发展空间。应当说该法第2条规定的"合法权益"显示出受到保护的利益之内容具有较高的弹性系数。虽然该法第11条第1款又把保护范围聚焦在人身权和财产权领域，但是同条第2款规定："除前款规定外，人民法院受理法律、法规规定可以提起诉讼的其他行政案件。"应当说，上述规定为法院的司法政策留下了足够的选择空间，也为法律在不进行修改的前提下留下了宝贵的发展余地。涉及人身权、财产权之外其他权利如受教育权、劳动权、休息权的具体行政行为被纳入行政诉讼受案范围，正是利用了这一空间，在条件成熟时，知情权当然也可以利用这一空间被纳入司法保护范围。

D. 知情权的司法保护程度应当随着社会各方面发展水平逐步提高。目前来看，涉及"三需要"的知情权属于司法保护的范围应无疑问，但对于其他情形尤其是没有任何个人需要的纯粹程序意义上的"知情权"，司法仍应持慎重态度。

第四，裁判时机成熟性的判断。参照《信息公开若干规定》第9条的规定，裁判时机成熟性取决于两个因素：一是是否需要经过调查，二是是否有裁量空间。如果两个问题当中有一个以上的答案是肯定的，则基于尊重行政机关首次判断权的考虑，应当交给被告在进行调查和裁量之后作出判断，法院不宜直接作出具体判决。如果两个问题的答案都是否定的，则裁判时机成熟，法院可以直接判断并作出具体判决。

词条索引（词条后的数字为书中出现的页码）

参考文献

（一）著作

1. 姜明安主编．行政法与行政诉讼法．北京：北京大学出版社，高等教育出版社，1999

2. 江必新．中国行政诉讼制度之发展．北京：金城出版社，2001

3. 王名扬．法国行政法．北京：中国政法大学出版社，1988

4. 王名扬．美国行政法．北京：中国法制出版社，1995

5. 张卫平主编．民事诉讼法教程．北京：法律出版社，1998

6. 张步洪，王万华编著．行政诉讼法律解释与判例述评．北京：中国法制出版社，2000

7. 张树义主编．行政诉讼证据判例与理论分析．北京：法律出版社，2002

8. 李国光主编．最高人民法院《关于行政诉讼证据若干问题的规定》释义与适用．北京：人民法院出版社，2002

9. 杨仁寿．法学方法论．北京：中国政法大学出版社，1999

10. 梁慧星．民法解释学．北京：中国政法大学出版社，1995

11. 孙笑侠. 法律对行政的控制. 济南：山东人民出版社，1999

12. 张志铭. 法律解释操作分析. 北京：中国政法大学出版社，1999

13. 于安. 德国行政法. 北京：清华大学出版社，1999

14. 张兴祥. 中国行政许可法的理论和实务. 北京：北京大学出版社，2003

15. 最高人民法院行政审判庭编. 关于执行《中华人民共和国行政诉讼法》若干问题的解释释义. 北京：中国城市出版社，2000

16. ［德］弗里德里赫尔穆·胡芬. 行政诉讼法. 莫光华译. 北京：法律出版社，2003

17. ［日］盐野宏. 行政法. 杨建顺译. 北京：法律出版社，1999

18. ［美］伯尔曼. 法律与革命. 贺卫方译. 北京：中国大百科全书出版社，1993

19. ［德］哈特穆特·毛雷尔. 行政法学总论. 高家伟译. 北京：法律出版社，2000

20. ［美］伯纳德·施瓦茨. 行政法. 徐炳译. 北京：群众出版社，1986

21. ［德］卡尔·拉伦茨. 法学方法论. 陈爱娥译. 北京：商务印书馆，2003

22. ［英］丹宁. 法律的训诫. 杨百揆等译. 北京：法律出版社，1999

23. ［美］博登海默. 法理学法律哲学与法律方法. 邓正来译. 北京：中国政法大学出版社，1999

24. ［英］威廉·韦德. 行政法. 徐炳等译. 北京：中国大百科全书出版社，1997

（二）论文

1. 章志远. 我国行政诉讼类型化的现实障碍及其消解. 贵州警官职业学院学报，2008（3）

2. 刘飞. 行政诉讼类型制度探析——德国法的视角. 法学，2004（3）

3. 王丹红. 诉讼类型在日本行政诉讼法中的地位和作用. 法律科学，2006（3）

4. 彭凤至. 行政诉讼种类理论与适用问题之研究. 第四届东亚行政法学术研讨会论文

5. 杨悦新. 行政诉讼法大修稿亮点与盲区. 法制日报，2005－05－26

6. 黄绍鹏．建明食品有限责任公司诉泗洪县人民政府电话指示案．见：最高人民法院应用法学研究所编．人民法院案例选，2007（3）

7. 王振宇，王金城．我国行政诉讼法制度症结与对策分析．吉林大学社会科学学报，1997（3）

8. 王华．法院对复议机关不予受理的复议前置案件的处理．见：最高人民法院行政审判庭编．中国行政审判案例，第2卷

9. 王振宇．从法律限制个体权利合理性的角度评税收征管法第八十八条第一款规定．月旦财经法杂志（台），2006（3）

10. 姜悌文．行政法上之明确性原则．见：城仲模主编．行政法之一般法律原则（一）．台北：三民书局，1997

11. 袁曙宏．"五龙治水"与"龙多作旱"．法制日报，1999－09－06

12. 汪贻飞．论证言笔录的证据能力．中国刑事法杂志，2009（8）

13. 王振宇．行政裁量及其司法审查．人民司法，2009（19）

14. 王雪梅．何文良诉四川省成都市武侯区社会保障局工商认定案评析．见：最高人民法院行政审判庭编．行政执法与行政审判，总第12期

15. 张意文．职工往返于住处和工作单位之间的合理路径属于工伤认定中的"上下班途中"．见：最高人民法院行政审判庭编．中国行政审判指导案例，第1卷

16. 王晓滨．擅自扩大卫生间属于室内装修中的违规行为．见：最高人民法院行政审判庭编．中国行政审判指导案例，第1卷

17. 王振宇．行政裁量及其司法审查模式化．见：最高人民法院行政审判庭编．行政执法与行政审判，2009（3）

18. 刘志群．冒充竞买人参与竞买人之间的恶意串通应当受到行政处罚．见：最高人民法院行政审判庭编．中国行政审判指导案例，第1卷

19. 王伟．执法机关严重违反比例原则暂扣车辆给当事人造成损失的应当承担赔偿责任．见：最高人民法院行政审判庭编．中国行政审判指导案例，第1卷

20. 王和成．薛道华、白大兰诉四川省泸县公安局治安行政检查案．见：最高人民法院应用法学研究所编．人民法院案例选，2006（2）

21. 林惠瑜．英国行政法上之合理原则．见：城仲模编．行政法之一般法律原则（上）．台北：三民书局，1999

22. 郭佳瑛．论行政法上强制说明理由原则．见：城仲模主编．行政

法之一般法律原则（二）．台北：三民书局，1997

23．吴晓庄．行政诉讼维持判决适用中的若干问题．华东政法学院学报，2002（6）

24．张旭勇．行政诉讼维持判决制度之检讨．法学，2004（1）

25．黄学贤．行政诉讼中的情况判决探讨．行政法学研究，2005（3）

26．葛云松．在行政诉讼与民事诉讼之间．见：行政法论丛第二卷．北京：法律出版社，1999

27．申卫星．从《物权法》看物权登记制度．见：人大复印资料《民商法学》，2007（9）

28．艾尔肯，秦永志．论患者隐私权．法治研究，2009（9）

29．熊文钊，张步峰．行政法视野下的不动产物权登记行为．见：中国法学会行政法学研究会2007年年会论文集

30．马永欣．房地产抵押登记机关违法办理抵押登记应当承担行政赔偿责任．见：最高人民法院行政审判庭编．中国行政审判指导案例，第1卷

后　记

　　我国行政诉讼制度发展到今天已有三十年的历史，在此过程中，我们积累了大量的经验。经验可以为实践参与者提供直接而明确的行动指南，但是这些经验尤其是来自实务前沿的经验多为自发性、主观性、片面性的直接经验，如果不加整理，使之条理化、系统化，就无法为行政诉讼的后续实践提供稳定、连贯的指引。

　　笔者从事行政审判工作十几年，写下了拙文几十篇，志在行政审判经验的整理，这些文章为本书的形成奠定了基础。作为一名行政审判法官，笔者亲身参与了中国行政审判近十几年的发展历程，所以，本书实际上也是多年工作心得的一个阶段性总结。书中很多内容都在脑海中存有具体图景，也会联想起很多给我支持、鼓励和帮助的人，即将付梓之际，感激之情不由得涌上心头。

　　感谢江必新副院长多年的教诲。记得 1999 年他担任最高人民法院行政审判庭庭长时，在一次全庭会上对年轻同志讲，行政审判事业在进步，从事这项事业的人也在进步，如果人的进步速度慢于事业的进步速度，实际上就等于退步，就会被事业淘汰。所以大家要注重学习，尤其要多读书、读好书、开眼界。可以说，本书的完成与他的言传身教和鞭策激励息息相关。

感谢最高人民法院行政审判庭的各位同仁。能成为这支团结向上队伍当中的一员，能与这么多优秀的同仁共事，我备感荣幸。十几年来，我与大家进行了无数次的案件讨论和学术交谈，这些给我带来了无数次的头脑风暴，在此过程中，我获得了启迪，开阔了眼界，受益良多，本书也因此留下了集体智慧的许多印记。

感谢中国人民大学出版社法律分社的陈松涛社长。在分社今年工作任务繁重、人手又十分紧张的情况下，他披挂上阵，亲自负责本书的审稿，提出了很多重要的修改意见，在加快出版进度的同时，也为本书增色不少。

感谢我的家人。他们对我的理解和支持使我少了后顾之忧，为我提供了不断前行的动力，我想对家人来讲，本书是最好的回馈。

囿于学识和眼界，书中有些问题的研究还不够深入，错误亦在所难免，希望得到大家的批评指正，使我能在未来的工作和研究当中继续提高。

真诚希望与大家携手共创行政诉讼制度的美好未来！

王振宇

2012 年 12 月

图书在版编目（CIP）数据

行政诉讼制度研究/王振宇著.—北京：中国人民大学出版社，2012.12
（法学理念·实践·创新丛书）
ISBN 978-7-300-16834-0

Ⅰ.①行… Ⅱ.①王… Ⅲ.①行政诉讼-司法制度-研究 Ⅳ.①D915.410.4

中国版本图书馆 CIP 数据核字（2012）第 314147 号

法学理念·实践·创新丛书

行政诉讼制度研究

王振宇　著

Xingzheng Susong Zhidu Yanjiu

出版发行	中国人民大学出版社		
社　　址	北京中关村大街 31 号	**邮政编码**	100080
电　　话	010-62511242（总编室）		010-62511398（质管部）
	010-82501766（邮购部）		010-62514148（门市部）
	010-62515195（发行公司）		010-62515275（盗版举报）
网　　址	http://www.crup.com.cn		
	http://www.ttrnet.com（人大教研网）		
经　　销	新华书店		
印　　刷	北京东君印刷有限公司		
规　　格	170 mm×228 mm　16 开本	**版　　次**	2012 年 12 月第 1 版
印　　张	34.25 插页 1	**印　　次**	2012 年 12 月第 1 次印刷
字　　数	530 000	**定　　价**	89.00 元